Wissenschaftlicher Beirat beim
Bundesministerium für Wirtschaft und Technologie

Gutachten vom Dezember 2000 bis Dezember 2006

Der Wissenschaftliche Beirat beim Bundesministerium für Wirtschaft und Technologie

17. Band

Gutachten vom Dezember 2000 bis Dezember 2006

Herausgegeben vom Bundesministerium
für Wirtschaft und Technologie

LUCIUS & LUCIUS Stuttgart, 2007

Bisher erschienen folgende Einzelbände:

1. Band: Gutachten 1948 bis Mai 1950
2. Band: Gutachten vom Juni 1950 bis November 1952
3. Band: Gutachten vom Dezember 1952 bis November 1954
4. Band: Gutachten vom Januar 1955 bis Dezember 1956
5. Band: Gutachten vom Januar 1957 bis März 1961
6. Band: Gutachten vom April 1961 bis März 1966
7. Band: Gutachten vom Juni 1966 bis Dezember 1972
8. Band: Gutachten vom März 1973 bis November 1975
9. Band: Gutachten vom November 1976 bis November 1977
10. Band: Gutachten vom Dezember 1978 bis Februar 1980
11. Band: Gutachten vom Januar 1981 bis Juni 1983
12. Band: Gutachten vom Dezember 1984 bis Dezember 1986
13. Band: Gutachten vom Juni 1987 bis März 1990
14. Band: Gutachten vom Juni 1990 bis Juli 1992
15. Band: Gutachten vom August 1994 bis Juni 1997
16. Band: Gutachten vom Februar 1998 bis Juli 2000

(Die Bände 1 bis 14 sind vergriffen)

Bibliografische Information der Deutschen Nationalbibliothek

Die Deutsche Nationalbibliothek verzeichnet diese Publikation in der Deutschen Nationalbibliografie; detaillierte bibliografische Daten sind im Internet über http://dnb.d-nb.de abrufbar

Herausgeber: Bundesministerium für Wirtschaft und Technologie
Verlag: Lucius & Lucius Verlagsgesellschaft mbH · Stuttgart · 2007
Gerokstraße 51 · D-70184 Stuttgart

Satz: Sibylle Egger, Stuttgart
Druck: Thomas Müntzer, Bad Langensalza
Printed in Germany

Inhaltsverzeichnis

I. Die Mitglieder*) des Wissenschaftlichen Beirats beim Bundesministerium für Wirtschaft und Technologie

Professor Axel Börsch-Supan, Ph.D. (seit 1999)	Professor für Volkswirtschaftslehre, insbes. Makroökonomik und Wirtschaftspolitik Direktor des Mannheimer Forschungsinstituts Ökonomie und Demographischer Wandel, Universität Mannheim (Vorsitzender)
Professor Dr. Christoph Engel (seit 1997)	Professor für Rechtswissenschaften an der Universität Osnabrück Direktor des Max-Planck-Instituts zur Erforschung von Gemeinschaftsgüter (Stellvertretender Vorsitzender)
Professor Dr. Wernhard Möschel (seit 1987)	Professor für Bürgerliches Recht, Handels- und Wirtschaftsrecht an der Universität Tübingen (Vorsitzender 1.5.2000 – 30.4.2004)
Professor Dr. Dr. h.c. mult Horst Albach (1967 – 2003)	Professor em. für Betriebswirtschaft an der Humboldt-Universität zu Berlin
Professor Dr. Hermann Albeck (seit 1987)	Professor em. für Volkswirtschaftslehre an der Universität Saarbrücken
Professor Dr. Peter Bernholz (seit 1973)	Professor em. für Nationalökonomie, insbesondere Geld- und Außenwirtschaft, an der Universität Basel
Professor Dr. Norbert Berthold (seit 1995)	Professor für Volkswirtschaftslehre an der Bayerischen Julius-Maximilians-Universität in Würzburg
Professor Dr. Charles B. Blankart (seit 1993)	Professor für Wirtschaftswissenschaften an der Humboldt-Universität zu Berlin
Professor Dr. Dres. h.c. Knut Borchardt (seit 1970)	Professor em. für Wirtschaftsgeschichte und Volkswirtschaftslehre an der Universität München
Professor Dr. Friedrich Breyer (seit 2000)	Professor für Volkswirtschaftslehre, insbesondere Wirtschafts- und Sozialpolitik, an der Universität Konstanz

*) Die Dauer der Mitgliedschaft ist unter den Namen in Klammern aufgeführt.

Professor Dr. Claudia M. Buch (seit 2004)	Professor für Wirtschaftstheorie, insbesondere Geld und Währung, an der Eberhard-Karls-Universität Tübingen
Professor Dr. Ernst Dürr (seit 1974)	Professor em. für Volkswirtschaftslehre an der Universität Erlangen-Nürnberg
Professor Dr. Dr. h.c. Gérard Gäfgen (1970 – 2005)	Professor em. für Volkswirtschaftslehre an der Universität Konstanz
Professor Dr. Hans Gersbach (seit 2005)	Professor für Makroökonomie und Wirtschaftspolitik am Center of Economic Research at ETH der Universität Zürich
Professor Dr. Dr. h.c. mult. Herbert Giersch (seit 1960)	Professor em. für Nationalökonomie, insbesondere für Wirtschaftspolitik, an der Universität Kiel
Professor Dr. Jürgen von Hagen (seit 2001)	Professor für Volkswirtschaftslehre an der Universität Bonn Direktor am Institut für Internationale Wirtschaftspolitik
Professor Dr. Dres. h.c. Heinz Haller (1965 – 2004)	Professor für Finanzwissenschaft und Wirtschaftstheorie an der Universität Zürich
Professor Dietmar Harhoff, Ph.D. (seit 2004)	Professor für Betriebswirtschaftslehre Vorstand des Instituts für Innovationsforschung, Technologie-management und Entrepreneurship an der Ludwig-Maximilians-Universität München
Professor Dr. Dr. h.c. Herbert Hax (1985 – 2005)	Professor em. für Betriebswirtschaftslehre an der Universität zu Köln
Professor Dr. Dr. h.c. Martin Hellwig (seit 1995)	Professor für Volkswirtschaftslehre Direktor am Max-Planck-Institut zur Erforschung von Gemeinschaftsgütern
Professor Dr. Dr. h.c. Helmut Hesse (seit 1972)	Präsident der Landeszentralbank in der Freien Hansestadt Bremen, in Niedersachsen und Sachsen-Anhalt i.R.Honorarprofessor für Volkswirtschaftslehre an der Universität Göttingen
Professor Dr. Otmar Issing (seit 1980)	Mitglied des Direktoriums der Europäischen Zentralbank i.R.Frankfurt/Main

Professor Dr. Dres. h.c. Norbert Kloten (1967 – 2006)	Präsident der Landeszentralbank in Baden-Württemberg i.R.Honorarprofessor für Volkswirtschaftslehre an der Universität Tübingen
Professor Dr. Günter Knieps (seit 1997)	Direktor des Instituts für Verkehrswissenschaft und Regionalpolitik; Wirtschaftswissenschaftliche Fakultät der Albert-Ludwigs-Universität Freiburg
Professor Dr. Dr. h.c. mult Wilhelm Krelle (1973 – 2004)	Professor em. für wirtschaftliche Staatswissenschaften an der Universität Bonn
Professor Dr. Dr. h.c. Ernst-Joachim Mestmäcker (1960 – 2006)	Professor em., ehem. Direktor am Max-Planck-Institut für ausländisches und internationales Privatrecht in Hamburg
Professor Dr. Manfred J. M. Neumann (seit 1992)	Professor em. für Wirtschaftliche Staatswissenschaften, insbesondere Wirtschaftspolitik, an der Universität Bonn
Professor Dr. Manfred Neumann (seit 1977)	Professor em. für Volkswirtschaftslehre an der Universität Erlangen-Nürnberg
Professor Dr. Albrecht Ritschl (seit 2004)	Professor für Wirtschaftsgeschichte an der Humboldt-Universität zu Berlin Institut für Wirtschaftsgeschichte
Professor Dr. Dr. h.c. mult. Helmut Schlesinger (seit 1994)	Präsident der Deutschen Bundesbank i.R. Honorarprofessor an der Hochschule für Verwaltungswissenschaften Speyer
Professor Dr. Dr. h.c. Hans Schneider (1968 – 2003)	Professor em für wirtschaftliche Staatswissenschaften an der Universität zu Köln
Professor Dr. Monika Schnitzer (seit 2001)	Professor für Volkswirtschaftslehre an der Ludwig-Maximilians-Universität München
Professor Dr. Dr. h.c. Horst Siebert (seit 1985)	Präsident des Instituts für Weltwirtschaft i.R. Professor für Theoretische Volkswirtschaftslehre an der Universität Kiel
Professor Dr. Olaf Sievert (seit 1985)	Präsident der Landeszentralbank in den Freistaaten Sachsen und Thüringen, Leipzig i.R. Honorarprofessor an der Universität des Saarlandes

Professor Dr. Dr. h.c. Hans-Werner Sinn (seit 1989)	Präsident des Ifo-Instituts München Professor für Nationalökonomie und Finanzwissenschaft an der Universität München
Professor Dr. Manfred E. Streit (seit 1989)	Professor, Em. Wissenschaftliches Mitglied des Max-Planck-Instituts zur Erforschung von Wirtschaftssystemen in Jena
Professor Dr. Roland Vaubel (seit 1993)	Professor für Volkswirtschaftslehre an der Universität Mannheim
Professor Achim Wambach, Ph.D. (seit 2006)	Professor für wirtschaftliche Staatswissenschaften an der Universität zu Köln
Professor Dr. Christian Watrin (seit 1971)	Professor em. für wirtschaftliche Staatswissenschaften an der Universität Köln
Professor Dr. Carl Christian von Weizsäcker (seit 1977)	Professor em. für Volkswirtschaftslehre an der Universität zu Köln
Professor Dr. Dr. h.c. mult. Hans F. Zacher (seit 1968)	Professor em. für öffentliches Recht an der Universität München, em. Wissenschaftliches Mitglied des Max-Planck-Instituts für ausländisches und internationales Sozialrecht in München

Ruhende Mitgliedschaften

Professor Dr. Dr. h.c. mult. Wolfgang Franz (seit 1992)	Professor für Volkswirtschaftslehre an der Universität Mannheim Präsident des Zentrums für Europäische Wirtschaftsforschung Mannheim
Professor Dr. Eberhard Wille (seit 1983)	Professor für Volkswirtschaftslehre und Finanzwissenschaft an der Universität Mannheim

II. Vorwort des Bundesministers für Wirtschaft und Technologie

Im nunmehr bereits 17. Band von Gutachten und Briefen, die der Wissenschaftliche Beirat seit seiner Gründung im Jahre 1948 verfasst hat, sind seine Expertisen aus der Zeit von Dezember 2000 bis November 2006 zusammengefasst. Wie schon in den Jahrzehnten zuvor, so zeichnen sich auch diese Arbeiten des Beirats, die im Übrigen in eine Zeitspanne fallen, in der das Bundesministerium für Wirtschaft zeitweilig auch für die Arbeitsmarktpolitik innerhalb der Bundesregierung zuständig war (von Herbst 2002 bis Herbst 2005), durch eine klare marktwirtschaftliche, ordnungspolitisch geprägte Linie aus. Dies ist insofern zu begrüßen, als es gerade in einer Zeit immer rascheren strukturellen Wandels – vor dem Hintergrund von Globalisierung, zunehmender Alterung unserer Gesellschaft und absehbarem Bevölkerungsrückgang – mehr denn je darauf ankommt, langfristige und verlässliche wissenschaftliche Orientierung zu geben und zu vermitteln, für die Öffentlichkeit ebenso wie für die Politik.

Vor allem mit seinen Gutachten „Reform des Sozialstaats für mehr Beschäftigung im Bereich gering qualifizierter Arbeit", „Alterung und Familienpolitik", „Mehr Wettbewerb im System der Gesetzlichen Krankenversicherung" sowie „Der deutsche Arbeitsmarkt in Zeiten globalisierter Märkte" hat der Beirat auf Entwicklungen aufmerksam gemacht, die Wirtschaft und Gesellschaft nicht nur aktuell, sondern wohl auch in Zukunft noch vor schwierige Herausforderungen stellen.

Der Beirat ist in der Wahl seiner Themen und Mitglieder unabhängig. Für das Bundesministerium für Wirtschaft und Technologie war und ist diese Unabhängigkeit ein tragendes Prinzip der wissenschaftlichen Politikberatung durch den Beirat. Unabhängigkeit schließt automatisch auch kritische Äußerungen an den Adressaten von Gutachten ein. Zur Realität gehört freilich auch, dass sich Politik häufig eher am kurzfristig Machbaren orientiert als am ökonomisch Wünschbaren und sich deshalb wissenschaftliche Politikberatung nicht immer und vor allem nicht immer unmittelbar in politischem Handeln wieder findet.

Gleichwohl waren und sind die Expertisen des Beirats stets wertvolle Diskussionsbeiträge und geben wichtige Impulse dafür, dass sich auf Dauer mehr ökonomische Vernunft und langfristige Orientierung auch in der Politik durchsetzen kann. In diesem Sinne ermuntere ich den Beirat, seine Bemühungen für die Stärkung der Marktkräfte, für mehr Wettbewerb und weniger Staat, für mehr Flexibilität und weniger Anspruchsdenken, kurzum für die Stärkung der Sozialen Marktwirtschaft auch in Zukunft fortzusetzen.

Ich danke den Mitgliedern des Beirats und insbesondere den beiden in der Zeit von Dezember 2000 bis November 2006 amtierenden Vorsitzenden, Prof. Wernhard Möschel (von 2000 bis 2004) und Prof. Axel Börsch-Supan (seit 2004), für ihr großes ehrenamtliches Engagement.

Berlin, im Dezember 2006

Michael Glos
Bundesminister für Wirtschaft und Technologie

III. Gutachten vom Dezember 2000 bis Juni 2006

Brief an den Bundesminister für Wirtschaft und Technologie Dr. Werner Müller vom 16. Dezembert 2000

Thema: Reform der gesetzlichen Rentenversicherung

Sehr geehrter Herr Minister,

der wissenschaftliche Beirat hat sich auf seiner Sitzung am 15. und 16. Dezember 2000 mit den jüngsten Vorschlägen zur Reform der gesetzlichen Rentenversicherung befasst, einer der großen Reformaufgaben der Bundesregierung. Er hat dabei insbesondere die Absicht geprüft, die Absenkung des so genannten Rentenniveaus der gesetzlichen Rentenversicherung auf 67 Prozent zu beschränken.

Der Beirat, gestützt auf die Argumente seines Gutachtens vom 19. März 1998, hält diesen Vorschlag für verfehlt, weil er dem Ziel einer nachhaltigen Reform der gesetzlichen Rentenversicherung zuwider läuft. Insbesondere die folgenden Überlegungen haben den Beirat zu dieser Haltung veranlasst:

(1) Die Festlegung auf ein Rentenniveau von 67 Prozent nährt die Illusion, die umlagefinanzierte gesetzliche Rentenversicherung könne den demographischen Wandel mit einer nur geringfügigen Senkung des Rentenniveaus bewältigen.

(2) Die Annahme wird sich als falsch erweisen, wenn gleichzeitig am Ziel der Beitragsstabilität festgehalten wird. Nach den neuesten Projektionen der Europäischen Union (EPC/ECFIN/581/00-EN/6. Nov. 2000), die mit dem Bundesarbeits- und dem Bundesfinanzministerium koordiniert sind, wird sich der Alterslastquotient bis zum Jahre 2035 deutlich mehr als verdoppeln. Die Ziele, den Beitragssatz nicht über 22 Prozent steigen und das Rentenniveau nicht unter 67 Prozent sinken zu lassen, sind mit diesen Zahlen nicht zu vereinbaren.

(3) Eine zunehmende Finanzierung der gesetzlichen Renten durch Steuern ist kein Ausweg aus diesem Dilemma, weil die Steuern genauso wie die Beiträge aus den laufenden Einkommen gezahlt werden müssen. Hinzu kommt, dass eine stärkere Steuerfinanzierung den Widerspruch zur beitragsorientierten Rente verschärft und zu ernsten Verteilungskonflikten führt. Die Akzeptanz der gesetzlichen Rentenversicherung wird somit weiter verringert.

(4) Da die Versprechen, das Niveau der umlagefinanzierten gesetzlichen Rentenversicherung nur geringfügig abzusenken und bei stabilen Beiträgen den Staatsanteil am Bruttoinlandsprodukt auf 40 Prozent zu verrin-

gern, nicht miteinander vereinbar sind, muss eines dieser Versprechen in absehbar Zeit gebrochen werden.

(5) Die Illusion, dass nur geringfügige Eingriffe in die Höhe der gesetzlichen Rentenversicherung ausreichen, vermindert die Bereitschaft der Bürger, eine ergänzende Privatvorsorge aufzubauen. Das geht an den Kern des ursprünglichen Rentenreformkonzeptes. Da der Aufbau einer Eigenvorsorge Zeit benötigt, werden Fehler, die bei einer zu geringen Eigenvorsorge gemacht werden, später nicht wieder gut zu machen sein.

(6) Nur die im ursprünglichen Rentenreformkonzept vorgesehene Vorfinanzierung von Renteneinkommen durch Eigenvorsorge vermeidet die Belastung zukünftiger Generationen, weil sie die Einkommen erhöht, aus denen die zukünftigen Renten finanziert werden können. Auf die Verstärkung der privaten Ersparnis zu setzen, ist deshalb der einzig mögliche Ausweg aus der Krise des Rentensystems.

Die jetzigen Reformbeschlüsse schaffen keine nachhaltige Lösung des Problems und müssen in kurzer Zeit nachgebessert werden. Das Versprechen, es bei einer nur geringfügigen Absenkung des Rentenniveaus zu belassen, schürt und verfestigt jedoch ein Anspruchsdenken. Dies erschwert politisch die später notwendigen Korrekturen der Rentengesetzgebung.

Die Rentenreform ist Eckpfeiler der Strukturreform in der Bundesrepublik Deutschland. Der Beirat bittet Sie, sehr geehrter Herr Minister, daher, seine Bedenken gegen eine Rentenreform, die Illusionen nährt, in die politische Diskussion einzubringen und sich für eine nachhaltige Reform einzusetzen.

Mit freundlichen Grüßen

gez.
Professor Dr. Wernhard Möschel

Gutachten vom 6. Juli 2001

Thema: Wettbewerbspolitik für den Cyberspace

Der Wissenschaftliche Beirat beim Bundesministerium für Wirtschaft und Technologie hat sich in mehreren Sitzungen, zuletzt am 6./7. Juli 2001 mit dem Thema

„Wettbewerbspolitik für den Cyberspace"

befasst und ist dabei zu folgender Stellungnahme gelangt:

I. Anlass des Gutachtens

(1) Himmelhoch jauchzend, zu Tode betrübt. Für kaum einen Wirtschaftszweig passt diese Charakterisierung so gut wie für die Internet-Ökonomie. Noch vor kurzem sollte sich fast alles ökonomische Wissen in die Weiten des Cyberspace verloren haben. Nachdem viele „dot.coms" liquidiert sind, Anleger ganze Vermögen verloren haben und selbst Flaggschiffe Verluste angekündigt haben, gilt der Wirbel um die „new economy" als peinliche Entgleisung. Beide Einschätzungen sind überzogen. Das Internet hat tatsächlich das Potential, das Wirtschaften nachhaltig zu verändern. Davon werden allerdings nicht alle Wirtschaftszweige gleichermaßen betroffen sein. Auch werden nicht alle denkbaren Veränderungen von heute auf morgen eintreten. Vielleicht verhindert der Widerstand der Betroffenen schließlich sogar, dass alle Möglichkeiten ausgeschöpft werden. Die meisten möglichen Veränderungen werden gleichwohl kommen. Die Wirtschaftspolitik sollte darauf vorbereitet sein.

(2) Die deutsche und die europäische Wirtschaftspolitik sahen im Internet bislang vor allem eine industriepolitische Herausforderung. Wie lässt sich die Zahl der Internet-Anschlüsse vermehren? Wie kann man die Haushalte dazu bewegen, Geschäfte auch wirklich über das Internet abzuwickeln? Wie kann man die Netzkompetenz der Haushalte stärken? Wie kann man die Zahl der start ups vermehren? Was kann die europäische Industrie der angeblichen oder wirklichen Dominanz amerikanischer Anbieter entgegensetzen? Wie kann sie ihrerseits in amerikanische Märkte eindringen? Wie können europäische Anbieter auf den Märkten für die Infrastruktur des Internet eine größere Rolle spielen? Dass Industriepolitik der Königsweg ist, gilt für die Internet-Ökonomie jedoch so wenig wie für alle anderen Wirtschaftsbereiche auch. Die Eigenheiten des Internet und seiner Nutzung machen die klassischen Argumente gegen Industriepolitik nicht schwächer.

(3) Der Beirat will die Aufmerksamkeit der Wirtschaftspolitik auf einen viel wichtigeren Gegenstand lenken: auf die Herausforderungen der Wettbewerbspolitik durch das Internet. Er wendet sich dabei allerdings weniger an den Gesetzgeber. Dieser wird, zumindest vorerst, nicht gebraucht. Diese Aussage beruht jedoch ausschließlich auf dem hohen Abstraktionsgrad des geltenden Kartellrechts. Wird es richtig angewandt, lassen sich damit selbst die tiefgreifenden Veränderungen des Marktgeschehens bewältigen, zu denen das Internet führt. Das kann aber nur gelingen, wenn die Kartellrechtspraxis die Grundkategorien neu durchdenkt, von denen sie sich bislang hat leiten lassen. Es gilt, die Abwägungsgewichte neu zu justieren. Adressaten dieses Gutachtens sind in erster Linie die Kartellbehörden und Kartellgerichte. Was sie am Beispiel der new economy erarbeiten, wird schließlich auch Folgen für die Behandlung vergleichbarer Phänomene in der old economy haben müssen.

(4) Stichworte umreißen die Tragweite der Veränderungen: Durch das Internet fallen die Kommunikationskosten. Dadurch sinken Transaktions- und Organisationskosten dramatisch. Markttransparenz, insbesondere Preistransparenz, ist sehr leicht herzustellen. Das Internet selbst und viele seiner Anwendungen werden für den einzelnen umso wertvoller, je mehr sie nachgefragt werden. Die Durchsetzung von Standards und das Generieren einer kritischen Masse werden zu zentralen Wettbewerbsparametern. Auf vielen Internet-Märkten geht Wettbewerbsdruck vor allem von der Erwartung aus, das jeweilige Monopol könne durch ein künftiges, anderes Monopol abgelöst werden. Auf solchen Märkten ist Innovation für den Markterfolg entscheidend. Was heißt das für die Wettbewerbspolitik? Sollte man Größe misstrauen? Sollte ein Marktverhalten verhindert werden, das an die Besonderheiten der Internet-Ökonomie angepasst ist, aber strategisch zur Erzielung von Marktmacht eingesetzt werden kann? Sollte Kooperation in Forschung und Entwicklung kritischer betrachtet werden als bisher? Sollte die Selbstorganisation von Märkten durch Konkurrenten verhindert werden?

(5) Der Beirat geht diesen Fragen nach. Zuvor ist der Sachverhalt darzustellen (II). Die Besonderheiten der Internet-Ökonomie sind zu benennen (III). Daran schließt sich eine knappe Analyse des Rahmens an, in den eine Wettbewerbspolitik für das Internet gestellt ist (IV). Auf dieser Grundlage werden Antworten auf die Herausforderungen des Internet für die Wettbewerbspolitik möglich (V).

II. Das Internet

1. *Die Infrastruktur*

(6) Das Internet ist kein physisches Netz, sondern ein virtuelles. Mit seiner Hilfe kann man alle vorhandenen physischen Wege für den Transport von Daten von einem Rechner zum anderen nutzen. Dazu zählen vor allem die fest verlegten und die mobilen Telefonnetze. Diese haben aber eine eng begrenzte Bandbreite. Das macht alternative physische Transportwege attraktiv. Manche existieren bereits, etwa das Deutsche Forschungsnetz, das die Universitäten verbindet[1]. Andere sollen künftig errichtet werden, etwa mit Hilfe der UMTS-Frequenzen[2]. Einstweilen sind die meisten Endkunden über die Wählverbindungen der Telefonnetze an das Internet angeschlossen. Viele Geschäftskunden nutzen dagegen permanent geschaltete Mietleitungen. Das liegt vor allem dann nahe, wenn sie selbst Inhalte zum Abruf bereithalten.

(7) Im Internet werden Kommunikationsvorgänge über physische Transportwege abgewickelt, die verschiedenen Trägern gehören und die verschiedene Kommunikationstechniken nutzen. Das ist möglich, weil im Internetverkehr jeder Kommunikationsvorgang zunächst zerlegt wird. Es werden kleine Datenpakete gebildet, die sich getrennt ihren Weg durch die miteinander verknüpften Kommunikationswege suchen. Dadurch ist die Kommunikation im Internet auch gegen technische Störungen sehr gut gesichert. Wenn ein Kommunikationsweg gestört oder verstopft ist, suchen die Datenpakete einen Umweg zu ihrem Ziel.

(8) Diese Lösung hat zwei miteinander zusammenhängende Voraussetzungen. Jedes Datenpaket erhält eine standardisierte Hülle. Jeder Rechner hat eine genau definierte Adresse. Die Hülle liefert der technische Standard TCP/IP[3]. Die erste Hälfte dieses Standards, das „Transmission Control Protocol", sorgt dafür, dass die Datenpakete beim Empfänger wieder richtig zusammengesetzt werden. Die zweite Hälfte, das „Internet Protocol", ist dafür verantwortlich, dass die Datenpakete beim richtigen Empfänger ankommen.

(9) Sender und Empfänger sind durch eine definierte Adresse genau identifizierbar. Jeder Rechner, der am Internet-Verkehr teilnimmt, hat eine

1 DFN = Deutsches Forschungsnetz, http://www.dfn.de/.

2 UMTS = Universal Mobile Telecommunications System, http://www.umts-forum.org/what_is_umts.html.

3 TCP/IP = Transmission Control Protocol/Internet Protocol, http://www.tcpipprimer.com/index.cfm

solche IP-Adresse[4]. Das ist eine lange Zahlenfolge. Solche Zahlenfolgen bleiben im Gedächtnis schwer haften. Um den Internet-Verkehr zu erleichtern, übersetzt man die Rechneradresse deshalb in einen leichter zu merkenden Rechnernamen. Damit diese Übersetzungen erkannt werden, müssen sie dem Übersetzungsstandard, dem so genannten Domain Name System, folgen[5]. Dieser Standard gliedert die Rechnernamen hierarchisch in „Domänen" wie .de oder .com. Diese Domänen höchster Stufe und ihre Nutzer haben sich ihrerseits hierarchische Untergliederungen gegeben.

(10) Ein Nutzer erhält über einen Dienstleister, einen so genannten Internet-Service Provider[6], Zugang zum Internet, etwa über T-Online[7] oder über America Online[8]. Der Internet Service Provider verspricht, seinen Kunden Zugang zu anderen Rechnern zu verschaffen. Das ist einfach, wenn diese Rechner über den gleichen Internet Service Provider an das Internet angeschlossen sind. Dann kann er die Kommunikationsverbindungen nutzen, die er selbst für die Internet-Nutzung bereithält. Bei T-Online sind das regelmäßig von der Muttergesellschaft Deutsche Telekom gemietete Leitungen. Will ein Kunde von T-Online dagegen ein Angebot aus dem Deutschen Forschungsnetz nutzen, müssen beide Internet Service Provider einander den Verkehr übergeben. Das geschieht an definierten Schnittstellen, den so genannten Routern[9]. Mit Hilfe von Routern lässt sich der Internet-Verkehr auch hierarchisch organisieren. Ein Internet Service Provider erwirbt von einem im Hintergrund bleibenden anderen Anbieter das Recht, Datenpakete in dessen Netz einzuspeisen[10]. Wenn ein Unternehmen Internet Service Providern den Transport von Verkehr zu anderen Internet Service Providern anbietet, nennt man es einen Backbone Provider[11]. Viele Backbone Provider haben eine Doppelrolle inne, indem sie selbst als Internet Service Provider aktiv sind, aber gleichzeitig anderen Internet Service Providern Backbone Kapazitäten bereitstellen. Die Backbone Provider sind ihrerseits wieder nach Ebenen organisiert. Manche bieten nur regionalen oder nationalen Verkehr an, einige wenige auch internationalen. Letztere sind hoch konzentriert.

4 IP-Adresse = Internet Protocol Address, http://www.internetstandard.ch/update/glossar/10096.asp
5 DNS = Domain Name System, http://www.denic.de/.
6 ISP = Internet Service Provider, http://isp.webopedia.com/.
7 http://www.t-online.de/.
8 AOL = America Online, http://www.aol.de/homepage/index.html.
9 http://webopedia.internet.com/TERM/r/router.html.
10 EG-Kommission CEPT, ETNO & EICTA WTSA-2k doc. (00)122 Rev. 002 vom 11.9.2000.
11 http://www.geog.ucl.ac.uk/casa/martin/atlas/isp_maps.html.

(11) Der Internet-Nutzer zahlt seinem Internet Service Provider ein Entgelt für den Zugang zum Internet. Die Zahlungsströme zwischen Internet Service Providern und zu den Backbone Providern sind komplizierter. Ursprünglich haben sich diese Anbieter den Verkehr einfach übergeben. Wenn jede Seite von der anderen etwa gleich viel Durchleitungswünsche erwartet, geschieht das auch heute noch manchmal. Eine solche auf „Peering", also den Grundsatz gleich und gleich, abstellende Vereinbarung ist aber nicht mehr die Regel. Wenn der Verkehr asymmetrisch ist, erhält derjenige eine Zahlung, der selbst weniger Verkehr generiert (Transit Vereinbarung). Die Backbone Provider finanzieren sich also aus Zahlungen der Internet Service Provider und aus Zahlungen untereinander. Diese Zahlungsströme scheinen der Aussage zu widersprechen, dass sich die einzelnen Datenpakete selbständig einen Weg durch das Netz suchen. Sie passieren dabei jedoch die Rechner zur Wegsuche, die bereits erwähnten Router. Diese lassen nur solchen Verkehr passieren, für den auch bezahlt ist. Tatsächlich kann man über das Internet zwar praktisch jeden Rechner der Welt erreichen. Dieses Ergebnis wird aber nur deshalb erreicht, weil die Internet Service Provider und die Backbone Provider durch ein Netz von Verträgen miteinander verbunden sind.

(12) Die Nutzung der unterschiedlichsten physischen Kommunikationsnetze und die Technik der Paketvermittlung bewirken dass für einen Kommunikationsvorgang kein definierter Kommunikationsweg geschaltet wird. Technisch wäre es gleichwohl möglich, bestimmte Datenpakete vorrangig zu transportieren. Die Router können Informationen über Priorität verarbeiten. Auch das Netzwerk von Verträgen zwischen Internet Service Providern und Backbone Providern müsste daran aber angepasst werden. Die beteiligten Unternehmen sehen dazu bislang keinen Anlass. Nach ihrem Urteil hat Stau im Internet bisher andere Gründe: den nicht vorhergesehenen steilen Anstieg der Nutzung und die zu geringe Leitungskapazität auf der letzten Meile, also zwischen dem Internet Service Provider und seinen Kunden. Das ist ein Problem der Telekommunikationsunternehmen, nicht des Internet.

2. *Die Nutzung*

a) *Die nicht-kommerzielle Kommunikation*

(13) Alles, was sich in Datenpakete zerlegen lässt, kann auch über das Internet transportiert werden. Für Texte, Bilder, Töne und Computerprogramme ist das schon selbstverständlich. Haptische Eindrücke werden bald folgen. Auch der Tastsinn lässt sich dann elektronisch ansprechen. Technisch wäre es auch möglich, den Geruchssinn elektronisch

anzusprechen. Verschiedene Sinneseindrücke lassen sich in multimedialer Darstellung verknüpfen. Die Vielfalt elektronischer Kommunikation ist deshalb beinahe unbegrenzt. Einstweilen ist der Abruf von Inhalten aus Web-Servern[12] die Regel. Auch zeitgleiche Nutzungen sind aber möglich. Darauf beruht etwa die Internet-Telefonie. Das Internet kann auch dazu eingesetzt werden, auf Distanz Maschinen zu steuern, die Wirkungen in der realen Welt auslösen.

(14) Findige Personen nutzen all diese technischen Möglichkeiten, ohne dabei Hilfe in Anspruch zu nehmen. Die meisten Menschen bedienen sich jedoch intermediärer Helfer. Der Bedarf an Intermediation entsteht vor allem aus der größten Wohltat des Internet. In einem zuvor nicht gekannten Ausmaße ist die Gewinnung, Verteilung und Verarbeitung von Information möglich geworden. Genau aus diesem Grunde wird es für den einzelnen aber auch immer schwerer, sich in dieser Vielfalt zu orientieren. Aufmerksamkeit wird zur knappen Ressource. Der Orientierung dienen Suchmaschinen nach der Art von Google[13], Internetportale[14], aber auch die vielen Internetseiten, die über spezifische Anliegen informieren. Die zweite große Aufgabe ist die Evaluation der gefundenen Information. Auch hierbei ist der Netznutzer oft auf intermediäre Helfer angewiesen. Sie verteilen Noten für die Qualität konkurrierender Informationsangebote, oder sie legen dem Nutzer gleich ein ausgewähltes Informationsangebot vor.

(15) Das Internet erleichtert die Kooperation auf Distanz. Mit einem Fidschi-Insulaner zu kommunizieren, ist im Internet nicht teurer, schwieriger oder zeitraubender als der elektronische Kontakt zum Nachbarn eine Tür weiter. Dadurch können Gleichgesinnte zusammenfinden, die das bislang wegen zu hoher Organisationskosten nicht gekonnt hätten. Dadurch kann auch die Grenze zwischen privatem und kommerziellem Handeln verschwimmen. Solange Gruppen von Amateuren Kometen entdecken, Fossilien finden oder dem Vogelzug nachspüren, kümmert das die Ordnungspolitik wenig. Schon kritischer wird es, wenn sich 10.000 auf diese Weise organisierte Kometenforscher auf ein Fabrikat für die Fernrohre verständigen, damit der Datenaustausch einfacher wird. Von dort aus ist es dann nur noch ein Schritt zum gemeinsamen

[12] Ein Web-Server ist ein Rechner, der elektronische Angebote auf einer mehr oder weniger großen Vielzahl von Internetseiten zum Abruf bereithält. Eine Gesamtheit von Internetseiten, die von Querverweisen und einer einführenden Homepage zusammengehalten wird, heißt Web-Site.

[13] http://www.google.com/.

[14] Ein Portal ist eine Eingangsseite in das ganze Internet oder in einen spezifischen Teil davon. Als Benutzungsoberfläche erleichtert und organisiert es den Zugang zu den Seiten, die den Nutzer interessieren.

Einkauf, also zur Kommerzialisierung. Wenn bekannt wird, wie verlässlich die Vorhersagen dieser Gruppe sind, schreibt ein Mitglied vielleicht auch einen elektronischen Informationsbrief für die breitere Öffentlichkeit. Findet dieser Anklang, wird der Rechner, auf dem er liegt, wegen Überlastung bald langsam werden. Es bietet sich an, die Abonnenten um Zahlungen zu bitten, aus denen eine stärkere Maschine und ein besserer technischer Service finanziert werden kann.

(16) Auch Aufgaben, die bei anderen Kommunikationsformen in der Hand des Staates liegen, können im Internet oft von privaten Anbietern erfüllt werden. An die Stelle des öffentlichen Datenschutzes tritt dann etwa das „Platform for Privacy Preference Project", auch P3P genannt[15]. Die Betreiber von Internetseiten deklarieren nach diesem Standard, wie sie personenbezogene Daten verwenden werden. Der Nutzer erfährt, ob sie die Daten weiterverkaufen, und wenn ja, an wen. Er kann seinen Browser[16] so einstellen, dass Seiten automatisch abgelehnt werden, die seinen Datenschutzpräferenzen widersprechen. Die Datenschutzorganisation TRUSTe[17] geht noch einen Schritt weiter. Sie führt ein Datenschutzaudit durch. Die Organisation prüft also, ob sich die angeschlossenen Anbieter verlässliche Regeln und Verfahren zur Sicherung der vertraulichen Daten gegeben haben, mit denen sie arbeiten. In der Zukunft erhält der Nutzer vielleicht sogar regelmäßig eine Art Kontoauszug darüber, wer seine Daten wofür benutzt hat. Will ein Käufer anonym bleiben, kann er auch anonym bezahlen. Er nutzt dafür eine Art elektronischer Debit-Card, von der der Rechnungsbetrag sofort abgebucht wird. Auch die Lieferadresse muss er nicht offen legen. Vielmehr erhält der Lieferant nur die Transaktionsnummer eines Transportunternehmens. Welche Adresse sich dahinter verbirgt, weiß nur der Transporteur.

(17) Auch für Aufgaben des Verbraucherschutzes gibt es private Substitute. Ein anschauliches Beispiel sind die Rückerstattungssysteme der Kreditkartenorganisationen. Macht der Käufer geltend dass er die elektronisch bestellte und mit Kreditkarte bezahlte Ware nicht erhalten hat, storniert das Kreditkartenunternehmen die Belastung seines Kontos. Es informiert den Anbieter und verlangt Aufklärung des Sachverhalts. Fällt

15 http://www.w3.org/P3P/.

16 Der Browser ist das Rechnerprogramm, das, als Pfadfinder gleichsam, einen Teilnehmer des Internet durch das Netz führt, zu dessen vielfältigen Kontaktstellen und Informationsangeboten. Das Schreiben des ersten Browser durch Tim Berners-Lee war gewissermaßen die Kreation der Möglichkeit zu dem, was wir heute als Internet-Verkehr kennen.

17 http://www.truste.org/.

ein Anbieter zu häufig auf, kündigt die Kreditkartenorganisation den Vertrag mit ihm.

(18) An die Stelle des Jugendschutzes treten im Internet häufig technische Lösungen. Bei Systemen, die mit einer Altersprüfung arbeiten[18], macht der Anbieter den Zugang zu der jugendgefährdenden Internetseite davon abhängig, dass der Nutzer einer zertifizierten Stelle gegenüber sein Alter offengelegt hat. Umgekehrt kann der Nutzer selbst oder sein Internet Service Provider auch ein Filterprogramm installieren, das den Zugang zu problematischen Inhalten erschwert oder ausschließt. So sperren viele Internet Service Provider etwa den Zugang zu den pornographischen Teilen des altehrwürdigen Usenet[19].

b) Das Internet als Basis für neue Vertriebsformen

(19) Das Internet hat dem Versandhandel neuen Aufschwung verliehen. Noch werden die Produkte oft physisch geliefert. Der Postbote klingelt an der Haustür und liefert die elektronisch bestellte Ware. Der Handwerker kommt nach einer E-Mail ins Haus. Bald wird die Grenze zwischen physischen und elektronischen Produkten jedoch immer durchlässiger werden. Statt des Buches selbst kann man auch eine elektronische Kopie bestellen. Das Telefonunternehmen schickt keinen Techniker mehr, wenn das Endgerät defekt ist, sondern wählt sich von der Ferne aus ein. In Zukunft überlässt die Hausfrau vielleicht dem Kühlschrank die Routineeinkäufe. Primitive Chips an den Nahrungsmitteln erlauben dem Kühlschrank nicht nur die Bestandskontrolle. Er lernt das Nutzungsprofil der Familie. Die Lager- und Transportlogistik des Handels ist bereits heute fast vollständig elektronisch gesteuert. Für die Zahlung belastet der Kühlschrank die Kreditkarte des Hausherrn. Noch wirkungsvoller ist das Internet, wenn das Produkt von vornherein in elektronischer Form vorliegt. Daraus erklärt sich die Bedeutung des Computer-Handels von Finanzprodukten. Auch der Zahlungsverkehr kann elektronisch abgewickelt werden. Einstweilen geschieht das vor allem durch die Belastung von Kreditkarten. Noch enger kann der Handel zwischen Unternehmen gestaltet werden. Hat der Händler einmal elektronisch erfasst, wie das Auto des neuen Kunden aussehen soll, können vernetzte Rechner alle Vorgänge von der Produktion der Einzelteile über deren Anlieferung, den Einbau und die Auslieferung des Fahrzeugs steuern.

[18] http://www.adultcheck.com/.

[19] Das Usenet ist ein älterer Teil des Internet. Er besteht gleichsam aus elektronischen Anschlagbrettern, an denen Texte und Bilder angeheftet werden, http://www.ibiblio.org/usenet-i/home.html.

(20) Elektronische Produkte bestehen aus einer Abfolge von ja/nein Informationen. An sich sind sie deshalb einfach, beliebig oft und ohne jeden Verlust an Qualität zu kopieren. Der Hersteller kann dieses technische Risiko allerdings oft auch mit technischen Mitteln beherrschen. Am weitesten entwickelt sind Systeme zum Urheberrechts-Management. Solche Systeme schützen das elektronische Produkt, bevor es das erste Mal das Haus verlässt. Ein anschauliches Beispiel ist das Programm Acrobat-Reader[20]. Es schützt elektronisch verbreitete Texte. Der Urheber kann für jeden Text entscheiden, ob der Text gespeichert, gedruckt oder bloß am Bildschirm gelesen werden kann. Technisch lassen sich die Möglichkeiten nahezu beliebig erweitern. Der Urheber kann etwa verhindern, dass sein Abnehmer das elektronische Produkt weitergibt. Er kann die Nutzung ausschließen, nachdem eine bestimmte Zeit abgelaufen ist oder das Dokument eine bestimmte Zahl an Öffnungen erlebt hat. Solche technischen Sicherungen sind selten absolut verlässlich. Mit ausreichender Findigkeit und genügendem Aufwand sind sie meist zu überwinden. Für den zu schützenden Urheber ist das jedoch so lange kein ernst zu nehmendes Problem, wie die Durchbrechung des Schutzes selten bleibt. Erst wenn der Schutz massenhaft unwirksam wird, muss er sich nach neuen technischen Sicherungen umsehen. Praktisch bedeutet das: Sicherungssysteme eignen sich immer nur auf Zeit.

(21) Viele Hersteller verzichten auf solchen Schutz aber. Sie verschenken ihr Produkt. Dadurch werden sie nicht zu karitativen Unternehmen. Vielmehr gehen sie von der direkten zur indirekten Finanzierung über. Dafür finden sich im Internet viele Beispiele.

(22) Viele elektronische Angebote enthalten Werbung. Meist sind es so genannte Banner. Das sind Werbeeinblendungen in eine Internetseite. In der Regel sind sie als Link, also als ein Querverweis ausgestaltet, der sich mit der Maus anklicken lässt und zu den Internetseiten des werbetreibenden Unternehmens führt. Aufdringlicher sind die so genannten Pop-up-Fenster[21], die der Besucher erst einmal entfernen muss, bevor er zum gewünschten Inhalt vordringt.

(23) Für eine zweite Form der indirekten Finanzierung steht der Browser von Netscape. Die jeweils neueste Version dieses Browsers[22] kann man sich vom Server[23] des Unternehmens kostenlos herunterladen. Sie wird

20 http://www.adobe.com/products/acrobat/readstep.html.

21 Ein Pop-up-Fenster erscheint an Stelle der eigentlich gewünschten Internetseite oder überlagert sie zum Teil – mit Werbung.

22 http://home.netscape.com/download/.

23 Ein Server ist ein Computer, der Ressourcen verwaltet, die für das Internet gebraucht werden, etwa Internetseiten, http://isp.webopedia.com/TERM/s/server.html.

auch auf CD-Roms[24] vertrieben, die Computerzeitschriften beiliegen. Geld verdient das Unternehmen mit einer Software für die Herrichtung von Internetseiten. Mit Hilfe dieses Programms lassen sich die Seiten so gestalten, dass das Angebot besonders gut zur Geltung kommt.

(24) Einen dritten Weg der indirekten Finanzierung hat Microsoft gefunden. Das Unternehmen gibt seinen Browser, den Internet-Explorer[25], dem Betriebssystem Windows kostenlos bei. Microsoft finanziert den Aufwand für die Entwicklung des Browsers also vor allem aus den Vertriebserlösen für das Betriebssystem.

(25) Noch weiter gehen Anbieter, die auf die Herausforderungen des Internet mit einer Änderung der Produktqualität reagieren. Ein gutes Beispiel ist Amazon.com[26] beziehungsweise dessen deutsche Tochter Amazon.de[27]. Das Kerngeschäft des Unternehmens ist der Buchhandel. Es setzt aber zugleich eine Software ein, die es erlaubt, Buchempfehlungen zu geben, die auf die Person des jeweils angesprochenen Kunden zugeschnitten sind. Das gelingt dem Unternehmen durch eine relativ einfache technische Vorkehrung. Es speichert sämtliche Bestellvorgänge des Kunden und vergleicht sie mit den Bestellprofilen anderer Kunden.

(26) Mit der gleichen Technik lassen sich auch maßgeschneiderte Produkte herstellen. So lässt sich etwa das Musikprogramm personalisieren. Der Kunde stellt eine Liste von Musikstücken zusammen, die seinen Geschmack am besten treffen. Das Unternehmen bietet ihm künftig einen Musikteppich, der sich daran orientiert. Das wird dem Programm um so besser gelingen, je mehr Aufwand der Nutzer zu treiben bereit ist, allgemeiner gesprochen: je mehr Reaktionen man ihm abgewinnen kann. Dabei genügen schon gelegentliche elektronische Entzückensschreie oder Wutausbrüche.

(27) Das Internet erlaubt dem Unternehmen, die Wünsche seiner Kunden auch dann zu erfahren, wenn diese verstreut leben. Der Vertrieb in der Diaspora wird möglich. Auch die „schwierige Mitte“ zwischen Massenproduktion und Einzelfertigung ist nun zu erreichen.

[24] CD-Rom = Compact Disk Read Only Memory, CD mit Inhalten, die von einem Computer genutzt werden sollen, etwa ein Computerspiel.

[25] Der Internet-Explorer kann auch getrennt und kostenlos aus dem Netz geladen werden,
http://www.microsoft.com/windows/ie/download/ie501SP1.htm?FinishURL=%2Fdownloads%2Frelease%2Easp%3FReleaseID%3D22365%26redirect%3Dno.

[26] http://www.amazon.com/.

[27] http://www.amazon.de/.

(28) Im nächsten Schritt wird der Preis nicht mehr vom Verkäufer, sondern vom Käufer genannt. Beispiele finden sich bislang vor allem bei vergleichsweise teuren Produkten, etwa Autos, Versicherungen oder Hypothekenkrediten. Intermediär tätige Unternehmen organisieren Märkte, an denen der Käufer Produkt und Preis nennt und um Angebote bittet. Nicht selten verschwimmen die Marktseiten im Internet aber ganz. Der Begriff des „Prosumers“ fängt diese Ambivalenz ein. Die Abnehmer nutzen das Produkt nicht bloß, sondern sie entwickeln es fort, und das nicht nur für sich selbst. Solange das ein untergeordneter Beitrag bleibt, werden sich die Marktseiten trotzdem klar bestimmen lassen. So werden die Kunden von Amazon.com nicht dadurch zu Mitunternehmern, dass sie Rezensionen beisteuern und ihre Nutzungsprofile offenbaren. Auch der Software-Hersteller lässt sich noch als solcher identifizieren, wenn er die halbfertige Beta-Version kostenlos zum Test herausgibt. Beim Betriebssystem Linux[28] wird es dagegen schwieriger. Jeder Interessent kann es kostenlos oder für einen kleinen Beitrag erhalten. Mit der Überlassung ist freilich die Erwartung verbunden, dass sich die Nutzer an der Fortentwicklung beteiligen und die Ergebnisse allen anderen Nutzern zur Verfügung stellen.

(29) Auf dem gleichen Gedanken beruht etwa Apache[29], die populärste Software für Webserver. Hier ist es kaum noch angemessen, den ursprünglichen Entwickler für den Anbieter eines fertigen Produkts zu halten. Seine Leistung besteht eher darin, dass er eine Plattform organisiert, auf der eine Vielzahl dezentraler Entwickler zusammenkommt.

III. Eigenheiten der Internet-Ökonomie

1. *Senkung von Transaktionskosten*

(30) Die Höhe der Transaktionskosten ist entscheidend dafür, welche Formen der Zusammenarbeit sich durchsetzen, welche Institutionen zur Ermöglichung oder Erleichterung von Zusammenarbeit sich entwickeln und stabilisieren. Das Geldwesen als Vehikel einer drastischen Verminderung der Transaktionskosten beim Tausch belegt diese Aussage.

(31) Eine wesentliche Komponente der Transaktionskosten ist der Aufwand zur Überwindung räumlicher Distanz. Durch die Entwicklung der Telekommunikation sind die Distanzkosten der Kommunikation immer weiter gesunken. Immer neue Inhalte können auf diese Weise transportiert werden. Zunächst waren es nur die Morsesignale des Telegrafen.

[28] http://www.linux.org/.
[29] http://www.apache.org/.

Später kam mit dem Telefon das gesprochene Wort hinzu. Das Fax erlaubt die Versendung von Schriftstücken. Im Internet können beliebige digital aufbereitete Dokumente versandt oder abgerufen werden. Die Kosten einer Zusammenarbeit örtlich verstreuter Personen haben sich dadurch ganz wesentlich reduziert.

(32) Die Folgen dieser Senkung der Transaktionskosten lassen sich noch nicht wirklich abschätzen. Jedenfalls werden räumliche Distanzen aber ein viel geringeres Hindernis darstellen. Das setzt besonders diejenigen Institutionen unter Anpassungsdruck, die von der Zusammenarbeit in einem eng begrenzten geographischen Raum her gedacht sind. Dazu gehören nicht zuletzt viele Institutionen von Gesellschaft und Staat. Aber auch zahlreiche mit dem Marktgeschehen eng verbundene Institutionen und Usancen werden nur bestehen können, wenn sie neue Formen annehmen. Die Wettbewerbsfähigkeit der Individuen wird von anderen Parametern abhängen als in der Vergangenheit. Für diese Entwicklungen seien einige Beispiele genannt:

- Auf der Ebene des Individuums: Sprachkenntnisse werden wichtiger. Heute und erst recht in der Zukunft ist eine gute Kenntnis des Englischen für eine erfolgreiche berufliche Tätigkeit unabdingbar. Denn der Raum, in dem man mit der Hochsprache des eigenen Landes zurecht kommt, ist immer weniger der Raum, in dem sich die Zusammenarbeit tatsächlich abspielt.
- Auf der Ebene der staatlichen Regulierung: Mit der nicht zuletzt durch das Internet beschleunigten Internationalisierung der Kapitalmärkte werden Fragen der Börsenaufsicht, der Bilanzierungsregeln sowie der Usancen bei der Aufnahme und Vergabe von Krediten zu internationalen Fragen. Der Druck des Kapitalmarkts auf Vereinheitlichung dieser Regulierungen und Praktiken ist heute schon hoch und wird zukünftig noch weiter steigen. Auch ein Unternehmen ohne Zweigstelle am Ort kann zur Hausbank werden.
- Die staatliche Praxis bei der Zulassung von Medikamenten oder anderen Produkten kommt immer mehr unter internationalen Druck. Die nationalen Gesundheitsbehörden werden von Patienten und Patentinhabern gedrängt, Medikamente schon dann zuzulassen, wenn sie von einer renommierten ausländischen Behörde geprüft sind.
- Viele Unternehmen leben davon, dass ihre Kunden das Angebot der Konkurrenz nicht kennen. Im Internet können die Kunden weltweit nach gleichen oder ähnlichen Produkten suchen. Unkenntnis der Kunden schützt die Anbieter immer weniger vor Wettbewerb.

- Auf der Ebene der Kooperation von Unternehmen: Traditionell haben Unternehmen ihr Verhalten vor allem über Märkte koordiniert. Adam Smith hat formuliert: Erst der Tausch ermöglicht Arbeitsteilung. Durch das Internet mag dieser komparative Vorteil des Marktes zurückgehen. Der Unterschied zwischen den Kosten einer Koordination über Märkte und den Kosten der Koordination in stärker organisierten institutionellen Arrangements könnte gering werden. So könnten die Software-Entwicklung im Linux-Verbund oder die private Regulierungstätigkeit in Nichtregierungsorganisationen die Vorboten einer viel allgemeineren Entwicklung sein.

2. *Netzwerkvorteile und Standards*

(33) Für das Internet und dessen Nutzung haben die charakteristischen Vorteile aus der Netzerweiterung zentrale Bedeutung. In der wissenschaftlichen Diskussion werden sie als positive Netzexternalitäten oder Netzwerkeffekte bezeichnet. Der individuelle Nutzen des Netzteilnehmers hängt davon ab, welche und wie viele andere Nutzer ebenfalls an das Netz angeschlossen sind. Das Netz wird für jeden bereits angeschlossenen Nutzer umso wertvoller, je mehr weitere Nutzer hinzutreten. Der individuelle Nutzen setzt sich also aus dem Nutzen der Technik und dem Nutzen der Netzteilnahme zusammen. Der Unterschied zwischen dem Technologieeffekt und dem Netzeffekt wird an einem technischen Standard deutlich. Er erfüllt eine bestimmte technische Aufgabe, erlaubt etwa das elektronische Versenden von Dokumenten. Daran hat der Nutzer aber nur dann ein Interesse, wenn auch andere Personen denselben Standard verwenden und die versandten Dokumente lesen können.

(34) Netzwerkvorteile gibt es bei vielen Produkten. Sie sind auch nicht auf physische Netze, etwa die klassischen Telekommunikationsnetze beschränkt. Jede Sprache gehört hierher, in der sich Menschen oder Maschinen verständigen. Auch bei komplementären Produkten besteht dieselbe Anreizstruktur, etwa bei den Kassetten von Videorekordern. Netzwerkeffekte sind bei der Infrastruktur und vielen Nutzungen des Internet aber besonders gewichtig. Solange das Internet im wesentlichen eine Angelegenheit von Universitäts-Instituten war, haben sich weder Unternehmen noch Haushalte dafür sonderlich interessiert. Mittlerweile gibt es dagegen kaum noch ein Unternehmen ohne Internet-Auftritt. Immer mehr Haushalte rufen Informationen aus dem Internet ab, präsentieren sich und ihre Angebote vielleicht sogar selbst auf einer Internetseite. Noch vor wenigen Jahren hatte in Deutschland kaum jemand eine E-Mail Adresse. Mittlerweile ist der E-Mail-Verkehr womöglich auf dem Wege, dem klassischen

Brief den Rang abzulaufen. Weitere Beispiele sind elektronische Schwarze Bretter (Bulletin Boards)[30], virtuelle Kaffeehäuser (Chat-Groups)[31] oder Verteiler für digitale Rundschreiben (Mailing-Lists)[32]. Sie alle leben davon, möglichst viele Personen mit gleichen Interessen zu erreichen. Sie nutzen also einen Netzwerkvorteil. Auch organisierte Märkte haben Netzwerkcharakter. Der Transaktionskostenvorteil der Organisation wird umso größer, je mehr Kunden den organisierten Markt nutzen. Organisierte Märkte hat es zwar schon vor dem Internet gegeben. Das klassische Beispiel sind die Börsen. Durch das Internet ist die Organisation von Märkten aber einfacher geworden. Weil die Distanzkosten der Kommunikation dramatisch sinken, können viel mehr Anbieter und Nachfrager auf ein und demselben organisierten Markt zusammenfinden. Nicht zufällig zählt die Auktion zu den häufigsten Formen des Internet-Handels.

(35) Netzwerkvorteile kann man kurz als Größenvorteile auf der Nachfrageseite beschreiben. Dies kann auf die Angebotsseite durchschlagen. Je stärker dieser Netzeffekt ist, desto eher kann sich dann nur ein einziger Anbieter am Markt halten. Ein Wettbewerber braucht eine erhebliche Verbesserung der Qualität oder eine überlegene Preisstrategie, will er diese Marktstellung angreifen.

(36) Der Wunsch nach dem Ausschöpfen von Netzwerkvorteilen kann in einem Spannungsverhältnis zu anderen Wünschen der Nachfrager stehen. In statischer Perspektive kann der Wunsch nach Vielfalt der Netze entgegenstehen, in dynamischer Perspektive der Wunsch nach einer Anpassung der Netzqualität an geänderte Präferenzen oder Umweltbedingungen. Man kann das dynamische Problem auch als einen Konflikt zwischen der Ausschöpfung von Netzwerkvorteilen und Innovation beschreiben.

(37) Das statische Problem hat eine vertraute Struktur. Vielfalt und Größenvorteile stehen in einem Spannungsverhältnis. Das gilt auch dann, wenn die Größenvorteile nicht auf der Angebots-, sondern auf der Nachfrageseite liegen. Die Infrastruktur des Internet lässt dieses Problem zwar nicht verschwinden, macht es aber weniger bedeutsam. Über das Internet kann transportiert werden, was auch immer sich in

[30] Ein Bulletin Board ist ein elektronisches Anschlagbrett. Jeder, der Zugang hat, kann Nachrichten anschlagen oder auf ältere Anschläge antworten.

[31] In einem Chat-Forum (von to chat: schwatzen) kommunizieren Internet-Nutzer zeitgleich und schriftlich.

[32] Eine Mailing-List veranlasst den Computer, E-Mails an eine Vielzahl von Adressaten gleichzeitig zu versenden. Mailinglists werden meist um Themen herum organisiert.

digitale Signale auflösen lässt: Texte, Töne, Bilder, künftig auch Tast- und Geruchseindrücke. Wegen der Paketvermittlung können Transportwege unterschiedlicher Kapazität und Auslastung benutzt werden. Diese Flexibilität ist das Ergebnis des TCP/IP-Standards. Er wirkt wie ein Übersetzer zwischen Kommunikationsnetzen und Kommunikationsdiensten, die unterschiedliche technische Standards nutzen.

(38) Das dynamische Problem lässt sich am Beispiel der Elektro-Stecker deutlich machen. Fast jedes Land hat andere Stecker. Das stört Reisende. Die Industrie muss für jeden nationalen Markt andere Stecker verwenden. Langfristig würden alle durch eine Vereinheitlichung der Stecker gewinnen. Trotzdem sind bislang alle Versuche einer Standardisierung gescheitert. Denn die Stecker der meisten vorhandenen Elektrogeräte wären danach ja unbrauchbar. Alle Häuser müssten umgerüstet werden. Die Wechselkosten wären zu hoch. Alle Nationen sind in ihrer Technikgeschichte gefangen. Man ist abhängig von dem Pfad, den man einmal eingeschlagen hat.

(39) Dahinter steht ein Koordinationsproblem. Das Problem besteht selbst in dem vergleichsweise einfachen Elektrostecker-Fall: Es gibt eine schlechtere alte und eine aus der Sicht aller Nachfrager langfristig eindeutig bessere neue Technik; einen Streit um die Wahl zwischen verschiedenen besseren Techniken gibt es also nicht. Das dynamische Problem tritt auf, wenn der Technologieeffekt schwächer ist als der Netzeffekt. Jeder Anwender erlangt mit der neuen Technik also nur dann einen Vorteil, wenn auch alle übrigen Anwender wechseln. Der Markt, die unsichtbare Hand, ist nur unter sehr speziellen Voraussetzungen in der Lage, diesen Wechsel in Gang zu setzen. Die Präferenzen der Wirtschaftssubjekte müssten vollständig bekannt sein. Jedes Unternehmen, jeder Haushalt müsste wissen, dass der Übergang auch für die anderen vorteilhaft ist. Dieses Wissen müsste allgemein verbreitet sein. Die Reihenfolge des Übergangs dürfte für das Nutzenkalkül der Wirtschaftssubjekte keine Rolle spielen, so dass strategisches Verhalten keinen Vorteil verspricht. Unter diesen Bedingungen fände der Übergang zur neuen Technik tatsächlich spontan, ohne bewusste Koordination statt. In der Wirklichkeit sind die Anwender aber fast immer weniger gut über den Nutzen des Wechsels und über die Wünsche der übrigen Anwender informiert. Solange nicht sicher ist, dass eine relativ große Zahl von Personen das verbesserte Netzwerkgut nachfragt, zögern die Nachfrager. Solange die Nachfrager zögern, zögern die Anbieter.

(40) Für die Bewältigung von Pfadabhängigkeiten gibt es keine offensichtlich richtige Lösung. Gelegentlich hat der Staat eingegriffen, um das Problem der kritischen Masse zu lösen. So hat der französische Staat

etwa die Minitel verschenkt. Datenkommunikation über das Telefonnetz wurde dadurch in Frankreich zu einem Erfolg, während das deutsche Pendant, der Bildschirmtext, eine Randerscheinung blieb. Weil das Ausschlussprinzip gewährleistet ist, sind aber auch private Anbieter imstande, das Problem der kritischen Masse zu überwinden. Sie müssen ihren künftigen Kunden dann allerdings glaubwürdig signalisieren, dass das Angebot eine gute Chance hat, auch von anderen Nachfragern angenommen zu werden. Die Ankündigung wird glaubwürdig, wenn sich der Anbieter selbst am meisten schaden würde, falls er das Projekt scheitern ließe. Ein plastisches Beispiel für diese Strategie hat Leo Kirch geliefert. Er hat bei Nokia eine Million Decoder für das digitale Fernsehen gekauft. Das zwingt das Unternehmen, für diese Decoder auch Kunden zu finden. Alternativ können sich auch alle Anbieter auf einen neuen, besseren Standard verständigen. Schließlich kann der Staat durch positive oder negative Anreize der privaten Standardisierung Anstoß und Richtung geben. Jede dieser Lösungen hat Nachteile, bringt zumindest Gefahren mit sich. Staatliche Interventionen bergen das Risiko, dass dem notorisch grobfingrigen Staat wieder einmal etwas misslingt und er vom Missglückten so schwer wie keiner wieder loskommt. Marktlösungen bergen das Risiko von Wettbewerbsbeschränkungen. Bei gemischt öffentlich-privaten Lösungen droht die Verwischung der Verantwortung.

3. *Größenvorteile und Verbundvorteile auf der Angebotsseite*

(41) Für viele Internet-Märkte sind Größen- oder Verbundvorteile auf der Angebotsseite typisch. Von Größenvorteilen spricht man, wenn eine proportionale Erhöhung aller Inputfaktoren eine überproportionale Zunahme aller Outputkomponenten bewirkt. Der wichtigste Grund sind hohe fixe Kosten. Das Ausmaß der Größenvorteile variiert dabei von Netz zu Netz erheblich. Bei den Telekommunikationsnetzen ist zwischen dem Fernverkehr und den lokalen Netzen zu unterscheiden. Aufgrund des stark gestiegenen Verkehrsvolumens nehmen Größenvorteile auf der Fernnetzebene stark an Bedeutung ab. Für die letzte Meile sind die Größenvorteile dagegen einstweilen noch beträchtlich. Auch hier zeichnen sich aber technische Substitute ab, etwa Mikrowellensysteme. Dadurch werden kleinräumigere Lösungen möglich.

(42) Bei der Infrastruktur des Internet scheint es im Augenblick gerade umgekehrt zu liegen. Der Aufwand zum Aufbau spezialisierter Netze für spezifische Gruppen von Anwendern ist regelmäßig überschaubar. Vor allem die fixen Kosten für eine Tätigkeit als internationaler Anbieter von Backbone-Leistungen sind dagegen hoch.

(43) Größenvorteile sind auch für die meisten elektronischen Produkte charakteristisch. Bei vielen elektronischen Produkten sind die variablen Kosten kaum wahrnehmbar. Entsprechend gering sind die Grenzkosten. Eine weitere CD zu pressen, kostet nur Pfennige. Vertreibt der Anbieter das Produkt über das Netz, muss er allenfalls einen schnelleren Server installieren oder die Kompressionssoftware verbessern, wenn sich die Nachfrage erhöht. Der eigentliche unternehmerische Aufwand liegt in der Entwicklung des Programms.

(44) Die bisherigen Anwendungen werden nicht nur billiger. Es werden Anwendungen ganz neuer Art möglich. Seit Speicherkapazität nahezu beliebig zur Verfügung steht, kann man alle Texte, die man je in seinem Leben gelesen hat, in der Jackentasche herumtragen. Wenn der Internetanschluss so billig wird, dass die Kommunikationskosten kaum noch ins Gewicht fallen, bleibt der Rechner den ganzen Tag im Netz. Wenn der Datenbankzugriff nur noch Pfennige kostet, ersetzt er schließlich wirklich den Gang in die Bibliothek. Davon kann auch der Anbieter profitieren. Wenn viele und verschiedene Nutzer Erfahrungen mit dem Produkt sammeln, werden nämlich auch mehr Ideen für die Verwendung des Produkts generiert.

(45) Dynamische Größenvorteile sind die Folge der Erfahrungen, die der Hersteller mit dem Produkt macht. Er beherrscht den Produktionsprozess besser. Oft verbessert er zugleich das Produkt. Im Gegensatz zu den Größenvorteilen bei unverändertem Wissen gehen solche Lerneffekte auch dann nicht zurück, wenn die ausgebrachte Menge wieder sinkt. Bei den meisten elektronischen Produkten sind die Lerneffekte ausgeprägt. Die Abnehmer sind auf sie eingestellt. Sie haben sich nicht nur an schnelle Produktzyklen gewöhnt. Sie erwarten vielmehr wie selbstverständlich, dass sie das bessere Produkt auch noch billiger erhalten.

(46) Falls Verbundvorteile vorliegen, kann ein Unternehmen mehrere Produkte billiger herstellen, als wenn sich jedes Unternehmen auf eines dieser Produkte spezialisiert. Diese Kostenvorteile können auf Vorteilen der gemeinsamen Produktion beruhen, etwa der gemeinsamen Nutzung von Inputs, aber auch auf Vorteilen beim Vertrieb. Zwischen verschiedenen Netzleistungen bestehen häufig Verbundvorteile. Für die Infrastruktur des Internet gilt das in besonderem Maße.

(47) Ebenso bedeutsam sind Verbundvorteile für elektronische Produkte. Ein einzelner Personalcomputer kann riesige Datenmengen verarbeiten und noch viel größere Datenmengen speichern. Einstweilen kann das volle Potential an Verbundvorteilen für elektronische Produkte allerdings aus einem Grunde noch nicht ausgeschöpft werden, der in der In-

frastruktur begründet liegt. Die Bandbreite des Zugangs der Endverbraucher zum Netz ist regelmäßig noch eng begrenzt. Große Datenmengen, wie sie etwa für Videosequenzen oder multimediale Anwendungen gebraucht werden, kann man dann bestenfalls zeitaufwendig herunterladen. Auch solange dieser Engpass für den Massenverkehr noch nicht beseitigt ist, verändert das Internet aber viele Produkte und Produktionsprozesse. Oft genügt es nämlich bereits, viele kleine Informationen zusammenzuführen. Ein anschauliches Beispiel sind die erwähnten Buchempfehlungen von Amazon.com.

4. *Innovationsdynamik*

(48) Das Internet ist beinahe schon ein Synonym für den technischen Fortschritt. Technischer Fortschritt entsteht aus der Produktion und Diffusion von Information. Prozessinnovationen schaffen neue Produktionsverfahren, Produktinnovationen neue Produkte. Stationäre Industrien sind mit Informationen nahezu gesättigt. Forschung und Entwicklung sind in solchen Wirtschaftszweigen eher Routinearbeit. Man weiß, dass man eine bestimmte Neuerung finden wird. Nur der Zeitpunkt ist noch offen. In progressiven Industrien sind die Neuerungen dagegen viel fundamentaler. Sie sind kaum vorhersehbar. Aufwendungen für Forschung und Entwicklung sind die wichtigsten Investitionen.

(49) Die meisten Internet-Industrien gehören in die zweite Gruppe. Für Hard- und Software ist das offensichtlich. Es gilt aber auch für die Vermittlungstechnik und viele Netznutzungen. Ein Beispiel soll genügen. Erst wird aus der gedruckten Zeitschrift eine elektronische. Im nächsten Schritt wird jeder Artikel getrennt in einer Datenbank bereit gehalten. Dann versendet das Social Science Research Network in einem elektronischen Rundbrief Zusammenfassungen, die mit einem Mausklick zu der Datenbank führen. Nun ersetzt der Autor seine Fußnoten ebenfalls durch solche Links. Vielleicht fordert er andere Wissenschaftler auch auf, ihre Reaktionen unmittelbar in eine Version des Artikels einzutragen, die auf seiner Homepage verfügbar ist und schafft dadurch eine Art lebendes Manuskript.

(50) Der Wettbewerb ist das wichtigste Entdeckungsverfahren. Er setzt den Anreiz, dass die Anbieter in die Suche nach gerade den Entdeckungen investieren, die von den Nutzern gewünscht werden. Außerdem sorgt er dafür, dass die Anbieter von den Nachfragern eine Rückkopplung erleben. Die Informationen, die die Anbieter auf diese Weise erhalten, können sie sofort wieder in die Verbesserung des Produkts einfließen lassen.

(51) Manchmal treten Innovationswettbewerb, Grenzkosten nahe Null und Netzwerkeffekte gleichzeitig auf. Ein Beispiel ist der aktuelle Kampf um die Systemführerschaft. Historisch sind die weltweiten Kommunikationsnetze vom isolierten Computer her gedacht. Die Intelligenz des Systems liegt ganz wesentlich dezentral beim einzelnen Rechner. Er ist für sich allein voll funktionsfähig. Er wird mit immer leistungsfähigeren Prozessoren und immer mehr Speicherkapazität ausgestattet. Gekämpft wird um Marktanteile für Prozessoren und Betriebssysteme. Die Systemführerschaft ging erst einmal an Intel und Microsoft. Viele glauben, sie werde sich in der nächsten Generation an die Schnittstelle zwischen dem einzelnen Rechner und dem Netz verschieben. Nach dem augenblicklichen Stand bekämen dann die Browser die Leitrolle. Die Frage ist deshalb so wichtig, weil die meisten Computerprogramme nicht autark sind. Viele Anwendungsprogramme nutzen vielmehr gemeinsam Komponenten des Betriebssystems oder des Browsers. Die Anwendungsprogramme werden auf diese Komponenten hin geschrieben. Funktionell äquivalente Komponenten anderer Betriebssysteme oder Browser können sie nur nutzen, wenn sie dafür ebenfalls ausgelegt sind oder wenn ein Übersetzungsprogramm installiert ist. Ein Browser ist qualitativ etwas ganz anderes als ein Betriebssystem. Wenn er die Systemführerschaft übernimmt, wäre das ein Innovationssprung. Wie bei jedem Computerprogramm liegen die Grenzkosten auch bei der Produktion eines weiteren Browser in der Nähe von Null. Schließlich kann der Browser nur dann die Systemführerschaft übernehmen, wenn er sich am Markt breit durchsetzt. Browser sind also Netzwerkgüter.

(52) Bei vielen anderen Produkten lassen sich die drei Effekte – vom Wettbewerb angetriebene Innovation, Stückkostendegression und Netzwerkvorteile – jedoch auseinanderhalten. Die Änderungsdynamik der Hardware ist hoch. Zugleich sinken die Produktionskosten zwar. Die Nachfrager erhalten deshalb nicht nur immer bessere Computer, sondern auch noch immer billigere. Trotzdem sind die Produktionskosten nicht zu vernachlässigen. Die Grenzkosten sind bei jedem Produkt nahe Null, wenn es einmal vollständig elektronisch erfasst ist. Viele elektronische Produkte sind aber nicht sonderlich innovativ. So lösen sich Musikgruppen in den Hitlisten nicht deshalb ab, weil ihnen eine ganz neue Art Musik eingefallen ist. Es wechselt lediglich der Geschmack des Publikums. Schließlich gibt es auch Produkte mit Netzwerkeffekten, die keinen Innovationssprung verkörpern. Das klassische Beispiel sind einfache Konventionen. Man muss sich darauf einigen, ob die Autos auf der Straße links oder rechts fahren sollen. Wenn es in der Bevölkerung mehr Rechts- als Linkshänder gibt, mag es für die Wahl sachliche Gründe geben. Die größte denkbare Neuerung besteht aber im einmaligen Wechsel

zu der Straßenseite, die für die Mehrheit die natürliche ist. Ähnliche Konventionen braucht auch das Internet, um funktionieren zu können. Damit die Datenpakete eindeutig adressiert werden können, muss jeder Rechner die bereits erwähnte unverwechselbare IP-Adresse haben. Ein Innovationsschub kam durch die Idee, die langen Zahlenreihen für alle Zwecke, die dies nützlich erscheinen lassen, durch Buchstabenfolgen zu ersetzen. In sich ist das System der Domänennamen aber von eher einfacher Art. Beim augenblicklichen Kampf um die Ausweitung der Menge an Domänen oberster Ordnung geht es im Grunde um Triviales. Man braucht nicht viel Innovationskraft, um der Endung .com die Endung .sex hinzuzufügen und auf diese Weise die Menge der Domain Names zu vermehren.

5. Verschwimmen der Grenze zwischen Markt und Unternehmung

(53) Traditionell war die Grenze zwischen dem, was über den Markt, und dem, was im Unternehmen geregelt wurde, nicht schwer zu ziehen. Weil die Kosten der Informationsgewinnung und Informationsverarbeitung mit dem Internet dramatisch sinken, wird diese Grenze nun aber durchlässig. Das Transaktionskostengefälle zwischen Markt und Unternehmen ebnet sich ein. Unternehmen werden zum Markt hin immer offener gestaltet, Märkte immer intensiver organisiert. Sind an den hybriden Formen der Verhaltensabstimmung, die sich zwischen Markt und Unternehmen schieben, mehr als bloß ein Anbieter und ein Nachfrager beteiligt, haben sie einen netzartigen Charakter.

(54) Ein typisches Beispiel sind virtuelle Unternehmen. Gegenüber ihren Abnehmern treten sie zwar als ein einziges Unternehmen auf. Tatsächlich werden die persönlichen und sächlichen Ressourcen aber nur für konkrete Projekte zusammengeführt. Im Extremfall ist die gesamte Zusammenarbeit auf einen einzigen Auftrag beschränkt. Im Regelfall geht es aber um eine mehr oder minder lose mittel- oder langfristige Kooperation, die für konkrete Aufträge aktualisiert wird. Ein Beispiel für einen relativ losen Verbund ist das Institut für Betriebsanalyse und Kommunikationsforschung. Es besteht aus einem Netzwerk von etwa 25 rechtlich selbständigen Beratungsunternehmen. Von Auftrag zu Auftrag wechseln die Partner, die zusammenarbeiten. Das Netzwerk kann auch eine Art zentralen Knoten haben. Ein Beispiel ist der Sportartikelhersteller Nike. Die Zentrale des Unternehmens beschränkt sich im Kern auf Management-Aufgaben.

(55) Ein einzelnes Unternehmen kann intermediär tätig werden und einen Markt organisieren. Internet-Auktionshäuser wie eBay sind prominente Beispiele. Manchmal sind es aber auch mehrere Anbieter, die über das Internet zusammenfinden und einen Markt gemeinschaftlich organisieren, auf dem sie anschließend in Konkurrenz zueinander treten. Dann verschwimmt die Grenze zwischen Kooperation und Konkurrenz. Dafür ist der Ausdruck „Coopetition" – aus cooperation und competition – entstanden.

6. *Geänderte Bedingungen für den Schutz von Verfügungsrechten*

(56) Digitalisierte Produkte lassen sich zu sehr niedrigen Kosten ohne jeden Qualitätsverlust beliebig häufig vervielfältigen. Ein anschauliches Beispiel ist der Streit um die Musikbörse Napster. An dieser Börse „tauschten" die Hörer digitale Musikkonserven, für die nur ein einziger Nutzer einmal bezahlt hatte. Das Beispiel belegt zugleich, dass der rechtliche Schutz von Verfügungsrechten allein nicht genügt. Niemand bezweifelt, dass die Musikschaffenden das Urheberrecht an ihrer künstlerischen Leistung haben. Sie könnten also im Prinzip gegen jede Urheberrechtsverletzung vorgehen. Die Kosten, die ihnen daraus entstünden, wären jedoch zu hoch. Wirtschaftlich macht nur das Vorgehen gegen eine Rechtsverletzung Sinn, mit dem man auf einen Schlag viele zur Räson bringt – wie im Falle der Klage gegen die eine Musikbörse.

(57) Die Unternehmenspraxis geht oft einen anderen Weg. Urheberrechtsmanagement-Systeme schützen das elektronische Produkt, bevor es das erste Mal das Haus verlässt. Der bereits erwähnte Acrobat-Reader zum Schutz elektronisch verbreiteter Texte steht als Beispiel dafür.

(58) Durch die neuen technischen Möglichkeiten zur Sicherung elektronischer Produkte hat sich die Aufgabenverteilung zwischen Recht und Technik geändert. Zuvor war der Urheber ohne die Hilfe der Rechtsordnung weitgehend schutzlos. Er konnte nur Geld verdienen, wenn er sein Werk Dritten gegen Entgelt zugänglich machte. Diese Dritten konnten das Werk nun aber ohne großen Aufwand vervielfältigen und dadurch die geistige Leistung des Urhebers selbst gewerblich nutzen. Um das zu verhindern, hat der Gesetzgeber dem Urheber das exklusive Nutzungsrecht an seinem Werk zugeordnet. Er erhielt ein Monopolrecht auf Zeit, das er durch die Vergabe von Lizenzen zu Geld machen konnte. Das Ausschließlichkeitsrecht war aber nie absolut. Geschützt war etwa nur das Werk, nicht die Ideen, auf denen es beruht. Der Gesetzgeber hat erlaubt, das gekaufte Buch weiterzugeben, daraus zu zitieren, darauf gestützt ein eigenes Werk zu schaffen, eine Schulklasse mit Fotokopien zu

versorgen oder das Werk im Schulfunk zu senden. Solche Einschränkungen fielen dem Gesetzgeber leicht. Denn der Urheber war ja vollständig in seiner Hand.

(59) Das ist nun anders. Der Urheber kann sich zwar immer noch auf den Schutz der Rechtsordnung verlassen, er kann aber auch zur technischen Selbsthilfe greifen. Der Rechtsordnung wächst damit möglicherweise eine neue Aufgabe zu. Der Gesetzgeber könnte aufgerufen sein, den Urheber an einem unbegrenzten Schutz seiner Verfügungsrechte zu hindern. Prinzipiell gibt es dafür zwei Möglichkeiten. Die erste setzt bereits bei der Ausgestaltung der Verfügungsrechte an, die zweite erst bei deren Gebrauch. Im ersten Falle würde die Rechtsordnung dem Urheber unmittelbar Grenzen für die private Aufrichtung und Durchsetzung von Verfügungsrechten ziehen. Im zweiten Falle würde sie den Urheber nur an einem privaten Schutz seiner Verfügungsrechte hindern, der ihn zugleich gegen Wettbewerb abschirmt.

IV. Rahmenbedingungen einer Wettbewerbspolitik für das Internet

(60) Sollen impliziert Können. Die beste Empfehlung nützt nur dann etwas, wenn der Adressat auch eine Chance hat, ihr zu folgen. Kartellbehörden und Kartellgerichte können Wirkungen nur erzielen, indem sie ihr jeweiliges Kartellrecht anwenden. Daraus ergeben sich drei Einschränkungen:

- Die wettbewerbspolitisch erwünschten Ergebnisse müssen die Eigengesetzlichkeit der Rechtsanwendung respektieren.
- Der Lebenssachverhalt lässt sich nicht aus seiner Abhängigkeit von anderen Rechtsgebieten lösen.
- Die Lösungsvorschläge müssen berücksichtigen, dass das Internet ein globales Phänomen ist.

(61) Ein rechtsstaatlich vertretbares Verfahren kann nicht beliebig schnell sein. Die Entscheidungsmaßstäbe müssen sich in abstrakt-generellen Regeln formulieren lassen. Die Tatbestandsvoraussetzungen müssen im Einzelfall bewiesen werden können. Die Regeln insgesamt müssen im gerichtlichen Verfahren handhabbar sein.

(62) Den Kartellbehörden und Kartellgerichten ist nur das Kartellrecht zugänglich. Wettbewerbspolitische Effekte gehen aber auch von anderen Rechtsregeln und Politikfeldern aus, vor allem von der Telekommunikationspolitik. Mittlerweile herrscht auf den meisten Telekommunikations-

märkten zwar Wettbewerb. Die Erblast der monopolistischen Vergangenheit ist aber noch nicht abgetragen. Sie ist einer der wichtigsten Gründe für die, verglichen mit den Vereinigten Staaten, nach wie vor niedrige Verbreitung von Internet-Anschlüssen. Der Internetverkehr der Haushalte muss durch den Engpass der letzten Meile in den Ortsnetzen. Hier gibt es einstweilen nur sporadisch Wettbewerb. Abgerechnet wird nach Nutzungsdauer. Die etwa in den USA verbreiteten Pauschalangebote im Bereich der analogen und der ISDN-Übertragung sind in Deutschland wieder vom Markt verschwunden. Sie können sich bislang nur im Bereich von DSL[33] halten. Auch die restriktive Standardisierungspolitik der 80er und 90er Jahre wirkt sich weiter aus. Aus all diesen Gründen ist der Wettbewerb auf den Internet-Märkten einstweilen weniger intensiv.

(63) Das Internet ist geradezu ein Fanal der Globalisierung. Das Kartellrecht ist dagegen nationales oder europäisches Recht. Oft entsteht daraus allerdings kein gravierendes Problem. Wenn ein Anbieter auf dem nationalen Markt tätig ist, haben die Kartellbehörden ein wertvolles Pfand in der Hand. Die Niederlassung ausländischer Anbieter ist ohne Mühe zu kontrollieren. Physische Waren, die elektronisch gehandelt worden sind, kann man an der Grenze anhalten. Der elektronische Abruf ist zwar schon deutlich schwerer zu verhindern. Das Kartellrecht braucht ja aber auch nicht möglichst jedes Handeln eines ausländischen Anbieters im Inland zu verhindern. Es genügt, wenn das Kartellrecht das ausländische Unternehmen so empfindlich treffen kann, dass es sich dem Rechtsanwendungswillen unterordnet. Gewiss wäre der Vollzugsaufwand dafür nicht gering. Meist konzentriert sich das Kartellrecht aber ohnehin auf Strukturentscheidungen. Dafür wird der Aufwand oft lohnen. Die extraterritoriale Anwendung, also die Anwendung der deutschen oder europäischen Regeln auf ausländische oder auf grenzüberschreitende Sachverhalte, ist also oft ein gangbarer Weg.

(64) Die extraterritoriale Anwendung des Kartellrechts kann allerdings nicht breitflächig eingesetzt werden. Sie kann zu einem Handelskrieg führen. Seit fast alle Nationen eigene Kartellrechtsordnungen haben, hat sich die Zahl an möglichen Kartellrechtskonflikten vervielfacht. Deshalb macht es Sinn, parallel nach schonenderen Lösungen zu suchen. Eine erste Möglichkeit ist die Harmonisierung des materiellen Regeln. Noch vor wenigen Jahren wäre dies utopisch erschienen. Mittlerweile hat sich jedoch nahezu jede wichtigere Volkswirtschaft ein Kartellgesetz gegeben. Meist hat sie dessen Anwendung überdies einer unabhängigen Kartell-

33 DSL = Digital Subscriber Line.

behörde anvertraut. Im Rahmen der WTO wird über ein allgemeines Weltkartellrecht nachgedacht. Hier mag man skeptisch sein. Die Chancen für ein international vereinheitlichtes Kartellrecht speziell für den elektronischen Handel könnten aber besser stehen. Die Völkergemeinschaft hat mehrfach bewiesen, dass sie für das Internet zu einheitlichen und vollziehbaren Lösungen finden kann. Das bekannteste Beispiel ist das WIPO[34]-Abkommen über den Schutz der Urheber im Internet.

(65) Ein völkerrechtliches Abkommen oder gar eine Internationale Organisation sind ein ehrgeiziges Ziel. Je einiger sich die wichtigen Wirtschaftsnationen sind, desto eher steht ihnen auch eine andere Lösung offen. Man kann sie die koordinierte Anwendung fremden Rechts nennen. In klassischen Zivilrechtsfällen ist sie weltweit die Regel. Jedes Land hat ein internationales Privatrecht. Der etwas missverständliche Begriff meint autonome nationale Regeln, die bei Fällen mit Auslandsberührung auf die der Sache nächste ausländische Rechtsordnung verweisen. Die Bereitschaft, im Kartellrecht ebenso vorzugehen, war bisher nicht vorhanden. Es galt den Staaten als öffentliches Recht. Weniger juristisch formal formuliert: Die wirtschaftspolitischen Zielvorstellungen wichen so weit voneinander ab, dass die Länder fremdem Recht keine Toleranz entgegenbrachten. Mittlerweile hat sich der Kartellrechtsgedanke in hohem Maße durchgesetzt. Zugleich werden immer mehr Märkte globalisiert. Deshalb könnte langsam doch die Bereitschaft wachsen, auch auf fremdes Kartellrecht zu verweisen.

(66) Eine schwächere Lösung, die die Kartellrechtspraxis hervorgebracht hat, weist ebenfalls in diese Richtung. Bei der Beurteilung von Fusionen mit grenzüberschreitender Wirkung arbeiten die europäischen und die amerikanischen Kartellbehörden seit langem intensiv und weitgehend spannungsfrei zusammen. Gelegentliche Meinungsunterschiede, wie sie auch jüngst wieder aufgetreten sind, stellen diese Aussage nicht in Frage. Jede Seite wendet dann zwar ihr eigenes Kartellrecht an. Sie unterstützt die andere Seite aber bei der Durchführung von deren Kartellverfahren, etwa durch die Übermittlung von Informationen. Und beide Seiten streben eine Entscheidung an, die den Unternehmen widersprüchliche Forderungen erspart.

(67) Wenn all das nicht hilft, bleibt der Gedanke der regulierten Selbstregulierung zu erwägen. Zu dieser Lösung hat die Praxis bei anderen Fragen der Internet-Regulierung häufig gefunden, etwa beim Datenschutz, beim Jugendschutz, beim Verbraucherschutz oder bei der Vergabe von

[34] World Intellectual Property Organisation, eine Sonderorganisation der Vereinten Nationen für Urheber- und Patentrechtsfragen.

Internet-Adressen. Der Grundgedanke ist einfach. Der Staat formuliert die Regeln nicht mehr selbst, oder er setzt seine eigenen Regeln nicht mehr selbst durch. Das überlässt er vielmehr einem Verband der Adressaten. Freiwillig wird der Verband das nicht tun. Aber gerade bei globalen Sachverhalten kann es dem Staat leichter fallen, Drohpotential zu mobilisieren als im Einzelfall sein Recht durchzusetzen. Anderen Staaten kann es leichter fallen, die Ergebnisse fremder Selbstregulierung zu tolerieren, auf die ein ausländischer Staat nur mittelbar über eine Drohgebärde Einfluss hat. Auch wenn sich die Staaten auf gemeinsame Regeln nicht einigen können, mögen sie doch zur koordinierten Einwirkung auf ein Selbstregulierungsregime bereit sein.

(68) Die Kosten dieser Lösung sind allerdings nicht gering. Die staatliche Einwirkung auf den Verband ist rechtsstaatlich und demokratisch kaum zu kontrollieren. Ein starker Verband ist die Grundvoraussetzung. Die Verbandsmacht kann dazu missbraucht werden, den aktuellen Wettbewerb zwischen den Mitgliedern zu beschränken und den Zutritt neuer Anbieter zu einem Markt zu erschweren. Ein einziger Verband für die gesamte Internet-Wirtschaft wäre weder realistisch noch wünschenswert. Branchenspezifische Verbände werden am ehesten noch zu einer Marktverhaltenskontrolle im Stande sein. Für die Ordnungspolitik eignet sich die regulierte Selbstregulierung deshalb nur ganz bedingt.

V. Das Internet als Herausforderung für wettbewerbspolitische Traditionen

(69) Wegen des Internet muss die Wettbewerbspolitik nicht neu erfunden werden. Die wettbewerbspolitischen Herausforderungen lassen sich mit dem geltenden Recht bewältigen. Bei dessen Anwendung müssen die Besonderheiten der Internet-Ökonomie aber angemessen berücksichtigt werden. Immer wieder rückt die Internet-Ökonomie auch hergebrachte Urteile der Kartellrechtsanwendung in ein neues Licht. Das gibt zum Nachdenken, gelegentlich auch zu Korrekturen Anlass, deren Bedeutung über die Internet-Wirtschaft hinaus reicht. Veränderungen der Marktstruktur (1) erscheinen ebenso in einer neuen Perspektive wie das Konzept des Missbrauchs (2). Kooperation bei Forschung und Entwicklung wird problematischer (3). Die Wettbewerbsfolgen einer Selbstorganisation von Märkten müssen bewältigt werden (4).

1. *Marktstrukturkontrolle*

(70) Marktstrukturkontrolle ist regelmäßig wirksamer und leichter zu bewerkstelligen als Marktverhaltenskontrolle. Wegen des Vollzugsverbots haben die Kartellbehörden ein Pfund, mit dem sie in Verhandlungen mit den Unternehmen wuchern können. Die Unternehmen haben einen Anreiz, die Behörden von sich aus mit glaubwürdigen Informationen zu versorgen. All das könnte nahe legen, auch gegenüber der Internet-Ökonomie stärker auf Marktstrukturkontrolle als auf Marktverhaltenskontrolle zu setzen. Die Regeln der Fusionskontrolle müssen aber sachgerecht angewendet werden. Das ist nicht leicht. Manchmal ist schon zweifelhaft, ob überhaupt ein Zusammenschluss vorliegt (a). Schwierig ist regelmäßig die Abgrenzung des relevanten Marktes (b). Unter den Bedingungen der Internet-Ökonomie kann die Entscheidung schwer fallen, ob durch den Zusammenschluss eine marktbeherrschende Stellung entsteht (c). Nicht selten erscheint Marktbeherrschung als notwendige Begleiterscheinung einer wohlfahrtsmehrenden Entwicklung (d).

a) Zusammenschluss

(71) Das Kartellrecht unterscheidet zwischen Strategien der Kooperation und der Konzentration, zwischen einer Zusammenarbeit auf Zeit und dem Zusammenschluss auf Dauer. Für erstere gilt das Kartellverbot, zweitere sind Gegenstand der Fusionskontrolle. Die Grenze zwischen Transaktion und Organisation, zwischen Markt und Unternehmung war bisher für den Regelfall nicht schwer zu ziehen. Mit dem Internet wird diese Grenze durchlässiger.

(72) Das hat Folgen für die Fusionskontrolle. Es ist bei solchen Sachverhalten manchmal nicht leicht, zu bestimmen, ab wann ein Zusammenschluss vorliegt. Aus der Sicht der beteiligten Unternehmen hätte diese Einordnung Vor- und Nachteile. Die Eingreifschwelle der Fusionskontrolle liegt hoch. Die Rechtsordnung interveniert erst dann, wenn durch den Zusammenschluss eine marktbeherrschende Stellung entsteht. Die Kooperation von Wettbewerbern verbietet das Kartellverbot dagegen im Prinzip kategorisch. Andererseits liegt die Aufgreifschwelle der Fusionskontrolle niedrig. Jeder Zusammenschluss muss vorab beim Bundeskartellamt oder der EG-Kommission angemeldet werden, wenn nur die Umsatzerlöse die gesetzlichen Schwellenwerte überschreiten. Die Unternehmen dürfen den angemeldeten Zusammenschluss zunächst nicht vollziehen. Das gilt selbst dann, wenn mit Händen zu greifen ist, dass keine marktbeherrschende Stellung entsteht. Wenn die beteiligten Unternehmen dieses Verfahren für jedes einzelne gemeinsame Projekt

durchlaufen müssten, wären virtuelle Unternehmen zumindest sehr erschwert, wenn nicht praktisch verhindert.

(73) Ein geeigneter Gegenstand für die Fusionskontrolle ist in solchen Fällen nur die Rahmenvereinbarung, mit der Unternehmen auf längere Frist zu einem Netzwerk zusammenfinden. Ob sie bereits einen Zusammenschluss begründet, muss vom Ausmaß abhängen, in dem die Beteiligten unternehmerische Entscheidungen vergemeinschaften. In der technischen Sprache der Kartellrechtspraxis: Es kommt darauf an, ob ein „Vollfunktionsgemeinschaftsunternehmen" entsteht. Auf die verbleibenden Fälle ist das Kartellverbot anwendbar. Oft wird es die Zusammenarbeit nicht behindern, weil Unternehmen aus verschiedenen Wirtschaftszweigen zusammenfinden. Dann fehlt es regelmäßig an der wettbewerbsbeschränkenden Wirkung. Dass diese Wirkung fehlt, kann sich auch aus dem Arbeitsgemeinschaftsgedanken ergeben. Das Kartellrecht lässt die Zusammenarbeit von Wettbewerbern zu, wenn der konkrete Auftrag die Kräfte jedes einzelnen Unternehmens überfordern würde. Um virtuelle Unternehmen nicht zu behindern, sollte dafür genügen, dass einem Unternehmen die Erfahrung mit einem wesentlichen Aspekt des Auftrags fehlt.

b) Marktabgrenzung

(74) In der Kartellrechtspraxis entscheidet sich das Ergebnis meist bei der Abgrenzung des relevanten Marktes. Das gilt insbesondere für die Fusionskontrolle. Wird der Markt hinreichend weit abgegrenzt, entsteht durch den Zusammenschluss keine marktbeherrschende Stellung mehr. Traditionell hat das deutsche und europäische Kartellrecht an die Marktabgrenzung relativ strenge Maßstäbe angelegt. Es ist nach dem Bedarfsmarktkonzept vorgegangen. Es hat dabei nur relativ enge Substitute zum selben Markt gerechnet. Die Kartellbehörden möchten diesen Weg offensichtlich auch für die Internet-Ökonomie fortsetzen. So geht die EG-Kommission von einem eigenen Markt für die digitale Distribution von Musik über das Internet aus[35]. Die analoge und digitale Distribution über den Hörfunk oder Verteilkabel gehören also ebenso wenig zu diesem Markt wie der Offline-Vertrieb der gleichen Inhalte über CDs. Die Kommission erwägt sogar, dass „download" und „streaming" verschiedenen Märkte darstellen[36]. Im ersten Fall lädt der Nutzer das Musik-

[35] KOM COMP M.1741 – MCI World Com/Sprint; KOM COMP M. 1852 – Time Warner/EMI.

[36] KOM COMP M.1845, R 26 – AOL/Time Warner.

stück zunächst auf seine Festplatte und spielt es von dort ab. Im zweiten Fall hört er es quasi zeitgleich. Ein weiteres Beispiel für eine enge Marktabgrenzung ist der „entstehende pan-europäische Markt für horizontale Portale, die WAP-basierten Internet-Zugang gewähren“[37]. Eng wird der Markt auch dann abgegrenzt, wenn man den schmalbandigen und den breitbandigen Internet-Zugang verschiedenen Märkten zuweist.[38]

(75) Der Beirat kann an dieser Stelle kein Urteil zur Angemessenheit dieser konkreten Marktabgrenzungsentscheidungen abgeben. Er nutzt sie als Illustration für zwei Probleme, die sich bei derart engen Abgrenzungen ergeben. Das erste Problem folgt aus der explosionsartigen Vermehrung der Möglichkeiten zur Produktdifferenzierung, das zweite Problem aus der großen Dynamik vieler Internet-Märkte und der damit einhergehenden zentralen Bedeutung von Innovation für das Ausmaß des Wettbewerbsdrucks.

(76) Das erste Problem entsteht aus der erweiterten Möglichkeit zum Maßschneidern von Produkten. Die erwähnte „schwierige Mitte“ zwischen Massen- und Einzelfertigung ist ja nun gerade deshalb zu erreichen, weil Produkte viel genauer an die spezifischen Wünsche kleiner und verstreut lebender Gruppen von Nachfragern angepasst werden können. Unter Umständen wird das Produkt sogar noch spezifischer auf die Wünsche eines einzelnen Kunden zugeschnitten. Manchmal verengt das Internet den Markt auch in zeitlicher Hinsicht. Weil es technisch möglich wird, Vorgänge an verschiedenen Orten zeitgleich zusammenzuführen, verlangen die Abnehmer auch danach. Sie wollen den Börsenkurs sekundengleich auf dem Bildschirm haben, nicht erst eine Viertelstunde später. Schließlich kommt es auch dann zu einer Marktspaltung, wenn Produkte auf die Identität spezifischer Gruppen zugeschnitten werden.

(77) Das Kartellrecht ist zu einer Zeit entstanden, als das Produkt und sein Vertrieb im Normalfall klar zu unterscheiden waren. Je mehr das Produkt mit Informationen gesättigt ist, desto schwieriger wird diese Abgrenzung und damit die Bestimmung des sachlichen relevanten Marktes. Was fragt ein Kunde von Amazon.com nun wirklich nach: das einzelne Buch, die Buchempfehlung oder beides zusammen? Findet der Einzelabruf eines Zeitschriftenartikels aus einer Datenbank noch auf

[37] KOM COMP JV.48 – Vodafone/Vivendi/Canal +; KOM COMP M.2050, R 22 – Vivendi/Canal +/Seagram.

[38] KOM COMP M.1845, R 33-35 – AOL/Time Warner; U.S. v. AT&T Corp. & Media One
Group Inc., No. 1: 00CV01176.

demselben sachlich relevanten Markt statt wie der Vertrieb gedruckter Zeitschriftenabonnements? Wenn sich ein Nutzer seinen persönlichen Musikteppich zu einer von ihm gewählten Zeit mit den neuesten Nachrichten oder dem Wetterbericht versetzen lässt, wirkt das äußerlich wie ein Radioprogramm. Ist der Anbieter aber deshalb auch auf dem sachlich relevanten Markt für Radioprogramme tätig?

(78) Schließlich wird der Schluss auf eine marktbeherrschende Stellung sehr einfach, wenn man ein ganzes Sortiment für einen eigenen, von seinen Komponenten zu unterscheidenden relevanten Markt hält. Denn auf diesem Sortimentsmarkt wird es regelmäßig nur sehr wenige aktuelle oder potentielle Wettbewerber geben. So wirft inzwischen die Regulierungsbehörde für Telekommunikation und Post die Frage auf, inwieweit Orts-, Fern- und Auslandsverbindungen, in der Zukunft vielleicht sogar Internet- und Multimedialeistungen zu einem einzigen sachlich relevanten Sortimentsmarkt zusammengefasst werden sollen[39].

(79) Aus der Sicht des tradierten Konzepts zur Marktabgrenzung sind all diese Fragen legitim. Denn das Bedarfsmarktkonzept stellt darauf ab, welche Produkte die Marktgegenseite für austauschbar hält. Das lässt sich dann auch formal korrekt als die Frage nach den Kreuzpreiselastizitäten ausdrücken.

(80) Dieses Konzept hatte seit jeher Schwächen. Implizit ist dabei nämlich vorausgesetzt, dass sich die Produktmärkte in Teilmengen aufteilen lassen, die untereinander keine Berührung haben. Diese Voraussetzung ist in der Wirklichkeit oft nicht erfüllt. Das zeigt ein einfaches Beispiel. Drei im übrigen vollständig gleiche Tankstellen A, B und C liegen an einer Straße. Sie liegen so weit voneinander entfernt, dass die Autofahrer jeweils nur den Umweg zur nächsten Tankstelle in Betracht ziehen, nicht zur übernächsten. Dann besteht der räumlich relevante Markt der Tankstelle A aus ihr selbst und der Tankstelle B. B hat hier einen Marktanteil von 50 Prozent. Der räumlich relevante Markt der Tankstelle B besteht dagegen aus allen drei Tankstellen. Hier hat B nur noch einen Marktanteil von 33 Prozent. B ist also zugleich auf einem Markt tätig, der nur aus A und B besteht, und auf einem Markt, der aus allen drei Tankstellen besteht. Anders ausgedrückt: Der Wettbewerbsdruck auf eine Tankstelle kann nicht allein daraus abgelesen werden, welche anderen Anbieter direkte Substitute aus Sicht der Verbraucher anbieten. Tankstelle A ist auch von Tankstelle C Wettbewerbsdruck ausgesetzt, obwohl A und C keine direkten Substitute sind. Denn eine Preissenkung von C induziert

[39] RegTP Eckpunkte zur Marktabgrenzung/Marktbeherrschung vom 20.2.2001, Eckpunkt 9.

eine Preissenkung von B, die ihrerseits A zu einer Preissenkung zwingt. Diese Art von Ungewissheiten nimmt durch das Internet stark zu. Der Rückgang der Informationsverarbeitungskosten führt nämlich zu immer mehr einander überlappenden räumlichen oder sachlichen Märkten.

(81) Es fehlt nicht an theoretischen Versuchen, das Bedarfsmarktkonzept zu überwinden. Die meisten der Kritiker wollen nicht mehr allein auf die Marktgegenseite abstellen. Zur Abgrenzung von Angebotsmärkten stellen sie also nicht mehr nur auf die Nachfrageseite ab, sondern auch auf die Angebotsseite. Sie blicken auf die Wirtschaftspläne der konkurrierenden Anbieter. In allgemeiner Form lautet die entscheidende Frage dann: Gibt es Wettbewerbseinflüsse, auf die sich ein Unternehmen einstellt, weil es glaubt, sich darauf einstellen zu müssen? Man kann auch formulieren: Von welchen anderen Unternehmen erwartet ein Anbieter innerhalb des für seine (Investitions-)Entscheidung relevanten Planungszeitraums Handlungen, die er antizipieren sollte?

(82) Es ist allerdings nicht einfach, diese Frage so zu operationalisieren, dass die Kartellrechtsanwendung darauf aufbauen könnte. Auch wäre das ein fundamentaler Einschnitt in die Kartellrechtspraxis. Es würde nicht nur die generelle Fertigkeit der Kartellbehörden, Kartellgerichte, Rechtsanwälte und Unternehmensjuristen im Umgang mit dem Bedarfsmarktkonzept entwertet. Vielmehr wären auch mit einem Schlag alle in langen Kämpfen erstrittenen Entscheidungen der Kartellbehörden und Kartellgerichte über die Abgrenzung konkreter Märkte wertlos. Eine lange Zeit der Rechtsunsicherheit wäre wahrscheinlich.

(83) Das gemahnt zu Vorsicht gegenüber radikalen Änderungen. Den reichen Möglichkeiten der Internet-Ökonomie zur Produktdifferenzierung kann das Kartellrecht aber jedenfalls nur dann gerecht werden, wenn es das Bedarfsmarktkonzept nicht schematisch anwendet. Problematisch ist die Tendenz der Kartellrechtspraxis, von einer einmal festgelegten Marktabgrenzung möglichst auch im Lichte späterer Verfahren nicht wieder abzuweichen. Vor allem aber muss sich die Rechtsanwendung in besonderem Maße bewusst machen, dass die Marktabgrenzung nur ein intellektuelles Konstrukt ist, um die Wettbewerbsintensität zu ermitteln. Je enger der relevante Markt abgegrenzt ist, desto weniger aussagekräftig wird der Marktanteil. Denn das Unternehmen ist dann auch von Substituten benachbarter Märkte kontrolliert. Erst eine Gesamtbetrachtung aller Einflüsse ergibt, ob ein Unternehmen seinen Markt wirklich beherrscht.

(84) Die zweite Herausforderung für die Marktabgrenzung ist größer. Sie entsteht aus der zentralen Bedeutung von Innovation für den Wettbe-

werb auf vielen Internet-Märkten. Auf Märkten mit schnellen Produktzyklen geht der eigentliche Wettbewerbsdruck nicht vom aktuellen oder potentiellen Wettbewerb „auf demselben Markt" aus. Entscheidend ist die begründete Erwartung, dass das Produkt alsbald durch ein attraktiveres Substitut abgelöst wird. Ein einprägsames Beispiel ist Moore's Gesetz: Für einen Dollar kann man alle 18 Monate doppelt soviel Rechenkapazität kaufen; nach fünf Jahren hat ein Chip 90 Prozent seines Werts verloren. Auf solchen Märkten gibt es im Regelfall gar keinen nachstoßenden Wettbewerb mehr. Wer das Produkt als erster herausbringt, bekommt den ganzen Markt. Die Wettbewerber konzentrieren sich gleich darauf, ihn mit der nächsten Produktgeneration zu überflügeln. Der Markt befindet sich im beständigen Ungleichgewicht. An die Stelle des Wettbewerbs im Markt tritt der Wettbewerb um den Markt. Nach traditionellen Maßstäben ist das für die Marktabgrenzung ohne Bedeutung. Ziel des Konkurrenten ist ja gerade, sein alternatives Produkt so viel besser zu machen, dass die Kunden bereit sind, die Wechselkosten auf sich zu nehmen.

(85) Die Kartellrechtsanwendung vermeidet unsinnige Ergebnisse aus einer zu engen Marktabgrenzung, indem sie gegebenenfalls die Marktbeherrschung verneint. Das gelingt ihr, weil sie nicht auf die Gegenwart abstellt, sondern eine Prognose abgibt. Der Fall Covisint aus dem Jahre 2000 ist ein anschauliches Beispiel. Das Bundeskartellamt formuliert:

> „Die Dynamik in dieser sehr frühen Phase der Entwicklung der Internetmärkte lässt noch keine festen Konturen der sich künftig herauskristallisierenden sachlichen Märkte erkennen. Die Beschlussabteilung hält es deshalb für sachgerecht, in dieser Marktphase alle jetzt erkennbaren Entwicklungstendenzen in die Wettbewerbsprüfung einzubeziehen"[40].

Die Informationstechnik und das Internet führen solche pragmatische Klugheit an die Grenze ihrer Leistungskraft. Denn die implizite Voraussetzung ist eine Marktphasenlehre. Die Wettbewerbspolitik erwartet, dass Imitation und Substitute die anfängliche Marktmacht des ersten Anbieters im reifen Markt erodieren werden. Bei vielen elektronischen Produkten wird diese Annahme durch die Wirklichkeit widerlegt. Innerhalb des für die Kartellrechtsanwendung üblichen Prognosezeitraums von 3–5 Jahren ist nicht nur der bisherige Anbieter verschwunden, sondern der ganze Markt. Auf dem relevanten Markt hat es mit anderen Worten niemals Wettbewerb gegeben.

[40] BKartA 29.5.2000, WuW DE-V 321, 323.

(86) Ein Schritt in die richtige Richtung ist eine stärkere Bezugnahme auf Innovation. Wenn der Wettbewerbsdruck vor allem von der Innovation ausgeht, muss es möglich sein, Fusionen allein deshalb zu untersagen, weil sie den Innovationsdruck beseitigen. Zu diesem Zweck untersucht die amerikanische Praxis, ob Innovation in dem fraglichen Wirtschaftszweig nur solchen Unternehmen möglich ist, die auf spezifische Ressourcen zugreifen können. Dazu gehören etwa Patente, öffentlich-rechtliche Zulassungen, die Markteinführung eines kompatiblen Vorgängerprodukts oder eine auf diesen Wirtschaftszweig eingespielte Forschungsabteilung. Innovationsdruck geht auf solchen Märkten nämlich insbesondere von solchen Unternehmen aus, die eine Chance haben, auf diese Ressourcen zuzugreifen.

(87) Diesem Konzept sollte sich die deutsche Kartellrechtspraxis öffnen. Es darf aber nicht missdeutet werden. Innovation spielt für die Fusionskontrolle auch dann eine Rolle, wenn dafür keine spezifischen Ressourcen erforderlich sind. Je höher der erwartete Innovationsdruck ist, desto weniger Grund gibt es, auch aus einem sehr hohen Marktanteil auf Marktbeherrschung zu schließen. Die Kartellrechtsanwendung muss mit anderen Worten auch den Wettbewerbsdruck angemessen gewichten, der von potentiellem, substitutivem Wettbewerb ausgeht.

c) Marktbeherrschung

(88) Der relevante Markt darf gerade deshalb nicht zu eng und zu formalistisch abgegrenzt werden, weil sonst die Aussage wettbewerbspolitisch irrelevant wird, dass ein Unternehmen „diesen Markt beherrscht". Ein hoher Marktanteil taugt dann nicht einmal mehr als erste Näherung. Auch wenn die Kartellbehörden den Markt angemessen abgegrenzt haben, ist die Feststellung der Marktbeherrschung auf den Märkten der Internet-Ökonomie oft nicht leicht zu treffen. Das gilt besonders für Märkte mit ausgeprägten Netzwerkeffekten. Dasjenige Unternehmen, welches als erstes einen eigenen Produktstandard durchsetzen kann, erreicht oftmals einen großen Marktanteil („winner-take-most markets"). Vom aktuellen Wettbewerb geht dann nur ein geringer Wettbewerbsdruck aus. Die Existenz eines festen Kundenstamms begünstigt den etablierten Anbieter umso mehr, je höher die Kosten eines Wechsels wären. Das schwächt auch den potentiellen Wettbewerb. Gleichwohl bleibt Markteintritt möglich. Unter Umständen findet ein Anbieter eine so spezifische Technik der Preisdifferenzierung, dass ihm der Marktzutritt trotzdem lohnend erscheint. Vor allem kann aber von substitutivem Wettbewerb Druck ausgehen, also von signifikanten Produktvorteilen.

Wie groß dieser Druck ist, hängt vom Ausmaß der erwarteten Innovation ab. Umgekehrt kann eine beherrschende Stellung gerade dadurch entstehen oder verstärkt werden, dass wichtige Ressourcen für die Entwicklung der nächsten Produktgeneration und für deren Durchsetzung am Markt in eine Hand geraten.

d) *Hinnehmen von Marktmacht*

(89) In der Theorie war nie auszuschließen, dass eine durch Fusion entstandene marktbeherrschende Stellung produktivitätssteigernd ist. Dann muss die Wirtschaftspolitik zwischen diesem Effizienzgewinn und der Schwächung des Wettbewerbs abwägen. Das ist eine prognostische Entscheidung unter erheblicher Unsicherheit. Denn es ist kaum vorhersehbar, welche Fortentwicklungen des Produkts unterbleiben, weil der fusionierte Anbieter keinem wirksamen aktuellen Wettbewerb mehr ausgesetzt ist. Die Wirtschaftspolitik muss also zwischen einem Fehler 1. und 2. Art wählen. Im ersten Fall verbietet sie eine Fusion, obwohl es, nachträglich betrachtet, in der Summe besser gewesen wäre, die Fusion zuzulassen. Im zweiten Fall lässt sie eine Fusion passieren, obwohl es, nachträglich betrachtet, besser gewesen wäre, sie nicht zuzulassen.

(90) Die Notwendigkeit zu dieser Abwägung besteht in der Internet-Ökonomie immer wieder. Denn statische und dynamische Größenvorteile sowie Verbundvorteile können ein Ausmaß annehmen, das mit Marktmacht einhergeht. Vor allem kann es einem Unternehmen aber nur um diesen Preis gelingen, die Netzwerkeffekte auszuschöpfen. Der Kampf zweier Unternehmen um die Durchsetzung eines Standards kann damit enden, dass der Unterlegene sein Unternehmen an den Gewinner verkauft. Die beiden Unternehmen können dem Kampf auch durch eine frühzeitige Fusion aus dem Wege gehen.

(91) Das deutsche und das europäische Kartellrecht haben den Konflikt zwischen Effizienz und Wettbewerb pragmatisch bewältigt. Zunächst werden Zusammenschlüsse in beiden Kartellrechtsordnungen nur dann untersagt, wenn durch sie eine marktbeherrschende Stellung entsteht (oder verstärkt wird). Wettbewerbsbeschränkende Wirkungen unterhalb dieser Schwelle nehmen die Rechtsordnungen also bewusst hin. Das schafft auch einen Freiraum für Effizienzverbesserungen. Beide Rechtsordnungen haben ein weiteres Ventil für Effizienzvorteile geschaffen, die sogar mit Marktbeherrschung einhergehen. In der europäischen Fusionskontrollverordnung geschieht das durch einen Formelkompromiss. Bei der Prüfung von Zusammenschlüssen „berücksichtigt die Kommission [...] die Entwicklung des technischen und wirtschaftlichen Fortschritts,

sofern diese dem Verbraucher dient und den Wettbewerb nicht behindert“[41]. Die Lösung des deutschen Rechts ist eleganter. Es unterscheidet zwischen kompensierenden (strukturellen) Vorteilen für den Wettbewerb und kompensierenden gesamtwirtschaftlichen Vorteilen. Die erste Klasse von Vorteilen sind vom Bundeskartellamt zu beurteilen. Überwiegen die wettbewerbspolitischen Vorteile die Nachteile, darf es den Zusammenschluss nicht untersagen. Gesamtwirtschaftliche Vorteile spielen im Verfahren vor dem Bundeskartellamt dagegen keine Rolle. Berufen sich die Unternehmen darauf, müssen sie beim Bundesminister für Wirtschaft und Technologie beantragen, den vom Bundeskartellamt untersagten Zusammenschluss gleichwohl zu genehmigen.

(92) Die deutsche Lösung ist für diesen konkreten Konflikt vorzugswürdig, weil sie die unterschiedlichen Dimensionen der Entscheidung transparent macht. Auch vermeidet sie, dass die Kartellbehörden zwischen inkommensurablen Belangen entscheiden müssen. Das ist deshalb wichtig, weil solche Abwägungsentscheidungen unvermeidlich politischen Charakter haben. Eine praktikable Möglichkeit, den Fehler 1. und 2. Art zu quantifizieren, gibt es ja gerade nicht. Für solche politischen Entscheidungen fehlt den demokratisch nicht unmittelbar kontrollierten Kartellbehörden die Legitimation. Aus diesem Grunde sollten die unabhängigen Kartellbehörden auch die Genehmigung von Fusionen gegen ausgehandelte Zusagen nicht zur Durchsetzung von Belangen nutzen, die ins Ministerverfahren gehören.

(93) In der bisherigen Anwendungspraxis hat das Bundeskartellamt eine kompensierende Verbesserung der Wettbewerbsbedingungen am ehesten dann angenommen, wenn die Fusion die Wettbewerbsverhältnisse auf einem zweiten Markt fühlbar verbessert hat. Theoretisch hat es aber auch eine kompensierende Verbesserung der Wettbewerbsverhältnisse auf demselben Markt für möglich gehalten. Der Technologieeffekt einer Standardisierung hat diese Wirkung. Anders liegt es aber in dem Fall, an den die Internet-Ökonomie vor allem denken lässt: Zwei Unternehmen beenden den Streit um die Durchsetzung eines Standards am Markt durch Fusion, oder sie kommen diesem Streit durch Fusion zuvor. Denn in solch einem Fall geht es nicht um den Technologie-, sondern um den Netzeffekt der Standardisierung. Ist der Netzeffekt ausgeprägt genug, mehrt dieser Vorgang die Wohlfahrt. Das deutsche Recht steht hier vor einer schwierigen Entscheidung. Überantwortet es auch diese Entscheidung den Kartellbehörden, stößt es die Tür auf zu der im amerikanischen Recht diskutierten Verteidigung von Marktbeherrschung mit Effi-

41 Art. 2 (1) UA 2 b) FusKVO.

zienzerwägungen. Das mag im konkreten Fall einleuchten und auch nicht allzu bedrohlich erscheinen. Die Öffnung würde sich aber nicht auf diesen Fall beschränken lassen. Ein allgemeiner Effizienz-Einwand würde den Verfahren der Fusionskontrolle dagegen eine ganz neue Richtung geben. Im Ergebnis erscheint es deshalb besser, bei der hergebrachten Unterscheidung zu verharren. Wollen zwei Unternehmen einen (absehbaren) Konflikt um Standards durch Fusion beenden, kann das nur der Bundeswirtschaftsminister gestatten.

2. *Missbrauchskontrolle*

(94) Wenn ein Unternehmen einen Markt beherrscht, besitzt es einen vom Wettbewerb nicht (hinreichend) kontrollierten Verhaltensspielraum. Die Kartellbehörden und Kartellgerichte müssen die Marktgegenseite sowie die aktuellen und die potentiellen Wettbewerber mit Hilfe der Missbrauchsaufsicht schützen. Das war stets eine schwierige Aufgabe. Es ist nicht leicht für die Kartellbehörden, die notwendigen Informationen zu erhalten. Sie dürfen ein Verhalten nicht allein deshalb untersagen, weil es einen wettbewerbsbeschränkenden Effekt hat oder haben könnte. Vielmehr muss der wettbewerbsbeschränkende Effekt abgewogen werden gegenüber den möglichen wohlfahrtsmehrenden Wirkungen. Durch das Internet ist diese Aufgabe noch anspruchsvoller geworden. Das liegt an den beschriebenen Eigenheiten der Internet-Ökonomie. In Märkten mit Netzeffekten muss ein Anbieter die kritische Masse erreichen (a). Bei Produkten mit Größenvorteilen ist Preisdifferenzierung eine wohlfahrtsmehrende Strategie (b). Wenn die Verfügungsrechte an einem Produkt schwer zu sichern sind, muss ein Anbieter andere Vertriebsstrategien finden (c).

a) *Reaktion auf Netzeffekte*

(95) Je größer der Netzeffekt ist, desto größer ist die kritische Masse. Nur wenn sie erreicht wird, wird die vorhandene Nachfrage nach dem Netzwerkgut dauerhaft befriedigt. Wenn ein privater Anbieter die Aufgabe übernimmt, die kritische Masse zu generieren, kommt das allen Nutzern zu Gute. Es gibt deshalb keinen Grund, diese Lösung von Staats wegen zu verhindern. Das gilt auch dann, wenn die Lösung mit der Beherrschung des Marktes für das Netzwerkgut einhergeht. Die kartellrechtliche Missbrauchsaufsicht darf deshalb dem marktbeherrschenden Anbieter eines Netzwerkguts ein Verhalten nicht verbieten, das erforderlich ist, um die kritische Masse zu generieren. Das gilt auch dann, wenn

sich seine marktbeherrschende Stellung durch dieses Verhalten weiter verstärkt.

(96) Zu einer zunehmenden Verstärkung der marktbeherrschenden Stellung kommt es vor allem bei solchen Netzwerkgütern, die nicht nur einen unteren, sondern auch einen oberen Schwellenwert haben. Diese Schwellenwerte beschreiben den Prozess der Verbreitung des Netzwerkguts. Der untere Schwellenwert ist ein anderer Ausdruck für die kritische Masse. Erst wenn dieser Schwellenwert erreicht ist, wird es für die Nutzer rational, das Netzwerkgut nachzufragen. Der Anbieter muss glaubhaft signalisieren, dass er diesen Schwellenwert erreichen und halten wird, um überhaupt Nachfrager zu finden. Der obere Schwellenwert charakterisiert den Grad der Verbreitung, ab dem sich das Gut praktisch von selbst verkauft. Nunmehr kann sich kaum noch jemand leisten, das Gut nicht nachzufragen. Kaum ein Haushalt in Deutschland ist ohne Telefon, kaum ein Unternehmen ohne Faxgerät. Ist der obere Schwellenwert überschritten, wird sich kein konkurrierender Anbieter eines Netzwerkguts vergleichbarer Qualität finden. Der etablierte Anbieter braucht mit keinem Wettbewerb zwischen verschiedenen Standards mehr zu rechnen.

(97) Eine wichtige Frage des Microsoft-Falls ist dafür ein gutes Beispiel. Ein Betriebssystem ist ein Netzwerkgut, weil Hard- und Software darauf abgestimmt werden müssen. Je größer die Anzahl der Nutzer von Microsoft ist, desto eher lohnt es, kompatible Programme zu entwickeln. Je mehr Anwenderprogramme mit Windows arbeiten, desto eher lohnt es, dieses Betriebssystem seinen Konkurrenten vorzuziehen. Konkurrenten wie das Betriebssystem von Apple oder Unix können sich einstweilen am Markt halten. Windows hat also den gerade beschriebenen oberen Schwellenwert noch nicht erreicht. Die Wettbewerber fürchten aber, dass es auf dem Weg dahin sein könnte. Einen oberen Schwellenwert gibt es allerdings nicht bei allen Gütern mit Netzeffekt. Denn bei vielen Netzen kommt es den Nutzern aufgrund heterogener Präferenzen für alternative Technologien nicht auf dieses Maß an Breitenwirkung an. Mehrere Chat-Foren können etwa nebeneinander bestehen, auch wenn sie die gleiche Bevölkerungsgruppe ansprechen und ähnliche Themen im Mittelpunkt stehen.

(98) Der Anbieter kann sein Preissetzungsverhalten dazu einsetzen, die kritische Masse zu generieren. Er gibt das Produkt zunächst billiger ab. Vielleicht verschenkt er es sogar. Der Anbieter verfolgt dann eine Strategie der zeitlichen Preisdifferenzierung. Gewinn will er machen, nachdem das Netzwerkgut die kritische Masse überschritten hat, nachdem sich das Gut also von selbst tragen kann. Dagegen ist aus der Sicht der Wett-

bewerbspolitik nichts einzuwenden. Das Verhalten stellt keinen Missbrauch seiner beherrschenden Stellung dar.

(99) Die Frage nach dem Erreichen der kritischen Masse ist nicht identisch mit der Frage nach dem Ausschöpfen der Netzwerkeffekte. Die kritische Masse gibt nur an, ab welchem Punkt sich das Netzwerkgut überhaupt am Markt halten kann. Bei Vorliegen positiver Netzeffekte macht jeder neue Nutzer das Gut für alle bisherigen Nutzer wertvoller. Der Anbieter handelt deshalb nicht missbräuchlich, wenn er neuen Nutzern Vorzugstarife gewährt. Dass er auf diese Weise zugleich dem oberen Schwellenwert näher kommt oder ihn gar erreicht, ist für sich allein keine Rechtfertigung für kartellrechtliche Interventionen.

(100) Auch das kartellrechtliche Urteil über die Produktpolitik muss auf die Eigenheiten von Netzwerkgütern Rücksicht nehmen. Technisch gäbe es oft die Möglichkeit, Wettbewerb zu eröffnen, indem der Anbieter des Netzwerkguts den Standard offen legt, auf dem das Gut beruht. Dann können Übersetzungsprogramme die Brücke zwischen gleichartigen Netzwerkgütern schlagen, die auf verschiedenen Standards beruhen. Auf diese Art partizipieren die Konkurrenten jedoch auch an der unternehmerischen Leistung des ersten Anbieters. Ihre Nutzer können an der Reichweite des ersten Netzes teilhaben, ohne dass ihr Anbieter zu dem dafür erforderlichen unternehmerischen Aufwand etwas beigetragen hätte. Wenn der erste Anbieter solch eine Intervention der Rechtsordnung antizipiert, sinkt sein Anreiz, überhaupt den Aufwand zur Durchsetzung des Netzwerkguts am Markt zu treiben. Wenn sich der erste Anbieter weigert, den Standard seinen Konkurrenten gegenüber offen zu legen, ist das deshalb für sich kein Missbrauch einer marktbeherrschenden Stellung.

(101) Je komplizierter die zu Grunde liegende Technik ist, desto eher kann der erste Anbieter seinen unternehmerischen Aufwand allein mit dieser Weigerung schützen. Oft können Konkurrenten aus dem Produkt selbst aber auf den Standard schließen. Dann schützt der erste Anbieter seinen Aufwand bei der Verbreitung des Netzwerkguts durch regelmäßige technische Änderungen. Auch hierfür ist das Betriebssystem Windows ein anschauliches Beispiel. Natürlich sind viele dieser Änderungen zugleich auch Verbesserungen. Anders wären die bisherigen Nutzer des Betriebssystems kaum zu einem Wechsel zu bewegen. Aber jede neue Version macht es zugleich schwieriger, von einem Betriebssystem zu einem anderen zu wechseln. Für sich allein rechtfertigt diese Wirkung aber keine Intervention der Missbrauchsaufsicht.

(102) Schwierig ist schließlich die kartellrechtliche Bewertung von Strategien, die auf benachbarte Märkte ausgreifen. Dafür ist der Microsoft-Fall wiederum ein Beleg, den der Beirat erneut nur zur Veranschaulichung aufgreift. Microsoft wurde vorgeworfen, dass es das Betriebssystem Windows und seinen Browser Internet Explorer als Kopplungsangebot vertreibe. Das sei ein Versuch, die marktbeherrschende Stellung auf dem Markt für Betriebssysteme auf den Markt für Browser auszudehnen. Zugleich wolle Microsoft auf diese Weise verhindern, dass künftig Browser die zentrale Schnittstelle würden, nicht mehr wie bislang die Betriebssysteme. Aus dieser Perspektive erscheint die Kopplung als ein Versuch, die Ablösung eines Netzwerkguts durch die qualitativ andere, nächste Generation zu verhindern. Man kann die Kopplung aber auch als eine Maßnahme zur Belebung des Wettbewerbs auf dem Markt für Browser interpretieren. Denn auch Browser sind ein Netzwerkgut. Netscape hatte auf diesem Markt einen hohen Anteil. Die Kopplung mit Windows hat Microsoft eine realistische Chance gegeben, diese Stellung anzugreifen.

b) Reaktion auf Größenvorteile

(103) Unter vollkommenem Wettbewerb kann ein Anbieter Preise nur in Höhe der Grenzkosten erzielen. Hat ein Produkt Größenvorteile, sind die Durchschnittskosten bei jeder realisierbaren Betriebsgröße höher als die Grenzkosten. In der Internet-Ökonomie ist der Unterschied zwischen Grenz- und Durchschnittskosten oft sehr groß. Bei elektronischen Produkten liegen die Grenzkosten für die Fertigung eines weiteren Stücks sogar in der Nähe von Null. Vollkommener Wettbewerb ist dann nicht möglich. Die Anzahl der Anbieter auf dem Markt ist beschränkt.

(104) Der Anbieter kann auf diese Situation reagieren, indem er das Produkt an verschiedene Abnehmergruppen zu unterschiedlichen Preisen vertreibt. Das setzt erstens voraus, dass sich die Zahlungsbereitschaft dieser Gruppen unterscheidet. Ein Maß ist die Empfindlichkeit, mit der die verschiedenen Gruppen auf Preiserhöhungen reagieren. Diese Strategie funktioniert zweitens nur dann, wenn es dem Anbieter gelingt, Arbitrage zu verhindern. Andernfalls können die Mitglieder der Gruppe mit kleinerer Zahlungsbereitschaft einen Gewinn machen, indem sie das Produkt an Mitglieder der anderen Gruppe weiterreichen. Die dafür erforderlichen Absicherungen sind aufwendig.

(105) Eine weitere Möglichkeit der Preisdifferenzierung sind gespaltene Tarife. Von dieser Möglichkeit machen etwa Internet Service Provider Gebrauch. Im einfachsten Fall erheben sie eine fixe Grundgebühr und

eine variable Nutzungsgebühr. Beide Strategien lassen sich auch kombinieren. Dann sind verschiedene Mischungen aus Grund- und Nutzungsgebühr gerade das Instrument, um die verschieden große Zahlungsbereitschaft auszunutzen.

(106) Strategien dieser Art sind nicht notwendig missbräuchlich. Sie können auch die Wohlfahrt mehren. Das Kartellrecht sollte erst dann eingreifen, wenn ein Anbieter seine Preise so ausgestaltet, dass der aktuelle oder potentielle Wettbewerb beschränkt wird. So dürfte er etwa auf den Versuch eines Konkurrenten zum Markteintritt in einen Teilmarkt nicht damit antworten, dass er die Preise gerade für diesen Teilmarkt senkt, in allen anderen Teilmärkten dagegen erhöht.

c) Indirekte Finanzierung

(107) Die Reaktionen der Anbieter auf technische Schwierigkeiten bei der Durchsetzung von Verfügungsrechten an elektronischen Produkten sind eher ein Problem des Lauterkeitsrechts als des Kartellrechts. In der Praxis der Rechtsanwendung werden sie deshalb eher vor den Zivilgerichten als vor den Kartellbehörden verhandelt. Denn Unternehmen, die nicht marktbeherrschend sind, haben dieselben Schwierigkeiten. Sie können prinzipiell die gleichen Strategien verwenden, um mit diesen Schwierigkeiten fertig zu werden. Manche dieser Strategien wirken auf den ersten Blick aber wie ein Missbrauch der Marktstellung. Das gilt besonders für den Ausweg der indirekten Finanzierung. Denn sein eigentliches Produkt verschenkt der Anbieter dann ja. Er finanziert sich über den Verkauf komplementärer Produkte (wie Netscape) oder über die Kopplung an ein anderes Produkt (wie Microsoft, das seinen Browser dem Betriebssystem beigibt). Für sich allein ist die indirekte Finanzierung weder missbräuchlich noch unlauter. Sie ist jedoch nur attraktiv, wenn ausgeschlossen werden kann, dass auch Dritte das Produkt anbieten, mit dem sich das Unternehmen finanziert. Die zu diesem Zweck erforderlichen Absicherungen können den Wettbewerb im Einzelfall so eindeutig beeinträchtigen, dass das kartellrechtliche Unwerturteil gerechtfertigt ist.

3. Forschungs- und Entwicklungskooperation

(108) Traditionell ist die Kartellpraxis gegenüber Forschungs- und Entwicklungskooperation großzügig. Dahinter steht die Vorstellung, solche Kooperation bewege sich gleichsam im Vorfeld des Wettbewerbs. Daran bestand schon bislang begründeter Zweifel. Der Qualitätswettbewerb ist nicht weniger schutzwürdig als der Preiswettbewerb. Auch war nie aus-

zuschließen, dass die Wettbewerber schließlich doch mehr abgesprochen haben als die Kooperation ihrer Forschungsabteilungen. Ist Innovation der wichtigste oder gar der einzige Wettbewerbsparameter, ist die implizite Vermutung vollends unhaltbar, Forschungs- und Entwicklungskooperation sei unschädlich. Die Innovationsdynamik ist, wie gezeigt, auf vielen Internet-Märkten besonders hoch. Techniken und Geschäftsmodelle wechseln sich hier in rascher Folge ab.

(109) Die kritische Einschätzung von Forschungs- und Entwicklungskooperation bleibt auch dann richtig, wenn man zugesteht, dass Innovation nicht allein vom Wettbewerb getrieben wird. Die Eigendynamik der technischen Entwicklung vermindert das kartellrechtliche Problem, beseitigt es aber nicht. „Technology push" und „demand pull" ergänzen sich, ersetzen einander aber nicht.

(110) Das kartellrechtliche Verdikt ist zweifelsfrei, wenn ein Unternehmen an der Forschungs- oder Entwicklungskooperation beteiligt ist, das den aktuellen Markt beherrscht. Ebenso ist der Fall zu behandeln, dass die kooperierenden Unternehmen gemeinschaftlich eine marktbeherrschende Stellung hätten. Denn genau diese Gefahr wird für die Zukunft ja begründet. Für solche Unternehmen lohnt eine strategische Ausrichtung ihrer Forschungs- und Entwicklungsanstrengungen nämlich. Der Fortbestand ihrer beherrschenden Stellung ist durch die Entwicklungsanstrengungen von Außenseitern potentiell gefährdet. Wenn es ihnen gelingt, das Nachfolgeprodukt zu entwickeln, haben sie die Chance, diese Stellung zu verstetigen. Das gilt erst recht, wenn die Kooperation für das etablierte Unternehmen der Weg ist, den potentiellen Konkurrenten frühzeitig an sich zu binden. Noch attraktiver werden Forschungsanstrengungen, wenn sie zu gewerblichen Schutzrechten führen. Die Unternehmen können dann nämlich nach Maßgabe der Maximierung ihres Gewinns entscheiden, wann sie das gegenwärtige Produkt durch die nächste Generation ersetzen. Oft wird das nahe legen, den Wechsel herauszuzögern. Dann wird den Nutzern das schon entwickelte neue Produkt vorenthalten. In diesen Fällen sollten Forschungs- und Entwicklungskooperation folglich per se verboten sein.

(111) Das per se Verbot ist auch dann angemessen, wenn nicht zu erwarten ist, dass ein Beteiligter oder alle Beteiligten gemeinsam den Markt beherrschen oder beherrschen werden. Auch dann ist nämlich mehr Vielfalt wahrscheinlich, wenn die Unternehmen unabhängig voneinander entwickeln. Da Entwicklungserfolg kategorial unsicher ist, ist Vielfalt wettbewerbspolitisch von Vorzug. Die Chance steigt, dass eine dieser Entwicklungen schließlich erfolgreich ist. Parallele Entwicklungen sind zwar auch innerhalb eines Unternehmensverbunds möglich. Die eine er-

folgreiche Erfindung nimmt den anderen aber zumindest Marktanteile ab. Oft besteht überhaupt nur für ein einziges neues Produkt eine realistische Chance am Markt. Dann ist es wenig wahrscheinlich, dass parallele Entwicklungen weiter getrieben werden, sobald sich bei einem Produkt ein Erfolg abzeichnet. Hinzu kommt die inhärente Instabilität aller Kartelle. Sie ist zwar an sich ein Vorteil für die Wettbewerbspolitik. Sie legt den beteiligten Unternehmen aber ein Verhalten nahe, das Verteilungsgewinne eines Mitglieds auf Kosten der übrigen nach Möglichkeit vermeidet. Genau dazu kommt es aber, wenn ein Unternehmen einen Entwicklungsvorsprung hat. Bleiben die Unternehmen voneinander unabhängig, hat dagegen jedes einzelne einen Anreiz, seine Entwicklung gegen die aller Konkurrenten durchzusetzen. Wettbewerb ist deshalb eine bessere Umgebung für Innovation und Selektion von Neuheit als ein Unternehmen oder ein Unternehmensverbund. Dass die potentiellen Konkurrenten eines de facto Monopolisten ihre Kräfte bündeln, genügt zur Rechtfertigung nicht. Abwehr- oder Angriffskartelle verdienen nicht die Unterstützung der Rechtsordnung.

(112) Manchmal ist die Kooperation gleichwohl zu rechtfertigen. Dafür genügen aber die traditionellen Figuren des Kartellrechts. Einschlägig ist insbesondere der Arbeitsgemeinschaftsgedanke. Wenn ein Anbieter allein nicht die Mittel oder die Personen hätte, um ein neues Produkt zu entwickeln, darf er durch das Kartellrecht nicht an der Kooperation mit anderen Anbietern gehindert werden, die sich in der gleichen Lage befinden. Diese Kooperation verstärkt den Innovationswettbewerb ja gerade.

(113) Auch die Marktabgrenzung spielt eine Rolle. Gegen Forschungs- und Entwicklungskooperation ist von Kartellrechts wegen nichts einzuwenden, wenn sie sich auf verschiedene Märkte bzw. auf komplementäre Komponenten bezieht. Eine erfolgversprechende Strategie bei der Entwicklung von Computersoftware besteht beispielsweise darin, ein Software-Projekt in unterschiedliche Module zu zerlegen und von unterschiedlichen Programmier-Teams, die an unterschiedlichen Orten aktiv und mittels Internet verknüpft sind, ausführen zu lassen. Wichtige Computerprogramme wurden auf diese Weise von Forschungsteams entwickelt, ohne dass diese eine Patentierung anstrebten. Sie haben den Quellcode offengelegt und damit den Schutz vor einer Aneignung der unternehmerischen Leistung durch Dritte sehenden Auges aufgegeben. Beispiele sind die Entwicklung von Apache (einem World wide web http Server) im Jahre 1994, von Perl (einer System-Programmiersprache) im Jahre 1987 und Sendmal (einem Internet mail transfer agent) im Jahre 1979. Potentiell wettbewerbsbeschränkend ist nur die Kooperation bei substitutiver, nicht bei komplementärer Forschung. Das hat insbeson-

dere für den Fall Bedeutung, dass Unternehmen kooperieren, die auf verschiedenen Marktstufen tätig sind. Was für die Fusionskontrolle galt, muss allerdings auch hier beachtet werden: Wenn der eigentlich Wettbewerbsdruck von Innovation ausgeht, müssen die Märkte entsprechend weiter abgegrenzt werden. Was nach herkömmlicher Auffassung bloß komplementär erschienen wäre, kann sich dann doch als substitutiv erweisen. Das gilt erst recht, wenn Innovation den Zugriff auf spezifische Ressourcen verlangt. Dann gibt es Innovationsmärkte, die nicht durch Kooperation geschwächt werden dürfen.

(114) Die im November 2000 neu gefasste Gruppenfreistellungsverordnung der EG-Kommission für Vereinbarungen über Forschung und Entwicklung[42] entspricht diesen Grundsätzen nicht. Sie geht von der Vermutung aus, dass solche Vereinbarungen den Wohlstand mehren. Diese Vermutung sollte zumindest für solche Märkte eingeschränkt werden, auf denen der Wettbewerb vornehmlich ein Wettbewerb um Innovation ist.

4. *Organisation von Märkten*

(115) Markt und Organisation gelten als Gegensätze. An Märkten koordinieren selbständige Wirtschaftssubjekte ihre Wirtschaftspläne durch Angebot und Nachfrage. In Organisationen ist das Verhalten der Mitglieder planhaft auf das gemeinsame Ziel abgestimmt. Der Prototyp einer Organisation ist das Unternehmen. Markt und Organisation als unbedingte Gegensätze zu sehen, wäre jedoch zu hart. Das zeigt sich gerade daran, dass viele Märkte ihrerseits organisiert sind. Die Organisation von Märkten kann zwei unterschiedliche Funktionen erfüllen: Entweder sie schafft Standards und Regeln, oder sie gewährleistet Vielfalt.

(116) Die Standardisierung kann sich auf den Handel beschränken oder auch das Produkt selbst erfassen. Im ersten Fall beschränkt die Organisation den Konditionenwettbewerb, im zweiten Fall den Qualitätswettbewerb. Der Wettbewerb muss dadurch aber nicht schwächer, er kann sogar intensiver werden. Denn die Standardisierung macht Konditionen oder Qualität vergleichbar. In der Folge kann insbesondere der Preiswettbewerb zunehmen.

(117) Die zweite Form der Marktorganisation reagiert auf eine Präferenz der Nachfrager für Vielfalt. Sie wollen nicht nur ein Produkt und nicht nur einen Vertragstyp, sondern ein ganzes Bündel oder die Möglichkeit,

[42] ABl. 2000 L 304/12.

aus einem reichen Angebot zu wählen. An sich erfüllt auch ein nicht organisierter Markt diese Funktion. Ist der Markt organisiert, können die verschiedenen Typen aber aufeinander abgestimmt werden. Zumindest fällt es den Nachfragern leichter, die verschiedenen Produkte oder Konditionen miteinander zu vergleichen.

(118) Beide Formen der Marktorganisation hat es schon immer gegeben. Das Standardbeispiel für die erste Form ist eine Börse. Hier geht es nur noch um Menge und Preis. Ein Beispiel für die zweite Form sind Einkaufszentren. Im Internet sind organisierte Märkte jedoch viel häufiger. Der Organisationsgrad ist oft sehr hoch. Auktionen als eine verbreitete Form des Internet-Handels wurden bereits erwähnt. Viele Güter werden nun auf diese Weise angeboten, für die es bislang keine organisierten Märkte gegeben hat. Das bekannteste Internet-Auktionshaus ist eBay[43]. Hersteller organisieren elektronische Verkaufsplattformen, Nachfrager organisieren Einkaufsplattformen. Eine Plattform mehrerer Automobilhersteller mit dem Namen Covisint[44] hat bereits die deutschen und europäischen Kartellbehörden beschäftigt.

(119) Die wettbewerbspolitische Einschätzung über standardisierte Märkte muss ambivalent ausfallen. Die Intensivierung des Preiswettbewerbs ist an sich erwünscht. Je größer die Markttransparenz ist, desto einfacher wird es aber zugleich, Preiskartelle durchzusetzen oder ohne ausdrückliche Absprache Marktverhalten zu koordinieren. Außerdem geht die Intensivierung des Preiswettbewerbs mit einer Standardisierung von Qualität und Konditionen einher. Wer mit einem besseren Produkt oder mit besseren Konditionen auf den Markt will, muss seine Produkte am organisierten Markt vorbei anbieten. Wenn die Nachfrager daran nicht interessiert sind, muss er einen alternativen Markt organisieren. Die Fortentwicklung von Qualität und Konditionen wird dadurch teurer oder riskanter und folglich weniger wahrscheinlich. Dadurch wird es für einen neuen Anbieter zugleich schwerer, neu in den Markt einzudringen. Die Organisation des Marktes zwingt ihn, gegen die etablierten Anbieter gerade in dem Segment anzutreten, in dem sie besonders mächtig sind. Die Organisation des Marktes erhöht also die Marktzutrittsschranken.

(120) Diesen Effekt können die etablierten Anbieter auch strategisch einsetzen. Sie können den Markt zu diesem Zweck gemeinschaftlich organisieren. Sie können auch versuchen, auf den von ihnen verschiedenen Organisator des Marktes einzuwirken, etwa durch Closed Shop – Abreden. Nicht jede Einwirkung der etablierten Anbieter auf die Organisation des

43 http://www.ebay.com/.
44 http://www.covisint.com/.

Marktes ist aber wettbewerbspolitisch nachteilig. Deshalb kann nicht jede gemeinschaftliche Organisation eines Marktes als Verstoß gegen das Kartellverbot gelten. Bei manchen Ausgestaltungen und Abreden überwiegt der strategische Aspekt allerdings eindeutig, etwa bei den erwähnten Closed Shop–Abreden. Sie können per se verboten werden. Im übrigen müssen die Kartellbehörden dagegen im Einzelfall die strategischen Effekte gegen die wettbewerbs- oder innovationsfördernden Vorteile abwägen.

(121) Ähnlich liegt es bei der Organisation von Vielfalt. Sie kann auf zwei Arten strategisch eingesetzt werden. Einmal können neue Produkte oder Anbieter nicht zu dem organisierten Markt zugelassen werden. Zum zweiten kann die Zulassung von einem Ausmaß an Vielfalt abhängig gemacht werden, die nur wenige, regelmäßig bereits etablierte Unternehmen zu leisten vermögen. Auch hier müssen die Kartellbehörden den strategischen Effekt aber in ein angemessenes Verhältnis zu der Erfüllung des Wunschs der Nachfrager nach Vielfalt setzen.

VI. Ergebnisse

(122) Das Internet bleibt auch nach dem Ende der Euphorie um die new economy eine Herausforderung für die Wirtschaftspolitik. Geplatzt ist nur die spekulative Blase. Das Internet ist weiterhin im Stande, die Art des Wirtschaftens fundamental zu verändern. Diese Veränderungen bergen vor allem Chancen. Die Marktteilnehmer werden diese Chancen ergreifen, ohne dass es staatlicher Intervention bedarf. Industriepolitik ist für die Internet-Wirtschaft ebenso wenig erforderlich wie für andere Wirtschaftszweige. Sie wäre auch nicht weniger gefährlich. Aller Voraussicht nach würde sie ebenso scheitern wie in anderen Branchen.

(123) Eine wichtige Herausforderung liegt an anderer Stelle. Die Internet-Wirtschaft zwingt zum Nachdenken, oft auch zum Umdenken in der Wettbewerbspolitik. Neues Konfliktspotential entsteht. Der Gesetzgeber ist gleichwohl nicht zu bemühen. Das geltende Kartellrecht ist grundsätzlich im Stande, mit den Besonderheiten der Internet-Wirtschaft fertig zu werden. Das liegt an dem hohen Abstraktionsgrad seiner Regeln. Die Anwendungspraxis der Kartellbehörden und Kartellgerichte muss sich freilich an den neuen Gegenstand anpassen. Dazu sind zum Teil tiefgreifende Veränderungen erforderlich.

(124) Durch das Internet sinken die Kosten für die Übermittlung und Verarbeitung von Information. Ist das Produkt selbst elektronisch aufbereitet, entfallen Distanzkosten fast ganz. Beides hat Folgen für Art

und Intensität des Wettbewerbs. Den Nachfragern wächst unter den Bedingungen der Internet-Ökonomie ein bislang ungekanntes Reaktionspotential zu. Die Asymmetrie zwischen den Handlungsmöglichkeiten von Anbietern einerseits und Nachfragern andererseits flacht sich ab. Die Anbieter können sich aber neuen Schutz verschaffen, indem sie ehemals standardisierte Produkte auf die Wünsche immer kleinerer Gruppen von Abnehmern zuschneiden. Ob diese Gruppen in räumlicher Nähe wohnen, wird immer unwichtiger. Die Anwendungspraxis des Kartellrechts muss auf diese Möglichkeiten mit einer Anpassung der Marktabgrenzung reagieren. Insbesondere darf sie das überkommene Bedarfsmarktkonzept nicht schematisch anwenden.

(125) Die technische und organisatorische Infrastruktur des Internet wird umso wertvoller, je mehr Personen sie nutzen. Auch bei vielen Internetnutzungen gibt es einen solchen Netzwerkeffekt. Je ausgeprägter dieser Effekt ist, desto weniger Anbieter können sich gleichzeitig Konkurrenz machen. Oft gibt es überhaupt nur einen Wettbewerb um den Markt, keinen aktuellen oder potentiellen Wettbewerb im Markt mehr. Der gegenwärtige Anbieter wird nur dadurch kontrolliert, dass die Nutzer zu einem Netzwerkgut ganz neuer, verbesserter Art wechseln könnten. Ein Gut mit einem Netzwerkeffekt kann sich am Markt nur durchsetzen, wenn der Anbieter den potentiellen Nachfragern glaubwürdig zusichert, dass er die kritische Masse an Gesamtnachfrage wirklich generieren wird. Die dafür erforderlichen Strategien sind in der Regel nicht missbräuchlich. Bei ausgeprägten Netzeffekten sollte die Durchsetzung eines überlegenen Standards nicht mit Mitteln des Kartellrechts unterbunden werden.

(126) Viele Güter der Internet-Wirtschaft haben ausgeprägte Größen- oder Verbundvorteile. Bei elektronischen Produkten liegen die Grenzkosten sogar in der Nähe von Null. Ein Marktverhalten ist nicht missbräuchlich, wenn es darauf zielt, gleichwohl Deckungsbeiträge zu den fixen Kosten zu erhalten. Dafür eignen sich insbesondere Strategien der Preisdifferenzierung.

(127) Die Innovationszyklen sind auf den meisten Internet-Märkten sehr kurz. Das erhöht den Wettbewerbsdruck. Wo Innovation der zentrale Wettbewerbsparameter ist, muss die Kartellrechtspraxis aber Beschränkungen des Innovationswettbewerbs vorbeugen. Fusionen sollten auch dann untersagt werden, wenn sie die gegenwärtige Marktstellung zwar kaum tangieren, vorstoßenden Wettbewerb aber unwahrscheinlich machen. Die Wettbewerbsbeschränkung folgt daraus, dass die meisten spezifischen Ressourcen in eine Hand kommen, die zur Entwicklung der nächsten Produktgeneration erforderlich sind. Ist Innovation für den

Wettbewerb entscheidend, lässt sich die hergebrachte großzügige Haltung der Kartellbehörden gegenüber Forschungs- und Entwicklungskooperation nicht mehr rechtfertigen. Die einschlägige Gruppenfreistellungsverordnung der EG-Kommission sollte geändert werden.

(128) Die drastisch gesunkenen Kosten zur Informationsübermittlung und Informationsverarbeitung haben nicht nur Folgen für die Produkte, sondern auch für die Koordination von Verhalten. Arbeitsteilung ist immer eher auch im Inneren von Organisationen möglich, nicht mehr bloß an Märkten. Dadurch wird die Abgrenzung zwischen Kartell und Fusion schwieriger. Zugleich können die Wettbewerber den Markt gemeinschaftlich immer dichter organisieren. Dabei kann der wettbewerbsbeschränkende Effekt zwar überwiegen, muss es aber nicht. Das Internet trägt aus beiden Gründen neue Ambivalenzen in die Kartellrechtsanwendung.

(129) Digitale Produkte lassen sich beliebig oft und ohne jeden Qualitätsverlust kopieren. Dieser massenhafte Vorgang ist mit den Mitteln des Rechts kaum zu steuern. Viele Anbieter gehen deshalb zur indirekten Finanzierung über. Sie verschenken ihr eigentliches Produkt. Sie versuchen, Erlöse aus dem Verkauf komplementärer Produkte zu erzielen. Oder sie koppeln das elektronische an ein besser zu schützendes zweites Produkt. In sich ist beides kein missbräuchliches Verhalten.

(130) Das Internet ist ein globales Phänomen. Für viele andere Ordnungsaufgaben ist der globale Charakter die eigentliche Herausforderung. Das gilt etwa für den Jugendschutz, den Datenschutz oder das Steuerrecht. Auch viele kartellrechtlich relevante Vorgänge finden nicht im Geltungsbereich der deutschen oder der europäischen Kartellrechtsordnung statt. Meist eröffnen das Auswirkungsprinzip und die grenzüberschreitende Zusammenarbeit der Kartellbehörden gleichwohl ausreichende Wirkungschancen. Das Auswirkungsprinzip erlaubt den Kartellbehörden und Kartellgerichten, ihr Kartellrecht schon dann anzuwenden, wenn der Vorgang zwar im Ausland stattfindet, auf den inländischen Märkten aber spürbare Auswirkungen hat. Sind auf diese Weise mehrere Kartellrechtsordnungen zugleich anwendbar, koordinieren die Kartellbehörden ganz regelmäßig ihre Entscheidungen. Kartellrechtskonflikte bleiben so in der Praxis die seltene Ausnahme.

Hamburg, den 7. Juli 2001

Der Vorsitzende des Wissenschaftlichen Beirats
beim Bundesministerium für Wirtschaft und Technologie

Prof. Dr. Wernhard Möschel

Gutachten vom 12. Januar 2002

Thema: ‚Daseinsvorsorge' im europäischen Binnenmarkt

Der Wissenschaftliche Beirat beim Bundesministerium für Wirtschaft und Technologie hat sich in mehreren Sitzungen, zuletzt am 12. Januar 2002, mit dem Thema

„Daseinsvorsorge" im europäischen Binnenmarkt

befasst und ist dabei zu der nachfolgenden Stellungnahme gelangt.

I. Anlass des Gutachtens

Der Europäische Rat hat auf seiner Konferenz in Nizza die Kommission und den Ministerrat aufgefordert, den europäischen Rechtsrahmen für die Leistungen der gemeinwirtschaftlich orientierten Dienste als Teil des europäischen Sozialmodells zu überprüfen. Dieser Bereich soll nicht auf die Unternehmen der traditionell staatlich regulierten Versorgungswirtschaft beschränkt sein. Es geht vielmehr um einen neuen, inhaltlich noch unbestimmten Rechtsrahmen für die Legitimation mitgliedstaatlich kontrollierter unternehmerischer Tätigkeiten. Der Europäische Rat hat nämlich erklärt, der Umfang der genannten Dienste dürfe nicht festgeschrieben werden, sondern müsse den raschen Entwicklungen im wirtschaftlichen, wissenschaftlichen und technischen Umfeld Rechnung tragen. Es geht mithin um Zukunftsfragen der Integration.

In den Erklärungen der europäischen Institutionen und in der politischen Diskussion werden die Dienste, die gefördert oder privilegiert werden sollen, verschieden bezeichnet. In den deutschsprachigen Texten wird häufig von „Leistungen der Daseinsvorsorge" gesprochen. Daneben finden sich Ausdrücke wie „öffentliche Dienste", „gemeinwohlorientierte Dienste" oder „gemeinwirtschaftliche Dienste". Mit ihnen allen verbinden sich jedoch diffuse politische Werturteile, und keiner weist auch nur ein Mindestmaß an begrifflicher Schärfe auf. Es ist deshalb geboten, zwischen der Begrifflichkeit des Europäischen Gemeinschaftsrechts und den in den Mitgliedstaaten potentiell betroffenen Sachverhalten zu unterscheiden. Im Gemeinschaftsrecht gilt die im Mittelpunkt von Reformforderungen stehende Ausnahmevorschrift des Art. 86 Abs. 2 EGV für „Unternehmen, die Dienstleistungen von allgemeinem wirtschaftlichem Interesse erbringen" *(services of general economic interest; services d'intérêt économique général)*. Die für die Anwendung dieser Vorschrift in Betracht kommenden Sachverhalte werden in den Mitgliedstaaten verschieden bezeichnet, in Frankreich und anderen romanischen Staaten als *„services publics"*, in Deutschland in der schon genannten Weise. Der normative und politische Gehalt, der sich mit diesen Ausdrücken in den Mitgliedstaaten verbindet, ist für die Anwendung des Gemeinschaftsrechts nicht maßgeblich. Zu den Wirtschaftsbereichen, in denen Unternehmen tätig sind, die Dienstleistungen von allgemeinem wirtschaftlichem Interesse erbringen, gehören zum Beispiel Wasserwirtschaft, Post und Energie, Hafendienste, Abfallentsorgung, Luftverkehr oder Alterssicherung. Der Beirat bezeichnet in diesem Gutachten die gemeinschaftsrechtlich potentiell erheblichen Sachverhalte, wenn er nicht die etwas längliche Formulierung des Art. 86 EGV oder auch des Art. 16 EGV selbst verwendet, als „öffentliche Dienste". Damit sollen Ausdrücke vermieden werden, die in problematischer Weise auf Sinnstiftung gegen die Disziplin des Wettbewerbs angelegt sind, wie es aus historischen Gründen vor allem für den Begriff der „Daseinsvorsorge" zutrifft. Klarstellend ist hinzuzufügen, dass „öffentliche Dienste" zu unterscheiden sind von „öffentlicher Dienst" als dem Inbegriff aller vom Staat und von öffentlichen Körperschaften Beschäftigten.

Den von einigen Mitgliedstaaten, darunter von der Bundesrepublik, zur Diskussion gestellten Vorschlägen ist gemeinsam, dass sie eine weitgehende Entscheidungsfreiheit der Mitgliedstaaten für die Organisation und Finanzierung der Dienste von allgemeinem wirtschaftlichem Interesse fordern. Die angestrebte weitgehende Privilegierung staatlicher Monopole und Markteingriffe begründet die Gefahr, dass der offene Binnenmarkt im Namen des „territorialen und sozialen Zusammenhalts" kurzfristigen protektionistischen Interessen der Mitgliedstaaten untergeordnet wird.

Offenheit des Binnenmarktes und unverfälschter Wettbewerb sind aber die Grundlagen für die Erfolge der Europäischen Wirtschafts- und Währungsunion. Indem das Gemeinschaftsrecht den Mitgliedstaaten die Herrschaft über den grenzüberschreitenden Wirtschaftsverkehr entzieht, dient es dem gemeinsamen Interesse der Bürger in der Gemeinschaft an der Arbeitsteilung in einem größeren Markt, und zwar ohne Rücksicht auf ihre Staatsangehörigkeit. Die Regierungen der Mitgliedstaaten sind jedoch immer weniger bereit, die daraus folgenden Einschränkungen der nationalen Souveränität hinzunehmen. Beklagt wird insbesondere ein vermeintliches Ungleichgewicht zwischen der Orientierung der Gemeinschaft an den Grundsätzen einer offenen Marktwirtschaft (Art. 4 Abs. 1 EGV) und den unter der Obhut der Staaten zu organisierenden „gemeinwirtschaftlichen Diensten". Die dazu veranlassten Initiativen sind geeignet, die wirtschaftlichen Errungenschaften der Gemeinschaft zu gefährden und die gemeinschaftsrechtlichen Ordnungsprinzipien in einem zentralen Bereich zur Disposition der Mitgliedstaaten zu stellen.

Die Beseitigung der Hindernisse für den freien Waren-, Personen-, Dienstleistungs- und Kapitalverkehr war zwar „schrittweise" zu verwirklichen (Art. 14 EGV). Gleichwohl handelt es sich nicht um eine Entwicklung, der durch den EG-Vertrag oder durch eine politische Entscheidung ein „Schlussstein" gesetzt ist oder gesetzt werden kann. Zu den fortdauernden Aufgaben der Gemeinschaft (Art. 2 EGV) gehört eine Wirtschaftspolitik, welche die gemeinschaftsrechtlich zwingenden Regeln des Binnenmarkts und des Wettbewerbs beachtet und verwirklicht. Eine „offene Marktwirtschaft" (Art. 4 Abs. 1 EGV) ist zukunftsfähig, weil sie wie kein anderes Wirtschaftssystem geeignet ist, den wirtschaftlichen und technischen Fortschritt zu gewährleisten, und das auch unter weltwirtschaftlichen Bedingungen, die sich nationaler Regulierung weitgehend entziehen. Durch mitgliedstaatliche Abschirmung von Monopolpositionen oder anderweitige Privilegierung von Unternehmen mögen sich kurzfristige Vorteile für den Wirtschaftsstandort erzielen lassen. Die Kosten solcher Maßnahmen steigen mit der Intensität der Eingriffe in den Wettbewerb. Sie wirken sich im ganzen Binnenmarkt und damit zu Lasten der Verbraucher in allen Mitgliedstaaten aus.

Der Beirat verkennt nicht, dass es Leistungen gibt, die unter Wettbewerbsbedingungen nicht oder nur unzulänglich erbracht werden. Wann ein solcher Fall vorliegt, ist aber überhaupt nicht leicht zu bestimmen, und keinesfalls genügt es, einer Leistung übergeordnete politische Werte zuzuschreiben, um sie der Disziplin der Märkte zu entziehen und der Kontrolle der Mitgliedstaaten zu unterstellen. Die im Binnenmarkt durch subjektive Rechte geschützten Handlungsfreiheiten der Bürger gehören ebenso zu den „gemeinsamen Werten" der Union (Art. 16 EGV) wie die Ansprüche der Bürger im Bereich der Dienste von allgemeinem wirtschaftlichem Interesse. Das Gemeinschaftsrecht sieht deshalb vor, solche Dienste so auszugestalten, dass die gebotenen Ausnahmen vom Binnenmarkt und vom Wettbewerb auf das zu diesem Zweck unerlässliche Maß beschränkt bleiben.

Der Beirat hat bereits 1953 davon gesprochen, die Integration Europas zu einem einheitlichen Wirtschaftsgebiet erfordere die Schaffung eines europäischen Binnenmarktes. Additive Teilintegrationen einzelner Wirtschaftszweige seien damit ebenso unvereinbar wie kartellmäßige oder monopolistische Gebietsaufteilungen. Dieses Ziel ist in einem Prozess, der vom Gemeinsamen Markt zu binnenmarktähnlichen Verhältnissen und schließlich zu einem Wirtschaftsraum ohne Binnengrenzen geführt hat, im wesentlichen verwirklicht worden. Zu den Errungenschaften der gemeinsamen Wirtschaftsordnung gehört, dass es außerhalb der Landwirtschaft und des Verkehrs keine sektorspezifischen Ausnahmen gibt –

auch nicht für den öffentlichen Sektor. Die Einordnung von öffentlichen Unternehmen und Unternehmen mit besonderen oder ausschließlichen Rechten in den Binnenmarkt und das Wettbewerbssystem regelt Art. 86 EGV (Art. 90 alter Fassung). In den Verhandlungen, die zum Vertrag von Rom führten, wurde klar erkannt, mit welchen besonderen Interessenkonflikten zu rechnen ist, wenn die Mitgliedstaaten zugleich hoheitlich und unternehmerisch tätig sind, mithin zugleich Spieler und Schiedsrichter sind. Die Entscheidung über Art und Ausmaß des staatlichen oder gesellschaftlichen Eigentums an Produktionsmitteln gehört zur Eigentumsordnung der Mitgliedstaaten. Sie wird vom EG-Vertrag nicht in Frage gestellt (Art. 295 EGV). Gleichwohl „gelten“ die Vorschriften des EG-Vertrages und insbesondere die Wettbewerbsregeln auch für öffentliche Unternehmen und für Unternehmen, denen Mitgliedstaaten besondere oder ausschließliche Rechte gewähren. Sind diese Unternehmen mit „Dienstleistungen von allgemeinem wirtschaftlichem Interesse“ betraut, so kommt die Anwendung der Ausnahmevorschrift in Art. 86 Abs. 2 EGV in Betracht. Das Gemeinschaftsrecht tritt zurück, wenn seine Anwendung dazu führen würde, die Erfüllung der den genannten Unternehmen übertragenen Aufgaben zu verhindern.

Art. 86 Abs. 3 EGV begründet die Zuständigkeit der Kommission, Art. 86 soweit erforderlich durch Entscheidungen oder Richtlinien durchzusetzen. Diese Zuständigkeit ist unabhängig von Rat und Parlament. Sie ist nicht undemokratisch, sondern sie trägt den besonderen Schwierigkeiten Rechnung, das Gemeinschaftsrecht auch gegen die hoheitlichen ***und*** unternehmerischen Eigeninteressen und gegen den Widerstand der Mitgliedstaaten zu wahren. Mit Billigung des EuGH hat die Kommission auf dieser Grundlage die Liberalisierung der Telekommunikation mit großem Erfolg durchgesetzt.

Mehrere Mitgliedstaaten, darunter Frankreich und die Bundesrepublik, fordern jedoch weitgehende Gestaltungsfreiheiten in den Diensten von allgemeinem wirtschaftlichem Interesse. Es handelt sich um Forderungen, die ähnlich zuerst vom Europäischen Zentralverband der öffentlichen Wirtschaft (CEEP) erhoben wurden. Obwohl es sich bei Art. 86 Abs. 2 EGV um eine potentiell weitreichende Ausnahme von der Geltung des Gemeinschaftsrechts zugunsten der Mitgliedstaaten und der dort genannten Unternehmen handelt, wird die Vorschrift als Eingriff in die mitgliedstaatlichen Souveränitäten in Frage gestellt. Die politische Diskussion hat sich von der Auslegung und Anwendung der Vorschriften des Gemeinschaftsrechts fortschreitend gelöst. Ganz im Vordergrund steht, wenn auch nicht in der Bundesrepublik, die Forderung nach einer Bereichsausnahme für die von den Mitgliedstaaten zu definierenden öffentlichen Dienste.

Die EG-Kommission hat versucht, diese Diskussion zu kanalisieren und dem Pathos der demokratisch legitimierten Souveränität terminologisch Rechnung zu tragen. In einer Mitteilung über Leistungen der Daseinsvorsorge in Europa (Amtsblatt C 281 v. 26.9.1996, S. 3) bezeichnet sie die gemeinwohlorientierten Dienste als Ausdruck der „gemeinsamen Werte der Union“. Um den Forderungen nach Wiederherstellung der staatlichen Souveränität in diesen Bereichen zu begegnen, schlug die Kommission einen Kompromiss vor. Er führte im Vertrag von Maastricht zu dem neuen Art. 16 EGV. Die Vorschrift lautet:

> „Unbeschadet der Art. 73, 86 und 87 und in Anbetracht des Stellenwerts, den Dienste von allgemeinem wirtschaftlichen Interesse innerhalb der gemeinsamen Werte der Union einnehmen, sowie ihrer Bedeutung bei der Förderung des sozialen und territorialen Zusammenhalts tragen die Gemeinschaft und die Mitgliedstaaten im Rahmen ihrer jeweiligen Befugnisse im Anwendungsbereich dieses Vertrages dafür Sorge, dass die Grundsätze und Bedingungen für das Funktionieren dieser Dienste so gestaltet sind, dass sie ihren Aufgaben nachkommen können.“

Über die Bedeutung dieser Vorschrift, die in den Teil des Vertrages aufgenommen wurde, der die Grundsätze der Integration festlegt, herrscht Streit. Teilweise wird in der Vorschrift bereits die Verwirklichung einer Bereichsausnahme gesehen. Dem steht jedoch der Wortlaut entgegen, wonach Art. 86 EGV und das grundsätzliche Verbot der Beihilfen in Art. 87 EGV unberührt bleiben.

In der Charta der Grundrechte der Europäischen Union werden die Dienstleistungen von allgemeinem wirtschaftlichem Interesse im Kapitel „Solidarität“ behandelt. Art. 36 lautet:

> „Die Union anerkennt und achtet den Zugang zu Dienstleistungen von allgemeinem wirtschaftlichem Interesse wie er durch die einzelstaatlichen Rechtsvorschriften und Gepflogenheiten im Einklang mit dem Vertrag zur Gründung der Europäischen Gemeinschaft geregelt ist, um den sozialen und territorialen Zusammenhalt der Union zu fördern.“

Auf diesem Hintergrund schließt die Bundesregierung die Möglichkeit aus, Dienstleistungen von allgemeinem wirtschaftlichem Interesse auf Gemeinschaftsebene zu regeln und fordert Autonomie in der Entscheidung über diese Dienste, ohne jedoch eine Änderung des EG-Vertrages zu verlangen (Stellungnahme der Bundesrepublik Deutschland zu den Arbeiten der EU-Kommission gemäß Ziffer E 45 der Schlussfolgerungen des Europäischen Rates von Nizza, Brüssel 20. September 2001). Die

Beihilfeaufsicht der Kommission soll auf eine Missbrauchskontrolle beschränkt sein. Die Maßstäbe für die Bestimmung eines Missbrauchs sollen den zuständigen staatlichen Stellen weitgehend freie Hand lassen. Die französische Regierung hat im Anschluss an Art. 16 EGV ein umfassendes Konzept für die ***nationale*** Ausgestaltung der öffentlichen Dienste entwickelt (Memorandum Frankreichs zu den gemeinwirtschaftlichen Diensten, Brüssel 20. September 2001). Teil dieses Konzeptes ist dic Evaluierung der öffentlichen Dienste. Die EG-Kommission soll die Aufgabe haben, die nationalen Evaluierungsverfahren in den Mitgliedstaaten zu koordinieren. Im EG-Vertrag könne auch eine europäische „Beobachtungsstelle" eingerichtet werden, die dem Austausch von Informationen dienen soll.

Der Versuch, dem Anspruch auf bestimmte öffentliche Dienste im Namen der „gemeinsamen Werte" grundrechtsähnlichen Charakter zu verleihen, ist geeignet, den für die Gemeinschaft maßgeblichen Konflikt zu verdecken. Die weitgehende Freistellung der öffentlichen Dienste nach Art. 86 Abs. 2 EGV greift in die gemeinschaftsrechtlich gewährleisteten subjektiven Rechte der Bürger auf ungehinderte Teilnahme am grenzüberschreitenden Waren- und Dienstleistungsverkehr zugunsten nationaler Interessen ein. Wenn man den gemeinwohlorientierten Diensten, wie es vorgeschlagen wird, die Gesamtheit der mittel- und langfristigen Ziele der Wirtschafts- und Gesellschaftspolitik zuordnet, dann handelt es sich um den Versuch, ein Gegengewicht gegen Marktöffnung und Wettbewerb zu normieren. Im Kern geht es in dieser Diskussion um den alten Gegensatz von Politik und Markt. Er äußert sich in der Gemeinschaft als Gegensatz von staatlicher Souveränität und vorrangiger Geltung des Gemeinschaftsrechts. Es wäre aber mit dem Grundgedanken der Gemeinschaft und den für Binnenmarkt- und Wettbewerbssystem geltenden Rechtsgrundsätzen unvereinbar, die Entscheidungen über Einrichtung und Ausgestaltung der öffentlichen Dienste allein den Regierungen der Mitgliedstaaten zu überlassen.

Der Vorschlag, der Kommission lediglich die Koordination der nationalen Evaluierungsverfahren zu übertragen und ihr die Kompetenzen nach Art. 86 Abs. 3 EGV zu entziehen, fügt sich in eine allgemeine Entwicklung zu verstärkter intergouvernementaler Zusammenarbeit ein. In Frage gestellt wird die Rolle der Kommission als einer gegenüber den Mitgliedstaaten selbständigen und unabhängigen Instanz zur Wahrung des Gemeinschaftsinteresses. Diese Kompetenz ist aber gerade bei Art. 86 EGV unerlässlich, weil anders das Eigeninteresse der Mitgliedstaaten, einzeln oder im Zusammenwirken, an den eigenen Monopolen und privilegierten Unternehmen der wirksamen Anwendung des Gemeinschaftsrechts entgegensteht. Dieser Befund wird nicht zuletzt durch die seit dem Vertrag von Maastricht geführte Diskussion über die Privilegierung der Unternehmen, die Dienstleistungen von allgemeinem wirtschaftlichem Interesse erbringen, bestätigt.

Die Frage der Zuständigkeit für Dienstleistungen von allgemeinem wirtschaftlichem Interesse erweist sich als Teil der umfassenderen Diskussion über die zukünftige Verfassung Europas. Ohne auf diese Diskussion einzugehen, hält der Beirat die Bewahrung der im EG-Vertrag normierten Kompetenz der unabhängigen EG-Kommission zur Anwendung von Art. 86 EGV für unerlässlich, um auch hier das Gemeinschaftsrecht zur Geltung zu bringen.

II. Die Praxis der Kommission

Nach ständiger Rechtsprechung der europäischen Gerichte, des Gerichts 1. Instanz und des Gerichtshofs der Europäischen Gemeinschaften, soll Art. 86 Abs. 2 EGV als Ausnahmevorschrift den Interessen der Mitgliedstaaten Rechnung tragen, bestimmte Unternehmen, insbesondere die des öffentlichen Sektors, als Instrumente ihrer Wirtschafts- und Finanzpolitik einzusetzen. Dieses Interesse muss jedoch unter der Aufsicht der Kommission mit dem Interesse der Gemeinschaft an der Einhaltung der Wettbewerbsregeln und der Einheit des Binnenmarktes in Einklang gebracht werden. Auf Anforderung des europäischen Rates hat die EG-Kommission wiederholt die Prinzipien zusammengefasst, nach denen sie die Aufsicht über die öffentlichen Sektoren ausübt bzw. ausüben wird (Mitteilungen der Kommission, Leistungen der Daseinsvorsorge in Europa, Brüssel 11.9.1996 [Mitteilung I]; ABl. C 17/4 v. 19.1.2001 [Mitteilung II]; Bericht für den Europäischen Rat in Laeken, Leistungen der Daseinsvorsorge, Brüssel 16.10.2001 [Mitteilung III]). In ihren Mitteilungen unterscheidet die Kommission zwischen den organisatorischen Erscheinungsformen der öffentlichen Dienste und den Grundsätzen für ihre Beurteilung.

1. Erscheinungsformen

Die Kommission hat die in der Kommissionspraxis und in der Rechtsprechung des Europäischen Gerichtshofs aufgetretenen Erscheinungsformen der öffentlichen Dienste systematisiert. Ihnen ist gemeinsam, dass die Unternehmen zur Erbringung dieser Leistungen nach mitgliedstaatlichem Recht auch dann verpflichtet sein sollen, wenn es für sie nach der Marktlage nicht lohnend wäre. Die Kommission setzt voraus, dass alle im folgenden genannten Tatbestände im Grundsatz nach

Art. 86 Abs. 2 EGV gerechtfertigt sein können. Sie prüft nicht, ob zwischen diesen Tatbeständen nach der Intensität des Eingriffes in Binnenmarkt und Wettbewerb zu unterscheiden ist. Im einzelnen unterscheidet die Kommission die folgenden Tatbestände :

a. Offene Wettbewerbsmärkte, auf denen ein oder mehrere Unternehmen zu besonderen Dienstleistungen verpflichtet sind

Diese können für die besonderen Leistungen entschädigt werden. Als Mittel der Entschädigung kommt in Betracht ein Fonds, zu dem die anderen auf dem Markt tätigen Unternehmen beitragen müssen, oder Subventionen aus dem Staatshaushalt. Die Finanzierung muss auf die Nettokosten der besonderen Leistungen begrenzt sein.

b. Durch ausschließliche Rechte geschlossene Märkte mit Wettbewerb um das Monopol

Die Monopolstellung wird ausgeschrieben, so dass über die Vergabe der Konzession auf der Grundlage konkurrierender Angebote entschieden werden kann. Eine Alleinstellung kann notwendig sein, weil auf dem betroffenen Markt nur ein Unternehmen existenzfähig ist (natürliches Monopol). Wird darüber nach einer Ausschreibung entschieden, so nimmt die Kommission an, dass es sich um eine grundsätzlich gemeinschaftskonforme Lösung handelt. Das gilt insbesondere im Hinblick auf die Beihilfevorschriften.

c. Durch ausschließliche Rechte geschlossene Märkte ohne Restwettbewerb

Hier entscheidet der Mitgliedstaat, wie die öffentliche Aufgabe zu finanzieren ist. Das geschieht in der Regel durch die vom Wettbewerb nicht begrenzte Preispolitik des Monopolisten. Eine Grenze folgt aus dem Verbot des Missbrauchs beherrschender Stellungen.

2. *Beurteilungskriterien der Kommission*

Die Kommission hebt zunächst hervor, dass Art. 86 Abs. 2 EGV nur anwendbar ist, wenn es sich um wirtschaftliche Aktivitäten handelt. Dies folgt schon daraus, dass Gegenstand der Regelung die Tätigkeiten der dort genannten Unternehmen oder die darauf bezüglichen Maßnahmen der Mitgliedstaaten sind. Die Kriterien, nach denen zu entscheiden ist, ob es sich um wirtschaftliche Aktivitäten handelt, stimmen mit der Abgrenzung des Unternehmensbegriffs für die Anwendung der Wettbewerbregeln überein. Für die Beurteilung der öffentlichen Dienste nennt die Kommission die im folgenden zu erläuternden Prinzipien der Neutralität, der Gestaltungsfreiheit und der Verhältnismäßigkeit.

a. Das **Prinzip der Neutralität** verweist auf die Gleichstellung des privaten und öffentlichen Eigentums an Unternehmen. Es folgt aus Art. 295 EGV, wonach der Vertrag die Eigentumsordnung in den Mitgliedstaaten unberührt lässt. Die wichtige Rechtsfolge besteht darin, dass die Mitgliedstaaten nicht verpflichtet werden können, öffentliche Unternehmen zu privatisieren. Vom Eigentum an Sachen und Rechten zu unterscheiden sind jedoch „ausschließliche und besondere Rechte“, die durch staatlichen Hoheitsakt begründet werden. Der zugrundeliegende Hoheitsakt muss an den Maßstäben des Gemeinschaftsrechts gemessen werden, die für staatliche Eingriffe in den Binnenmarkt gelten. Für das Verhalten der privilegierten Unternehmen gelten die Wettbewerbsregeln (Artt. 81, 82 EGV), werden die Unternehmen durch den Staat finanziert, so gelten dafür die Vorschriften über Beihilfen (Art. 87 EGV).

b. Das **Prinzip der Gestaltungsfreiheit** der Mitgliedstaaten für die Definition der Leistungen von allgemeinem wirtschaftlichem Interesse entspricht einer gewandelten neuen Rechtsprechung des EuGH. Die Kommission will diese mitgliedstaatlichen Entscheidungen nur einer Kontrolle auf „offenkundige Fehler“ unterwerfen. Auch diese Prüfung setzt jedoch eine gemeinschaftsrechtliche Zuständigkeit voraus. Und der Wortlaut von Art. 86 Abs. 2 EGV lässt keinen Zweifel daran, dass im Grundsatz alle Vorschriften des Vertrages auch für die dort genannten Unternehmen und für die Mitgliedstaaten gelten.

Falls die Gemeinschaftsorgane darauf verzichten, den öffentlichen Diensten einen spezifisch gemeinschaftsrechtlichen Inhalt zu geben, folgt daraus eine weitreichende Entscheidungsfreiheit der Mitgliedstaaten über Markt- und Unternehmensstrukturen. Daraus ergeben sich nach der Praxis der Kommission zwei gesondert zu behandelnde Fragestellungen. Einmal ist zu prüfen, welche ökonomischen Kriterien zur Verfügung stehen, um öffentliche Dienste im Anschluss an das zu bewältigende Marktversagen in möglichster Übereinstimmung mit den Zwecken von Binnenmarkt- und Wettbewerbssystem abzugrenzen. Zu prüfen ist ferner, welche Politik für einen Mitgliedstaat zweckmäßig ist, wenn in anderen Mitgliedstaaten monopolistische Strukturen aufrechterhalten, nur teilweise geöffnet oder neu geschaffen werden. Die Kommission sieht in der Wahl unterschiedlicher Mittel für ein und dieselbe Leistung bei unterschiedlichen Rahmenbedingungen von Mitgliedstaat zu Mitgliedstaat sogar ein „Effizienzmerkmal“. (Mitteilung II Nr. 13).

c. Der **Grundsatz der Verhältnismäßigkeit** gilt als ein allgemeiner Grundsatz des Gemeinschaftsrechts. Sein Inhalt hängt von dem zu schützenden Rechtsgut und der dadurch definierten Zweck-Mittel-Relation ab. Für die Ausnahme in Art. 86 Abs. 2 EGV ist zu prüfen, ob die Geltung des Gemeinschaftsrechts die Erfüllung der besonderen Aufgaben rechtlich oder tatsächlich verhindert. Dazu gehört einmal die Prüfung, ob die staatlichen Maßnahmen zur Verwirklichung des staatlichen Zweckes geeignet und erforderlich sind. Davon zu unterscheiden ist jedoch der für Ausnahmen von Verkehrsfreiheiten und Wettbewerb geltende weitere Grundsatz, dass die mitgliedstaatlichen Maßnahmen nur gerechtfertigt sind, soweit keine den Wettbewerb und den Binnenmarkt weniger einschränkende Mittel zur Erreichung des Zweckes in Betracht kommen.

Zu unterscheiden sind in der Rechtsprechung des EuGH insbesondere die Freiheitssphären, in die eingegriffen wird. Den Regelfall bilden in der Praxis der Gemeinschaftsorgane Eingriffe in grundrechtlich geschützte Positionen durch Gemeinschaftsrecht, z.B. im Rahmen der landwirtschaftlichen Marktordnungen. Ein anderes Schutzgut ist jedoch betroffen, wenn es um die subjektiven Rechte der Gemeinschaftsbürger auf Beachtung der Verkehrsfreiheiten und der Wettbewerbsregeln geht. Hier geht der Eingriff vom mitgliedstaatlichen Recht aus. Zu prüfen ist, ob die den Dienstleistungsunternehmen übertragenen Aufgaben auch ohne Verstoß gegen Binnenmarkt- und Wettbewerbsregeln oder mit weniger einschränkenden Mitteln erfüllt werden könnten. Das Verhältnismäßigkeitsprinzip führt jedoch zu einem ganz anderen Ergebnis, wenn lediglich geprüft wird, ob die Einschränkungen bei gegebener mitgliedstaatlicher Normierung der Aufgabe weiter gehen, als es zu deren Erfüllung notwendig ist. In der Rechtsprechung und in der Praxis der Kommission zu Art. 86 Abs. 2 EGV steht aber diese Prüfung im Vordergrund. Eine Verhinderung der Aufgabenerfüllung wird häufig schon dann angenommen, wenn das Gemeinschaftsrecht die mitgliedstaatliche Regulierung undurchführbar macht. Bei dieser Betrachtung werden ausschließliche oder besondere Rechte mit einer Bestandsgarantie versehen. In dem Memorandum Frankreich heißt es dazu:

> „Im übrigen setzt die Erfüllung gemeinwirtschaftlicher Aufgaben allgemein zur Sicherstellung der Finanzierung voraus, dass den mit diesen Aufgaben betrauten Unternehmen besondere oder ausschließliche Rechte übertragen werden.“

Rügt die Kommission in einem Vertragsverletzungsverfahren ausschließliche Rechte, wie sie es bei den Energiemonopolen in Frankreich, Italien und Holland getan hat, so trifft die Kommission die Beweislast, ob die betrauten Unternehmen bei alternativen Lösungen in der Lage wären,

> „die im allgemeinen Interesse liegenden Aufgaben, mit denen sie betraut sind, unter Beachtung aller Verpflichtungen und Beschränkungen zu erfüllen, die ihnen auferlegt sind und deren Legitimität und Legitimation die Kommission nicht bestreitet.“
> (EuGH 23.10.1997, Sammlung der Entscheidungen 1997 I, 5819, Rn. 100)

Zu den privilegierten Aufgaben gehört bei Stromversorgungsunternehmen die ununterbrochene Versorgung aller Abnehmer im gesamten Konzessionsgebiet in den zu jeder Zeit geforderten Mengen zu einheitlichen Tarifen und unter Bedingungen, die nur nach objektiven Kriterien unterschiedlich sein dürfen (Rn. 53).

Ob das Gemeinschaftsrecht die Erfüllung der einem Unternehmen übertragenen besonderen Aufgaben „verhindert“, hängt nicht zuletzt von der Finanzierung ab. Im Falle von Versorgungsmonopolen nimmt der EuGH an, dass dem betrauten Unternehmen die Erfüllung seiner Aufgabe zu „wirtschaftlich tragbaren Bedingungen“ ermöglicht werden müsse. Die Grenze liegt nicht erst bei der Existenzgefährdung. Gehört zu der Gemeinwohlaufgabe die flächendeckende Versorgung mit Tarifeinheit im Raum, so kann damit auch die so genannte Quersubventionierung innerhalb eines Versorgungsunternehmens gerechtfertigt werden.

III. Kriterien für die Einordnung von Leistungen, die im allgemeinem wirtschaftlichem Interesse erbracht werden

1. *Grundfreiheiten und Wettbewerbsregeln*

Die Grundfreiheiten, die den Binnenmarkt konstituieren, entziehen den Mitgliedstaaten die Befugnis, in den grenzüberschreitenden Wirtschaftsverkehr aus wirtschaftlichen Gründen einzugreifen. Außer den vertraglichen gelten ungeschriebene Ausnahmen nur bei nichtdiskriminierenden Maßnahmen, überdies nur soweit sie aus zwingenden Erfordernissen des öffentlichen Interesses gerechtfertigt werden können und keine weitergehenden Beschränkungen enthalten, als es ihr Zweck erfordert (Verhältnismäßigkeitsprinzip). Zu den zwingenden Erfordernissen werden gerechnet u. a. die wirksame steuerliche Kontrolle, der Schutz der öffentlichen Gesundheit, der Lauterkeit des Handelsverkehrs und der Verbraucherschutz. Im Binnenmarkt sollen die Unternehmen instandgesetzt werden, ungehindert an dem durch offene Märkte möglichen Wettbewerb teilzunehmen. Missbrauchsverbot für marktbeherrschende Unternehmen und Kartellverbot sollen verhindern, dass die Unternehmen den möglichen Wettbewerb beschränken. Folgerichtig ist es den Mitgliedstaaten untersagt, in Bezug auf öffentliche Unternehmen und auf Unternehmen, denen sie besondere oder ausschließliche Rechte verleihen, dem EG-Vertrag und insbesondere den Wettbewerbsregeln widersprechende Maßnahmen zu treffen oder beizubehalten (Art. 86 Abs. 1 EGV). Nur so ist gewährleistet, dass die Mitgliedstaaten gehindert sind, mit Hilfe öffentlicher Unternehmen oder durch die Begründung besonderer oder ausschließlicher Rechte den grenzüberschreitenden Wirtschaftsverkehr im nationalen Eigeninteresse unmittelbar oder mittelbar, tatsächlich oder potentiell zu behindern. Der Binnenmarkt stünde zur Disposition der Mitgliedstaaten, wenn es ihnen gestattet wäre, mit Hilfe privilegierter Unternehmen die Zwecke zu verfolgen und die Wirkungen zu erzielen, die ihnen untersagt sind, wenn sie mit Hilfe wirtschaftsbezogener Regulierungen verfolgt werden.

Eine nach der Rechtsprechung eng auszulegende Ausnahme von diesen Grundsätzen enthält Art. 86 Abs. 2 EGV. Nur unter den dort genannten Voraussetzungen können die Mitgliedstaaten bestimmte Unternehmen als Instrumente ihrer Wirtschafts- oder Finanzpolitik benutzen. Auch diese Befugnis steht unter dem Vorbehalt, dass sie nur im Einklang mit der „Einheit des Marktes“ ausgeübt werden darf. Mit diesem von den Europäischen Gerichten in ständiger Rechtsprechung betonten Grundsatz wäre es unvereinbar, die öffentlichen Sektoren der Geltung des Gemeinschaftsrechts so weitgehend zu entziehen, wie es von einigen Mitgliedstaaten gefordert wird. Daraus folgen aber auch Grenzen für die von der Kommission betonte „Gestaltungsfreiheit der Mitgliedstaaten“.

2. *Die Ausnahme des Art. 86 Abs. 2 EG-Vertrag*

In der Rechtsprechung der Europäischen Gerichte hat sich die Funktion von Art. 86 Abs. 2 EGV verfahrensrechtlich und materiellrechtlich verändert. Während die Rechtsprechung die Vorschrift ursprünglich als ein Verbot mit Erlaubnisvorbehalt auslegte, nimmt sie jetzt an, dass es sich um eine Legalausnahme handelt. Diese Veränderung folgt aus den Zuständigkeitsregeln, die für die Anwendung von Art. 86 Abs. 2 EGV (früher Art. 90 Abs. 2) gelten. Zunächst nahm der EuGH an, Art. 86 Abs. 2 EGV könne nur von der EG-Kommission unter den Voraussetzungen des Art. 86 Abs. 3 EGV angewendet werden. Der unbestimmte, wirtschaftspolitisches Ermessen voraussetzende Inhalt der Vorschrift stehe ihrer unmittelbaren Anwendbarkeit vor den mitgliedstaatlichen Gerichten entgegen. Im Jahre 1989 entschied der EuGH, bei Untätigkeit der Kommission seien die mitgliedstaatlichen Gerichte berufen, die Ausnahme in eigener Zuständigkeit anzuwenden. Diese Rechtsprechung beeinflusste mittelbar die materiellrechtliche Auslegung von Art. 86 Abs. 2 EGV. Maßgebliches Gewicht erhielten jetzt die Kriterien, die der Anwendung durch die mitgliedstaatlichen Gerichte zugänglich sind. Dazu gehört die Prüfung, ob die Unternehmen durch Hoheitsakt mit Dienstleistungen von allgemeinem wirtschaftlichem Interesse betraut sind, welche Pflichten im einzelnen nach mitgliedstaatlichem Recht zur Erfüllung der ihnen übertragenen besonderen Aufgabe gehören, ob sie eindeutig und transparent normiert sind und ob die Anwendung des Gemeinschaftsrechts der Erfüllung der so definierten besonderen Aufgabe entgegensteht. Die Prüfung, ob es sich um Dienstleistungen von allgemeinem wirtschaftlichem Interesse handelt, wird im Ergebnis an das mitgliedstaatliche Recht verwiesen. Diese Voraussetzung ist immer schon dann erfüllt, wenn die Unternehmen verpflichtet sein sollen, ihre Leistungen auch dann zu erbringen, wenn es für sie nach Marktlage nicht lohnend wäre. Weitere Kriterien, die es gestatten, den Inhalt des allgemeinen wirtschaftlichen Interesses gemeinschaftsrechtlich näher zu bestimmen und so eine gleichmäßige Anwendung der Ausnahmevorschrift in den Mitgliedstaaten zu ermöglichen, konnten sich in der Rechtsprechung nicht durchsetzen.

Nach allgemeinen Grundsätzen des Gemeinschaftsrechts muss derjenige, der sich auf eine Ausnahmevorschrift beruft, vortragen und beweisen, dass ihre Voraussetzungen vorliegen. Im Vorlageverfahren nach Art. 234 EGV lässt es die Rechtsprechung bei Art. 86 Abs. 2 EGV häufig genügen, wenn der Nachweis geführt wird, dass die Anwendung des Gemeinschaftsrechts mit der mitgliedstaatlichen Regulierung unvereinbar ist. Die weitere Prüfung, ob sich der Zweck der mitgliedstaatlichen Regulierung auch bei einer Binnenmarkt und Wettbewerb weniger beeinträchtigenden Regelung erreichen ließe, findet dagegen selten statt. Eine Erklärung für diesen Stand der Rechtsprechung folgt daraus, dass sich der EuGH im Vorlageverfahren nur zu den Fragen äußert, die ihm von den mitgliedstaatlichen Gerichten gestellt werden.

In einem Vertragsverletzungsverfahren hat die Kommission die Rechtmäßigkeit der nationalen Einfuhr- und Ausfuhrmonopole in der Energiewirtschaft in Frankreich, den Niederlanden und in Italien angegriffen. Die betroffenen Mitgliedstaaten nahmen demgegenüber die Ausnahmevorschrift von Art. 86 Abs. 2 EGV in Anspruch. Nach diesen Urteilen genügen die Mitgliedstaaten ihrer Beweislast, wenn sie dartun, dass die Unwirksamkeit der Ausschließlichkeitsrechte mit der mitgliedstaatlichen Ordnung der Energiemärkte unvereinbar sein würde. Es sei dann Sache der Kommission, zu beweisen, dass die Zwecke der mitgliedstaatlichen Politik auf andere, Binnenmarkt und Wettbewerb weniger beeinträchtigende Weise erreicht werden könnten. Die Kommission hat von dieser Aufforderung des EuGH keinen Gebrauch gemacht. Auf diesem Hintergrund ist die Feststellung der Kommission zu sehen, dass den Mitgliedstaaten in der Definition der gemeinwirtschaftlichen Dienste weitgehende Gestaltungsfreiheit zur Verfügung stehe.

3. *„Offenkundige Fehler"*

Die Kommission will ihre Zuständigkeit auf die Kontrolle „offenkundiger Fehler" beschränken (Mitteilung II Nr. 22), den Mitgliedstaaten im übrigen aber freie Hand lassen, ob ausschließliche Rechte notwendig sind, um die besonderen Aufgaben zu erfüllen, und wie diese Aufgaben zu erfüllen sind. Die Rechtsprechung des EuGH begründet Zweifel, ob die Kommission damit ihr gemeinschaftsrechtliches Mandat zutreffend auslegt. Die Rechtsprechung hat zwar entschieden, dass die unmittelbare Anwendung der Verkehrsfreiheiten auf ausschließliche Rechte ausgeschlossen ist, wenn die Voraussetzungen der Ausnahme des Art. 86 Abs. 2 EGV vorliegen. Aber sie hat gleichzeitig und nachdrücklich auf das in Art. 86 Abs. 2 Satz 2 EGV enthaltene Mandat der Kommission hingewiesen, das Interesse der Gemeinschaft an einem nicht beeinträchtigten Handelsverkehr zur Geltung zu bringen. Unberührt bleibt auch die Pflicht und die Möglichkeit der Kommission, die Instrumente des Art. 86 Abs. 3 EGV zu verwenden, um zu gewährleisten, dass nationale Regulierungen keine weitergehenden Eingriffe in Binnenmarkt und Wettbewerb zur Folge haben, als es für die Verwirklichung ihres Zweckes unerlässlich ist.

Jedenfalls darf im Gemeinschaftsinteresse die Zuständigkeit der Kommission nicht in Frage gestellt werden, die Entscheidungen der Mitgliedstaaten über gemeinwirtschaftliche Dienste auf „offenkundige Fehler" zu überprüfen. Diese missbrauchsgeneigten Fälle verweisen auf die fortbestehende Notwendigkeit, den Inhalt der Dienstleistungen von allgemeinem wirtschaftlichem Interesse gemeinschaftsrechtlich abzugrenzen. Ein erster Anhaltspunkt folgt aus dem Gegensatz von allgemeinen und individuellen Interessen. Die gesetzliche Verpflichtung von Unternehmen, bestimmte Dienstleistungen zu erbringen, ist für sich allein keine Garantie, dass damit „allgemeine Interessen" wahrgenommen werden. Mit Hilfe öffentlich-rechtlich privilegierter Unternehmen können vielmehr auch organisatorische Individualinteressen wahrgenommen werden. Ein Beispiel bietet ein gesetzliches Monopol für Dienstleistungen in einem Hafen, die technisch oder kommerziell überholt sind, deshalb auch nicht mehr erbracht werden, aber immer noch gebührenpflichtig sind. Ein weiteres Beispiel folgt aus der Geltung eines ausschließlichen

Rechts für Tätigkeiten, die das Monopolunternehmen nicht erbringen kann oder nicht erbringen will. So galt das Arbeitsvermittlungsmonopol der Deutschen Bundesanstalt für Arbeit für die Vermittlung von Führungskräften der Wirtschaft, obwohl die Bundesanstalt auf diesen Märkten niemals tätig wurde. Ein allgemeines wirtschaftliches Interesse liegt schließlich dann nicht vor, wenn die Erfahrung zeigt, dass die Leistungen, die einem Unternehmen vorbehalten sind, auf anderen, geographisch getrennten Märkten in gleicher Qualität im Wettbewerb erbracht werden. Ein wichtiges Beispiel sind die Telekommunikationsendgeräte, die in mehreren Mitgliedstaaten durch das Fernmeldemonopol gerechtfertigt werden sollten.

Ein allgemein wichtiges und relevantes Kriterium für die Auslegung des Inhalts der Dienstleistungen, an denen ein allgemeines wirtschaftliches Interesse besteht, ist ihr Bezug auf den unmittelbaren Schutz von Verbraucherinteressen. Sie sind allgemein relevant, wenn es sich um Leistungen handelt, die sich auf dem Markt durchgesetzt haben, für die es keine Substitute gibt und bei denen ein Konsumverzicht unzumutbar ist. Das trifft hauptsächlich für die Leistungen der Versorgungswirtschaft zu (Wasser, Elektrizität, Gas), wo steigende Skalenerträge zu Monopolen und einer flächendeckenden Versorgung geführt haben. Hier ist die Gewährleistung einer dauernden Versorgung zu erschwinglichen Preisen insbesondere beim Übergang zum Wettbewerb gerechtfertigt.

4. *Wettbewerb im Markt und Wettbewerb um Märkte*

Die skizzierte Rechtsentwicklung, mehr noch die politische Entwicklung, verweisen auf die Bedeutung, die einem konsistenten, von der Kommission zu entwickelnden Konzept für die Dienstleistungen von allgemeinem wirtschaftlichem Interesse zukommt. Die von der Kommission gleichberechtigt dargestellten Organisationsformen für öffentliche Dienste führen zu verschieden schweren Eingriffen in Binnenmarkt und Wettbewerb. Es ist deshalb geboten, sie im Hinblick auf den geringsten Eingriff in den Wettbewerb zu gewichten.

a) Das Universaldienstmodell ist von der Kommission als Begleiterscheinung zur Liberalisierung der Telekommunikation im Übergang vom Monopol zum Wettbewerb entwickelt worden. Die Aufhebung des Monopols, der damit verbundene Zugang neuer Unternehmen zum Markt und die vom Wettbewerb oder von der Regulierung erzwungene Kostenorientierung der Tarife können dazu führen, dass Teilmärkte mit verschiedenen Preisniveaus entstehen, weil im Wettbewerb die mit dem geringsten Aufwand erreichbaren Märkte vorrangig erschlossen werden.

Der Universaldienst soll sicherstellen, dass gleichwohl alle Nutzer ständigen Zugang zu den etablierten Dienstleistungen haben. Er wird definiert als ein Mindestangebot an Diensten von bestimmter Qualität, das allen Nutzern und Verbrauchern gemessen an den landesspezifischen Bedingungen zu einem erschwinglichen Preis zur Verfügung steht (Mitteilung II Nr. 39). Ist der Universaldienst zu erschwinglichen Preisen nicht kostendeckend möglich, so sind ein oder mehrere Unternehmen mit Dienstleistungen von allgemeinem wirtschaftlichem Interesse zu betrauen. Für die Betrauung schlägt die Kommission ein effizientes, objektives und transparentes Zuweisungsverfahren vor. Dazu können öffentliche Ausschreibungen und Versteigerungen gehören, um zu gewährleisten, dass der Universaldienst auf kostengünstige Weise erbracht wird, und um die Nettokosten der Universaldienstverpflichtungen zu ermitteln (Vorschlag Nutzerrechte-Richtlinie vom 12.7.2000, KOM 2000, 392, Rn. 10 der Erwägungsgründe). Dieses Konzept ist zwar durch eine Richtlinie entwickelt worden, es bietet nach der Überzeugung des Beirats jedoch eine Grundlage auch für die Auslegung des zentralen Begriffs der „Dienstleistungen vom allgemeinem wirtschaftlichem Interesse" in Art. 86 Abs. 2 EGV.

b) Begründet ein Staat besondere oder ausschließliche Rechte, so soll der Wettbewerb im Markt durch einen Wettbewerb um den Markt ersetzt werden. Im Wege der Ausschreibung wird ermittelt, welches Unternehmen in der Lage ist, den Gemeinwohlauftrag am günstigsten zu erfüllen. In einer Mitteilung vom 29.4.2000 (ABl. 2000 Nr. C 121/2) zu Auslegungsfragen im Bereich Konzessionen im Gemeinschaftsrecht hat die Kommission die für die Vergabe von Konzessionen geltenden Grundsätze im Anschluss an das Allgemeine Vergaberecht zusammengefasst. Diese Grundsätze sollen auch für die Betrauung mit Dienstleistungen von allgemeinem wirtschaftlichem Interesse im Sinne von Art. 86 Abs. 2 EGV gelten. Das Vergabeverfahren soll den Grundsätzen der Nichtdiskriminierung, insbesondere der Gleichberechtigung von öffentlichen und privaten Unternehmen, dem Grundsatz der Transparenz und der Verhältnismäßigkeit entsprechen. Der Grundsatz der Verhältnismäßigkeit fordere, Wettbewerb und finanzielle Ausgewogenheit in Einklang zu bringen. Die Laufzeit der Konzession sei daher so festzulegen, dass der freie Wettbewerb nur so weit eingeschränkt werde, wie es erforderlich sei, um die Amortisierung der Investition und eine angemessene Verzinsung des eingesetzten Kapitals sicherzustellen. Hierbei sei jedoch das mit der Nutzung verbundene Risiko für den Konzessionär beizubehalten (ebenda, Tz. 3.1.1). Auf diese Weise kann den Unterschieden Rechnung getragen werden, die aus der Art des eingesetzten Kapitals folgen. Handelt es sich um Leistungen, die mit mobilem Kapital erbracht werden, das am Ende des Vertrages leicht anderweit einzusetzen ist, so kann die Vertragsdauer vergleichsweise kurz sein. Entsprechend wirksamer ist der Wettbewerbsdruck. Sind für die zu erbringenden Leistungen feste, nicht rückholbare Investitionen notwendig („sunk costs“), so muss die Vertragsdauer notwendig länger und die ergänzende Regulierung strenger sein. In Betracht kommt ferner, Anlageinvestitionen und Betrieb zu trennen. Der Staat stellt in diesem Fall die Anlage zur Verfügung, vergibt aber den Betrieb an ein im Wege der Ausschreibung ermitteltes Unternehmen.

Bei bestehenden, ohne Ausschreibung begründeten besonderen ausschließlichen Rechten beschränkt sich die Aufsicht der Kommission auf die angemessene Finanzierung des Gemeinwohlauftrags.

Der Wettbewerb um den Markt oder um die günstigste Finanzierung einer Gemeinwohlaufgabe ist ein nur unvollkommener Ersatz für den Wettbewerb im Markt. Art und Qualität der Leistung werden vom Staat vorgegeben und nicht aufgrund von Angebot und Nachfrage ermittelt. Anhand des Vergabeverfahrens lässt sich nicht entscheiden, ob der Handelsverkehr in einem Ausmaß beeinträchtigt wird, das dem Interesse der Gemeinschaft an offenen Märkten und Wettbewerb zuwiderläuft. Die Frage, ob eine Leistung besser über den Markt oder mit den Wettbewerb geringer beeinträchtigenden Mitteln erbracht werden kann, lässt sich nur in Auseinandersetzung mit der Eigenart der zu erbringenden Leistung, der Struktur der Märkte und den Zielen mitgliedstaatlicher Regulierung beantworten. Es ist die Aufgabe der Kommission, anhand des auf den Binnenmarkt bezogenen Verhältnismäßigkeitsprinzips zu entscheiden, ob das öffentliche Interesse der Gemeinschaft an gemeinwohlorientierten Leistungen über den Markt, durch Universaldienste von Unternehmen in Wettbewerbsmärkten oder nur von Unternehmen erbracht werden können, denen ausschließliche oder besondere Rechte aufgrund einer Ausschreibung eingeräumt werden.

Diese vom Gemeinschaftsrecht geforderte Prüfung ist besonders wichtig, weil sie auf der Ebene der Mitgliedstaaten in der Regel nicht durchgeführt wird. Zu berücksichtigen ist ferner, dass das Eigeninteresse der öffentlichen Hände sich bei eigenwirtschaftlicher Tätigkeit häufig an den dadurch erzielbaren zusätzlichen Finanzmitteln, den Möglichkeiten politischer Patronage, der Erhaltung oder Schaffung an sich nicht wettbewerbsfähiger Arbeitsplätze, ganz allgemein an dem industriepolitisch motivierten Einfluss auf ökonomische Entwicklungen orientiert. Daraus erklärt sich nicht zuletzt die bevorzugte Finanzierung von Leistungen der Daseinsvorsorge durch Quersubvention. Zu diesem Zweck werden ausschließliche Rechte für gewinnbringende Leistungen mit der Verpflichtung zur Bedienung defizitärer Märkte verbunden. Diese Bündelvergabe ist besonders häufig im kommunalen Querverbund anzutreffen, z. B. bei der Verbindung von Stromversorgung und Nahverkehr. Der entsprechende Zusammenhang besteht, wenn Monopole aufrechterhalten werden, z. B. für Briefpost, um dadurch defizitäre Leistungen eines Universaldienstes zu finanzieren. Das Monopol verhindert den Zugang von Wettbewerbern zum Markt. Ohne Wettbewerb fehlt es aber an den Informationen, die notwendig sind, um Leistungen und Kosten der für notwendig gehaltenen, unter Wettbewerbsbedingungen nicht erbrachten Universaldienstleistungen zu ermitteln.

IV. Beihilfen

Die Rechtsprechung der Europäischen Gerichte hat zu einem neuen, besonders umstrittenen Anwendungsfall von Art. 86 Abs. 2 geführt. Er folgt daraus, dass die finanziellen staatlichen Leistungen an Unternehmen, die Dienstleistungen von allgemeinem wirtschaftlichem Interesse erbringen, als Beihilfen im Sinne von Art. 87 EGV zu qualifizieren sind (EuG 27.2.1997, Sammlung 1997 II, 299 – *FFSA*; bestätigt EuGH 25.3.1998, Sammlung 1998 I, 1303; übereinstimmend im Ergebnis EuGH 22.11.2001, Rechtssache 253/00 – „ACOSS"). Nach der zitierten Rechtsprechung liegt eine gerechtfertigte Beihilfe vor, wenn sie nur die Mehrkosten ausgleichen soll, die dem mit einer Dienstleistung von allgemeinem wirtschaftlichem Interesse betrauten Unternehmen durch die Erfüllung der ihm übertragenen besonderen Aufgaben entstehen, und wenn die Gewährung der Beihilfe erforderlich ist, um diesem Unternehmen die Erfüllung seiner Verpflichtungen unter wirtschaftlich tragbaren Bedingungen zu ermöglichen. Die Beurteilung der Erforderlichkeit der Beihilfe setzt eine globale Bewertung der wirtschaftlichen Bedingungen voraus, unter denen das betreffende Unternehmen seine Tätigkeiten auf dem ihm vorbehaltenen Sektor ausübt; dabei sind Vorteile, die es unter Umständen aus Sektoren ziehen kann, die dem Wettbewerb offenstehen, nicht zu berücksichtigen, das heißt, sie müssen nicht zur Finanzierung des öffentlichen Auftrags eingesetzt werden (EuG, Rn. 178). Andererseits sind Quersubventionen zugunsten von Wettbewerbsbereichen unzulässig.

Ob der finanzielle Ausgleich den Wert der im allgemeinen Interesse erbrachten Zusatzleistung übersteigt, wird auf der Grundlage der Richtlinie über die Transparenz der finanziellen Beziehungen zwischen den Mitgliedstaaten und den öffentlichen Unternehmen sowie über die finanzielle Transparenz innerhalb bestimmter Unternehmen kontrolliert (ABl. L 195 v. 29.7.1980, S. 35 in der Fassung der Richtlinie 2000/52 EG v. 26.7.2000, ABl. L 193 v. 29.7.2000, S. 75).

Die genannte Rechtsprechung führt zu einem potentiell sehr weiten, im einzelnen jedoch ungewissen Anwendungsbereich der Beihilfevorschriften. Das wiegt umso schwerer, als Beihilfen oberhalb bestimmter Schwellenwerte bei der Kommission zu notifizieren sind. Andernfalls dürfen Beihilfen nicht gewährt werden.

Die Bundesregierung weist in ihrer Stellungnahme zu den Schlussfolgerungen des Europäischen Rates von Nizza vom 20.9.2001 darauf hin, dass sie nur zu der wettbewerbs- und beihilferechtlichen Frage, nicht aber zu den Fragen der Marktöffnung im Monopolbereich Stellung nehmen wolle. Sie fordert verbindliche Maßstäbe, um die im Sinne des EG-Vertrages „wirtschaftlichen“ von den „nicht-wirtschaftlichen“ Tätigkeiten verlässlich abgrenzen zu können. Dabei sei insbesondere zu erläutern, welche Bedeutung den Kriterien der Gewinnerzielungsabsicht zukomme.

Nach der ständigen Rechtsprechung der Europäischen Gerichte liegt eine unternehmerische und damit eine wirtschaftliche Tätigkeit bei jeder Teilnahme am Wirtschaftsverkehr vor. Auf die Organisation und die Absicht der Gewinnerzielung kommt es nicht an. Dieser Grundsatz ist für das europäische Recht schon deshalb unerlässlich, weil Wettbewerbsbeziehungen, auch grenzüberschreitende Wettbewerbsbeziehungen, unabhängig davon entstehen können, ob die beteiligten Unternehmen mit oder ohne Gewinnerzielungsabsicht handeln. Auch Zweckbindungen der betrauten Träger, etwa das Verbot der Gewinnentnahme, können die Entstehung von Wettbewerbsbeziehungen nicht verhindern. Im Gegenteil sind Wettbewerbskonflikte auf den Märkten besonders häufig und hart, auf denen private und öffentliche oder gemeinnützige Unternehmen konkurrieren. Zu berücksichtigen ist ferner, dass über den Charakter staatlicher Beihilfen nicht ihr Zweck, sondern ihre Wirkung entscheidet. Da die Verhältnisse in den einzelnen Mitgliedstaaten ganz verschieden sind, ist es kaum möglich, jedenfalls nicht zu empfehlen, eine Liste der Tätigkeiten zu erstellen, die mangels wirtschaftlichen Charakters von der Beihilfenkontrolle nicht erfasst werden sollen. Im Grundsatz ist eine wirtschaftliche Tätigkeit nur ausgeschlossen, soweit es sich um staatliche Tätigkeiten handelt, die mit der Ausübung öffentlicher Gewalt verbunden sind (Art. 45 EGV).

Entgegen der Auffassung der Bundesregierung lässt sich bei staatlichen Kompensationsleistungen für Dienstleistungen von allgemeinem wirtschaftlichem Interesse nicht ausschließen, dass sie den Wettbewerb verfälschen. Die Herstellung von Wettbewerbsgleichheit mit anderen Marktteilnehmern durch staatliche Leistungen ist vielmehr ein wichtiger Fall der Wettbewerbsverfälschung.

Das Prinzip der Gestaltungsfreiheit ist entgegen der Auffassung der Bundesregierung nicht geeignet, die Möglichkeit auszuschließen, Leistungen der Daseinsvorsorge auf europäischer Ebene zu regeln. Wenn die Kommission (Mitteilung II, Nr. 64) diese Möglichkeit erwägt, dann trägt sie damit der von allen Seiten betonten Bedeutung dieser Leistungen für das „europäische Modell" Rechnung. Es kann schwerlich der Sinn der „allgemeinen Werte" in Art. 16 EGV sein, Entwicklungen in Richtung auf europäische Lösungen zu versperren. Das bereits verwirklichte Modell der Universaldienste in der Telekommunikation ist ein Beispiel für europäische Dienstleistungen von allgemeinem Interesse. Die Forderung, in Ausschreibungsfällen von einer Verhältnismäßigkeitsprüfung abzusehen, ist wegen des bereits hervorgehobenen Unterschieds von Wettbewerb im Markt und Wettbewerb um den Markt mit dem Gemeinschaftsrecht unvereinbar. Das Ausschreibungsverfahren für die Vergabe von Konzessionen schließt eine wettbewerbswidrige Beihilfepraxis nicht aus.

Der Vorschlag, die Beihilfevorschriften unangewendet zu lassen, soweit eine spezielle gemeinschaftsrechtliche Regelung für die Marktöffnung gilt, ist mit dem Vorrang des primären vor dem sekundären Gemeinschaftsrecht unvereinbar.

Die Bundesregierung erkennt zwar den Grundsatz an, dass die Anwendung der Beihilfevorschriften geboten ist, um die Zufuhr staatlicher Mittel auf den Betrag zu begrenzen, der dem Ausgleich der Mehrkosten dient, die einem betrauten Unternehmen durch die Erfüllung der übertragenen Aufgabe entstehen. Das soll aber dann nicht gelten, wenn dem betrauten Unternehmen dadurch kein Marktvorteil gegenüber einem potentiellen oder tatsächlichen Erbringer vergleichbarer Leistungen auf dem geographisch relevanten Markt entsteht. Eine solche Feststellung ist jedoch im Verhältnis zu einem potentiellen Wettbewerber faktisch ausgeschlossen. Haben die staatlichen Leistungen, welche die Mehrkosten überwiegen, keine Wettbewerbswirkung, dann handelt es sich um betriebliche Ineffizienz. Sie sollte offengelegt und beseitigt, nicht aber privilegiert werden.

V. Reziprozität

Im traditionellen internationalen Wettbewerbsrecht ist das Prinzip der Gegenseitigkeit (Reziprozität) ein Mittel, um Vertragspartner zur Erfüllung ihrer Pflichten zu nötigen. Gemeint ist die Befugnis von Staaten, ihre vertraglichen Pflichten nicht zu erfüllen, solange ein Partner seinerseits vertragswidrig handelt. Reicht die Aussicht auf den Verlust von Handelsvorteilen oder auf kompensierende Gegenmaßnahmen nicht aus, vertragsgemäßes Handeln herbeizuführen, so bleibt es bei der gegenseitigen, an sich missbilligten Beschränkung des Handelsverkehrs bzw. der

Niederlassungsfreiheit. Ein solches Verfahren ist jedoch mit den Grundsätzen des Binnenmarktes unvereinbar. Verstößt ein Mitgliedstaat gegen die Regeln des Binnenmarktes, so berechtigt dies andere Mitgliedstaaten nicht, ihrerseits die Grundfreiheiten einzuschränken. Die Rechtsordnung des Binnenmarktes verdrängt die Sanktion von Vertragsverstößen im Wege abwehrender Selbsthilfen. Die staatbezogene Gegenseitigkeit ist insbesondere mit den subjektiven Rechten der Bürger auf ungehinderte Teilnahme am grenzüberschreitenden Wirtschaftsverkehr und mit dem Verbot der Diskriminierung aus Gründen der Staatsangehörigkeit unvereinbar. Das gilt auch dann, wenn der primäre Rechtsverstoß von dem Mitgliedstaat ausgeht, dessen Bürger von den Freiheitsrechten des Vertrages gegenüber einem anderen Mitgliedstaat Gebrauch machen.

Gleichwohl gewinnt die Interessenlage, die im internationalen Wirtschaftsverkehre zur Reziprozität führt, im Binnenmarkt faktische und politische Bedeutung, wenn Staatsmonopole für bestimmte Leistungen in einzelnen Mitgliedstaaten aufrecht erhalten werden, während andere Mitgliedstaaten diese Märkte öffnen. Aus der Ungleichheit der Entwicklung können einzelne Wettbewerbsnachteile in den Mitgliedstaaten mit offenen Märkten entstehen. Auch hier müssen jedoch die Vorteile, die beim Verbraucher durch eine rasche Marktöffnung entstehen, in Betracht gezogen werden. Die Abhilfe sollte darin bestehen, die Marktöffnung auf Gemeinschaftsebene durchzusetzen.

VI. Ergebnisse und Empfehlungen

1. Der Beirat empfiehlt, jeder Änderung des EG-Vertrages entgegenzutreten, die dazu führen würde, die Begründung, die Organisation, die Finanzierung oder das Marktverhalten von Unternehmen, die Dienstleistungen von allgemeinem wirtschaftlichem Interesse erbringen, der Geltung des Gemeinschaftsrechts und der Zuständigkeit der Gemeinschaftsorgane weitgehend zu entziehen. Das Gleiche gilt für Richtlinien oder Verordnungen, die zu diesem Ergebnis führen würden.

2. Die Kompetenz der EG-Kommission, das Gemeinschaftsrecht auf öffentliche Unternehmen, auf Unternehmen mit besonderen oder ausschließlichen Rechten und auf Unternehmen, die Dienstleistungen von allgemeinem wirtschaftlichem Interesse erbringen, nach Art. 86 Abs. 3 EGV in eigener Zuständigkeit anzuwenden, sollte erhalten bleiben und ihre Ausübung von der Bundesregierung politisch unterstützt werden.

3. Die EG-Kommission sollte sich in der Ausübung ihrer Kompetenzen nicht auf die Prüfung nach Art. 86 Abs. 2 Satz 2 EGV beschränken, ob

der Handelsverkehr in einem Ausmaß beeinträchtigt wird, das dem Interesse der Gemeinschaft zuwiderläuft. Die grundsätzliche Bindung der Unternehmen des Art. 86 Abs. 2 EGV an Binnenmarkt und Wettbewerbssystem fordert vielmehr eine Praxis, die Art. 86 Abs. 2 EGV in allen Mitgliedstaaten gleichmäßig und mit gleicher Wirksamkeit anwendet.

4. Übergreifender Maßstab für die Ausübung der Gemeinschaftskompetenzen sollte das an den Normen des Binnenmarktes und des Wettbewerbssystems orientierte Verhältnismäßigkeitsprinzip sein. Die Ausnahmen vom Gemeinschaftsrecht zugunsten von Unternehmen, die Dienste von allgemeinem wirtschaftlichem Interesse erbringen, sind nur gerechtfertigt, wenn und soweit die Verstöße gegen Binnenmarkt und Wettbewerbssystem nicht weiter gehen, als es für die Zwecke der mitgliedstaatlichen Regulierung unerlässlich ist.

5. Es besteht ein dringendes öffentliches Interesse, die in der Telekommunikation mit großem Erfolg betriebene Gemeinschaftspolitik zur Auflösung von Staatsmonopolen auf anderen Märkten mit gleicher Entschlossenheit und Wirksamkeit fortzusetzen.

6. Das für die Telekommunikation entwickelte Modell des Universaldienstes beim Übergang vom Monopol zum Wettbewerb eignet sich als Orientierung für eine gemeinschaftsweite Definition der Dienstleistungen von allgemeinem wirtschaftlichem Interesse.

7. Die von der Bundesregierung erwogenen oder geforderten Änderungen des Beihilferechts sind teilweise mit gefestigten Grundsätzen des Gemeinschaftsrechts unvereinbar. Diese Initiativen sollten nicht weiter verfolgt werden.

8. Der Beirat begrüßt die Absicht der Kommission, die Anwendung des Beihilferechts der Gemeinschaft weiter zu klären und zu diesem Zweck einen Rechtsrahmen für Beihilfen zu entwickeln, die Unternehmen des Art. 86 Abs. 2 EGV gewährt werden. Die Kontrolle von Beihilfen von geringer Bedeutung ist aufgrund der Verordnung Nr. 69/2001 vom 12.1.2001 entfallen. Damit ist den berechtigten Interessen von Kommunen und Ländern Rechnung getragen, die Reichweite des Gemeinschaftsrechts bei Beihilfen von nur örtlicher oder regionaler Bedeutung zu begrenzen.

München, den 12. Januar 2002

Der Vorsitzende des Wissenschaftlichen Beirats
beim Bundesministerium für Wirtschaft und Technologie

Prof. Dr. Wernhard Möschel

Gutachten vom 28./29. Juni 2002

Thema: Reform des Sozialstaats für mehr Beschäftigung im Bereich gering qualifizierter Arbeit

Der Wissenschaftliche Beirat beim Bundesministerium für Wirtschaft und Technologie hat sich in mehreren Sitzungen, zuletzt am 28./29. Juni 2002 mit dem Thema

„Reform des Sozialstaats für mehr Beschäftigung im Bereich gering qualifizierter Arbeit“

befasst und ist dabei zu folgender Stellungnahme gelangt:

1. *Problemlage und Anlass des Gutachtens*

Der Sozialstaat ist ein unverzichtbarer Bestandteil einer marktwirtschaftlichen Ordnung. Er schützt die Schwachen und lässt auch diejenigen am wirtschaftlichen Fortschritt partizipieren, die selbst nur wenig beizutragen vermögen. Dadurch trägt er zur Akzeptanz dieser Ordnung bei.

Die sozialen Schutzsysteme des Sozialstaates sind aber allzu häufig so gestaltet, dass sie den leistungsschwächeren Mitgliedern der Gesellschaft den Weg in den Arbeitsmarkt verbauen. In der Regel werden nämlich staatliche Leistungen nur dann zur Verfügung gestellt, wenn man nicht arbeitet, und weitgehend entzogen, wenn man es tut. Der Entzug der Leistungen wirkt gleichsam als Strafe für die Aufnahme von Arbeit, und er verhindert die Schaffung einer ausreichenden Zahl von Arbeitsplätzen, weil er mit den Alternativeinkommen, die der Staat anbietet, allzu hohe Anspruchslöhne der Betroffenen definiert.

Dies ist insbesondere für die gering Qualifizierten ein Problem, denn sie sind häufig nicht in der Lage, durch ihre Arbeit Werte zu schaffen, die die so gesetzten Anspruchlöhne übersteigen. Arbeitslosigkeit ist die Folge.

Dieses Gutachten beschäftigt sich speziell mit der staatlichen Sozialhilfe und zeigt Wege zur Umgestaltung dieser Schutzvorkehrung auf, bei denen der implizite Bestrafungseffekt durch den Leistungsentzug verringert wird. Im Wesentlichen geht es darum, Mittel von Nichterwerbstätigen in Richtung auf Erwerbstätige umzuschichten, die bei ihrer Arbeit nicht genug verdienen. Durch diese Umschichtung sinken die Anspruchslöhne, und die Marktlöhne für einfache Arbeit kommen ins Rutschen. Dadurch wird es für die Arbeitgeber rentabel, Stellen zu schaffen, und zugleich erhalten die Betroffenen in der Summe aus selbst verdientem und staatlichem Geld ein höheres Einkommen, als wenn sie weiterhin nur die Sozialhilfe bezögen.

1.1 *Der Befund: Hohe und persistente Arbeitslosigkeit gering qualifizierter Arbeitnehmer*

Die Arbeitslosigkeit hat sich im letzten Jahrzehnt in Westdeutschland und Ostdeutschland verfestigt.[45] Damit unterscheidet sich Deutschland erheblich von anderen Ländern. Schaubild 1 vergleicht die zeitliche Entwicklung der standardisierten Arbeitslosenquoten in Westdeutschland und den USA. Die Arbeitslosenquote in den Vereinigten Staaten lag zwar während beträchtlicher Zeiträume, insbesondere in den siebziger Jahren, nicht unerheblich über der Arbeitslosenquote in Westdeutschland, jedoch weist sie generell einen Vorzug gegenüber der hiesigen Entwicklung auf. Die Arbeitslosenquote in den Vereinigten Staaten kehrte nach rezessiven Entwicklungen stets wieder zu einem Wert in der Größenordnung von etwa 5 bis 6 v.H. zurück. Hierzulande fällt die Arbeitslosenquote nach einer Rezession nicht wieder auf das vorherige Niveau zurück. Die Arbeitslosigkeit steigt längerfristig in Schüben an. Seit dreißig Jahren ist der ansteigende Trend ungebrochen. Damit geht ein wachsender Anteil der Langzeitarbeitslosen einher, also von Personen, die ununterbrochen länger als ein Jahr arbeitslos sind. Nach Berechnungen der OECD, die international vergleichbare Arbeitslosenquoten ermittelt, war dieser Anteil bis zum Jahr 2000 in Deutschland auf 51,5 v.H. gestiegen, während er in den Vereinigten Staaten stets in einem Bereich von unter 10 v.H. pendelte.[46]

Sperrklinkeneffekte und strukturelle Gründe scheinen in Deutschland nach einer Rezession die Wiederherstellung eines normalen Beschäftigungsstandes zu verhindern. Institutionelle Beschränkungen und Starrheiten, die im Tarifrecht und beim Kündigungsschutz zu suchen sind, stehen unter den möglichen Gründen an vorderster Stelle. Der Kündigungsschutz hilft den Arbeitsplatzbesitzern, verhindert aber allzu häufig den Zutritt derer, die vor den Werktoren Einlass fordern. Die starren Flächentarifverträge verbieten es schwächeren Betrieben selbst dann, zum Zwecke der Wiederherstellung ihrer Wettbewerbsfähigkeit untertarifliche Löhne zu zahlen, wenn die Mehrheit der Belegschaft dies will.

[45] Vgl. dazu: Wissenschaftlicher Beirat beim Bundesministerium für Wirtschaft und Technologie, Gutachten „Langzeitarbeitslosigkeit“ vom 19./20. Januar 1996.

[46] Anteil der Langzeitarbeitslosen an den Arbeitslosen insgesamt. Quelle: OECD, Employment Outlook Juni 2001, S. 227. Der Ländervergleich verlangt eine einheitliche statistische Basis, wie sie von der OECD geliefert wird. Auf Grund unterschiedlicher definitorischer Abgrenzungen weichen die Angaben der OECD von denen der Bundesanstalt für Arbeit teilweise erheblich ab, die für das Jahr 2000 einen Wert von gut 35 v.H. ausweist. Insofern ist der direkte Vergleich mit den nachfolgenden Schaubildern nur eingeschränkt möglich.

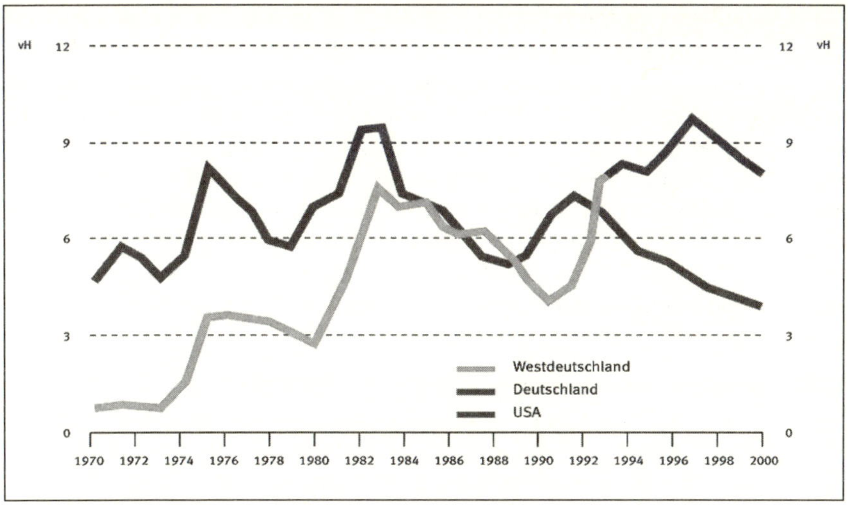

Schaubild 1: Arbeitslosenquoten in Deutschland und den USA
Quelle: OECD, Employment Outlook, verschiedene Jahrgänge.

Allgemeinverbindlicherklärungen und restriktive Auslegungen des Günstigkeitsprinzips durch die Arbeitsgerichte tun das ihrige, solche Effekte zu verstärken.

Im Mittelpunkt der Ausführungen dieses Gutachtens stehen die Rückwirkungen, die vom Sozialstaat auf die Arbeitslosigkeit ausgeübt werden. Zwar wurde der Sozialstaat geschaffen, um auch die Auswirkungen der Arbeitslosigkeit abzufedern, aber mehr und mehr wird deutlich, dass er seinerseits Arbeitslosigkeit erzeugt, indem er den Menschen attraktive Alternativen zu einer regulären Beschäftigung anbietet. In der privaten Wirtschaft gibt es immer weniger Arbeitsplätze, für die Löhne gezahlt werden können, die mit den Sozialeinkommen Schritt halten.

Das Problem ist im Bereich der gering Qualifizierten besonders gravierend, denn die geringen Einkommen, die sie selbst erwirtschaften könnten, liegen allzu häufig unter dem Mindesteinkommen, das bereits von den staatlichen Schutzsystemen gewährt wird. Wer keine abgeschlossene Schul- oder Berufsausbildung aufweist, wird mit deutlich höherer Wahrscheinlichkeit arbeitslos als ein durchschnittlicher Arbeitnehmer, und ähnlich ist es bei jenen, deren Wissen und Fähigkeiten als Folge des technischen Fortschritts entwertet wurde.

Das Gutachten konzentriert sich auf die Wirkungen der Sozialhilfe, weil diese Schutzvorrichtung die Kosten der einfachen Arbeit für die Unternehmen verteuert und auf diese Weise die Schaffung von Arbeitsplätzen verhindert. Dabei geht die Bedeutung der Sozialhilfe weit über die Zahl der arbeitsfähigen Sozialhilfeempfänger hinaus, weil sie unter Berücksichtigung der notwendigen Lohnabstände zwischen den Tarifgruppen auch die Löhne oberhalb der untersten Tarifgruppen beeinflusst. Sie ist eine wesentliche Erklärung dafür, dass es für gering Qualifizierte immer schwieriger wird, im produzierenden Gewerbe Beschäftigung zu finden, und dass sich bei ihnen die Arbeitslosigkeit massiert.

Nicht Gegenstand dieses Gutachtens sind die gravierenden Fehler und Unterlassungen, die an anderen Stellen zu beklagen sind und ebenfalls wesentlich miterklären, warum die Nachfrage nach einfacher Arbeit immer unzureichender geworden ist. Die Chancen, die gering qualifizierten Kräften in einer hoch entwickelten Volkswirtschaft verbleiben, liegen in einfachen Dienstleistungen und dort, wo sie – in einem gegenüber früher freilich stark reduziertem Umfang – komplementär zu qualifizierten Kräften, benötigt werden, komplementär zu den Kräften also, die Produktion handelbarer Güter in einem Hochlohnland allein wettbewerbsfähig machen können. Jede Ausbildung eines wenig Qualifizierten zu einer am Markt verlangten qualifizierten Kraft hilft nicht nur diesem selbst, sondern auch dem weiterhin wenig Qualifizierten, der nun komplementär zu ihm Beschäftigung findet. Jeder Qualifizierte, der nicht gezwungen wird, weniger zu arbeiten oder früher in den Ruhestand zu gehen, als er möchte, bringt für den Markt der wenig Qualifizierten den gleichen Gewinn. Für jeden Qualifizierten, der Überstunden leisten kann, müssen die Nichtqualifizierten dankbar sein, denn nur als Helfer der Qualifizierten haben viele von ihnen eine Beschäftigungschance. Schließlich: Die Zukunft wird mehr noch, als es heute schon der Fall ist, von der Einsicht bestimmt sein, dass jede qualifizierte Kraft, die nach Deutschland einwandert, schon deshalb ein Gewinn ist, weil sie die unzureichenden Beschäftigungschancen der heimischen Kräfte, die nur einfache Arbeit anzubieten haben, verbessert. Nicht Substitution, sondern Komplementarität ist prägend für die Beschäftigungschancen namentlich der Kräfte geringster Qualifikationen.

Die hervorragende Bedeutung dieser Zusammenhänge sei ausdrücklich anerkannt. Aber Gegenstand speziell dieses Gutachtens sind sie nicht. Hier geht es um das Beschäftigungsproblem arbeitsloser gering Qualifizierter, die weniger lange arbeitslos blieben, wenn die ihnen zustehenden Transferleistungen so ausgestaltet wären, dass sie den Anreiz, zu marktgerechten Löhnen zu arbeiten, weniger beeinträchtigten.

Tabelle 1: Veränderung der Beschäftigung ausgebildeter und unausgebildeter Arbeitskräfte in Westdeutschland 1980 bis 1999[a)]

Wirtschaftszweig	ausgebildet		unausgebildet	
	1000	v.H.	1000	v.H.
Produzierendes Gewerbe	−405	−5.9	−1845	−47.0
– Verarbeitendes Gewerbe	−161	−3.1	−1591	−48.6
Dienstleistungen	+2811	+45.0	+841	+36.2
– einfache Dienstleistungen	+507	+76.8	+516	+99.6
– gehobene Dienstleistungen	+1963	+71.9	+284	+37.9
– Banken, Versicherungen	+1349	+69.0	+268	+50.5
Staat	+153	+17.0	−185	−41.9
Insgesamt[b)]	+2548	+18.0	−1204	−17.8

a) Sozialversicherungspflichtige Beschäftigte; ausgebildet heißt mit Hauptschulabschluss und abgeschlossener Berufsausbildung oder Hochschulabschluss. Wirtschaftliche Zuordnung gemäß WS 73.
b) Einschl. nicht aufgeführter Wirtschaftszweige.

Quelle: Sachverständigenrat zur Begutachtung der gesamtwirtschaftlichen Entwicklung, Jahresgutachten 2000/01, „Chancen auf einen höheren Wachstumspfad", Stuttgart, S. 216.

Tabelle 1 zeigt, wie sich die Beschäftigung der gering Qualifizierten im Zeitraum von 1980 bis 1999 in den verschiedenen Branchen verändert hat. Einem Rückgang um gut 1,8 Millionen im Produzierenden Gewerbe steht eine Zunahme von über 840 Tausend Personen im Dienstleistungssektor (ohne Staat) gegenüber, durchaus auch im Bereich gehobener Dienstleistungen und bei Banken und Versicherungen. Offenbar ging die Anzahl unausgebildeter Beschäftigter insgesamt um rund 1,2 Millionen Personen zurück.

Der Abbau der Arbeitsplätze im Bereich gering qualifizierter Arbeit gäbe als Begleiterscheinung eines Strukturwandels keinen Anlass zur Sorge, sondern könnte als gutes Zeichen für die internationale Wettbewerbsfähigkeit des Standortes Deutschland gewertet werden, wenn die freigesetzten Arbeitskräfte nach erfolgreichen Weiterbildungsanstrengungen nun zu den ausgebildeten Beschäftigten gehörten, deren Anzahl gemäß Tabelle 1 um rund 2,5 Millionen Personen gestiegen ist. Das ist aber nicht der Fall. Stattdessen hat sich die Arbeitslosigkeit im Bereich gering qualifizierter Arbeit beträchtlich erhöht und befindet sich auf einem Besorgnis erregenden Niveau. Wie aus **Schaubild 2** hervorgeht, übersteigt die Quote der Arbeitslosen ohne formalen Ausbildungsabschluss in zunehmendem Maße die der qualifizierten Arbeitslosen und liegt Ende der neunziger Jahre in Westdeutschland bei rund 20 v.H. Knapp die Hälfte aller Arbeitslosen in Westdeutschland besitzt keine abgeschlossene Berufsausbildung, während sich der entsprechende Anteil für die Erwerbstätigen auf ein Viertel oder weniger beläuft.[47]

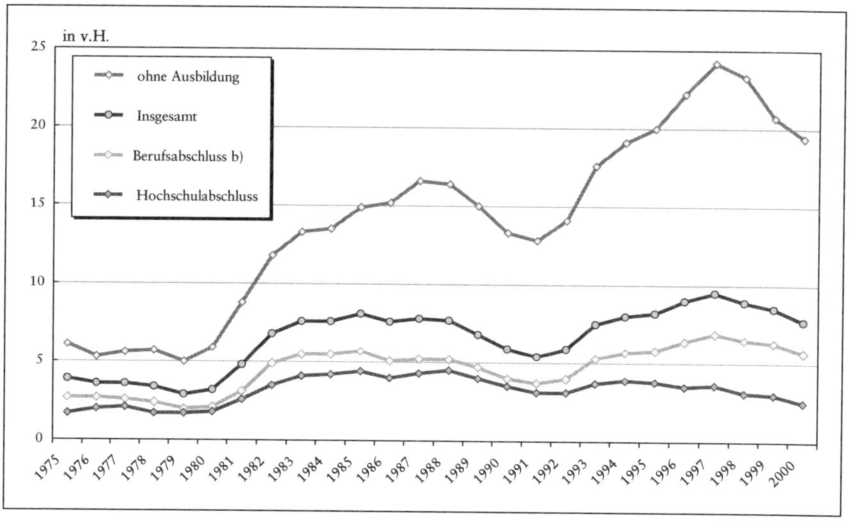

Schaubild 2: Qualifikationsspezifische Arbeitslosenquoten [a)]

a) Arbeitslose in v.H. aller zivilen Erwerbspersonen (ohne Auszubildende) gleicher Qualifikation, Männer und Frauen, Westdeutschland.

b) Berufsabschluss: betriebliche Ausbildung, Berufsfachschule, Fachschul-, Meister- und Technikerausbildung

Quelle: Institut für Arbeitsmarkt- und Berufsforschung der Bundesanstalt für Arbeit, IAB-Werkstattbericht Nr. 4 v. 23.4.2002, S. 27.

Mitunter wird vermutet, dass sich gering qualifizierte Arbeitslose hauptsächlich in der Gruppe der Langzeitarbeitslosen, nicht aber bei den übrigen Arbeitslosen konzentrieren. Dies wird durch die Fakten nicht bestätigt. Die Anteile der Arbeitslosen ohne abgeschlossene Berufsausbildung sind bei den Arbeitslosen insgesamt und bei den Langzeitarbeitslosen ungefähr gleich hoch. So belief sich der Anteil der Arbeitslosen ohne abgeschlossene Berufsausbildung an den Arbeitslosen insgesamt in Westdeutschland in den Jahren 1992 und 2000 auf 46 beziehungsweise 48 v.H., während der Anteil der Langzeitarbeitslosen ohne abgeschlossene Berufsausbildung an den Langzeitarbeitslosen insgesamt 53 bezie-

[47] Quelle: Bundesanstalt für Arbeit, Arbeitsmarkt 2000, Amtliche Nachrichten der Bundesanstalt für Arbeit (49), Sondernummer v. 28.6.2001, S. 197.

hungsweise 48 v.H. betrug. Im Jahr 2000 waren die Anteile also gleich.[48] Eine geringe Qualifikation hat im Vergleich zu einer guten Qualifikation mithin allgemein ein höheres Arbeitslosigkeitsrisiko zur Folge und bedingt nicht schon von sich aus eine höhere Wahrscheinlichkeit, zu den Langzeitarbeitslosen zu gehören. Neben anderen Einflussfaktoren, wie sie insbesondere durch ein hohes Lebensalter und gesundheitliche Einschränkungen gegeben sind, sind insbesondere die zunehmende Dequalifikation, Entmutigung und Stigmatisierung zu nennen, die zur Verfestigung (Hysteresis) einer wie auch immer hervorgerufenen Arbeitslosigkeit führen. Davon sind qualifizierte und gering qualifizierte Arbeitnehmer in gleicher Weise betroffen.

1.2 Hauptsächliche Ursachen: Verlust von Arbeitsplätzen, beschäftigungsfeindliche Lohnpolitik und Fehlsteuerungen des institutionellen Regelwerkes

Die Konzentration der Arbeitslosigkeit bei den gering Qualifizierten wird häufig auf zwei Gründe zurückgeführt:

- Der arbeitssparende technische Fortschritt, der insbesondere gering qualifizierte Arbeit freisetzt, hat in den vergangenen Jahren zugenommen, und zugleich ist die Bedeutung der Sektoren, die hochqualifizierte Fachkräfte in der Produktion einsetzen, gestiegen.
- Auf Grund der zunehmenden Internationalisierung der Märkte intensiviert sich die Niedriglohnkonkurrenz mit den Ländern der dritten Welt und Osteuropas. Die weltweite Arbeitsteilung schreitet in der Weise fort, dass hochentwickelte Volkswirtschaften die Produktion und den Export solcher Güter forcieren, die sich durch eine hohe Intensität qualifizierter Arbeit auszeichnen, und gleichzeitig den Import derjenigen Güter erhöhen, zu deren Erstellung vor allem gering qualifizierte Arbeit erforderlich ist.

Die grundsätzliche Relevanz beider Phänomene kann nicht bestritten werden. Es wäre aber falsch, sie gleichsam mechanistisch für die wachsende Arbeitslosigkeit im Bereich der gering Qualifizierten verantwortlich zu machen, denn wie auch immer sich die Wettbewerbssituation und der technische Fortschritt verändern: stets lässt sich eine akkommodierende Lohnentwicklung finden, die eine Zunahme der Arbeitslosigkeit verhindert. Die exogenen Einflüsse werden erst dann zum Problem für

[48] Quelle: Amtliche Nachrichten der Bundesanstalt für Arbeit, Arbeitsmarkt 2000, S. 197, Arbeitsmarkt 1993, S. 125.

die Arbeitsmärkte, wenn die Löhne der betroffenen Arbeitnehmer nicht auf diese Entwicklungen reagieren und von marktfremden Erwägungen und Kräften bestimmt werden.

So wäre in Deutschland eine Spreizung der Lohnstruktur gemäß der Qualifikation erforderlich, um dem Konkurrenzdruck Stand zu halten und die Arbeitsplätze der gering Qualifizierten trotz der technischen Entwicklungen zu sichern. Wie jedoch empirische Studien belegen, sind die westdeutschen Löhne für gering qualifizierte Arbeit im Vergleich zu denen für Arbeitskräfte mittlerer Qualifikation überproportional angehoben worden, das heißt, in diesem Segment hat eine Kompression der qualifikatorischen Lohnstruktur stattgefunden, mithin genau das Gegenteil dessen, was zur Erhaltung der Arbeitsplätze erforderlich gewesen wäre.[49]

Dies heißt nicht, dass sich durch eine geeignete Lohnpolitik jegliche Arbeitslosigkeit vermeiden ließe. Friktionelle Ursachen kann man nie ausschließen, und im Bereich der gering Qualifizierten muss man immer mit einem etwas höheren Maß an Arbeitslosigkeit rechnen. Selbst die Vereinigten Staaten, in denen die niedrigsten Löhne sehr viel stärker vom Durchschnitt abweichen als in Deutschland, liegt die prozentuale Arbeitslosigkeit der gering Qualifizierten etwas über jener der höher Qualifizierten[50].

Dennoch kommt den Tarifparteien ein erheblicher Teil der Verantwortung für die wachsende Arbeitslosigkeit bei den gering Qualifizierten zu. Durch die Sockelbeträge, die bei den Tarifverhandlungen immer wieder von neuem gefordert und gewährt wurden, kam es zu einer erheblichen Egalisierung der Lohneinkommen und einer Vernichtung von Stellen im

49 Vgl. B. Fitzenberger, Wages and Employment Across Skill Groups. An Analysis for West Germany, ZEW Economic Studies, Band 6, Heidelberg (Physica) 1999, und die dort angegebene Literatur.

50 Mitte der neunziger Jahre belief sich die Arbeitslosenquote für gering qualifizierte Arbeitnehmer in den Vereinigten Staaten auf 8 v.H. im Vergleich zu einer Arbeitslosenquote insgesamt in Höhe von 5,6 v.H. Die entsprechenden Ziffern für Westdeutschland – berechnet nach dem gleichen Konzept wie in den Vereinigten Staaten – belaufen sich auf 13,1 und 6,5 v.H. Die Vergleichbarkeit dieser Arbeitslosenquoten leidet indessen unter unterschiedlichen Bildungsniveaus der Arbeitskräfte in den jeweiligen Qualifikationsgruppen, die auf formalen Bildungsabschlüssen beruhen. Andere Werte erhält man bei einer Umrechnung auf vergleichbare Kenntnisse im Lesen und Rechnen, wie beispielsweise Arbeitslosenquoten von 16,5 v.H. (Westdeutschland) und 7,1 v.H. (Vereinigte Staaten) für die unterste Gruppe einer „literacy proficiency" ebenfalls Mitte der neunziger Jahre. Quelle: R. B. Freeman und R. Schettkat, The Role of Wage and Skill Differences in US-German Employment Differences, Jahrbücher für Nationalökonomie und Statistik 219, 1999, S. 49–66.

Niedriglohnbereich. Die Tarifpartner hätten besser daran getan, die Auswirkungen des arbeitssparenden technischen Fortschritts und der internationalen Verflechtung der Märkte durch eine stärkere Lohnspreizung wenigstens zeitlich abzufedern und zu strecken, um damit den betroffenen Arbeitnehmern Zeit für die notwendigen Anpassungsmaßnahmen (Weiterqualifikation, sektorale und/oder berufliche Umorientierung) zu gewähren.

Der Staat hatte die Konsequenzen dieser Politik zu tragen, indem er immer mehr Steuergelder für die Unterstützung der Arbeitslosen eintreiben musste. Es wäre jedoch zu einfach, ihn nur als Opfer der Lohnpolitik der Tarifparteien darzustellen, denn durch die institutionellen Verhältnisse, die er selbst geschaffen hat, hat er das Verhalten der Tarifparteien selbst mitbeeinflusst. Neue Niedriglohngruppen konnten sich nämlich bislang wegen des „Lohnabstandsgebots" bezüglich der Sozialhilfe nicht entwickeln, und bestehende Niedriglohngruppen wurden abgeschafft oder konnten nicht besetzt werden. Der Begriff des Lohnabstands wird in der sozialpolitischen Diskussion in zweierlei Bedeutung verwendet:

- Auf der einen Seite geht es um die Bestimmung des § 22 (4) Bundessozialhilfegesetz (BSHG), wonach die Sozialhilfe für ein Ehepaar mit drei Kindern so zu bemessen sei, dass sie geringer ist als das verfügbare Haushaltseinkommen, wenn ein Elternteil einer Vollzeitbeschäftigung nachgeht und einer unteren Lohngruppe angehört.
- Auf der anderen Seite wird das Gebot von den Tarifparteien so verstanden, dass die Löhne in den unteren Lohngruppen hinreichend weit über der Sozialhilfe liegen und die betroffenen Arbeiter und ihre Familien von der Sozialhilfe unabhängig machen sollen.

Insbesondere die zweite Interpretation hat dazu beigetragen, dass sich die Sozialhilfe als eine Art Lohnuntergrenze etabliert hat, unterhalb derer die Aufnahme einer Arbeit als „unzumutbar" gilt. Sie hat die Tariflöhne weit oberhalb der Arbeitsproduktivität weiter Bevölkerungskreise zementiert und massive unfreiwillige Arbeitslosigkeit herbeigeführt.

Dies trifft insbesondere für Familien mit Kindern zu, unter anderem wegen der spezifischen Konstruktion des Familienlastenausgleichs, die dazu führt, dass wegen des Bedarfsprinzips in der Sozialhilfe dort für Kinder Transferleistungen gewährt werden, die das Kindergeld oder den Kinderfreibetrag bei regulärem Einkommen übersteigen. So belief sich im Jahr 2001 im früheren Bundesgebiet das monatliche Haushaltsnettoeinkommen einer fünfköpfigen Familie mit einem Arbeitnehmer, der den typischen Niedriglohn von brutto 2550 DM (das entspricht 17 DM oder 8,70 € pro Stunde) verdiente, einschließlich Kindergeld und Wohngeld auf 3401 DM. Dieselbe Familie besaß, sofern keine weiteren Einkommen vorhanden waren, hingegen einen monatlichen Sozialhilfeanspruch in Höhe von 3648 DM.[51] Erst mit einem monatlichen Arbeitseinkommen des Alleinverdieners von mehr als 2970 DM (knapp 20 DM bzw. gut 10 € pro Stunde) konnte diese Familie über ein höheres Gesamteinkommen verfügen, als wenn sie nur von den Sozialhilfeleistungen gelebt hätte. Die eigentliche Ursache dafür, dass die Sozialhilfe (bzw. der auf eine Arbeitsstunde bei Vollzeitbeschäftigung entfallende Bruchteil) eine Lohnuntergrenze bildet, liegt darin begründet, dass ein bei der Bemessung der Hilfe unberücksichtigt bleibender Hinzuverdienst zur Arbeitslosenhilfe und Sozialhilfe nur in engen Grenzen möglich ist. Bei der Arbeitslosenhilfe liegt der maximale anrechnungsfreie Hinzuverdienst bei derzeit 165 Euro monatlich, und bei der Sozialhilfe liegt der entsprechende Wert bei 70 Euro. Die „Transferentzugsrate", also der Verlust an Unterstützung für jeden zusätzlichen Euro Einkommen, beläuft sich zunächst auf 85 und später auf 100 v.H.[52] Dies kommt einer konfiskatorischen Besteuerung gleich. Der Einzelne muss sich faktisch zwischen den Alternativen „Lohneinkommen" und „Transfereinkommen" entscheiden. Kombinationen zwischen beiden Einkunftsarten sind unattraktiv, es sei denn, man arbeitet in der Schattenwirtschaft. Deren Relation zum offiziell gemessenen Bruttoinlandsprodukt stieg im Zeitraum der Jahre 1980 bis 2000 in (West-)Deutschland von rund 11 auf 16 v.H.[53]

In diesem Zusammenhang ist zu beachten, dass der Lohn wie jeder andere Preis in der Marktwirtschaft vor allem die Funktion hat, einen Ausgleich von Angebot an und Nachfrage nach Arbeit in der jeweiligen Qualifikationsstufe herbeizuführen. Belegt man ihn mit einer davon ganz unabhängigen Aufgabe, nämlich eine menschenwürdige Existenz einer großen Familie mit nur einem Verdiener zu garantieren, so kann er – bei Menschen mit relativ geringer Qualifikation – seine Ausgleichsfunktion nicht mehr wahrnehmen, und Arbeitslosigkeit ist die notwendige Folge. Dies ist die Situation, die wir heute beobachten.

[51] Quelle: A. Boss, Sozialhilfe, Lohnabstand und Leistungsanreize und Mindestlohnarbeitslosigkeit, Institut für Weltwirtschaft, Kieler Arbeitspapiere Nr. 1075, Kiel 2001.

[52] Vgl. Abschnitt 3.4.1 für Einzelheiten.

[53] Quelle: F. Schneider, Schattenwirtschaft in Deutschland: Fluch oder Segen? Institut für Angewandte Wirtschaftsforschung (IAW), Mitteilungen 4/2001, Tübingen, S. 4–21. Ab 1995 Wert für Deutschland, davor Westdeutschland.

2. *Die Verantwortung der Tarifpartner*

Ohne eine ausreichende Anzahl wettbewerbsfähiger Arbeitsplätze ist eine Politik zur Verringerung der Arbeitslosigkeit im Bereich gering qualifizierter Arbeit letztlich zum Scheitern verurteilt. Es ist nicht so, dass arbeitslose Transfergeldempfänger lediglich dazu gebracht werden müssten, ausreichend vorhandene Beschäftigungsmöglichkeiten wahrzunehmen. Vielmehr müssen die nötigen Arbeitsplätze erst geschaffen werden, und das setzt eine substanzielle Senkung der Arbeitskosten im Niedriglohnbereich voraus. Wenngleich der Sozialpolitik hierbei aus den genannten Gründen eine zentrale Rolle zukommt, tragen doch die Tarifpartner die primäre Verantwortung.

2.1 Flexibilisierung der qualifikatorischen Lohnstruktur

Die Tarifvertragsparteien müssen ihren Beitrag zur Schaffung neuer wettbewerbsfähiger Arbeitsplätze im Bereich gering qualifizierter Arbeit leisten, indem sie die vergangene Entwicklung teilweise korrigieren und eine Absenkung der Entgelte in den unteren Lohngruppen vornehmen.

Die damit verbundene Herausforderung ist beachtlich. Wählt man die Resultate einer neueren ökonometrischen Studie zum ungefähren Anhaltspunkt, so macht allein die Halbierung der Arbeitslosenquote im Bereich gering qualifizierter Arbeit eine Reduktion der dortigen Nominallöhne in der Größenordnung von etwa 20 v.H. erforderlich.[54] Zwar haben solche Nominallohnsenkungen auch Preissenkungen zur Folge, so dass die Reallohnsenkungen, insbesondere auch in längerfristiger Betrachtung, geringer ausfallen. Gleichwohl ist eine weitere Spreizung der qualifikatorischen Lohnstruktur unerlässlich.

Kommen die Tarifvertragsparteien ihrer Verantwortung nicht nach, so fällt dem Gesetzgeber die Aufgabe zu, zu prüfen, ob und wie für die Gruppe der gering Qualifizierten eine tariffreie Zone eingerichtet werden kann. Auf eine derartige gesetzliche Einschränkung der Tarifautonomie sollten es die Tarifvertragsparteien in ihrem eigenen Interesse nicht ankommen lassen.

Allerdings gibt es zwei Auswege, die harten Konsequenzen einer weiteren Spreizung der Lohnstruktur abzumildern. Der eine besteht in einer

[54] B. Fitzenberger und W. Franz, Jobs. Jobs? Jobs! Orientierungshilfen für den Weg zu mehr Beschäftigung, in: W. Franz, H. Hesse, H. J. Ramser und M. Stadler (Hrsg.), Wirtschaftspolitische Herausforderungen zur Jahrhundertwende, Tübingen 2001, S. 3–41.

Weiterqualifikation der Arbeitnehmer möglichst am Arbeitsplatz, bis zumindest die Produktivität erreicht wird, welche die Arbeitskosten in Höhe des Mindestlohnes, der momentan noch durch Arbeitslosenhilfe und Sozialhilfe bestimmt wird, rechtfertigt. Einen solchen Lösungsweg zu verfolgen ist sicherlich nicht völlig aussichtslos und aller Anstrengungen von Arbeitnehmern, Unternehmen, Tarifvertragsparteien und staatlichen Institutionen wert. Gleichwohl mögen sich die Erfolge angesichts der Fähigkeiten vieler gering qualifizierter Arbeitsloser in Grenzen halten.

Der andere Weg liegt in der partiellen Umstrukturierung der Sozialhilfe von einer Lohnersatz- zu einer Lohnergänzungszahlung. Dieser Weg ermöglicht, wie noch ausführlich erläutert wird, die erforderliche Lohnspreizung und federt zugleich ihre Verteilungskonsequenzen ab.

2.2 Flexibilisierung des Regelwerks bei der Lohnbildung

Die angemahnte beschäftigungsfreundliche Lohnstrukturpolitik muss mit Hilfe eines flexiblen Regelwerkes bei der Lohnbildung unterstützt, statt wie bisher behindert werden. Die dafür erforderlichen Maßnahmen stehen auf nahezu jeder Reformagenda von nationalen und internationalen Institutionen, wenn es um die Lösung der Arbeitsmarktprobleme in Deutschland geht, und brauchen daher nur kurz angedeutet zu werden.

Der Gesetzgeber sollte die Möglichkeit zur Allgemeinverbindlicherklärung wesentlich restriktiver handhaben, indem er beispielsweise präzisiert, worin das „öffentliche Interesse" (§ 5 Abs. 1 Tarifvertragsgesetz TVG) bei einer Allgemeinverbindlichkeit besteht, auf jeden Fall aber eindeutig klarstellt, dass die Abwehr unliebsamer (ausländischer) Konkurrenz oder andere protektionistische Absichten definitiv nicht im öffentlichen Interesse liegen. In diesem Zusammenhang sollte die im Rahmen der Neufassung des Arbeitnehmerentsendegesetzes vom 19.12. 1998 dort in § 1 Abs. 3 erlaubte „Rechtsverordnungsermächtigung" des Bundesministers für Arbeit und Sozialordnung, Tarifverträge auch ohne Einschaltung des eigentlich zuständigen Tarifausschusses für allgemeinverbindlich zu erklären, umgehend außer Kraft gesetzt werden. Zu verlockend sind diese Einfallstore eines Protektionismus, insbesondere wenn sie dann auch noch mit dem gesetzlichen Zwang einer „Tariftreue" als Voraussetzung für die Vergabe öffentlicher Aufträge ausgestattet werden, einmal ganz von der Frage abgesehen, inwieweit „Tariftreue" mit den Grundsätzen einer sparsamen öffentlichen Haushaltswirtschaft und mit den derzeitigen EU-Richtlinien zur Vergabe öffentlicher Aufträge vereinbar ist.

Des Weiteren sollte sich der Gesetzgeber der Flexibilisierung des „Günstigkeitsprinzips" (§ 4 Abs. 3 TVG) annehmen. Gemäß dieser Rechtsvorschrift sind vom Tarifvertrag abweichende Abmachungen nur zulässig, „soweit sie durch den Tarifvertrag gestattet sind oder eine Änderung der Regelungen zugunsten des Arbeitnehmers enthalten". Leitgedanke einer Reform sollte sein, dass ein Mehr an Arbeitsplatzsicherheit unter Inkaufnahme eines Weniger an effektiven Arbeitsentgelten (beispielsweise durch unbezahlte Mehrarbeit oder Verringerung von Einmalzahlungen wie Weihnachts- und Urlaubsgeld) ebenfalls mit dem Günstigkeitsprinzip vereinbar sein kann, jedenfalls solange dem berechtigten Schutzbedürfnis des Arbeitnehmers vor Willkür Rechnung getragen wird, indem die genannten abweichenden Regelungen zeitlich und quantitativ begrenzt werden. Der Gesetzgeber könnte im Tarifvertragsgesetz entweder vorschreiben, dass jeder Tarifvertrag eine solche Möglichkeit „gestattet", oder einräumen, dass sich Arbeitnehmer bei höherer Arbeitsplatzsicherheit ebenfalls „günstiger" stellen, und damit eine entgegengesetzte Ansicht des Bundesarbeitsgerichts korrigieren, nach der ein solches für Arbeitnehmer möglicherweise essentielles Entscheidungsproblem einen unzulässigen Sachgruppenvergleich darstelle, weil „Äpfel mit Birnen" verglichen würden.[55]

3. *Optionen zur Ausgestaltung der Systeme der sozialen Sicherheit*

3.1 Beschäftigung im Niedriglohnsektor

Wie schon festgestellt wurde, konzentriert sich die Arbeitslosigkeit in Deutschland auf den Bereich der gering Qualifizierten. Maßnahmen zur Mobilisierung des Arbeitsmarktes müssen deshalb in erster Linie an diesem Segment des Arbeitsmarktes ansetzen.

Die Anzahl erwerbsfähiger, aber nicht erwerbstätiger Sozialhilfeempfänger in Deutschland belief sich Ende des Jahres 2000 je nach Abgrenzung auf ca. 660 bis 730 Tsd. Personen. Die Gruppe der gering Qualifizierten beschränkt sich aber nicht auf diese Gruppe. Hinzu kommen gering qualifizierte Arbeitslose, die Arbeitslosengeld und Arbeitslosenhilfe beziehen, sowie Personen, die geringfügig beschäftigt sind und deshalb in der diesen Berechnungen zugrunde liegenden Sozialhilfestatistik der Gruppe der Erwerbstätigen zugerechnet werden, sowie diejenigen Sozialhilfeempfänger, welche gemäß der amtlichen Klassifikation „wegen häuslicher Bindung nicht erwerbsfähig" sind. Unter Berücksichtigung der Be-

[55] Beschluss des Bundesarbeitsgerichts vom 20.4.1999 – 1 ABR 72/98 (EzA Art. 9 GG Nr. 65), dort Ziffer B III 1b, aa.

schäftigten in Arbeitsbeschaffungs- und Strukturanpassungsmaßnahmen und unter Abzug von Doppelzählungen beträgt das Gesamtpotenzial für einen Niedriglohnsektor bis zu 2,7 Mio. Personen. Zieht man hiervon eine friktionelle Arbeitslosigkeit von rund einem Fünftel ab, so ergibt sich ein Potenzial für zusätzliche Beschäftigung im Niedriglohnsektor von knapp 2,3 Mio. Personen.[56] Gelänge die Aktivierung dieses Potenzials, so stiege die Zahl der Beschäftigten in Deutschland um ca. 6 Prozent.[57]

Eine solche Beschäftigungszunahme hätte einen nicht unerheblichen Wachstumsschub zur Folge. Ein Wachstumsschub wäre nicht nur im Hinblick auf das offiziell errechnete Sozialprodukt zu erwarten, sondern auch, wenn man in Rechnung stellt, dass die Schwarzarbeit zurückgedrängt würde und insofern nicht gemessene Teile des Sozialprodukts entfielen. Schwarzarbeit zu leisten heißt nämlich oft genug auch, die marktwirtschaftliche Arbeitsteilung auszuhebeln und mit suboptimaler Kapitalausstattung zu wirtschaften. Die Überführung von Schwarzarbeitern in die reguläre Wirtschaft würde deshalb nicht nur das gemessene Sozialprodukt, sondern auch das tatsächliche Sozialprodukt einschließlich des illegal erwirtschafteten Teils vergrößern. Im Übrigen wäre ja sicherlich nur ein Teil der in den regulären Arbeitsmarkt zu integrierenden Personen als Schwarzarbeiter zu klassifizieren.

Um den gewünschten Aktivierungseffekt zu erreichen, wird man nicht in erster Linie auf die Verbesserung der Motivation der von Arbeitslosigkeit betroffenen Menschen setzen müssen. Arbeitslosigkeit wird von den meisten Betroffenen als bedrohlicher Zustand angesehen, dessen Überwindung höchste Priorität genießt. An der Bereitschaft der gut zwei Millionen erwerbslosen gering Qualifizierten, sich in den Arbeitsmarkt zu integrieren, sollte man insgesamt nicht zweifeln. Faulheit, auf die es kein Recht gibt, ist nicht das primäre Problem.

[56] Vgl. H.-W. Sinn, C. Holzner, W. Meister, W. Ochel und M. Werding, Aktivierende Sozialhilfe. Ein Weg zu mehr Beschäftigung und Wachstum, ifo Schnelldienst (Sonderausgabe) Nr. 9/2002, Mai 2002, München, sowie H. Schneider, K. F. Zimmermann, H. Bonin, K. Brenke, J. Haisken-DeNew und W. Kempe, Beschäftigungspotenziale einer dualen Förderstrategie im Niedriglohnbereich, Institut Zukunft der Arbeit (IZA), Mai 2002, Bonn.

[57] Hierbei ist unberücksichtig geblieben, dass durch die neuen Regelungen auch jene Personen angesprochen werden, die bislang der stillen Reserve zuzurechnen waren. Dies bedeutet zum einen, dass das Potenzial für mögliche Beschäftigungseffekte im Niedriglohnbereich noch größer ist. Zum anderen kann es sein, dass bislang nicht registrierte Arbeitslose in Zukunft von der Statistik erfasst werden und dass sich insofern die gemessenen Arbeitslosenzahlen in geringerem Umfang verringern.

Das Problem liegt vielmehr bei den fehlenden Stellen. Es sind derzeit nicht genug Stellen vorhanden, um allen Arbeitsuchenden eine Beschäftigungsmöglichkeit zu verschaffen. Auf den Arbeitsmärkten herrscht der Drehtüreffekt: Nach zum Teil erstaunlich kurzen Fristen finden Arbeitslose neue Stellen, aber sie ersetzen in der Regel nur andere Menschen, die stattdessen arbeitslos werden. Die Gesamtzahl der Arbeitslosen verringert sich nicht, sondern sie steigt. Wie schon erwähnt, ist seit nunmehr dreißig Jahren der Trend der ansteigenden Arbeitslosigkeit ungebrochen, ungeachtet der konjunkturellen Schwankungen um den Trend, die von vielen stets wieder von neuem als Trendwende interpretiert werden.

Der Grund für die fehlenden Stellen ist sicherlich nicht in einer grundsätzlichen Schwäche der Marktwirtschaft zu suchen. Die Marktwirtschaft ist in der Lage, fast allen, die bereit sind zu arbeiten, Arbeit zu verschaffen. Man muss die Marktwirtschaft nur wirken lassen. Die entscheidende Voraussetzung für die Schaffung von Arbeitsplätzen ist, dass der Lohn für einen jeden Typus von Arbeit durch das Zusammenspiel von Nachfrage und Angebot gebildet wird. Bis auf eine friktionelle Restarbeitslosigkeit sind freie Arbeitsmärkte prinzipiell in der Lage, Vollbeschäftigung zu schaffen. Dies kann angesichts der allgemeinen Konfusion in der öffentlichen Diskussion zu diesem Thema nicht häufig genug betont werden.

Das freie Spiel der Kräfte wird in Deutschland freilich durch vielerlei institutionelle Störeinflüsse behindert. Defekte im System der kollektiven Lohnverhandlung gehören dazu genauso wie ein überzogener gesetzlicher Kündigungsschutz oder die im letzten Abschnitt diskutierten staatlichen Maßnahmen zur Eindämmung der Lohnflexibilität wie Allgemeinverbindlicherklärungen oder Tariftreuegesetze.

Vor allem aber sind es auch die Rückwirkungen des Sozialstaates auf den Arbeitsmarkt, die erhebliche Störungen mit sich bringen. Die Politik der Lohnersatzzahlung bei fehlender Erwerbstätigkeit ist als Schutz gegen die Konsequenzen der Arbeitslosigkeit gut gemeint, doch definiert sie Grenzen, unter die die Gewerkschaften mit ihren Lohnforderungen nicht gehen wollen. Allzu häufig liegen dann die dadurch erkämpften Tariflöhne über der Produktivität der Betroffenen, also der Wertschöpfung, die sie durch ihre Arbeit erbringen können. Da kein Unternehmer jemanden einstellt, der mehr kostet, als er bringt, ist Arbeitslosigkeit die unweigerliche Folge. Zwar gibt es für das Potenzial an niedrig Qualifizierten ein Potenzial an Stellen, nur handelt es sich dabei nicht um Stellen, auf denen sich Löhne erwirtschaften lassen, die mit den Ersatzleistungen des Sozialsystems Schritt halten können.

Zur Lösung dieses Problems ist der zumindest partielle Wechsel von Lohnersatz- zu Lohnergänzungsleistungen unerlässlich. Die Gelder, die der Staat unter der Bedingung des Nichtstuns zur Verfügung stellt, müssen teilweise umgeschichtet werden, um Beschäftigung zu bezahlen. Je mehr staatliches Geld Geringverdienern hinzugezahlt wird und je weniger an Erwerbslose gezahlt wird, desto geringer sind die Anspruchslöhne, die Unternehmen überbieten müssen, um Arbeitnehmern einen Anreiz zum Arbeiten zu bieten, und desto größer ist die Menge an Stellen, die sie rentabel bewirtschaften können.

Dieser Abschnitt diskutiert die grundsätzlichen Möglichkeiten und die bisherigen Versuche, das Sozialsystem so zu reformieren, dass die Anspruchslöhne fallen und Stellen geschaffen werden, ohne dass den Betroffenen deshalb Nachteile erwachsen.

3.2 Transferentzug, Anspruchslohn und Beschäftigung

Vielerorts wird die wachsende Arbeitslosigkeit auf den technischen Fortschritt, die angeblich schlechte Ausbildung der Deutschen oder irgendwelche mechanischen Gesetzmäßigkeiten, die eine Verbindung zwischen Wachstum und Beschäftigung herstellen, zurückgeführt. Während manche dieser Erklärungen bei einem gegebenen Lohniveau oder einem gegebenen Zeitpfad der Lohnentwicklung relevante Teilaspekte des Problems beschreiben, verdecken sie die Tatsache, dass sich, gegeben alle anderen Einflussgrößen, bei freier Lohnbildung auf jedem Teilsegment des Arbeitsmarktes stets ein Lohnniveau einstellen würde, bei dem zumindest angenähert Vollbeschäftigung herrscht. Ein höherer Lohn, bei dem die Menge der Stellen, die sich rentabel bewirtschaften lassen, für eine Vollbeschäftigung zu klein ist, würde nämlich von den Marktteilnehmern selbst gesenkt. Die Unternehmer würden angesichts des Überschusses der Arbeitsuchenden die angebotenen Löhne drücken, und die Arbeitslosen würden sich den Unternehmen selbst zu niedrigeren Löhnen anbieten. Bei niedrigeren Löhnen würde ein größerer Teil der potenziell verfügbaren Stellen, die sonst nur in den Köpfen der Unternehmer und auf dem Reißbrett existieren, realisiert. Erst wenn es keinen Überschuss an Arbeitsuchenden mehr gibt und es immer schwieriger wird, offene Stellen zu besetzen, käme der Lohnverfall zum Stoppen. Das Angebot an und die Nachfrage nach Arbeitskräften wären im Gleichgewicht.

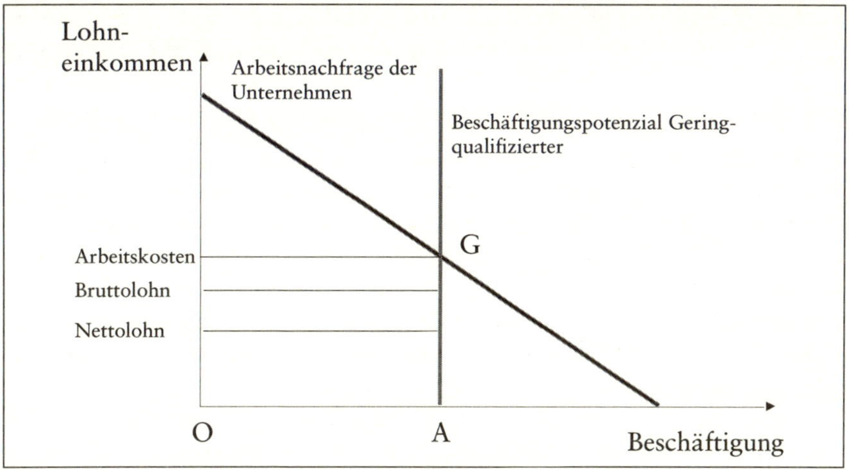

Schaubild 3: Lohn und Beschäftigung auf einem ungestörten Arbeitsmarkt

Schaubild 3 verdeutlicht die Situation für den Markt der gering Qualifizierten. An der Ordinate ist das Lohneinkommen dargestellt, das bei einer Vollzeitbeschäftigung erzielbar ist. Zu Illustrationszwecken werden nur Vollzeitbeschäftigungsverhältnisse unterstellt. An der Abszisse ist das Beschäftigungsvolumen abgetragen. Die blaue Senkrechte (Angebotskurve) liegt bei einer Beschäftigungsmenge OA, die das vorhandene Niedriglohnpotenzial angibt. Der Einfachheit halber wird unterstellt, dass das Potenzial derer, die zu arbeiten bereit sind, lohnunabhängig ist, dass also das Arbeitsangebot völlig unelastisch ist. Diese Annahme trifft die Wirklichkeit in erster Näherung.

Die fallende, rote Kurve ist die Kurve der Arbeitsnachfrage der Unternehmen oder genauer: die Kurve der Nachfrage nach Arbeitskräften. Sie entsteht durch Reihung der potenziell verfügbaren Stellen nach der Wertschöpfung, die sie erbringen würden, oder, anders interpretiert, durch Reihung nach den maximalen Arbeitskosten, die die Stellen gerade noch tragen könnten, ohne unrentabel zu werden. Wenn man die potenziell verfügbaren Stellen von links nach rechts als Säulen abträgt, deren Höhe diese Wertschöpfung angibt, und dabei mit der höchsten Wertschöpfung beginnt und dann sukzessive zu niedrigeren Werten weitergeht, entsteht die Nachfragekurve. Sie ist von links nach rechts geneigt. In der Abbildung ist sie der Einfachheit halber als linear angenommen. Die Nachfragekurve hat ihren Namen, weil sie an der Horizontalen zeigt, wie viele Stellen bei einem jeweils vorgegebenen Marktlohn rentabel wären, wie er an der Senkrechten ablesbar ist. Offenbar ist die Zahl der rentablen

Stellen, also die Nachfrage nach Arbeitskräften, umso größer, je niedriger der Lohn ist. Bei einer Senkung des Lohns steigt die Menge der Stellen, deren Wertschöpfung den Lohn übersteigt und die deshalb von gewinnmaximierenden Arbeitgebern zur Verfügung gestellt werden.

Im Marktgleichgewicht G spielt sich der Lohn auf einem Niveau ein, bei dem die Nachfrage nach Arbeitskräften, also die realisierte Teilmenge der potenziell verfügbaren Stellen, gerade so groß wie das Beschäftigungspotenzial ist. Das durch die Senkrechte gegebene Angebot ist dann der auf der fallenden Kurve dargestellten Nachfrage gleich. Dabei ist zu beachten, dass das Marktgleichgewicht, das in den Diagrammen dargestellt ist, immer nur für einen bestimmten Zeitpunkt gilt. Sich ändernde Marktverhältnisse, technischer Fortschritt und viele Effekte mehr wirken beständig auf die Lage der Kurven und haben zur Folge, dass sich der markträumende Lohn in der Regel im Zeitablauf ändert.

Nun gibt es zu einem jeden Zeitpunkt unter realistischen Bedingungen freilich nicht nur *einen* Lohn, über den man sprechen muss, sondern drei verschiedene:

- den Nettolohn, den der Beschäftigte nach Abzug aller Abgaben erhält,
- den Bruttolohn, wie er auf seiner Lohnsteuerkarte vermerkt ist, und
- die Arbeitskosten, die beim Unternehmen entstehen, wenn man die Arbeitgeberbeiträge zur Sozialversicherung, die tarifvertraglich fixierten Sachleistungen des Betriebes und die Mehrwertsteuer hinzuaddiert, soweit dieses Unternehmen mehrwertsteuerpflichtig ist.[58]

Die Unternehmer machen ihre Entscheidung, Stellen zu schaffen, wesentlich von den Arbeitskosten abhängig. Bei gegebenen Arbeitskosten interessiert sie weder der Brutto- noch der Nettolohn. Es sind deshalb die Arbeitskosten, die durch die Kräfte des Marktes so bestimmt werden, dass der Schnittpunkt im obigen Diagramm realisiert wird. Wie es zeichnerisch dargestellt ist, ergeben sich Brutto- und Nettolohn als Residuum nach Abzug der Mehrwertsteuer, Arbeitgeberbeiträge und betrieblichen Sachleistungen bzw. zusätzlich durch Abzug der Arbeitnehmerbeiträge und der persönlichen Einkommensteuer.

[58] Die Mehrwertsteuer muss berücksichtigt werden, weil sie auch die Wertschöpfung belastet, die auf den Einsatz von Arbeit zurückzuführen ist. Dabei geht es nicht um die Mehrwertsteuer der von den Arbeitnehmern konsumierten Güter, sondern um jene Steuer, die beim Arbeitgeber anfällt, sofern dieser mehrwertsteuerpflichtig ist. Die Mehrwertsteuer verzerrt das Arbeitsangebot, insbesondere auch die Wahl zwischen legaler Arbeit und Schwarzarbeit, in ähnlicher Weise wie die unmittelbar auf den Lohn bezogenen Abgaben.

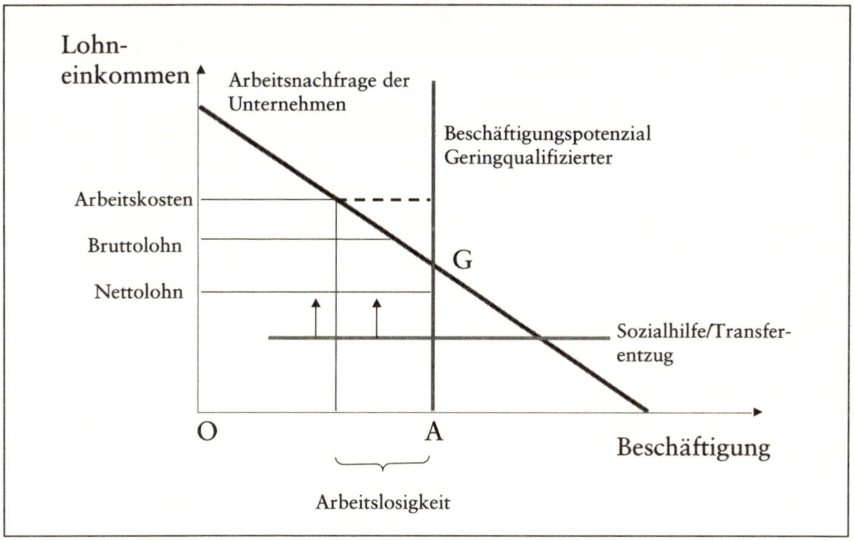

Schaubild 4: Die Wirkung der Sozialhilfe

Wie erwähnt, kann das Erreichen des Marktgleichgewichts G durch großzügige Lohnersatzeinkommen verhindert werden, die der Staat zur Verfügung stellt. Zu diesen Lohnersatzeinkommen gehören im weiteren Sinne die Arbeitslosenhilfe, Frührenten und vor allem die Sozialhilfe. Schaubild 4 verdeutlicht die Wirkung der staatlichen Lohnersatzeinkommen am Beispiel der Sozialhilfe. Es wird etwas vergröbernd unterstellt, dass es sich dabei um einen Transfer handelt, der nur gezahlt wird, wenn man nicht arbeitet, doch entfällt, wenn man arbeitet, d. h. der o. g. maximale Hinzuverdienst bei der deutschen Sozialhilfe wird ignoriert.

Die Sozialhilfe ist unter diesen Voraussetzungen eine Untergrenze für den Nettolohn, zu dem ein Sozialhilfeberechtigter zu arbeiten bereit ist, falls er nicht bereits in der Arbeit als solcher Befriedigung findet. Sie definiert einen Anspruchslohn, der vom Netto-Marktlohn mehr oder weder deutlich übertroffen werden muss und der u. a. auch durch die Gewerkschaften eingefordert wird, die ja in den Tarifverhandlungen für Niedriglohngruppen stets den „Lohnabstand" gewahrt wissen wollen (vgl. Abschnitt 2). Ein niedriger Sozialhilfesatz, der deutlich unter dem Nettolohn liegt, der sich im Marktgleichgewicht G ergibt, wäre kein Problem. Doch ein hinreichend hoher Wert, wie er in Schaubild 4 dargestellt ist, macht das Erreichen dieses Gleichgewichts unmöglich. Wird die Sozialhilfe über einen kritischen Punkt hinaus erhöht, so steigen bei gegebenem Mindest-

Lohnabstand der Nettolohn, der Bruttolohn und, was entscheidend ist, die Arbeitskosten der Unternehmen. Arbeitslosigkeit ist die Folge.

Dass gerade die Sozialhilfe für die Arbeitslosigkeit verantwortlich gemacht wird, ist nicht frei von einer gewissen Paradoxie. Denn immerhin soll die Sozialhilfe diejenigen auffangen, die keine Arbeit finden. Es ist aber hier wie bei vielen gut gemeinten Eingriffen in das Marktgeschehen. Häufig schaden Schutzvorkehrungen nach einer Reaktion der Märkte gerade denen, die man schützen wollte. Die Sozialhilfe wurde nämlich im Laufe der letzten Jahrzehnte nicht an die sich verändernden wirtschaftlichen Gegebenheiten angepasst. Wachstumsprozesse, technische Erfindungen, neue Wettbewerbsverhältnisse und viele Dinge mehr führen zu einer fortwährenden Veränderung des markträumenden Lohnniveaus und damit des Spielraums für störungsfrei mögliche Sozialhilfezahlungen. Wird dieser Spielraum überschritten, treten die beschriebenen Probleme auf. Nach der Einschätzung des Beirats ist dies in Deutschland heute der Fall. Niveau und vor allem Ausgestaltung der Sozialhilfe sind ein wesentlicher Grund für das hohe Beschäftigungsdefizit bei den gering Qualifizierten.

Dabei beschränken sich die relevanten Effekte nicht auf diejenigen unter den gering Qualifizierten, die arbeitsfähig sind und Sozialhilfe beziehen. Vielmehr sind auch viele qualifizierte und gering qualifizierte Personen betroffen, die Arbeitslosengeld oder Arbeitslosenhilfe beziehen. Ein Zusammenhang mit diesen Personengruppen ergibt sich aus zwei Gründen. Zum einen hat die Arbeitslosenhilfe, deren Ausgestaltung in einem engen Zusammenhang mit der Sozialhilfe steht, sehr ähnliche Wirkungen auf die Anspruchslöhne wie die Sozialhilfe selbst. Auch sie ist eine Lohnersatzleistung, die bei Aufnahme einer Beschäftigung entfällt. Zum anderen sorgt der Lohnabstand zwischen den Tarifgruppen, den die Gewerkschaften bei den Tarifverhandlungen stets berücksichtigen, dafür, dass sich ein hohes Sozialhilfeniveau auch in entsprechend höhere Löhne der nächsthöheren Tarifstufen überträgt und dort ebenfalls Arbeitslosigkeit erzeugt. Große Teile des Tarifgefüges und des sozialen Schutzsystems für Arbeitslose hängen direkt oder indirekt von der Sozialhilfe ab. Die Bedeutung der Sozialhilfe für die Arbeitsmärkte ist deshalb weitaus größer, als es die Zahl der erwerbsfähigen Sozialhilfebezieher vermuten lässt. Die Sozialhilfe zieht in ihrer gegenwärtigen Ausgestaltung eine Untergrenze in das Tarifgefüge ein, die über die genannten Effekte maßgeblich zur Arbeitslosigkeit auch unter denjenigen beiträgt, die keine Sozialhilfe beziehen.

3.3 *Grundsätzliche Überlegungen zu den möglichen Therapiemaßnahmen*

Aus der im Zusammenhang mit Schaubild 4 gegebenen Diagnose folgen gedanklich zunächst zwei mögliche Ansatzpunkte für eine Therapie.

(i) Umfang und Dauer der Leistungen aus der Arbeitslosenhilfe und Sozialhilfe werden für arbeitsfähige Bezieher dieser Transferzahlungen drastisch reduziert.

(ii) Um den Keil zwischen den Arbeitskosten der Unternehmen und den Nettoentgelten der Arbeitnehmer zu verringern, richtet man entweder in größerem Umfang als bisher Beschäftigungsverhältnisse mit eingeschränkter sozialer Sicherheit ein oder man bezuschusst staatlicherseits die Beiträge zur Sozialversicherung.

Die erste dieser Möglichkeiten ist nur in begrenztem Umfang verfügbar, denn bei einer größeren Absenkung der Einkommen der Geringverdiener entstehen beträchtliche verfassungsrechtliche Risiken. Zu bedenken ist nämlich, dass sowohl diejenigen unter den Erwerbsfähigen, die keine Arbeit finden, als auch jene Personen, die im Niedriglohnsektor beschäftigt sind und nun eine Lohnsenkung erfahren, schlechter gestellt sind als vorher.

Die zweite Möglichkeit scheint näher zu liegen, und in der Tat gibt es, wie in der Folge noch erläutert wird, eine Reihe von Vorschlägen, die sich hier einreihen. Man erkennt an Schaubild 4 unmittelbar, dass es bei gegebenem Niveau der Sozialhilfe möglich ist, die Beschäftigung zu erhöhen, wenn die lohnbezogenen Abgaben der Unternehmen und/oder die Abgaben der privaten Haushalte gesenkt werden. Dabei macht es freilich keinen Unterschied, welche dieser Abgaben gesenkt werden, denn es kommt nur auf die Summe der auf den Lohn bezogenen Abgaben an. Der Unterscheidung zwischen einer Senkung der Abgaben der Arbeitgeber und Arbeitnehmer, die nach Meinung mancher zu isolierten Effekten auf die Nachfrage nach und das Angebot an Arbeitskräften führt, fehlt eine tragfähige ökonomische Basis. Langfristig kommt es auf diese Unterscheidung nicht an. Bei einem festen Lohnabstand zur Sozialhilfe, wie er von den Arbeitnehmern und ihren Gewerkschaften verlangt wird, wirken beide Arten von Abgabensenkung vor allem dadurch, dass sie die Arbeitskosten der Unternehmen verringern und die Unternehmen daraufhin veranlassen, mehr Stellen zur Verfügung zu stellen.

Eine weitere Möglichkeit, die notwendige Senkung der Arbeitskosten der Unternehmen herbeizuführen, erkennt man, wenn man bedenkt, dass der wahre Grund für den problematischen Effekt auf den Anspruchslohn in der Höhe des Transferentzugs liegt. Nicht der Transfer in Form der Sozialhilfe ist für die Reaktion des Arbeitnehmers das Problem, sondern der Umstand, dass er einen Teil der Sozialhilfe verliert, wenn er Arbeit aufnimmt. Der Transferentzug ist die Differenz zwischen dem Transfer im Fall der Nichtbeschäftigung und im Fall der Beschäftigung. Nur im Umfang dieses Transferentzugs wird ein Mindestlohnanspruch an ein Beschäftigungsverhältnis definiert. In Schaubild 4 kann man deshalb die Horizontale, die die Lohnuntergrenze darstellt, mit dem Transferentzug gleichsetzen.

Der Niedriglohnsektor kann durch eine Senkung des Transferentzugs mobilisiert werden, und gemäß der obigen Überlegungen kann das zweierlei heißen, nämlich den Sockelbetrag der Sozialhilfe abzusenken oder einen Teil dieses Sockelbetrages auch bei einem Niedriglohn-Beschäftigungsverhältnis weiterhin zu zahlen. Obwohl beide Maßnahmen gleiche Wirkungen im Hinblick auf die Absenkung der Lohnuntergrenze haben, unterscheiden sie sich im Hinblick auf die Verteilungswirkungen zwischen den Steuerzahlern und den Geringverdienern.

Die Absenkung des Sockelbetrags führt zu fiskalischen Entlastungen und erhöht die Beschäftigung, senkt aber die Netteinkommen der gering Qualifizierten. Die Weiterzahlung von Sozialhilfe im Beschäftigungsfall belastet die Steuerzahler und erhöht die Beschäftigung, ohne die Nettoeinkommen der gering Qualifizierten abzusenken. Die Weiterzahlung eines Teils der Sozialhilfe ist von der Sache her eine Lohnsubvention und unterscheidet sich im Hinblick auf ihre ökonomischen Wirkungen kaum von den oben an zweiter Stelle genannten Maßnahmen zur Senkung der lohnbezogenen Abgaben (Senkung oder Bezuschussung der Sozialabgaben). Dies alles muss beachtet werden, wenn man Vorschläge zur Wiederherstellung eines Niedriglohnsektors unterbreitet. Nach Auffassung des Beirats kommt angesichts der hohen Staatsquote und der exorbitanten Abgabenbelastung normaler Arbeitsverhältnisse unter den heutigen Verhältnissen nur eine für den Staat belastungsneutrale Reform in Frage. Der Vorschlag des Beirats sieht deshalb vor, dass sowohl der Transferentzug als auch der Sockelbetrag der Sozialhilfe deutlich abgesenkt werden.

Diese Maßnahmen sollten auch die Gewerkschaften zu einer moderateren Lohnpolitik im Niedriglohnsektor veranlassen. Implizit stellen nämlich auch sie bei ihrer Tarifpolitik auf den Transferentzug ab. Bei einem vollständigen Transferentzug wählen sie für die niedrigsten Tarifgruppen einen gewissen Abstand zur Sozialhilfe. Wird ein Teil dieses Transfers auch im Falle der Beschäftigung weiterhin gewährt, wird also dem Arbeitnehmer faktisch eine Lohnsubvention gezahlt, so ist zu vermuten oder doch zumindest zu verlangen, dass die Gewerkschaften den geforderten Mindestlohn im Ausmaß dieser Lohnsubvention senken werden, denn jetzt muss nur noch der Abstand zwischen der Sozialhilfe und der Summe aus Nettomarktlohn und Lohnsubvention hergestellt werden. Dies aber heißt nichts anderes, als dass sich in den Tarifverhandlungen ein Nettolohn in Höhe des Transferentzugs zuzüglich des Lohnabstands einstellen wird.

Die für die weitgehende Beseitigung der Arbeitslosigkeit im Niedriglohnsektor notwendige Senkung des Transferentzugs lässt sich nur sehr schwer schätzen. Die genaue Gestalt der Arbeitsnachfragekurve der Unternehmen und damit der quantitative Zusammenhang zwischen Lohnsenkung und Beschäftigungsausweitung ist nur annäherungsweise bekannt. Nach der schon zitierten Studie verlangt eine Halbierung der Arbeitslosigkeit im Niedriglohnbereich eine Lohnsenkung dort von etwa 20 Prozent.[59] Bei festem prozentualen Lohnabstand und konstanten Abgabequoten würde dies eine Senkung des Transferentzugs (noch einmal: des Transfers selbst oder der Entzugsrate) in der Größenordnung von ebenfalls 20 Prozent implizieren. Um die Arbeitslosigkeit bis auf eine unvermeidliche friktionelle Restkomponente (20 Prozent) zu beseitigen, wäre eine höhere Senkung des Transferentzugs erforderlich. Unterstellt man die Gültigkeit der in der Studie verwendeten Schätzgleichung für die Arbeitsnachfrage auch außerhalb des Schätzbereichs, so errechnet sich eine notwendige Absenkung des Transferentzugs in der Größenordnung von einem Drittel. Dies entspricht einer Nachfrageelastizität von ungefähr –1.[60]

Angesichts der Unsicherheit über die Schätzung ist freilich nicht auszuschließen, dass eine größere Absenkung erforderlich ist, um das nötige Maß an Lohnflexibilität zu erreichen. Da der Transferentzug nur eine Lohnuntergrenze festlegt, die der Nettomarktlohn nicht unterschreiten kann, würde eine über ein Drittel hinausgehende Absenkung des Transferentzugs vermutlich nicht zu einer weiteren Senkung des Lohnsatzes im

59 Fitzenberger und Franz, a.a.O.

60 Eine Minderheit des Beirats hält die Unterstellung, die Arbeitslosigkeit im Niedriglohnbereich lasse sich mittels einer Absenkung des Transferentzugs um ein Drittel bis auf einen Rest in Höhe der Friktionsarbeitslosigkeit zurückführen, für empirisch unbegründet. Eine solche Senkung, die in ausgewogenem Maße eine Senkung der Sozialhilfe selbst sein müsste (soweit der Sozialhilfeberechtigte arbeitsfähig ist), hält auch sie für angeraten. Aber so weitreichende Wirkungserwartungen lassen sich damit nach Meinung der Minderheit nicht verbinden. Eine andere Minderheit des Beirates hält es für notwendig, hierauf wie folgt zu antworten: Es ist angebracht, Wirkungserwartungen, die durch ökonometrische Studien abgestützt sind, in einem Gutachten des Beirats zu quantifizieren. Die ökonometrische Forschung ist vorangeschritten und sollte deshalb heutzutage auch in einem wirtschaftspolitischen Gutachten ihren Widerhall finden.

Niedriglohnsektor führen. Vielmehr könnte man dann um so sicherer sein, dass die in Schaubild 3 verdeutlichte Marktlösung zustande kommt.

3.4 *Alternative Lösungswege in der Praxis*

3.4.1 *Beschäftigungsverhältnisse mit eingeschränkter Sicherheit*

Eine erste Gruppe von Reformvorschlägen, auch aus dem politischen Raum stammend, hat eine Ausweitung von Beschäftigungsverhältnissen mit eingeschränkter oder fehlender sozialer Sicherheit zum Inhalt.

Anknüpfungspunkt solcher Vorschläge sind die Neuregelungen bezüglich der „geringfügigen Beschäftigung", wie sie die Bundesregierung vorgenommen hat. Demnach gilt seit dem 1.4.1999 ein Beschäftigungsverhältnis sozialversicherungsrechtlich als „geringfügig", wenn es regelmäßig weniger als 15 Stunden in der Woche ausgeübt wird und wenn das daraus erzielte Monatsentgelt 325 Euro (vormals 630 DM) nicht übersteigt. Davon zu unterscheiden ist sozialversicherungsrechtlich die kurzfristige Beschäftigung, die auf jährlich bis zu zwei Monate oder 50 Tage beschränkt ist und nicht berufsmäßig ausgeübt wird. Die Einnahmen aus geringfügiger Beschäftigung sind bis zur Geringfügigkeitsgrenze steuerfrei, sofern die Summe der anderen Einkünfte des Betreffenden nicht positiv ist. Dagegen ist Arbeitslohn aus kurzfristiger Beschäftigung grundsätzlich steuerpflichtig: De facto hat der Arbeitnehmer allerdings nur dann Steuern zu entrichten, wenn seine gesamten Einkünfte den Grundfreibetrag übersteigen. Die Entgelte aus kurzfristiger Beschäftigung unterliegen nicht der Sozialversicherungspflicht, während im Fall einer geringfügigen Beschäftigung der Arbeitgeber an die Gesetzliche Rentenversicherung einen Beitrag in Höhe von 12 v.H. und, sofern der geringfügig Beschäftigte Mitglied der Gesetzlichen Krankenversicherung ist, an diese einen Beitrag in Höhe von 10 v.H. entrichten muss. Die Arbeitnehmer können neben den damit erworbenen Rentenansprüchen die sonstigen Leistungen der Gesetzlichen Rentenversicherung (z. B. Rehabilitationsmaßnahmen) erhalten, wenn sie durch Zuzahlung den 12 v.H.-Arbeitgeberbeitrag auf den jeweils gültigen vollen Beitragssatz aufstocken.

Seit Einführung der Meldepflicht für geringfügig entlohnte Beschäftigte (April 1999) liegen neuere Angaben über die Anzahl und Struktur dieser Arbeitnehmer vor.[61] Demnach waren im Juli 2000 in Deutschland

[61] Die folgenden Angaben sind entnommen aus: Sachverständigenrat zur Begutachtung der gesamtwirtschaftlichen Entwicklung, Jahresgutachten 2001/02, Für Stetigkeit – Gegen Aktionismus, Stuttgart 2001, Ziffer 169.

knapp 4,1 Millionen Personen geringfügig beschäftigt. Dies entspricht zwar einem Anteil von rund 13 v.H. aller sozialversicherungspflichtigen Beschäftigten, auf Grund der geringen Arbeitszeiten indes nur 4 v.H. des Arbeitsvolumens. Der weitaus größte Anteil der geringfügig entlohnten Beschäftigten entfällt mit knapp 71 v.H. auf Frauen. Überproportional im Vergleich zur Gesamtbeschäftigung vertreten sind auch die Altersgruppen „jünger als 25 Jahre“ (also Schüler und Studierende) und „älter als 54 Jahre“. Die meisten geringfügig Beschäftigten sind im Dienstleistungssektor und dort vornehmlich im Reinigungsgewerbe tätig.

Es kann bezweifelt werden, dass die bloße Ausweitung der Schwellen für geringfügige Beschäftigungsverhältnisse einen wesentlichen Beitrag zur Lösung des Problems der Arbeitslosigkeit unter den gering Qualifizierten bringt. Immerhin besteht die Gefahr, dass Unternehmen vorhandene Vollzeitarbeitsplätze in geringfügige Beschäftigungsverhältnisse zerlegen, wofür es anekdotische Evidenz gibt. Es muss gefragt werden, ob nebenerwerbstätige Hausfrauen, Schüler, Studenten und Rentner tatsächlich die ins Blickfeld genommene Zielgruppe darstellen. Des Weiteren ist zu bedenken, dass eine Heraufsetzung der Geringfügigkeitsschwelle das Übergangsproblem nur auf eine höhere Einkommensebene verlagert, es sei denn, der Gesetzgeber macht sich Überlegungen zu einem gleitenden Übergang zwischen geringfügigen und normalen Beschäftigungsverhältnissen zu eigen. Schließlich gilt: Wenn aus geringfügiger Entlohnung überproportionale Ansprüche an die Systeme der sozialen Sicherung erwachsen, müssen diese Lasten anderweitig aufgebracht werden, mit allen bekannten unerwünschten Folgewirkungen.

3.4.2 Lohnsubventionen an Arbeitgeber

Bereits das Bundessozialhilfegesetz gestattet es in gebotenen Einzelfällen, Sozialhilfeempfängern auch durch Zuschüsse an den Arbeitgeber zu helfen, einen Arbeitsplatz zu finden (§ 18 Abs. 4 BSHG). Nach vorliegenden Informationen scheint sich aber die Inanspruchnahme dieser Möglichkeit in engen Grenzen zu halten,[62] möglicherweise weil das Antragsverfahren mit einem nicht unerheblichen Verwaltungsaufwand verbunden und es ohnehin schwierig ist, Sozialhilfeempfänger durch Subventionierung der Arbeitskosten auf Arbeitsplätze zu vermitteln.

[62] Vgl. H. Buslei und V. Steiner, Beschäftigungseffekte von Lohnsubventionen im Niedriglohnbereich, ZEW Wirtschaftsanalysen, Schriftenreihe des ZEW, Band 42, Baden-Baden (Nomos) 1999, S. 53f.

Im Rahmen der aktiven Arbeitsmarktpolitik werden Zuschüsse zu den Arbeitskosten in zahlreichen Varianten gewährt. Meist ist an die Gewährung dieser Subventionen die Bedingung geknüpft, dass es sich um schwer vermittelbare Arbeitslose wie etwa Langzeitarbeitslose handeln muss und der Arbeitgeber die Anzahl der Beschäftigten in einem bestimmten Zeitraum vor und/oder nach Bewilligung der Fördermaßnahme nicht verringern darf. Ohne Anspruch auf Vollständigkeit können als Beispiele die Eingliederungszuschüsse (§§ 217–224 Sozialgesetzbuch Drittes Buch, SGB III), der Eingliederungsvertrag (§§ 229–234 SGB III), das Sonderprogramm der Bundesregierung „Aktion Beschäftigungshilfen für Langzeitarbeitslose" (BHI-Programm) sowie verschiedene Programme speziell für Ostdeutschland genannt werden, die im SGB III als „Strukturanpassungsmaßnahmen Ost für Wirtschaftsunternehmen" enthalten sind (SAM OfW, §§ 272–279, § 415 SGB III).

Die bisherigen empirischen Untersuchungen zum „Erfolg" dieser Maßnahmen kommen insgesamt zu recht skeptischen Einschätzungen.[63] In Westdeutschland ist die Inanspruchnahme angesichts der Anzahl der Arbeitslosen und insbesondere der Langzeitarbeitslosen eher als gering anzusehen, vor allem wohl deshalb, weil die Förderung im Regelfall den Abschluss eines unbefristeten Arbeitsvertrages voraussetzt und die Fördermittel begrenzt waren. Dass eine Ausweitung des Fördervolumens zu einer erhöhten Inanspruchnahme führen kann, lassen die Befunde für die Strukturanpassungsmaßnahmen Ost für Wirtschaftsunternehmen vermuten. Doch ist eine hohe Inanspruchnahme allein noch kein Erfolgsausweis.

Derzeit läuft ein „Sonderprogramm zur Erprobung von Modellansätzen zur Förderung der Beschäftigung von Gering Qualifizierten und Langzeitarbeitslosen".[64] In der Öffentlichkeit ist es unter der Bezeichnung „Chancen und Anreize zur Aufnahme sozialversicherungspflichtiger Tätigkeiten" (CAST) bekannt, wird vom Bund finanziert und geht auf das vierte Spitzengespräch des Bündnisses für Arbeit, Ausbildung und Wettbewerbsfähigkeit vom 12.12.1999 zurück. Das Sonderprogramm enthält ein Kombilohnmodell, das „Mainzer Modell", welches im nächsten Abschnitt vorgestellt wird, und eine Arbeitgeberförderung im Rahmen des „Modells der Saar-Gemeinschaftsinitiative" (SGI-Modell). Seit der bundesweiten Einführung des „Mainzer Modells" werden im Rahmen des CAST-Modells allerdings keine Bewilligungen mehr erteilt.

[63] Ebenda, S. 55.

[64] Vgl. dazu B. Kaltenborn, Kombilöhne in Deutschland, IAB-Werkstattbericht Nr. 14 vom 5.12.2001.

Das SGI-Modell wird von Juli 2000 bis Ende 2002 in allen Arbeitsamtsbezirken des Saarlandes und in den sächsischen Arbeitsamtsbezirken Chemnitz und (seit Sommer 2001) Zwickau erprobt. Gefördert wird in Form eines pauschalen Zuschusses zu den Arbeitgeberbeiträgen der Sozialversicherung, welcher bis zu einem Bruttostundenlohnsatz von 10 DM 100 v.H. beträgt und dann degressiv verläuft, bis er bei 18 DM entfällt. Die maximale Förderdauer beläuft sich auf nunmehr 36 Monate. Die ursprüngliche Beschränkung auf einen bestimmten Personenkreis ist entfallen, es muss sich aber um zusätzliche Arbeitsplätze handeln, vorrangig in kleinen und mittleren Unternehmen. Ende Oktober 2001 hatten insgesamt 128 Personen die Förderung des SGI-Modells in Anspruch genommen, davon 4 Personen in Ostdeutschland.[65]

3.4.3 Lohnsubventionen an Arbeitnehmer: Kombilöhne

Die zweite Modellvariante des oben angesprochenen CAST-Sonderprogramms beinhaltet Lohnsubventionen an Arbeitnehmer im Rahmen des „Mainzer Modells“, welches ursprünglich auf Überlegungen der rheinland-pfälzischen Landesregierung zurückgeht. Das „Mainzer Modell“ wurde in einigen Arbeitsamtsbezirken in Rheinland-Pfalz und in Brandenburg ab Juli 2000 erprobt. Seit März 2002 bis Ende 2003 wird es bundesweit befristet durchgeführt.[66] Die folgenden Ausführungen beziehen sich, soweit nichts anderes ausdrücklich vermerkt wird, auf das bundesweit eingeführte Modell.

Das Modell soll die Aufnahme einer gering bezahlten sozialversicherungspflichtigen Beschäftigung durch Zuschüsse an die Arbeitnehmer erleichtern. Für Ledige oder Alleinerziehende mit einem monatlichen Arbeitsentgelt unter 897 Euro (Paare: 1707 Euro) wird derzeit ein Zuschuss zu den Sozialversicherungsbeiträgen in Höhe bis zu 66 Euro (133 Euro) monatlich gewährt. Neben diesen Zuschüssen ist ein Zuschlag zum Kindergeld möglich, der je Kind bis zu 75 Euro im Monat beträgt. Die Zuschüsse sinken mit steigendem Einkommen und werden nicht auf die Sozialhilfe angerechnet. Anträge können bis spätestens sechs Wochen nach Aufnahme der Beschäftigung beim Arbeitsamt gestellt werden.

Mit der Regelung, dass die Zuschüsse nicht auf die Sozialhilfe angerechnet werden, ist ein gravierender Nachteil oder zumindest eine Unsicherheit bei der regional begrenzten Variante des „Mainzer Modells“ besei-

[65] Ebenda S. 49, Abbildung 10.
[66] Presse-Information Nr. 23/02 der Bundesanstalt für Arbeit vom 22.3.2002.

tigt worden, weil dort früher zum Teil anders verfahren wurde. Ein anderer, nicht weniger erheblicher Nachteil der regionalen Variante wurde aber nicht beseitigt. Nach Berechnungen des ifo Instituts sinkt zwar in jenem Modell die Grenzbelastung in v.H. des Wertgrenzproduktes der Arbeit bei einem Einkommen von 325 Euro auf einen negativen Wert, so dass entsprechende Anreize zur Arbeitsaufnahme bestehen, jedoch steigt sie danach wieder an und erreicht schließlich im Bereich der Abschmelzung des Programms Werte von über 100 v.H., in der Spitze sogar 124 v.H., wenn zugleich ein Anspruch auf Sozialhilfe besteht.[67] Bei dem Regierungsvorschlag ist dieser Wert gegenüber der ursprünglichen Ausgestaltung des Mainzer Modells zwar ein wenig reduziert worden, er liegt aber im Abschmelzungsbereich immer noch bei 110 v.H.

Der Grund hierfür liegt darin, dass das Mainzer Modell zum Sozialhilfesystem hinzutritt, welches, wie schon erläutert, in weiten Bereichen bereits für sich genommen eine Grenzbelastung von 100 v.H. erzeugt. Durch die korrigierende Wirkung der Sozialhilfe wird der Einfluss der Arbeitnehmer-Beiträge zur Sozialversicherung auf das Nettoeinkommen bereits voll kompensiert; das heißt, die zusätzlichen Beiträge, die ab einem Einkommen von 325 Euro einsetzen, werden von der Sozialhilfe übernommen. Wenn nun diese Beiträge ohne Anrechnung auf die Sozialhilfe subventioniert werden, wie es vorgesehen ist, so ergibt sich im Einführungsbereich ein Zuwachs an Nettoeinkommen, wenn das Bruttoeinkommen steigt. Die Grenzbelastung sinkt unter 100 v.H., wie es gewünscht ist. Aus dem gleichen Grunde entsteht aber im Abschmelzungsbereich eine Grenzbelastung über 100 v.H. Mehr Bruttoeinkommen bedeutet in diesem Bereich bereits ohne das Mainzer Modell nicht mehr Nettoeinkommen, weil die Sozialhilfe zurückgefahren wird. Mit dem Mainzer Modell wird zusätzlich der Zuschuss zu den Arbeitnehmerbeiträgen zurückgefahren. Das Nettoeinkommen fällt, wenn das Bruttoeinkommen steigt.

Von daher gesehen verwundert die geringe Inanspruchnahme der regionalen Variante des „Mainzer Modells“ kaum: Bis Oktober 2001 verzeichnete man in Rheinland-Pfalz 553 und in Brandenburg 101 Förderzugänge, der Kindergeldzuschlag – er gilt nur in Rheinland-Pfalz – wurde 300-mal in Anspruch genommen.[68] Hochrechnungen für

[67] Vgl. H.-W. Sinn, Die Höhle in der Eiger-Nordwand. Eine Anmerkung zum Mainzer Modell und zum Wohlfahrtsstaat an sich, ifo Schnelldienst 3/2002 vom 13.2.2002, S. 20–25. Die Grenzbelastung bezieht die Lohnsteuer, die Sozialversicherungsbeiträge des Arbeitnehmers und des Arbeitgebers, das Kindergeld, die Sozialhilfe, die Leistungen des Mainzer Modells und die vom Arbeitgeber auf die Wertschöpfung der Arbeit zu entrichtende Mehrwertsteuer ein.

[68] Quelle: B. Kaltenborn, a.a.O., S. 49, Abbildung 10.

Deutschland ergeben jährliche Förderzugänge in der Größenordnung von rund 34 Tsd. Personen, allerdings für die regional begrenzte Version.[69] Für dieses Programm berechnet sich je Teilnehmer eine insgesamt maximale Fördersumme zwischen 2377 und 13.037 Euro, je nach Familienstand (für Alleinstehende mit einem Kind: 7515 Euro, für Paare mit zwei Kindern: 12.898 Euro).[70]

Neben zahlreichen Varianten des „Mainzer Modells" – wie beispielsweise in den Bundesländern Bremen, Hessen und Nordrhein-Westfalen und als „PLUSLohn" in den Städten Duisburg und Köln – wird ein anderes Modell in einigen Kommunen in Baden-Württemberg erprobt, das „Einstiegsgeld für Langzeitarbeitslose".[71] Die Erprobungsphase ist auf Ende 2002 befristet. Die genaue Ausgestaltung der Förderkonditionen obliegt der Kommune, woraus sich die vielfältigen Varianten erklären. Gefördert werden in der Regel langzeitarbeitslose Sozialhilfebezieher, die eine sozialversicherungspflichtige Beschäftigung aufnehmen und bei denen ohne diese Förderung weiterhin Sozialhilfebedürftigkeit bestünde. Das monatlich gewährte „Einstiegsgeld" bemisst sich in einigen Kommunen als 50 v.H. des Brutto- oder Nettoentgelts, teilweise mit einer Obergrenze (in Mannheim: 1500 DM monatlich), in anderen als Festbetrag (in Esslingen: 500 DM monatlich für Alleinstehende, 700 DM für Mehrpersonenhaushalte). Die Förderung erstreckte sich über ein Jahr, sie wird nicht auf die Sozialhilfe angerechnet und unterliegt nicht der Einkommensteuer. Bis zum Oktober 2001 belief sich die Inanspruchnahme auf 596 Personen.[72]

Schließlich ist darauf zu verweisen, dass bereits seit April 1996 eine Regelförderung nach SGB III, die Arbeitnehmerhilfe gemäß § 421 SGB III existiert. Sie stellt eine Ermessensleistung dar und wurde zunächst nur Beziehern von Arbeitslosenhilfe gewährt, für den Zeitraum 1998 bis 2002 können aber auch Arbeitslose gefördert werden, die mindestens sechs Monate vor Förderbeginn Arbeitslosengeld bezogen haben.

[69] Ebenda S. 50.

[70] Ebenda S. 45 (auf Euro umgerechnet).

[71] Vgl. dazu A. Spermann, Das „Einstiegsgeld" für Langzeitarbeitslose, Wirtschaftsdienst 76 (5), 1996, S. 240–246.

[72] Quelle: B. Kaltenborn 2001, a.a.O., S. 49, Abbildung 10.

3.4.4 Beurteilung der deutschen Erfahrungen

Die neuen Versuche zur Mobilisierung des Niedriglohnbereichs zeigen vom Grundsatz her in die richtige Richtung, denn heute wird die Nichtarbeit in zu starkem Umfang belohnt und die Arbeit zu stark belastet. Eine faktische Entlastung der Arbeit durch Lohnsubventionen korrigiert dieses Missverhältnis und trägt im Prinzip dazu bei, die Arbeitskosten der Unternehmen zu senken und auf diese Weise neue Stellen zu schaffen.

Die Schwierigkeiten und damit die skeptische Einschätzung der dargestellten Lohnsubventionen beginnen, wenn sie im Gesamtzusammenhang des sozialpolitischen Fördersystems gesehen werden – beispielsweise in Form der dargestellten Wechselwirkungen zwischen Sozialhilfe und der Förderung nach dem Mainzer Modell, die zu abwegigen Implikationen, nämlich Grenzbelastungen von mehr als 100 Prozent, führen – und wenn für die theoretischen Parameter empirische Werte geschätzt, Nebenwirkungen einbezogen und Finanzierungsaspekte bedacht werden. Wenn es auch sicherlich angezeigt ist, die Evaluierungsergebnisse von Modellversuchen, die sich derzeit noch in der Erprobung befinden, abzuwarten, so dämpfen bisher vorliegende Resultate und die vorhandenen empirischen Untersuchungen die Erwartungen an die bislang durchgeführten Modellversuche. Ein substanzieller Abbau der Arbeitslosigkeit kann dadurch nicht erreicht werden.

Die bisherigen Modellversuche sind allesamt zu wenig durchdacht. Es fehlt die konsistente Verzahnung mit dem restlichen Sozial- und Abgabensystem, ein Entwurf aus einem Guss. Außerdem sind die bei den Versuchen angedachten Lösungen zu teuer. Da sie Eckregelsätze der Sozialhilfe unangetastet lassen, führen sie zu zum Teil exorbitant hohen fiskalischen Belastungen für den Staat. Nach der Meinung des Beirats darf die Mobilisierung des Niedriglohnsektors nicht mit einer Erhöhung der staatlichen Ausgaben einher gehen. An einer flankierenden Senkung der Eckregelsätze der Sozialversicherung führt kein Weg vorbei. Die Senkung dieser Eckregelsätze hat für sich genommen eine Entlastung des Staatsbudgets und über die Senkung der Lohnuntergrenze im Tarifsystem gleichzeitig eine Mobilisierung des Arbeitsmarktes zur Folge. Sie muss Teil eines jeden Reformvorschlags sein, der für sich in Anspruch nimmt, tragfähig zu sein.

3.4.5 Erfahrungen in den Vereinigten Staaten

Die Sozialpolitik in den Vereinigten Staaten vollzog im Jahre 1996 unter der Clinton-Administration mit dem „Personal Responsibility and Work

Opportunity Reconciliation Act“ (PRWORA) einen deutlichen Kurswechsel hin zu einem noch ausgeprägteren Gegenleistungsprinzip. Finanzielle Bedürftigkeit allein rechtfertigt nach dieser Vorstellung noch keine staatlichen Geldtransfers, hinzu kommen müssen eine Arbeitsaufnahme, zumindest aber nachdrückliche individuelle Anstrengungen, um einen Arbeitsplatz zu finden. Fordern und Fördern im Sinne einer Reziprozität kennzeichnen die Sozialpolitik in den Vereinigten Staaten. Wer die Reziprozität nicht akzeptiert, dem drohen empfindliche Sanktionen bis hin zu einem Verweis ausschließlich auf Essensmarken (food stamps) und einem eingeschränkten Krankenversicherungsschutz, gegebenenfalls nur für Kinder.[73]

Zwei spezifische Elemente des neu geschaffenen Systems sozialer Sicherung seien kurz skizziert:

(i) An Stelle zahlreicher Einzelprogramme des vorherigen Systems trat ein Sozialhilfeprogramm für bedürftige Familien, nämlich die „Temporary Assistance for Needy Families“ (TANF). Diese TANF-Mittel werden als pauschale Zuweisung seitens der Bundesregierung an die Einzelstaaten gewährt, allerdings nur bei festgelegter Eigenleistung des Bundesstaates (in Anlehnung an die Beträge, die er im Jahre 1994 für das frühere AFDC-Programm (Aid to Families with Dependent Children) ausgegeben hat). Eine weitere Voraussetzung für die Zuweisung des Pauschalbetrags besteht darin, dass in dem betreffenden Bundesstaat entweder ein genau spezifizierter, zunehmender Anteil der Sozialhilfeempfänger arbeitet (im Jahre 2002: die Hälfte mit mindestens 30 Stunden je Woche) oder die Anzahl der Sozialhilfeempfänger sinkt. Wie die einzelnen Bundesstaaten diese Ziele erreichen, ist weitgehend in ihr Belieben gestellt. Demzufolge existiert in den Vereinigten Staaten eine Vielzahl höchst unterschiedlich konzipierter Programme, wobei die konkrete Umsetzung mehr und mehr auf die kommunale Ebene verlagert wird. Der Bezug der Sozialhilfe ist in der Regel auf einen Zeitraum von in der Summe etwa 5 Jahren während des gesamten Lebens befristet. Voraussetzung zum Bezug ist zumindest die Bereitschaft zur Arbeitsaufnahme. Der Staat unterstützt diese Bereitschaft mit Hilfe von Qualifizierungs- und Weiterbildungsmaßnahmen, Hilfen bei der Suche nach einem Arbeitsplatz oder Hilfen bei der

[73] Vgl. N. Berthold und S. v. Berchem, Sozialpolitik und hohe Arbeitslosigkeit – amerikanische Verhältnisse auch für Deutschland? Wirtschaftsdienst 81 (11), 2001, S. 630–638; Buslei und Steiner, a.a.O., ZEW Wirtschaftsanalysen, Schriftenreihe des ZEW, Band 42, Baden-Baden (Nomos) 1999; European Economic Advisory Group at CESifo, Report on the European Economy 2002, CESifo Forum Spezial, Februar 2002, Kapitel 6; OECD, Benefit Systems and Work Incentives, Paris 1999.

Kinderbetreuung. Für solche Maßnahmen werden mittlerweile bereits rund die Hälfte der Zuweisungen des Bundes verwendet, die andere Hälfte wird für finanzielle Transfers ausgegeben (früher belief sich diese Relation auf etwa 20 zu 80 v.H.)

(ii) Der zweite Aspekt besteht in einer negativen Einkommensteuer, dem bereits mehrfach erwähnten „Earned Income Tax Credit" (EITC), der bereits im Jahre 1975 eingeführt und danach mehrfach modifiziert wurde. Das Programm wendet sich vornehmlich an Familien mit Kindern und belohnt die Arbeit im Niedriglohnsektor. Gewährt wird eine Steuergutschrift in v.H. des Bruttoarbeitseinkommens. Übersteigt diese Steuergutschrift die aus dem steuerpflichtigen Einkommen resultierende Steuerschuld, wird der Differenzbetrag an die Familie ausbezahlt.

Ohne auf alle technischen Einzelheiten einzugehen, sei die Methodik an dem Beispiel einer Familie mit mindestens zwei Kindern und für das Jahr 2001 illustriert. Insgesamt gibt es drei Phasen, wie sie im Schaubild 5 dargestellt sind. Für ein Jahreseinkommen zwischen 1 und 10.020 Dollar („phase-in") beläuft sich die Steuergutschrift auf 40 Cents für jeden zusätzlich verdienten Dollar, das heißt maximal ist eine Steuergutschrift in Höhe von4008 Dollar am Ende der ersten Phase erreichbar. Dieser Betrag bleibt in der zweiten Phase konstant, die bis 13.090 Dollar reicht. In der dritten Phase („phase-out") sinkt die Steuergutschrift um 21,06 Cents je Dollar, bis sie bei einem Einkommen von 32.121 Dollar auf Null gesunken ist.[74] In dieser dritten Phase erreicht die Grenzbelastung des Einkommens (also der marginale Steuersatz auf das Arbeitseinkommen plus die Reduktion der Steuergutschrift) einen Wert von rund 50 v.H.

[74] (32.121 – 13.090) x 0.2106 = 4008.

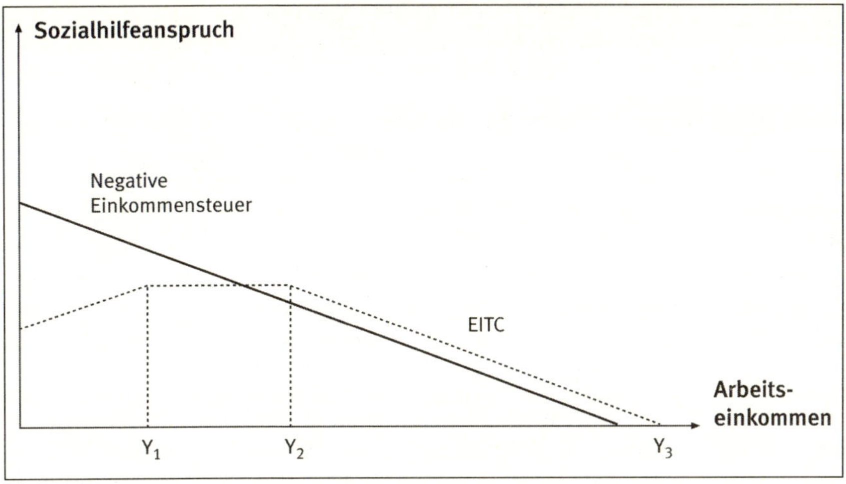

Schaubild 5: Graphische Darstellung des Earned Income Tax Credit

Im Jahre 1999 erhielten knapp 19 Millionen Arbeitnehmer eine Steuergutschrift mit einem durchschnittlichen Betrag von 1632 Dollar (Quelle: Economic Report of the President 2001, S. 200). Die entscheidende Frage lautet natürlich, inwieweit dadurch tatsächlich eine Arbeitsaufnahme im Niedriglohnsektor stimuliert wurde. Die Beantwortung dieser Frage hängt davon ab, in welcher Phase sich der Betreffende befindet.

- Für diejenigen Personen, die bisher nicht gearbeitet haben, lohnt sich eindeutig die Arbeitsaufnahme im Niedriglohnsektor.
- Im Bereich der Steigung von mehr als Eins und in dem mittleren Bereich, in dem die Steigung Eins ist, sind keine problematischen Effekte auf das Arbeitsangebot zu erwarten.
- Im Abschmelzungsbereich des EITC ist mit einem gewissen Rückgang des Arbeitsangebotes zu rechnen.

Mittlerweile gibt es eine Vielzahl von empirischen Studien, die zumeist auf ökonometrischen Analysen beruhen.[75] Sie bestätigen im Wesentlichen diese auf theoretischer Basis ermittelten Einschätzungen. Obwohl insbesondere aus methodischer Sicht längst nicht alle Fragen zufriedenstellend geklärt sind, lassen die Untersuchungen den Schluss zu, dass

[75] Eine neuere Übersicht über einschlägige Studien bieten V. J. Hotz und J. K. Scholz, The Earned Income Tax Credit, National Bureau of Economic Research, Working Paper No. 8078, Januar 2001, Cambridge (Mass.).

der EITC die Erwerbsbeteiligung deutlich erhöht und zu einer erheblichen Mobilisierung des Niedriglohnsektors in den USA beigetragen hat. Bislang nicht beschäftigten Personen gelang es, den Einstieg in ein Arbeitsverhältnis zu finden, und ganz allgemein wurde die Einstellung zur Arbeit deutlich zum Positiven hin verändert. Zwar sind die Löhne, die dabei gezahlt wurden, extrem niedrig, aber durch die Kombination mit der Lohnsubvention entsteht für die Beschäftigten ein vergleichsweise attraktives Gesamteinkommen. Allerdings hat sich bei Personen, deren Einkommen im Abschmelzungsbereich des EITC liegt, eine gewisse Verringerung des Arbeitsangebots ergeben. Wegen der relativ hohen Grenzbelastung, die durch die Abschmelzung zustande kam, haben es manche vorgezogen, weniger Stunden pro Woche zu arbeiten.

Was das TANF-Programm anbelangt, so ist die Anzahl der Sozialhilfeempfänger in der letzten Dekade rückläufig. Dies ist nicht nur der hervorragenden wirtschaftlichen Entwicklung in den Vereinigten Staaten geschuldet, sondern auch auf die Sozialhilfereform und den EITC zurückzuführen. Seit dem Jahre 1996 hat sich die Anzahl der Familien, die auf Sozialhilfe angewiesen sind, in etwa halbiert und der Council of Economic Advisers (CEA) schätzt, dass rund ein Drittel des Rückgangs zwischen 1996 und 1998 der Sozialhilfereform des Jahres 1996 zuzurechnen ist. Insbesondere haben von diesem Programm Frauen mit niedrigen Qualifikationen und allein erziehende Mütter profitiert.[76] Auf der anderen Seite kommen empirische Studien zu dem Resultat, dass die TANF-Programme kaum den besonders benachteiligten Familien genutzt haben, denen ohnehin sehr schwer zu helfen ist, sondern deren Situation habe sich eher noch verschlechtert.[77]

[76] B. D. Meyer und D. T. Rosenbaum, Making Single Mothers Work: Recent Tax and Welfare Policy and its Effects, National Bureau of Economic Research, Working Paper No. 7491, Januar 2000, Cambridge (Mass.).

[77] R. M. Blank und D. T. Ellwood, The Clinton Legacy for America's Poor, National Bureau of Economic Research, Working Paper No. 8437, August 2001, Cambridge (Mass.).

[78] Vgl. zum Folgenden: R. Blundell und H. Hoynes, Has „In-Work" Benefit Reform Helped the Labour Market? National Bureau of Economic Research, Working Paper No. 8546, Oktober 2001, Cambridge (Mass.); D. Card und R. B. Freeman, What Have Two Decades of British Economic Reform Delivered? National Bureau of Economic Research, Working Paper No. 8801, Februar 2002, Cambridge (Mass.); European Economic Advisory Group at CESifo, a.a.O.

3.4.6 Erfahrungen im Vereinigten Königreich

Wie die Vereinigten Staaten kann auch das Vereinigte Königreich auf eine längere Erfahrung mit einer Unterstützung von Arbeitnehmern im Niedriglohnbereich zurückblicken.[78]

Bereits im Jahre 1971 wurde ein Family Income Supplement (FIS) eingeführt, der 1998 vom Family Credit (FC) mit insgesamt großzügigeren Regelungen, die 1992 und 1995 nochmals verbessert wurden, und 1999 vom Working Families' Tax Credit (WFTC) abgelöst, der im April 2000 dann voll umgesetzt wurde. In aller Kürze dargestellt, wird ein WFTC an alle Familien mit Kindern im Niedriglohnbereich gewährt, bei denen mindestens ein Erwachsener nicht weniger als 16 Stunden in der Woche arbeitet. Ein „basic credit" in Höhe von gut 59 Pfund pro Woche wird um knapp 12 Pfund ergänzt, wenn ein Erwachsener mindestens 30 Stunden pro Woche arbeitet. Oberhalb eines Nettoeinkommens von 93 Pfund pro Woche wird der WFTC um 55 Pence je zusätzlich verdientem Pfund abgeschmolzen. Kindererziehungskosten werden in Höhe von 70 v.H. bis zu einer Obergrenze von wöchentlich 140 Pfund bei mehreren Kindern erstattet. Im Jahre 2000 erhielten rund 1,1 Millionen Personen einen WFTC, die Gesamtkosten beliefen sich auf gut 5 Mrd. Pfund, das sind etwa 0,6 v.H. des Bruttoinlandsproduktes. Seit 1998 werden darüber hinaus langzeitarbeitslose Jugendliche mit Hilfe von Sonderprogrammen gefördert.

Mit der Anzahl von 1,1 Mio. geförderten Personen ist noch nicht gesagt, dass es sich dabei um zusätzliche Beschäftigte handelt, deren Arbeitsaufnahme durch den WFTC induziert wurde. Diesbezügliche empirische Untersuchungen kommen zu recht skeptischen Einschätzungen.[79] Zwar ist der WFTC grundsätzlich geeignet, die Arbeitsaufnahme im Niedriglohnbereich anzuregen, jedoch gibt es auch gegenläufige institutionelle Regelungen. Zum einen werden die „in-work benefits" bei der Berechnung anderer Transferzahlungen als Einkommen angerechnet, beispielsweise beim „Housing Benefit"-Programm, zum anderen wurden andere Unterstützungsprogramme großzügiger ausgestaltet, mit der Folge verringerter Anreize zur Arbeitsaufnahme.

79 Vgl. R. Blundell und H. Hoynes, a.a.O.

80 Vgl. H.-W. Sinn, C. Holzner, W. Meister, W. Ochel und M. Werding, Aktivierende Sozialhilfe. Ein Weg zu mehr Beschäftigung und Wachstum, ifo Schnelldienst (Sondernummer) Nr. 9/2002 v. 14.5.2002, München.

3.4.7 Der EITC als Vorbild für Deutschland?

Ein wesentliches Element des EITC-Modells ist ein mit dem Arbeitseinkommen nicht fallender, sondern zunächst steigender Transfer seitens des Staates. Dahinter steht die Vorstellung, dass der Anspruch auf ein Maximum an staatlicher Hilfe ein gewisses Maß an Eigenleistung der Betroffenen voraussetzt. Wer selbst gar nicht arbeitet, obwohl er arbeitsfähig ist, erhält weniger Unterstützung vom Staat als jemand, der arbeitet und dabei nur wenig verdient. Hilfe setzt Selbsthilfe voraus.

Mit der amerikanischen Sozialhilferegelung ist deshalb eine in einem längeren Eingangsbereich negative Grenzbelastung des selbst verdienten Einkommens verbunden, die in auffälligem Kontrast zum deutschen System steht, das in weiten Teilen durch eine Grenzbelastung von 100 Prozent gekennzeichnet ist.

Gegen eine negative Grenzbelastung spricht auf den ersten Blick die Vermutung, dass sie einen Keil zwischen die Arbeitsproduktivität und den Nutzen alternativer Verwendung der Zeit (beispielsweise zur Betreuung der eigenen Kinder) schiebe und die Betroffenen dazu veranlasse, mehr als die volkswirtschaftlich effiziente Arbeitsleistung zu erbringen.

Diese Vermutung trägt aber nicht sehr weit, denn es sprechen eine Reihe von Gründen für den amerikanischen Weg.[80]

- Wer eine Beschäftigung im Niedriglohnsektor aufnimmt, wird mit gewisser Wahrscheinlichkeit später den Aufstieg in höhere Positionen der Lohnhierarchie schaffen, aus denen heraus er dann steuerpflichtig wird und höhere Sozialversicherungsbeiträge leistet. Damit führt der Einstieg in ein Beschäftigungsverhältnis zu einer fiskalischen Externalität mit positiven Effekten für andere Nutznießer des Staatsbudgets und für die Steuerzahler.
- Mit der Beschäftigungsaufnahme wird die familiäre Situation der Betroffenen stabilisiert, wodurch insbesondere für die heranwachsenden Kinder ein günstigeres Umfeld geschaffen wird. Die Fehlorientierung, die die bei den Eltern erlebte Arbeitslosigkeit oder Schwarzarbeit für die Kinder bedeutet, wird vermieden. Die Subventionierung der Arbeit leistet einen wichtigen Beitrag zu Erziehung der nachfolgenden Generation.
- Die Aufnahme einer regelmäßigen Beschäftigung lenkt von problematischen Ersatzaktivitäten ab, die bis hin zu kriminellen Handlungen reichen können.

- Schließlich wäre es legitim, wenn die Steuerzahler als Finanziers der Grundsicherung positive Transfers an die Bereitschaft der Empfänger knüpfen, durch Arbeit an der Finanzierung ihres Lebensunterhalts beizutragen.

Wie weit man diesen Überlegungen bei der Gestaltung eines deutschen Systems der aktivierenden Sozialhilfe folgen sollte, ist eine Werturteilsfrage, die letztlich nur von den politischen Instanzen beantwortet werden kann. Der Beirat stellt im folgenden alternative Modelle zur Absenkung der Lohnuntergrenze vor. Ihnen ist gemein, dass in einem Eingangsbereich mit einem „anrechnungsfreien Hinzuverdienst“ auf den Transferentzug verzichtet wird, so dass die Grenzbelastung der Wertschöpfung auf den Wert abgesenkt wird, der durch die Sozialversicherungsbeiträge und die Mehrwertsteuer definiert wird. Bei einer Variante eines Modells wird in einem gewissen Eingangsbereich außerdem zusätzlich eine Freistellung von Arbeitgeber- und Arbeitnehmerbeiträgen zur Sozialversicherung gewährt.

Das Modell des EITC ist ganz konsequent daraufhin abgestellt, dass Menschen mit geringer Leistungsfähigkeit arbeiten sollen, und es hat dieses Ziel auch in hohem Maße erreicht. Dennoch ist der beobachtbare negative Arbeitsanreiz im Abschmelzungsbereich des Programms als eine unliebsame Begleiterscheinung zu verbuchen. Auch bei einem auf die deutschen Verhältnisse angepassten Modell ist dies ein Problem, dem der Beirat bei seinen Überlegungen eine besondere Aufmerksamkeit widmet.

Bei allem muss man freilich auch beachten, dass der EITC vor allem auch zur Erhöhung des Einkommens der „working poor“ und nicht nur zur Erhöhung der Anreize zur Arbeitsaufnahme geschaffen wurde. Solche Anreize waren im amerikanischen System schon vorher vorhanden, denn in den Vereinigten Staaten ist der Arbeitsmarkt weitgehend unreguliert und es gab und gibt kein Sozialhilfesystem, das dem deutschen entspricht. Insofern sind die relevanten Effekte, die sich bei einer Sozialreform auf dem deutschen Arbeitsmarkt ergeben würden, nicht auf die Effekte begrenzt, die sich in den Vereinigten Staaten durch die Einführung des EITC ergaben. Wenn in Deutschland an Stelle des existierenden Sozialhilfesystems ein dem amerikanischen System ähnliches Anreizsystem eingeführt würde, käme es mit sehr hoher Wahrscheinlichkeit zu erheblichen Mobilisierungseffekten. Ein Gutteil des amerikanischen Jobwunders ließe sich auf Deutschland übertragen.

4. Eckpunkte einer modifizierten Sozialhilfe

Einer Reform der Sozialhilfe sind Grenzen gesetzt, die sich vor allem daraus ergeben, dass ein Existenzminimum gewährleistet sein muss, auf das jeder Bedürftige nach Urteilen des Bundesverfassungsgerichts einen Rechtsanspruch besitzt (vgl. Abschnitt 3.5.2 [ii]).

Mit aller Deutlichkeit muss hervorgehoben werden: Wer aus Gründen, die er nicht zu vertreten hat, bedürftig ist und der Unterstützung der Gemeinschaft der Bürger bedarf, dem darf eine solche Hilfe nicht versagt werden. Die Solidarität der Gesellschaft stößt jedoch dann an Grenzen, wenn zumutbare eigene Anstrengungen, die Bedürftigkeit zu überwinden, unterbleiben oder sogar diesbezügliche Angebote, wie etwa Arbeitsplatzofferten, zurückgewiesen werden.

Während über solche Grundsätze hierzulande vermutlich ein weitgehender Konsens herrscht, gehen die Meinungen darüber, was unter „bedürftig", „nicht zu vertreten" oder „zumutbar" genau zu verstehen ist, auseinander. Dies wird, um nur ein Beispiel zu nennen, an der kontroversen Diskussion über die Messung der Armut schnell deutlich. Letztlich enthalten diese Begriffe Werturteile, über die die Gesellschaft durch ihre politischen Repräsentanten befinden muss. Die Wissenschaft kann Grundlagen zur Entscheidungsfindung beitragen, indem sie Handlungsoptionen und deren Konsequenzen aufzeigt – nicht mehr, aber auch nicht weniger.

4.1 *Prüfung der Arbeitsfähigkeit*

Damit ist der Hintergrund umrissen, vor dem der Beirat unterschiedliche Modelle zur Reform der Sozialhilfe vorträgt und kritisch würdigt. Diese Überlegungen beziehen sich in erster Linie auf die Senkung der Anspruchslöhne der arbeitsfähigen Sozialhilfeempfänger und setzen deshalb eine klare Definition und Überprüfbarkeit der Arbeitsfähigkeit voraus. Dabei muss es sich nicht unbedingt um eine Entweder-Oder-Entscheidung handeln. Zu denken ist auch an unterschiedliche Grade der Arbeitsfähigkeit, etwa im Hinblick auf den zeitlichen Umfang oder die Art der Tätigkeit. Insoweit gesundheitliche Gründe einer Erwerbstätigkeit entgegen stehen, sind diese von medizinischen und arbeitswissenschaftlichen Sachverständigen in einem geeigneten Verfahren festzustellen. Den Sachverständigen sind möglichst konkrete Richtlinien zur Beurteilung des Grades und der Art der Arbeitsfähigkeit an die Hand zu geben. Die Prüfung ist von Zeit zu Zeit auf Antrag des Betroffenen oder des Sozialamts zu erneuern.

Darüber und über andere Gründe, die gegen eine Arbeitsaufnahme sprechen mögen, hat der Gesetzgeber zu befinden. So hat er zu entscheiden, inwieweit Alleinerziehenden eine Arbeitsaufnahme zugemutet werden kann, insbesondere wenn bedarfsgerechte Kindergartenplätze in ausreichender Anzahl zur Verfügung stehen. Je großzügiger der Gesetzgeber seine Kriterien spezifiziert, desto geringer ist der Abbau der Arbeitslosigkeit, mit dem man rechnen kann.

4.2 *Senkung des Anspruchslohns für Arbeitsfähige*

Die Kernaufgabe bei der Schaffung eines Niedriglohnsektors liegt darin, dass neue Stellen geschaffen werden, und dies setzt eine Reform der Sozialhilfe voraus, die die Anspruchslöhne und mit ihnen die tatsächlichen Löhne senkt. Zur Erinnerung sei noch einmal das Ergebnis der Analyse genannt: Eine wesentliche Ursache für die Unfähigkeit des Arbeitsmarktes, trotz einer Änderung der Wettbewerbsverhältnisse und anderer exogener Einflussfaktoren Vollbeschäftigung für gering Qualifizierte zu sichern, liegt in der fehlenden Lohnflexibilität im Niedriglohnbereich. Dabei ist die Sozialhilfe, oder genauer, der Entzug der Sozialhilfe bei der Aufnahme eines Arbeitsverhältnisses das Hauptproblem, denn dadurch wird eine Untergrenze für den Nettolohn erzeugt. Die Anspruchsberechtigten und die Gewerkschaften halten bei ihren Lohnforderungen einen gewissen Abstand zu dem solcherart begründeten Transferentzug ein. Wenn die entsprechenden Arbeitskosten die Produktivität der Betroffenen überschreiten, ist keine für die Arbeitgeber rentable Beschäftigung möglich. Der Transferentzug muss also gesenkt werden, wenn die Arbeitslosigkeit im Niedriglohnsektor beseitigt werden soll. Dies kann durch eine Senkung des Eckregelsatzes der Sozialhilfe, also des Sockelbetrages der Sozialhilfe, oder durch eine Senkung der Transferentzugsrate geschehen.

Die Senkung des Eckregelsatzes steht nicht im Widerspruch zum Bundessozialhilfegesetz, sondern ist in einem gewissen Umfang sogar schon dort angelegt. Nach § 18 Abs. 1 BSHG muss jeder erwerbsfähige Empfänger von Sozialhilfe seine Arbeitskraft anbieten und im Rahmen der Zumutbarkeit einsetzen. Bei einer Weigerung verwirkt er nach § 25 Abs. 1 BSHG seine Ansprüche auf Hilfe zum Lebensunterhalt. In der Praxis wird meistens so verfahren, dass die Sozialhilfe nach erstmaliger Ablehnung eines zumutbaren Arbeitsplatzes um 25 v.H. gekürzt wird und die Zahlungen bei mehrmaliger Weigerung sukzessive auf null abgesenkt werden.

Allerdings reicht die gesetzliche Regelung in dieser Form noch nicht aus, die nötige Lohnflexibilität herzustellen, denn in der Rechtspraxis wird eine verfügbare Arbeit nicht als zumutbar angesehen, wenn sie zu einem Stundenlohn bezahlt wird, der bei einer Vollzeitbeschäftigung zu einem Einkommen unterhalb der Sozialhilfe führen würde. Die Lohnuntergrenze, die aus der Existenz der Sozialhilfe resultiert, wird deshalb auch bei strenger Gesetzesauslegung nicht verringert. Im Übrigen haben die Gemeinden, von wenigen Ausnahmen abgesehen, von ihrem Recht, im Ausgleich für die Sozialhilfe kommunale Arbeit zu verlangen und die Sozialhilfe bei einer Verweigerung dieser Arbeit zu senken, keinen Gebrauch gemacht. Eine wirkliche Problemlösung bietet nur eine Regelung, die vom Konzept der zumutbaren Arbeit Abstand nimmt und den Sockelbetrag der Sozialhilfe für alle erwerbsfähigen, aber nicht erwerbstätigen Sozialhilfebezieher senkt.

Wie erläutert, kommt freilich aus verteilungspolitischen Erwägungen die alleinige Senkung des Sockelbetrages kaum in Frage. Vielmehr sollte zugleich die Transferentzugsrate gesenkt werden, damit die Betroffenen bei der Aufnahme einer Arbeit in der Summe aus eigenem Lohn und verbleibender Sozialhilfe auf ein aus sozialer Sicht akzeptables Einkommen kommen können. Diesem Petitum ließe sich auf die Weise Rechnung tragen, dass eigenes Einkommen bis zur Differenz zwischen dem Sockelbetrag und der Sozialhilfe für Nicht-Arbeitsfähige anrechnungsfrei bleibt. Für darüber hinaus gehende Einkommen könnte ein Transferentzug beginnen, der freilich so auszutarieren wäre, dass nach einer Berücksichtigung der Belastung durch Sozialversicherungsbeiträge und Steuern insgesamt eine noch erträgliche Grenzbelastung entsteht.

4.3 Das Problem erfolgloser Arbeitssuche und der notwendige Mindestschutz

Ein Problem bei einer Reform nach dem so beschriebenen Muster liegt in den verfassungsmäßigen Schranken für eine Mindestsicherung, die zu beachten sind. Für Personen, die „auf Grund ihrer persönlichen Lebensumstände oder gesellschaftlicher Benachteiligungen an ihrer persönlichen oder sozialen Entfaltung gehindert sind" (BVerfGE 100, 271, 284) muss der Staat die „Mindestvoraussetzungen für ein menschenwürdiges Dasein" (BVerfGE 40, 121, 133; 82, 60, 80) schaffen. Wie hoch der in der Rechtsgemeinschaft anerkannte Mindestbedarf ist, obliegt der Einschätzung des Gesetzgebers, dem hier ein weiter Gestaltungsspielraum zusteht (BVerfGE 87, 153, 170; 82, 60, 80), jedoch könnten die Grenzen enger gezogen sein, als es mit einer Mobilisierung des Niedriglohnsektors vereinbar ist.

Deshalb mag erwogen werden, die notwendige Senkung des Transferentzugs, also die Zuzahlung an Erwerbstätige, allein oder vornehmlich durch die Senkung der Transferentzugsrate herbeizuführen, ohne den Sockelbetrag nennenswert zu senken. Eine solche Lösung wäre aber mit hohen, ja wahrscheinlich prohibitiv hohen Kosten für das Staatsbudget verbunden und kommt deshalb kaum in Frage. Muss die Nebenbedingung der Belastungsneutralität für den Staat berücksichtigt werden, so kann die zur Beseitigung der Lohnuntergrenze notwendige Senkung des Transferentzugs nicht ohne eine erhebliche Senkung des Sockelbetrages erreicht werden. Kernelement einer anzustrebenden Reform muss es deshalb sein, Mittel von der Sozialhilfe für Nichterwerbstätige in Zahlungen an im Niedriglohnbereich Erwerbstätige umzuschichten.

Diese Umschichtung wirft vermutlich dann keine verfassungsrechtlichen Probleme auf, wenn das Umschichtungsvolumen klein ist oder wenn jeder, der es möchte, eine Stelle findet und in der Summe aus Zuzahlung und Lohn so viel Einkommen erwirbt, wie es das Verfassungsgericht verlangt. Diese zweite Voraussetzung lässt sich indes auch bei gut funktionierenden Märkten in ihrer Striktheit nicht erfüllen.

Deshalb wird in der öffentlichen Diskussion vorgeschlagen (und in den USA zum Teil praktiziert), den Betroffenen ein staatlich organisiertes Beschäftigungsverhältnis anzubieten, wenn sie in der Privatwirtschaft keine Anstellung finden. Auch in Deutschland gibt es solche Modelle, wie etwa das bereits erwähnte „Leipziger Modell“, welches jedoch eingestellt worden ist.[81]

Das Problem einer solchen Lösung liegt vor allem in möglichen Verdrängungseffekten des örtlichen privaten Sektors, denn es ist sehr schwer, Beschäftigungsmöglichkeiten in ausreichender Anzahl im öffentlichen Sektor zu finden, die wirklich zusätzlich sind und nicht von privaten Unternehmen wahrgenommen werden. Gesamtwirtschaftlich sind die Verdrängungseffekte zwar nicht vorhanden, denn wenn die Kommune statt regulärer Arbeitskräfte nunmehr Sozialhilfeempfänger beschäftigt, kann sie die dadurch eingesparten Ausgaben anderweitig tätigen, und Bedarf an zusätzlichen Arbeiten gibt es sicherlich genug. Dennoch gibt es Verschiebungen der Nachfrage, die zu punktuellen Härten bei den lokalen Anbietern führen können.

Die bisherigen Erfahrungen mit öffentlichen Beschäftigungsgesellschaften sind nicht sonderlich ermutigend. Sie führen zu einer nicht wün-

[81] Vgl. R. Schöb, Kommunale Beschäftigungsgesellschaften: Nur mehr eine Nachbetrachtung?, ifo Schnelldienst 4/2002, S.19–25.

schenswerten Ausweitung des Staatssektors und bringen die Betroffenen dem eigentlichen Ziel, nämlich einer Integration in den „ersten" Arbeitsmarkt nicht wesentlich näher. Deswegen ist, wie noch erläutert wird, daran zu denken, dass der Staat nur in einem rechtlichen Sinne als notfalls möglicher Arbeitgeber auftritt, doch die Arbeit auf dem Wege über Dienstleistungsverträge im privaten Sektor verrichten lässt.

4.4 Zwei Reformoptionen

Zur Lösung der geschilderten Probleme sollte zunächst die Arbeitslosenhilfe mit der Sozialhilfe zu einem einheitlichen System zusammengeführt werden und sodann sollte die Sozialhilfe alter Art zugunsten einer Zuzahlung zu privaten Beschäftigungsverhältnissen im Niedriglohnbereich reduziert werden. Das Spektrum der möglichen Politikmaßnahmen kann durch zwei Optionen beschrieben werden, die der Beirat hier zur Diskussion stellt.

Der Beirat kann hier nicht auf die Differenzierung der Vorschläge nach den Familienverhältnissen und sonstige Sondersituationen wie sie durch Kinder, Alter, Krankheit und anderes bestimmt sind, eingehen, die eine differenzierte Antwort des Sozialstaates verlangen. Er ist sich dieser Probleme bewusst, wenn er hier nur beispielhaft den Standardfall eines Alleinverdieners mit einem Kind behandelt.

Der Beirat verkennt auch nicht, dass nicht alle Betroffenen die Einsicht oder auch die Kraft haben, den monetären Anreizen zur Erwerbsarbeit, die sich aus dem hier vorgeschlagenen System ergeben, zu folgen. Daraus kann sich abweichendes Verhalten bis hin zur Kriminalität ergeben. Dieses Problem kann jedoch schon bisher nicht allein dadurch gelöst werden, dass Sozialhilfe ohne eine angemessene Mitwirkung der Betroffenen gewährt wird. Die Erfahrungen zeigen vielmehr, dass der Sozialstaat die monetären Anreize in jedem Fall entschlossener als bisher durch hinreichend wirksame soziale Dienste wie Beratung, Betreuung und Familienfürsorge und ähnliches begleiten muss. Hier geht es indes darum, wirksame monetäre Anreize zu setzen.

Option I: *Stark abgesenkter Sockelbetrag und Hilfen zur Arbeit*

Die erste Option setzt konsequent auf die Hilfe zur Selbsthilfe. Der Sockelbetrag wird im Vergleich zur heutigen Sozialhilfe, die die Richtschnur für die Nicht-Arbeitsfähigen bleiben soll, deutlich abgesenkt. Die Hilfe soll aber hoch genug sein, Obdachlosigkeit und extreme Armut zu vermeiden.

Im Ausgleich wird die Grenze für den anrechnungsfreien Hinzuverdienst erheblich ausgedehnt, und zwar so weit, dass ein Nettoeinkommen in der Höhe der jetzigen Sozialhilfe erreicht werden kann, ohne dass ein Transferentzug stattfindet. Erst danach wird der Sockelbetrag allmählich abgeschmolzen, wobei die Transferentzugsrate sehr viel niedriger ist als im heutigen System.

Die Option ist so auszutarieren, dass trotz der erforderlichen Lohnreduktion für den durchschnittlichen Transferempfänger bereits eine Halbtagsbeschäftigung ausreichen wird, in der Summe aus Sozialhilfe und eigenem Lohn ein Nettoeinkommen in Höhe der heutigen Sozialhilfe zu erwirtschaften.[82]

Als Variante der Option ist daran zu denken, in einem Eingangsbereich zusätzlich auf die Erhebung von Arbeitgeber- und Arbeitnehmerbeiträgen zur Sozialversicherung zu verzichten, die in der Summe immerhin eine Grenzbelastung des Einkommens von ca. 40 Prozent implizieren. Auf diese Weise würde der Anstoß verstärkt, ein Beschäftigungsverhältnis in der Privatwirtschaft zu suchen, denn den Betroffenen wird es bereits bei einem Arbeitseinsatz unterhalb einer Halbtagsbeschäftigung gelingen, ein Gesamteinkommen in Höhe der heutigen Sozialhilfe zu erzielen.

Da der Kern dieser Option in einer erheblichen Härte gegenüber den Nichtarbeitenden liegt, kann der Staat nicht umhin, denjenigen, die ohne Erfolg einen Arbeitsplatz gesucht haben, selbst einen solchen Arbeitsplatz anzubieten.[83] Jedermann soll im Notfall die Möglichkeit erhalten,

[82] Eine Beispielsrechnung möge dies erläutern. Geht man davon aus, dass, wie schon in Abschnitt 3 unterstellt worden ist, der derzeit übliche Niedriglohn von 8,70 € um ein Drittel fällt und dass die monatliche Arbeitszeit bei 150 Stunden liegt, so ergibt sich ein Vollzeit-Brutto-Niedriglohn von 870 €. Im Fall einer Halbtagsbeschäftigung wird dem gemäß ein Bruttolohn von 435 € verdient, was nach Abzug der Sozialversicherungsbeiträge der Arbeitnehmer einem Nettolohn von etwa 348 € entspricht. Setzt man den reduzierten Sockelbetrag der Sozialhilfe bei der Option mit 312 € an (vgl. auch die nachfolgende Darstellung der Option I), so läge das gesamte Einkommen im Fall einer Halbtagsbeschäftigung bei 660 €, wenn kein Transferentzug stattfände. Da dies mehr ist als jenes Nettoeinkommen (die derzeitige Sozialhilfe in Höhe von 624 €), bis zu dem der Hinzuverdienst in der Tat ohne Transferentzug erlaubt sein soll, folgt, dass es bei der Option I möglich sein wird, auf dem privaten Arbeitsmarkt bereits bei einer Halbtagsbeschäftigung ein Einkommen oberhalb der Sozialhilfe zu erreichen.

[83] Ein Mitglied des Beirats wendet sich gegen die Verknüpfung einer drastischen Senkung der Sozialhilfe (Beiratsoption I) mit einer Bereitstellung von Arbeitsplätzen in staatlicher Regie. Die angedachte drastische Senkung der Sozialhilfe soll zu einer entsprechenden Senkung der Löhne im Niedriglohnbereich und damit zur Schaffung neuer Arbeitsplätze in Millionenhöhe im privaten Sektor führen. Wenn man darauf nicht rechnen kann, dann sollte die Sozialhilfe weniger stark abgesenkt werden. Denn es ist keine erfolgversprechende Lösung, in staatlicher Regie die Beschäftigung und Vermittlung gering Qualifizierter zu betreiben. Soweit die Meinung dieses Beiratsmitglieds.

zum reduzierten Sockelbetrag die Differenz zur herkömmlichen Sozialhilfe hinzu zu verdienen und so das soziokulturelle Existenzminimum zu erreichen, wie es verfassungsrechtlich geboten ist. Dabei soll ein Einkommen in Höhe der heutigen Sozialhilfe allerdings erst bei einer Vollzeit-Beschäftigung erreicht werden, um so den Anreiz aufrecht zu erhalten, in die Privatwirtschaft zu wechseln.

Da eine Beschäftigung in staatlicher Regie in vielerlei Hinsicht problematisch ist, muss dem Staat im Falle einer mutwilligen Arbeitsverweigerung die Möglichkeit der erleichterten Kündigung gewährt werden.

Es ist empfehlenswert, die Beschäftigung in staatlicher Regie so zu organisieren, dass die Betroffenen auf dem Wege über private Leiharbeitsfirmen in der Privatwirtschaft tätig werden. Zwar besteht das Arbeitsverhältnis, sofern es überhaupt von den Betroffenen gewünscht wird, mit den Kommunen, und die Kommunen zahlen einen festgesetzten Lohn. Die Kommunen erhalten aber das Recht, die Dienste der sich an sie wendenden Interessenten privaten Leiharbeitsfirmen zur Verfügung zu stellen, die diese Leistungen ihrerseits zu frei aushandelbaren Honorarsätzen der Privatwirtschaft anbieten. In diesem Fall kommt es zu keinerlei Verdrängung privatwirtschaftlicher Tätigkeit, und es ist ein Maximum an Effizienz beim Einsatz der verfügbaren Arbeitskräfte sichergestellt.

Eine weitere denkbare Alternative liegt darin, dass der Staat diejenigen, die in der Privatwirtschaft nicht zum Zuge kamen und die ein Einkommen in Höhe der heutigen Sozialhilfe verdienen wollen, den Organisationen der freien Wohlfahrtspflege zur Verfügung stellt, ähnlich wie es ja heute bereits bei den Zivildienstleistenden der Fall ist.

Die heutigen Erfahrungen mit kommunalen Beschäftigungsverhältnissen lassen nicht erwarten, dass diese Beschäftigungswege größere Produktivitätsgewinne mit sich bringen werden. Aber sofern die Produktivität und folglich die Einnahme aus dem Verleih der Betroffenen hoch genug ist, die Kosten der Administration der Beschäftigung zu decken, ergeben sich zumindest keine fiskalischen Belastungen für den Staat und somit auch keine relevanten volkswirtschaftlichen Verluste. Den Vergleich mit dem äußerst ineffizienten Status quo, bei dem die Betroffenen das gleiche Geld vom Staat erhalten, ohne dafür irgendwelche Leistungen zu erbringen, darf man nicht aus dem Auge verlieren.

Man darf auch die heutigen Verhältnisse mit ihrem sicheren und reichlichen Sozialhilfeanspruch für diejenigen, deren Beschäftigungsverhältnis wegen mangelnder Arbeitsleistung aufgelöst wird, nicht als Maßstab für die zu erwartenden Probleme nehmen. Sofern die Option I realisiert wird, liegt die Alternative zur staatlichen Beschäftigung nur noch im Bezug einer sehr deutlich abgesenkten Rest-Sozialhilfe. Dies wird die nötigen Anreize setzen, die Arbeit ordentlich zu machen, um sie nicht zu verlieren.

Im Übrigen ist zu bedenken, dass beide Beschäftigungswege nur Möglichkeiten sind, die denjenigen, die nicht in der Privatwirtschaft unterkommen, angeboten werden. Wer von diesen Möglichkeiten keinen Gebrauch macht, wird über hinreichende andere Einkommen verfügen. Es kommt zu einer Selbstselektion der wirklich Bedürftigen.

Problematisch ist allerdings, dass mit wachsendem Abstand zwischen den Transferansprüchen von Arbeitsfähigen und Nicht-Arbeitsfähigen die Angehörigen der ersten Gruppe einen immer größeren Anreiz erhalten, sich als nicht arbeitsfähig einstufen zu lassen. Die Option I setzt also ein gut funktionierendes System der Prüfung der Arbeitsfähigkeit voraus, das dem heute schon praktizierten System der ärztlichen Prüfung der Arbeitsfähigkeit bei der Lohnfortzahlung entspricht.

Option II: *Mäßig abgesenkter Sockelbetrag ohne Hilfen zur Arbeit*

In der zweiten Option wird der Sockelbetrag im Vergleich zur Sozialhilfe für Nicht-Arbeitsfähige zwar abgesenkt, aber nur so weit, wie es das Verfassungsgericht akzeptiert, ohne dass der Staat dem Empfänger das Arbeitsplatzrisiko abnimmt. Der Absenkungsbetrag darf dabei nur so groß sein, dass der Betroffene, wenn er es will, diese Differenz auf jeden Fall hinzu verdienen kann, z. B. im Sektor der privaten Haushalte. Der Eingangsbereich, bei dem ein Hinzuverdienst nicht auf die Sozialhilfe angerechnet wird, ist deutlich kürzer als bei der Option I.

> Wie bei der Option I wird die Transferentzugsrate jenseits der Hinzuverdienstgrenze gegenüber dem heutigen System drastisch gesenkt, um so die nötige Verringerung der Lohnuntergrenze im Tarifsystem herbeizuführen (vgl. Abschnitt 3).

Auch bei einer Realisierung dieser Option steht es den Organisationen der freien Wohlfahrtspflege frei, Beschäftigungsmöglichkeiten für arbeitsfähige Transferempfänger zu schaffen, wenn sie dies für notwendig halten. Die Kommunen würden aber auf diesem Gebiet ausschließlich als Vermittler von Arbeitsplätzen tätig werden – diese Aufgabe liegt in ihrem eigenen Interesse, weil mit wachsendem Arbeitseinkommen der Transfer abgeschmolzen wird –, aber sie tragen nicht die Ausfallhaftung der Zuweisung eines kommunalen Arbeitsplatzes.

Der Vorteil der Option II liegt darin, dass sie eine wesentlich moderatere Reform ist, die weniger grundlegende Änderungen von rechtlichen Rahmenbedingungen verlangt und insbesondere auf das Instrument der staatlichen Beschäftigungsgarantie verzichten kann. Mögliche Nachteile können je nach Ausgestaltung in einem unzureichenden Mobilisierungseffekt und/oder den fiskalischen Kosten gesehen werden.

4.4.1 *Konsequenzen für die staatlichen Haushalte*

Im Hinblick auf die Finanzierung einer Reform der Sozialhilfe sollte eine Belastungsneutralität für den Staat oder besser noch eine Entlastung des staatlichen Budgets die oberste Maxime sein. Die Zeiten, in denen für gute Zwecke neue Anspruchstatbestände geschaffen werden, die zu einer zusätzlichen Belastung führen, sind im Zuge des internationalen Standortwettbewerbs beendet, sie waren auch schon früher problematisch. Es wäre mit dem Ziel einer Mobilisierung des Arbeitsmarktes auch nicht vereinbar, wenn wegen höherer fiskalischer Kosten der Niedriglohnsektor um den Preis einer Erhöhung der Arbeitslosigkeit bei den qualifizierteren Berufen geschaffen würde.

Die vorgestellten Reformoptionen müssen auch in dieser Hinsicht überprüft werden. Sie implizieren eine Umschichtung von Finanzmitteln zwischen verschiedenen staatlichen Haushalten (Bundesanstalt für Arbeit und Kommunen), und möglicherweise können nicht alle Elemente einer Reform in einem Schritt durchgesetzt werden. Die Unsicherheiten über die Beschäftigungswirkungen dürfen zudem nicht unterschätzt werden.

Wenn zunächst noch sehr viele Personen unbeschäftigt bleiben und andererseits die bereits geringfügig Beschäftigten von der Senkung der Transferentzugsrate profitieren, kann es anfangs zu zusätzlichen Belastungen des Staates kommen. Möglicherweise findet der Budgetausgleich erst dann statt, wenn die Beschäftigungswirkungen eingesetzt haben und der Sozialhilfeanspruch insofern gefallen ist. Je stärker diese Gefahr eingeschätzt wird, desto mehr spricht für eine Reform in der Nähe der Option I. Gegenüber der Option II hat Option I den grundsätzlichen Vorteil einer geringeren Belastung des Staatsbudgets, und zwar insbesondere auch in der Anfangsphase, bevor es zur Mobilisierung des Arbeitsmarktes gekommen ist. Dem steht freilich der beschriebene Nachteil der staatlichen Bereitstellung von Arbeitsplätzen entgegen.

4.4.2 *Kommunen als Finanzierungsträger*

Wenn die Reform nicht durch eine Absenkung der Sozialhilfe für arbeitsfähige Nichterwerbstätige und Umschichtung der eingesparten Mittel zugunsten der Erwerbstätigen finanziert werden kann, stellt sich die Frage der Aufbringung der Finanzmittel. Die Finanzierung der Sozialhilfe obliegt allein den Kommunen, damit diese genügend Anreize besitzen, den Sozialhilfeempfängern den Weg in privatwirtschaftliche Beschäftigungsverhältnisse zu ebnen, was vermutlich weniger nachdrücklich betrieben würde, falls der Bund die Kosten übernähme. Aufgrund der Einbeziehung der bisherigen Empfänger von Arbeitslosenhilfe in das System ist allerdings mit einer Mehrbelastung der Kommunen zu rechnen, für die eine Kompensation ins Auge gefasst werden muss. Diese Kompensation sollte nicht in Abhängigkeit der tatsächlichen Zahlungen der Kommune erfolgen, weil davon falsche Anreize ausgingen. Vielmehr ist an mit der Einwohnerzahl gewichtete Pauschalbeträge zu denken, die der Bund in Form einer Abtretung eines Teils des Umsatzsteueraufkommens zur Verfügung stellt. Für eine (längere) Übergangszeit können für die horizontale Verteilung dieser Mittel zusätzliche Indikatoren herangezogen werden, wie etwa die örtliche Arbeitslosenquote.

4.4.3 Einbettung in das Steuer-Transfer-System

Es kann nicht die Funktion dieses Gutachtens sein, eine detaillierte Abschätzung der zusätzlichen Kosten bzw. Einsparungen der hier vorgestellten Reformoptionen gemessen am Status quo vorzunehmen. Solche Berechnungen sind zum einen sehr aufwändig, zum anderen hängen die Ergebnisse sehr stark von Annahmen über die relevanten Verhaltensänderungen der Akteure, vor allem der Tarifparteien ab. Des Weiteren variiert die Stärke dieser Reaktionen sehr nach der Fristigkeit der Betrachtung.

Auf der anderen Seite ist es erforderlich zu zeigen, dass sich eine solche Sozialhilfereform in das übrige Steuer-Transfer-System einbetten lässt, ohne dass Friktionen an anderer Stelle entstehen. So wurde in der Diskussion über die Idee eines „Bürgergeldes" in den vergangenen beiden Jahrzehnten hervorgehoben, dass dieses Konzept zu einer erheblichen Erhöhung des Grundfreibetrags der Einkommensteuer und somit zu gravierenden Steuerausfällen führen müsse.

Die Verträglichkeit des Sozialhilfe- mit dem Steuersystem hängt wiederum an zwei Merkmalen, nämlich dem Tarifverlauf, der die Höhe des Transfers in Abhängigkeit vom eigenen Einkommen beschreibt, und den sonstigen Bezugsbedingungen (z. B. Anrechnung des Vermögens oder des Einkommens von Angehörigen). Bezüglich des zweiten Merkmals ist es sinnvoll davon auszugehen, dass die Bedingungen des bestehenden Sozialhilfesystems übernommen werden. Frühere Berechnungen zur Finanzierbarkeit einer „negativen Einkommensteuer“ gingen in ihren Ergebnissen auch deshalb weit auseinander, weil unterschiedliche Bezugsbedingungen unterstellt wurden.

Bei der Beschreibung des Tarif eines einfachen Transfersystems spielen folgende markante Parameter eine Rolle:

- Der Sockelbetrag, der vom Staat gezahlt wird, wenn das Markteinkommen null beträgt.
- Die Höhe des anrechnungsfreien Hinzuverdienstes.
- Die Transferentzugsrate für darüber hinausgehendes Markteinkommen: Dies ist der Prozentsatz um den sich der Transfer für jeden Euro zusätzlichen Markteinkommens verringert;

Aus diesen drei Größen lässt sich berechnen:

- Die Transfergrenze: Das ist die Höhe des Markteinkommens, bei der der Transfer vollständig abgeschmolzen ist.

Weitere wichtige Größen sind:

- Die Grenzbelastung des Bruttoeinkommens, die misst, welchen Anteil der Staat von einem zusätzlich verdienten Euro Bruttoeinkommen vom Arbeitnehmer einbehält.
- Die Grenzbelastung der Bruttowertschöpfung der Arbeit, die misst, welchen Anteil der Staat von einem durch Arbeitseinsatz zusätzlich erwirtschafteten Euro Wertschöpfung beim Arbeitgeber und Arbeitnehmer einbehält.

Die Grenzbelastung des Bruttoeinkommens errechnet sich als die Summe aus der Transferentzugsrate und dem Arbeitnehmerbeitrag zur Sozialversicherung sowie, falls die Transfergrenze über dem Einkommensteuer-Freibetrag liegt, im relevanten Bereich auch noch dem individuellen Steuersatz. Die Grenzbelastung der Bruttowertschöpfung errechnet sich durch die gemeinsamen Effekte der Grenzbelastung des Bruttoeinkommens, der Arbeitgeberbeiträge zur Sozialversicherung sowie der Mehrwertsteuer, sofern der Arbeitgeber mehrwertsteuerpflichtig ist.

In diesem Zusammenhang tritt die Frage auf, ob die Sozialversicherungsbeiträge im vollen Umfang als Steuern aufzufassen sind. Für die Beiträge zur Pflegeversicherung und zur gesetzlichen Krankenversicherung kann diese Frage ohne weiteres bejaht werden, weil einem zusätzlichen Beitrag (bis auf einen Anteil von 6 Prozent des GKV-Beitrags, der zur Finanzierung des Krankengelds dient) keine zusätzlichen Leistungen gegenüber stehen. Beiträge zur Arbeitslosen- und Rentenversicherung begründen zwar zusätzliche Leistungsansprüche, diese werden aber von den Betroffenen oft nicht ins Kalkül gezogen – was im Niedriglohnbereich zu Recht geschieht, da sie sich erst dann auswirken, wenn die gesetzliche Altersrente höher ist als die Sozialhilfe.

Eine weitere Problematik in diesem Zusammenhang ist die Zone der ersten 325 €, für die keine Sozialversicherungsbeiträge beim Arbeitnehmer anfallen. Da es sich hierbei allerdings nicht um einen Freibetrag, sondern lediglich um eine Freigrenze handelt, die sich auf Einkommen oberhalb von 325 € nicht auswirkt, wird in den folgenden Berechnungen von der Befreiung abgesehen.

4.4.4 Eine Beispielsrechnung

Im Folgenden sollen einige mögliche Tarifverläufe beispielhaft skizziert und die mit ihnen verbundenen Grenzbelastungen aufgezeigt werden: Den Ausgangspunkt bildet der heute im früheren Bundesgebiet für Alleinlebende geltende Bedarfssatz von 624 €, der sich aus dem Regelsatz, den typisierten Wohnungskosten (einschließlich Heizkosten) und einmaligen Leistungen zusammensetzt.

Für Option II sei angenommen, dass der Sockelbetrag für Arbeitsfähige um 25 Prozent auf 468 € abgesenkt wird. Bleiben die ersten 196 € Einkommen anrechnungsfrei, so steigt das verfügbare Einkommen (nach Abzug von 40 € Beiträgen zur Sozialversicherung) auf 624 €, also den Wert der Sozialhilfe für Arbeitsunfähige.

Arbeitseinkommen bis zu 870 € bleiben bei einem Grundfreibetrag von ca. 7.200 € im Jahr (= 600 € monatlich) wegen des pauschalierten Abzugs von Werbungskosten und der Abzugsfähigkeit der Sozialversicherungsbeiträge (von 180 €) steuerfrei. In der Zone zwischen 196 und 870 € Einkommen setzt sich die Grenzbelastung aus der Transferentzugsrate und dem Sozialversicherungsbeitrag zusammen. Setzt man erstere durchgängig auf 40 Prozent fest, so bleibt die Grenzbelastung in dieser Zone konstant bei 60 Prozent.

Bleibt die Transferentzugsrate auf dem Niveau von 40 Prozent fixiert, so entsteht im Bereich oberhalb von 870 € ein Problem, weil dort die Steuerpflicht beginnt. Die Grenzbelastung steigt um den Eingangssteuersatz, der wegen der Absetzbarkeit der Sozialversicherungsbeiträge effektiv 15,8 Prozent beträgt, auf 76,4 Prozent und wächst dann mit der Zunahme des Grenzsteuersatzes auf bis zu 96 Prozent. Der Sozialtransfer ist bei einem Arbeitseinkommen von 1.367 € im Monat vollständig abgeschmolzen. Jenseits dieses Betrags sinkt die Grenzbelastung auf die Summe aus Steuersatz und Sozialversicherungsbeitrag.[84]

Eine so hohe Grenzbelastung muss allerdings wegen der mit ihr verbundenen Anreizwirkungen als äußerst problematisch angesehen werden. Senkt man deshalb die Transferentzugsrate in der Zone ab 870 € Arbeitseinkommen auf 30 Prozent ab, so steigt die Transfergrenze auf 1.532 €, und die Grenzbelastung unter Einschluss der Steuer sinkt auf 66,4 Prozent bis 86 Prozent.

Für Option I seien ein Sockelbetrag von 50 Prozent der Sozialhilfe für Arbeitsunfähige, also 312 €, ein anrechnungsfreier Hinzuverdienst von 393 € und eine Transferentzugsrate von zunächst 40 Prozent unterstellt. Senkt man letztere bei Einsetzen der Steuerpflicht wiederum auf 30 Prozent ab, so ergibt sich eine Grenzbelastung im Einkommensbereich zwischen 870 und 1.274 € in Höhe von 66,4 Prozent bis 75,5 Prozent.[85]

Die Beispielrechnung zeigt, dass man in jedem Fall erhebliche Grenzbelastungen des Bruttoeinkommens in Kauf nehmen muss und dennoch eine deutliche Verschiebung der Grenze für das Auslaufen des Transfers für die betrachtete Gruppe der Niedrigeinkommensbezieher ohne anrechenbares Vermögen gegenüber der heutigen Situation erhält. Bei gleichen Transferentzugsraten liegt die Transfergrenze in Option I um ca. 260 € im Monat niedriger als in Option II, wo sie, wie erwähnt, bei 1532 € angesiedelt ist.

Die nachstehenden Abbildungen illustrieren die genauen Verläufe des Haushaltsnettoeinkommens bei variierendem Bruttoarbeitseinkommen (für den Fall alleinstehender Erwerbspersonen in Westdeutschland) im Status quo sowie bei den reformierten Sozialtransfers gemäß Optionen I und II. Ausgewiesen werden dabei jeweils auch die Grenzbelastungen des Bruttoarbeitseinkommens sowie der Wertschöpfung, die damit verbunden sind. Die (Brutto-) Wertschöpfung einer zusätzlichen Arbeitsstunde übersteigt den Bruttolohn um den Betrag weiterer Abgaben, nämlich die Arbeitgeberanteile der Sozialversicherungsbeiträge und die Mehrwertsteuer auf die jeweils erbrachte Leistung. Die marginale Belastung der Wertschöpfung fällt noch höher aus als jene des Bruttoarbeitseinkommens. Sie bewegt sich im Fall von Option I im Bereich zwischen 43,3 Prozent und 82,5 Prozent, im Fall von Option II zwischen 43,3 Prozent und 90 Prozent.

[84] Verrechnet man den Transferanspruch mit der Einkommensteuer, so ist allerdings schon bei einem Arbeitseinkommen von 1192 € der Punkt erreicht, wo der Nettotransfer null ist.

[85] Der Nettotransfer ist bei einem Markteinkommen von 1118 € null.

Abgesehen vom Grenzbereich, bei dem die Reformmodelle jenseits des Niedriglohnbereichs in die Einkommens- und Belastungsverläufe des Status quo übergehen, ergibt sich allerdings jeweils eine deutlich stärkere Zunahme des Haushaltseinkommens durch die Erzielung von Arbeitseinkommen sowie eine geringere Grenzbelastung. Für die Reformoption I führen Bruttoarbeitseinkommen zwischen 750 und 1.250 € zu höheren Haushaltsnettoeinkommen als im Status quo, für Option II gilt dasselbe bei Arbeitseinkommen zwischen 500 und 1.500 €, mit teilweise sogar deutlich höheren Einkommen.

Obwohl hier keine fiskalischen Belastungsrechnungen durchgeführt werden können, ist es doch nützlich, sich an Hand der jeweiligen Abbildungen a) im Falle der Optionen I und II klar zu machen, wo die Entlastungs- und Belastungseffekte für das Staatsbudget liegen. Eine Entlastung kommt im Bereich jener Einkommen zustande, bei denen die neue Kurve des Nettoeinkommens unter der alten liegt, also jeweils im Eingangsbereich. Eine Belastung ergibt sich im Bereich der Einkommen, bei denen die neue Kurve über der alten liegt. Die Nettoeffekte auf das Staatsbudget hängen von der Stärke der Besetzung der Einkommensklassen vor und nach der Reform ab, aber diese Besetzung zu schätzen ist sehr schwierig, denn einerseits fallen die Lohnsätze, und andererseits steigt das Arbeitsangebot. Wegen der extrem starken Besetzung der Einkommensklassen im Bereich von 1000 € bis 1500 € ist es aber klar, dass die Belastungseffekte in diesem Bereich besonders stark zu Buche schlagen. Dies könnte insbesondere bei dem für die Option II sich ergebenden Kurvenverlauf ein Problem sein. Starke fiskalische Belastungen können deshalb bei Option II nicht ausgeschlossen werden. Um die Belastung zu reduzieren, könnte man die Transferentzugsrate bei dieser Option zu erhöhen versuchen, aber dann stiege die ohnehin sehr hohe Grenzbelastung des Einkommens und der Wertschöpfung noch weiter an.

Option I birgt demgegenüber wegen des nur geringfügigen Überlappungsbereichs mit der Status-quo-Kurve im Bereich von 750 € bis etwa 1250 € weniger Gefahren. Durch die radikale Kürzung des Sockelbetrages der Sozialhilfe bringt sie große Mobilisierungseffekte und zugleich eine wahrscheinliche Entlastung des Staatsbudgets mit sich. Ihr Nachteil liegt, wie beschrieben, darin, dass sie die Kommunen mindestens formal als Arbeitgeber auf den Plan ruft.

Der Beirat sieht es nicht als seine Aufgabe an, zwischen den Optionen zu wählen. Gleichwohl hat er diese Optionen dargestellt, weil sie das Spektrum sinnvoller Reformmöglichkeiten vorstellen, aus dem die Politik wählen kann.

Statas quo (alleinlebende Erwerbsperson, Westdeutschland

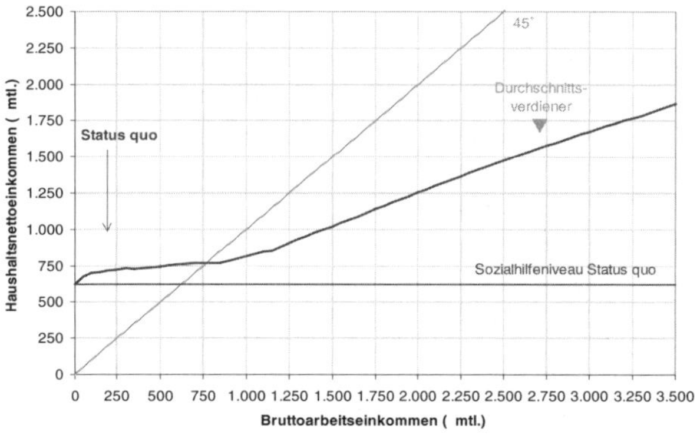

a) Haushaltsnettoeinkommen Status quo

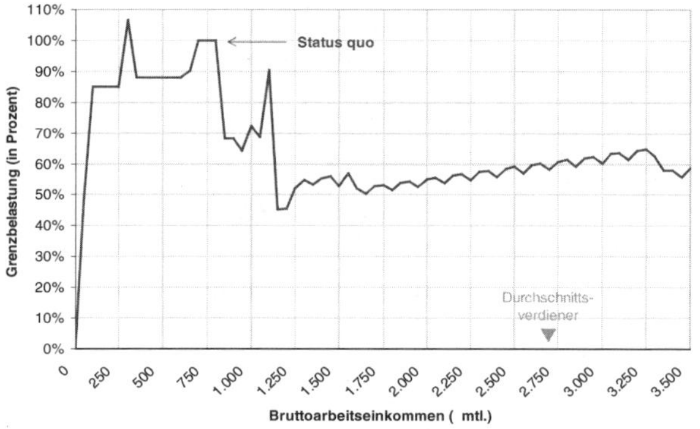

b) Grenzbelastung des Bruttoarbeitseinkommens Status quo

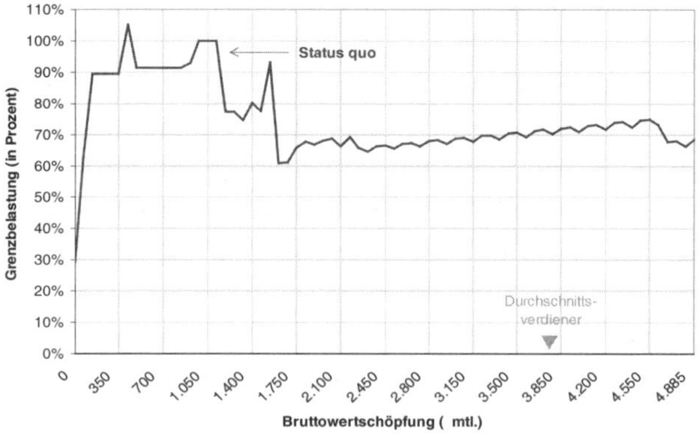

c) Grenzbelastung der Wertschöpfung Status quo

Option I (alleinlebende Erwerbsperson, Westdeutschland

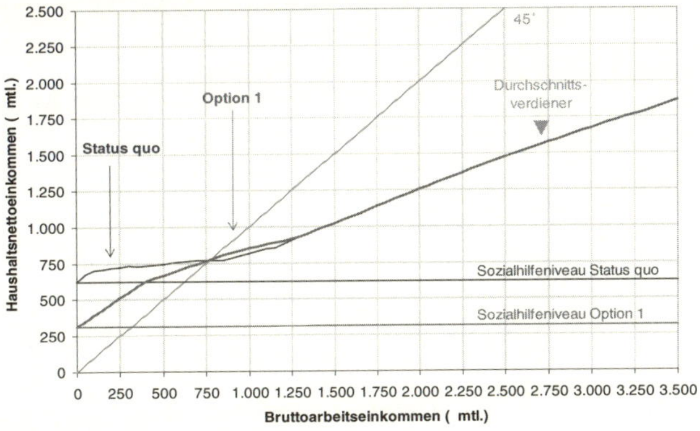

a) Haushaltsnettoeinkommen Option I

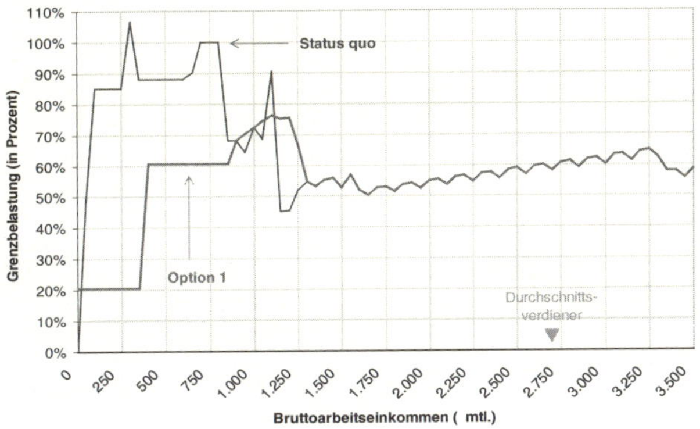

b) Grenzbelastung des Bruttoarbeitseinkommens Option I

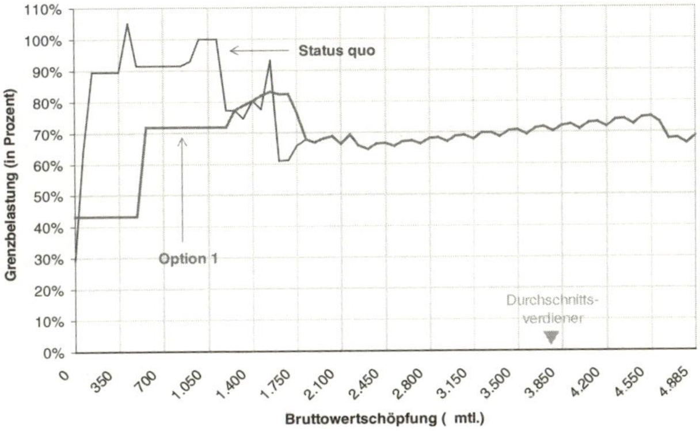

c) Grenzbelastung der Wertschöpfung Option I

Option II (alleinlebende Erwerbsperson, Westdeutschland

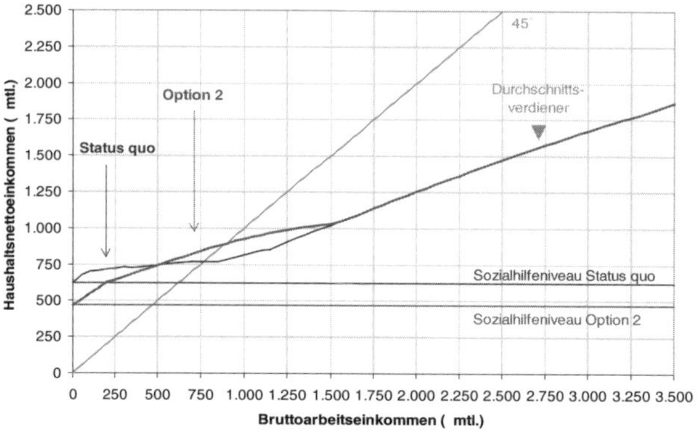

a) Haushaltsnettoeinkommen Option II

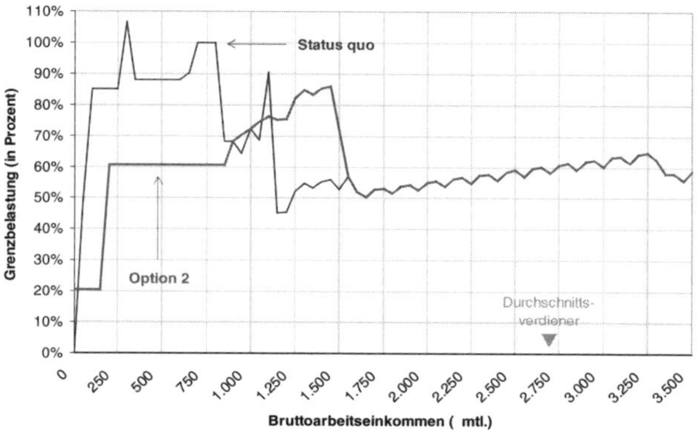

b) Grenzbelastung des Bruttoarbeitseinkommens Option II

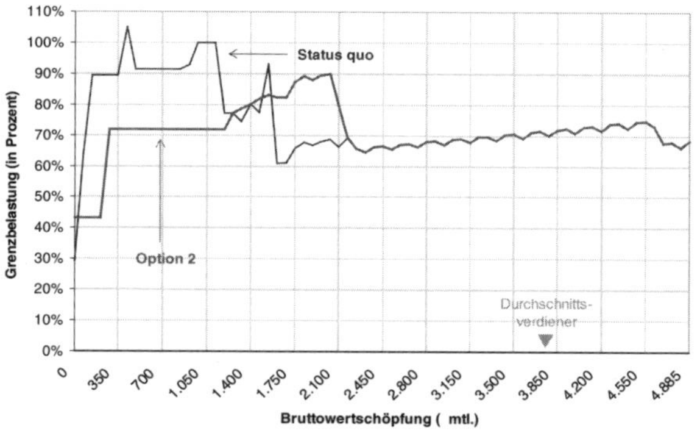

c) Grenzbelastung der Wertschöpfung Option I

5. Eine Paketlösung für mehr Beschäftigung im Bereich gering qualifizierter Arbeit

Der Abbau der erschreckend hohen Arbeitslosigkeit im Bereich gering qualifizierter Arbeit stellt eine Aufgabe mit sehr hoher, wenn nicht höchster Priorität für die Tarifvertragsparteien und die staatliche Wirtschaftspolitik dar. Für beide Gruppen von Akteuren besteht dringender Handlungsbedarf. Wer sich dem verweigert, verliert jegliche Glaubwürdigkeit, wenn er zur Bekämpfung der Arbeitslosigkeit aufruft. Die Strategie für mehr Beschäftigung im Bereich gering qualifizierter Arbeit wird aber nicht allein dadurch zu einer Paketlösung, dass unterschiedliche Akteure ihren Beitrag dazu liefern, sondern auch auf Grund der Interaktion zwischen ihnen. Wettbewerbsfähige Arbeitsplätze können nur geschaffen werden, wenn neue Niedriglohngruppen eingerichtet werden, die unter den derzeitigen Mindestlöhnen liegen. Die Tarifpartner werden aber nur dann bereit sein, dies zu tun, wenn der Staat die zur Unterstützung der Bedürftigen verfügbaren Mittel partiell von Lohnersatz- zu Lohnergänzungsleistungen umschichtet.

Der Vorteil dieses Politikwechsels liegt vor allem darin, dass der Transferentzug bei der Aufnahme eines Arbeitsverhältnisses gesenkt und damit die Lohnuntergrenze reduziert wird, die das Sozialsystem derzeit in das Tarifgefüge einzieht. Hinzu kommt der Vorteil, dass die Lohnergänzungsleistungen jedem die Chance auf ein angemessenes Einkommen sichern und das Entstehen einer Klasse der „working poor“ vermeiden helfen. Dies sollte die Reform auch unter den gesellschaftlichen Gruppen konsensfähig machen.

Die Tarifvertragsparteien tragen für die Schaffung von Arbeitsplätzen die Verantwortung, doch die staatliche Wirtschaftspolitik muss die Führungsrolle übernehmen, indem sie nun endlich die Arbeitslosenhilfe mit der Sozialhilfe zusammenschließt und letztere so ausgestaltet, dass sie kein Beschäftigungshemmnis mehr darstellt. Eine stärkere Spreizung der qualifikatorischen Lohnstruktur und eine Flexibilisierung des Regelwerkes auf dem Arbeitsmarkt sind unumgängliche Voraussetzungen für eine ausreichende Reduzierung der Arbeitslosigkeit unter den gering Qualifizierten, und diese Spreizung kann nur mit einer Reform des Sozialsystems zustande kommen.

Praktisch lassen sich die Zuzahlungen durch eine Reform der Sozialhilfe realisieren, die durch folgende Kernelemente gekennzeichnet ist: Der Sockelbetrag für Arbeitsfähige wird deutlich gesenkt. Im Gegenzug werden die Hinzuverdienstbedingungen gegenüber dem heutigen Recht deutlich verbessert, indem die effektive Grenzsteuerbelastung für niedrige Einkommen drastisch gesenkt wird. Gleichzeitig trägt eine Umkehrung des Regelausnahmeverhältnisses dazu bei, die heute de jure schon bestehende Arbeitsverpflichtung konsequent durchzusetzen, indem Arbeitsfähige, die nicht arbeiten, automatisch nur noch den Sockelbetrag erhalten und nicht nur dann, wenn sie eine nachgewiesene Arbeitsstelle abgelehnt haben. Bei erfolgloser Arbeitssuche springt der Staat als Arbeitgeber ein, allerdings zu Löhnen, die den Anreiz zur intensiven Suche nach einer Stelle im „ersten" Arbeitsmarkt sicherstellen. Nicht alle diese Reformelemente sind neu, bei manchen handelt es sich aber um neue Wege, um den Grundprinzipien des Sozialhilferechts besser Geltung zu verschaffen, als es in der bisherigen Praxis der Fall ist.

Die Tarifvertragsparteien sollten es in ihrem eigenen Interesse nicht darauf ankommen lassen, dass eine Verweigerungshaltung mit der Einrichtung tariffreier Lohnsegmente beantwortet wird. Die Tarifautonomie deckt nicht jedes Fehlverhalten. Das Pflichtenheft der staatlichen Wirtschaftspolitik beinhaltet unter anderem eine wesentlich eingeschränkte Möglichkeit der Allgemeinverbindlicherklärung unterer Lohngruppen, die Abkehr von Überlegungen zur Tariftreue bei öffentlichen Aufträgen und die Flexibilisierung des Günstigkeitsprinzips, ohne dabei schutzwürdige Interessen der Arbeitnehmer preiszugeben.

Hamburg, den 29. Juni 2002

Der Vorsitzende des Wissenschaftlichen Beirats
beim Bundesministerium für Wirtschaft und Technologie

Prof. Dr. Wernhard Möschel

Brief an den Bundesminister für Wirtschaft und Arbeit Wolfgang Clement vomf 10./11. Oktober 2002

Thema: Personal-Service-Agenturen (PSA)

Sehr geehrter Herr Bundesminister,

die Vorschläge der Hartz-Kommission stehen kurz vor der Umsetzung. Der Beirat begrüßt die Absicht, eine grundlegende Reform des Arbeitsmarktes in Angriff zu nehmen. Er sieht das Erreichen des Beschäftigungsziels allerdings von schwer beherrschbaren ökonomischen Effekten bedroht. Deshalb schreiben wir Ihnen diesen Brief. Er bezieht sich auf das Herzstück des Gutachtens der Hartz-Kommission, das nach eigenem Bekunden in der Schaffung von Personal-Service-Agenturen (PSA) liegt.

Die Arbeitslosigkeit ist in der Bundesrepublik seit dreißig Jahren drastisch gestiegen. Der Anstieg ging mit einer Verminderung des wirtschaftlichen Wachstums einher und hat diese Verminderung zum Teil auch verursacht. Beides zusammen ist bedrohlich für die Stabilität unseres Wirtschaftssystems.

Die PSA soll der problematischen Entwicklung entgegen wirken. Arbeitslose können einen staatlich garantierten Arbeitsplatz bei der PSA erhalten. Die PSA verleiht diese Personen unter Mithilfe von Leiharbeitsfirmen an den privaten Unternehmenssektor. Es ist in einer Beispielsrechnung der Kommission (S. 155) die Rede davon, dass der tarifvertraglich auszuhandelnde Lohnsatz, der von der PSA gezahlt wird, bei siebzig Prozent des bisherigen Tariflohnsatzes liegt und dass die Lohnkosten, die von den privaten Unternehmen zu tragen sind, etwa 50 Prozent der Lohnkosten der PSA ausmachen. Das bedeutet, dass eine Einstellung von Arbeitslosen zu Lohnkosten angedacht wird, die bei nur 35 Prozent der ursprünglichen Lohnkosten liegen. Während die Arbeitnehmer bei der PSA mit vollem Kündigungsschutz beschäftigt sind, können die Unternehmen die ihnen überlassenen Arbeitnehmer wieder an die PSA zurückgeben. Die Arbeitnehmer können dann erneut verliehen werden.

Die Hartz-Kommission verbindet mit ihren Vorschlägen weitgehende Hoffnungen. So sollen die bei der PSA beschäftigten Personen durch den Kontakt mit privaten Unternehmen besser und schneller reintegriert werden; man erwartet einen „Klebeeffekt". Durch die Trennung zwischen rechtlichem und faktischem Arbeitgeber soll es gelingen, die nachteiligen Wirkungen des Kündigungsschutzes für die Neueinstellung abzufedern, ohne den Schutz der Arbeitnehmer zu verringern. Die Absenkung des Tariflohnes und die Lohnsubventionierung sollen die Unternehmen veranlassen, neue Arbeitsplätze zu schaffen.

Der Beirat bezweifelt nicht, dass Beschäftigungseffekte entstehen. Das Konzept lässt jedoch eine Reihe von Fragen offen. Beispielsweise ist es unklar, welche Konsequenzen es hätte, wenn ein Arbeitnehmer angesichts des vollen Kündigungsschutzes, den er bei der PSA genießt, seinen Aufgaben beim privaten Arbeitgeber nur unzureichend nachkommt. Auch stellt sich die Frage, ob man sich bei den möglichen Lösungen nicht grundsätzlich auf private Leiharbeitsfirmen konzentrieren sollte. Es wäre ungut, wenn der bereits existierende Markt für Leiharbeitsfirmen behindert würde. Wir gehen davon aus, dass diese Fragen marktwirtschaftlich adäquat gelöst werden können.

Bedeutsamer als solche offenen Fragen sind indes grundsätzliche Probleme, die vor allem in gewaltigen Mitnahmeeffekten (1) und schädlichen Auswirkungen für die Lohnpolitik (2) liegen.

(1) Der Mitnahmeeffekt zeigt sich darin, dass sich die Unternehmen benötigte Arbeitskräfte bevorzugt bei der PSA statt auf dem normalen Arbeitsmarkt besorgen, denn bei der PSA kosten sie schließlich nur einen Bruchteil (in der Beispielsrechnung ein Drittel). Selbst wenn die PSA-Tarife bei 100 Prozent des Normaltarifes lägen, würde die vorgesehene Subventionierung der PSA-Arbeitsverhältnisse die Unternehmen veranlassen, ihre Mitarbeiter eher von dort zu holen (ausgehend von der Beispielsrechnung wären es dann 50 Prozent). Das Gutachten der Hartz-Kommission enthält keine Vorschläge, diesen Mitnahmeeffekt zu begrenzen. Im Gegenteil: Durch den Ausschluss der entsprechenden Verbotsklausel des Arbeitnehmerüberlassungsgesetzes für die PSA wird dieser Effekt sogar erleichtert.

Den Mitnahmeeffekt kann man durch Verbotsklauseln nicht wirklich eindämmen. Er wird nicht nur in der Weise ermöglicht, dass Arbeitnehmer entlassen und anschließend vom selben Unternehmen auf dem Weg über die PSA subventioniert wieder eingestellt werden, sondern auch durch die Fluktuation zwischen verschiedenen Unternehmen. Derzeit werden jedes Jahr etwa 7 Millionen Beschäftigungsverhältnisse aufgelöst, und etwa genauso viele Beschäftigungsverhältnisse werden neu begründet. Es ist damit zu rechnen, dass schon nach wenigen Jahren ein großer Teil der Erwerbspersonen, die für den privaten Arbeitsmarkt zur Verfügung stehen, auf dem Wege über die PSA beschäftigt sein wird.

Die Konsequenzen für die fiskalischen Kosten der PSA liegen auf der Hand. Wäre die Menge der Arbeitslosen fest und im Zeitablauf unveränderlich, so wären die Subventionen der PSA auf eben diese Menge beschränkt. Dann wäre es für den Staat ein gutes Geschäft, die von ihm ohnehin zu bezahlenden Arbeitslosen gegen Entgelt an den privaten Sektor zu verleihen. Diese statische Betrachtung ist aber falsch. Wegen der natürlichen Fluktuation der Beschäftigungsverhältnisse, insbesondere aber auch wegen der durch die Subventionen selbst ausgelösten Drehtüreffekte, müssen immer mehr Arbeitsplätze auf dem Wege über die PSA angeboten werden. Die fiskalischen Kosten werden nicht beherrschbar sein. Sie werden den Rahmen sprengen, der bislang für Maßnahmen der Arbeitsmarktpolitik vorgesehen war. Weitere Steuer- und Abgabenerhöhungen sind dann unvermeidlich, und dies hat schädliche Rückwirkungen auf die Beschäftigung.

(2) Problematische Auswirkungen sind auch für die Lohnpolitik der Gewerkschaften zu erwarten. Bislang müssen Gewerkschaften bei ihrer Lohnpolitik einkalkulieren, dass eine besonders aggressive Lohnforderung zu einer Vernichtung von Arbeitsplätzen und damit zu erheblichen Risiken für die Beschäftigten führt. In Zukunft schwächt sich die Sorge um solcherlei Konsequenzen ab, denn wie groß auch immer die durch ihre Aktionen verursachte Entlassungswelle ist: Die Betroffenen werden von der PSA aufgefangen und dann subventioniert in den Unternehmenssektor zurückgegeben. Es ist davon auszugehen, dass die Subventionen der PSA bei den Tarifverhandlungen zu einem Gutteil abgeschöpft werden und in Form höherer Lohnkosten verpuffen.

Wegen der unvermeidlichen und schwer beherrschbaren Konsequenzen einer derartigen Umsetzung der Vorschläge der Hartz-Kommission muss man über eine wirksame Einschränkung des Begünstigtenkreises nachdenken.

Zum einen kann man versuchen, die Leistungen der PSA auf Langzeitarbeitslose zu beschränken. Dies hilft, den Drehtüreffekt in Grenzen zu halten. Man darf aber keine Illusionen haben, denn auch in diesem Fall wird es schädliche Effekte geben. Für die Unternehmen entsteht ein Anreiz, bevorzugt Personen einzustellen, die bereits länger arbeitslos waren, um so in den Genuss der staatlichen Subventionen zu kommen. Das bedeutet, dass andere Menschen länger arbeitslos bleiben, als es sonst der Fall gewesen wäre. Dies gefährdet das Beschäftigungsziel.

Zum anderen kann man versuchen, die Leistungen der PSA auf die gering Qualifizierten zu begrenzen. Hierfür spricht, dass sich die Arbeitslosigkeit in diesem Bereich konzentriert und dass gering Qualifizierte heute bereits in besonders hohem Maße vom Staat bezuschusst werden, wenn sie kein Arbeitsverhältnis innehaben. Die Leistungen der Arbeitslosenhilfe und der Sozialhilfe kommen größtenteils diesen Personengruppen zu Gute.

Der Beirat hat in seinem Gutachten „Reform des Sozialstaats für mehr Beschäftigung im Bereich gering qualifizierter Arbeit“ einen Vorschlag ausgearbeitet, der die Sozialhilfe und die Arbeitslosenhilfe zu einem neuen System der Einkommenshilfen für gering Qualifizierte so vereint, dass der Arbeitsmarkt mobilisiert wird, ohne dass fiskalische Kosten anfallen und ohne dass es zu einer Minderung der Einkommen der bisherigen Sozialhilfeempfänger kommt. Auch dieser Vorschlag sieht eine Subventionierung von Beschäftigungsverhältnissen vor, und auch er beinhaltet die Option, die Beschäftigung notfalls durch staatliche Leiharbeitsverhältnisse zu sichern. Er ruft aber im Gegensatz zum Vorschlag der Hartz-Kommission Anreize hervor, die Tariflöhne zu senken. Er setzt in erster Linie auf subventionierte Arbeitsverhältnisse, die unmittelbar bei privaten Unternehmen entstehen, und er begrenzt die Mitnahmeeffekte auf geringverdienende Arbeitnehmer. Diese Begrenzung macht die finanziellen Risken beherrschbar und erlaubt eine Selbstfinanzierung des Programms durch die Absenkung der Sozialhilfe und Arbeitslosenhilfe für diejenigen, die die ihnen angebotenen subventionierten Beschäftigungsoptionen nicht annehmen.

Sehr geehrter Herr Bundesminister, auch der Beirat sieht die Notwendigkeit, mit ganzer Kraft gegen die Missstände am Arbeitsmarkt vorzugehen und dabei neue Wege zu beschreiten. Ökonomische Interaktionen und Risiken für das staatliche Budget müssen jedoch bei den anstehenden Beratungen stärker berücksichtigt werden.

Mit vorzüglicher Hochachtung

gez.

Professor Dr. Wernhard Möschel

Gutachten vom 15./16. November 2002

Thema: Die Hartz-Reformen – ein Beitrag zur Lösung des Beschäftigungsproblems?

Der Wissenschaftliche Beirat beim Bundesministerium für Wirtschaft und Arbeit hat sich in mehreren Sitzungen, zuletzt am 15. und 16. November 2002, mit dem Thema

Die Hartz-Reformen – ein Beitrag zur Lösung des Beschäftigungsproblems?

befasst und ist dabei zu der nachfolgenden Stellungnahme gelangt.

Problemlage und Anlass des Gutachtens

Die Vorschläge der Kommission *Moderne Dienstleistungen am Arbeitsmarkt* („Hartz-Kommission") befinden sich in unterschiedlichen Stadien der legislativen Umsetzung. Der Beirat begrüßt es, dass die Kommission mit ihren Empfehlungen über den ursprünglichen Auftrag hinaus gegangen ist und einige grundlegende Reformen zur Bekämpfung der Arbeitslosigkeit vorgeschlagen hat. Er sieht das Erreichen des Beschäftigungsziels allerdings von bisher zu wenig beachteten ökonomischen Nebenwirkungen bedroht.

Das Hartz-Konzept ist keine Reform „aus einem Guss". Es besteht aus einer Reihe von Reformelementen, die nur teilweise geeignet sind, einen Beitrag zum nachhaltigen Abbau der Arbeitslosigkeit zu leisten. Der Beirat hält es daher für erforderlich, dass bei der endgültigen Verwirklichung des Konzepts die richtigen Weichenstellungen vorgenommen werden. Er beschränkt sich in dieser Stellungnahme auf drei wichtige Teilkomplexe der Hartz-Reformen mit insgesamt sechs einzelnen Maßnahmen:

I. Maßnahmen zur Verbesserung der Arbeitsvermittlung
   a) Einrichtung von Personal-Service-Agenturen
   b) Einrichtung von Job-Centern

II. Maßnahmen zur sozialpolitischen Flankierung
   c) Reform von Arbeitslosengeld, Arbeitslosenhilfe und Sozialhilfe
   d) Ausweitung der Mini-Jobs im Bereich haushaltsnaher Dienstleistungen
   e) Entgeltsicherung und Brückengeld für ältere Arbeitnehmer

III. Maßnahmen zur Flankierung auf dem Kreditmarkt
   f) Einführung von Job-Floatern

I. Maßnahmen zur Verbesserung der Arbeitsvermittlung

a) Einrichtung von Personal-Service-Agenturen

Das Herzstück des Gutachtens der Hartz-Kommission liegt nach eigenem Bekunden in der Schaffung von Personal-Service-Agenturen (PSA). Sie sollen Arbeitslose über den Umweg einer Leiharbeitsfirma in normale Beschäftigungsverhältnisse zurückführen. Arbeitslose können einen staatlich geförderten Arbeitsplatz bei der PSA erhalten. Leiharbeitsfirmen verleihen als PSA diese Personen an den privaten Unternehmenssektor. Die PSA können den privaten Unternehmen eine Einstellung dadurch lohnend erscheinen lassen, dass die Unternehmen nur einen geringen Preis für die Überlassung zahlen. Der Rest wird dadurch getragen, dass die PSA mit dem Arbeitsamt einen Vertrag über die Übernahme einer Gruppe von Arbeitslosen gegen ein Entgelt schließt. Diese Förderung soll aus dem Haushaltstitel finanziert werden, der bislang für Ermessensleistungen der aktiven Arbeitsförderung vorgesehen ist.

Die Hartz-Kommission verband mit ihren Vorschlägen weitgehende Hoffnungen. So sollen die bei der PSA beschäftigten Personen durch den Kontakt mit privaten Unternehmen besser und schneller reintegriert werden; man erwartet einen „Klebeeffekt". Durch die Trennung zwischen rechtlichem und faktischem Arbeitgeber soll es gelingen, die nachteiligen Wirkungen des Kündigungsschutzes für die Neueinstellung abzufedern, ohne den Schutz der Arbeitnehmer zu verringern. Die Absenkung des Tariflohnes und die Lohnsubventionierung sollen die Unternehmen veranlassen, neue Arbeitsplätze zu schaffen.

Der Beirat sieht das Konzept der Hartz-Kommission zur Einrichtung der PSA jedoch mit großer Skepsis. Es löst schwer beherrschbare ökonomische Nebenwirkungen aus. Sie machen es unmöglich, die beiden Ziele Senkung des Budgets der Arbeitsverwaltung und Senkung der Arbeitslosigkeit gleichzeitig zu erreichen. Die ökonomischen Nebenwirkungen des Hartz-Konzeptes führen zu zwei Optionen: Entweder muss das Konzept auf nur wenige Arbeitslose beschränkt werden und kann dann keinen wirklichen Beitrag zum Abbau der Arbeitslosigkeit leisten. Oder aber das Konzept schafft durch hohe Subventionen Arbeitsplätze; dann werden beträchtliche Mitnahmeeffekte eintreten. Der Gesetzentwurf vom 15. November 2002 geht offenbar den ersten Weg: Er rechnet für das erste Jahr mit rund 50.000 in PSA geförderten Personen. Die im ursprünglichen Hartz-Konzept aufgeführten Beispiele legen nahe, dass die Hartz-Kommission den zweiten Weg gehen wollte.

Die Unattraktivität des ersten Weges ist offensichtlich. Eine Förderung von weniger als ein Prozent der derzeit ca. 5,8 Mio. offen und verdeckt

Arbeitslosen verfehlt das Ziel einer spürbaren Senkung der Massenarbeitslosigkeit. Dieser Weg kann bestenfalls als ein „Experiment“ verstanden werden.

Ein modifizierender Ansatz, nämlich eine Einschränkung des Begünstigtenkreises auf Langzeitarbeitslose oder gering Qualifizierte, führte zu inneren Widersprüchen. Für eine solche Maßnahme spricht an sich, dass sich die Arbeitslosigkeit in diesen Bereichen konzentriert und dass vor allem gering Qualifizierte bereits heute in besonders hohem Maße vom Staat bezuschusst werden, wenn sie kein Arbeitsverhältnis innehaben. Jedoch erschwert eine solche Beschränkung die Arbeit der PSA, die ja im Wettbewerb stehen sollen. Sie werden eher an höher qualifizierten Arbeitnehmern interessiert sein.

Die Unattraktivität des von der Hartz-Kommission suggerierten zweiten Weges ist weniger offensichtlich. Angenommen, es käme so, wie es in einer Beispielsrechnung der Hartz-Kommission (Kasten auf S. 155) beschrieben wird: Dann könnte der tarifvertraglich auszuhandelnde Lohnsatz, der von der PSA gezahlt wird, bei siebzig Prozent des bisherigen Tariflohnsatzes liegen, und die Lohnkosten, die von den privaten Unternehmen zu tragen sind, würden etwa 50 Prozent der Lohnkosten der PSA ausmachen. Das bedeutet, dass eine Einstellung von Arbeitslosen zu Lohnkosten angedacht wird, die bei nur 35 Prozent der ursprünglichen Lohnkosten liegen. Käme es wirklich so, wäre das ein großer Anreiz für Unternehmen, vermehrt mit Leihfirmen in Verhandlungen zu treten. Überdies hätten die Arbeitgeber in diesem Fall nicht mehr den gesetzlichen Kündigungsschutz zu beachten. Sie können die ihnen überlassenen Arbeitnehmer wieder an die PSA zurückgeben. Dort haben diese Kündigungsschutz, können aber erneut verliehen werden.

Beides legt nahe, dass das Hartz-Konzept positive Beschäftigungsimpulse auslöst, die um so höher ausfallen, je größer der Unterschied zwischen Tariflohn und den Lohnkosten ist, die von den privaten Unternehmen zu tragen sind. Wäre die Menge der Arbeitslosen fest und im Zeitablauf unveränderlich, so wären die Subventionen der PSA auf eben diese Menge beschränkt. Dann wäre es für den Staat vorteilhaft, die von ihm ohnehin zu bezahlenden Arbeitslosen gegen Entgelt an den privaten Sektor zu verleihen. Diese statische Betrachtung ist aber unrichtig. Sie lässt schädliche Mitnahmeeffekte (1) und potentiell negative Auswirkungen auf die Lohnpolitik (2) außer Acht.

(1) Mitnahmeeffekte gäbe es dann, wenn sich die Unternehmen Arbeitskräfte bevorzugt bei der PSA statt auf dem normalen Arbeitsmarkt besorgen werden. Denn bei der PSA kosten sie weniger. Wenn die Beispiels-

rechnung der Hartz-Kommission Realität würde, handelte es sich um ein Drittel der Lohnkosten. Selbst wenn die Lohntarife der bei den PSA unter Vertrag stehenden Beschäftigten bei 100 Prozent des Normaltarifes lägen, würde die vorgesehene Subventionierung der Arbeitsverhältnisse die Arbeitgeber veranlassen, ihre Mitarbeiter eher von dort zu holen (ausgehend von der Beispielsrechnung wären es dann 50 Prozent). Das Gutachten der Hartz-Kommission selbst enthält keine Vorschläge, diesen Mitnahmeeffekt zu begrenzen. Im Gegenteil: Durch den Ausschluss der entsprechenden Verbotsklausel des Arbeitnehmerüberlassungsgesetzes für die PSA wird dieser Effekt sogar erleichtert.

Den Mitnahmeeffekt kann man durch Verbotsklauseln, wie sie vorgesehen sind, nicht wirklich eindämmen (siehe den neu eingefügten § 37 c Sozialgesetzbuch III). Er wird eben nicht nur in der Weise ermöglicht, dass Arbeitnehmer entlassen und anschließend vom selben Unternehmen auf dem Weg über die PSA subventioniert wieder eingestellt werden („Drehtüreffekt"), sondern auch durch die Fluktuation zwischen verschiedenen Unternehmen. Derzeit werden jedes Jahr etwa 7 Millionen Beschäftigungsverhältnisse aufgelöst und etwa genauso viele neu begründet. Der größte Teil davon sind normale Firmenwechsel. Bei einer derart starken Subvention der Lohnkosten, wie sie in der Beispielsrechnung der Hartz-Kommission angedacht wurde, ist damit zu rechnen, dass ein beträchtlicher Teil der Erwerbspersonen, die für den privaten Arbeitsmarkt zur Verfügung stehen, auf dem Wege über die PSA beschäftigt sein wird. Da nach der Beispielsrechnung der Hartz-Kommission ein typischer Arbeitnehmer mit € 843/Monat subventioniert wird, und nach eben dieser Rechnung die Nettoersparnis bei einem erfolgreich ausgeliehenen Arbeitslosen € 466 beträgt, würden die positiven Budgeteffekte der Hartz-Vorschläge sich ins Gegenteil verkehren, wenn 100 erfolgreich verliehenen Arbeitslosen 55 Arbeitnehmer gegenüberstehen, die ebenfalls durch die PSA verliehen werden, aber auch ohne die Subvention ein Beschäftigungsverhältnis gefunden hätten. Weitere Steuer- und Abgabenerhöhungen wären dann unvermeidlich, und dies hätte schädliche Rückwirkungen auf die Beschäftigung.

(2) Die statische Sichtweise zeigt sich auch darin, dass Auswirkungen auf die Lohnpolitik im Hartz-Konzept nicht zur Sprache kommen. Einerseits mögen die erweiterten Möglichkeiten der Unternehmen, sich bei den PSA (als Leiharbeitsfirmen) Arbeitskräfte zu niedrigen Löhnen zu verschaffen, das Insider-Outsider-Problem lindern und insoweit mäßigenden Einfluss auf die Lohnpolitik ausüben. In die gleiche Richtung drängt das Interesse der noch normal beschäftigten Arbeitnehmer, dem für sie fatalen Sog, der von der oben beschriebenen Drehtür ausgeht, entgegen-

zuwirken. Andererseits dürften nach Meinung des Beirats die in die umgekehrte Richtung wirkenden Kräfte stärker sein. Dafür spricht schon das vorgesehene Verfahren der Lohnfindung. Danach sollen die Löhne der Personen, die bei den PSA angestellt sind, durch besondere Tarifverträge bestimmt werden. Die PSA haben jedoch einen verringerten Anreiz, in den Tarifverhandlungen auf ausreichend niedrige Löhne zu dringen, solange eine Subvention gezahlt wird. PSA und Gewerkschaften werden sich daher eher auf Kosten der Steuerzahler auf zu hohe Löhne für die bei den PSA Beschäftigten einigen. Zudem ist mit Auswirkungen auf die allgemeine Lohnpolitik zu rechnen. Denn bislang müssen Gewerkschaften bei ihrer Lohnpolitik einkalkulieren, dass eine besonders aggressive Lohnforderung zu einer Vernichtung von Arbeitsplätzen und damit zu erheblichen Risiken für die Beschäftigten selbst führt. In Zukunft schwächt sich die Sorge um solcherlei Konsequenzen ab. Denn wie groß auch immer die durch ihre Aktionen verursachte Entlassungswelle ist: Die Betroffenen werden von den PSA aufgefangen und dann subventioniert in den Unternehmenssektor zurückgegeben. Daher können die Subventionen der PSA zumindest zum Teil bei den Tarifverhandlungen von Gewerkschaften abgeschöpft werden und so zu höheren Lohnkosten führen. Gesamtwirtschaftlich gesehen führen solche Subventionen dazu, dass sich Gewerkschaften und Arbeitgeber zu Lasten Dritter, nämlich der Steuerzahler, einigen können.

Wegen der Mitnahmeeffekte und der schädlichen Auswirkungen auf die Lohnpolitik sieht der Beirat daher auch den zweiten, wohl ursprünglich von der Hartz-Kommission präferierten Weg als wenig attraktives Mittel, die Arbeitslosigkeit wirksam zu bekämpfen.

Das Kernproblem der PSA-Konstruktion – sei es in Form des Gesetzentwurfs vom 15.11.2002 oder in der Form der ursprünglichen Vorschläge – liegt darin, dass die Einführung der PSA ohne eine Reform der Sozialhilfe bleibt. So lange aber die Sozialhilfe nicht reformiert ist, ist das Eintreten des „Klebeeffekts", auf den der Vorschlag der Hartz-Kommission setzt, wenig wahrscheinlich. Wegen des Lohnabstandsgebots wirkt der Sozialhilfesatz nämlich wie ein Mindestlohn. Isoliert können die PSA deshalb allenfalls solchen Personen Zugang zum ersten Arbeitsmarkt verschaffen, deren Arbeitsproduktivität bislang unterschätzt worden ist. Denkbar erscheint ferner, dass die Arbeitsproduktivität gerade durch die Tätigkeit in der PSA (wieder) auf das am ersten Arbeitsmarkt geforderte Maß gesteigert wird. Beides werden aber eher Ausnahmen sein. Die eigentlich hilfsbedürftige Gruppe bedarf nach wie vor einer intensiveren Betreuung, wie sie mit dem Fallmanagement in den Job-Centern von der Kommission vorgeschlagen wird: Personen, deren Arbeitsproduktivität am Ende ihrer Tätigkeit in den PSA unter dem Wert liegt, der bei den dort gezahlten Löhnen erforderlich ist, bleiben auch im Hartz-Konzept auf Dauer arbeitslos.

Der Beirat weist daher auf einen alternativen Vorschlag hin, der das Beschäftigungsproblem gering qualifizierter Personen an der Wurzel packt. Dieser Vorschlag wurde in seinem Gutachten „Reform des Sozialstaats für mehr Beschäftigung im Bereich gering qualifizierter Arbeit“ ausgearbeitet und mit Beispielrechnungen verdeutlicht. Auch dieser Vorschlag sieht eine Subventionierung von gering Qualifizierten vor, die eine Arbeit aufnehmen, auch er beinhaltet die Option, die Beschäftigung notfalls durch staatliche Leiharbeitsverhältnisse zu sichern. Er vermeidet aber die Widersprüche, die das PSA-Konzept der Hartz-Kommission entweder wirkungslos oder sehr kostspielig machen.

b) Einrichtung von Job-Centern

Als erstes ihrer 13 „Innovationsmodule“ stellt die Kommission *Moderne Dienstleistungen am Arbeitsmarkt* das Konzept eines „Job-Center“ als „neues Arbeitsamt“ vor. In ihm sollen künftig auf lokaler Ebene alle Dienstleistungen am Arbeitsmarkt sowohl für Arbeitssuchende wie auch für Unternehmen gebündelt werden, also zusätzlich zu den originären Dienstleistungen der Bundesanstalt für Arbeit solche aus dem Bereich beispielsweise des Gesundheits- und des Wohnungswesens.

Im Hinblick auf die Bewertung des Konzepts von Job-Centern ist zunächst die intensivere Betreuung von Arbeitssuchenden im Sinne eine „Forderns und Förderns“ sowie die Betonung der Notwendigkeit, dass im privaten Sektor Arbeitsplätze zu schaffen sind, auf die sich dann die Vermittlungstätigkeit stärker als bisher konzentriert, zu begrüßen. In der Tat kann eine effizientere Vermittlungstätigkeit einen Beitrag zur Verringerung der Arbeitslosigkeit leisten. Dieser sollte allerdings nicht überbewertet werden.

Trotz dieser tendenziell positiven Einschätzung der Job-Center darf eine Reihe von Kritikpunkten und möglichen Fehlentwicklungen nicht kleingeschrieben werden.

Die angedachte Fokussierung der Bundesanstalt für Arbeit (neu) auf die Kernaufgaben Vermittlung, vermittlungsfördernde Leistungen und Einkommenssicherung bei Arbeitslosigkeit, sowie die Orientierung an den Interessen der Versichertengemeinschaft kann durch die Verzahnung mit anderen sozialpolitischen Bereichen unter dem Dach der Job-Center verloren gehen. Dies gilt insbesondere für die zusätzlich anfallenden Betreuungsaufgaben. Deren Finanzierung obliegt nicht der Versichertengemeinschaft der Arbeitslosenversicherung. Es handelt sich um eine sozialpolitische Aufgabe der Gesellschaft insgesamt. Der Kommissionsbericht lässt jedoch die Frage der Finanzierung der Job-Center weitgehend offen. Bei der Umsetzung muss gewährleistet sein, dass die sachgerechte Aufteilung der Finanzierungsverantwortung zwischen Beitragszahlern und Staat aufrecht erhalten wird.

Des weiteren ist auf die Gefahr hinzuweisen, dass mit den Job-Centern die Vermittlungstätigkeit wieder stärker in den staatlichen Bereich gezogen wird und damit private Aktivitäten – einschließlich der kommunalen Arbeitsvermittlung mit eigener Rechtspersönlichkeit in Städten und Gemeinden – möglicherweise verdrängt. Dem könnte entgegengewirkt werden, wenn Arbeitslose wesentlich stärker von ihrem Recht Gebrauch machten, dass nach einem halben Jahr erfolgloser staatlicher Vermittlungsbemühungen zusätzlich andere Vermittler beauftragt werden. Offen bleibt zudem die Frage, inwieweit sich die Vermittlungsaktivitäten der Job-Center auf Arbeitsplätze im öffentlichen Sektor beziehen sollen.

Schließlich dürfen der Zeitaufwand und die finanziellen Mehrbelastungen nicht unterschätzt werden, welche sich aus der erforderlichen Weiterqualifikation der Angehörigen der Bundesanstalt für Arbeit ergeben, damit sie den veränderten Herausforderungen in den „neuen Arbeitsämtern“ tatsächlich gewachsen sind.

II. Maßnahmen zur sozialpolitischen Flankierung

c) Reform von Arbeitslosengeld, Arbeitslosenhilfe und Sozialhilfe

Ein wichtiges Element des Hartz-Konzepts ist die Zusammenlegung von Arbeitslosen- und Sozialhilfe.

Derzeit bestehen drei verschiedene soziale Sicherungssysteme für erwerbsfähige Erwerbslose nebeneinander. Das Arbeitslosengeld im Rahmen der Arbeitslosenversicherung ist grundsätzlich beitragsfinanziert; je nach Dauer der Versicherungspflichtverhältnisse und Alter des Arbeitnehmers wird es zwischen 6 und 32 Monate lang gewährt. Die Höhe beträgt 60 bzw. 67 Prozent des Nettoarbeitsentgelts (je nachdem, ob mindestens ein Kind im Haushalt lebt). Arbeitslosenhilfe wird bei Bedürftigkeit faktisch zeitlich unbefristet gewährt, beträgt 53 bzw. 57 Prozent des Nettoarbeitsentgelts und wird aus Bundessteuern finanziert. Sozialhilfe schließlich orientiert sich am individuellen aktuellen Bedarf und nicht, sofern überhaupt gegeben, am vormals erzielten Einkommen. Es wird bei Vorliegen einer objektiven Notlage und subjektiver

Bedürftigkeit im Einzelfall durch die Kommune bereitgestellt und zu großen Teilen von ihr finanziert.

Unabhängig von der Frage nach der Effizienz der gegenwärtigen Arbeitslosenversicherung erweist sich das Nebeneinander zweier bedürftigkeitsabhängiger Sozialleistungssysteme – Arbeitslosenhilfe und Sozialhilfe – als kostenträchtig und ökonomisch schwer begründbar. Diese Trennung verursacht unnötige Erschwernisse für die Betroffenen, mangelnde Transparenz und einen erhöhten Verwaltungsaufwand, zumal viele Betroffene neben der Arbeitslosenhilfe noch ergänzende Sozialhilfe beziehen. Unterschiedliche Regelungen – z. B. hinsichtlich der Bedürftigkeit, der Anrechnung von Vermögen sowie von Einkommen der Familienangehörigen und der Zumutbarkeit einer Beschäftigung – sorgen zudem für willkürlich erscheinende Ungleichbehandlungen der Transferempfänger. Schließlich führen die mangelnde Abstimmung und vor allem die unklaren Verantwortlichkeiten bei gegebenen rechtlich-institutionellen Rahmenbedingungen zu massiven Kostenverschiebungen zwischen den unterschiedlichen Trägern der Leistungen.

Dass dies insgesamt nicht nur ressourcenvernichtend wirkt, sondern darüber hinaus auch einer nachhaltigen Reintegration der Transferempfänger in den ersten Arbeitsmarkt eher im Wege steht, hat die Hartz-Kommission erkannt. Ihr Konzept zur Zusammenlegung von Arbeitslosen- und Sozialhilfe lässt sich wie folgt zusammenfassen:

1. Das Arbeitslosengeld (jetzt: Arbeitslosengeld I) stellt die originäre Versicherungsleistung dar und wird nach wie vor aus Beiträgen zur Arbeitslosenversicherung finanziert. Die Ansprüche werden nicht generell abgesenkt.

2. Die gegenwärtige Arbeitslosenhilfe und die Sozialhilfe werden für prinzipiell erwerbsfähige Transferempfänger zum Arbeitslosengeld II zusammengeführt. Im Anschluss an den Bezug von Arbeitslosengeld I oder bei Nichterfüllung der entsprechenden Anspruchsvoraussetzungen wird es demnach für Erwerbsfähige nur noch diese eine Leistung zur Sicherung des Lebensunterhaltes geben. Über die Erwerbsfähigkeit entscheiden Fallmanager der Job-Center im Zusammenwirken mit dem ärztlichen Dienst. Das Arbeitslosengeld II ist steuerfinanziert und bedürftigkeitsabhängig; zusätzlich wird der familiäre Kontext des Arbeitslosen berücksichtigt. Sämtliche Leistungen, die zur Wiedereingliederung erwerbsfähiger Personen in den Arbeitsmarkt erforderlich erscheinen, werden durch die Job-Center erbracht. Sie sind für die Gesamtheit der erwerbsfähigen Arbeitslosen die einheitliche Anlaufstelle. Der Bericht der Hartz-Kommission sieht vor, dass es der

Kommission zur Gemeindefinanzreform vorbehalten bleibt, Regelungen zur Aufteilung der Lasten zwischen Bund, Ländern und Kommunen zu finden.

3. Der bisherigen Sozialhilfe (Hilfe zum Lebensunterhalt nach dem Bundessozialhilfegesetz) entspricht in dem entworfenen Konzept das Sozialgeld. Dabei wird diese Leistung ausschließlich an nicht erwerbsfähige Personen erbracht. Die Organisation und auch die Finanzierung verbleiben in der Verantwortung der Kommunen.

4. Mit dem Ziel, den administrativen Aufwand für Arbeitgeber und Behörden zu verringern, die Kundenfreundlichkeit zu erhöhen und auch auf diesem Wege den Eingliederungsprozess zu fördern, schlägt die Kommission die Einführung so genannter Signaturkarten vor. Sie ermöglichen es der bearbeitenden Stelle, die notwendigen Daten gebündelt und in digitaler Form abzurufen. Darüber hinaus ist eine Reihe ergänzender Maßnahmen zur Vereinfachung von Leistungen und in der Verwaltung vorgesehen, um Personalkapazitäten für die Vermittlung freizusetzen. So wird beispielsweise vorgeschlagen, für die Berechnung der Höhe des Arbeitslosengeldes grundsätzlich den Durchschnittslohn der letzten 12 Monate zugrunde zu legen und während des Bezugs der Leistung auf die jährliche Anpassung des Bemessungsentgeltes an die Entwicklung der Bruttoarbeitsentgelte zu verzichten.

Während eine Zusammenlegung der beiden bedürftigkeitsabhängigen Sozialleistungen allein schon aus den oben genannten Gründen der Verwaltungsvereinfachung zu begrüßen ist, hängen die Wirkungen auf die Beschäftigung sowie die Kosten für den Steuerzahler in entscheidendem Maß von der bis heute nicht endgültig festgelegten genauen Ausgestaltung der grob definierten Konzeption ab. Daher zeigt der Beirat im Folgenden Wege auf, mit denen sich arbeitsmarktpolitische Erfolge am ehesten erreichen lassen.

(1) Zum einen ist ein Abbau der über 12 Monate hinaus gehenden Bezugszeiten des Arbeitslosengeldes (ALG I) auch für die über 45jährigen Arbeitslosen angebracht. Es lässt sich empirisch nachweisen, dass insbesondere die Bezugsdauer der staatlichen Unterstützungsleistungen und weniger ihre Höhe einen starken Einfluss auf die Dauer der individuellen Arbeitslosigkeit haben. Eine lange Bezugsdauer ist nicht selten der Wegweiser in schwer wieder zu verlassende Langzeitarbeitslosigkeit. Einmal entwertetes Humankapital ist nur mühsam wieder zu erlangen. Die notwendige Aktivierung der Arbeitslosen wird in einem System dauerhafter und generöser finanzieller Unterstützung ausschließlich individuellen Förderleistungen und Sanktionen überlassen. Dies bedeutet stets einen

hohen finanziellen und administrativen Aufwand und ist angesichts bestenfalls bescheidener Erfolge staatlicher Fördermaßnahmen ohnehin eine zweifelhafte Strategie. Die Erfahrungen beschäftigungspolitisch wesentlich erfolgreicherer Länder legen nahe, dass für eine Vielzahl von Arbeitslosen die erfolgversprechendste Art aktiver Arbeitsmarktpolitik eine anreizkompatible Ausgestaltung der Transferzahlungen selbst ist.

Große Bedeutung kommt hierbei auch den Vereinfachungen im Leistungsrecht und dem Abbau der Regelungsdichte in der Bundesanstalt für Arbeit (neu) zu. Denn nur bei konsequenter Durchsetzung dieser Ziele werden die personellen Kapazitäten frei, die insbesondere für eine Intensivierung der Vermittlung in den Job-Centern notwendig sind.

(2) Zweitens ist unklar, in welcher Höhe das Arbeitslosengeld II genau festgelegt sein wird. Immerhin deuten die bereits im Bundestag verabschiedeten Änderungen bei der Arbeitslosenhilfe unter Beibehaltung ihrer bisherigen Systematik – diese betreffen eine strengere Anrechnung von Vermögen sowie Einkommen des Partners – in die richtige Richtung. Konsequenterweise müsste als nächster Schritt die Umstellung des Systems auf eine rein am individuellen Bedarf (und nicht am früheren Arbeitsentgelt) bemessene Leistung erfolgen.

Zur Höhe und Ausgestaltung dieser Leistung, die auch die bisherige Sozialhilfe für den Personenkreis der Arbeitsfähigen ablöst, hat sich der Beirat in seinem Gutachten „Reform des Sozialstaats für mehr Beschäftigung im Bereich gering qualifizierter Arbeit" vom Juli 2002 ausführlich geäußert: Für uneingeschränkt Arbeitsfähige wird auf der einen Seite die Sozialhilfe so weit gekürzt, dass lediglich noch extreme Armut und Obdachlosigkeit vermieden werden. Auf der anderen Seite wird die Grenze für den anrechnungsfreien Hinzuverdienst erheblich ausgedehnt, und zwar so weit, dass ein Nettoeinkommen in der Höhe der jetzigen Sozialhilfe erreicht werden kann, ohne dass ein Entzug von Transferleistungen stattfindet. Erst danach wird der Sockelbetrag allmählich abgeschmolzen, wobei eine niedrigere Transferentzugsrate zum Tragen kommt als gegenwärtig. Damit soll es gleichzeitig den Tarifvertragsparteien ermöglicht werden, für gering Qualifizierte marktgerechte Löhne zu vereinbaren, so dass genügend neue Arbeitsplätze entstehen können. Nur in eng begrenzten Ausnahmefällen soll der Staat selbst denjenigen, die ohne Erfolg einen Arbeitsplatz gesucht haben, einen solchen anbieten.

(3) Schließlich muss geklärt werden, welche Institution für die Betreuung und Vermittlung des betreffenden Personenkreises der Langzeit-Arbeitslosen zuständig sein soll. Während für Sozialhilfeempfänger bislang die Kommune zuständig ist, sieht das Hartz-Konzept die Zuständigkeit der

Bundesanstalt für Arbeit (BA neu) bzw. des Job-Center im zuständigen Arbeitsamt vor. Von der Sache her erscheint diese Kompetenzzuordnung berechtigt. Indes zeigen internationale Erfahrungen, dass die notwendige Kreativität, Individualität und Flexibilität gerade im Umgang mit Personen, die bereits länger arbeitslos sind und/oder besondere Risikomerkmale aufweisen, nur in möglichst dezentralen Einrichtungen gewährleistet werden kann. So könnten dezentrale Kenntnis, hinreichende Berücksichtigung der Verhältnisse vor Ort und kommunaler Wettbewerb um die besten Methoden genutzt werden.

Insgesamt bleibt festzuhalten: Arbeitslosenhilfe und Sozialhilfe sind richtigerweise zusammenzulegen. Allerdings müsste eine sinnvolle Zusammenführung dieser beiden bedürftigkeitsabhängigen Transfersysteme auf die faktische Abschaffung der Arbeitslosenhilfe für diesen Personenkreis hinauslaufen. Dabei sind die Höhe und die Ausgestaltung des Sozialtransfers so zu bemessen, dass der Anspruchslohn für Arbeitslose in Deutschland nachhaltig gesenkt wird. Zusätzlich sollte die Verantwortung für die Reintegration der längerfristig Arbeitslosen so weit wie möglich dezentralisiert werden.

d) Ausweitung der Mini-Jobs im Bereich haushaltsnaher Dienstleistungen

Bezüglich der geringfügigen Beschäftigungsverhältnisse, die heute schon im Steuer- und Sozialversicherungsrecht begünstigt werden, sind unter dem Titel „Mini-Jobs" folgende Modifikationen vorgesehen:

- Für haushaltsnahe Dienstleistungen wird die Geringfügigkeitsgrenze von jetzt 325 Euro auf 500 Euro angehoben.
- Die Einnahmen sind steuerfrei und unterliegen einer pauschalen Sozialversicherungspflicht von 10 Prozent. Das daraus resultierende Aufkommen wird gleichmäßig zwischen Kranken- und Rentenversicherung aufgeteilt.
- Die Auftraggeber-Haushalte dürfen 10 Prozent ihrer Ausgaben bis zu einem Höchstbetrag von 360 Euro jährlich von ihrer Steuerschuld abziehen.

Als Begründung für die steuerliche Bevorzugung wird angeführt: Diese Tätigkeiten würden bisher überwiegend in Schwarzarbeit durchgeführt. Es müsse den Beteiligten ein Anreiz gegeben werden, jene legal zu erbringen bzw. nachzufragen.

Die Einwände gegen diese Strategien liegen auf der Hand:

1. Gegenüber der heutigen 325-Euro-Regelung handelt es sich sowohl in der Höhe der Grenze als auch im Umfang der Abgaben um eine zusätzliche Schwächung der Bemessungsbasis für Steuern und Sozialabgaben. Man muss sie generell skeptisch betrachten, da sie der notwendigen Reduzierung der Abgaben*sätze* zuwiderläuft. Die Zielsetzung, Abbau von Schwarzarbeit, kann dies schwerlich rechtfertigen. Die Vergünstigungen werden generell gewährt und lassen sich aus naheliegenden Gründen nicht auf solche Beschäftigungsverhältnisse beschränken, bei denen zuvor Schwarzarbeit vorlag. Zudem wird durch die steuerliche Bezuschussung, die bei einem Teil der Betroffenen, nämlich bei jährlichen Gesamteinkünften unter 3.600 Euro, die Beiträge zur Sozialversicherung voll und bei allen anderen zum größeren Teil kompensiert, der positive Effekt der Legalisierung konterkariert. Denn Finanzamt und Sozialkassen erhalten keine bzw. kaum zusätzliche Einnahmen.

2. Zum zweiten hat jede Frei*grenze* – im Unterschied zu einem Frei*betrag* – den Nachteil, dass unmittelbar darüber der Effektivsteuersatz unendlich groß wird, mit der Folge, dass der Anreiz, mehr als dieses Einkommen zu erwirtschaften, massiv geschmälert wird. Um diesem Effekt zu begegnen, schlägt die Hartz-Kommission eine stufenweise Reduzierung der Sozialabgaben im Bereich zwischen 501 und 1000 Euro Bruttoeinkommen vor. Diese hätte jedoch zum einen den Nachteil, dass sich die Einnahmeausfälle der Sozialkassen noch weiter verschärften, zum anderen bedeutete der Übergang zu voller Sozialversicherungspflicht (von ca. 42 Prozent) bei einem Bruttoeinkommen von 1000 Euro, dass im genannten Bereich allein der marginale Beitragssatz zur Sozialversicherung 52 Prozent beträgt! [86]

3. Bleibt der heute gültige Sozialhilfetarif unverändert, so ist die Aufnahme eines legalen Mini-Jobs zumindest für Sozialhilfeempfänger weiterhin unattraktiv. Denn die Einnahmen daraus – oberhalb einer Schwelle von 70 Euro im Monat – werden zunächst zu 85, später zu 100 Prozent auf den Sozialhilfeanspruch angerechnet.

4. Der stärkste Einwand scheint darin zu bestehen, dass die heute unter die 325-Euro-Regelung fallenden Personen sich zu mehr als 75 Prozent aus Zweitverdienern, d. h. verheirateten Frauen, Schülern, Studenten und Rentnern, zusammensetzt.[87] Sie verdienen nur deshalb

[86] (420 – 50)/(1210 – 500) = 0,52.

[87] Vgl. ISG – Sozialforschung und Gesellschaftspolitik: Sozialversicherungsfreie Beschäfti-

wenig, weil sie eine geringe Stundenzahl ableisten. Sie leben zudem ganz überwiegend in Haushalten, die insgesamt kein geringes Pro-Kopf-Einkommen beziehen. Die Subventionierung geringfügiger Beschäftigung kann also nicht damit gerechtfertigt werden, man müsse gering Qualifizierten größere Anreize zur Aufnahme einer Tätigkeit bieten. Zielgruppe einer derartigen Maßnahme müssten vielmehr in erster Linie Alleinstehende, mit oder ohne Kinder, sein bzw. Hauptternährer mit einer geringen Arbeitsproduktivität, aber der Fähigkeit, eine Vollzeittätigkeit auszuüben. Diese Gruppe macht heute nur 12 Prozent der „geringfügig Beschäftigten" aus. Jegliche Freigrenze wäre zudem für diese Gruppe zu niedrig, um noch wirksam zu sein.

Statt dessen kommt ein nennenswerter Teil der Vorteile bei Personen an, die man nicht als „bedürftig" einstufen würde. Eine solche Förderung, die am Beschäftigungsverhältnis ansetzt, hat alle negativen Merkmale einer typischen „Objektförderung". Aus den Erfahrungen aus vielen anderen Wirtschaftsbereichen wie etwa der Förderung des Sozialen Wohnungsbaus an Stelle der Zahlung von Wohngeld müsste die Politik mittlerweile gelernt haben, dass eine Subjektförderung – in diesem Falle also ein Transfer, der am geringen Haushaltseinkommen ansetzt – effektiver und fiskalisch kostengünstiger ist.

Schließlich ist festzustellen, dass diese Reform keinen Beitrag zur Bewältigung des eigentlichen Problems der Arbeitslosigkeit leistet, das doch den Anlass für die „Hartz-Reformen" bildete. Insofern stellt sie innerhalb des Hartz-Konzepts einen Fremdkörper dar.

e) Entgeltsicherung und Brückengeld für ältere Arbeitnehmer

Zwei komplementäre Wege sollen die Arbeitslosigkeit unter älteren Arbeitnehmern verringern: die Entgeltsicherung (1), die einen Übergang in niedriger entlohnte Beschäftigungsverhältnisse subventioniert, und das Brückengeld (2), das einen Vorruhestand ab 55 Jahren ermöglicht.

(1) Die Entgeltsicherung gemäß dem neu ins Sozialgesetzbuch III eingefügten §421i stellt eine Art „Lohnversicherung" dar. Sie soll gerade arbeitslos gewordenen Arbeitnehmern, die das 50. Lebensjahr vollendet haben, die Rückkehr in die Beschäftigung dadurch erleichtern, dass diese einen Zuschuss zum Arbeitsentgelt erhalten, wenn sie in ein niedriger entlohntes sozialversicherungspflichtiges Beschäftigungsverhältnis eintreten. Der Zuschuss beträgt 50 Prozent der monatlichen Nettolohndif-

gung. Untersuchung im Auftrag des Bundesministeriums für Arbeit und Sozialordnung, Köln 1997, S. 62.

ferenz, plus einem entsprechenden Zuschuss zur gesetzlichen Rentenversicherung. Damit erhalten die Arbeitgeber einen zusätzlichen Anreiz, ältere Arbeitnehmer einzustellen. Überdies kann die Entgeltsicherung mit anderen Lohnkostenzuschüssen an den Arbeitgeber kumuliert werden.

Der Beirat sieht bei der Entgeltsicherung älterer Arbeitnehmer vergleichbare Probleme wie bei der Lohnsubvention durch die Personal-Service-Agenturen. Wäre die Menge der arbeitslosen älteren Arbeitnehmer fest, würden den Mehrausgaben der Entgeltsicherung Minderausgaben bei der Arbeitslosenversicherung gegenüberstehen. Doch diese statische Sichtweise ist unangebracht. Die Ausgestaltung der Entgeltsicherung leistet dem „Drehtüreffekt" Vorschub, zumal eine kumulative Lohnkostensubvention zugelassen ist. Werden jedoch in Zukunft Beschäftigungsverhältnisse durch die Entgeltsicherung subventioniert, die ohne diese normal weiterbestanden hätten, kann das Konzept nicht mehr kostenneutral sein.

Auch die Effekte auf die Lohnpolitik entsprechen denen, die bereits im Abschnitt über die PSA diskutiert wurden. Sobald Gewerkschaften einen Teil der Subventionen abschöpfen, wirkt die Entgeltsicherung lohntreibend.

(2) Das Brückengeld gemäß dem neu ins Sozialgesetzbuch III eingefügten § 421l ermöglicht es dem Arbeitnehmer, bereits mit Vollendung des 55. Lebensjahrs aus dem Erwerbsleben auszuscheiden. Das Brückengeld wird bis zu 5 Jahre lang in Höhe des halben Leistungssatzes des Arbeitslosengeldes gezahlt. Gleichzeitig übernimmt die Bundesanstalt für Arbeit wie im Falle der Arbeitslosenunterstützung die anteiligen Sozialversicherungsbeiträge.

Das Brückengeld führt faktisch einen Vorruhestand ab 55 ein. Das Gutachten der Hartz-Kommission will das Brückengeld zwar so berechnen, dass es fiskalisch neutral bleibt. Diese Rechnung bzw. die in SGB III § 421l avisierte Approximation durch den halben Leistungssatz des Arbeitslosengeldes baut jedoch auf der heutigen sehr niedrigen Wiederbeschäftigungswahrscheinlichkeit eines arbeitslosen älteren Arbeitnehmers auf. Diese wiederum hängt von der heutigen Höhe der Sozialhilfe und der Arbeitslosenunterstützung ab. Anstatt das Problem an der Wurzel zu packen, zementiert das Brückengeld daher das hohe Niveau des Anspruchslohns, welches diese niedrige Wiederbeschäftigungswahrscheinlichkeit produziert hat.

Wird die Höhe der Sozialhilfe und der Arbeitslosenunterstützung im Zuge weiterer arbeitsmarktpolitischer Maßnahmen verringert (vgl. Abschnitt c), stellt das Brückengeld eine weitere Subventionierung der Frühverrentung dar. Es setzt falsche Anreize und bringt fiskalische Mehrkosten mit sich.

Der Beirat würdigt in seiner Einschätzung beider Maßnahmen, dass sie zunächst zeitlich begrenzt sind. Er zweifelt jedoch daran, dass diese zeitliche Begrenzung – das zuletzt ausgezahlte Brückengeld beginnt 2005 und endet 2010 – den im Hartz-Gutachten erwähnten auf uns zukommenden demographischen Problemen wirklich Rechnung trägt. Er sieht in beiden Maßnahmen den falschen Weg. Sie wecken Erwartungen und Ansprüche, von denen jetzt bereits klar ist, dass sie in Zukunft nicht erfüllt werden können. Besonders schädlich ist die Einführung eines noch früheren Vorruhestands. Die nötigen Anpassungen auf Arbeitnehmer- und Arbeitgeberseite werden um weitere 5 bis 10 Jahre verschoben.

III. Maßnahmen zur Flankierung auf dem Kreditmarkt

f) Einführung von Job-Floatern

Die Kommission *Moderne Dienstleistungen am Arbeitsmarkt* stellt im 12. „Innovationsmodul“ das Konzept eines „Job-Floaters“ vor. Das Konzept sieht vor, dass ein Unternehmen unter bestimmten Voraussetzungen Anspruch auf ein Darlehen erhält, sofern es einen Arbeitslosen nach Ablauf der Probezeit dauerhaft beschäftigt. Die Kommission verfolgt damit zwei Ziele. Zum einen soll ein Beitrag zum Abbau der Arbeitslosigkeit geleistet werden, indem Anreize geschaffen werden, Arbeitslose einzustellen. Zum anderen soll ein Instrument zur Verfügung gestellt werden, welches den Zugang namentlich von mittelständischen Unternehmen zu Finanzmitteln ermöglicht. Das Konzept der Kommission wurde von der Bundesregierung in Zusammenarbeit mit der Kreditanstalt für Wiederaufbau (KfW) als Programm „Kapital für Arbeit“ mit Wirkung vom 1. November 2002 umgesetzt.

Die KfW stellt innerhalb dieses Programms Darlehen an kleine und mittelständische Unternehmen zur Verfügung, sofern eine ausreichende Bonität des beantragenden Unternehmens und die dauerhafte Einstellung eines Arbeitslosen als Voraussetzungen erfüllt sind.[88] Das Darlehen kann bis zu einer Höhe von 100 Tsd. Euro je Arbeitslosen gewährt werden und besteht jeweils hälftig aus Mitteln der KfW und der Hausbank des betreffenden Unternehmens. Dabei wird der KfW-Anteil als Nachrangdarlehen vergeben (also keine Stellung von Sicherheiten seitens des Unternehmens, die durchleitende Hausbank wird insoweit von allen Risiken freigestellt). Der Anteil der Hausbank besitzt demgegenüber den Charakter eines klassischen Darlehens und wird als KfW-Förderkredit vergeben. Das heißt: Er ist banküblich besichert und das Ausfallrisiko liegt bei der Geschäftsbank. Die Zinskonditionen für beide Tranchen sol-

[88] Quelle: www.kfw.de/DE/DIE20%Bank/AktuellesausderKfW/KapitalfrA.jsp. Stand 1.11.2002

len sich differenziert nach verschiedenen Bonitätsklassen in etwa an die Marktkonditionen anlehnen oder leicht günstiger gestaltet sein. Eine Obergrenze des Gesamtvolumens des Programms ist (bisher) nicht festgelegt worden. Die KfW geht von einer Laufzeit von bis zu zehn Jahren aus, wobei die ersten acht Jahre beim nachrangigen Darlehen tilgungsfrei sind. Die KfW verlangt, dass die Arbeitslosen länger als die Probezeit beschäftigt und vorher bei den zuständigen Stellen, Arbeitsämtern, Job-Center oder Personal-Service-Agenturen, gemeldet gewesen sein müssen.

Nach den Vorstellungen der Kommission – die KfW-Bestimmungen sagen darüber noch nichts aus – können die erhaltenen Finanzmittel auch im Falle einer arbeitgeber- oder arbeitnehmerseitigen Kündigung in dem betreffenden Unternehmen verbleiben. Zwar finden sich keine Angaben über eine Mindestdauer des Beschäftigungsverhältnisses des neu eingestellten Arbeitslosen. Indes sollen mit Hilfe einer Feststellung der Anzahl der Beschäftigten zu einem bestimmten Stichtag Substitutionseffekte zwischen bereits Beschäftigten und Neueinstellungen vermieden werden. Zumindest nicht erkennbar geregelt ist die Frage, ob ein mit Hilfe eines Job-Floaters Beschäftigter, der das Unternehmen verlässt, bei einem anderen Arbeitgeber – nach einer kurzen Arbeitslosigkeitsperiode – erneut auf der Finanzierungsgrundlage eines Job-Floaters eingestellt werden kann.

Wie bei nahezu allen staatlichen Förderprogrammen und vor dem Hintergrund der bisher bereits gewährten Gründungsdarlehen stellen sich für die Beurteilung des Job-Floaters oder des Programms „Kapital für Arbeit“ zwei Fragen: Inwieweit werden tatsächlich zusätzliche Arbeitsplätze für Arbeitslose geschaffen, und wer trägt mit welchen Folgen die Kosten des Programms?

Die erste Frage thematisiert mögliche Beschäftigungseffekte. Zum einen kann die mit der verbilligten Darlehensgewährung einhergehende Kostenreduktion bei den betreffenden Unternehmen zu Neueinstellungen führen. Zum anderen kann die Reduzierung der Kapitalkosten die Unternehmen zu einer kapitalintensiveren Produktion, also zu geringerer Beschäftigung führen. Da im Investitionskalkül des Unternehmens der nominale Zinssatz ohnehin von untergeordneter Bedeutung ist, dürften die erhofften positiven Beschäftigungseffekte gering ausfallen, wenn sie nicht von vornherein unterbleiben. Zu bedenken sind ferner mögliche Mitnahmeeffekte. Diese wird man im Rahmen vertretbarer Kontrollmaßnahmen nie ganz vermeiden können und geringe Mitnahmeeffekte wären hinnehmbar, wenn die Effektivität des Programms im Übrigen gewährleistet wäre. Was die Mitnahmeeffekte in Form eines bloßen Austausches von Beschäftigten anbelangt, so mögen sich diese in kleinen und mittleren Unternehmen in Grenzen halten. Allerdings bedeutet eine steigende Anzahl von Beschäftigten nicht, dass es keine Mitnahmeeffekte gäbe, beispielsweise weil diese zusätzlichen Arbeitskräfte ohnehin eingestellt worden wären oder ein Teil des Ersatzbedarfes – etwa auf Grund von Pensionierungen – letztlich per Job-Floater gefördert wird. Doch sind in jedem Falle Mitnahmeeffekte auf Grund der Voraussetzung einer „guten Bonität“ der Unternehmen zu vermuten. Denn diese Unternehmen haben in der Regel wenige Probleme, sich am Kapitalmarkt zu finanzieren.

Bedenklicher wäre die Förderung von Unternehmen mit dürftiger Bonität, die sich am Markt nicht behaupten können. Dies bedeutete neben dem möglichen Kreditausfall, den Ausleseprozess des Wettbewerbs zu verlangsamen, ohne ihn letztlich aufhalten zu können. Allerdings erscheint die Sorge, die Kredite könnten an Unternehmen mit zu geringer Bonität gegeben werden, unbegründet. Die den Kredit vergebenden Banken müssen entsprechend der Risikobewertung von Krediten auf Grund von Basel II die Zinsen auf ihren Teil des Kredits so stark erhöhen, dass der zinssenkende Effekt des von der KfW gegebenen Kredits überkompensiert werden dürfte.

Die Kosten des Programms hängen im Wesentlichen von zwei Faktoren ab: Inwieweit subventioniert die KfW den Darlehenszins, und wie hoch ist das Ausfallrisiko zu veranschlagen? Wenn sich der Darlehenszinssatz und der von der KfW zu zahlende Refinanzierungszinssatz in etwa entsprechen – was die Einlassungen der KfW nahe legen –, halten sich die diesbezüglichen Kosten einerseits in Grenzen; allerdings findet möglicherweise eine gewisse Verdrängung von Geschäftsbanken statt. Andererseits dürften die Kosten dann zu Buche schlagen, wenn doch geringere Anforderungen an die Bonität gestellt werden, mit der Folge eines signifikant höheren Ausfallrisikos. Nicht unerwähnt sollte der mit diesem Programm einhergehende Ausbau eines staatlichen Nebenhaushalts bei der KfW bleiben.

Die Beschäftigungseffekte werden auf Grund der Rahmenbedingungen dieses Programms wohl bescheiden ausfallen, und zwar bei den kapitalintensiven Unternehmen noch mehr als bei arbeitsintensiven Unternehmen, deren Arbeitsplätze weniger als 100 Tsd. Euro kosten, und wohl um so eher, je weniger die KfW-Kredite im Rating der Unternehmen als Fremdkapital und nicht als Eigenkapital gezählt werden. Dann besteht die Befürchtung, dass die Politik im Falle enttäuschender Beschäftigungswirkungen eine Aufstockung des Programms vornimmt.

Fazit

Zusammenfassend kommt der Beirat zu der Einschätzung, dass die „Hartz-Reformen“ sowohl positive Anstöße zu einer verbesserten Administration der Arbeitslosigkeit als auch ökonomisch kontraproduktive und fiskalisch riskante Maßnahmen enthalten:

1. Die Einrichtung von Personal-Service-Agenturen wird bei einer Größenordnung von 50.000 Arbeitslosen keine nennenswerte Entlastung des Arbeitsmarktes bewirken; weitet man sie dagegen stark genug aus, um eine solche Wirkung zu erzielen, kann dies mit erheblichen Belastungen für den Etat der Bundesanstalt für Arbeit (neu) einhergehen.

2. Job-Center sind zwar grundsätzlich geeignet, die Effizienz der Arbeitsvermittlung zu verbessern, sie sollten jedoch nicht mit weiteren und sachfremden Aufgaben überlastet werden.

3 Die Zusammenlegung von Arbeitslosen- und Sozialhilfe zum Arbeitslosengeld II ist als Maßnahme zur Hebung der Verwaltungseffizienz grundsätzlich zu begrüßen. Im weiteren Gesetzgebungsverfahren kommt es darauf an, die Ausgestaltung dieser Leistungen und die zeitliche Dauer des Arbeitslosengeldes I so zu reformieren, dass die Anreize zur Arbeitssuche bestmöglich gefördert werden.

4. Die Ausweitung der Einkommensgrenzen für geringfügige Beschäftigung im Bereich der haushaltsnahen Dienstleistungen löst kein Arbeitsmarktproblem und ist als Schwächung der Bemessungsgrundlage der Sozialversicherung abzulehnen.

5. Auch die noch weiter gehende Erleichterung des vorzeitigen Ausscheidens aus dem Erwerbsleben durch das geplante Brückengeld ist angesichts der demographischen Entwicklung ein Schritt in die falsche Richtung.

6. Die Job-Floater werden, wenn überhaupt, nur einen geringen Effekt auf die Wiedereingliederung von Arbeitslosen haben. Sie sind jedoch ebenso wie die PSA aufgrund möglicher Mitnahmeeffekte fiskalisch riskant.

Der Beirat regt an, bei der weiteren Umsetzung der Empfehlungen der Hartz-Kommission die richtigen Weichenstellungen vorzunehmen, um die positiven Wirkungen der Reformen zur Geltung zu bringen und die aufgezeigten Gefahren nach Möglichkeit zu vermeiden.

Frankfurt, am 16. November 2002

Der Vorsitzende des Wissenschaftlichen Beirats beim Bundesministerium für Wirtschaft und Arbeit

Prof. Dr. Wernhard Möschel

Gutachten vom 11. Oktober 2003

Thema: Tarifautonomie auf dem Prüfstand

Der Wissenschaftliche Beirat beim Bundesministerium für Wirtschaft und Arbeit hat sich in mehreren Sitzungen, zuletzt am 11. Oktober 2003, mit dem Thema

Tarifautonomie auf dem Prüfstand

befasst und ist dabei zu der nachfolgenden Stellungnahme gelangt.

Anlass des Gutachtens

1. Die Tarifautonomie erlaubt es Arbeitgebern und Gewerkschaften, die Arbeitsbeziehungen kollektiv zu regeln. Der Flächentarifvertrag hat sich hierbei als die zentrale Regelungsebene etabliert. Fast zwei Drittel der Arbeitnehmer in Westdeutschland, weniger als die Hälfte in Ostdeutschland sind in Betrieben beschäftigt, deren Inhaber an einen Flächentarifvertrag gebunden ist. Obwohl ein Tarifvertrag unmittelbar nur zugunsten der gewerkschaftsangehörigen Mitarbeiter gilt, wenden ihn die Unternehmen in gleicher Weise auf die gewerkschaftsfreien Arbeitnehmer an, die insgesamt die große Mehrheit bilden. In nicht tarifgebundenen Unternehmen lehnen sich die individuellen Arbeitsverträge durch so genannte Bezugnahmeklauseln vielfach an einen Flächentarifvertrag an. Das betrifft ein weiteres Sechstel aller Beschäftigten in ganz Deutschland. Im Bereich von Firmentarifverträgen sind rund drei Millionen Arbeitnehmer, etwas weniger als ein Zehntel, beschäftigt. Damit sind die Arbeitsbeziehungen nahezu flächendeckend kollektiv geregelt. In einem relativ stabilen wirtschaftlichen Umfeld mit anhaltendem Wachstum schien die Tarifordnung eine Reihe von Jahren einen verlässlichen Rahmen zum Wohle von Arbeitnehmern und Unternehmen zu setzen. Doch schon seit geraumer Zeit zeigt die Beschäftigungsentwicklung in Deutschland, dass es den Tarifparteien unter den gegebenen Rahmenregelungen nicht mehr gelingt, ihrer Aufgabe gerecht zu werden. Die Anzahl der offiziell ausgewiesenen Arbeitslosen ist in den letzten drei Jahrzehnten nach und nach auf weit über vier Millionen gestiegen. Nicht viel weniger als zwei weitere Millionen müssen hinzugezählt werden, wenn man auch an die Menschen denkt, die als verdeckt arbeitslos gelten.

2. Die Bedingungen auf den Märkten haben sich für viele Unternehmen in den vergangenen Jahrzehnten fundamental verändert. Das betriebliche Umfeld ist durch den technischen Fortschritt, den internationalen Wettbewerb, die Internationalisierung der Produktion und die vielen

weiteren Faktoren, die den strukturellen Wandel antreiben, unsicherer geworden. Die weltweite Verflechtung der internationalen Güter- und Kapitalmärkte hat zugenommen. Der Wettbewerbsdruck ist für viele Betriebe heute höher, als sie es von früher her gewohnt waren. Mit neuen Produkten, neuen Produktionsverfahren und neuen Organisationsformen versuchen die Unternehmen, ihre gefährdete Wettbewerbsposition zu sichern. Unternehmensführungen und Belegschaften stehen vor der Herausforderung, sich kontinuierlich an ein sich veränderndes betriebliches Umfeld anzupassen. Diese Herausforderungen unterscheiden sich jedoch von Betrieb zu Betrieb, von Region zu Region und von Branche zu Branche. Flexibilität und Differenzierung sind in diesem instabilen wirtschaftlichen Umfeld die Voraussetzungen dafür, dass Unternehmen und Belegschaften den unterschiedlichen Anpassungserfordernissen Rechnung tragen können. Die institutionelle Ausgestaltung der Tarifordnung lässt den Betrieben und ihren Mitarbeitern keinen hinreichenden Spielraum für Flexibilität und Differenzierung. Der Wissenschaftliche Beirat nimmt diese Diagnose zum Anlass, sich mit den Möglichkeiten einer Modernisierung der Arbeitsmarktordnung auseinanderzusetzen. Er kommt zu dem Ergebnis, dass der Gesetzgeber für eine Öffnung der Tarifverträge sorgen sollte.

A. Versagen angesichts der Arbeitslosigkeit

3. Die langfristige Zunahme der Arbeitslosigkeit in Deutschland wie anderwärts hat, vordergründig betrachtet, gewiss großenteils Gründe, die man mit Fehlentwicklungen bei der Lohnbildung nicht ohne weiteres in Verbindung bringen kann. Breite und tiefgreifende Veränderungen in den Bedingungen für die internationale Arbeitsteilung hatten negative Beschäftigungsfolgen, die lohnseitig direkt, das heißt dort, wo sie eintraten, nicht zu verhindern waren, jedenfalls auf die Dauer nicht. Sie mussten an anderer Stelle ausgeglichen werden. Bei dieser Aufgabe aber ist die Lohnbildung allemal im Zentrum des Geschehens. In der Lohnpolitik liegen nun einmal die wichtigsten Handlungsmöglichkeiten – wenn auch nicht nur dort –, gesamtwirtschaftlichen Beschäftigungsproblemen, die ihre Ursachen ganz anderswo haben mögen, entgegenzuwirken.

4. Im ersten Vierteljahrhundert nach dem zweiten Weltkrieg, einer Zeit des Wiederaufbaus und der enormen Expansion der Weltwirtschaft, konnten die alten Industrieländer – sowie mehr und mehr auch Japan – ihre Vorreiterrolle behaupten. Die außerordentliche Ausweitung der Industrieproduktion fand vor allem hier statt. An dem spektakulären Wohlstandsgewinn hatten alle teil. Die qualifizierten Kräfte wie der ein-

fachste Arbeiter erreichten ein Lohnniveau, von dem die Menschen im weniger entwickelten Teil der Welt nur träumen konnten (wie auch die eigenen Vorväter). Zugleich wurde ein so außergewöhnlich hoher Beschäftigungsstand erreicht – und eine entsprechende Auswahl an freien Arbeitsplätzen auf dem Arbeitsmarkt –, dass das Wort von der wirtschaftlichen Freiheit des einzelnen wirklich für fast jedermann realen Gehalt bekommen hatte. Freilich, was die Knappheitsverhältnisse in den frühen siebziger Jahren hergaben, war nicht garantiert für alle Zeit.

5. Im zweiten Vierteljahrhundert nach dem zweiten Weltkrieg fiel die Antwort der Investoren auf die drei wichtigsten Standortfragen – Was kann man dort? Was kostet es dort? Kann man sich auf die Leute dort verlassen? – nach und nach und immer öfter zugunsten neuer Länder aus. Was daran wichtig war (und nicht selbstverständlich): Die alten Industrieländer verloren bei alten Industrien mehr an Produktion und Beschäftigung, als sie bei neuen Industrien und auf dem neuen Wachstumsfeld der Dienstleistungen gewannen. Nur wenige Industrieländer blieben frei von starker und nachhaltiger Zunahme der Arbeitslosigkeit.

Zuerst und am stärksten wurden Produktion und Beschäftigung verloren in Industriezweigen, in denen einfache Arbeit noch eine beträchtliche Rolle spielte. Hier konnten Länder, die sich entwickelten, ihren riesigen Lohnkostenvorteil nutzen, sobald sie in gewissem Umfang die komplementär geforderten qualifizierten Kräfte herangebildet und nach und nach für verlässlichere allgemeine Produktions- und Marktbedingungen gesorgt hatten.

Schon lange beschränkt sich das Aufholen dieser Länder allerdings nicht mehr allein auf Wirtschaftszweige, die durch das Übergewicht an einfacher Arbeit geprägt sind.

6. Große Gewinne der sich entwickelnden Länder bei Produktion und Beschäftigung aufgrund des Aufholens bei den Standortfaktoren „Qualifikation“ und „Verlässlichkeit“ hätten die alten Industrieländer selbst durch energisches lohnpolitisches Gegenhalten nicht aufhalten können, und auch nicht aufhalten sollen.

Die offensiven Chancen der alten Industrieländer lagen im Entstehen und Wachsen neuer Industriezweige und in der Expansion der Dienstleistungsbereiche. Defensive Chancen hatten sie – auf dem Lohnniveau, das sie erreicht hatten – allein in der Entwicklung neuer kostensenkender Produktionstechniken, und auch dies nur, wenn sich ein offensives Element in Gestalt wahrnehmbarer Produktinnovation damit verband, das alte Wettbewerbsvorsprünge erneuerte.

7. Die offensiven wie die defensiven Chancen wurden erfolgreich genutzt – aber eben nicht erfolgreich genug. Warum nicht erfolgreich genug, ist die nicht abschließend beantwortete Frage. Es gibt jedoch Teilantworten, die inzwischen wenig umstritten sind.

- Wachstumsfeindliches Denken hat lange Jahre den Blick dafür verstellt, dass die ständige Pflege guter Bedingungen für kräftige Wachstumsdynamik das Wichtigste ist, um das man sich in einer Volkswirtschaft kümmern muss. Andernfalls verliert diese im Prozess des strukturellen Wandels, der unaufhaltsam ist, ständig mehr, als sie gleichzeitig gewinnt, wie es jetzt drei Jahrzehnte lang geschehen ist. Fast widerstandslos oder sogar vorsätzlich wurden Aktivitätsfelder aufgegeben oder neue ausgelassen, die sich als sehr zukunftsträchtig erwiesen haben. Man muss nicht alle Chancen nutzen, aber man darf auch nicht die wichtigsten schmähen und dann darauf vertrauen, dass die Marktwirtschaft es schon richten werde.

- Die Lohnpolitik hat trotz ständig steigender Arbeitslosigkeit – über die Konjunkturschwankungen hinweg – die Löhne ständig weiter erhöht, als wenn es das Selbstverständlichste von der Welt wäre, eine Sache, von der man zu wenig verkauft, auch noch zu verteuern. Maßgeblich hierfür war offensichtlich die fehlsame Vorstellung, eine Lohnerhöhung sei allemal beschäftigungsneutral, wenn sie durch einen entsprechenden Produktivitätszuwachs gedeckt sei und bringe schon einen Beschäftigungsgewinn, wenn sie ein bisschen dahinter zurückbleibe. So verhält es sich aber nicht. Schon dann nicht, wenn die Unternehmen im Ausland mit ihren Lohnerhöhungen stärker hinter ihrem Produktivitätszuwachs zurückbleiben als die Unternehmen im Inland. Und noch viel weniger, es sei wiederholt, wenn man im Ausland aufholt oder einen Vorsprung erzielt bei Standortfaktoren, die für Entscheidungen über Produktionsstandorte hochbedeutsam sind, deren Bedeutung bei der üblichen Produktivitätsmessung und bei Produktivitätsvergleichen aber nicht oder allenfalls teilweise zum Tragen kommt. Von den beiden wichtigsten Beispielen hierfür, dem Angebot an komplementär geforderten qualifizierten Arbeitskräften und dem Faktor „Verlässlichkeit“ war schon die Rede.

- Es hat zwar gelegentlich eine Korrektur exzessiver Übertreibungen bei der Steigerung der Arbeitskosten in Deutschland gegeben, so etwa – und durchaus von Gewicht und nicht ohne nennenswerten Erfolg bei der Beschäftigung – in den achtziger Jahren, als die den Unternehmen in den siebziger Jahren abgenötigte Einkommensumverteilung, welche die Kapitalrendite in Deutschland schwer geschädigt hatte, großenteils zurückgeführt wurde. Trotzdem hatte die Korrektur der überhöhten

Arbeitskosten in Ausmaß und Nachhaltigkeit niemals Kontakt mit der Größe des inzwischen aufgelaufenen Beschäftigungsproblems.

- Der Prozess der Kapitalintensivierung, der Teil des ständigen Strukturwandels ist, auch Teil der defensiven Antwort auf die genannten Herausforderungen (lohngetriebene Substitution von Arbeit durch Kapitalgüter, wo diese von steigenden Lohnkosten weniger verteuert werden als andere Güter), hat zwar beschäftigungspolitisch nicht in jedem Fall Einwände gegen sich. Beim Bau der vermehrt benötigten Kapitalgüter haben die alten Industrieländer ihre Position im Standortwettbewerb eher gut behauptet, so dass *insoweit* bei der Kapitalintensivierung im ganzen nichts an Beschäftigung verloren geht. Zweierlei ist jedoch zu bedenken. Insoweit das Ausland auch bei Kapitalgütern das günstigere Angebot hatte, was immer öfter der Fall war, wurde die Substitution von (inländischer) Arbeit durch (ausländische) Kapitalgüter zu einem Teil der Verdrängung inländischer Produktion und Beschäftigung durch ausländische. (Man klage freilich nicht den Falschen an: Die Kapitalintensivierung selbst ist immer, und also auch in diesem Fall, in dem sie Antwort auf einen inländischen Kostennachteil ist, ein Weg der Sicherung einer – reduzierten – Beschäftigung im Inland). Außerdem geht es bei der Kapitalintensivierung meistens um einen Prozeß, bei dem letztlich einfache Arbeit durch qualifizierte Arbeit ersetzt wird; denn die Kapitalgüterindustrie ist ein Wirtschaftsbereich, in dem einfache Arbeit unterdurchschnittlich anfällt. Und dies ist kein harmloser Aspekt. Die hohe Arbeitslosigkeit im Bereich der wenig qualifizierten Kräfte ist ein Problemfeld, auf dem sich Fehlentwicklungen der Lohnpolitik mit Fehlentwicklungen der staatlichen Sozialpolitik in unheilvoller Weise verschlungen haben. (Siehe hierzu das Gutachten des Wissenschaftlichen Beirats „Reform des Sozialstaats für mehr Beschäftigung im Bereich gering qualifizierter Arbeit", 2002.)
- Über den offiziellen Markt gehende Dienstleistungen haben es besonders schwer.
  - Zu überwinden ist eine immer höher gewordene Hürde in Gestalt der staatlichen Abgabenlast. Aufgrund von Steuern und steuerähnlichen Sozialabgaben muss einer für eine Dienstleistung im allgemeinen das Dreifache, in vielen Fällen das Vierfache (oder sogar noch mehr) dessen bezahlen, was er netto verdient, wenn er selbst diese Dienstleistung (als Beschäftigter eines Dienstleistungsunternehmens etwa) erbringt. Gegen diese Relation kommt die höhere Produktivität bei der professionellen Erbringung von Dienstleistungen nur allzu oft nicht an, mit der Folge, dass man etwas selber macht, auch wenn eigentlich Arbeitsteilung angezeigt wäre.

- Das Selbermachen wird durch die Technisierung der privaten Haushalte immer leichter.
- Die abgabenfreie Schattenwirtschaft ist für denjenigen, der bezüglich der illegalen Vermeidung von Steuern und Sozialabgaben hinreichend robust ist, eine Alternative, die im Bereich der Dienstleistungen viel leichter zugänglich ist als im Bereich der Warenproduktion.

8. Ob ein Land im internationalen Wettbewerb auf die Verliererstraße gerät oder nicht, wird nach verbreiteter, wenngleich irriger Meinung weniger von den Löhnen als vielmehr davon bestimmt, ob es nachhaltig zu erheblichen (realen) Wechselkursänderungen kommt. In den vergangenen drei Jahrzehnten ist das zwar immer wieder der Fall gewesen und hat gelegentlich enorme Anpassungsaufgaben mit sich gebracht, zumal es bei marktbestimmten Bewegungen der Wechselkurse, die meist solide Gründe haben, nicht selten zu schlimmen Übertreibungen kommt. Fahrlässig aber wäre es zu folgern, der beschäftigungspolitischen Verantwortung der Lohnpolitik werde durch das Geschehen an den Devisenmärkten gleichsam der Boden entzogen, etwa nach dem Muster: Was nutzt denn lohnpolitische Zurückhaltung, wenn eine anschließende Aufwertung der Währung den Gewinn an Wettbewerbsvorteilen nicht nur zunichte macht, sondern sogar in einen Nachteil verkehrt. Tatsächlich gibt es an den guten Wirkungen einer zurückhaltenden Lohnpolitik grundsätzlich keinen Zweifel.

Wechselkursänderungen, die nicht bloß internationale Inflationsunterschiede ausgleichen, reflektieren von den Finanzmärkten her die veränderte Einschätzung eines Wirtschaftsstandorts und internationalisieren einen Teil der positiven respektive negativen Wirkungen bei Produktion und Beschäftigung, die mit einer solchen Neueinschätzung einhergehen. Einen Teil! Angenommen, die Neueinschätzung des Wirtschaftsstandorts werde ausgelöst durch eine Lohnpolitik, die eine Senkung des Kostenniveaus zuwege bringt. Eine solche Lohnpolitik macht ein Mehr an Investitionen, Produktion und Beschäftigung rentabel. Ihren Lohn in Gestalt eines Gewinns an Beschäftigung erhält sie in jedem Falle. Sie erhält ihn auch dann, wenn sich das Ausland vermittels eines Kapitalzustroms an der Nutzung der verbesserten Investitionsbedingungen beteiligt und über den zugehörigen realen Transfer einen entsprechenden Teil der positiven Wirkungen auf Produktion und Beschäftigung bei sich anfallen lässt. Bewerkstelligt wird der Realtransfer von den gleichzeitig induzierten Wechselkursveränderungen – im Beispielfall wäre das eine Aufwertung –, die durchaus beträchtlich ausfallen können. Die Teilhabe des Auslands bedeutet zudem nicht brutto für netto einen Abzugsposten.

Ohne den Kapitalzustrom würde die Ausweitung der Investitionen im Inland im ganzen geringer sein und damit auch die positive Wirkung auf Produktion und Beschäftigung, die bei der Nutzung der neuen Anlagen im Inland entsteht.

Im Übrigen: Seit Beginn der Europäischen Währungsunion stellt sich die Frage, inwieweit die Verantwortung der Lohnpolitik für die Beschäftigungsentwicklung durch wechselkursseitig bestimmte Veränderungen der internationalen Wettbewerbsbedingungen relativiert wird, für das einzelne Land der Währungsunion nicht mehr. Es kann die Wechselkurse der Währungsunion nicht eigenständig beeinflussen. Die nationale Lohnpolitik hat die Wechselkurse zu nehmen, wie sie sind, manchmal hilfreich, manchmal störend, und muss darauf antworten wie auf andere bedeutsame Veränderungen der gesamtwirtschaftlichen Daten auch.

9. Noch immer nicht aus der Welt ist eine weitere irrige Vorstellung, nämlich die, eine einigermaßen allgemeine Erhöhung der Arbeitskosten könnte von den Unternehmen in ihren Verkaufspreisen überwälzt werden. Dieser Einwand gegen die beschäftigungspolitische Verantwortung der Lohnpolitik war nie stichhaltig und ist es heute noch weniger als früher. Nur insoweit die Geldpolitik der Zentralbank eine Erhöhung des allgemeinen Preis- und Lohnniveaus durch eine Zunahme der Geldmenge möglich macht, können Unternehmen davon ausgehen, dass eine vollständige Überwälzung von Kostenerhöhungen, die mehr oder weniger alle Unternehmen treffen, realisierbar ist. Zudem hätten sie zu erwarten, dass die Gewerkschaften darauf mit zusätzlichen Lohnforderungen reagieren. Es drohte eine Lohn-Preis-Spirale. Schon unter der Regie der Deutschen Bundesbank war die Vorstellung, ein solcher Ablauf werde geldseitig alimentiert, nicht fundiert. Unter der Herrschaft der Europäischen Zentralbank, die sich nicht nach den Verhältnissen in einem einzelnen Land richten kann, ist sie abwegig. Außerdem hat es in der Europäischen Währungsunion nichts mehr mit der Wirklichkeit zu tun, sich vorzustellen, eine Lohnrunde verändere das Kostenniveau aller Konkurrenten etwa in der gleichen Weise. Kurz: Eine Erhöhung der Arbeitskosten kann im allgemeinen nicht vollständig überwälzt werden, sondern vermindert die Gewinne und die für Investitionen so wichtigen Gewinnerwartungen.

10. Die beschäftigungspolitische Bedeutung der Lohnpolitik hat man sich nicht nur einzelwirtschaftlich, also anhand der Marktzusammenhänge, zu vergegenwärtigen, sondern auch über eher gesamtwirtschaftlich zu identifizierende Zusammenhänge. Die Basisüberlegung ist einfach und knüpft am Einzelwirtschaftlichen an: Arbeitslosigkeit könnte verringert werden, wenn die Löhne als Folge des Angebotsüberhangs am Arbeitsmarkt weniger stark steigen oder sogar sinken. Als Folge davon verbesserten sich die

Gewinnerwartungen im Inland, die Wachstumsrate des Kapitalstocks nähme zu, inländische Arbeitsplätze würden neu entstehen, die Arbeitslosigkeit ginge zurück, und man mag auf eine gesunde – selbsttragende – gesamtwirtschaftliche Wachstumsdynamik rechnen. Wird hingegen ein viel zu hoch gewordenes Niveau der Löhne – und damit der Arbeitskosten – hartnäckig verteidigt, so muss man befürchten, die Abschwächung der Investitionsneigung, die Primärfolge der zu hohen Löhne ist und mit sich bringt, dass weniger Arbeitsplätze geschaffen werden, als man für einen hohen Beschäftigungsstand braucht, werde sich verselbständigen. Die Abwärtsbewegung bei den Investitionen würde dann zu einem Prozess, der sich selbst trägt und antreibt; der gesamtwirtschaftliche Kapitalstock würde immer unzureichender, die Arbeitslosenquote immer größer. Das ist das, was wir als nachhaltige Abschwächung der Wachstumsdynamik einer Volkswirtschaft kennen, als den unerhört bedrückenden Vorgang, der sich so schwer umkehren lässt und deshalb die Menschen ratlos macht, selbst Fachleute.

11. Die beschäftigungspolitische Bedeutung der Lohnpolitik liegt nicht nur darin, dass sie über nachhaltige Lohnveränderungen die Entwicklung des Kostenniveaus in der Volkswirtschaft wesentlich bestimmt, stärker als jeder andere Faktor. Ihre Bedeutung liegt daneben in dem Einfluss, den sie auf die Flexibilität am Arbeitsmarkt nimmt, besser sogar: auf die Flexibilität in der Arbeitswelt. Flexibilität der Unternehmen beim Einsatz und der Bezahlung von Arbeitskräften ist selbst ein Faktor, der das Niveau der effektiven Kosten mit bestimmt. Aber sie ist womöglich noch bedeutsamer mit ihrem Einfluss auf das Risiko, das zu übernehmen ein Investor wagen muss. Ob eine Investition eine Fehlinvestition wird oder sich am Ende als erfolgreich erweist, hängt wesentlich davon ab, wie flexibel die Menschen, die mit der Nutzung einer Produktionsanlage zu tun haben, reagieren, wenn es unterwegs Schwierigkeiten gibt. Sind sie bereit, ihre Lohnansprüche temporär zurückzunehmen, bereit, sich verstärkt, länger und zu ungewohnten Zeiten abzumühen, wenn der Erfolg des Unternehmens, zu dem sie gehören, dies verlangt? Abstrakter gesprochen: Ein Investor, der mit hoher Problemlösungskapazität des Betriebs, in den er investiert, rechnen darf, mag seine Investition für halb so riskant halten als einer, der es mit Menschen zu tun hat, die in jedem Falle unnachgiebig auf Ansprüchen beharren (müssen), die kollektive Verträge oder Gesetze ihnen verbürgen (wenn nicht aufzwingen). In diesem Sinne gilt Flexibilität am Arbeitsmarkt heute international als einer der erstrangigen Standortfaktoren.

Die Flexibilität, die Nachgiebigkeit von Regeln, die beim Einsatz und der Bezahlung von Arbeitskräften zu beachten sind, hat noch eine dritte Dimension. Es geht um den Spielraum des Einzelnen – nicht des einzelnen Unternehmens –, sich zu helfen, wenn die gegebenen Regeln seine Erwerbschancen zu stark beschränken. Davon ist noch zu reden.

12. Die Wirtschaftspolitik und die Sozialpolitik, namentlich letztere, haben seit den siebziger Jahren eher die Arbeitslosigkeit stabilisiert als die Beschäftigung.

Der Ausbau des Sozialstaats erreichte ein Ausmaß, der diesen schließlich unbezahlbar werden ließ. Statt ihn rechtzeitig ausreichend zurückzubauen, ließ man zu, dass er mehr und mehr die finanziellen Mittel absorbierte, die für eine ordentliche Erfüllung der klassischen Staatsaufgaben gebraucht wurden und für die gebotene Pflege der Voraussetzungen für wirtschaftliche Dynamik unentbehrlich waren. Die unzureichende Sorge für die öffentliche Infrastruktur, für Bildung und Ausbildung, Forschung und Entwicklung sowie der unaufhörliche Anstieg der Sozialabgaben setzten einen Teufelskreis in Gang, dessen Gefährlichkeit zunächst auch dann noch unterschätzt wurde, als man nach und nach begann, seiner inne zu werden und Gegenmaßnahmen zu ergreifen.

Mit der Abschwächung der Wachstumsdynamik der Volkswirtschaft wurde die Expansion der Sozialausgaben immer mehr eine Expansion aufgrund steigender Arbeitslosigkeit. Zumal der Sozialstaat nicht bloß hinnehmend reagierte. Lange Zeit antwortete er auf die steigende Arbeitslosigkeit mit Neuregelungen der sozialen Sicherung, die den Anteil des Staates am Unterhalt der Arbeitslosen (einschließlich der vorzeitig in den Ruhestand oder in die Umschulung Geschickten) immer weiter erhöhten, statt diese Kosten ganz überwiegend dort zu lassen, wo sie hingehören: Dort also, wo der Konnex zum Handeln derjenigen, die beschäftigungspolitisch die größte Verantwortung tragen, den Tarifvertragsparteien, einigermaßen eng ist, bei der Arbeitslosenversicherung nämlich. Denn diese ist von denen zu finanzieren, die Beschäftigung behalten. Der Selbstverwaltungsgedanke der Arbeitslosenversicherung, der ein Selbstverantwortungsgedanke sein sollte, wurde ausgehöhlt statt gestärkt. Indem eine unverzichtbare Rückkopplung geschwächt wurde, verlor die Arbeitsmarktordnung an Balance.

Seit Jahrzehnten versprechen Spitzenpolitiker immer wieder, die Arbeitslosigkeit erfolgreich zu bekämpfen. So richtig es ist, dass für Rahmenbedingungen, die guter wirtschaftlicher Dynamik günstig sind, der Staat in der Pflicht ist, so wichtig ist es, die Verantwortung für den Ausgleich von Angebot und Nachfrage auf den Arbeitsmärkten nicht von den Schultern derer zu nehmen, die die Preise auf diesen Märkten aushandeln. Gegen den Grundsatz, dass die Verantwortungsteilung in dieser Hinsicht absolut klar sein muss, damit jeder seine Verantwortung auch wahrnimmt, ist ständig verstoßen worden.

13. Bei allen Einräumungen, die zugunsten der Bedeutung anderer Faktoren zu machen sind, wäre es unvernünftig zu leugnen, dass das Lohnniveau in Deutschland zu hoch, die Lohnstruktur falsch und die Flexibilität der Regeln, nach denen sich Einsatz und Bezahlung von Arbeitskräften richten, unzureichend ist. Drei Jahrzehnte Zunahme der Arbeitslosigkeit – über die konjunkturellen Schwankungen hinweg – lassen keinen anderen Schluss zu als den, dass das Regelwerk, nach dem in Deutschland Tariflöhne, die faktisch Mindestarbeitsentgelte sind, und sonstige tarifgebundene Arbeitsbedingungen festgelegt werden, versagt hat. Zu bedenken ist freilich: Störungen eines Systems von Institutionen von den Randbedingungen her, im besonderen aufgrund eines störenden Staatsverhaltens, können für ein Versagen des Systems ebenso bedeutsam sein wie Fehler, die in den Institutionen selbst begründet sind.

B. Die Tarifautonomie heutiger Ausprägung ist nicht unantastbar

14. Die Tarifautonomie beruht rechtlich auf dem in Artikel 9 Absatz 3 des Grundgesetzes verankerten Grundrecht der Koalitionsfreiheit. Dort heißt es:

> „Das Recht, zur Wahrung und Förderung der Arbeits- und Wirtschaftsbedingungen Vereinigungen zu bilden, ist für jedermann und für alle Berufe gewährleistet."

Dieser Grundsatz wird durch das Tarifvertragsgesetz konkretisiert und durch die Rechtsprechung so ausgelegt, dass Gewerkschaften und Arbeitgeber(verbände) die Arbeitsbedingungen ihrer Mitglieder verbindlich aushandeln können. Sie genießen dabei Autonomie in dem Sinne, dass Staatseingriffe im wesentlichen ausgeschlossen sind. Ausnahmen sind unter anderem die Allgemeinverbindlichkeit von Tarifverträgen, die vom Arbeitsminister grundsätzlich im Einvernehmen mit den Spitzenorganisationen der Tarifvertragsparteien verfügt werden kann, und die Festsetzung von Mindestarbeitsbedingungen unter gesetzlich festgelegten Voraussetzungen. In Deutschland wird die Tarifautonomie überwiegend durch den Abschluss von Flächentarifverträgen ausgeübt. Das sind Tarifverträge, die im Prinzip – flächendeckend – für alle Unternehmen einer Branche in einem Tarifgebiet, oft ist es effektiv die gesamte Bundesrepublik, gelten. Die Gewerkschaften haben das Recht, ihre Ziele durch Streiks durchzusetzen, die Arbeitgeber können durch Aussperrung reagieren.

15. Anders als auf den Gütermärkten können im Rahmen der Tarifautonomie auf den Arbeitsmärkten also Kartelle von Anbietern und Nachfragern gebildet werden. Diese Ausnahme vom Kartellverbot, wie es auf den Gütermärkten gilt, wird in erster Linie damit begründet, dass sich auf einem wettbewerblich geprägten Arbeitsmarkt der einzelne Arbeitnehmer gegenüber dem Arbeitgeber in einer Situation der strukturellen Unterlegenheit befinde. Dies führe in der Tendenz zu einer Benachteiligung der Arbeitnehmer. Das Recht zur Bildung von Gewerkschaften soll dazu dienen, die strukturelle Unterlegenheit des einzelnen Arbeitnehmers durch kollektives Handeln auszugleichen. Wenn die Arbeitnehmer durch eine überbetriebliche Gewerkschaft vertreten werden, befindet sich umgekehrt der einzelne Arbeitgeber in einer schwächeren Verhandlungsposition. Er kann durch einen Streik wirtschaftlich schwer verletzt und daher schon durch die Androhung eines Streiks leicht genötigt werden, einer Tarifforderung nachzugeben. Wer Investitionen vorgenommen hat, die auf kurze Sicht irreversibel sind, dessen Reaktionsfähigkeit ist beschränkt. Zudem: Verliert ein Unternehmen im Falle eines Streiks einen großen Teil seiner Kunden an die nicht bestreikte Konkurrenz, so geht es schnell um die Überlebensfrage. Schutz bietet dann ein Arbeitgeberverband.

16. Die Verhandlungssituation zwischen Gewerkschaften und Arbeitgeberverbänden wird oft als Beispiel für die Marktform eines bilateralen Monopols zweier einander gegenüberstehender Kartelle dargestellt. Dabei stellt sich leicht die Vorstellung ein, dass die Verhandlung über die Höhe des Lohns und anderer Arbeitsbedingungen einem Nullsummenspiel vergleichbar sei, durch das lediglich die Verteilung des erwarteten – gleichsam als vorgegeben erwarteten – Produktionsergebnisses geregelt werde. Der Gewinn des einen ist der Verlust des anderen. Je höher der Tariflohn, desto günstiger für die Arbeitnehmer und desto ungünstiger für die Arbeitgeber. Nimmt man dann noch die gängige Unterstellung hinzu, typischerweise seien beide Partner in diesem bilateralen Monopol gleich mächtig, so ist man rasch bei einer das ganze Arrangement verharmlosenden Prognose: Eine Verteilungsänderung, die gesamtwirtschaftlich einen hohen Beschäftigungsstand gefährde, werde es aufgrund des insoweit verlässlichen Widerstands der Arbeitgeber, die ihre Gewinnchancen verteidigen, nachhaltig niemals geben. Eine solche Deutung ist jedoch nicht viel mehr als Schönrednerei. Von einem Nullsummenspiel kann keine Rede sein. Die Vereinbarungen der Tarifvertragsparteien beeinflussen in erheblichem Maße das Wohlergehen Dritter. Bei zu hohen Löhnen werden Menschen arbeitslos oder bleiben es. Diese verdienen dann nicht ein bisschen weniger, sondern im Prinzip gar nichts. Auch die Vorstellung vom Machtgleichgewicht ist eine Chimäre, oder sie ist die Antwort auf eine Frage, die sich so gar nicht stellt. Wenn es darum geht, welches Ergebnis

die „Brüder im Kartell“ typischerweise hervorbringen werden, muss man auf die Kartellierungsinteressen zurückgehen.

17. Die Gewerkschaften als Arbeitnehmerorganisationen sind Kartelle zur Ausschaltung eines Lohnunterbietungswettbewerbs der Arbeitnehmer im Wettstreit um knappe Arbeitsplätze. Soweit sie den Wettbewerb von Außenseitern ausschalten können, sind die Gewerkschaften in der Lage, den Arbeitgebern Löhne abzunötigen, die über den markträumenden Löhnen liegen – mit der Folge, dass Arbeitslosigkeit entsteht oder fortdauert. Das Druckmittel dabei ist der Streik. Oft reicht, wie erwähnt, die Streikdrohung. In den Gewerkschaften sind die Mitglieder dominant, die einen Arbeitsplatz haben. Arbeitslose sind meist nicht Mitglied der Gewerkschaft, und wenn sie es sind, haben sie doch bei den wichtigsten Entscheidungen – über einen Streik oder dessen Beendigung – kein Mitwirkungsrecht. Das Kartellinteresse richtet sich auf hohe Löhne, allerdings nicht auf die maximal möglichen Löhne. Auf Beschäftigte, die im Falle sehr hoher Tarifabschlüsse von Arbeitslosigkeit bedroht sind oder sich davon bedroht sehen, muss die Gewerkschaft Rücksicht nehmen, wenn deren Anzahl groß wird und deshalb die Streikbereitschaft des Kollektivs wesentlich beeinträchtigt ist. So kann man sagen: Die fortdauernde Massenarbeitslosigkeit berührt das Kartellinteresse von Gewerkschaften direkt nicht und die ständige Zunahme der Arbeitslosigkeit auch nicht, soweit die Zunahme nicht ein Maß erreicht, das zu viele Gewerkschaftsmitglieder ängstigt. Dies erklärt, warum weder eine hohe Arbeitslosigkeit noch das Hinzukommen weiterer Arbeitsloser Gewerkschaften davon abhalten, Löhne weiter zu steigern, die sie besser senken würden. Die Arbeitslosigkeit steigt immerfort – in Schritten, die hinreichend klein sind und gelegentlich durch eine Gegenbewegung unterbrochen werden, so dass die meisten Menschen, denen es weiter gut geht und die sogar einen Vorteil aus der leidvollen Herausdrängung eines Teils ihrer Kollegen haben, davon abgehalten werden, das ganze System in Frage zu stellen.

18. Die Arbeitgeberverbände sind Kartelle zur Bildung von Gegenmacht, mit der sich die Macht streikbereiter Gewerkschaften egalisieren lässt. Neben der Solidarität in Streikfällen ist die Ausschaltung des Interesses einzelner Unternehmer(gruppen), sich Wettbewerbsvorteile zu verschaffen, indem sie Arbeitskräfte zu niedrigeren Löhnen gewinnen als ihre Konkurrenten, der zweite Pfeiler, der ein Arbeitgeberkartell trägt. Ein Arbeitgeberverband ist schon wegen dieser beiden Pfeiler prinzipiell nicht interessiert an einer größeren Differenzierung der Tariflöhne, etwa interregional, auch dann nicht, wenn eine solche Differenzierung an sich marktgerecht wäre. Erst wenn eine unzureichende Differenzierung den

Zusammenhalt des Verbandes gefährdet, mildert sich diese Differenzierungsfeindlichkeit.

Dass es Arbeitgeberkartelle gibt, und zwar durchaus machtvolle, liegt auch im Interesse der Gewerkschaften. Ohne Arbeitgeberverbände hätten sie keinen Partner, mit dem zusammen sie das Problem der Außenseiterkonkurrenz unter Kontrolle halten können.

Das Kartellinteresse der Arbeitgeber richtet sich auf Mindestlöhne, mit denen die allermeisten Verbandsmitglieder leben können. Eine Differenzierung der Effektivlöhne über den Markt bleibt zugelassen, soweit sie sich oberhalb der Tariflöhne abspielt. Mit einem Lohntarifvertrag kann ein Arbeitgeber leben, wenn er bei Arbeitskosten, wie sie sich aus ihm ergeben, seine Altinvestitionen zurückzugewinnen erwarten kann und auch Anschlussinvestitionen im Inland, namentlich solche, bei denen Vorteile des Verbunds mit Altanlagen zu Buche schlagen, Gewinn versprechen. Das Kartellinteresse schließt ein Interesse an Streikvermeidung ein, weil Streiks hohe Kosten verursachen (Produktionsausfälle etc.). Die Streikkosten sind ganz überwiegend Einmalkosten. Das Interesse, sie zu vermeiden – durch eine etwas größere Lohnsteigerung, als man sie im Falle größerer Streikbereitschaft zugestehen müsste –, ist deshalb einseitig mit dem Interesse an einer Verteidigung der Chance, die Altinvestitionen bestmöglich zu verwerten, mindestens die Ausgaben für die Produktion mit alten Anlagen zu decken, verknüpft. Hinzukommt, dass Zugeständnisse an der Lohnfront alte Produktionsanlagen nur noch im Maße ihrer Restlebenszeit treffen. Für Neuinvestitionen hingegen wird kaum etwas gewonnen, wenn man einen Streik hier und heute vermeidet, viel aber durch die Inkaufnahme eines Streiks, soweit damit ein nennenswert moderaterer Tarifabschluss zu erkämpfen ist.

Beschäftigungspolitisch fatal ist, dass das langfristige Interesse an der Verteidigung guter Investitionsbedingungen für die Zukunft anscheinend immer weniger zum Zuge kommt gegenüber dem kürzerfristigen Interesse an der Erhaltung der Quasirenten aus Altinvestitionen, das heißt, gegenüber dem Interesse an der Chance, mit alten Produktionsanlagen, deren Anschaffungskosten versunkene Kosten sind, noch Geld verdienen zu können. Dies hat einen einleuchtenden Grund. Bei Neuinvestitionen kommen die Standortalternativen ins Spiel, die sich einem Investor im Ausland bieten, und diese sind in immer mehr Fällen zumindest gleichwertig geworden, offenbar selbst dort, wo es in Deutschland noch gewisse Verbundvorteile von Anschlussinvestitionen gibt. So gestehen die Arbeitgeber Lohnerhöhungen zu, die sie verweigern sollten, verteidigen durch Vermeidung eines Streiks und damit der Streikkosten die Chance, mit ihren alten Produktionsanlagen noch Überschüsse erzielen und die Arbeitsplätze an ihnen eine Zeitlang sichern zu können, und nehmen sich im Übrigen vor, allfällige Neuinvestitionen im Ausland vorzunehmen.

19. Man könnte meinen, das Schwächerwerden des Arbeitgeberinteresses, gute Investitionsbedingungen in Deutschland zu verteidigen, führe zu einem Erstarken des Gewerkschaftsinteresses hieran, weil ja die Nachhaltigkeit der Beschäftigungschancen ihrer Mitglieder Schaden nimmt, wenn Lohnsteigerungen Neuinvestitionen in großer Breite in Frage stellen. Das ist wohl tendenziell auch so. Aber offensichtlich nicht in ausreichendem Maße, was nicht überraschen darf. Gewerkschaften handeln nach dem Gesetz, nach dem sie angetreten sind (und ihre Mitglieder gewonnen haben, die Beiträge zahlen), und das heißt im allgemeinen, sie setzen mindestens die Lohnsteigerungen durch, die von den Arbeitgebern gerade noch zugestanden werden, ohne dass es zum Streik kommt. Aus Gründen des langfristigen Beschäftigungsinteresses der Arbeitnehmer weniger zu verlangen und auf weniger zu beharren, setzt bezüglich des Bedrohtseins der Arbeitsplätze durch einen von zu hohen Löhnen veranlassten Ausfall von Reinvestitionen eine Klarheit voraus, die meist nicht gegeben ist.

20. Streiks kann man als überholte Form des Tarifstreits ansehen. Etwa so: Man braucht Streiks praktisch nicht. Nichts, was in den vergangenen Jahrzehnten in Deutschland durch Streik erstritten worden ist, würde man vermissen, gäbe es das Erstrittene nicht. Das Recht zum Streik mag stehen bleiben – und damit die Streikdrohung –, wie in der Schweiz, wenn man denn das Privileg zum Bruch des Arbeitsvertrages so oft in Anspruch nimmt wie dort, nämlich gar nicht. So hart muss das Urteil nicht ausfallen. Irrig wäre aber die Vorstellung, ohne Streiks gäbe es so gut wie keine allgemeinen Lohnerhöhungen. Das normale Interesse eines Unternehmens liegt nicht bei Lohnerhöhungen von Null, oder gar bei Lohnsenkungen. Für effiziente Unternehmensführung ist Sorge um eine gute Belegschaft vom allerersten Rang. Und das ist wörtlich gemeint. Guten Arbeitskräften kommt man nicht mit dem Ansinnen von Lohnsenkungen, wenn es nicht ganz unumgänglich ist. Der Streik als Relikt des Klassenkampfes reflektiert das Bewusstsein einer Zeit, als der Gegensatz der Interessen von Arbeit und Kapital als fundamental angesehen wurde. Heute ist die Komplementarität von Arbeit und Kapital auch als Gemeinsamkeit der Interessen fast überall mit Händen zu greifen. Der Unternehmer, der in Deutschland investiert hat – und wieder investieren soll –, und seine Belegschaft stehen zusammen im globalen Wettbewerb. Rar sind die Fälle geworden, in denen man seine Meinungsverschiedenheiten und Interessengegensätze, die es selbstverständlich weiterhin gibt,

mit kriegerischen Mitteln austragen muss, also in der Weise, dass festgestellt wird, wer dem anderen den größeren Schaden zufügen kann.

21. Die Tarifautonomie beruht auf dem Grundsatz der Neutralität des Staates. Von solcher Neutralität kann seit langem keine Rede mehr sein. Der Staat hält sich zwar aus Tarifverhandlungen heraus. Schon wenn er einmal riskiert, zur Vernunft zu mahnen, lässt er sich rasch zur Ordnung rufen. Umgekehrt hat er jedoch zugelassen, nein, hat er dafür gesorgt, dass der größte Teil der Folgekosten von Arbeitslosigkeit bei ihm abgeladen wird. Das verstieß gegen einen fundamentalen Grundsatz: Die Tarifvertragsparteien haben für den Unterhalt der Menschen aufzukommen, die sie arbeitslos machen. Man muss dies systemtheoretisch ganz klar sehen: Das Entstehen und Fortbestehen von Arbeitslosigkeit ist d a s Risiko, mit dem die Tarifvertragsparteien umzugehen haben. Und genau dieses Risiko, das zu tragen die autonomen Gruppen bei der Wahrnehmung ihres Machtprivilegs gehörig in die Schranken weisen muss und erst dadurch legitimieren kann, hat der Staat zum allergrößten Teil auf sich genommen. Das konnte nicht gut gehen, und es ist nicht gut gegangen.

22. Nötig ist eine Reform der Arbeitsmarktordnung, die den Schutz des Interesses der Arbeitslosen und der von Arbeitslosigkeit Bedrohten stärkt, was unter den gegebenen Umständen nur heißen kann: die den Schutz der Kartellinteressen schwächt, sei es der Kartellinteressen auf Seiten der Arbeitnehmerorganisationen, sei es der Kartellinteressen auf Seiten der Arbeitgeberverbände.

23. Die Macht der Kartelle am Arbeitsmarkt weniger schützen muss nicht bedeuten, dass man Artikel 9 Absatz 3 des Grundgesetzes, also das Grundrecht auf Koalitionsfreiheit, antastet. Es bedeutet aber sehr wohl, bei der Auslegung dessen, was dieser Artikel schützt, mehr als in der Vergangenheit darauf Bedacht zu nehmen, dass die Arbeitsmarktkartelle nicht das Gemeinwohl vertreten, sondern partikulare Interessen. Diese durch die Koalitionsfreiheit geschützten Organisationen gebrauchen ihre Macht eher typischerweise denn bloß in Randfällen in einer Weise, die den Menschen, die an den partikularen Interessen der Kartelle nicht teilhaben, einen wesentlichen Teil ihrer individuellen Freiheitsrechte nach Artikel 2 Absatz 1, aber auch nach Artikel 12 Absatz 1 Grundgesetz abschneidet, wenn schon nicht formell, so doch materiell.

In den Jahrzehnten, in denen in Deutschland wie anderwärts die heute gängige Auslegung der Koalitionsfreiheit am Arbeitsmarkt gewachsen ist, hat die Besorgnis, die Koalitionsfreiheit könnte in Konkurrenz zu den individuellen Freiheitsrechten stehen, so gut wie keine Rolle gespielt. Die herrschende Meinung war vielmehr, Arbeitnehmer könnten ihrer „strukturellen Unterlegenheit“ wegen im wichtigen Lebensbereich des wirtschaftlichen Erwerbs ihre individuellen Freiheitsrechte (nach Artikel 2 und 12) materiell nur ausreichend ausüben, wenn sie zuvor die in Artikel 9 Absatz 3 garantierte Koalitionsfreiheit in Anspruch genommen haben. Hier muss man umdenken, in Zeiten dauerhafter Massenarbeitslosigkeit zumal. Wenn millionenfach Arbeitslose oder von Arbeitslosigkeit Bedrohte durch Tarifverträge mehr als vorübergehend daran gehindert werden, Möglichkeiten des wirtschaftlichen Erwerbs zu Bedingungen, die sie für ausreichend halten, wahrzunehmen, so greifen diese Verträge tief in ihre Freiheitsrechte ein. Dass die dafür ursächliche und insoweit problematische Durchsetzung partikularer Kartellinteressen unter dem Schutz des Ewigkeitsversprechens der Grundrechtsgarantien steht, kann man, auch wenn es um den Arbeitsmarkt geht, ausschließen.

C. Die künftige Arbeitsmarktordnung muss flexiblem Verhalten des Einzelnen, der Belegschaft, des Unternehmens weit geöffnet sein.

24. Vor dem Hintergrund der in den beiden voranstehenden Teilen dieses Gutachtens dargelegten Vorstellungen befürwortet der Beirat eine durchgreifende Flexibilisierung des rechtlichen Rahmens, der auf den Märkten für abhängige Arbeit besteht. Im Hinblick auf die Tarifautonomie hält er für dringend,

- dass es künftig Öffnungsklauseln für Tarifverträge von Gesetzes wegen gibt, am besten Klauseln, die eine unbedingte Öffnung vorsehen,
- dass die rechtlichen Voraussetzungen für eine wesentlich erweiterte Anwendung des so genannten Günstigkeitsprinzips geschaffen werden,
- dass die Tarifgebundenheit des Arbeitgebers, der aus seinem Verband austritt, zeitlich beschränkt wird,
- dass die Möglichkeit, Tarifverträge für allgemeinverbindlich zu erklären, zumindest eng begrenzt wird,
- dass die Tarifgebundenheit bei „Rechtsnormen nach § 3 Absatz 2 Tarifvertragsgesetz“ beseitigt wird.

I. Die Öffnung der Tarifverträge von Gesetzes wegen

1. *Der geltende Rahmen*

25. Im Rechtsrahmen kommen bislang nur tarifvertragliche Öffnungsklauseln vor, die Betriebsrat und Arbeitgeber in die Lage versetzen, ergänzende Betriebsvereinbarungen zu treffen. Die ergänzenden Betriebsvereinbarungen gelten dann unmittelbar und zwingend zu Gunsten und zu Lasten sämtlicher Betriebsangehörigen, gleichgültig ob diese gewerkschaftlich gebunden sind oder nicht – so das Betriebsverfassungsgesetz. Auf diese Weise kann im Einvernehmen von Unternehmensleitung und Betriebsrat Flexibilität erreicht werden. Lange Zeit war die Bundesregierung bereit, ganz auf diesen Weg einer Selbstregulierung der Wirtschaft zu setzen. In der Koalitionsvereinbarung der gegenwärtigen Regierungsparteien heißt es im Abschnitt Modernisierung des Arbeitsrechts in drängender Sprache: „Die Zukunftsfähigkeit des Flächentarifvertrages setzt voraus, dass neue und differenzierte betriebliche Anforderungen berücksichtigt werden können. Hier sind die Tarifvertragsparteien gefordert."

26. In der Praxis ist manches geschehen. Die Tarifvertragsparteien setzen an zwei Stellen an, um betriebliche „Bündnisse für Arbeit" zu ermöglichen. Im Vordergrund stehen Öffnungsklauseln, die sich auf die Arbeitszeit beziehen. Sie können die Verlängerung oder Verkürzung der Arbeitszeit betreffen oder einen Korridor zugelassener Arbeitszeit definieren, der dem erwarteten Schwanken der betrieblichen Auftragslage Rechnung trägt. Weniger verbreitet sind Öffnungsklauseln, die sich auf die Arbeitsentgelte beziehen. Immerhin dürfen in einigen Branchen die Tariflöhne unterschritten werden, sofern dies Entlassungen verhindert. Die Bandbreite der vorkommenden Klauseln ist groß. Sie reicht von Klauseln für Härtefälle und Kleinbetriebe, die, werden ihre Bedingungen erfüllt, den Unternehmen eine Minderlohnzahlung erlauben, über Einstiegstarife bis hin etwa zu Reglungen, die für Sonderzahlungen, zum Beispiel das Weihnachtsgeld oder ein zusätzliches Monatsgehalt, eine erfolgsabhängige Ausgestaltung zulassen oder selbst vorsehen. Vielfach unterliegt die Anwendung einer Öffnungsklausel einem Zustimmungsvorbehalt der Tarifvertragspartner.

27. Diese Entwicklung ist insgesamt positiv zu sehen. Sie geht aber nicht weit genug. Wichtige Branchen wie beispielsweise die Bauindustrie und der Einzelhandel in Westdeutschland unterliegen ohne jede Auflockerung den Zwängen der Tarifverträge.[89] Gibt es Öffnungsklauseln, so

[89] Zum 1. November 2003 tritt in der Bauwirtschaft eine unkonditionierte tarifvertragliche Öffnungsklausel in Kraft. Sie betrifft die Höhe des 13. Monatseinkommens.

werden sie nicht einmal immer ohne Vorbehalt in Anspruch genommen. Das gilt besonders für Härteklauseln. Die Schwierigkeiten, in die ein Unternehmen geraten ist, werden in schädlicher Weise öffentlich, wenn es sich Erleichterung bei den Lohnkosten nur nach Selbstentblößung erhoffen kann. Bei den Zustimmungsklauseln ist zudem nicht kalkulierbar, in welchen Fällen die Gewerkschaft ihren Segen erteilt. Kleinere und mittlere Unternehmen scheuen sich auch, der Tarifgegenseite gegebenenfalls detaillierten Einblick in ihre Gewinn- und Verlustrechnung zu gewähren.

28. Die Vorstellung, tarifvertragliche Öffnungsklauseln seien der allein gangbare Weg hin zu mehr Flexibilität, hat vor allem zwei Argumente gegen sich:

- Die Interessenlage von Gewerkschaften und Arbeitgeberverbänden steht einer konsequenten Nutzung dieser Möglichkeit, für mehr Flexibilität zu sorgen, entgegen. Gewerkschaften befürchten, dass ihre Tarifmacht eingeschränkt wird. Arbeitgeber befürchten, dass sich andere Unternehmen durch eine Senkung der Arbeitskosten einen Vorsprung im Wettbewerb verschaffen könnten.
- Vertrauen in vereinbarte Öffnungsklauseln bedeutet Vertrauen in vernünftiges Verhalten der Beteiligten. Aber auch wenn die Menschen unvernünftig sind oder sich irren, sollte am Ende noch Erträgliches herauskommen, hier besonders für Arbeitslose Erträgliches.

2. *Die unbedingte Öffnung von Gesetzes wegen*

a) Zur Sache

29. Aus diesen Gründen tritt der Beirat dafür ein, den Tarifvertrag von Gesetzes wegen für eine flexible Anwendung zu öffnen. Am besten ist eine Öffnungsklausel, die inhaltlich nicht konditioniert ist. Für die Begründung einer Abweichung vom Tarifvertrag im konkreten Fall reicht dann aus, dass sie prinzipiell zulässig und in der vom Gesetz geforderten Form beschlossen worden ist. Dies schafft ein Maximum an Beweglichkeit und ermöglicht auf Betriebsebene die Entwicklung neuer Kontraktformen. Gleichzeitig entfallen all die Schwierigkeiten, die sich mit der rechtsstaatlich praktikablen Konditionierung solcher Öffnungsklauseln verbinden. Zu diesen Schwierigkeiten gehört, dass Gerichte über das Vorliegen der bedingenden Elemente einer bedingten Öffnungsklausel sinnvoll befinden müssen – und das oft gar nicht gut können.

Klarzustellen ist zweierlei: Für die Inanspruchnahme einer Öffnungsklausel, also für die Abweichung vom Tarifvertrag im konkreten Fall, kommt nur die freiwillige Vereinbarung im Sinne des Betriebsverfassungsgesetzes in Betracht. Andernfalls könnte die Einigungsstelle angerufen werden; das wäre keine sachgerechte Lösung. Und: Vereinbarungen aufgrund von Öffnungsklauseln ergänzen bestehende Tarifverträge oder weichen von ihnen ab. Die Öffnungsklausel bedeutet keine Ermächtigung, einen Tarifvertrag vollständig zu ersetzen.

30. Die Bindungskraft eines Tarifvertrages wird geschwächt, wenn dieser unter Abänderungsvorbehalt eines Einzelnen, eines Unternehmens samt seiner Belegschaft, gegebenenfalls des Betriebsrates, steht. Arbeitgeber stimmen Tarifverträgen häufig mit dem Vorverständnis zu, dass nicht nur sie dadurch gebunden werden, sondern in gleicher Weise alle Konkurrenten. Jedenfalls bei den Flächentarifverträgen ist das so. Entsprechendes gilt für die Arbeitnehmer. Dieser Kartelleffekt schwächt sich in einem System mit gesetzlichen Öffnungsklauseln notwendigerweise ab. Dem, der dies beklagt, kann man zunächst einmal entgegenhalten, dass genau diese Abschwächung der Kartellmacht gewollt ist. Flexibilität bei Kartellabreden bedeutet immer einen Schritt in Richtung von mehr Freiheit, von mehr Wettbewerb. Dies wird den Widerstand gegen hohe Tarifabschlüsse bei denjenigen Unternehmen stärken, die erhebliche Wettbewerbsnachteile daraus erwarten, dass andere Unternehmen sich mit ihrer Belegschaft auf niedrigere Löhne verständigen, und nicht erwarten, dass die eigene Belegschaft gegebenenfalls einen solchen Weg mitgeht. Es wird zugleich die Streikbereitschaft derjenigen Arbeitnehmer schwächen, die um ihren Arbeitsplatz fürchten, wenn eine hohe Tariflohnsteigerung nicht überall effektiv wird. Kurz, die Steigerung der tariflichen Mindestlöhne würde geringer ausfallen; eine größere Differenzierung der Effektivlöhne würde das teilweise auffangen. All das gehörte zum Gewollten.

31. Das Gewollte zu begründen, verlangt allerdings, dass möglichst genau aufgezeigt wird, wie das Element einer von Gesetzes wegen zugelassenen unkonditionierten Flexibilität bei der Anwendung von Tarifverträgen in die Tarifautonomie hinein passt, diese nicht aufhebt. Denn eine gewisse Relativierung der Tarifautonomie könnte bei der Prüfung der Verfassungsmäßigkeit durchgehen, wenn sie wohlbegründet erscheint, eine sehr weitgehende womöglich selbst dann nicht.

Nicht zu bestreiten ist: Der durch die Tarifautonomie verbürgte Handlungsraum würde, wie schon erwähnt, durch eine gesetzlich dekretierte Öffnung der Tarifverträge kleiner werden. Auch zu klein? Die überbetrieblichen Kollektive von Arbeitnehmern und Arbeitgebern, die sich unter dem Schutz von Artikel 9 Absatz 3 Grundgesetz zusammengeschlossen haben und handeln, könnten

Tariflöhne und Arbeitsbedingungen weiterhin vereinbaren. Aber von Gesetzes wegen dürfte niemand, der beim Abschluss eines solchen Vertrages handelt oder für sich handeln lässt, damit auf das Recht verzichten, zu wichtigen Punkten des Vertrages auf der Ebene seines Betriebes, wenn es ihm denn gefällt, etwas anderes zu vereinbaren und festzulegen. So weit reichte der Handlungsraum nicht mehr. Da ein Betrieb, der eine Abweichung vom Tarifvertrag beschließt, ohne weiteres darauf beharren könnte, dass der geltende Tarifvertrag auch für ihn angewendet wird, kann man aus der freiwilligen Abweichung unbedenklich schließen, dass Belegschaft und Arbeitgeber die abweichende Regelung für sich günstiger finden als die tarifvertragliche. Dies reicht freilich nicht aus, einen Vorrang des kollektiven Willens der Betriebsbelegschaft vor dem überbetrieblichen kollektiven Willen der Tarifvertragsparteien zu begründen. Der Widerstreit der Gesichtspunkte, die hier gegeneinander vorzubringen sind, kann sehr tief reichen.

Dass Belegschaft und Arbeitgeber eines Betriebs über ihre Repräsentanten bei den Tarifverhandlungen zunächst einen hohen Lohn für alle festlegen und dann für sich selbst einen niedrigeren ausreichend finden, sieht aus wie ein Musterbeispiel für Lohnunterbietungswettbewerb, wenngleich hier nicht auf der Ebene des einzelnen Arbeitnehmers, sondern eine Ebene darüber. Lohnunterbietungswettbewerb auszuschließen gehört zu den tragenden Gründen dafür, dass es Gewerkschaften und Arbeitgeberverbände, denen die Tarifautonomie gewährt ist, gibt. Allerdings: Ein Betrieb in Deutschland steht nicht nur, möglicherweise sogar überhaupt nicht im Wettbewerb mit anderen Betrieben in Deutschland, die das gleiche oder ein gleichartiges Produkt für den gleichen Markt produzieren wie er selbst. Er steht auch, und möglicherweise sogar ausschließlich im Wettbewerb mit anderen Betrieben im Ausland, die das gleiche oder ein gleichartiges Produkt für den gleichen Markt produzieren wie er selbst. Im Fall des Wettbewerbs im Inland wäre scharfer Protest wegen Illoyalität gegenüber gemeinsam gefassten Kartellbeschlüssen verständlich, wenn irgendwo niedrigere Löhne gezahlt werden, als dem Tarifvertrag entspricht. Im Fall des vornehmlich oder ausschließlich internationalen Wettbewerbs gehört es für die Betriebe, die in Deutschland zum selben Arbeitgeberverband gehören, und für die Beschäftigten, die von derselben Gewerkschaft vertreten werden, nicht zum Kartellinteresse, zu verhindern, dass sich irgendwo in Deutschland Betriebe und Belegschaften im Wettbewerb Luft verschaffen, indem sie vom Kartellohn abweichen.

Früher war es selbstverständlich, dass der erste Fall, der nationale Kartellgesichtspunkt also, im Vordergrund stand. Wenn erkennbar war, dass die allermeisten Betriebe einer Branche mit einem bestimmten Mindestlohn leben können, so galt dies als der richtige Tariflohn. Wer nicht damit leben konnte, musste sehen, dass er in der Ertragskraft aufholte, oder er schied aus und wurde durch zusätzliche Expansion der Tüchtigeren ersetzt. Dies war die Philosophie. Heute kann man es sich so einfach nicht mehr machen. Zu groß ist der Anteil der Betriebe geworden, bei denen der nationale Wettbewerb so gut wie vollständig durch den internationalen abgelöst worden ist. Hier sagt das, was die meisten Betriebe einer Branche an Lohnkosten verkraften können, nichts mehr darüber aus, was jeder normal tüchtige Betriebsleiter erwirtschaften kann. Und wenn einer aus dem Rennen geworfen wird, so tritt nicht einfach ein anderer inländischer Betrieb an seine Stelle, sondern ein Unternehmen mit einer Produktionsstätte im Ausland. Wenn es einigermaßen leicht wäre, Produktion und Beschäftigung in ertragsstarken Betrieben auszuweiten, könnte man mit denen, die sich schwer tun, robust umgehen. Aber so verhält es sich nicht. Deshalb muss zuallererst zählen, was die unmittelbar betroffenen Menschen an Flexibilität zu zeigen bereit sind, wenn ihr Betrieb in schweres Wetter kommt. Es kann nicht vor allem anderen zählen, was Nichtbetroffene – die Gewerkschaft, der Arbeitgeberverband, das Arbeitsgericht – in einem solchen Fall an Flexibilität ausreichend finden.

Man kann die Argumentation für eine unbedingte Öffnung der Tarifverträge am Ende ganz einfach halten: Es gilt als ganz selbstverständlich, dass ein Betrieb am Markt bestehen muss gegen Wettbewerber, deren Lohnkosten mit den deutschen überhaupt nichts zu tun haben. In einer solchen Welt kann der Staat seine Rolle in Sachen Arbeitsmarktordnung nicht darin sehen, den Betrieben den Wettbewerb mit niedrigeren Lohnkosten wenigstens innerhalb Deutschlands vom Hals zu halten, indem er die Regeln hochhält, die Kartelldisziplin sichern. Mutatis mutandis gilt das gleiche für die Arbeitnehmerseite.

32. Gesetzliche Öffnungsklauseln sollten keinen Unterschied machen zwischen Flächentarifverträgen und Haustarifverträgen beziehungsweise Firmentarifverträgen. Gelten sie nur für Flächentarifverträgen, schafft man für Gewerkschaften einen Anreiz, nach Möglichkeit zu einem System von Haustarifverträgen überzugehen, wo immer eine Durchbrechung der Einheitsfront drohen könnte. Diese wären dann nicht auf Betriebsebene abdingbar.

33. Eine Betriebsvereinbarung, die unter Bezugnahme auf eine gesetzliche Öffnungsklausel von einem Tarifvertrag abweicht, sollte auf der Arbeitnehmerseite ein hohes Quorum voraussetzen, ähnlich dem Quorum, das im allgemeinen einzuhalten ist, wenn Gewerkschaften über einen Streik oder dessen Fortsetzung abstimmen lassen. Dafür gibt es mehr als einen Grund.

- Gesetzliche Öffnungsklauseln schränken die Bindungswirkung von Tarifverträgen ein. Der Eingriff in die Vertragsfreiheit der Tarifvertragsparteien, der darin liegt, hat großes Gewicht. Dem sollte ein Gewicht entsprechen, welches in der Höhe des Quorums zum Ausdruck kommt.
- Die Notwendigkeit, auf Arbeitnehmerseite ein Quorum zu erfüllen, erhöht die Gewähr für die Richtigkeit der betrieblichen Entscheidung. Das Risiko, dass Arbeitnehmer unter Druck gesetzt werden und deshalb bei der Abstimmung ein manipulierter Wille der Arbeitnehmerseite festgestellt wird, nimmt ab.
- Betriebsvereinbarungen gelten unmittelbar und zwingend für alle Betriebsangehörigen. Eine möglichst breite Zustimmung der Belegschaft kann dafür die Legitimationsbasis verbessern.[90] Ein Beharren auf einem Einstimmigkeitserfordernis würde den Vorschlag insgesamt unpraktikabel machen. Von daher mag man ein Quorum von 50 % + x ins Auge fassen.

b. Zur Verfassungsmäßigkeit

34. Dass etwas gewollt ist und aus guten Gründen gewollt ist, besagt noch nicht, dass es zulässig ist. So ist ein dritter Durchgang nötig, der allein der Frage nach der Verfassungsmäßigkeit einer Öffnung der Tarifverträge von Gesetzes wegen gewidmet sein soll.

> Noch einmal sei vergegenwärtigt: Inhaltlich unbestimmte gesetzliche Öffnungsklauseln machen die Geltung von Tarifverträgen im Einzelfall davon abhängig, dass die Adressaten der vertraglichen Regelungen – das sind die Betriebe, jeweils vertreten durch die Unternehmensleitung und die Belegschaft oder deren Betriebsrat – nicht etwas anderes wollen. Die Tarifvertragsparteien verlieren damit, so scheint es, die alleinige Herrschaft über das wichtigste

[90] Die Befugnis zur Abänderung von Arbeitsverträgen ergibt sich aus den gesetzlichen Öffnungsklauseln. Sie beruht insoweit auf einer staatlichen Ermächtigung.

Instrument, welches die grundgesetzlich geschützte Tarifautonomie vorhält.

Nach der allgemeinen Meinung ist darin ein Verstoß gegen die positive Koalitionsfreiheit zu sehen. Die Verabschiedung eines solchen Vorschlages setzte demnach eine Änderung der Verfassung voraus. Diese könnte explizit vorgenommen werden. Sie könnte auch die Form haben, dass das Bundesverfassungsgericht seine Rechtsprechung zum Grundrecht der Koalitionsfreiheit ändert.

Einige abweichende Stimmen stützen die Verfassungsbedenken nicht. Da ohne explizite Änderung der Verfassung das oberste Gericht verbindlich festlegt, wie weit der grundgesetzliche Schutz der Tarifautonomie reicht, bringen solche abweichenden Stimmen letztlich rechtspolitische Forderungen bezüglich einer für richtig gehaltenen Fortentwicklung der Tarifautonomie zum Ausdruck. Der Beirat will mit seinem Gutachten zu einer solchen Fortentwicklung, zu einem der Gegenwart gerecht werdenden Verständnis der Tarifautonomie, beitragen.

35. Das Grundgesetz befasst sich nicht explizit mit dem Thema Tarifautonomie und Flächentarife. Nach dem Inkrafttreten des Grundgesetzes blieb durchaus umstritten, ob die Vorschrift des Artikel 9 Absatz 3 überhaupt auf eine spezifische Ordnung des Arbeitslebens zielt. Es war ein Vorschlag aus der Rechtswissenschaft, zunächst nicht mehr, der sich am Ende durchsetzte. Der Vorschlag war, in Artikel 9 Absatz 3 Grundgesetz die Basis einer umfassenden Ordnung des kollektiven Arbeitsrechts zu sehen, die das Recht der Kollektivverhandlungen und der Kollektivverträge ebenso umfasst wie das Recht des Arbeitskampfes und auf der Doppelautonomie der Arbeitnehmer und der Arbeitgeber beruht. Dieses Konzept enthielt zugleich eine Antwort auf Fragen hinsichtlich des Gegensatzes zwischen den Interessen der Arbeitgeber und der Arbeitnehmer, die sowohl in der Weimarer Zeit als auch in den ersten Nachkriegsjahren offen geblieben waren. Die Antwort zielte auf die gemeinsame, möglichst kooperativ verwirklichte Verantwortung der Gewerkschaften und der Arbeitgeber für die konkrete Ordnung des Arbeitslebens. Das Bundesverfassungsgericht und das Bundesarbeitsgericht griffen das Konzept auf, das rasch allgemein akzeptiert wurde. Die Zuständigkeit des Gesetzgebers, die gemeinsame Ordnung auszugestalten, blieb unbestritten. Der Gesetzgeber machte davon jedoch nur einen äußerst zurückhaltenden Gebrauch. Das Tarifvertragsgesetz von 1949 ist dafür beispielhaft. Die Rechtsverantwortung, die dem Staat obliegt, wurde stattdessen von den Gerichten wahrgenommen. Da es an einer gesetzlichen Regelung fehlte, argumentierten die Gerichte aus der Verfassung. Diese un-

mittelbar verfassungsgestützte Ausgestaltung einer Rechtsordnung durch Richterrecht hat jedoch eigentümliche Konsequenzen. Da sie sich in Einzelfallentscheidungen vollzieht, geht sie unmittelbar ins Detail. Das gilt nicht nur für die Spezialität der entschiedenen Fragen. Es gilt auch für die Verhältnisse, von denen her die Auseinandersetzungen geführt und entschieden wurden. So entstand ein in besonderem Maße konkretes Recht, das gleichwohl den Anspruch erhebt, verfassungsrechtlich geboten zu sein.

Gerade das vollzog sich auch in Bezug auf das Tarifvertragsrecht. Das Recht, das auf diese Weise seit den frühen Jahren der Bundesrepublik entstand, war von den wirtschaftlichen und sozialen Bedingungen jener Jahrzehnte geprägt. Mittlerweile haben sich diese grundlegend geändert. Hätte der Gesetzgeber die Ausgestaltungen getroffen, die aufgrund dieser Entwicklung in Frage gestellt sind, wäre klar, dass er es ist, der nun zu prüfen hat – natürlich im Rahmen der Verfassung –, welche Änderungen des Rechts geboten erscheinen. Aber auch insoweit es um Korrekturbedarf beim Richterrecht geht, ist der Gesetzgeber in der Pflicht, zu prüfen, inwieweit er neues Recht an die Stelle des alten zu setzen hat. Wenn sich der Gesetzgeber der Ausgestaltung des Tarifvertragsrechts weiterhin entzieht, ist es die Verantwortung der Gerichte, darüber zu entscheiden, ob das in der zweiten Hälfte des 20. Jahrhunderts entstandene Richterrecht Bestand hat oder nunmehr durch anderes Recht ersetzt werden muss.

36. Offenbleiben mag, ob die vorgeschlagene Öffnung der Tarifverträge von Gesetzes wegen die negative Koalitionsfreiheit verletzt. Der einzelne Betriebsangehörige muss sich dem Diktat einer Korporation unterwerfen – Unternehmensleitung und Betriebsgemeinschaft –, ohne diese zu solcher Entscheidung ermächtigt zu haben. Indem jemand ein Beschäftigungsverhältnis eingeht, gibt er diese Ermächtigung nicht schon. Zwar sieht das geltende Recht die Möglichkeit dazu in § 77 des Betriebsverfassungsgesetzes vor (Absatz. 3 in Verbindung mit Absatz 4). Aber in Teilen der Rechtslehre wird diese Vorschrift folgerichtig als verfassungswidrig eingestuft.

Hält man das Bedenken für gewichtig, muss man den aufwendigeren Weg von Regelungsabreden beschreiten. Der Betriebsrat arbeitet zusammen mit der Unternehmensleitung eine Art Mustervertrag aus. Wirksam wird er für den einzelnen Arbeitnehmer, wenn dieser ihm individuell zugestimmt hat. So wird das Dekret einer nicht ermächtigten Korporation durch den einzelnen Arbeitsvertrag ersetzt. Trotzdem sollte die vorangehende Abstimmung der

Belegschaft wegen der übrigen dafür anzuführenden Gründe ein hohes Quorum erfüllen (Ziffer 33).

3. *Bedingte Öffnung der Tarifverträge von Gesetzes wegen*

37. Die gewünschte weite Öffnung der Tarifverträge für mehr Flexibilität im Verhalten am Arbeitsmarkt und in den Betrieben gewährt nur eine Öffnungsklausel, die deren Inanspruchnahme an keinerlei inhaltliche Voraussetzungen knüpft, sie allein vom kollektiven Willen vor Ort abhängig macht. Allerdings verringert sich das Risiko der Verfassungswidrigkeit, wenn die gesetzliche Neuregelung nicht in jedem Fall eine Abweichung vom Tarifvertrag gestattet, sondern nur in dem Fall, dass bestimmte Bedingungen erfüllt sind. Die Konditionierung würde eine Brücke zu einer Rechtsprechung des Bundesverfassungsgerichts schaffen, wonach der einfache Gesetzgeber im Konfliktsfall berufen ist, einen Ausgleich zwischen dem Ordnungsgedanken der Tarifautonomie einerseits und weiteren verfassungsmäßig geschützten Gütern andererseits herbeizuführen. Dabei hat er einen gewissen Spielraum für die Beurteilung der zu regelnden Sachverhalte.

In jüngerer Rechtsprechung hat auch das Bundesverfassungsgericht bei einzelnen gesetzlichen Regelungen den Stellenwert der Bekämpfung der Arbeitslosigkeit höher angesetzt als einzelne Ausprägungen der Tarifautonomie. Man darf zwar nicht außer Acht lassen, dass diese Rechtsprechung zu Randsachverhalten, zu gesetzlichen Bagatelleingriffen in die Tarifautonomie, ergangen ist. Immerhin scheint hier die Chance der verfassungsrechtlichen Fortentwicklung auf.

38. Der Gesetzgeber könnte sich an Öffnungsklauseln anlehnen, die in der Praxis der Tarifvertragsparteien entwickelt wurden und von denen bereits die Rede war. Solche Konkretisierungsarbeit ist schwierig; die Aufgabe ist aber nicht unlösbar.

Eine Konditionierung in dem Sinne, dass die Arbeitslosigkeit im Gebiet eines Tarifvertrages eine bestimmte Höhe überstiegen haben muss, bevor Abweichungen vom Tarifvertrag zulässig werden, wirft schwierige Detailfragen auf. Wie sollen Arbeitslose zugeordnet werden, die von ihrem Bildungs- und Ausbildungsgang sowie ihrer Berufserfahrung her in verschiedenen Branchen tätig sein können? Was soll für junge Menschen gelten, die noch keinen Beruf haben ausüben können? Hier sollte der Gesetzgeber nicht nach Regulierungseinfällen suchen.

39. Belastend könnte sein, dass einengende gesetzliche Tatbestandsmerkmale einer richterlichen Kontrolle unterliegen. Doch ist dies nur folgerichtig. Wenn ein Gesetzgeber einengende Voraussetzungen vorsieht, muss im konkreten Fall überprüfbar sein, ob sie vorliegen. Sonst wären es keine Voraussetzungen. Es würde sich auch nicht um Sachfragen handeln, die einer Prüfung von vornherein entzogen wären. Es geht um Fragen, wie sie in jedem Zivilprozess erheblich werden können. Die Parteien sind dort gehalten, entsprechenden Sachvortrag zu liefern und Beweismittel anzubieten. Es gäbe auch keine unziemlichen Verzögerungen. Die betrieblichen Vereinbarungen wären zunächst wirksam, unbeschadet ob sie direkt oder innerhalb eines Arbeitsgerichtsprozesses angegriffen werden. Einstweilige Verfügungen durch Gerichte wären möglich. Doch setzt dies praktisch evidente Rechtswidrigkeit der angegriffenen Maßnahme voraus. Dann aber sollte man sich über die Möglichkeit, dass vorläufig erst einmal Rechtsschutz gewährt wird, nicht beklagen.

4. *Die Verknüpfung mit dem Günstigkeitsprinzip*

40. Schon nach geltendem Recht sind Abweichungen von tarifvertraglichen Regelungen zulässig, wenn sie eine Änderung zugunsten des Arbeitnehmers enthalten, so § 4 Absatz 3 Tarifvertragsgesetz. Vom Schutzgedanken der Tarifautonomie her ist das selbstverständlich, andernfalls wirkte sie sich kontraproduktiv aus. Konditionierte gesetzliche Öffnungsklauseln, die sich an das Günstigkeitsprinzip anlehnen, begegnen deshalb von vornherein keinen verfassungsrechtlichen Bedenken. Vorzugswürdig wäre wiederum eine Inanspruchnahme nicht im Wege der Betriebsvereinbarung, sondern der Regelungsabrede (Ziffer 36). Dabei sollte das Verständnis des Günstigkeitsprinzips entgegen einer einengenden Rechtsprechung erweitert werden, und zwar aus Gründen, von denen noch zu reden ist (Ziffer 43). Ein wesentlicher Teil der Problemlagen, denen man mit einer Öffnung der Tarifverträge beikommen will, wäre erfasst, wenn der Gesetzgeber eine Öffnungsklausel mit dem Günstigkeitsprinzip verknüpft.

Nach einigen Vorschlägen verwandelt sich das Günstigkeitsprinzip in eine Verfahrensregel. Eine Zustimmung des Betriebsrates respektive eines hohen Anteils der Belegschaft soll als unwiderlegliche Vermutung für Günstigkeit gelten. Das änderte gegenüber der Option inhaltlich unbestimmter gesetzlicher Öffnungsklausel nur das Etikett, nicht die Substanz. Insoweit ist mit dem Einwand der Verfassungswidrigkeit gegen solche Vorschläge zu rechnen.

5. *Experimentierklauseln*

41. Der Gesetzgeber kann die Öffnung von Tarifverträgen zeitlich befristen. Er schafft damit die Möglichkeit, bei der Anwendung von Öffnungsklauseln Erfahrungen zu sammeln und erst danach eine endgültige Regelung zu treffen. Auf diese Weise ließen sich Verfassungsrisiken, die bei einigen Optionen bestehen, deutlich reduzieren. Beim Erfahrungensammeln kommt es auf Vielfalt der Versuche an. Eine Experimentierklausel sollte daher nicht zwingend auf der Bundesebene ausgefüllt werden. Der Bundesgesetzgeber sollte vielmehr die Landesgesetzgeber ermächtigen, von der Experimentierklausel durch zeitlich begrenzte Landesgesetzgebung Gebrauch zu machen.

II. Flankierende gesetzliche Maßnahmen

1. *Klarstellungen zum Günstigkeitsprinzip*

42. Unabhängig davon, ob ein Tarifvertrag Abweichungen von ihm ausdrücklich gestattet, sind diese nach dem Tarifvertragsgesetz zulässig, „soweit sie ... eine Änderung der Regelungen zugunsten des Arbeitnehmers enthalten“ (§ 4 Absatz 3). Die Arbeitsgerichtsbarkeit legt diese Norm sehr eng aus. Sie akzeptiert Abweichungen nur dann, wenn „die zu vergleichenden Regelungen miteinander in einem sachlichen Zusammenhang stehen“. Sonst würden „Äpfel mit Birnen“ verglichen. Deshalb hat das Bundesarbeitsgericht auf Klage der zuständigen Gewerkschaft den Vollzug einer Abrede zwischen dem Haus Burda und dem Betriebsrat des Unternehmens untersagt. Das Unternehmen hatte in dieser Abrede eine Arbeitsplatzgarantie ausgesprochen. Diese Garantie stand aber unter der Bedingung, dass die Arbeitnehmer auf lohnwirksame Regeln des einschlägigen Tarifvertrags verzichteten.

43. Der Gesetzestext zwingt nicht zu einer derart engen Auslegung des Günstigkeitsprinzips.

> Der einzelne Arbeitnehmer kann durchaus den Nutzen größerer Sicherheit des Arbeitsplatzes gegen den alternativen Nutzen einer höheren Entlohnung abwägen. Es gibt allerdings – wertende – Abwägungen, die schon die Tarifvertragsparteien zu treffen hatten und mit dem Tarifvertrag für alle verbindlich getroffen haben. Hier ist dann grundsätzlich kein Raum mehr für eine individuelle Entscheidung, zum Beispiel für weniger Lohn und mehr Arbeitsplatzsicherheit, es sei denn, es gibt diesen Raum künftig von Gesetzes wegen. Damit wäre man aber wieder beim Pro und Contra Öffnungsklauseln und nicht mehr bei der Frage, was das Günstigkeitsprinzip an Flexibilität gewährt.

Das heißt nicht, dass das Günstigkeitsprinzip des Tarifvertragsgesetzes die Beteiligten allemal auf einen eindimensionalen Günstigkeitsvergleich zurückwirft: Ein höherer Lohn sei günstiger als ein niedrigerer; mehr erlaube das Günstigkeitsprinzip nicht. Das überzeugt nicht. Wenn auf der Ebene eines Betriebes – wie im Burda-Fall – eine kombinierte Abweichung vom Tarifvertrag ausgehandelt wird, etwa „weniger Lohn gegen garantierten Verzicht auf betriebsbedingte Kündigungen für eine bestimmte Zeit", so hatten die Beteiligten eine andere Art Abwägung vorzunehmen als zuvor die Tarifvertragsparteien. Sie haben nicht unbedingt eine andere Bewertung vorgenommen, sie hatten eine andere Art Abwägung vorzunehmen. Insoweit haben sich die betrieblichen Entscheidungsträger nicht über die überbetrieblichen gestellt. Denn die Frage nach einem Verzicht auf betriebsbedingte Kündigungen hatte sich auf der Ebene der Tarifverhandlungen nicht gestellt. Wenn also auf der Ebene des Betriebes wirklich etwas Neues als – mindestens für ausreichend gehaltene – Gegenleistung für eine Minderlohnzahlung geboten wurde, was soll am Günstigkeitsurteil der unmittelbar Betroffenen unzureichend sein? Man müsste schon konkrete Anhaltspunkte dafür haben, dass im genannten Fall die Abweichung vom Tarifvertrag, die auf Betriebsebene gewollt ist, eine Wettbewerbshandlung darstellt, wie sie durch den Tarifvertrag ausgeschlossen sein soll. Die Rechtsprechung des Bundesarbeitsgerichts im Burda-Fall verdient insoweit keinen Beifall, als das Gericht sich solche Fragen nicht gestellt hat und mit dem Beharren auf einem nahezu eindimensionalen Günstigkeitsvergleich das Günstigkeitsprinzip so eng ausgelegt hat, dass viel Spielraum für mehr Flexibilität am Arbeitsmarkt und in den Betrieben, die von der Gesetzeslage her erlaubt sein könnte, verschenkt wurde.

44. Da sich das Bundesarbeitsgericht in dieser Sache festgelegt hat, ist eine Intervention des Gesetzgebers unausweichlich. Sie sollte in der Klarstellung bestehen, dass ein Arbeitnehmer auch durch den fest zugesagten Erhalt seines Arbeitsplatzes günstiger gestellt wird. Damit die Rechtsprechung diese Regelung nicht im Tatsächlichen unterlaufen kann, sollte der Gesetzgeber hinzufügen: Ein einzelner Arbeitnehmer steht sich bei einem Lohnverzicht dann günstiger, wenn der Arbeitgeber zur betriebsbedingten Kündigung berechtigt wäre und hierauf verzichtet hat. Der Betriebsrat kann dann für alle Arbeitnehmer des Betriebs eine Lohnkürzung vereinbaren, wenn der Arbeitgeber zu sozialplanpflichtigen Entlassungen befugt wäre.

2. *Einschränkung der nachwirkenden Tarifbindung*

45. Nach dem Tarifvertragsgesetz bleibt ein Arbeitgeber auch dann an den Tarifvertrag gebunden, wenn er aus dem Arbeitgeberverband austritt (§ 3 Absatz 3). Seine Bindung an den Tarifvertrag endet erst dann, wenn der Tarifvertrag selbst endet. Das folgende Beispiel macht die Wirkung der Regel deutlich. Arbeitgeberverband und Gewerkschaft haben einen Tarifvertrag über den Lohn mit zweijähriger Laufzeit abgeschlossen. Aus Protest gegen den als zu hoch empfundenen Abschluss tritt ein Unternehmen aus dem Arbeitgeberverband aus. Dieses Unternehmen bleibt nun noch zwei Jahre lang an den Vertrag gebunden. Es ist natürlich frei, mit Arbeitnehmern, die nicht der Gewerkschaft angehören, abweichende Löhne zu vereinbaren. Wenn jedoch Arbeitnehmer – vor oder nach dem Austritt des Arbeitgebers aus dem Verband – der Gewerkschaft beitreten, erhalten sie den höheren Tariflohn, solange die Tarifbindung fortwirkt.

46. Noch gewichtiger ist die Bindung an den Manteltarifvertrag. Typischerweise verhandeln die Tarifparteien nämlich nur wenige Fragen jedes Jahr oder jedes zweite Jahr neu. Das betrifft besonders die Lohnhöhe. Andere Fragen sind dagegen in einem Manteltarifvertrag geregelt. Das gilt etwa für die Lohnstruktur und besonders für die Eingruppierung der Arbeitnehmer. Weil sich hier die Verhältnisse nicht so schnell ändern, haben Manteltarifverträge typischerweise eine sehr viel längere Laufzeit. § 3 Absatz 3 Tarifvertragsgesetz bewirkt, dass ein Arbeitgeber noch viele Jahre nach seinem Austritt aus dem Arbeitgeberverband an den Manteltarifvertrag gebunden bleibt.

47. Selbst wenn die allgemeine Bindung an einen Tarifvertrag endet, weil dessen Laufzeit endet, hat dieser noch Nachwirkungen. Aufgrund von § 4 Absatz 5 Tarifvertragsgesetz gelten die Rechtsnormen des Tarifvertrags nämlich so lange weiter, bis sie durch eine andere Abmachung ersetzt werden. Praktisch ist ein Arbeitgeber nach dem Austritt aus dem Arbeitgeberverband deshalb gezwungen, alle bislang tarifvertraglich geregelten Fragen durch neue Abreden zu ersetzen. Das kann ein Haustarifvertrag sein. In den sehr engen Grenzen des Betriebsverfassungsgesetzes kommt auch eine Betriebsvereinbarung mit dem Betriebsrat in Betracht. Schließlich bleibt die Möglichkeit der individualvertraglichen Regelung. Nicht jeder beschreitet einen dieser Auswege. Der schiere Verhandlungsaufwand kann deshalb dazu führen, dass Tarifverträge selbst nach Ablauf ihrer Geltungsdauer noch lange Zeit weitreichende Rechtswirkungen entfalten.

48. Die Nachwirkungsregel des Tarifvertragsgesetzes kann als Ausprägung des Grundsatzes pacta sunt servanda interpretiert werden: Ein Arbeitgeber, der einen Verband zum Abschluss von Tarifverträgen ermächtigt hat, bleibt auch dann an den Tarifvertrag gebunden, wenn ihm dessen Inhalt nicht zusagt. Dennoch sollte die Vorschrift ersatzlos gestrichen werden. Tarifverträge sind Kartellverträge. Sie lassen sich nicht mit der Privatautonomie der Vertragsschließenden rechtfertigen. Dem Beirat geht es, wie schon mehrfach betont, um eine Eindämmung der drittbelastenden Wirkungen von Tarifverträgen.

Mit dem Austritt des Arbeitgebers aus dem Arbeitgeberverband darf allerdings kein rechtloser Zustand entstehen. Dies ist im Prinzip die Rechtfertigung für den § 4 Absatz 5 Tarifvertragsgesetz. Diese Norm geht jedoch unnötig weit. Wenn der Gesetzgeber sie zur Auslegungsregel herabstuft, geht sie noch weit genug. Auf den bisherigen Tarifvertrag könnte dann nur im Wege der ergänzenden Auslegung des individuellen Arbeitsvertrags zurückgegriffen werden. Dazu bestünde nur dann Anlass, wenn diese Regelung auch nach dem Austritt des Arbeitgebers aus dem Verband dem erkennbaren Willen der Parteien oder Treu und Glauben entspricht. Der Vorzug dieser Lösung ist leicht zu erkennen: Die Regelungen des Tarifvertrags können auch dann überspielt werden, wenn nach den Umständen zu erkennen ist, dass sie der Interessenlage der Parteien nicht mehr entsprechen. Die Parteien müssten also nicht notwendigerweise eine förmliche, rechtlich bindende neue Abrede schließen. Eine ganz allgemein gehaltene Abrede, dass der Tarifvertrag für die Beziehungen der Parteien nicht mehr maßgeblich sein soll, würde genügen.

3. *Allgemeinverbindlichkeit braucht man nicht*

49. Der Bundesminister für Wirtschaft und Arbeit kann einen Tarifvertrag für allgemeinverbindlich erklären. Das Tarifvertragsgesetz ermächtigt ihn dazu (§ 5 Absatz 1). Dann sind auch solche Arbeitgeber und Arbeitnehmer rechtlich an diesen Vertrag gebunden, die nicht der vertragschließenden Gewerkschaft beziehungsweise dem vertragschließenden Arbeitgeberverband angehören. Der Minister kann nur auf Antrag tätig werden. Es genügt der Antrag einer Seite, also des Arbeitgeberverbands oder der Gewerkschaft; der Minister braucht aber grundsätzlich die Zustimmung des Tarifausschusses, der paritätisch von Arbeitnehmervertretern und Arbeitgebervertretern beschickt wird (Eine Ausnahme gilt für das Bauhauptgewerbe; hier genügt aufgrund des Arbeitnehmer-

Entsendegesetzes der Antrag einer Seite). Verglichen mit der Gesamtzahl der Tarifverträge macht der Minister von diesem Instrument selten Gebrauch. Die meisten der etwas mehr als 500 für allgemeinverbindlich erklärten Tarifverträge betreffen zudem nicht unmittelbar die Lohnhöhe. Doch auch solche -Erklärungen gibt es in nennenswerter Anzahl, besonders im Bauhauptgewerbe.

50. Manche Allgemeinverbindlicherklärungen erfüllen eine nützliche Funktion, jedenfalls eine unanstößige. Mit vielfältigen Normen und Regelungen dienen Tarifverträge Aufgaben, um die sich der Staat zu kümmern hätte, wenn es keine Tarifverträge gäbe. Der Staat lässt hier, wie es richtig ist, der Selbstregulierung der Betroffenen den Vortritt. Tatsächlich gibt es Tarifverträge fast überall. Fast überall, nicht überall. Die Allgemeinverbindlicherklärung war ein Weg, die Geltung tarifvertraglicher Regelungen, die der Arbeitsminister für vernünftig und der Art nach für geboten hält, hineinzutragen in Leerräume, in die Gewerkschaften und Arbeitgeberverbände nicht flächendeckend vorgedrungen waren. Ein Beispiel: Bauarbeiter wechseln den Arbeitgeber sehr oft. Anspruch auf bezahlten Urlaub entsteht nach dem Bundesurlaubsgesetz aber erst, nachdem das Arbeitsverhältnis sechs Monate bestanden hat. Diese Vorschrift dient dem Schutz des Arbeitgebers. Das Baugewerbe löst das Problem unerwünschter Rückwirkungen auf den Arbeitnehmer durch eine Urlaubskasse, die auf seinem Tarifvertrag beruht, der zuvor für allgemeinverbindlich erklärt wurde. Der Arbeitgeber zahlt monatlich einen im Tarifvertrag bestimmten Betrag an diese Kasse. Der Arbeitnehmer kann ohne die Beschränkung des Bundesurlaubsgesetzes Urlaub nehmen. Seinen Lohn erhält er in dieser Zeit nur formal von seinem Arbeitgeber, faktisch aus der Urlaubskasse. Um solche Lösungen möglich zu machen, braucht man aber nicht unbedingt das Instrument der Allgemeinverbindlichkeit. Für diese seltenen Fälle könnte der Gesetzgeber den Bundesminister für Wirtschaft und Arbeit auch zum Erlass von Rechtsverordnungen ermächtigen.

51. Die Kartellwirkung von Allgemeinverbindlicherklärungen ist ordnungspolitisch problematisch. Der Staat toleriert hier nicht nur ein privates Kartell. Vielmehr stellt er sich auch noch als Instanz zur Verfügung, die für Kartellzwang sorgt. Wenn sich der Gesetzgeber nicht zur vollständigen Streichung des § 5 Tarifvertragsgesetz entschließen kann – wegen seiner teilweise auch nützlichen Rolle –, sollte er die Vorschrift jedenfalls auf wettbewerbsferne Fragen beschränken. Im besonderen sollte er ausdrücklich ausschließen, dass Abreden über Lohnhöhe und Lohnstruktur für allgemeinverbindlich erklärt werden. Die Sonderregelung im Arbeitnehmer-Entsendegesetz für das Baugewerbe sollte ersatz-

los gestrichen werden. Sie stellt im Grunde einen Missbrauch der Möglichkeit zur Allgemeinverbindlicherklärung dar.

4. *Auch die Tarifgebundenheit nach § 3 Absatz 2 Tarifvertragsgesetz kann wegfallen*

52. Rechtsnormen eines Tarifvertrages, die betriebliche und betriebsverfassungsrechtliche Fragen regeln, gelten für alle Betriebe, deren Arbeitgeber tarifgebunden ist. Sie erfassen mithin zwingend auch Arbeitnehmer, die nicht einer Gewerkschaft angehören.

Der Zweck der Bestimmung liegt darin, dass man bei einzelnen Regelungen nicht sinnvoll zwischen verschiedenen Gruppen innerhalb der Arbeitnehmer differenzieren kann. Doch gibt es Tendenzen, den Anwendungsbereich der Norm stark auszudehnen. Ein Beispiel sind Rationalisierungsschutzabkommen in der Druckereiindustrie: Arbeitgeber wurden durch Tarifvertrag verpflichtet, ihre hochbezahlten Drucker für einfache Schreibarbeiten einzusetzen. Neueinstellungen von niedriger bezahlten Schreibkräften wurden in Anwendung des § 3 Absatz 2 Tarifvertragsgesetz unmöglich.

Die Vorschrift sollte gestrichen werden. Wo eine Trennung zwischen Arbeitnehmergruppen keinen Sinn macht, findet eine solche ohnehin nicht statt. Es bedarf nicht vorbeugend einer zwingenden Regelung, die dann dem Risiko einer sich übermäßig ausdehnenden Anwendung ausgesetzt ist und dem Ziel hinderlich sein könnte, dass die Arbeitsmarktordnung flexiblem Verhalten der Arbeitnehmer wie der Arbeitgeber weit geöffnet sein sollte.

Schlussbemerkung

53. Die Tarifautonomie und die Macht derer, die sie auszuüben haben, werden wesentlich verändert sein, wenn der Gesetzgeber Reformen, wie sie in diesem Gutachten vorgeschlagen werden, beschließt. Die letzte Frage, die man sich vorlegt, darf dies allerdings nicht sein.

Als die Tarifautonomie erstritten wurde, ging es um den Schutz der Schwachen. Auch heute geht es um den Schutz der Schwachen. Das sind jetzt vor allem die Arbeitslosen und die von Arbeitslosigkeit Bedrohten. Dass sie nicht behindert werden, sich selbst zu helfen, ist die Basis aller Sozialpolitik. Dass der Schutz der Schwachen in erster Linie verlange, nichts zu tun, was die Stellung der Gewerkschaften beeinträchtige, war vermutlich niemals wahr, heute ist es offensichtlich unwahr.

Der Streit um die Fortentwicklung der Tarifautonomie kann wohl nicht anders als heftig sein. Für manche geht es um etwas, was sie zu den Fundamenten der Republik zählen. Das zwanzigste Jahrhundert hat die Tarifautonomie herausgemeißelt, so, dass sie sich heute, sozialpolitisch gesehen, wie das Ebenbild einer Epoche ausnimmt. Aber jede Zeit muss sich die Rahmenbedingungen schaffen, unter denen sie mit den ihr gestellten Aufgaben fertig werden kann. Das sind oft nicht die Vorstellungen der zurück liegenden Zeit.

Die Tarifautonomie gewährt den Arbeitsmarktparteien kollektive Freiheitsrechte. Die Wahrnehmung dieser Freiheitsrechte hätte weniger schlimme Folgen, wenn die Verantwortung für diese Folgen vor allem von denen zu tragen wäre, deren Handeln und Unterlassen sie verursachen. Es ist daher nicht nur darüber nachzudenken, wie das Machtprivileg der autonomen Gruppen am Arbeitsmarkt im Lichte der Erfahrungen und der veränderten wirtschaftlichen Bedingungen neu zu bestimmen, sondern auch darüber, wie deren Selbstverantwortung zu erhöhen statt immerfort einzuschränken sei.

München, den 11. Oktober 2003

Der Vorsitzende des Wissenschaftlichen Beirats
beim Bundesministerium für Wirtschaft und Arbeit

Prof. Dr. Wernhard Möschel

Brief an den Bundesminister für Wirtschaft und Arbeit Wolfgang Clement vom 6. Dezember 2003

Thema: Europäische Verfassung

Sehr geehrter Herr Minister,

der Entwurf des Europäischen Konvents für eine Europäische Verfassung und die sich daran anschließenden Vorschläge der Europäischen Kommission und der italienischen Ratspräsidentschaft enthalten bezüglich des Europäischen Systems der Zentralbanken (ESZB) und der Europäischen Zentralbank (EZB) Formulierungen, die im Vergleich zu den Bestimmungen in den Maastrichter Vertragstexten auf substanzielle Veränderungen der Währungsverfassung hinauslaufen. Dies ist auch die Auffassung der Deutschen Bundesbank und der Europäischen Zentralbank, die sich mehrfach öffentlich geäußert haben.[91] Der Beirat hält es für seine Pflicht, auf einige seiner Auffassung nach besonders dringliche Anpassungen des Konventsentwurfs hinzuweisen. Dabei ist er sich der Tatsache bewusst, dass die Bundesregierung Änderungen des Konventsentwurfs möglichst vermeiden möchte, um die Verabschiedung eines Europäischen Verfassungsvertrages nicht zu gefährden. Dem Beirat geht es aber nicht darum, neuartige Bestimmungen vorzuschlagen, sondern nur darum, zu verhindern, dass bereits gültige und bewährte Bestimmungen des EG-Vertrags aufgehoben werden.

Als erstes scheint es als unbedingt geraten, in Artikel I-3, Absatz 3 neben dem Ziel eines ausgewogenen wirtschaftlichen Wachstums auch das Ziel der Preisstabilität zu verankern. Im Konventsentwurf wird nur das ESZB auf die Preisstabilität verpflichtet (Artikel I-29). Mit der vorgeschlagenen Korrektur würde dagegen wie bisher im EG Vertrag (Artikel 3) festgelegt, dass dieses Ziel für die Europäische Union und für die Mitgliedstaaten verbindlich ist. Das hätte beispielsweise Bedeutung für den Versuch einer Koordination der Wirtschaftspolitik der Mitgliedstaaten. Der Entwurf des Konvents lässt dagegen befürchten, dass das Ziel stabiler Preise in Zukunft als nachrangig gegenüber anderen Zielen behandelt werden könnte. In diesem Zusammenhang ist auch zu berücksichtigen, dass das Ziel der Europäischen Union eines hohen Beschäftigtenstandes (Arti-

[91] Vgl. z.B. Brief des Präsidenten der EZB W.F. Duisenberg v. 19. September 2003 an den Präsidenten des Europäischen Rats; Stellungnahme der Europäischen Zentralbank „The European Central Bank adopts an opinion on the draft Constitution“, Frankfurt, 22. September 2003; Brief des Präsidenten der EZB Jean-Claude Trichet v. 26. November 2003 an den Präsidenten des Europäischen Rats; Deutsche Bundesbank, Monatsbericht für November 2003.

kel 3 EG-Vertrag) im Konventsentwurf zu „Vollbeschäftigung" umformuliert worden ist. Diese neue Formulierung kann zu einem Einfallstor für ständige Forderungen nach einer staatlichen Politik der Nachfragestimulierung werden. Nach Auffassung des Beirats sollte es daher in Artikel I-3, Absatz 3 in der englischen Fassung etwa heißen: *The Union shall work for a Europe of sustainable development based on non-inflationary balanced economic growth, with a social market economy aiming at a high level of employment and social progress.*

Weiterhin scheint dem Beirat auch in Artikel I-29 des Konventsentwurfs eine Änderung notwendig zu sein, da in diesem die Unabhängigkeit der nationalen Zentralbanken, die in Artikel 108 des EG-Vertrages festgelegt wurde, gar nicht erwähnt wird. Diese Unabhängigkeit ist jedoch besonders wichtig, da die Präsidenten der Zentralbanken im obersten Entscheidungsgremium, dem EZB-Rat, mitwirken und die nationalen Zentralbanken die Geldpolitik operativ umsetzen. Daher sollte Abschnitt 3 von Artikel I-29 die Bestimmung enthalten, dass die EZB **und die nationalen Zentralbanken** in Übereinstimmung mit Artikel III-80 völlig unabhängig sind.

Von großer Bedeutung ist ferner die Festlegung der institutionellen Struktur des ESZB und der EZB. Im Maastrichter Vertrag wurden beide als Institutionen besonderer Art und nicht als Organe der Gemeinschaft behandelt. Dies sollte den Eindruck verhindern, dass EZB und ESZB in die allgemeinen Regeln für Gemeinschaftsorgane eingebunden wären und damit ihre Unabhängigkeit weniger abgesichert sei. Im Konventsentwurf Kapitel II-29 (3) wird die EZB als Organ bezeichnet, allerdings mit eigener Rechtspersönlichkeit. Diese Einstufung als Organ könnte die Verpflichtung mit sich bringen, dass sie der Pflicht zu einer „loyalen Zusammenarbeit" mit den anderen Organen unterliegt (Artikel I-18, Absatz 3), was ihre Unabhängigkeit beeichträchtigen könnte. Daher hat die EZB in ihrer auf Ersuchen des Rats der Europäischen Union erfolgten Stellungnahme vom 19.09.2003 verlangt, dass die EZB als *„other institution"* ein Teil des *„institutional framework"* der Union sein solle. Auf diese Weise würde sie nicht mehr unter den Titel „Die Organe der Union" gestellt sein, was die erwähnte Interpretation verhindern würde. Eine entsprechende Änderung könnte durch einen Austausch der Überschriften des Titels IV von Teil I *„The Union's Institutions"* mit dem von Kapitel I von Titel IV *„The Institutional Framework of the Union"* erreicht werden.

Wichtig erscheint dem Beirat auch eine Ergänzung von Artikel III-90 (3) derart, dass in Übereinstimmung mit Artikel III-77 festgelegt wird, dass die EZB die geld- und währungspolitische Position der EU nach außen formulieren und, wenn angemessen, die Union bei internationalen Institutionen und Konferenzen repräsentieren soll.

Die Europäische Kommission hat im November 2003 vorgeschlagen, durch einen Zusatz zu Artikel III-79 dem Rat die Möglichkeit zu geben, einstimmig und auf Vorschlag der Kommission, aber ohne Zustimmung des EZB-Rates oder irgendeines Parlamentes die Artikel 10, 11, 12 und 43 der Satzung des ESZB und der EZB zu ändern. Der Rat könnte zum Beispiel auf diese Weise die Zahl der Mitglieder des EZB-Direktoriums, ihre Amtszeit, das Wiederernennungsverbot, ihre Beschäftigungsbedingungen und das Amtsenthebungsverfahren (Artikel 11) sowie die Aufgaben der Beschlussorgane (Artikel 12) verändern. Er könnte auch das Ziel der Preisstabilität auf seine Weise definieren oder Ober- bzw. Untergrenzen für die Notenbankzinsen oder die Geldmengenexpansionsraten festlegen. Der Vorschlag der Kommission stellt die personelle und die funktionelle Unabhängigkeit der Europäischen Zentralbank in Frage. Wir teilen daher die Besorgnisse des EZB-Rats[92]

Der Beirat, sehr geehrter Herr Minister, ist überzeugt, dass diesen Besorgnissen, die in ihrer Kumulation gravierend sind, Rechnung getragen werden muss. Man darf nicht zulassen, dass das Vertrauen der Bevölkerung in die Europäische Währung schwindet.

Mit freundlichen Grüßen

gez. Wernhard Möschel

[92] siehe Brief des EZB-Präsidenten Jean-Claude Trichet vom 26.11.2003.

Gutachten vom 16. Januar 2004

Thema: Zur Förderung erneuerbarer Energien

Der Wissenschaftliche Beirat beim Bundesministerium für Wirtschaft und Arbeit hat sich in mehreren Sitzungen, zuletzt am 16. Januar 2004, mit dem Thema

Zur Förderung erneuerbarer Energien

befasst und ist dabei zu der nachfolgenden Stellungnahme gelangt.

A. Anlass des Gutachtens

Seit langem fördert die Bundesrepublik Deutschland erneuerbare Energieträger. Auch zur Zeit wird im parlamentarischen Prozess über eine Novellierung des Gesetzes für den Vorrang Erneuerbarer Energien (Erneuerbare-Energien-Gesetz, abgekürzt EEG) beraten. Zugleich bereitet die Bundesrepublik Deutschland zum Zwecke der Umsetzung einer EU-Richtlinie die Einführung eines Regimes vor, das es Betreibern von Großanlagen der Industrie und der Energieerzeugung verbietet, CO_2 zu emittieren, es sei denn, sie verfügten über entsprechende Lizenzen. Für diese Lizenzen soll ein europaweiter Markt etabliert werden.

Der Beirat nimmt Stellung zu der Frage, in welchem Verhältnis die Förderung der erneuerbaren Energieträger im Rahmen des EEG zu dem künftigen System der CO_2-Emissions-Lizenzen steht. Es geht ihm in diesem Gutachten nicht um eine Kritik an dem Ziel einer deutschen Klimapolitik, sondern ausschließlich um die Mittel hierfür. Er versteht sowohl das Regime der CO_2-Emissions-Lizenzen als auch die Förderung erneuerbarer Energieträger als Mittel zum Ziel eines deutschen und europäischen Beitrags zur Stabilisierung des Klimas.

B. Das EEG

In den neunziger Jahren begann man mit der Förderung erneuerbarer Energien durch gesetzliche Abnahmeverpflichtungen der Stromnetzbetreiber zu nicht marktgerechten Preisen. Dies geschah durch das Gesetz über die Einspeisung von Strom aus erneuerbaren Energiequellen in das öffentliche Netz (Stromeinspeisungsgesetz), seit Anfang 2000 das Gesetz für den Vorrang Erneuerbarer Energien (Erneuerbare-Energien-Gesetz, abgekürzt EEG). Im Stromeinspeisungsgesetz galt ein Vergütungsmechanismus, der Strompreisänderungen mit einer Verzögerung von zwei Jahren in die Einspeisevergütungen aufnahm. Dieser Anpassungsmechanismen ist im EEG weggefallen. Hier richtet sich die Höhe der Vergütung nach der angewandten Technik, nach dem Zeitpunkt der Inbetriebnahme und nach der Größe der installierten elektrischen Leistung. Bei der Windenergie orientiert sich die Vergütung auch nach der Erzeugung im Vergleich zu einer Referenzanlage.

Die folgende Tabelle präsentiert einen Ausschnitt aus der Vielfalt von Einspeisevergütungen, die im EEG festgelegt sind.

Tabelle 1: Vergütungssätze für Strom nach EEG

Inbetrieb-nahme-jahr der Anlage	Wasserkraft, Deponie-, Gruben- und Klärgas		Biomasse			Geothermie		Windkraft		Solar
	<0,5 MW	0,5 bis 5 MW	<500 kW	0,5 - 5 MW	5 - 20 MW	<20 MW	>20 MW	Anfangs-vergütung	Reduzierte Vergütung	
	€-Cent je kWh									
vor 2002			10,23	9,21	8,70			9,10	6,19	50,62
2002			10,10	9,10	8,60			9,00	6,10	48,10
2003			10,00	9,00	8,50			8,90	6,00	45,70
2004			9,90	8,90	8,40			8,80	5,90	43,40
2005	7,67	6,65	9,80	8,80	8,30	8,95	7,16	8,70	5,80	41,20
2006			9,70	8,70	8,20			8,60	5,70	39,10
2007			9,60	8,60	8,10			8,50	5,60	37,10
2008			9,50	8,50	8,00			8,40	5,50	35,20
2009			9,40	8,40	7,90			8,30	5,40	33,40
2010			9,30	8,30	7,80			8,20	5,30	31,70

Quelle: EEG

Diese Gesetze waren nicht ohne Wirkung. Innerhalb von zwölf Jahren wurde bis 2002 der aus erneuerbaren Energiequellen erzeugte Strom verdoppelt. Gegenwärtig sind es vierzig Terawattstunden, die aus regenerativen Energiequellen in das Stromnetz eingespeist werden. In diesem Ausmaß ist Strom aus fossilen Energieträgern verdrängt worden.

Die Regierung will die Stromeinspeisung aus erneuerbaren Energienquellen bis zum Jahre 2010 erneut verdoppeln und damit deren Anteil an der Stromerzeugung in Deutschland auf 12,5 Prozent steigern. Nach Einschätzung von Experten kann dieses Ziel nur erreicht werden, wenn die Einspeisevergütungen weiter angehoben werden. Insgesamt ist bei Festhalten an diesem Ziel für das Jahr 2010 mit einer Belastung der Stromwirtschaft in Höhe von fünf Milliarden Euro zu rechnen. Bezogen auf den für das Jahr 2010 vorausgeschätzten Stromverbrauch macht diese

Belastung pro Kilowattstunde 0,8 Cent aus. Da die Erzeugung einer Kilowattstunde Strom im Bereich der konventionellen Kraftwerke durchschnittlich 2,5 Cent kostet, bedeutet diese Belastung eine Verteuerung der gesamten Stromerzeugung um fast ein Drittel.

Die langfristigen Grenzkosten der durch die Einspeisevergütungen begünstigten Formen der Stromerzeugung kann man an den Einspeisevergütungen selbst ablesen. Denn der einzelne Betreiber einer Wind-Strom-Anlage oder Solar-Strom-Anlage dehnt sein Angebot bis zu dem Punkt aus, bei dem seine Grenzkosten mit der Einspeisevergütung übereinstimmen. Da diese Einspeisevergütungen heute im Allgemeinen zwischen sechs und zehn Cent liegen und dieses Niveau im Interesse des Ziels einer Verdopplung des Anteils der erneuerbaren Energieträger nicht gesenkt werden darf, sondern eher erhöht werden muss, liegen die Grenzkosten der Stromerzeugung aus erneuerbaren Energieträgern heute und in Zukunft um rund den Faktor vier höher als bei fossilen Energieträgern. Dieser Faktor könnte sich allerdings verringern, falls sich fossile Brennstoffe überproportional verteuern sollten.

Bei dieser Rechnung ist noch nicht berücksichtigt, dass man die Grenzkosten pro Kilowattstunde nicht eins zu eins vergleichen kann. Denn die Stromerzeugung aus fossilen Energieträgern kann den täglichen Bedarfsschwankungen weitgehend angepasst werden; es kann also bedarfsgerecht produziert werden. Bei den erneuerbaren Energieträgern gilt dies nur für Strom aus Speicher-Wasserkraftwerken, aus Geothermie und in eingeschränktem Maße aus Biomasse. Der Strom aus anderen erneuerbaren Energieträgern, insbesondere der aus Windkraftwerken und Photovoltaik-Kraftwerken, wird in Abhängigkeit der jeweiligen Witterung erzeugt und kann nicht bedarfsgerecht zur Verfügung gestellt werden. Er ist deshalb weniger wert als der billigste Strom, den die Elektrizitätswerke für die Grundlast einsetzen und bei dem wenigstens nicht unbekannt ist, wann er zur Verfügung steht. Die Stromunternehmen, die ihn gleichwohl abnehmen müssen, wie er gerade kommt, brauchen also entweder zusätzliche Spitzenlastkapazität, oder sie müssen gegebenenfalls auf Bezugsmöglichkeiten im überregionalen Stromverbund zurückgreifen, um die Ungleichzeitigkeit von Bedarf und Angebot bei den Wind und Solarkraftwerken zu überbrücken. Beides kostet Geld. Die Mehrkosten für den vergrößerten Bedarf an Spitzenlastausgleich müssen den Einspeisungsvergütungen hinzugerechnet werden. Ferner ist bei gleichem Stromverbrauch ein zusätzlicher Netzaufbau erforderlich, um den erzeugungsbedingten und nicht verbrauchsorientierten Standorten der Wind- und Solarkraftwerke gerecht zu werden. Auch der Aufwand für diesen zusätzlichen Netzaufbau muss zu den Stromkosten gerechnet werden, die das EEG induziert.

C. Das Lizenzsystem für CO2-Emissionen

In der Europäischen Union ist beschlossen worden, dass die Verpflichtungen des Kyoto-Protokolls mit Hilfe eines Marktes für CO_2-Emissionslizenzen umgesetzt werden sollen. Gegenwärtig wird auf nationaler Ebene darüber beraten, wie die Primärallokation der Lizenzen aussehen soll. Es geht hier nur um die Groß-Emittenten von CO_2. Die kleineren Emittenten, also zum Beispiel Heizanlagen von Wohnungen oder Autos werden dem Regime des Emissionsmarktes nicht unterworfen. Wenn auch die Details noch nicht endgültig geklärt sind, so steht doch das Grundprinzip der Primärallokation fest: Die Zuteilung an die einzelnen Unternehmen richtet sich in erster Annäherung nach den bisherigen Emissionen („Grandfathering"). Der Markt für die Lizenzen soll ein EG-weiter Markt werden; aber die Primärallokation berücksichtigt auch die unterschiedlichen nationalen Minderungsverpflichtungen, die die Mitgliedstaaten übernommen haben. Es ist also durchaus wahrscheinlich, dass es innerhalb der Europäischen Union von Anfang an zu nationalen Nettoexporten und Nettoimporten bei diesen Lizenzen kommt.

Der Sinn dieses Lizenzenmarktes ist es, ein Preissignal für CO_2-Emissionen zu erhalten und damit dafür zu sorgen, dass die Einsparung an CO_2-Emissionen auf volkswirtschaftlich möglichst kostengünstige Weise geschieht. Funktioniert dieser Lizenzmarkt so wie erhofft, dann ist der Marktpreis für die Lizenz, eine Tonne CO_2 zu emittieren, ein Signal für das Opfer an volkswirtschaftlicher Wertschöpfung, das man für die Vermeidung einer zusätzlichen Tonne CO_2-Emission erbringt. Im Folgenden spricht der Beirat statt vom Preis für die Lizenz zur Emission einer Tonne CO_2 abkürzend vom „Preis einer Tonne CO_2-Emission".

Dieser Marktpreis der CO_2-Emissions-Vermeidung steuert nun in den Bereichen der Volkswirtschaft, die diesem Lizenzsystem unterworfen sind, die Aktivitäten so, dass diejenigen Aktivitäten eingestellt werden, die aufgrund der Belastung mit den Kosten für CO_2-Emissions-Lizenzen nicht mehr rentabel durchgeführt werden können, während diejenigen Aktivitäten, die auch mit dieser zusätzlichen Kostenbelastung rentabel bleiben, fortgeführt werden. Genau das aber ist umweltpolitisch gewollt: Der Grenzbeitrag zum Sozialprodukt, den man der Inkaufnahme einer Tonne CO_2-Emission zuzurechnen hat, ist bei den nunmehr unrentablen Aktivitäten offenkundig geringer als der Marktpreis für das Recht zur Emission dieser Tonne CO_2. Bei den rentablen Aktivitäten ist er offenkundig größer als der Marktpreis der CO_2-Emission. Innerhalb des Bereiches, der dem Lizenzsystem unterliegt, wird mit der knappen Ressource „in Kauf zu nehmende CO_2-Emission" so umgegangen, dass bei gegebener Menge an CO_2-Emissionen der Beitrag der Inkaufnahme dieser Emissionen zum Sozialprodukt maximiert wird.

D. Die Wechselwirkung zwischen dem CO_2-Emissions-Lizenzsystem und dem EEG

Es ist bisher zu wenig beachtet worden, welche Wechselwirkungen es zwischen den beiden Systemen gibt, die im Grunde dem selben Ziel dienen: klimaschädliche Formen der Energiegewinnung einzudämmen. Bewusst zu machen ist, dass der Beitrag des EEG zur Verminderung der CO_2-Emissionen auf Null absinkt, sobald der Markt für CO_2-Emissionslizenzen funktioniert.

Man kann die deutsche Volkswirtschaft gedanklich in die zwei Sektoren teilen, von denen der eine Sektor (Sektor A) dem Lizenzerfordernis für CO_2-Emissionen unterliegt, der andere Sektor (Sektor B) nicht. Die Herstellung von Elektrizität mit fossilen Brennstoffen unterliegt praktisch vollständig dem Lizenzerfordernis und gehört deshalb zum Sektor A. Die Menge an CO_2-Emissions-Lizenzen, die dem Sektor A zugeteilt werden, leitet sich ab aus der Selbstverpflichtung Deutschlands im Rahmen der europäischen Selbstverpflichtung zur Umsetzung des Kyoto-Protokolls. Sie wird ferner beeinflusst durch die geplanten Einsparungen an CO_2-Emissionen im Sektor B, im Rahmen des Systems der internationalen „Joint Implementation“ sowie des internationalen „Clean Development Mechanism“. Diese Planungen müssen von der Europäischen Kommission überprüft werden.

Wenn die CO_2-Emissions-Lizenzen verteilt sind, bildet sich auf dem europäischen Lizenz-Markt ein Preis für CO_2-Emissionen. Dieser veranlasst die betrieblichen Entscheidungen in Bezug auf CO_2-Emissionen im Sektor A.

Man vergleiche nun zwei Szenario I und II. In Szenario I werden die erneuerbaren Energieträger massiv durch hohe Einspeisevergütungen im Rahmen des EEG gefördert. In Szenario II wird die Förderung von Neu-Anlagen für die Stromerzeugung aus erneuerbaren Energieträgern eingestellt und nur (aus Gründen des Vertrauensschutzes) für schon etablierte Anlagen aufrecht erhalten. In Szenario I steigt der Anteil der erneuerbaren Energieträger an der Stromerzeugung auf 12,5 Prozent. In Szenario II bleibt dieser Anteil bei den bisherigen 6 Prozent und entwickelt sich bei steigendem Stromverbrauch sogar zurück.

Es ist zu erwarten, dass in Szenario II in Deutschland mehr Strom aus Anlagen mit fossilen Energieträgern kommt als in Szenario I. Auf den ersten Blick scheint das EEG (das dem Szenario I entspricht) seine segensreiche Wirkung einer Reduktion der CO_2-Emissionen ausüben zu können. Da nun aber die Stromwirtschaft zu Sektor A gehört, werden durch das EEG in Szenario I CO_2-Emissions-Lizenzen frei. Das Angebot an CO_2-Emissions-Lizenzen am Markt steigt. Das führt zu einem niedrigeren Preis der Tonne CO_2-Emission, worauf sich ein Ausgleich zwischen Angebot und Nachfrage an Emissionslizenzen wieder einstellt. Im Ergebnis werden alle ausgeteilten CO_2-Emissions-Lizenzen verbraucht; es wird genau so viel CO_2 emittiert wie in Szenario II ohne Fortführung des EEG.

Natürlich gibt es eine Verlagerung von CO_2-Emissionen. In der deutschen Stromwirtschaft wird mit dem EEG weniger CO_2 emittiert. Dafür wird in den Großanlagen der Industrie, die ebenfalls dem Lizenz-Regime unterliegen, wegen des niedrigeren Preises von CO_2-Emissionen nun mehr CO_2 emittiert. Es ist auch wahrscheinlich, dass sich der internationale Handelssaldo bei den Lizenzen für Deutschland verändert. Die deutschen Exporte von CO_2-Emissions-Lizenzen werden im Szenario I größer sein als im Szenario II. Ein Teil dieser EEG-induzierten zusätzlichen Lizenzexporte wird von Kraftwerken im europäischen Ausland gekauft, die bei dem höheren Preis des Szenarios II nicht überlebensfähig sind. Auch die Großanlagen der Industrie im europäischen Ausland profitieren im Szenario I von dem niedrigeren Preis der CO_2-Emissionen und werden durch Kauf von zusätzlichen Lizenzen dazu beitragen, die Einsparung von CO_2-Emissionen durch das deutsche EEG zu kompensieren.

Mit anderen Worten: das EEG dient der Subventionierung von CO_2-Emissionen in Europa außerhalb des deutschen Kraftwerksektors. Der Netto-Effekt des EEG auf die europäischen CO_2-Emissionen ist Null.

Nun kann man argumentieren, dass das EEG immerhin schon eine Wirkung auf die CO_2-Emissionen ausgeübt hat und dass diese Wirkung auch eine bleibende sein wird insofern, als im Vergleichsfall – ohne das EEG und die damit bisher bewirkten Einsparungen an CO_2-Emissionen – mehr Emissionslizenzen an die deutsche Stromwirtschaft als Anfangsausteilung zu vergeben wären. Das ist zwar richtig, aber es ist nicht das ganze der Geschichte. Solange sich dadurch nämlich die deutsche Kyoto-Selbstverpflichtung nicht verändert, ist der bleibende Effekt des EEG auf die CO_2-Emissionen im Saldo doch wieder Null. Denn die durch das EEG induzierten Einsparungen an CO_2-Emissionen im Strombereich stehen nunmehr zusätzlich dem lizenzfreien Sektor B zur Verfügung. Die für diesen Sektor zu planenden und von der Europäischen Kommission abzusegnenden Einsparungsszenarien können in dem Ausmaß großzügiger sein, in dem der lizenzgebundene Sektor A weniger Lizenzen erhält.

So führt die erste Überlegung zu dem Ergebnis, dass das EEG im wesentlichen die CO_2-emittierenden Industriezweige und die fossile Brennstoffe einsetzenden Kraftwerke im europäischen Ausland unterstützt. Die zweite Überlegung zeigt, dass auch der Haushaltsbereich, die Wohnungswirtschaft und der Individualverkehr vom EEG profitieren; diese erfahren eine großzügigere Behandlung in Sachen CO_2-Einsparung, weil das EEG die CO_2-Emissionen im Kraftwerksbereich gesenkt hat. Die Umwelt freilich, die profitiert vom EEG nicht.

E. Die kostenminimierende Form der Einhaltung der CO_2-Emissionsziele

Aus der Sicht der Ökonomie wie der Ökologie ist es bedeutsam, dass vorgegebene ökologische Ziele wirtschaftlich rational, also mit minimalen Kosten angesteuert werden. Wie in Abschnitt C ausgeführt, repräsentiert der Marktpreis für die Tonne CO_2-Emission in einem funktionierenden Lizenzmarkt die volkswirtschaftlichen Grenzkosten der Vermeidung einer Tonne CO_2-Emission. In der Diskussion im Vorfeld der Einführung eines solchen Lizenzmarktes ist es üblich geworden, von einem vorausgeschätzten Preis in der Größe von 10 Euro pro Tonne CO_2-Emission zu reden. Das entspräche einem Cent pro Kilogramm CO_2-Emission. In einem modernen Steinkohle-Kraftwerk fällt pro Kilowattstunde Strom ungefähr 0,8 Kilogramm CO_2-Emission an. Im Rahmen dieses Lizenzsystems verteuert sich also die Herstellung von Strom aus fossilen Kraftwerken um 0,8 Cent pro Kilowattstunde.

Die Einsparmaßnahmen, zu denen sich die Kraftwerksbetreiber entschließen, werden sich daran orientieren. Es wird also dazu kommen, dass bei der Bereitstellung von Strom aus fossilen Energieträgern die Modernisierung vorangetrieben wird, solange die Emission eines weiteren Kilogramm CO_2 mit Kosten von weniger als einem Cent vermieden werden kann. Teurere Modernisierungsmaßnahmen lohnen sich nicht.

Demgegenüber kommt die Einsparung von CO_2-Emissionen durch die Förderung von erneuerbaren Energieträgern im Rahmen des EEG die deutsche Volkswirtschaft wesentlich teurer zu stehen. Wie oben gezeigt, sind die volkswirtschaftlichen Grenzkosten der Erstellung von Strom aus Anlagen, die vom EEG gefördert werden, gleich den Einspeisevergütungen. Diese liegen pro Kilowattstunde im Bereich von 6 bis 10 Cent. Es wird geschätzt, dass eine zusätzliche Kilowattstunde Strom aus Windenergie 0,5 bis 1 Kilowattstunde Strom aus fossilen Energieträgern ersetzt. Selbst wenn man – im Gegensatz zu der Skepsis, mit der Abschnitt D endete – davon ausgeht, dass hierdurch die Emission von 0,4 bis 0,8 Kilogramm CO_2 eingespart wird, ist diese Art der Einsparung unverhältnismäßig teuer. Man könnte durch Modernisierung eines Kohlekraftwerks denselben Einspareffekt zu 4 bis 8 Prozent der Kosten erzielen. Denn nicht höher stellen sich die Grenzkosten der Vermeidung von CO_2-Emissionen bei der vom EEG nicht geförderten Stromgewinnung mit fossilen Brennstoffen ein, sofern die Kraftwerke entsprechend modernisiert werden.

Die kostenminimale Methode zur Einsparung von CO_2-Emissionen in einer Volkswirtschaft ergibt sich bei gegebenem Einsparziel dadurch, dass man sämtliche Formen von CO_2-Emissionen demselben Emissions-Lizenz-System unterstellt und einen Handel mit CO_2-Emissionsrechten zulässt. Jede zusätzliche staatliche Förderung von „CO_2-armen" oder „CO_2-freien" Techniken auf dem Wege der preislichen Begünstigung ihrer Inputs oder Outputs verzerrt den Wettbewerb zwischen den Verfahren zur Verminderung von CO_2-Emissionen und führt deshalb zu höheren Kosten für ein gleich ehrgeiziges Minderungsziel.

Anders ausgedrückt: Wenn eine Nation sich entschließt, eine bestimmte Summe Geldes bereitzustellen, um die CO_2-Emissionen zu reduzieren, dann erzielt sie das maximale Einsparergebnis, wenn sie einen das ganze Land abdeckenden Markt für CO_2-Emissions-Lizenzen installiert und im Übrigen auf weitere Fördermaßnahmen, die die Volkswirtschaft Geld kosten, verzichtet.

Sobald ein funktionierender CO_2-Emissions-Lizenzmarkt etabliert ist, wird das EEG ein höchst ineffizienter und letztlich wirkungsloser Versuch, das Weltklima zu schützen. Es sollte dann im Interesse von ökonomischer Rationalität und ökologischer Vernunft abgeschafft werden.

F. Das Problem der Schein-Einsparungen

Zwei offenkundige Probleme sollen in diesem Abschnitt diskutiert werden, die beide allenfalls im europäischen, keinesfalls im nationalen Rahmen gelöst werden können.

Nicht alle CO_2-Emissionen werden dem Lizenzsystem unterworfen sein. Damit ist nicht zu erwarten, dass der Gesamtspielraum für CO_2-Emissionen am wirtschaftlichsten genutzt wird. Es wird wahrscheinlich zu einer Diskrepanz kommen zwischen dem Grenzbeitrag zum Sozialprodukt, der sich mit der Inkaufnahme von einer Tonne CO_2-Emission im lizenzpflichtigen Bereich der Wirtschaft verbindet, und dem im lizenzfreien Bereich.

Das zweite Problem ist das der Schein-Einsparungen von CO_2-Emissionen: Es gibt intensive Handelsbeziehungen zwischen den Staaten, die sich auf das Kyoto-Protokoll verpflichtet haben (Staatengruppe 1), und den Staaten, die das Kyoto-Protokoll nicht beachten (Staatengruppe 2). Ist der Preis der CO_2-Emission in der ersten Gruppe hinreichend hoch, so wird es zur Verlagerung von CO_2- intensiven Produktionsprozessen von der Staatengruppe 1 in die Staatengruppe 2 kommen. Damit sind die Einsparungen an CO_2-Emissionen in der Staatengruppe 1 zum Teil Schein-Einsparungen; denn sie verursachen vermehrte CO_2-Emissionen in der Staatengruppe 2. Mit Schein-Einsparungen ist der Stabilisierung des Weltklimas nicht gedient.

Im Übrigen zeigt sich an dieser Verlagerung von wirtschaftlichen Aktivitäten, dass von der Reduktion der CO_2-Emissionen in Europa auch wachstumshemmende Effekte ausgehen. Je mehr es wegen der Bekämpfung von CO_2-Emissionen zu Verlagerungen von Wirtschaftsaktivitäten wegen der CO_2-Emissionen aus der Staatengruppe 1 in die Staatengruppe 2 kommt, desto stärker wirkt das Kyoto-Abkommen als Wachstumsbremse für die Staatengruppe 1.

Die Einsparungen an CO_2-Emissionen werden im Geltungsbereich des Lizenz-Regimes um so eher bloß Schein-Einsparungen, je niedriger die Hürden für Verlagerungsprozesse sind und je höher der Preis für CO_2-Emissionen liegt. Da das EEG – dem letztlich keine Reduktion der CO_2-Emissionen in Europa zu attestieren war – zu einem niedrigeren Gleichgewichtspreis für die Tonne CO_2-Emission führt, verringert es die davon bestimmten Verlagerungsprozesse und damit die Schein-Einsparungen; es könnte also wegen dieses indirekten Einflusses womöglich doch eine gewisse dämpfende Wirkung auf die weltweiten CO_2-Emissionen für sich in Anspruch nehmen.

Dem wirkt freilich ein Verlagerungsanreiz entgegen, den erst das EEG selbst schafft und der geeignet ist, die Schein-Einsparungen wiederum zu vergrößern. Indem das EEG die Strompreise in Deutschland steigen lässt, kann es Verlagerungseffekte bei energieintensiven Industrien auslösen, weil für diese die Produktionskosten in Deutschland steigen. Insofern es dazu kommt, induziert das EEG erhöhte CO_2-Emissionen in der Staatengruppe 2.

Angesichts der großen Anzahl von gewichtigen Staaten in der Staatengruppe 2 (so die USA, Russland, China, Indien und die ganze übrige Dritte Welt) wird der politische Prozess massive Wettbewerbsverzerrungen zu Lasten der Industrie und der Arbeitsplätze in der Staatengruppe 1 aufgrund hoher CO_2-Emissions-Preise wahrscheinlich nicht tolerieren. Die Grenzen des Kyoto-Prozesses ohne die USA und die anderen derzeit nicht teilnehmenden Staaten sind dann erreicht, wenn die industriellen Verlagerungseffekte zwischen den beiden Staatengruppen aufgrund des Preises von CO_2-Emissionslizenzen merkliche Ausmaße annehmen.

Dies gilt nicht nur wegen des zu erwartenden politischen Widerstandes in der Staatengruppe 1, sondern auch wegen der eigentlichen Zielsetzung der Staaten, die sich an das Kyoto-Protokoll halten. Um diese Zielsetzung richtig zu erfassen, muss man das „Preissignal" für die Vermeidung einer Tonne CO_2-Emission richtig verstehen. Es ist zwar, wie oben ausgeführt, ein Signal, das hilft, die Beschränkungen, die das Kyoto-Abkommen auferlegt, mit möglichst geringen Kosten zu beachten. Es ist aber kein Signal für den ökologischen Wert dieser Beschränkungen.

Der ökologische Wert der vermiedenen Emission einer Tonne CO_2-Emission kann höher oder auch niedriger als dieser Marktpreis sein. Der Marktpreis bestimmt sich nach den Kyoto-induzierten Selbstverpflichtungen und den Grenzkosten, sie einzuhalten. Der ökologische Wert bestimmt sich nach dem Einfluss auf das Weltklima. Der direkte Effekt der Kyoto-Verpflichtungen auf das Weltklima ist nur gering, solange der überwiegende Teil der CO_2-Emissionen in Staaten der Staatengruppe 2 anfällt. Der ökologische Wert einer in Deutschland vermiedenen Emission von einer Tonne CO_2 für Deutschland entspricht, selbst wenn es nicht zur Mehremission anderswo kommt, nur einem Bruchteil der Kosten. Die von Deutschland übernommene Selbstverpflichtung ist im Hinblick auf ihre direkte ökologische Wirkung vom nationalen Interessenstandpunkt aus überhaupt nicht sinnvoll. Sie ist nur unter dem Gesichtspunkt sinnvoll, dass sie als Gegenleistung für entsprechende Selbstverpflichtungen anderer Staaten der Weltgemeinschaft gesehen wird. Welchen Wert sie als Vorleistung für ein solches mögliches künftiges Weltabkommen hat, ist nicht so sehr eine Frage des ökologisch-ökonomischen Kalküls als vielmehr eine Frage des strategisch-politischen Kalküls: Wie viel wahrscheinlicher wird ein funktionierendes Welt-Klima-Abkommen durch die Opfer, die sich Deutschland und die Europäische Union im Rahmen ihrer Kyoto-Verpflichtungen auferlegen? Machen die Vorleistungsopfer weitere Beitritte zum Kyoto-Abkommen, insbesondere Beitritte der großen CO_2-Emittenten, überhaupt wahrscheinlicher? Sobald sich die industriellen Verlagerungsprozesse von der Staatengruppe 1 in die Staatengruppe 2 mehren, erreicht man mit den „Vorleistungen" das Gegenteil dessen, was man erreichen will: Es wird nun für einen Staat der Staatengruppe 2 wegen dieser Gewinne bei Industrie-Standorten und Arbeitsplätzen zusätzlich attraktiv, dem Kyoto-Protokoll gerade nicht beizutreten. Je höher also der Preis für CO_2-Emissionen und damit der Anreiz für Verlagerungen, desto widersinniger ein Alleingang Europas und weniger anderer Staaten bei der Fortsetzung des Kyoto-Prozesses.

Alles kommt deshalb darauf an, dass die Grenzkosten der Vermeidung von CO_2-Emissionen in Europa gering sind, gering damit der von ihnen bestimmte Preis der Emissions-Lizenzen, der den Anreiz für die Verlagerungsprozesse setzt. Jedenfalls im Allgemeinen müssen sie geringer sein als die zusätzlichen Kosten, die es bei Verlagerungen ebenfalls gibt, und diese verhindern, solange sie gegenüber den Verlagerungsanreizen dominant sind.

Diese Forderung ist vom EEG nicht zu erfüllen. Prinzipiell ist zwar nicht ausgeschlossen, dass von den beiden Einflüssen des EEG auf die Verlagerungseffekte der günstige Einfluss gegenüber dem ungünstigen dominiert. Das hieße, die vom EEG zu erwartende Minderung der Nachfrage nach CO_2-Emissions-Lizenzen wirkte sich über die daraus folgende Senkung des Preises für die Lizenzen stärker aus als die Stromverteuerung, die mit den Belastungen aus dem EEG verbunden ist. Ein gewichtiges Argument für das EEG gewinnt man aber selbst daraus nicht. Es bliebe absurd, sich für eine Senkung der Grenzkosten der Vermeidung von CO_2-Emissionen in Europa – die über den Preis für die Lizenzen die Anreize für die Verlagerung von Aktivitäten in den lizenzpflichtfreien Teil der Welt bestimmen – den teuersten Weg heraus zu suchen, um dann mit Hilfe beispiellos hoher Subventionen gerade ihn und vor allem ihn zu gehen, und das auch noch als einzelnes Land für sich allein.

G. Industriepolitik durch das EEG?

Die Befürworter einer Begünstigung von erneuerbaren Energieträgern durch Methoden wie das EEG verweisen auf die damit verbundene Technologieförderung mitsamt den daraus zu erwartenden künftigen Exportchancen. Es ist zu fragen, ob dies eine sinnvolle Form von Industriepolitik ist.

Die Erfahrungen, die man mit der Industriepolitik in der Form der Technologieförderung durch Bereitstellung geschützter Märkte gemacht hat, sind im Allgemeinen wenig ermutigend. Es geht hier ja nicht um Technologieförderung in der Form von staatlichen Beiträgen zu Forschungs- und Entwicklungsvorhaben. Es geht um eine Privilegierung bestimmter Technologien im Wettbewerb durch Einschränkung der Wahlfreiheit von

Marktpartnern, die gesetzlich zu betrieblich unwirtschaftlichen Entscheidungen gezwungen werden.

Begründet wird derartige Industriepolitik insbesondere mit Lernkurven-Effekten. Die Lernkurve ist ein überall anzutreffendes Phänomen. Sie bedeutet, dass die Herstellungskosten bei einem Produkt oder bei einer Produktkategorie mit jedem zusätzlichen Stück, das produziert wird, sinken. Dieser Effekt ist besonders ausgeprägt bei noch jungen Produkten. Er flacht sich bei reifen Produkten merklich ab. Insofern gibt es Gründe für die staatliche Förderung von Produkten, die am Anfang des Produktlebenszyklus stehen.

Indessen reicht dieser Lernkurveneffekt allein noch nicht aus, um junge Produkte auf dem Markt vor all zu scharfer Konkurrenz zu schützen. Denn die Lernkurve ist ein praktisch universelles Phänomen. Es ist offenkundig in einer wettbewerblichen Marktwirtschaft unsinnig, die Forderung aufzustellen, dass sämtliche jungen Produkte vor allzu scharfer Konkurrenz geschützt werden sollen. Es müssen zusätzliche Gründe hinzutreten.

Diese können in unserem Zusammenhang wohl nur aus dem erhofften ökologischen Nutzen kommen. Weil Techniken der Nutzung erneuerbarer Energieträger zur Stromerzeugung ökologisch erwünscht sind, sollen sie besonders gefördert werden, um letztlich nach Durchlaufen eines großen Teils der Lernkurve mit den anderen Methoden der Stromerzeugung auch ohne Schutz konkurrenzfähig zu werden. Das Argument wird noch abgerundet mit der Erwartung einer besonderen Exportfähigkeit solcher Produkte, wenn man ihnen diesen Schutz angedeihen lässt.

Diese Argumente können aber nicht überzeugen. Unter dem Stichwort „erneuerbare Energieträger" wird staatlicherseits eine Vorauswahl von Techniken getroffen, die geeignet sind, zur Verminderung von CO_2-Emissionen beizutragen. Es gibt zahlreiche andere Verfahren, die nicht unter die Rubrik „erneuerbare Energieträger" fallen, und die möglicherweise viel effektiver und schneller zu einer Minderung der CO_2-Emissionen beitragen. Selbst in einem Land wie Deutschland mit einem vergleichsweise modernen Park an Kraftwerken, die fossile Brennstoffe einsetzen, gibt es noch ein enormes Potential, CO_2-Emissionen zu vermeiden durch stärker forcierte Modernisierung des Kraftwerkparks. Die – durchaus auch von Lernkurven geprägten – Fortschritte in der modernen „konventionellen" Kraftwerkstechnik sind erheblich. Zwei Beispiele seien hervorgehoben: die moderne Turbinen-Technik von Unternehmen wie Siemens, General Electric oder Mitsubishi, die in Gas- und Dampf-Kraftwerken einen Wirkungsgrad von 58 Prozent zu erreichen vermögen; das vor kurzem in Betrieb gesetzte „BOA"-Braunkohlekraftwerk mit einem Wirkungsgrad von 43 Prozent (gegenüber 37 Prozent bei den herkömmlichen Braunkohlekraftwerken).

Noch viel bedeutsamer ist das Einsparpotential, das in der weltweiten Modernisierung von Steinkohlekraftwerken liegt. In einem Land wie China wird zur Zeit noch Strom in Steinkohlekraftwerken erzeugt, die im Durchschnitt fast doppelt soviel CO_2 pro Kilowattstunde Strom emittieren wie deutsche Kraftwerke. Im Rahmen des Kyoto-Abkommens gibt es die Möglichkeit der Nutzung des „Clean-Development-Mechanism" (CDM). Dieser erlaubt es den EU-Mitgliedstaaten, sich aktive Beiträge zur Reduktion von CO_2-Emissionen in Ländern der Dritten Welt, die sie im Rahmen ihrer Entwicklungshilfe geleistet haben, auf ihre CO_2-Emissions-Reduktionsverpflichtungen im Rahmen des Kyoto-Verfahrens anrechnen zu lassen. Die Modernisierung und der Ausbau des chinesischen Kraftwerkparks stellt ein riesiges Potential dar, CO_2-Emissionen zu verringern und zu vermeiden – zu einem Bruchteil eines Cent pro Kilogramm, also zu Kosten, die dreißig bis fünfzig mal günstiger sind als die Einspareffekte auf dem Wege des EEG. Auch bei dieser Aufgabe gibt es ausgeprägte Lernkurveneffekte, von denen man sich erhoffen mag, dass auf geförderte Anfangsinvestitionen selbsttragende künftige Investitionen folgen. So liegt in der Modernisierung chinesischer Steinkohlekraftwerke ein enormes Exportpotential für die deutsche Industrie. Es ist im Vergleich zur Windrädertechnik und Photovoltaik vor allem ein sehr viel konkreteres Exportpotential.

H. Schlussfolgerung

Mit dem Beginn eines funktionierenden Marktes für CO_2-Emissions-Lizenzen in Europa verändert sich die Wirkung des EEG. Hat es bisher, wenn auch mit sehr hohen volkswirtschaftlichen Kosten, zur Reduktion von CO_2-Emissionen beigetragen, so wird sein Gesamteffekt auf die Reduktion von CO_2-Emissionen nach der Implementierung dieses Lizenzmarktes gleich Null sein. Es wird dann zu einem ökologisch nutzlosen, aber volkswirtschaftlich teuren Instrument und müsste konsequenterweise abgeschafft werden.

Köln, den 16. Januar 2004

Der Vorsitzende des Wissenschaftlichen Beirats
beim Bundesministerium für Wirtschaft und Arbeit

Prof. Dr. Wernhard Möschel

Gutachten vom 16. Januar 2004

Das Gutachten wurde vorbereitet von folgenden Mitgliedern des Wissenschaftlichen Beirats beim Bundesministerium für Wirtschaft und Arbeit

Professor Dr. Carl Christian von Weizsäcker
(Federführung)
Professor für Volkswirtschaftslehre
an der Universität zu Köln

Professor Dr. Friedrich Breyer
Professor für Volkswirtschaftslehre,
an der Universität Konstanz

Professor Dr. Dr. h.c. Herbert Hax
Professor für Betriebswirtschaftslehre
an der Universität zu Köln

Professor Dr. Olaf Sievert
Präsident der Landeszentralbank in den
Freistaaten Sachsen und Thüringen, Leipzig i.R.
Honorarprofessor an der Universität des Saarlandes

Brief an den Bundesminister für Wirtschaft und Arbeit Wolfgang Clement vom 17. Januar 2004

Thema: Ausbildungsplatzabgabe

Sehr geehrter Herr Minister,

die Bundestagsfraktion der Sozialdemokratischen Partei Deutschlands hat sich im vergangenen Jahr für eine Gesetzesinitiative ausgesprochen, die die Einführung einer Ausbildungsplatzabgabe ab dem 30. September 2004 zum Ziel hat. Dazu wurden vom SPD-Parteitag im November 2003 konkrete Eckpunkte beschlossen. Zentral ist ein Quotenverfahren. Es bestraft Betriebe, die weniger Auszubildende einstellen, als der Quote entspricht, die für ihre Branche festgesetzt worden ist. Betriebe werden belohnt, wenn sie die Quote übertreffen. Die Einnahmen aus der Abgabe sollen in einen zentralen Fonds des Bundes fließen und für die Finanzierung zusätzlicher, vorrangig betrieblicher Ausbildungsplätze verwendet werden.

Wir haben diesen Vorschlag eingehend diskutiert und sind zu dem Schluss gekommen, dass er nicht geeignet ist, den gegenwärtigen Mangel an etwa 20.000 Lehrstellen zu beheben, sondern die Wirtschaft per Saldo zusätzlich belasten würde. Das duale Ausbildungssystem hat sich trotz der vielschichtigen Probleme auf dem Bildungssektor und dem Arbeitsmarkt im Großen und Ganzen bewährt und der Bundesrepublik eine relativ niedrige Jugendarbeitslosigkeit beschert. Das bisherige System setzt daran an, dass sich die Unternehmen bei der Entscheidung über die Nachfrage nach Auszubildenden nicht ausschließlich am Vergleich der kurzfristigen Kosten mit dem kurzfristigen Nutzen orientieren. Die im Eckpunktepapier skizzierte Ausbildungsabgabe würde einer nur kurzfristigen Abwägung Vorschub leisten und dieses bewährte System daher eher gefährden als verbessern.

Die Ausbildungsplatzabgabe krankt erstens an einem Informationsproblem. Sie soll von denen erhoben werden, die zu wenig ausbilden. Aber der Staat weiß nicht und kann nicht wissen, wer zu wenig ausbildet. Es ist vorgesehen, eine Mindestausbildungsquote (Zahl der Lehrlinge relativ zur Zahl der Beschäftigten) zu definieren, bei deren Nichterfüllung die Abgabe fällig wird. Die optimale Ausbildungsquote ist jedoch von Branche zu Branche und von Betrieb zu Betrieb verschieden. In einer schrumpfenden Branche sollte weniger Nachwuchs ausgebildet werden als in einer expandierenden. Gleiches gilt für schrumpfende und expandierende Betriebe innerhalb derselben Branche. Die optimale Ausbildungsquote könnte zudem von der Größe der Betriebe abhängen. Selbst wenn die optimale Branchenstruktur – an der Wertschöpfung gemessen – konstant wäre, kann sich doch das optimale Einsatzverhältnis von Arbeit zu Kapital in den verschiedenen Branchen unterschiedlich entwickeln – und damit auch die optimale Ausbildungsquote. Da die optimale Ausbildungsquote von Fall zu Fall verschieden ist und nicht vom Staat, sondern nur von den betreffenden Marktteilnehmern eingeschätzt werden kann, verzerrt jede Quotenregelung – mit oder ohne Ausgleichsabgabe – die Produktionsstruktur und den Wettbewerb.

Eine effiziente Verwendung des Faktors Arbeit setzt zweitens voraus, dass er bei gleicher Leistungsfähigkeit überall das gleiche kostet. Diese Bedingung wäre aber im vorliegenden Fall verletzt: Wer innerhalb seiner Ausbildungsquote zum Tariflohn einen Lehrling einstellt, kann dies – da er auf diese Weise Abgaben vermeidet – per Saldo kostengünstiger tun als jemand, der seine Quote bereits erfüllt hat und zum gleichen Lohn zusätzliche Lehrlinge einstellt, ohne dadurch Abgaben einzusparen. Verglichen mit der optimalen Ausbildungsstruktur wird deshalb innerhalb der Quote zu viel und außerhalb der Quote zu wenig ausgebildet.

Diese zweite Verzerrung könnte theoretisch dadurch beseitigt werden, dass der Staat die Quoten entweder für handelbar erklärt oder aber für jeden Lehrling, der über die Quote hinaus ausgebildet wird, einen Ausbildungszuschuss zahlt, der genauso hoch ist wie die Ausbildungsabgabe, die innerhalb der Quote fällig wird. Beides ist jedoch bisher nicht vorgesehen. Zwar sollen Ausbildungszuschüsse gezahlt werden. Ihre Höhe bleibt jedoch der Entscheidung der Fondsverwalter überlassen (was zu Filz und Korruption führen kann).

Wenn der Zuschuss pro zusätzlichen Ausbildungsplatz tatsächlich genau so hoch wäre wie die Abgabe, so wäre es doch drittens äußerst schwierig, ja praktisch unmöglich, die angestrebte Aufkommensneutralität zu erreichen. Denn dafür müsste die Quote ja genau so festgesetzt werden, dass die Einnahmen aus der Abgabe den Ausgaben für die Zuschüsse gleicher Höhe entsprechen. Niemand kann aber vorhersagen, wie stark sich derartige Abgaben und Zuschüsse auf die Bereitschaft zur Ausbildung auswirken würden.

Ein besonderes Problem ist viertens die vorgesehene Stichtagsregelung. Danach sollen die Ausbildungszuschüsse nur denen zustehen, die nach dem 30. September über ihre Quote hinaus Lehrlinge einstellen. Damit ergibt sich für diese Unternehmen ein Anreiz, die Pflichtquote nicht vor dem 30. September zu überschreiten. Der Attentismus der Arbeitgeber würde sich nachteilig auf die Planungssicherheit der Jugendlichen auswirken.

Selbst wenn die Regelung – wie beabsichtigt – für den Fiskus aufkommensneutral gestaltet werden könnte, entstünde doch fünftens für die Betriebe eine Nettobelastung. Denn zum einen müsste ein Teil der Einnahmen, die der Staat aus der Abgabe erzielt, dafür eingesetzt werden, die Verwaltungskosten des zentralen Fonds zu finanzieren. Diese Mittel würden nicht an die Unternehmen zurückfließen. Zum anderen kämen auf die Unternehmen zusätzliche Bürokratiekosten zu. Die Beweislast für die Erfüllung der Quote würde bei ihnen liegen. Die Berichtspflicht, Beweisführung und Verwaltung der Zahlungsvorgänge würden die Arbeitskosten der Unternehmen erhöhen und ihre Ausbildungsbereitschaft negativ beeinflussen.

Die Ausbildungsplatzabgabe ist nicht dazu geeignet, das Problem des Lehrstellenmangels zu beheben. Sie zielt auf eine Lehrstellengarantie und setzt damit Anreize für die Interessengruppen, Löhne weiter anzuheben, Regulierungen im Lehrstellenbereich auszudehnen, den Faktor Arbeit zu verteuern und damit das im Ganzen bewährte Lehrstellensystem zu untergraben.

Köln, den 17. Januar 2004

Mit vorzüglicher Hochachtung

gez.

Professor Dr. Wernhard Möschel

Gutachten vom 24. April 2004

Thema: Keine Aufweichung der Pressefusionskontrolle

Der Wissenschaftliche Beirat beim Bundesministerium für Wirtschaft und Arbeit hat sich in mehreren Sitzungen, zuletzt am 24. April 2004, mit dem Thema

Keine Aufweichung der Pressefusionskontrolle

befasst und ist dabei zu der nachfolgenden Stellungnahme gelangt.

1. Manchen Zeitungsverlagen geht es nicht gut. Das Anzeigengeschäft schrumpft, und das möglicherweise nicht nur aus konjunkturellen Gründen. Auch die zahlenden Leser werden nicht mehr. Die Bundesregierung will auf diesen Befund mit einer Änderung der Pressefusionskontrolle reagieren. Bislang unterlagen Verlage bei Fusionen denselben materiellen Regeln wie alle anderen Unternehmen auch. Allerdings sorgten im Pressebereich spezifische Schwellenwerte dafür, dass selbst verhältnismäßig kleine Zusammenschlüsse vom Kartellrecht erfasst wurden. Die Bundesregierung nimmt die anstehende siebente Novellierung des Gesetzes gegen Wettbewerbsbeschränkungen (GWB) zum Anlass, diese Regeln zu ändern.[93] Künftig sollen Pressefusionen leichter möglich sein als heute. Unter bestimmten Voraussetzungen sollen sie sogar dann erlaubt werden, wenn sie eine marktbeherrschende Stellung begründen oder verstärken. Bei der Fusionskontrolle würden Presseunternehmen damit gegenüber den Unternehmen anderer Wirtschaftsbereiche deutlich privilegiert. Der Beirat ist sich des besonderen Stellenwerts der Presse in einer Demokratie bewusst. Er sieht dennoch in diesem Reformvorhaben einen Irrweg. Er empfiehlt, am bisherigen Rechtszustand festzuhalten. Erwägenswert ist allenfalls, so genannte Sanierungsfusionen zu erleichtern(Ziffer 18). Auch mag das Bundeskartellamt Anlass haben, die sachliche Abgrenzung der Anzeigenmärkte im Lichte des Wettbewerbs zwischen den Medien zu überprüfen (Ziffer 17).

I. Warum Pressefusionskontrolle

2. Fusionskontrolle dient dem Schutz des Wettbewerbs. Wettbewerb ist Manifestation wirtschaftlicher Handlungsfreiheit für Unternehmen wie Verbraucher und gewährleistet am ehesten Wohlstand für alle. Folgerichtig untersagt das Gesetz gegen Wettbewerbsbeschränkungen Unterneh-

[93] Bislang liegt ein Entwurf des zuständigen Bundesministeriums für Wirtschaft und Arbeit vor. Er ist noch nicht durch das Bundeskabinett gegangen.

menszusammenschlüsse, welche zur Entstehung oder Verstärkung von marktbeherrschenden Stellungen führen und damit Wettbewerb beseitigen. Die Fusionskontrolle ist mittlerweile das wichtigste Instrument zur Sicherung des Wettbewerbs. Sie unterbindet wettbewerbswidrige Veränderungen von Marktstrukturen und begrenzt insofern den Spielraum für die von marktbeherrschenden Stellungen ausgehenden Wettbewerbsbeschränkungen. Der Versuch, Wettbewerbsbeschränkungen mit der wettbewerbsrechtlichen Missbrauchsaufsicht als einer Kontrolle über das Verhalten von marktbeherrschenden Unternehmen zu unterbinden, ist deutlich weniger effektiv. Der GWB-Gesetzgeber hat daher der präventiven Fusionskontrolle den Vorrang vor einer nachträglichen Verhaltenskontrolle gegeben und in § 40 Absatz 3 GWB ausdrücklich untersagt, dass eine Fusion, die eine wettbewerbswidrige Veränderung der Marktstruktur bewirkt, gleichwohl zugelassen wird in Verbindung mit einer Verhaltensauflage. Durch das Verbot von Verhaltensauflagen, deren Einhaltung laufend zu kontrollieren wäre, soll verhindert werden, dass freier Wettbewerb in verwalteten Wettbewerb abgleitet. Das ist im Medienbereich doppelt wichtig. Nur in solcher Ausgestaltung schützt die Fusionskontrolle die vom Bundesverfassungsgericht hervorgehobene „geistige und wirtschaftliche Konkurrenz“ der Presseunternehmen, in welche die öffentliche Gewalt grundsätzlich nicht eingreifen darf (BVerfGE 20, 162, 175).

3. Als 1973 in Deutschland die Fusionskontrolle eingeführt wurde, war diese von ihren Aufgreifkriterien, das heißt von den Größenschwellen her, die überschritten sein mussten, auf Industrieunternehmen zugeschnitten. Die zwingend präventive Kontrolle nach § 24a GWB alte Fassung setzte voraus, dass mindestens zwei der am Zusammenschluss beteiligten Unternehmen Umsatzmilliardäre waren. Bei der nachträglichen Fusionskontrolle nach § 23 GWB alte Fassung waren Aufgreifschwellen entweder ein Marktanteil der beteiligten Unternehmen im gesamten Bundesgebiet oder einem wesentlichen Teil desselben von mindestens 20 Prozent, eine Beschäftigtenzahl von 10.000 oder Umsatzerlöse von 500 Millionen D-Mark. Eine Fusionskontrolle entfiel insgesamt, wenn das erworbene Unternehmen im letzten Geschäftsjahr weniger als 500 Millionen D-Mark Umsatz hatte (so genannte Anschlussklausel des § 24 Absatz 8 GWB alte Fassung). Diese Schwellenwerte passten nicht auf den Pressesektor mit seinen weitgehend lokalen und regionalen Strukturen. Ins Bewusstsein gerückt sei, dass der Gesamtumsatz selbst der Springergruppe erstmals in den frühen siebziger Jahren die Milliardengrenze überschritt und der des Zeitschriftengroßverlages Burda damals kaum mehr als die Hälfte davon erreichte. Bei diesen Größenverhältnissen hatte die Gesetzeslage zum Beispiel den Verlag der Westdeutschen All-

gemeinen Zeitung in die Lage versetzt, flächendeckend Lokal- und Regionalzeitungen in Nordrhein-Westfalen zu übernehmen, indem er eine Zeitung nach der anderen aufkaufte.

4. Der Gesetzgeber schloss die Lücke im Jahre 1976. Von nun an waren im Pressebereich die Umsätze der beteiligten Unternehmen mit dem Faktor 20 zu multiplizieren. Eine nachträgliche Kontrolle wurde so bei einem Grenzwert von 25 Millionen D-Mark erreicht. Das entsprach bei Zeitungen einer Auflage von 70.000 bis 80.000 Exemplaren. (Noch heute hat ein Drittel der 349 statistisch erfassten Tageszeitungsverlage eine Auflage von weniger als 10.000 Exemplaren.[94]) Die Anschlussklausel des § 24 Absatz 8 GWB alte Fassung mit ihrer Umsatzschwelle von fünfzig Millionen D-Mark wurde für den Pressesektor ganz beseitigt. Bundesgerichtshof wie Bundesverfassungsgericht haben diese Entscheidung des Gesetzgebers nicht beanstandet. Der Gleichheitsgrundsatz ist nicht verletzt. Es handelt sich vielmehr um eine branchenspezifische Ausformung allgemeiner Regeln, grundsätzlich nicht viel anders, als sie das Gesetz gegen Wettbewerbsbeschränkungen in anderen Wirtschaftszweigen für Handelsunternehmen, Kreditinstitute und Versicherungsunternehmen schon immer vorgesehen hatte. Die Voraussetzungen zur Untersagung einer Fusion werden dadurch nicht verändert. Auch bei Presseunternehmen werden Fusionen nur dann untersagt, wenn sie zur Entstehung oder Verstärkung einer marktbeherrschenden Stellung führen. Die Modifizierung der Aufgreifschwellen bewirkt lediglich, dass in dieser Branche Verfahren der Fusionskontrolle überhaupt erst in Gang kommen.

5. Dabei ist gerade der Pressebereich wettbewerbspolitisch ein ausgesprochenes Sorgenkind. Er ist durch hohe Fixkosten in Redaktion und Vertrieb, ferner durch den lokalen Bezug eines Teils der Inhalte gekennzeichnet. Dies begünstigt die Konzentration und trägt dazu bei, dass die lokalen Lesermärkte und Anzeigenmärkte überwiegend verfestigte Monopolstellungen aufweisen, die auch durch Wettbewerb von außen kaum überwindbar sind. Dabei spielt eine Rolle, dass ein erheblicher Teil der Presseerlöse aus dem Anzeigengeschäft stammt. In den alten Bundesländern waren dies früher im Durchschnitt zwei Drittel. Seit 2001 ist der Anteil auf 57,5 Prozent gesunken. Ein Inserent in einem lokalen Markt

[94] Die Anzahl der Verlage ist formal definiert nach dem Impressum. Sie ist nicht identisch mit der Anzahl wirtschaftlich unabhängiger Verlage. Diese wird statistisch nicht erfasst. „Publizistische Einheiten“ sind redaktionell selbständige Tageszeitungen mit Vollredaktionen, die den gesamten redaktionellen Teil, also auch einen Mantelteil, sowie den Anzeigenteil eigenständig herstellen. Im Jahre 2003 betrug ihre Anzahl 134. Sieht man von einem Anstieg infolge der Wiedervereinigung ab, ist sie seit 1976 im wesentlichen konstant geblieben.

kann am stärksten Anbieter regelmäßig nicht vorbeigehen; daraus ergibt sich eine Sogwirkung zugunsten einer so genannten Erstzeitung. Für andere Anbieter in den lokalen Zeitungsmärkten bleibt nur der kleinere Teil der Werbeetats; entsprechend schwerer fällt es ihnen, ausreichende Deckungsbeiträge für die Finanzierung der Redaktionen zu erwirtschaften. Über Jahrzehnte hinweg ist es in der Bundesrepublik nur ganz vereinzelt zur Neugründung von Zeitungen gekommen, die sich gehalten haben (taz, Financial Times Deutschland, Neueintritte lokaler Zeitungen im Zusammenhang mit der kommunalen Gebietsreform). Fünf Neugründungen, die zwischen 1999 und 2001 versucht wurden, scheiterten sämtlich. Dafür sind vor allem zwei Umstände verantwortlich, die zu einem gravierenden Marktzutrittshindernis führen. Eine lokale oder regionale Zeitung kann Leser nur gewinnen, wenn sie von vornherein ein attraktives publizistisches Angebot macht. Sie muss deshalb von Anfang an eine relativ große Redaktion aufbauen, auch wenn anfangs dem hohen Aufwand nur geringe Erlöse gegenüberstehen. Für Werbekunden ist eine Zeitung umso attraktiver, je mehr regelmäßige Leser sie hat. Deshalb muss es einer neuen Zeitung recht schnell gelingen, viele Leser zu gewinnen. Das ist nur durch hohe Aufwendungen für die Vermarktung zu erreichen. Beide Anfangsinvestitionen kann der Verleger bei einem Scheitern des Eintrittsversuchs nicht in einen anderen Markt übertragen. Sie sind praktisch vollständig verloren. Das schreckt Marktzutritte sehr wirksam ab. Überdies ist das Leserverhalten durch einen hohen Gewohnheitsfaktor bestimmt. Die Entscheidung für eine Tageszeitung ist häufig eine Entscheidung für das ganze Leben. Das gilt auch in Zweizeitungskreisen.

> Immer mehr lokale Zeitungen haben einen regionalen Mantel. Die regionale Mantelzeitung gehört oft gemeinsam den lokalen Zeitungsverlagen, die sie sich zuliefern lassen, um sie dann mit einem mehr oder weniger umfassenden lokalen Teil zu verbinden. Überdies ist Kooperation zwischen Zeitungsverlegern mit ihren meist wettbewerbsdämpfenden Wirkungen allgegenwärtig. Sie bezieht sich außer auf die Beschaffung des gemeinsamen Mantels vor allem auf die Akquisition von Anzeigen, auf den Austausch von Lokalberichten, auf den Druck und im wachsenden Maße auf Aktivitäten außerhalb des Kernbereichs wie die Herausgabe von Anzeigenblättern, Internetangebote, Hörfunk- und Fernsehprogramme, Zustellungs- und Postdienste. Bis kurz vor der Grenze zur verbotenen Preisabsprache – Anzeigen und die Zeitung selbst betreffend – ist praktisch alles möglich. Und trotz des Verbots von Preisabsprachen kann man feststellen: Preiskämpfe sind in der Branche „traditionell selten."

6. Monopolstellungen findet man bisher vor allem auf den Märkten für lokale Nachrichten und Anzeigen. Rund die Hälfte der Bundesbürger lebt in so genannten Einzeitungskreisen. Auf den überregionalen Märkten herrscht Wettbewerb. Man kann an jedem Kiosk nahezu jede überregionale Zeitung erwerben. Per Post lassen sich sämtliche Presseerzeugnisse beziehen. Eine wichtige Rolle spielt auch der Substitutionswettbewerb, der von benachbarten Produkten ausgeht. Benachbarte Produkte sind vor allem die bundesweit vertriebenen Wochenzeitungen und Nachrichtenmagazine sowie das Angebot von Rundfunk und Fernsehen. Angesichts des veränderten Leseverhaltens junger Menschen wird in Zukunft der Wettbewerbsdruck zunehmen, der von Angeboten aus dem Internet ausgeht.

Auf der lokalen Ebene verbleibt ein gewisser Wettbewerbsdruck von Seiten benachbarter Lokalzeitungen. Von Bedeutung sind hier der Wettbewerb um Kunden in Grenzbereichen sowie das Wettbewerbspotential, das sich daraus ergibt, dass die benachbarte Lokalzeitung versuchen kann, gestützt auf ihre eigene Leser- und Anzeigenbasis, unter Nutzung von Größenvorteilen und Verbundeffekten in den Nachbarmarkt einzudringen und das dort etablierte Monopol aufzubrechen. Diese Art von wirtschaftlichem Wettbewerbsdruck gibt es aber nur, solange die verschiedenen Blätter nicht in einer Hand liegen. In diesem Falle kann er jedoch selbst dann Bedeutung haben, wenn es tatsächlich niemals zu einem Angriff von Seiten des benachbarten lokalen Monopols kommt.

7. Eine staatsunabhängige freie Presse ist für eine Demokratie grundlegend. Die deutsche Wettbewerbsgesetzgebung schützt dieses hohe Gut – es hat Verfassungsrang – auf indirekte Weise. Es knüpft nicht an irgendwelche Presseinhalte an, sondern an die Stellung der Beteiligten auf den Märkten. Soweit das Gesetz hilft, selbständige Einheiten im *wirtschaftlichen* Wettbewerb zu erhalten, fördert es zugleich den *publizistischen* Wettbewerb. Dem liegt die Erwartung zugrunde, dass wirtschaftlich selbständige Verlage eine eigenständige Verlags- und Redaktionspolitik betreiben und sich der Gleichschaltung entziehen (Vergleiche dazu das Gutachten des Beirats „Offene Medienordnung" vom 18. November 1999). Zugleich sorgt die Pressefusionskontrolle dafür, dass der einzelne Journalist – ob fest angestellt oder als freier Mitarbeiter – im Prinzip eine Vielzahl von Arbeits- und Publikationsmöglichkeiten hat und nicht im Übermaß auf das Wohlwollen seines derzeitigen Verlegers angewiesen ist.

Nach gefestigter Rechtsprechung des Bundesverfassungsgerichts müssen die Medien „staatsfern" sein. Damit ist gemeint, der Staat darf keine Instrumente in die Hand bekommen, mit deren Hilfe er die Medien formen könnte, die ihn kontrollieren sollen. Deshalb dürfen zur Regulierung der Medien nur formale Kriterien verwendet werden. Genau das geschieht mit der Fusionskontrolle. Sie wendet auf Verlage genau dieselben kartellrechtlichen Eingriffskriterien an wie auf alle anderen Unternehmen auch.

8. Die Praxis der deutschen Pressefusionskontrolle ist verhältnismäßig streng. Es hängt dies mit einer sachlich und räumlich engen Abgrenzung der relevanten Märkte, namentlich der regionalen und lokalen Märkte zusammen. Erfasst wurden vor allem Zusammenschlüsse zwischen Tageszeitungen und konkurrierenden Anzeigenblättern und zwischen Tageszeitungen mit benachbarten Vertriebsgebieten, falls hier potentieller Wettbewerb beseitigt wurde. Dem scheint entgegenzustehen, dass das Bundeskartellamt in den Jahren von 1995–2002 immerhin 82 von 90 Pressefusionen genehmigt hat. Doch handelt es sich hier ganz überwiegend um Zusammenlegungen in Teilbereichen wie Vertrieb, Zustellung, Kundenservice, Herstellung, Anzeigengeschäft oder Druck. Solche Sachverhalte fielen unter die Fusionskontrolle mehrheitlich nur aus formalen Gründen, weil sie mit der Gründung gemeinsamer Töchter verbunden waren.

9. Insgesamt hat sich die Pressefusionskontrolle bewährt. Nach ihrer Einführung 1976 hat sich das Tempo der Konzentration im Pressebereich deutlich verlangsamt. Im internationalen Vergleich ist Deutschland ein Gemeinwesen mit besonders zahlreichen Zeitungen. Bei lokalen und regionalen Abonnementzeitungen gibt es 331 Verlage als Herausgeber (Auflage 15,8 Mio.), bei überregionalen Tageszeitungen zehn (Auflage 1,6 Mio.), bei Kaufzeitungen acht (Auflage 5,2 Mio.). Hinzu treten sieben Sonntagszeitungen (Auflage 4,3 Mio.) und 25 Wochenzeitungen (Auflage 1,9 Mio.). Die Anzahl der so genannten redaktionellen Ausgaben lag im Jahre 2003 bei insgesamt 1561 (Anschlusszeitungen, Kopfzeitungen, Lokalausgaben, Neben- oder Unterausgaben).

Es wurde den großen Verlagsgruppen nicht verwehrt, durch internes Wachstum Marktanteile zu gewinnen; das haben diese seit 1976 auch in beträchtlichem Maße getan. Es war ihnen freilich nicht mehr möglich, untereinander zu fusionieren oder durch Aufkauf kleiner und mittlerer Zeitungen systematisch in die Fläche zu expandieren. Namentlich wurde aufkeimender Randwettbewerb oder Restwettbewerb geschützt, wie er sich zum Beispiel auf den Anzeigenmärkten mit den so genannten Anzeigenblättern verbindet. Allerdings gehören die meisten Anzeigenblätter mittlerweile den Tageszeitungsverlegern. In Nordrhein-Westfalen sind es vier Fünftel.

II. Das Reformvorhaben der Bundesregierung

10 Der Entwurf des Bundesministeriums für Wirtschaft und Arbeit für die Novellierung des GWB sieht bezüglich der Fusionskontrolle im Pressebereich drei Änderungen vor:

- Der frühere Umsatzberechnungsfaktor von 20 in § 38 Absatz 3 GWB wird für den Verlag und den Vertrieb von Zeitungen, Zeitschriften und deren Bestandteile auf zehn halbiert. Die Aufgreifschwelle ist dann nicht mehr 25 Millionen Euro, sondern künftig 50 Millionen Euro.[95] Der Spielraum für kontrollfreie Zusammenschlüsse wird entsprechend größer.
- Die Bagatellklausel des § 35 Absatz 2 Nr. 1 GWB soll in Zukunft auch für den Pressebereich gelten. Bei Anwendung des alten Faktors 20 müsste die Bagatellgrenze bei einer halben Million Euro Umsatz liegen, bei Anwendung des neuen Faktors 10 bei einer Million Euro. Sie wird auf zwei Millionen Euro festgesetzt. Der Erwerb von kleineren Unternehmen bleibt bis zu dieser Grenze ohne fusionskontrollrechtliche Prüfung.
- § 36 Absatz 2 GWB Entwurfsfassung gewährt in Zukunft den beteiligten Unternehmen auch dann einen gesetzlichen Anspruch auf eine Freigabeentscheidung seitens des Bundeskartellamtes, wenn der Zusammenschluss zur Entstehung oder Verstärkung einer marktbeherrschenden Stellung führt, vorausgesetzt die Beteiligten vereinbaren eine Einschränkung ihrer verlegerischen Dispositionsfreiheit. Die involvierten Zeitungen oder Zeitschriften müssen langfristig als selbständige publizistische Einheiten erhalten bleiben, der Erwerber darf die Titelrechte nicht erlangen, und er darf die inhaltliche Ausrichtung der erworbenen Zeitungen oder Zeitschriften nicht maßgeblich bestimmen können. Diese Vorkehrungen müssen durch Bedingungen oder Auflagen seitens des Bundeskartellamtes abgesichert werden. Die allgemeine Vorschrift, wonach Nebenbedingungen des Bundeskartellamtes nicht auf eine ständige Verhaltenskontrolle der beteiligten Unternehmen hinauslaufen dürfen, würde für den Pressebereich nach § 40 Absatz 4 Entwurfsfassung ausdrücklich aufgehoben. Die Regelung orientiert sich ausschließlich an den Auswirkungen eines Zusammenschlusses auf die Lesermärkte. Auswirkungen auf die Anzeigenmärkte bleiben außer Betracht. § 36 Absatz 2 Entwurfsfassung enthält noch

[95] Zum 1.1.1999 war der Schwellenwert von 500 Millionen D-Mark Umsatzerlöse der beteiligten Unternehmen insgesamt auf eine Milliarde D-Mark (jetzt 500 Millionen Euro) bei gleichzeitiger Einführung einer generell präventiven Fusionskontrolle verdoppelt worden.

eine Vermutungsregelung. Die genannten Erfordernisse gelten jedenfalls dann als erfüllt, wenn der Veräußerer oder ein Dritter mit mehr als 25 Prozent der Stimmrechte an dem Unternehmen beteiligt bleibt, ihm aufgrund dieser Beteiligung ein Mitbestimmungs- oder Vetorecht für solche Entscheidungen zusteht, die für die Erhaltung der publizistischen Einheiten als selbständige Einheiten wesentlich sind, und ihm das Titelrecht für die erworbene Zeitung oder Zeitschrift gehört.

11. Der Bundesminister für Wirtschaft und Arbeit hat dem Beirat gegenüber auf mittlerweile erwogene Änderungen des ursprünglichen Referentenentwurfs hingewiesen. Auf der einen Seite soll sich das Reformvorhaben auf Zeitungen beschränken. Zeitschriften werden dann nicht mehr erfasst. Ferner soll der Pressebereich nicht mehr vom Verbot von Verhaltensauflagen ausgenommen werden. Schließlich ist an eine inhaltlich noch näher zu fassende Missbrauchsklausel im Zusammenhang des § 36 Abs. 2 Entwurfsfassung gedacht. Sie soll verhindern, dass die Neuregelung dazu genutzt wird, regionale Zeitungsketten zu bilden. Auf der anderen Seite soll das Kartellverbot bei Zeitungen aufgeweicht werden: Eine wettbewerbsbeschränkende Kooperation soll – entgegen der allgemeinen Regel – auch dann noch möglich bleiben, wenn die beteiligten Unternehmen zusammen marktbeherrschend sind.

12. Die Bundesregierung begründet diese Auflockerung der bisherigen Fusionskontrolle mit der wirtschaftlich schwierigen Lage im Pressebereich. Sie benennt hier die demographische Entwicklung mit einem entsprechenden Rückgang der Leserzahl und die verstärkte Deckung des Informationsbedarfs über andere Medien, namentlich über das private und das öffentliche Fernsehen sowie das Internet. Hinzu komme die Entwicklung des Internet als Werbemedium. All dies werde einen erhöhten Konzentrationsdruck in der Branche, insbesondere bei Zeitungsverlagen, auslösen. Die Reform der Fusionskontrolle solle insoweit eine Verbreiterung und zugleich Verstärkung der wirtschaftlichen Basis bei den Presseunternehmen ermöglichen.

13. Die zu erwartenden Wirkungen sind gewollt: Ein Aufkauf kleinerer Presseunternehmen, insbesondere von Lokalzeitungen, durch andere Verleger wird erleichtert. Die Bildung so genannter Regionalzeitungsketten würde möglich, sofern dem nicht die jetzt erwogene Missbrauchsklausel entgegenstehen sollte. Randwettbewerb, etwa von Anzeigenblättern, und potentieller Wettbewerb, etwa vom Internet her, ließe sich weitgehend ausschalten. Großfusionen in der Branche könnten nach Maßgabe der Sonderregelung § 36 Absatz 2 Entwurf durchgeführt werden.

III. Zur Kritik

14. Der Beirat hält das Reformvorhaben für problematisch. Die Begründung des Reformgesetzgebers überzeugt nicht. Die Lockerung der Fusionskontrolle für die Presse mit dem Ziel, publizistische Vielfalt zu erhalten, ist ordnungspolitisch bedenklich und faktisch nicht zielführend. Soweit publizistische Selbständigkeit anhand von Inhalten beurteilt oder kontrolliert wird, besteht das Risiko eines Verstoßes gegen die verfassungsrechtlich gewährleistete Pressefreiheit.

1. *Strukturkrise im Pressebereich*

15. Der vorgebrachte Strukturwandel betrifft im wesentlichen Tageszeitungen. Er erfasst nicht Presseunternehmen in ihrer ganzen Bandbreite. Darauf bezieht sich jedoch der vorliegende Entwurf. Er schießt über das Ziel hinaus. Die neueren Überlegungen, Zeitschriften aus dem Reformvorhaben herauszunehmen, sind insoweit folgerichtig und billigenswert.

> Inwieweit die gegenwärtigen Schwierigkeiten im Zeitungsgewerbe – im Wesentlichen bei den großen Verlagsgruppen – tatsächlich strukturelle und nicht konjunkturelle Ursachen haben, ist noch keine abschließend beantwortete Frage. Gewiss wird die insbesondere als Werbeadressaten wichtige Gruppe der 18- bis 35-jährigen aufgrund der demographischen Entwicklung immer kleiner. Auch weist diese Gruppe heute andere Lesegewohnheiten auf als früher, ist mehr auf elektronische Medien hin ausgerichtet und in ihrer Informationsbeschaffung insgesamt weniger eng an ein Medium, geschweige denn ein einzelnes Organ gebunden. Jedoch ist nicht erkennbar, dass dieser Trend schon die heutige Entwicklung des Zeitungsgeschäfts bestimmte. Tageszeitungen erreichen traditionell ihre größte Reichweite bei Älteren. Von den 40 bis 49-jährigen lesen 79,9 Prozent regelmäßig eine Tageszeitung. Bei den über siebzig Jahre alten sind es 82,7 Prozent (jeweils für 2003).

16. Selbst wenn man von strukturellen Ursachen auszugehen hätte, erklärte dies noch nicht, warum der Strukturwandel im Pressewesen nicht im Rahmen des geltenden Rechts zu bewältigen sein soll. Schließlich haben auch andere Sektoren Strukturkrisen durchgestanden, ohne dass das Wettbewerbsrecht für sie geändert worden wäre. Es sind auch durchaus nicht alle Zeitungsverlage gleichermaßen von der Krise betroffen. So sind mittelständische Verlage mit ihrer starken Stellung in lokalen Lesermärkten und Anzeigenmärkten deutlich weniger von der Krise berührt als Verlage mit überregionalen Zeitungen. In vielen Fällen werden auch

die Folgen der Krise durch Managementfehler verschärft. Im Umgang mit Krisensituationen muss sich unternehmerische Befähigung bewähren. Es wäre ein falsches Signal für die Zukunft, nähme man Unterschiede zwischen den Unternehmen, die auch mit unternehmerischer Tüchtigkeit zu tun haben, nicht zur Kenntnis und machte die Verlage mit den größten Schwierigkeiten zum Maß aller Dinge, an dem sich auch die Wettbewerbspolitik auszurichten hätte.

17. Das bestehende Wettbewerbsrecht bietet genügend Flexibilität. Führt zum Beispiel innerhalb der Anzeigenmärkte ein Abwandern einzelner Rubriken wie Immobilienanzeigen, Kfz-Anzeigen in das Internet zu einer Veränderung der Substitutionsbeziehungen, so wird die Marktabgrenzung für diese Märkte bei der Handhabung der bestehenden Wettbewerbsregeln anzupassen sein. Ob und inwieweit sich dies als angebracht erweist, ist eine empirische Frage, mit der sich das Bundeskartellamt im Rahmen seines Prüfauftrags befassen muss.

> Auch wo Veränderungen in den wirtschaftlichen Rahmenbedingungen Marktaustritte erzwingen sollten, gewährt das Instrumentarium der Fusionskontrolle genug Beweglichkeit. Die Übernahme lokaler Zeitungsverlage durch Verlage, die nicht unmittelbar potentielle Wettbewerber sind, kann das Bundeskartellamt als unproblematisch ansehen und tut es in der Regel. Im übrigen steht in Fällen der Sanierungsfusion das dafür geschaffene und bewährte Instrumentarium zur Verfügung. Danach ist ein Zusammenschluss nicht ursächlich für die Entstehung oder Verstärkung einer marktbeherrschenden Stellung, wenn eine erworbene Zeitung ohne den Zusammenschluss aus dem Markt ausgeschieden wäre, ein anderer Erwerber als der Marktbeherrscher nicht zur Verfügung stand und die Marktanteile des vom Ausscheiden bedrohten Unternehmens ohnehin dem Marktbeherrscher zugefallen wären. Ein Beispiel ist die dominante Erstzeitung, die eine kränkelnde Zweitzeitung übernimmt, an deren Erwerb sonstige Investoren nicht interessiert sind. So war es etwa im Jahre 1998 beim Zusammenschluss des Kölner-Stadt-Anzeiger und der Kölnischen Rundschau. Die Möglichkeiten, die hier liegen, reichen völlig aus, dem von der Bundesregierung verfolgten Anliegen Rechnung zu tragen.

18. Erwägenswert mag sein, bei der Prüfung der Voraussetzungen für die Sanierungsfusion – im Bereich der Presse wie in anderen Wirtschaftsbereichen – künftig weniger restriktiv vorzugehen als bisher. Bisher sind Sanierungsfusionen beschränkt auf die Fälle, in denen der eine Fusionspartner die Marktanteile des anderen Fusionspartners bei insol-

venzbedingtem Ausscheiden aus dem Markt voraussichtlich zur Gänze übernehmen würde. Diese Bedingung ist sehr restriktiv und praktisch nicht zu erfüllen, wenn es mehr als zwei Anbieter im Markt gibt. Sachlich angemessen erscheint die Bedingung, dass die Wettbewerbsverhältnisse bei Durchführung der Sanierungsfusion nicht schlechter sein dürfen als bei insolvenzbedingtem Ausscheiden eines Fusionspartners aus dem Markt. In Märkten mit mehr als zwei Anbietern ist diese Bedingung weniger restriktiv. Jedoch ist dies eine Frage der Rechtsanwendung durch das Bundeskartellamt und die Gerichte. Man braucht dafür nicht den Reformgesetzgeber.

19. Gelegentlich wird verkannt, dass sich auch die Vereinigten Staaten mit dem Newspaper Preservation Act des Jahres 1970 von diesem geläufigen Gedankengang aus dem Recht der Zusammenschlusskontrolle nicht wirklich entfernt haben. Die amerikanische Regelung setzt voraus, dass an der wettbewerbsbeschränkenden Transaktion nur *eine* wirtschaftlich gesunde Zeitung beteiligt sein darf. Die anderen Zeitungen müssen in der Existenz gefährdete Blätter sein („a newspaper which, regardless of its ownership or affiliations, is in probable danger of financial failure"). Im übrigen hat dieses Gesetz im wesentlichen nur die im Jahre 1970 bestehenden Joint Ventures zwischen verschiedenen Tageszeitungen legalisiert. In der Folgezeit blieb es weitgehend bedeutungslos.

20. Das stärkste Gewicht haben ordnungspolitische Bedenken. Chance und Risiko gehören zusammen, gleichsam spiegelbildlich. Bei wirtschaftlichen Schwierigkeiten zuerst nach dem Gesetzgeber zu rufen, kann nicht in Betracht kommen. Es gibt keinen Anspruch auf „eine auskömmliche Nahrung", wie dies in früheren Generationen im Hinblick auf kartellierende Unternehmen formuliert wurde. Im vorliegenden Fall wäre er doppelt deplaziert; denn viele Verleger, namentlich Verleger von regionalen und lokalen Zeitungen, haben in der Vergangenheit Renditen auf ihr eingesetztes Kapital erzielt, von denen Unternehmen in anderen Wirtschaftsbereichen nur träumen konnten. Verbreitet lagen sie im zweistelligen Bereich. Im Einzelfall wurden Spitzenwerte bei 40 Prozent erreicht.

2. *Inszenierter Wettbewerb*

21. Bei der mit § 36 Absatz 2 beabsichtigten Regelung geht man von einer Trennung zwischen *wirtschaftlichem* Wettbewerb, der beseitigt wird, und *publizistischem* Wettbewerb, der auf Dauer fortbestehen soll, aus. Selbständige Redaktionen sollen auch dann erhalten werden, wenn sie unter Wettbewerbsbedingungen nicht mehr zu finanzieren wären. Ihre Alimentierung wird gesichert durch zusätzliche Einnahmen, mit denen

die Verlage rechnen können, weil ihnen – unter den genannten Voraussetzungen – der Aufbau oder die Verstärkung einer marktbeherrschenden Stellung gestattet wird und die Nutzung dieser Stellung höhere Preise erlaubt. Ordnungspolitisch ist das höchst problematisch. Die Verbesserung der Gewinnmöglichkeiten ergibt sich nicht aus eigener wirtschaftlicher Leistung, sondern aus der Bildung von Marktmacht zu Lasten der Kunden in den Lesermärkten und den Werbemärkten. Die staatliche Tolerierung der Bildung von Marktmacht durch Fusionen bedeutet eine Privilegierung von Presseunternehmen nicht nur gegenüber ihren Kunden, die dadurch höhere Preise bezahlen müssen, sondern auch gegenüber anderen Unternehmen, die der Fusionskontrolle unterliegen. Derartige Privilegierungen passen nicht in eine Ordnung von Wirtschaft und Staat, die sich darauf gründet, dass einerseits die wirtschaftlichen Tätigkeiten der Unternehmen einheitlichen allgemeinen Regeln unterworfen sind, andererseits der Staat spezifische Leistungen, die er von den Unternehmen fordert, im Rahmen von Gesetzen, Verordnungen und Regulierungen auf justiziable Weise auferlegt oder aber aus Haushaltsmitteln bezahlt.

22. Der Hinweis auf die Bedeutung der Presse und ihrer Vielfalt für die Funktionsfähigkeit der Demokratie kann nicht darüber hinwegtäuschen, dass die Tolerierung der Schaffung von marktbeherrschenden Stellungen zum Zweck der Alimentierung von Redaktionen dem aus früheren Jahrhunderten bekannten Muster des Tauschs von Monopolrechten gegen bestimmte Leistungen entspricht. Dieser Tausch ist wirtschaftspolitisch und staatspolitisch problematisch: Auf Privilegien gegründete Erlösmöglichkeiten unterminieren die für die Legitimation der Marktwirtschaft maßgebliche Vorstellung, dass Einkommen auf im Wettbewerb erbrachten Leistungen beruhen sollen. Dem Ziel einer transparenten politischen Willensbildung und Kontrolle solcher Transaktionen steht die Intransparenz von Nutzen und Kosten der staatlichen Intervention entgegen. Diese Intransparenz ist umso gravierender, als die Betroffenen eine Belastung durch höhere Preise, die hier dem staatlich tolerierten Aufbau von Marktmacht folgen, den politisch Verantwortlichen nicht so unmittelbar zurechnen können wie eine entsprechende Belastung durch Steuern. Wer im einzelnen durch die Einräumung von Monopolisierungsmöglichkeiten geschädigt wird, ist ja im Vorhinein nicht zu erkennen, kommt es doch darauf an, welche Unternehmen sich im Nachhinein zusammenschließen und wie diese Unternehmen dann ihre vom Staat tolerierte Marktmacht nutzen.

Die verteilungspolitischen Implikationen solcher Entwicklungen sind problematisch. Im Berliner Zeitungsfall sollte der Zusammenschluss von Tagesspiegel und Berliner Verlag dazu führen, dass die stärkere Fokussierung des Berliner Verlags auf Ostberlin – und die vermehrte Ausbeutung der überragenden Marktstellung, die er dort hat, – es dem Tagesspiegel erleichtern sollte, die Nachfrage der „bürgerlich-liberalen Schichten“ in West-Berlin ohne größere Einsparungen zu bedienen. Allgemein belastet die Schaffung und Verstärkung von marktbeherrschenden Stellungen stärker diejenigen Personen, die sich an ein bestimmtes Produkt gebunden fühlen, als diejenigen, die gewohnt sind, in Alternativen zu denken. Insofern Verhalten und Einstellungen der Bürger mit Ausbildung und Einkommen korreliert sind, ist die verteilungspolitische Wirkung insgesamt eher als regressiv einzuschätzen.

23. Man kann sich in diesem Zusammenhang auch nicht damit zufrieden geben, dass es sich nur um einen relativ zur Gesamtwirtschaft kleinen Bereich handelt, der aufgrund seiner besonderen Bedeutung für das Gemeinwesen eine Ausnahmeregelung rechtfertigt. Jeder Wirtschaftsbereich wird von denen, die in ihm tätig sind, als Bereich mit besonderer Bedeutung für das Gemeinwesen betrachtet. Wenn einmal das Prinzip formuliert ist, dass eine besondere Bedeutung für das Gemeinwesen eine Ausnahme von den ansonsten vorgesehenen allgemeinen Regeln für die Wirtschaftstätigkeit begründet, so wird es schwer fallen, hier eine Grenze zu ziehen. Als Grundlage der allgemeinen Wirtschaftspolitik kann dieses Prinzip nicht dienen, ohne dass die Funktionsfähigkeit der Marktwirtschaft in Frage gestellt würde.

24. Im Übrigen ist zweifelhaft, ob das erklärte Ziel des Erhalts publizistischer Vielfalt durch die vorgesehene Regelung erreicht werden kann. Dem Gesetzesentwurf liegt die Vorstellung zugrunde, publizistische Selbständigkeit lasse sich von wirtschaftlicher Selbständigkeit trennen. An dieser Vorstellung ist richtig, dass es im Interesse eines Unternehmers liegen kann, verschiedene Organe seines Unternehmens publizistisch selbständig arbeiten zu lassen. Dafür sprechen Überlegungen zur Produktdifferenzierung und zur Mitarbeitermotivierung. Differenzierte Angebote für verschiedene Kundengruppen – an verschiedenen Orten, mit verschiedenen Interessen oder auch verschiedenen politischen Einstellungen – können im Gesamtinteresse des Unternehmens liegen. Selbständigkeit der Redaktionen dient dann der Identifizierung von Kunden und Mitarbeitern mit den jeweiligen Organen.

Problematisch ist jedoch die Vorstellung, dass publizistische Selbständigkeit auch dann bewahrt werden kann, wenn dies nicht den Zielvorstellungen des Unternehmers entspricht. Die im Gesetzesentwurf genannten Vorkehrungen zum langfristigen Erhalt publizistischer Selbständigkeit sind diesbezüglich wenig verlässlich.

Auch die Minderheitsbeteiligung des Altverlegers wird auf Dauer nicht verhindern können, dass der Mehrheitseigner seine Interessen durchsetzt und z. B. durch Ausdünnung der Redaktionen Kosten zu sparen versucht. Dies gilt insbesondere bei den Zeitungen, deren Notlage den Verfassern des Gesetzesentwurfs besonders vor Augen steht. Ein Blatt, das der Quersubventionierung durch andere Unternehmensaktivitäten bedarf, ist wirtschaftlich abhängig; der mit der Wahrung der Selbständigkeit dieses Blattes betraute Altverleger wird nicht in der Lage sein, das erforderliche Maß der Quersubventionierung durch andere Aktivitäten des Mehrheitseigners durchzusetzen, wenn dieser das nicht will. Aber auch bei selbständig überlebensfähigen Blättern wird es kaum möglich sein, publizistische Selbständigkeit gegen die wirtschaftlich oder inhaltlich bestimmten Zielvorstellungen des Mehrheitseigners zu wahren.

An dieser Stelle ist der Zusammenhang von Leser- und Werbemärkten zu bedenken. Die redaktionellen Inhalte einer Zeitung beeinflussen nicht nur die Attraktivität bei den Lesern. Über die Attraktivität bei den Lesern beeinflussen sie auch die Attraktivität bei den Werbekunden. Wichtige Teile der Zeitung werden im Hinblick auf das Anzeigengeschäft entwickelt, so etwa Technik und Motor, Reise und Touristik, Immobilien, Natur und Wissenschaft. Sie lassen sich nicht ohne weiteres von den Werbeaktivitäten des Unternehmens trennen. Die Redaktionsarbeit von den wirtschaftlichen Interessen des Verlags zu entkoppeln, ist mit der notwendigen Einheit des Produkts Zeitung und mit den Erfordernissen eines gewinnorientierten Unternehmens unvereinbar.

25. Ganz unberücksichtigt bleibt bei dem Modell der unabhängigen Redaktion, dass der redaktionelle Einfluss des Verlegers auf die von ihm verlegte Zeitung nicht illegitim ist, sondern Teil seiner unternehmerisch wahrgenommenen Meinungsfreiheit. Sichtbarer Ausdruck ist der arbeitsrechtliche Tendenzschutz. Über die Regeln des allgemeinen Kündigungsrechts hinaus kann ein Verleger das Arbeitsverhältnis mit Journalisten beenden, wenn sie der Linie des Blattes nicht zu folgen bereit sind. Vor allem aber: Die im Gesetz gegen Wettbewerbsbeschränkungen nun vorgesehene Garantie für redaktionell selbständige Einheiten scheitert im Konfliktfall genau an den Ursachen, durch die sie gerechtfertigt werden soll. Die Risiken des Wettbewerbs erfordern unternehmerische Handlungsmöglichkeiten, die Selbständigkeitsgarantien letztlich ausschließen. Sie erzwingen die Anpassung an veränderte Verhältnisse, auch die Anpassung der Redaktion, auf die kein verantwortungsbewus-

ster Verleger verzichten kann. Das begrenzt ja auch so sehr den Spielraum für Redaktionsstatute nach dem Stiftungsmodell.

26. In Grenzen könnte staatliche Aufsicht im Stande sein, unerwünschten Entwicklungen entgegenzuwirken. Nach dem Referentenentwurf sollte das Verbot von Verhaltensauflagen für Pressefusionen aufgehoben werden, damit das Bundeskartellamt die Einhaltung der Vorkehrungen überprüfen kann, vermittels derer die langfristige Erhaltung der publizistischen Selbständigkeit des übernommenen Blattes gesichert werden soll. In Wahrnehmung dieser Kompetenz müsste das Bundeskartellamt intervenieren, wenn die Befugnisse des Minderheitseigners außer Kraft gesetzt würden. Es würde auch dann wohl intervenieren, wenn eine Redaktion, deren Bestand garantiert ist, aufgelöst würde, ebenso wenn der Chefredakteur der einen Zeitung Weisungsbefugnis erhielte für die Redakteure der zweiten Zeitung. Durch Prüftätigkeiten dieser Art würde jedoch die Grenze zu einer verfassungswidrigen inhaltlichen Kontrolle bald erreicht oder überschritten. Die Formulierung des Gesetzentwurfs macht nicht klar, ob die Verhaltensauflagen nur auf die formale Einhaltung der vom Bundeskartellamt angeordneten Vorkehrungen oder auch materiell auf den hinter diesen Vorkehrungen stehenden Zweck des Erhalts publizistischer Selbständigkeit zielen. Formale Überprüfungen der angeordneten Vorkehrungen werden jedoch nicht ausreichen, die Erhaltung der publizistischen Selbständigkeit zu sichern, wenn dies den Interessen des Mehrheitseigners zuwider läuft. Materielle Überprüfungen publizistischer Selbständigkeit hingegen erforderten ein Eingehen auf Inhalte und stünden im Widerspruch zum Zensurverbot des Grundgesetzes. Es ist zu begrüßen, dass die Verfasser des Gesetzesentwurfs auf die Aufhebung des genannten Verbots von Verhaltensauflagen verzichten wollen. Allerdings sind damit die vorstehend geäußerten Bedenken hinsichtlich der nachhaltigen Wirkung der nach § 36 Abs. 2 des Entwurfs zu treffenden Vorkehrungen zur Erhaltung publizistischer Selbständigkeit umso ernster zu nehmen. Aus dem Dilemma, dass einerseits inhaltliche Kontrollen verfassungspolitisch problematisch sind, andererseits die Erhaltung publizistischer Selbständigkeit ohne inhaltliche Kontrollen nicht garantiert werden kann, kommt man letztlich nicht heraus.

27. Im Übrigen ist an dieser Stelle nicht nur an ein ökonomisch motiviertes Unterlaufen der Vorkehrungen zur Erhaltung selbständiger Redaktionen zu denken. Ein Mehrheitseigner kann versuchen, Redaktionen gleichzuschalten, um eine bestimmte publizistische Tendenz durchzusetzen. Ein solcher Versuch ließe sich als Teil seiner unternehmerisch wahrgenommenen Meinungsfreiheit verstehen (Ziffer 25), doch wäre es gefährlich,

wenn der Eigentümer hier publizistische Macht ausüben könnte ohne ausreichende Kontrolle. Im Bereich der Presse verlassen wir uns bisher darauf, dass publizistische Macht durch Wettbewerb, insbesondere durch die Einheit von wirtschaftlichem und publizistischem Wettbewerb zwischen wirtschaftlich selbständigen Anbietern, beschränkt wird. Das Bundesverfassungsgericht hat die Vorzüge dieses Modells der Kontrolle publizistischer Macht bei gesicherter Staatsferne ausdrücklich betont (BVerfGE 20, 162, 175). Gerade davon aber entfernt sich der Gesetzesentwurf. Dessen Problemlösungsidee besteht ja in der Entkopplung von publizistischem Handeln und wirtschaftlichem Wettbewerb. Das Handeln der am Leben erhaltenen Redaktion der Zweitzeitung steht nicht mehr unter der Kontrolle, die der Wettbewerb besorgt. Die Machtbegrenzung, die man dem Wettbewerb verdankt, entfällt. Wenn dann der Mehrheitseigner die verschiedenen Redaktionen auf eine Linie bringt, fehlt die Kontrolle seiner publizistischen Macht. Möglichkeiten für ein Gegensteuern durch das Bundeskartellamt sind in diesem Fall ebenso skeptisch zu beurteilen wie in dem zuvor angesprochenen Fall der Ausdünnung publizistischer Einheiten aus rein wirtschaftlichen Gründen.

> Dasselbe gilt für alternative Modelle der Beschränkung publizistischer Macht durch unternehmerische Binnenstrukturen, Sonderrechte von Minderheitseignern, Stiftungslösungen oder Redaktionsstatute. Eine ins Auge gefasste Missbrauchsklausel könnte bestenfalls die hier wettbewerbspolitisch und medienpolitisch angegriffene Reichweite des Reformvorhabens etwas begrenzen. Unterhalb dieser Grenze würde die Reform ihre volle Wirkung unverändert entfalten.

3. *Abkehr von bewährten Prinzipien der Fusionskontrolle*

28. Fusionskontrolle ist Strukturkontrolle und nur das. Auf dieser Linie verbietet § 40 Absatz 3 GWB, dass Freigabeentscheidungen des Bundeskartellamtes die an einem Zusammenschluss beteiligten Unternehmen „einer laufenden Verhaltenskontrolle“ unterstellen. Dabei muss es – und soll es nach den jüngsten Erklärungen – auch bei Pressefusionen bleiben. Denn sonst käme das Kartellamt in ein weiteres Dilemma. Entweder hält es sich zurück, weil es sich in genuin unternehmerische Entscheidungen nicht einmischen will. Dann läuft die Kontrolle der Auflagen praktisch leer. Oder es macht Vorgaben, wird dann aber in die Rolle unternehmerischer Mitverantwortung gedrängt. Solche Widersprüchlichkeit sollte der Gesetzgeber sehenden Auges nicht beschließen. Konsistenz der Wertungen ist das Mindeste, was man von einem Gesetzgeber verlangen kann.

29. Am meisten beunruhigt, dass vom Fortbestand einer Pressefusionskontrolle nicht mehr wirklich gesprochen werden kann, wenn der geplante § 36 Absatz 2 ins GWB kommt. Fusionen aller Art müssten nach der Entwurfsfassung genehmigt werden. Möglich wären dann zum Beispiel Zusammenschlüsse zwischen Berliner Tagesspiegel und Berliner Zeitung, Ruhr-Nachrichten und WAZ, Hamburger Morgenpost und Hamburger Abendblatt, Süddeutsche Zeitung und Abendzeitung München, Rheinische Post und Westdeutsche Zeitung, Neue Westfälische Bielefeld und Westfalenblatt und so fort. Selbst ein Zusammenschluss der Springer-Gruppe mit der WAZ-Gruppe oder mit dem Holtzbrinck-Verlag ließe sich nicht mehr unterbinden.

30. Hier vor allem zeigt sich, dass jedenfalls der ursprüngliche Gesetzentwurf weit über das Ziel hinausschießt. Selbst wenn man nicht in Frage stellt, dass sich die Presse in einer Strukturkrise befindet, braucht man deshalb nicht alle Pressefusionen zu erleichtern. Bei den überregionalen Zeitungen gibt es zehn Anbieter. Hier ist Raum für Fusionen, die kartellrechtlich gar nicht zu beanstanden wären. Konsistent wäre allenfalls die Anhebung der Schwellenwerte. Der Beirat befürwortet das nicht. Denn er teilt die Diagnose der Bundesregierung nicht. Er weist aber auf einen Weg hin, der nach seiner Auffassung jedenfalls frei von Widersprüchen wäre.

> Angesichts der Rechtspraxis besteht ferner kein Anlass, das Kartellverbot im Pressebereich weiter aufzulockern. Bis zur Grenze der Preisabsprache ist schon jetzt jegliche effizienzsteigernde Kooperation möglich (Ziffer 5 am Ende).

4. *Verfassungsrechtliche Bedenken*

31. Zu dem, was als Pressefreiheit verfassungsrechtlich garantiert ist, gehört die geistige und wirtschaftliche Konkurrenz der Presseunternehmen. Die geplante gesetzliche Regelung entlässt die Presseunternehmen aus der Fusionskontrolle und erleichtert damit die Verdrängung des wirtschaftlichen Wettbewerbs durch marktbeherrschende Stellungen. Der publizistische Wettbewerb soll unter der Kontrolle des Bundeskartellamts durch Selbständigkeitsgarantien für publizistische Einheiten erhalten werden. Selbständigkeit innerhalb verbundener Unternehmen ist aber keine reine Organisationsfrage. Ob sie ausgehöhlt wird, lässt sich ohne Blick auf die Inhalte der Presseerzeugnisse nicht wirklich bestimmen. Solche Befugnisse der öffentlichen Hand wären mit der Pressefreiheit unvereinbar, kommen also nicht in Betracht. So würde man mit letztlich recht substanzarmen Selbständigkeitsversprechen dastehen.

32. Die de facto-Herausnahme des Pressebereichs aus der Fusionskontrolle kann zudem einen Verstoß gegen den Gleichheitsgrundsatz des Grundgesetzes implizieren. Ob eine Regelung diesem Grundsatz genügt, ob sie also dazu anleitet, Gleiches gleich und Ungleiches ungleich zu behandeln, erkennt man am besten anhand der Frage, ob die Regelung in allen ihren Elementen folgerichtig ausgestaltet ist, folgerichtig von den Zielen her, die der Gesetzgeber selbst kundgetan hat. Der Gesetzgeber muss sich vor dem zur Kontrolle berufenen Bundesverfassungsgericht an seinen selbst gewählten Zielen, die hier den Schutz des Wettbewerbs betreffen, festhalten lassen. Es ist schwer vorstellbar, wie diese Ziele eine Beseitigung der Fusionskontrolle ausgerechnet im wettbewerbspolitisch hochkritischen Bereich der Presse rechtfertigen sollen.

33. Das Kartellgesetz hat bislang aus guten Gründen als ausschließlichen Bezugsrahmen seiner Normen den *wirtschaftlichen* Wettbewerb. Als solches fällt es in den Kompetenzbereich des Bundes. Mit den hier kritisierten Neuregelungen für den Pressebereich wird dieser Bezugsrahmen verlassen. Der Gesetzgeber setzt auf etwas, was in die Kategorie des *publizistischen* Wettbewerbs gehört. Nach der Entwurfsbegründung ist deutliches Ziel des Gesetzes die Erhaltung möglichst vieler selbständiger Redaktionen, nicht der Wettbewerb zwischen den sie tragenden Verlagen. Es geht also um ein medienpolitisches und nicht ein rein wirtschaftspolitisches Ziel. Für eine Regelung im Medienbereich fehlt dem Bund die Verbandskompetenz. Zuständig dafür wären die Länder, ganz ähnlich wie dies bei der medienspezifischen Konzentrationskontrolle für den Rundfunk der Fall ist. Diese liegt in den Händen der Länderinstitution KEK, der Kommission zur Ermittlung der Konzentration im Medienbereich. Eine Argumentation, Fusionskontrolle sei Wirtschaftsrecht und eine Einschränkung der Fusionskontrolle bleibe es dann auch, verharrt im Vordergründigen. Ein kartellrechtlicher Regelungsgegenstand ist vielmehr durch einen spezifisch medienrechtlichen ersetzt worden.

IV. Empfehlung

34. Der Gesetzgeber sollte auf die Änderung der Vorschriften zur Pressefusionskontrolle verzichten. Ihr publizistisches Ziel wird die geplante Reform nicht erreichen. Redaktionelle Angebote, für die es auf Dauer keine hinreichende Nachfrage gibt, werden schließlich doch verschwinden. Verleger, die publizistische Macht ausüben wollen, werden die Selbständigkeit der wirtschaftlich von ihnen abhängigen Redaktionen aushöhlen. Die Rolle des wirtschaftlichen Wettbewerbs selbständiger

Einheiten als Mittel der Kontrolle publizistischer Macht im Pressebereich wird geschwächt.

Institutionelle Vorkehrungen zur Abwehr solcher Entwicklungen werden sich als wenig effektiv erweisen, wenn sie den wirtschaftlichen und publizistischen Zielsetzungen der Mehrheitseigner zuwider laufen; diese Einschätzung gilt gleichermaßen für die Auflagen des Bundeskartellamtes wie für die Einrichtung unternehmerischer Binnenstrukturen zum Schutz publizistischer Selbständigkeit. Falls eine auf die Erhaltung publizistischer Selbständigkeit gerichtete Kontrolle sich auf die Inhalte der Presseerzeugnisse erstreckt oder erstrecken muss, besteht ferner das Risiko eines Verstoßes gegen das Zensurverbot der Verfassung.

35. Wirtschaftspolitisch ist der Nachteil der Reform bedeutend. Die Schaffung und Verstärkung von marktbeherrschenden Stellungen wird Leser und Werbetreibende belasten. Darüber hinaus wird ein Präzedenzfall geschaffen für eine Wirtschaftspolitik, die jeweils mit Hinweis auf behauptete Leistungen für das Gemeinwesen einzelnen Wirtschaftsbereichen Privilegien verschafft mit der Folge, dass Erlöse und Einkommen in diesen Bereichen nicht mehr die eigenen, im Wettbewerb erbrachten Leistungen, sondern die staatlich zugewiesenen oder tolerierten Machtpositionen widerspiegeln.

36. Bedenkenswert sind Fortentwicklungen der gegenwärtigen Rechtspraxis bei Sanierungsfusionen und bei der Abgrenzung der sachlich relevanten Märkte. Doch benötigt man dazu nicht den Gesetzgeber. Dies ist Aufgabe der Kartellbehörden und Gerichte.

Baden-Baden, den 24. April 2004

Der Vorsitzende des Wissenschaftlichen Beirats
beim Bundesministerium für Wirtschaft und Arbeit

Prof. Dr. Wernhard Möschel

Gutachten vom 24. April 2004

Das Gutachten wurde vorbereitet von folgenden Mitgliedern des Wissenschaftlichen Beirats beim Bundesministerium für Wirtschaft und Arbeit

Professor Dr. Wernhard Möschel (Vorsitzender)
Professor für Bürgerliches Recht, Handels- und Wirtschaftsrecht an der Universität Tübingen

Professor Dr. Christoph Engel
Direktor am Max-Planck-Institut zur Erforschung von Gemeinschaftsgütern in Bonn
Professor für Rechtswissenschaften an der Universität Bonn

Professor Dr. h.c. Martin Hellwig
Direktor am Max-Planck-Institut zur Erforschung von Gemeinschaftsgütern in Bonn

Professor Dr. Dr. h.c. Ernst-Joachim Mestmäcker
Professor, ehem. Direktor am Max-Planck-Institut für ausländisches und internationales Privatrecht in Hamburg

Gutachten vom 18. März 2005

Thema: Alterung und Familienpolitik

Der Wissenschaftliche Beirat beim Bundesministerium für Wirtschaft und Arbeit hat sich im mehreren Sitzungen, zuletzt am 18. März 2005, mit dem Thema

„Alterung und Familienpolitik"

befasst und ist dabei zu der nachfolgender Stellungnahme gelangt.

I Anlass

(1) Deutschlands Bevölkerung altert in einem dramatischen Ausmaß. Der Anteil der über 60jährigen an der Bevölkerung wird sich bis zum Jahr 2050 von 24 Prozent auf knapp 40 Prozent erhöhen. Pro hundert Personen im mittleren Lebensalter (20 bis 60 Jahre) wird sich im gleichen Zeitraum die Zahl der über 60jährigen von 44 auf 82 annähernd verdoppeln. Zusammen mit Italien und Japan gehört Deutschland zu den drei Ländern, die weltweit den stärksten Alterungsprozess durchleben werden.

Damit betreten wir historisches Neuland. Der demographische Wandel ist zwar schon lange im Gange, aber erst jetzt wird er das gesamtwirtschaftliche Gefüge spürbar ändern, weil sich die Proportionen zwischen Erwerbsbevölkerung und Wohnbevölkerung, zwischen Transferempfängern und Transferfinanziers und zwischen jungen und älteren Arbeitnehmern dramatisch verschieben werden. Dies führt zu Verwerfungen mit potentiell negativen Auswirkungen auf das gesamtwirtschaftliche Wachstum und die Sozialversicherungssysteme (Teil II). Im Gegensatz zu einer oft gehörten Meinung besteht das Problem des demographischen Wandels weniger im Bevölkerungsrückgang als insbesondere im Rückgang der Anzahl der Erwerbstätigen und in der sich ungünstig entwickelnden Altersstruktur.

(2) Eine vorausschauende Wirtschaftspolitik kann die negativen Auswirkungen des demographischen Wandels in vielfältiger Weise dämpfen. Wege dafür aufzuzeigen, ist das Ziel dieses Gutachtens. Kurzfristige Lösungsansätze bestehen aus Anpassungen an die gegebene demographische Entwicklung, ohne auf diese selbst Einfluss zu nehmen (Teil III). Langfristige Lösungen sollen eine Veränderung der demographischen Entwicklung selbst erreichen. Darauf zielen familienpolitische Maßnahmen (Teil IV).

Die Probleme der Alterung werden sich nicht von allein auflösen. Es gibt auch keine Einzelmaßnahme, die die negativen Auswirkungen des demographischen Wandels verhindern kann. Es ist aber durchaus möglich, diese Auswirkungen mit einer rechtzeitig einsetzenden Kombination vieler aufeinander abgestimmter Einzelmaßnahmen deutlich zu dämpfen. Der Beirat spricht sich daher in diesem Gutachten für einen koordinierenden „Aktionsplan demographischer Wandel" aus. Da viele der notwendigen Maßnahmen einen langen Vorlauf brauchen und viele zudem nur langfristig wirken, schließt sich das Zeitfenster dafür rapide; viel Zeit ist bereits ungenutzt verstrichen (Teil V).

II Ökonomische Auswirkungen der Alterung[96]

(3) Die Alterung der Bevölkerung beruht auf zwei demographischen Entwicklungen. Zum einen ist seit Anfang der 1970er Jahre jede Kindergeneration um etwa ein Drittel kleiner als die Elterngeneration. Die niedrige Geburtenrate von weniger als 1,4 Kindern pro Frau ist seit 1970 praktisch unverändert geblieben. Zum anderen hat sich die Lebenserwartung der 60jährigen (die „ferne Lebenserwartung") seit 1970 um fast vier Jahre erhöht. Entgegen den Erwartungen ist der lineare Anstieg, der die ferne Lebenserwartung alle zehn Jahre um mehr als ein Jahr erhöht, bislang ungebrochen. Die Überlagerung beider Entwicklungen führt zu einer rapiden Bevölkerungsalterung. Darüber hinaus führt die anhaltend niedrige Geburtenrate zu einem Rückgang der deutschen Bevölkerung.

(4) Der Wandel der Altersstruktur beeinflusst alle Märkte unserer Volkswirtschaft: dem Arbeitmarkt fehlen junge Erwerbstätige (Abschnitt 1), die Produktmärkte werden sich auf eine andere Kundschaft einstellen müssen (Abschnitt 2), und auf dem Kapitalmarkt werden sich das Sparverhalten und die Nachfrage nach Vermögensanlagen ändern

[96] Die Vorausschätzungen der Bevölkerung und der Erwerbstätigkeit für dieses Gutachten sind dem Bericht der Kommission für die Nachhaltigkeit in der Finanzierung der sozialen Sicherungssysteme („Rürup-Kommission") entnommen, der im Jahr 2003 vom Bundesministeriums für Gesundheit und soziale Sicherung herausgegeben wurde. Zusätzliche Berechnungen makroökonomischer Größen wurden am Mannheimer Forschungsinstitut für Ökonomie und Demographischer Wandel (MEA) erstellt. Wesentliche Annahmen zur demographischen Entwicklung sind eine Erhöhung der mittleren Lebenserwartung von 78,0 im Jahr 2003 auf 83,2 Jahre im Jahr 2040, eine unveränderte Geburtenrate von 1,38 Kindern pro Frau, und eine Nettoeinwanderung von 200.000 Personen pro Jahr. Die wichtigsten Annahmen zur Veränderung der Erwerbstätigkeit zwischen 2003 und 2030 sind ein um 2 Jahre steigendes Renteneintrittsalter, eine Erhöhung der Frauenerwerbsquote von 45 Prozent auf 49 Prozent und ein Sinken der Arbeitslosenquote auf 4,5 Prozent.

(Abschnitt 3). Viele der notwendigen Anpassungen können den Selbstregulierungskräften der Wirtschaft überlassen werden. Dennoch ist der Staat in vielen Bereichen gefordert. Dies ist nicht nur bei den begonnenen Reformen der Sozialversicherungen der Fall, sondern auch bei der Regulierung der Arbeits-, Produkt- und Kapitalmärkte, bei der Aus- und Weiterbildung und bei der Infrastrukturgestaltung.

(5) Dieses Gutachten befasst sich in erster Linie mit den gesamtwirtschaftlichen Auswirkungen der Alterung. Eine wichtige Rolle spielen dabei die Wechselwirkungen der Sozialversicherungen mit der gesamtwirtschaftlichen Entwicklung (Abschnitt 4). Vorschläge zur Reform der Rentenversicherung hat der Beirat in seinem Gutachten „Grundlegende Reform der gesetzlichen Rentenversicherung“ vom 21. Februar 1998 und in seinem Brief „Reform der gesetzlichen Rentenversicherung“ vom 16. Dezember 2000 dem Bundeswirtschaftsministerium vorgelegt. Wesentliche Elemente dieser Vorschläge haben kürzlich Eingang in das Sozialgesetzbuch gefunden; andere zentrale Reformelemente wie die Anpassung des gesetzlichen Rentenalters wurden jedoch aufgeschoben. Auf die strukturellen Probleme in der Gesundheitsversorgung hat der Beirat in seinem Gutachten „Aktuelle Formen des Korporatismus“ vom 27. Mai 2000 hingewiesen. Im Gesundheitswesen fehlt es bisher noch an grundlegenden Reformen, die die Abhängigkeit der Arbeitskosten von den Gesundheitsausgaben mildern, eine nachhaltigere Finanzierung sichern und mehr Wettbewerb fördern.

(6) Der Beirat geht davon aus, dass trotz der fortschreitenden europäischen Einigung auf absehbare Zeit die Verantwortung für die Sozialpolitik bei den Nationalstaaten liegt. Die Wechselwirkungen zwischen dem deutschen Sozialsystem und der demographischen Entwicklung in Deutschland werden daher auch in Zukunft wichtige Determinanten der wirtschaftlichen Entwicklung bleiben.

1. *Arbeitsmarkt*

(7) Bis zum Jahr 2020 wird die Bevölkerung in Deutschland im Großen und Ganzen stabil bleiben und bei knapp 83 Millionen Menschen liegen. Erst danach tritt allmählich ein Rückgang ein, der sich nach dem Jahr 2030 beschleunigt, wenn die zahlenmäßig starke Babyboom-Generation verstirbt. In den 30 Jahren zwischen 2004 und 2034 wird die Bevölkerung um etwa 2,5 Millionen Menschen zurückgehen; dies entspricht einem Rückgang von lediglich 3 Prozent. Im ersten Drittel dieses Jahrhunderts findet somit keine ins Gewicht fallende Schrumpfung der Bevölkerung statt.

Für die Bevölkerung im erwerbsfähigen Alter – gemäß der üblichen Konvention als zwischen 15 und 64 Jahren angenommen – gilt dies jedoch nicht. Ihre Zahl geht bereits seit dem Jahr 2000 zurück. Zwischen 2004 und 2034 wird sie um fast 8 Millionen sinken. (Zum Vergleich: diese Zahl ist etwa doppelt so hoch wie die heutige Zahl der Arbeitslosen; sie entspricht einem Rückgang der Zahl der Erwerbstätigen von über 24 Prozent.) Die Zahl der Menschen im erwerbsfähigen Alter wird in den nächsten drei Dekaden deutlich schneller zurückgehen als die Gesamtbevölkerung und damit eine starke Altersstrukturverschiebung in Gang setzen.

(8) Der Faktor Arbeit leistet den bei weitem wichtigsten Beitrag zum Bruttoinlandsprodukt. Aus gesamtwirtschaftlicher Sicht ist daher die Zahl der Erwerbstätigen, die Güter und Dienstleistungen produzieren, bezogen auf die Zahl der Menschen, die diese konsumieren, eine entscheidende Größe. Dies ist die gesamtwirtschaftliche Erwerbstätigenquote. Die Zahl der Erwerbstätigen ergibt sich aus der demographisch vorgegebenen Zahl der Menschen im erwerbsfähigen Alter und den alters- und geschlechtsspezifischen Erwerbstätigenquoten. Wenn sich letztere nicht ändern, wird die gesamtwirtschaftliche Erwerbstätigenquote der oben gezeichneten demographischen Entwicklung folgen und in den kommenden 30 Jahren um etwa 0,5 Prozent pro Jahr zurückgehen.

(9) Um die Bedeutung dieses Rückgangs zu erfassen, ist es hilfreich, ihn ins Verhältnis zur langfristigen Wachstumsrate des realen Bruttoinlandsprodukts pro Kopf der Bevölkerung zu setzen. Dieses stieg in den letzten 30 Jahren durchschnittlich um etwa 1,5 Prozent pro Jahr an. Der Rückgang der gesamtwirtschaftlichen Erwerbstätigenquote um jährlich 0,5 Prozent bedeutet also, dass sich ohne zusätzliche Anstrengungen – insbesondere ohne eine Veränderung der alters- und geschlechtsspezifischen Erwerbstätigenquoten – bei gegebenem Kapitaleinsatz und gegebener Gesamtfaktorproduktivität der demographische Wandel das Wachstum des Pro-Kopf-Bruttoinlandsprodukts um etwa ein Drittel verringern und damit über die Zeit einen erheblichen Wohlstandsverlust bewirken würde. Die Größenordnung des Verlusts von etwa einem Drittel des jährlichen Pro-Kopf-Wachstums zeigt, wie groß die Herausforderungen des demographischen Wandels an die Politik, die Arbeitgeber und die Arbeitnehmer sind. Umgekehrt wird auch deutlich, dass dieser Wohlstandsverlust durch drei Anpassungen zumindest teilweise vermieden werden kann, die in Teil III diskutiert werden: eine höhere Erwerbstätigkeit (Abschnitte III. 2 und 3), eine höhere Produktivität (Abschnitt III. 4) und ein höherer Kapitaleinsatz (Abschnitt III. 5).

(10) Nicht nur die Anzahl, sondern auch die Altersstruktur der Menschen im erwerbsfähigen Alter wird sich in den nächsten Dekaden deut-

lich ändern, wenn die geburtenstarken Jahrgänge von 1955 bis 1970 („Babyboom") und anschließend die nachfolgenden geburtenschwachen Jahrgänge („Pillenknick") die Alterspyramide der Arbeitnehmerschaft durchlaufen. Die Spitze der Altersverteilung der Arbeitnehmerschaft, also das am häufigsten vertretene Alter, lag im Jahr 2000 bei 36 Jahren. Im Jahr 2010 wird sie schon bei 46 Jahren, weitere 10 Jahre später bei 54 Jahren liegen. Wie gravierend der Altersstrukturwandel ist, wird besonders deutlich, wenn man sich die Entwicklung des Anteils der Menschen im erwerbsfähigen Alter, die 55 Jahre oder älter sind, vor Augen führt. Dieser Anteil verdoppelt sich in den nächsten 20 Jahren und verbleibt dann auf absehbare Zeit auf einem Niveau von über 20 Prozent. Die Altersstrukturverschiebung ist also kein Übergangsphänomen, sondern sie wird einen langfristig andauernden höheren Anteil von älteren Arbeitnehmern bewirken.

(11) Ein wichtiger und kontrovers diskutierter Aspekt der Altersstrukturverschiebung innerhalb der Beschäftigten ist die potentielle Auswirkung auf die Arbeitsproduktivität und die Innovationskraft. Hingen Arbeitsproduktivität und Innovation vom Alter ab – ginge sie zum Beispiel mit dem Alter zurück –, würde die Altersstrukturverschiebung eine Verringerung der gesamtwirtschaftlichen Arbeitsproduktivität bewirken und damit das gesamtwirtschaftliche Wachstum über den rein quantitativen Effekt einer zahlenmäßig reduzierten Arbeitnehmerschaft hinaus verringern.

Der Glaube an eine sich rasch verringernde Produktivität in einem Alter schon lange vor dem Regeleintrittsalter in die gesetzliche Rentenversicherung ist weit verbreitet. Es gibt jedoch keine verlässliche Abschätzung dieses Effekts. Die quantitativ belegten Beziehungen beschränken sich auf einfach zu messende Konzepte, während die Wirkungen komplexerer Zusammenhänge weitgehend unbekannt sind. Dies hat zu einer einseitigen Sichtweise des Produktivitätsverlusts im Alter geführt. Zudem wird vernachlässigt, dass sich viele Wirkungsmechanismen, die die Produktivität im Alter bestimmen, durch Arbeitsorganisation und Training beeinflussen lassen.

Einerseits ist gut belegt, dass die krankheitsbedingten Fehltage etwa linear mit dem Alter ansteigen, dass Seh- und Hörkraft sowie Reaktionsgeschwindigkeit („Kognition") und die grundlegende biologische Lernkapazität des Individuums mit dem Alter stark abnehmen. Zudem gibt es arbeitswissenschaftliche Untersuchungen, welche die individuelle Produktivität und die Innovationshäufigkeit messen. Auch solche Maße nehmen mit dem Alter stark ab.

Andererseits ist es jedoch fraglich, ob diese auf die individuelle Leistungsfähigkeit abstellenden Maße für die Arbeitsproduktivität in einer komplexen und zunehmend arbeitsteiligen Umgebung allein relevant sind; denn Erfahrung, Management- und Organisationsfertigkeiten nehmen tendenziell mit dem Alter zu und können zumindest teilweise das Nachlassen von Kognition und Innovationskraft ausgleichen; sie zeigen sich aber nicht in individualisierten Produktivitätsmaßen, sondern wirken erst auf der Betriebsebene. Aus der Geriatrie ist bekannt, dass Fähigkeiten, die zur Lösung vertrauter kognitiver Probleme notwendig sind (vor allem Sprache, interpersonale Aspekte der Kommunikation und berufliches Wissen) im für die Beschäftigung relevanten Altersbereich nicht abnehmen. Schließlich ist zu vermuten, dass die von der Globalisierung herrührende höhere allgemeine Wettbewerbsintensität auf den Arbeitsmarkt durchschlägt und dort vermehrt Anreize setzt, die individuelle Arbeitsproduktivität im Alter zu verbessern.

Eine Bilanz dieser komplexen Prozesse könnten Maße von Produktivität und Innovation liefern, die sich nicht auf Einzelpersonen, sondern auf altersgemischte Teams und Organisationen beziehen. Solche Maße gibt es bislang nicht. Stand der Forschung ist aber, dass sich fast alle der hier aufgeführten produktivitätsmindernden Prozesse durch Übung und Weiterbildung beeinflussen lassen. Zudem lässt sich ihre Wirkung durch Hilfsmittel und geschickten Personaleinsatz vermindern. Maßnahmen dieser Art werden derzeit nur wenig ergriffen. Senioritätsentlohnung und Rentengesetzgebung schaffen dafür ungünstige Rahmenbedingungen (Abschnitt III.4).

(12) Auch sektoral wird der Arbeitsmarkt von großen Verschiebungen durch die Bevölkerungsalterung betroffen sein. Ältere Konsumenten fragen andere Konsumgüter und Dienstleistungen nach als jüngere. So wird z. B. die Nachfrage nach Gesundheitsdienstleistungen anteilsmäßig steigen, selbst wenn viele altersspezifische Krankheitswahrscheinlichkeiten parallel zur Mortalität zurückgehen sollten. Umgekehrt dürfte z. B. die Nachfrage nach Verkehrsdienstleistungen (insbesondere Pendeln zum Arbeitsplatz sowie dienstliche Reisen) wegen des höheren Bevölkerungsanteils Nichterwerbstätiger zurückgehen. Diese Verschiebungen in der Nachfragestruktur bewirken Veränderungen in der sektoralen Arbeitsnachfrage: Es werden mehr Arbeitnehmer im Gesundheitssektor und vermutlich weniger Arbeitnehmer im Verkehrssektor nachgefragt. Diese Umschichtung von Arbeitsplätzen wird überlagert von den ohnehin stattfindenden Veränderungen in Produktionstechnologien und Konsumentenpräferenzen.

Die Strukturveränderungen einer alternden Volkswirtschaft verlangen daher eine erhöhte sektorale Mobilität auf dem Arbeitsmarkt. Diesen erhöhten Mobilitätsanforderungen steht entgegen, dass ältere Arbeitnehmer tendenziell eher in angestammten Berufen verbleiben möchten als jüngere. Mobilitätshemmend wirken sich auch bestimmte institutionelle Regelungen aus, die zu korrigieren sind. Abschnitt III. 7 geht kurz auf entsprechende Maßnahmen ein.

2. Produktmärkte

(13) Die alterungsbedingten Verschiebungen der Nachfrage nach Gütern und Dienstleistungen gehen allmählich vonstatten. Sie sind Teil der schon immer ablaufenden Strukturveränderungen auf den Produktmärkten. Generell gibt auch der demographische Wandel keinen Anlass, auf der Produktionsseite nach dem Staat zu rufen. Der Markt muss und kann diese Anpassungen alleine leisten.

(14) Ausnahmen gibt es dort, wo der Staat selbst in die Produktion eingebunden ist. Dies gilt zum Beispiel für Produktmarktregulierungen. Ein Beispiel ist der Wohnungsmarkt, auf dem durch die staatliche Baulandausweisung langfristig Weichen gestellt werden. Zudem werden durch die Eigenheimförderung die relativen Preise beeinflusst. Auch im Gesundheitswesen ist der Staat betroffen, da er weitgehend die Finanzierung bereitstellt und teilweise selbst als Anbieter auftritt. Gleiches gilt für die allgemeine Infrastruktur und die so genannte Daseinsvorsorge. Da in diesem Bereich das Angebot sehr langfristiger Natur ist (Straßen, Gebäude) und oft langer Vorplanung bedarf, ist es wichtig, die stark veränderte Bevölkerungsstruktur der Zukunft zu antizipieren. Der demographische Wandel betrifft nicht alle Regionen gleichmäßig; es gibt große regionale Unterschiede in der Geburtenrate und der Migration. Generell sind die Ballungsgebiete und die regionalen Zentren weniger von den demographischen Veränderungen betroffen als der ländliche Raum. Angesichts einer langfristig niedrigeren Bevölkerungszahl und der reduzierten Mobilität älterer Menschen empfiehlt sich eine Konzentration der Infrastrukturanstrengungen in den bestehenden Siedlungskernen. Ein weiterer Ausbau der Infrastruktur in der Fläche könnte hingegen vielerorts zu Fehlinvestitionen führen (Abschnitt III.8).

3. Kapitalmärkte

(15) Funktionierende Kapitalmärkte helfen, die Folgen der Alterung abzumildern, weil sie die Lasten, die die Sozialsysteme tragen müssen, zeitlich verteilen können. Auch die zunehmende Globalisierung der Kapitalmärkte ist angesichts des demographischen Wandels hilfreich, weil

internationale Unterschiede in der Verfügbarkeit des Faktors Arbeit dadurch ausgeglichen werden können, dass Kapital von stärker alternden in weniger stark alternde Volkswirtschaften strömt. Insbesondere gewinnen funktionierende Märkte für Realkapital und die damit verbundenen Finanzmärkte in einer alternden Gesellschaft eine besondere Bedeutung, weil über sie die Eigenvorsorge für die Alterssicherung und die Rücklagen der Kranken- und Pflegeversicherung abgewickelt werden.

(16) Vielfach wird behauptet, dass die Kapitalmärkte genau diese Rolle nicht spielen können. Diese Ansicht kommt in pointierter Form in der „Asset Meltdown"-Hypothese zum Ausdruck, nach der im dritten Jahrzehnt dieses Jahrhunderts die Vermögenswerte stark abschmelzen werden, weil die jüngere Generation, die die Vermögenswerte der Älteren aufkaufen soll, zahlenmäßig deutlich kleiner sein und daher eine deutlich geringere Nachfrage nach Finanzanlagen haben wird. Die Folge wäre, dass die Rendite der zuvor angelegten Mittel deutlich geringer ausfiele als bisher. Vermehrtes Sparen, z. B. für die Altersvorsorge, würde sich insofern weit weniger lohnen, als derzeit erwartet wird.

(17) Die These ist in dieser Form nicht haltbar. Korrekt ist, dass die Kapitalmärkte nicht immun gegen die Bevölkerungsalterung sind, weil diese die Gleichgewichtspreise und -mengen auf den Kapitalmärkten verändern wird. Falsch ist jedoch die Behauptung, dass diese Veränderungen die Fähigkeit der Kapitalmärkte zunichte machen, in Zeiten der Bevölkerungsalterung ausgleichend zu wirken. Denn es gibt mehrere gegenläufige Effekte, die parallel zur Verringerung der Jahrgangsstärke ablaufen. Erstens wird eine alternde Gesellschaft relativ mehr, nicht weniger Produktivkapital einsetzen, denn sie wird in zunehmendem Maße Arbeit durch Kapital substituieren. Die steigende Nachfrage nach Produktivkapital erhöht tendenziell die Kapitalrendite in der gleichen Zeit, in der die Babyboom-Generation in Rente gehen wird. Zweitens wird die derzeit nur langsam anlaufende kapitalgedeckte private und betriebliche Altersvorsorge im Jahr 2030 noch nicht ihr Gleichgewicht erreicht haben (den so genannten „Reifezustand"). Bis etwa zum Jahr 2050 werden immer noch viele Arbeitnehmer eine neue kapitalgedeckte Altersvorsorge aufbauen. Dies bildet ein deutliches Gegengewicht zum Kapitalabzug der Babyboom-Generation. Drittens werden die Vermögenswerte und Kapitalrenditen nicht ausschließlich von der demographischen Entwicklung in Deutschland bestimmt, sondern im Zuge der Globalisierung zunehmend vom globalen demographischen Wandel, der deutlich milder ausfällt als in Deutschland.

(18) Die Auswirkungen der Bevölkerungsalterung auf die Kapitalmärkte sind somit nur im internationalen Gleichgewicht der Kräfte, nicht aber

durch einen einzelnen Mechanismus erklärbar. Ersparnis, Kapitalrendite und internationale Kapitalströme sind Ergebnisse eines komplexen Wechselspiels zwischen Angebot und Nachfrage auf den deutschen und internationalen Kapitalmärkten, beeinflusst von der Demographie, der Ausgestaltung der Rentenversicherung und der Entwicklung der Güter- und Arbeitsmärkte. Der Stand der Forschung wird im Folgenden beschrieben.[97]

(19) Vorliegende Projektionen zeigen, dass die Haushaltsersparnis sehr eng der Demographie folgt. Nach einem kurzen „Zwischenhoch" der Sparquote, wenn die Mitglieder der Babyboom-Generation in ihren einkommens – und damit auch sparstärksten Jahren sind, folgt nach dem Jahr 2020 ein Rückgang, wenn diese beginnen, in Rente zu gehen. Insgesamt dürfte die Sparquote langfristig um ca. 3 bis 5 Prozentpunkte von heute rund 11 Prozent auf 6 bis 8 Prozent fallen. Dieser Rückgang wird durch die internationalen Diversifizierungsmöglichkeiten kaum beeinflusst.

(20) Eine den heutigen Beitragssatz in etwa stabilisierende Rentenreform würde den Rückgang der Sparquote beträchtlich dämpfen, wenn der dadurch bewirkte Rückgang des umlagefinanzierten Rentenniveaus durch Eigenvorsorge ausgeglichen würde und diese Eigenvorsorge die übrige Haushaltsersparnis nicht völlig verdrängte. Die empirische Forschung geht von einer Verdrängung aus, die zwischen einem Drittel und der Hälfte der übrigen Ersparnis liegt. Damit würde die Umsetzung der Riester- und der Nachhaltigkeitsreform etwa die Hälfte des demographiebedingten Rückgangs der Sparquote kompensieren, die Sparquote daher von heute rund 11 Prozent nur auf etwa 9 Prozent fallen.

(21) Die Rendite des Produktivkapitals (d. h. die erwartete Verzinsung und die erwartete Wertveränderung der Anlagen und Ausrüstungen, die im Produktionsprozess verwendet werden) wird tendenziell mit der Alterung sinken, die quantitativen Effekte werden jedoch relativ mäßig ausfallen. Ausgehend von einer realen Rendite des Produktivkapitals von derzeit zwischen 4,5 und 5 Prozent (gemittelt über den für eine Altersvorsorge relevanten Zeitraum von 30 Jahren) liegen die Schätzungen des Renditerückgangs zwischen 0,5 und 2 Prozentpunkten. Der Maximalwert gilt für den irrelevanten Fall, dass es keinen Kapitalverkehr mit dem Ausland gibt und die Kapitalrendite daher vollständig von der deutschen Demographie abhängt. Der Renditerückgang verringert sich deutlich

[97] Diese Abschätzungen beruhen auf „Computational General Equilibrium" (CGE) Modellen mit sich überlappenden Generationen. Beispiele sind: in den USA Auerbach und Kotlikoff; in Deutschland Börsch-Supan, Ludwig und Winter sowie Fehr; in Frankreich INGENUE sowie Mercenier.

schon bei einer Diversifikation des angelegten Kapitals im EU-Raum. Bei einem Einschluss der USA oder gar von China und Indien – so diese ihr hohes Wachstum beibehalten – als Investitionsmöglichkeit wird der Renditerückgang noch einmal geringer.

(22) Verschiedene Anlageformen werden von der Alterung unterschiedlich betroffen sein. Erstens wird die Nachfrage nach heimischen Immobilien stärker zurückgehen als die Nachfrage nach Produktivkapital, weil Produktivkapital im Gegensatz zu Immobilien den knappen Faktor Arbeit substituieren kann. Daher wird der Preis von Immobilien relativ zum Preis des Produktivkapitals fallen. Zweitens werden relativ sichere Anlageformen (z. B. fest verzinsliche Wertpapiere) stärker nachgefragt werden als riskantere Anlagen (z. B. Aktien), da tendenziell in einer alternden Gesellschaft die Nachfrage nach Anlagen wächst, die keinen langen Haltezeitraum erfordern, um Wertschwankungen auszugleichen. Die Risikoprämie für Aktien („Equity Premium“) wird daher im Laufe der Alterung tendenziell ansteigen, weil Emittenten von riskanten Anlagen bei schwacher Nachfrage eine höhere Prämie zahlen müssen.

(23) Die Märkte für Realkapital und die damit verbundenen Finanzmärkte sind im Großen und Ganzen gut funktionierende Gleichgewichtsmärkte. Dennoch ist auch hier die Politik gefragt, denn sie werden von staatlichen Rahmenbedingungen und von Informationsproblemen beeinflusst. Das Verständnis der dargestellten Zusammenhänge ist insbesondere notwendig, um die Rahmenbedingungen für die private und betriebliche Altersvorsorge sachgerecht auszugestalten (Abschnitt III. 5). Die jüngsten Erfahrungen mit der so genannten Riester-Rente bekräftigen die Notwendigkeit einer Koordination zwischen Renten- und Finanzpolitik. Der Staat kann auch helfen, die Hemmnisse bei den insbesondere für Deutschland hilfreichen internationalen Diversifikationsmöglichkeiten abzubauen (Abschnitt III.6).

(24) Die Staatsfinanzen üben einen großen Einfluss auf die Kapitalmärkte aus. Ein Staat, der das Versprechen, für sichere Renten zu sorgen, das er dem größten Teil seiner Bevölkerung gegeben hat, nicht mehr einhalten kann und der sich auch nicht mehr dazu imstande sieht, die Investitionen vorzunehmen, mit denen die künftige Erfüllung der klassischen Staatsaufgaben allein gewährleistet werden kann, ist in einem erweiterten Sinne zahlungsunfähig. Zum Insolvenzverfahren gehört dann nicht zuletzt die Abstrafung an den Kapitalmärkten durch eine geringere Kreditwürdigkeitseinstufung und höhere Zinssätze. Ein Staat, der quasi insolvent ist, ist kein guter Standort für Investitionen. Der Verringerung der Staatsschuld und der Reform der sozialen Sicherungssysteme gebührt daher höchste Priorität (Abschnitt III.1).

4. *Sozialversicherungen*

(25) Die Sozialversicherungen spielen eine zentrale Rolle in den ökonomischen Auswirkungen der Bevölkerungsalterung. Dies liegt zum einen an ihrem Umfang (die Ausgaben der gesetzlichen Rentenversicherung werden nach Schätzungen der EU-Kommission in Deutschland im Jahr 2040 knapp 15 Prozent des Bruttoinlandsprodukts ausmachen, die Ausgaben der gesetzlichen Krankenversicherung nochmals einen ähnlichen Betrag). Zum anderen liegt dies an den zahlreichen Wechselwirkungen zwischen den Sozialversicherungen und der gesamtwirtschaftlicher Entwicklung, die durch die Alterung akzentuiert werden.

(26) Die Auswirkungen der Bevölkerungsalterung auf die umlagefinanzierten Sozialversicherungen sind elementar: Der Rückgang der Zahl der Menschen im erwerbsfähigen Alter zeitgleich mit dem Anstieg der Zahl älterer Menschen führt ohne kompensierende Maßnahmen zu einem schnellen Anstieg der Anzahl der Leistungsempfänger pro Beitragszahler („Systemlastquote“) in allen umlagefinanzierten Sozialversicherungen. Dies ist bekannt für die Rentenversicherung, gilt aber auch für die Kranken- und Pflegeversicherung, weil dort die Leistungen weit überproportional im hohen Alter anfallen.

(27) Wie im vergangenen Abschnitt beschrieben, sind auch die kapitalgedeckten Vorsorgesysteme nicht von den Auswirkungen der Alterung verschont, da in dem Ausmaß, in dem die zugrunde liegenden Kapitalrenditen sinken, höhere Versicherungsbeiträge geleistet werden müssen, um das gewünschte oder vereinbarte Leistungsniveau zu halten. Neben dem relativ milden Rückgang der Kapitalrendite liegt der entscheidende Vorteil der Kapitaldeckung darin, dass sie eine partielle Eigenfinanzierung der Leistungen durch die Generationen mit geringer Kinderzahl ermöglicht. Zum Ausgleich dafür, dass diese Generationen weniger in Humankapital investiert haben, können sie ihre Altersrente durch eine Investition in Realkapital aufbessern.

(28) Das Eintrittsalter in den Bezug der gesetzlichen Altersrente ist nicht nur eine sozialpolitisch bedeutsame Größe, sondern auch ein gesamtwirtschaftlich wichtiger Parameter. Eine Erhöhung des Eintrittsalters erhöht die Zahl der Erwerbstätigen. Dies bedeutet nicht nur eine Reduzierung der Beitragslast in der gesetzlichen Rentenversicherung, sondern dämpft auch den Rückgang des Wachstums des Pro-Kopf-Bruttosozialprodukts. Eine Erhöhung des Renteneintrittsalters erleichtert zudem die Finanzierungsprobleme der Sozialversicherungen insgesamt, da Rentner derzeit nur einen Teil der Beiträge für die Kranken- und Pflegeversicherung zahlen. Die positiven Auswirkungen einer Erhöhung des Rentenein-

trittsalters auf andere Bereiche als die Rentenversicherung haben bislang nur wenig Aufmerksamkeit erhalten.

(29) Besonders wichtig ist der Einfluss, den die Sozialversicherung in ihrer derzeitigen Form über die lohnabhängigen Sozialbeiträge auf das gesamtwirtschaftliche Wachstum ausübt und der im Zuge der Alterung noch verstärkt wird. Die lohnabhängigen Sozialbeiträge sind schon seit längerem der größte Teil des Keils, der die Arbeitskosten, welche die Arbeitgeber zahlen, und die Nettolöhne, welche die Arbeitnehmer erhalten, auseinander treibt. Dieser Keil verursacht Wohlfahrtsverluste und erschwert es, die Beschäftigung wieder auf ein hohes Niveau zu bringen, und zwar in dem Maße, in dem die lohnabhängigen Beiträge zu den Sozialversicherungen von Arbeitgebern und Arbeitnehmern als Lohnsteuern empfunden werden, also als Abgaben vom Arbeitsertrag, für die es keine äquivalente Gegenleistung gibt. Das gleiche gilt bei einer Verbreiterung der Bemessungsbasis vom Lohn auf alle Einkommensarten; die Beiträge wirken dann wie eine Einkommensteuer.

(30) Sozialbeiträge werden umso weniger als Lohnsteuern empfunden, je eher die Zahler eine äquivalente Gegenleistung sehen, wie das etwa bei Lohnersatzleistungen teilweise der Fall ist (Krankengeld, vor allem Altersrenten). Das in der deutschen Rentenversicherung angewandte Prinzip der Teilhabeäquivalenz trägt dieser Überlegung insoweit Rechnung, als die Rentenleistungen proportional zu den vorher eingezahlten Beiträgen sind. Der positive Einfluss, der davon ausgehen kann, wird jedoch dadurch konterkariert, dass die Bevölkerung nicht wirklich auf das Versprechen klar definierter und langfristig vorhersehbarer Leistungen vertrauen kann. Die Unsicherheit, die durch die zunächst lange aufgeschobenen und jetzt sehr schnell durchgeführten Reformen entstanden ist, insbesondere durch diskretionäre Eingriffe in das Rentenrecht, unterminieren das über viele Jahrzehnte hinweg aufgebaute Vertrauen und machen Politik unglaubwürdig. Es bedarf künftig konsistenter Reformanstrengungen sowie Transparenz und Information im System der umlagefinanzierten Rente, um Vertrauen zurückzugewinnen und den Lohnsteuercharakter der Sozialbeiträge zu vermindern.

(31) Der Lohnsteuercharakter von Sozialbeiträgen ist besonders deutlich in der Krankenversicherung und Pflegeversicherung. Die Leistungen sind hier zu einem großen Teil reine Sachleistungen (etwa eine Blinddarmoperation), deren Kosten nicht vom Lohn bzw. Einkommen des Beitragszahlers abhängig sind. Gleichwohl wird auch für die lohnunabhängigen Sachleistungen ein lohnabhängiger Beitrag erhoben; das erhöht dessen Lohnsteuercharakter unnötigerweise. Hingegen kann eine Trennung in einen Versicherungsteil, der über eine Prämie finanziert wird, und einen

reduzierten, auf die untersten Einkommensgruppen beschränkten Umverteilungsteil, der über die Einkommensteuer oder sonstige steuerähnliche Beiträge finanziert wird, die lohnabhängigen Sozialbeiträge um 8 bis 10 Prozentpunkte senken und damit das gesamtwirtschaftliche Wachstum und die Beschäftigung fördern.

(32) Eine solche Umfinanzierung koppelt insbesondere die ausgabensteigernden Wirkungen der Alterung und des medizinischen Fortschritts von den Lohnkosten ab. Derzeit gibt es einen Konflikt zwischen dem Ziel, lohnabhängige Sozialbeiträge zu senken, und dem Wunsch, das Gesundheitswesen auf einem modernen Stand zu halten. Der medizinische Fortschritt ermöglicht auf vielfältige Weise, Krankheit zu vermeiden oder zu lindern, und die Menschen sind bereit, dafür auch mehr zu bezahlen, wenn ihnen das zugute kommt. Der medizinische Fortschritt ist ein gewünschtes Gut, das dazu beiträgt, das Gesundheitswesen zu einem der wenigen großen Wachstumsmärkte in Deutschland zu machen. Die steuerartige Finanzierung der Gesundheitsausgaben über lohnabhängige Sozialbeiträge, die ohnehin den Zusammenhang zwischen Art und Umfang dieses Wachstums und den Versorgungswünschen der Versicherten löst und dadurch Wohlfahrtsverluste bewirkt, führt aber dazu, dass bei einer Senkung der Beitragssätze mehr und mehr Versicherungsleistungen rationiert werden müssen und dadurch zusätzliche Wohlfahrtsverluste entstehen. Eine Abkoppelung der Finanzierung der Gesundheitsausgaben von den lohnabhängigen Sozialbeiträgen befreit den Wachstumsmarkt der Gesundheitsdienstleistungen von diesen Rationierungszwängen.

(33) Gesamtwirtschaftliche Auswirkungen hat auch die Finanzierungsart der Sozialversicherung. Das Umlageverfahren in Reinform kommt ohne eine Kapitalreserve aus. Das Kapitaldeckungsverfahren, dessen sich eine vermehrte Eigenvorsorge im Bereich der Renten-, Kranken- und Pflegeversicherung bedient, kann hingegen zu einem erhöhten Kapitalbestand führen, der wiederum das gesamtwirtschaftliche Wachstum fördert. Stand der Forschung ist, dass eine Reduzierung der Umlagefinanzierung langfristig im gleichen Ausmaß zu mehr Altersvorsorgeersparnis führt. Inwieweit diese aus Konsumverzicht oder aus der Verdrängung sonstiger Ersparnis finanziert wird, ist jedoch weniger klar. Schätzungen bewegen sich zwischen einem und zwei Dritteln des Volumens der individuellen und betrieblichen Altersvorsorge, die als neue Ersparnisse angelegt werden. Ähnliche Überlegungen gelten für die kollektiv gesammelten Rücklagen in der privaten Kranken- und Pflegeversicherung. Für eine vollständige Verdrängung gibt es jedoch auch in den angelsächsischen Ländern keine Evidenz, so dass man davon ausgehen kann, dass eine stärker kapi-

talgedeckte Finanzierung aller Sozialversicherungszweige langfristig positive Wachstumseffekte hat.

III Anpassung an die demographische Entwicklung

(34) Die Wirtschaftspolitik kann die negativen Auswirkungen des demographischen Wandels auf die gesamtwirtschaftliche Entwicklung in vielfältiger Weise dämpfen. Oft greifen mögliche Einzelmaßnahmen ineinander, ergänzen und verstärken sich. Eine Koordination der Maßnahmen in einem „Aktionsplan demographischer Wandel" ist daher hilfreich. Dieser Teil des Gutachtens beschreibt Lösungsansätze im Rahmen eines solchen Aktionsplans, die aus Anpassungen an die gegebene demographische Entwicklung bestehen, diese selbst aber nicht direkt beeinflussen wollen. Viele von ihnen haben kurzfristige und unmittelbare Wirkungen. Im folgenden Teil IV werden dann Lösungsansätze diskutiert, die anstreben, die demographische Entwicklung selbst zu verändern. Sie werden erst dann Wirkungen entfalten können, wenn die neugeborene Generation erwachsen geworden ist.

(35) Eine nachhaltige Reform der Sozialversicherungen hat höchste Priorität zur Minderung demographiebedingter Probleme (Abschnitt 1). Sie muss flankiert werden von Maßnahmen, die Rahmenbedingungen für eine höhere Erwerbstätigkeit schaffen. Dazu zählen ein früheres Berufseintrittsalter und ein späteres Berufsaustrittsalter, eine höhere Frauenerwerbsquote und ein besseres Ausnutzen der gering qualifizierten Arbeit (Abschnitt 2). Eine erhöhte Zuwanderung dient ebenfalls diesem Ziel (Abschnitt 3).

Diese quantitativen Maßnahmen können durch einen qualitativen Ansatz verstärkt werden, der günstigere Rahmenbedingungen für eine höhere Produktivität der gegebenen Erwerbstätigen durch vermehrte Aus- und Weiterbildung schafft (Abschnitt 4).

Im Zuge der Bevölkerungsalterung erhalten die Kapitalmärkte eine strategische Rolle als intertemporale (Abschnitt 5) und internationale (Abschnitt 6) Diversifizierungsmechanismen. Hierbei wirkt vor allem die Stärkung der Eigenvorsorge in einer reformierten Alters- und Gesundheitsvorsorge als intergenerative Entlastung.

Maßnahmen eines Aktionsplans, der die Auswirkungen des demographischen Wandels mildern soll, betreffen nicht nur den Bund und die Sozialversicherungen, sondern alle Ebenen des föderalen Aufbaus der Bundesrepublik. Auch für Kommunen und Länder relevant sind Maßnahmen, die den sektoralen Strukturwandel erleichtern (Abschnitt 7) und Fehlinvestitionen im Bereich des Wohnungsmarktes und der Infrastruktur vermeiden (Abschnitt 8).

1. Reform der Sozialversicherungen

(36) Die gesetzliche Renten-, Kranken- und Pflegeversicherungen bedürfen dringend der Reform. In der Rentenversicherung ist dieser Prozess im Gange. Die Einführung des Nachhaltigkeitsfaktors wird den Beitragssatz tendenziell stabilisieren. Die angestrebte Begrenzung des Beitragssatzes auf 22 Prozent bis zum Jahre 2030 ist aber nur mit einer um zwei Jahre hinausgeschobenen Regelaltersgrenze oder bei erhöhtem Nachhaltigkeitsfaktor in Verbindung mit einer entsprechend reduzierten Rente zu halten. Auf eine Erhöhung der Regelaltersgrenze wurde jedoch bei der Nachhaltigkeitsreform 2004 verzichtet. Sie sollte umgehend umgesetzt und von einer Erhöhung der so genannten versicherungsmathematischen Abschläge bei vorzeitigem Renteneintritt flankiert werden. Abschnitt 2 (verbesserte Rahmenbedingungen für eine erhöhte Erwerbstätigkeit) geht darauf näher ein.

(37) Die gesetzliche Krankenversicherung stellt derzeit das größte Finanzierungsproblem dar, weil die strukturellen Probleme in der Gesundheitsversorgung durch die kürzlich verabschiedete Gesundheitsreform kaum gelöst wurden. Eine effizienzsteigernde Stärkung des Wettbewerbs im Gesundheitswesen wurde verfehlt, und die reine Umlagefinanzierung der gesetzlichen Krankenversicherung ist bislang kaum als ein elementares Problem mangelnder Nachhaltigkeit identifiziert worden. Wie in der Rentenversicherung kann die implizite Schuld,[98] die die umlagefinanzierte gesetzliche Krankenversicherung der jüngeren Generation aufbürdet, nur durch eine erhöhte Eigenfinanzierung der Krankenversicherungsleistungen seitens derjenigen Generation, die diese Leistungen auch in Anspruch nehmen wird, gemindert werden.

Dieses Gutachten ist nicht der Ort, die Elemente einer nachhaltigen Gesundheitsreform darzustellen; dazu bedürfte es eines eigenen ausführlichen Gutachtens. Angemerkt sei jedoch, dass die strategische Bedeutung einer Prämienfinanzierung anstelle einer lohnabhängigen Finanzierung nicht nur in der partiellen Abkopplung der lohnabhängigen Sozialbeiträge von den Gesundheitsausgaben liegt, wie sie in Tz. 31 beschrie-

[98] Die implizite Schuld umfasst die derzeit im Sozialgesetzbuch verankerten Ansprüche auf Pensions- und Rentenzahlungen sowie auf Kranken- und Pflegeversicherungsleistungen.

ben wurde, sondern auch in den Preissignalen, die einen effizienzsteigernden Wettbewerb im Gesundheitswesen erst ermöglichen. Die Rücklagen, die im Rahmen der privaten Krankenversicherungen bis heute gebildet wurden, werden zukünftige Prämienanstiege dämpfen können. Es wäre völlig falsch und das Gegenteil von nachhaltig, wenn diese Rücklagen im Rahmen der Einführung einer für alle obligatorischen Krankenversicherung mit einkommensabhängigen Beiträgen allmählich abgebaut würden. Ganz im Gegenteil sollten auch die gesetzlichen Krankenversicherungen Rücklagen aufbauen, um daraus einen Teil der zukünftigen Leistungen zu finanzieren.

(38) In der gesetzlichen Pflegeversicherung liegen die Dinge ähnlich wie in der gesetzlichen Krankenversicherung, da der Kapitalstock in Kürze aufgebraucht sein wird. Stattdessen sollte er in den kommenden 15–20 Jahren ausgebaut und erst dann zur Dämpfung der Beitragssätze abgeschmolzen werden, wenn die geburtenschwachen Generationen die Masse der Beitragszahler stellen.

2. Rahmenbedingungen für eine höhere Erwerbstätigkeit

(39) Deutschland hat insgesamt eine höhere Erwerbstätigenquote als der Durchschnitt der 15 alten EU-Mitgliedsstaaten. Insbesondere liegt sie höher als in den großen Flächenstaaten Kontinentaleuropas Frankreich, Italien und Spanien. Dies bedeutet jedoch nicht, dass Deutschland sein Arbeitspotential ausgeschöpft hätte. So liegt die Erwerbstätigenquote deutlich niedriger als in Großbritannien und den skandinavischen Staaten. Ein Ausnutzen des bislang unerschlossenen Arbeitspotentials kann den alterungsbedingten Rückgang der Erwerbstätigenquote zwar nicht völlig kompensieren, aber deutlich verringern. Die größte Hebelwirkung haben dabei eine Erhöhung des Renteneintrittsalters und eine Verringerung des Berufseintrittsalters.

(40) Das unausgeschöpfte Arbeitspotential ist besonders groß bei den Älteren. Die Erwerbstätigkeit älterer Menschen (55–64 Jahre) liegt in Deutschland unter dem Durchschnitt der EU15-Länder. Die niedrige Erwerbsbeteiligung älterer Menschen hängt auch mit den Rahmenbedingungen zusammen (insbesondere Vorruhestandsregelungen und Frühverrentungsregelungen der gesetzlichen Sozialversicherungen), die es den Arbeitgebern erlauben, Arbeitnehmer frühzeitig aus dem Betrieb zu entlassen, ohne dass hohe Abfindungen gezahlt werden müssen. Verstärkend wirkt, dass aus Arbeitnehmersicht trotz der kürzlich eingeführten Abschläge der Gesamtwert der Rentenzahlungen mit jedem Jahr steigt, das der Arbeitnehmer früher in Rente geht, da dieses zusätzliche Jahr

Rentenbezug nicht durch die Minderung der jährlichen Rentenzahlung aufgewogen wird.

(41) Eine Erhöhung der Erwerbsbeteiligung älterer Menschen bedarf mehrerer Politikmaßnahmen, die sich nicht nur auf die gesetzliche Rentenversicherung beschränken. Seit 1997 wirken die versicherungsmathematischen Abschläge durch die Rentenreform 1992; das mittlere Renteneintrittsalter wird bis 2007, wenn die Einführungsphase weitgehend abgeschlossen ist, um ca. zwei Jahre auf etwa 61,5 Jahre ansteigen. Dies ist nach wie vor international unterdurchschnittlich. Zudem wird die Lebenserwartung weiter ansteigen. Eine weitere Erhöhung des mittleren Renteneintrittsalters kann durch eine Erhöhung der Regelaltersgrenze bewirkt werden, zumal diese die Berechnungsbasis der versicherungsmathematischen Abschläge darstellt und daher deren Wirkung deutlich erhöht. Eine graduelle Anhebung der Regelaltersgrenze von 65 auf 67 Jahre zwischen 2011 und 2035 wurde von der Rürup-Kommission vorgeschlagen, aber nicht in der Rentenreform 2004 umgesetzt. Diese Umsetzung sollte möglichst bald erfolgen. Die von der Rürup-Kommission vorgeschlagene Übergangszeit beträgt 24 Jahre. Es ist zu bedenken, ob diese Übergangszeit nicht sogar verkürzt werden sollte. Die Wirkungen eines hinausgeschobenen Regeleintrittsalters treten unmittelbar ein und können den Beitragsanstieg dämpfen, der durch das Nachwachsen der geburtenschwachen Jahrgänge verursacht wird. Wie schwach dieser Effekt bei einer so langen Übergangszeit ausfallen würde, wird daran ersichtlich, dass der prognostizierte Anstieg der Lebenserwartung 60jähriger während dieser Übergangszeit allein schon 3 Jahre beträgt, so dass die avisierte Anhebung noch nicht einmal die erwartete Verlängerung der Rentenbezugsdauer kompensiert.

(42) Zudem folgt das effektive mittlere Rentenalter nicht eins-zu-eins einer Verschiebung des Regeleintrittsalters. Man schätzt, dass eine Anhebung der Regelaltersgrenze um 2 Jahre das mittlere Rentenalter nur um etwa 1,2 Jahre erhöht. Hier kommen wieder die versicherungsmathematischen Abschläge ins Spiel, die zur Zeit 3,6 Prozent pro Jahr Renteneintritt vor dem gesetzlichen Regeleintrittsalter betragen. Sie haben sich als wirkungsvolles Mittel herausgestellt, das effektive Rentenalter auch kurzfristig zu erhöhen. Die Berechnung des Abschlags von 3,6 Prozent beruht implizit auf einem realen internen Zinsfuß von ungefähr 1 Prozent, was dem langfristigen impliziten Zinsfuß der umlagefinanzierten Rentenversicherung entspricht, nicht jedoch der Diskontierungsrate, die bei Berechnungen der Staatsfinanzen oder Entscheidungen privater Haushalte und Individuen zugrunde gelegt werden. Veranschlagt man den dafür üblicherweise verwendeten Zinsfuß von 3 Prozent, müs-

sten die Abschläge auf 5 Prozent erhöht werden. So zu verfahren, rechtfertigt sich aus der Tatsache, dass eine Erhöhung des Rentenalters auch die übrigen Finanzierungsprobleme des Staates leichter lösen hilft (z. B. die der gesetzlichen Kranken- und Pflegeversicherung und der steuerfinanzierten altersabhängigen Sozialausgaben). Um eine Verschiebung des mittleren Renteneintrittsalters um zwei Jahre zu erreichen, ist es daher zweckdienlich, auch die Abschläge zu erhöhen und dem üblicherweise verwendeten Zinsfuß anzupassen.

(43) Eine Anhebung der Abschläge auf eine Höhe, die sicherstellt, dass auch aus gesamtwirtschaftlicher Sicht die Wahl des Rentenalters ab einem Mindestalter neutral bleibt, würde es zudem ermöglichen, die Hinzuverdienstgrenze bei Frühverrentung abzuschaffen. Damit könnte ein zusätzliches Erwerbspotential geschaffen werden. In diesem Fall würden diejenigen, die eine Rente erhalten und zugleich erwerbstätig sind, zwar nicht mehr Beiträge zur Rentenversicherung, aber zu den übrigen Sozialversicherungen leisten, Steuern zahlen und zum Wirtschaftswachstum beitragen. Derartige Regelungen haben in Japan maßgeblich zu einer sehr hohen Erwerbsbeteiligung älterer Menschen beigetragen, vgl. Tz. 55.

(44) Schließlich bestimmen nicht nur die Regelungen der gesetzlichen Rentenversicherung die Erwerbstätigkeit älterer Menschen. Dies zeigt sich an der Tatsache, dass das mittlere Renteneintrittsalter um etwa zwei Jahre über dem mittleren Alter der letzten vollbezahlten Tätigkeit liegt. Das für die gesamtwirtschaftliche Entwicklung maßgebliche Berufsaustrittsalter ist also nicht identisch mit dem für die Rentenfinanzierung maßgeblichen Renteneintrittsalter. Der Grund liegt in den diversen Vorruhestandsregelungen, die diesen Zeitraum überbrücken. Eine Erhöhung der Erwerbsbeteiligung älterer Menschen bedarf daher auch Änderungen bei den übrigen Sozialversicherungen (Arbeitslosenunterstützung, Erwerbsminderungsrente), die den Vorruhestand mitfinanzieren. Eine besonders großzügige Arbeitslosenunterstützung älterer Menschen konterkariert die Absicht, die Erwerbsbeteiligung älterer Menschen zu erhöhen, weil sie die Vorruhestandsregelungen subventioniert.

(45) Der Wachstumseffekt einer graduellen Erhöhung des mittleren Berufsaustrittsalters um 2 Jahre über einen Zeitraum von 25 Jahren beträgt etwa 0,1 Prozent p.a., wenn man unterstellt, dass die Arbeitnehmer im Altersbereich von 60 bis 65 Jahren eine konstante Arbeitsproduktivität haben. Ein zusätzlicher indirekter Wachstumseffekt tritt in dem Maße auf, wie durch die geringeren Rentenbeiträge die lohnabhängigen Sozialbeiträge entlastet werden. Denn niedrigere Lohnnebenkosten erhöhen das Arbeitsangebot und die Arbeitsnachfrage. Dieser indirekte Wachstumsbeitrag hat bei einer Erhöhung des mittleren Renteneintrittsalters

eine doppelte Ursache, denn die lohnabhängigen Sozialbeiträge sinken, weil es sowohl mehr Beitragszahler als auch weniger Leistungsempfänger gibt. Dies ist bei anderen Maßnahmen zur Erhöhung der Erwerbstätigkeit (z. B. früherer Berufseintritt oder höhere Frauenerwerbsquote) nicht der Fall.

(46) Wie lange die Menschen arbeiten, hängt nicht nur davon ab, wie lange sie arbeiten müssen. Man sollte deshalb nicht allein über die Verlängerung der Regelarbeitszeit nachdenken. Vielmehr muss auch ein Rahmen geschaffen werden, der es den Arbeitnehmern leicht macht, auch jenseits dieses Zeitpunkts in einem Arbeitsverhältnis zu stehen. Voraussetzung dafür ist eine flexible Lohnaushandlung zwischen Arbeitgebern und denjenigen Arbeitnehmern, die bereits eine Rente beziehen.

(47) Deutschland hat eine im internationalen Vergleich lange Ausbildungsphase, so dass der Berufseintritt relativ spät liegt. Dies gilt nicht nur für Hochschulabsolventen, sondern auch für Abiturienten. Dieser spätere Berufseintritt hat, wie die zahlreichen internationalen Vergleichstudien gezeigt haben, nicht zu qualifizierteren Absolventen geführt, in jedem Fall aber zu einer geringeren Erwerbstätigkeit jüngerer Menschen. Auch hier liegt daher Arbeitspotential brach. Der Wachstumseffekt eines graduellen Übergangs zu einem früheren Berufseintritt hängt von der relativen altersspezifischen Produktivität jüngerer Arbeitnehmer ab. Da das Lebensalter aber wahrscheinlich weniger produktivitätsrelevant ist als die Berufserfahrung, dürfte der direkte Wachstumseffekt ähnlich hoch sein wie der einer Erhöhung des Renteneintrittsalters, oder sogar höher, da ein früheres Berufseintrittsalter einen längeren Verbleib in den produktivitätsstärksten Altersstufen ermöglicht. Der indirekte Effekt durch eine Verringerung der Sozialversicherungsbeiträge ist allerdings geringer als im Fall einer Erhöhung des Renteneintrittsalters, da es bei einem früheren Berufseintrittsalter zwar mehr Beitragszahler, nicht aber weniger Leistungsempfänger gibt.

(48) Deutschland hat unter den EU-Mitgliedsstaaten eine leicht überdurchschnittlich hohe Frauenerwerbsquote. Dies liegt vor allem an der nach wie vor hohen ostdeutschen Frauenerwerbsquote. Die westdeutsche Frauenerwerbsquote entspricht dagegen dem EU-Durchschnitt; sie liegt knapp unter der französischen und deutlich unterhalb der skandinavischen und der angelsächsischen. Auch hier ist daher unausgeschöpftes Arbeitskräftepotential vorhanden. Die wichtigsten Maßnahmen zur besseren Ausschöpfung dieses Potentials liegen in der Vereinbarkeit von Familie und Berufstätigkeit, auf die im Teil IV im Zusammenhang mit einer möglichen höheren Geburtenrate näher eingegangen wird. An dieser Stelle sei betont, dass derartige familienpolitische Maßnahmen auch

kurzfristige Wirkungen haben, da sie die Erwerbstätigkeit von Müttern erhöhen können.

(49) Über vier Millionen Menschen sind seit einigen Jahren im Jahresdurchschnitt arbeitslos. Nicht erwerbstätig im ökonomischen Sinne sind ferner etwa 600.000 Menschen in Arbeitsbeschaffungs- und Überbrückungsmaßnahmen, sowie Menschen, die Sozialhilfe erhalten, aber Arbeit suchen. Ein großer Anteil dieser nicht erwerbstätigen Menschen ist gering qualifiziert. Der Vergleich mit dem Anstieg der Anzahl der Rentner um etwa 5,5 Millionen Menschen von heute 19,5 auf etwa 25 Millionen im Jahr 2030 zeigt, dass dennoch eine Ausnutzung dieses Arbeitskräftepotentials einen spürbaren Beitrag zur Minderung der Auswirkungen des demographischen Wandels leisten kann.

Oft wird behauptet, dass die Bevölkerungsalterung die derzeitige Massenarbeitslosigkeit automatisch abbauen wird, da Erwerbstätige relativ zur Bevölkerung knapp werden. Diese Behauptung ist nur in ihrer Tendenz korrekt, übersieht jedoch eine mögliche Diskrepanz („Mismatch") zwischen dem Arbeitskräftebedarf und den vorhandenen Qualifikationen. Es ist damit zu rechnen, dass sich die zu erwartende zusätzliche Nachfrage nach Arbeitskräften auf dem höher qualifizierten Segment des Arbeitsmarktes abspielt, während auf dem gering qualifizierten Segment die Nachfrage stagniert oder weiter abnimmt. Die sektorale Nachfrage nach Gesundheitsdienstleistungen wird z.B. besonders stark ansteigen (vgl. Teil II). Mit dem technischen Fortschritt in der Medizin und Pflege wird aber die Nachfrage nach höher qualifiziertem Personal mehr ansteigen als nach gering qualifiziertem Personal. Verstärkend kann hinzukommen, dass im Zuge der Alterung insgesamt das Humankapital abnimmt, wenn es nicht zu kompensierenden Weiterbildungsmaßnahmen kommt. Ein Ausgleich der unterschiedlichen Knappheitstendenzen wird durch eine Veränderung der Lohnstruktur bewirkt. Solche Änderungen dauern jedoch typischerweise sehr lange. Die Bevölkerungsalterung verringert daher nicht die Notwendigkeit, den Arbeitsmarkt für gering Qualifizierte weiter zu reformieren.

3. Zuwanderung

(50) Die Zuwanderung von qualifizierten Erwerbstätigen erscheint als offensichtliches Mittel, den alterungsbedingten Rückgang der Zahl an Erwerbspersonen zu verringern. Eine Erleichterung der Zuwanderung für qualifizierte Erwerbstätige ist daher begrüßenswert. Allerdings muss man sich im Klaren sein, dass die Wirkung solcher Maßnahmen begrenzt ist. Die Anzahl der Erwerbstätigen in Deutschland wird zwischen 2010

und 2030 um etwa 7 Millionen Menschen abnehmen, d.h. um etwa 350.000 Personen pro Jahr. Im Durchschnitt der letzten 35 Jahre betrug die Nettoeinwanderung etwa 250.000 Personen pro Jahr, bestand aber keineswegs nur aus Erwerbstätigen, gar qualifizierten Erwerbstätigen. Nimmt man optimistischer Weise an, dass die Zuwanderung zur Hälfte aus qualifizierten Erwerbstätigen und zur anderen Hälfte aus Begleitpersonen besteht, müsste die Nettoeinwanderung auf lange Frist fast dreimal so hoch sein wie im Durchschnitt der letzten 35 Jahre, wenn man allein auf diesem Wege den Rückgang bei den heimischen Erwerbspersonen auffangen wollte. Es mag dahingestellt sein, ob diese Größenordnung gesellschaftspolitisch verträglich ist. Sie scheint zumindest unrealistisch zu sein, da die Nettoeinwanderung in den letzten 50 Jahren nur in den Ausnahmejahren 1989 bis 1992 die Zahl von 500.000 Personen überstieg. Eine aktivere Zuwanderungspolitik kann zusammen mit einer aktiveren Integrationspolitik helfen, die Auswirkungen der bevorstehenden Alterung der Bevölkerung zu mildern und mehr wirtschaftliches Wachstum zu stimulieren. Beides gehört daher in das Portefeuille arbeitsmarktpolitischer Maßnahmen eines „Aktionsplans demographischer Fortschritt“. Aber selbst die geschickteste Zuwanderungs- und Integrationspolitik kann Familienpolitik, Sozialreformen und wirtschaftspolitische Maßnahmen, die dem starken Schrumpfen der Erwerbspersonenzahlen entgegenwirken, keineswegs ersetzen, zumal auch die Einwanderer Rentenansprüche ansammeln und später Anrecht auf eine Rente haben. Integrationsprobleme bei starker Einwanderung sind immer nur in Grenzen lösbar. Stabilisierung der Geburtenraten ist daher die erste Wahl, gute Einwanderungspolitik immer erst die zweite.

4. Rahmenbedingungen für eine höhere Arbeitsproduktivität

(51) Der Staat hat einen direkten Einfluss auf die Arbeitsproduktivität durch die Ausbildung, die in Schulen und Universitäten stattfindet, und einen indirekten Einfluss durch die Rahmenbedingungen, die er für die berufliche Aus- und Weiterbildung schafft. Die Erhaltung der Arbeitsproduktivität im beruflichen Lebensverlauf ist eine wichtige Determinante des Wohlstands in einer alternden Gesellschaft. Die quantitative Bedeutung ist schwer zu erfassen. Das folgende rein hypothetische Zahlenbeispiel mag die Größenordungen verdeutlichen. Wäre es so, dass die Erwerbstätigen im Alter von über 55 Jahren nur die Hälfte der Produktivität der jüngeren Arbeitnehmerschaft hätten, würde – hochgerechnet auf die zukünftige Altersstruktur – die gesamtwirtschaftliche Arbeitsproduktivität bis zum Jahr 2020 auf unter 96 Prozent des heutigen Niveaus sinken. Dies würde eine Verringerung des jährlichen Pro-Kopf-Wirt-

schaftswachstums um etwa 0,15 Prozentpunkte, d.h. um 10 Prozent bedeuten. Maßnahmen, die die Produktivität älterer Arbeitnehmer erhalten, haben daher eine wichtige gesamtwirtschaftliche Bedeutung.

(52) Eine längere Erwerbsphase, die durch einen früheren Berufseintritt und einen späteren Renteneintritt entsteht, erfordert mehr Investitionen in Weiterbildung, weil das durch Ausbildung vermittelte Können und Wissen mit der Zeit veraltet. Unterstellt man zudem, dass sich die Wahrscheinlichkeit, einen anderen als den ursprünglich erlernten Beruf auszuüben, mit der Länge der Erwerbsphase erhöht, wird es zunehmend wichtig, anfangs eine hinreichend breite Basisausbildung zu vermitteln, auf der im Lebensablauf mehrere spezialisierte Aus- und Weiterbildungsmaßnahmen aufbauen können.

(53) Investitionen in die Weiterqualifikation werden für den Arbeitgeber in dem Maß lohnender, in dem es für ihn unattraktiver wird, ältere Arbeitnehmer frühzeitig zu entlassen. Insofern hat eine Erhöhung der Regelaltersgrenze und der versicherungsmathematischen Abschläge wichtige Nebenwirkungen auf das arbeitgeberseitige Angebot von Weiterbildungsmaßnahmen. Auch für den Arbeitnehmer lohnt sich Weiterbildung mehr, wenn er länger im Beruf verbleibt. Die Notwendigkeit für eine staatliche Förderung von Weiterbildungsmaßnahmen ist daher kaum zu sehen. Der private Weiterbildungsmarkt ist in Deutschland allerdings relativ zu den angelsächsischen Ländern auf allen Qualifikationsebenen noch unterentwickelt, und auch in den Universitäten werden im oberen Qualifikationsspektrum kaum „mid-career studies" angeboten. Dies mag eine staatliche Anschubförderung rechtfertigen.

(54) Bleibt es auch in Zukunft bei der heute üblichen Senioritätsentlohnung, so erschwert dies eine Beschäftigung älterer Arbeitnehmer. Man kann die derzeitige Senioritätsentlohnung, die Arbeitnehmer im Lebensverlauf zunächst geringer, dann mehr entlohnt, als es ihrer Grenzproduktivität entspricht, als einen Gleichgewichtszustand betrachten, in dem der Arbeitgeber relativ unproduktive Arbeitnehmer aussortiert und relativ produktive Arbeitnehmer an sich bindet. Das im Gleichgewicht entstehende Altersprofil der Senioritätsentlohnung hängt auch von der Altersstruktur der Beschäftigung ab. Je höher der Anteil älterer Arbeitnehmer in einer Unternehmung ist, umso geringer fällt im Gleichgewicht der Senioritätsaufschlag aus. Im Zuge des demographischen Wandels müssten die Senioritätsprofile daher flacher werden. Geschieht dies nicht, wird eine Beschäftigung älterer Arbeitnehmer erschwert. Das gegenwärtige Bestreben, im öffentlichen Dienst die Elemente der Senioritätsentlohnung abzuschwächen und diejenigen der Leistungsentlohnung zu stärken, geht daher auch angesichts der Bevölkerungsalterung in die richtige Richtung.

(55) Oft wird eingewandt, dass es gegen flachere Senioritätsprofile psychologische Gegenargumente gäbe. Eine Einkommenseinbuße nach einer erfolgreichen Karriere sei nicht hinnehmbar. Ein Gegenbeispiel dazu liefert Japan, das einen zweiten Arbeitsmarkt für Rentner aufgebaut hat. Auf diesem Arbeitsmarkt werden ältere Arbeitnehmer beschäftigt, die eine Rente aus ihrer früheren Beschäftigung beziehen, aber dennoch bei deutlich geringerem Lohn als im primären Arbeitsmarkt oft in einer Tochterfirma ihres ehemaligen Arbeitgebers ihre Erfahrungen einbringen. Die derzeit bestehenden sehr geringen Hinzuverdienstgrenzen für Personen, die vor der Erreichen des Regeleintrittsalters eine Rente beziehen, verhindern in Deutschland die Entstehung eines entsprechenden zweiten Arbeitsmarktes. Voraussetzung für die Abschaffung der Hinzuverdienstgrenzen ist die Erhöhung der Abschlagsfaktoren, wie in Tz. 43 ausgeführt wurde.

5. Intertemporaler Ausgleich durch Eigenvorsorge und Rücklagenbildung

(56) Der Kapitalmarkt ermöglicht eine zeitliche Verteilung von Lasten. Diese Möglichkeit zu nutzen, ist eine Aufgabe der kapitalgedeckten Eigenvorsorge und der Rücklagenbildung. Auf sie hat der Staat durch die Ausgestaltung der sozialen Sicherungssysteme, aber auch durch die Regulierungen der Kapitalmärkte einen starken Einfluss.

Der demographische Wandel ist kein gleichmäßiger Prozess. Durch die historisch erstmalige Abfolge von Babyboom-Generation und einer nur noch etwa zwei Drittel so großen Pillenknick-Generation treten starke Belastungseffekte auf, insbesondere beim Eintritt der Babyboom-Generation in den Ruhestand. Der Kapitalmarkt kann hier als intertemporaler bzw. intergenerativer Ausgleichsmechanismus dienen, da er die Finanzierungslast von der Pillenknick- auf die Babyboom-Generation verschieben kann. Dies gilt nicht nur für die Belastung durch Rentenzahlungen, sondern ebenso für Pflege- und die Gesundheitsausgaben. Die zunächst sozialpolitisch motivierte Stärkung der Eigenvorsorge hat daher auch insofern makroökonomische Wirkungen, als sie die Steuer- und Beitragsbelastung über die Zeit ausgleicht und die dementsprechenden Wohlfahrtsverluste verringert.

(57) Um diesen „tax smoothing“ Effekt ausnutzen zu können, muss der entsprechende Kapitalbestand bald angesammelt werden. Zeit spielt nicht nur wegen des Zinseszinseffektes eine wichtige Rolle, sondern auch deswegen, weil die Beträge, die ein durchschnittlicher Haushalt für Eigenvorsorge pro Jahr aufbringen kann, begrenzt sind, und weil die Belas-

tung durch den Aufbau dieses Kapitalstocks selbst wiederum negative Wohlfahrtseffekte haben dürfte, z. B. wegen Liquiditätsbeschränkungen gering verdienender Arbeitnehmer. Der schleppende Aufbau von kapitalgedeckten Renten in der betrieblichen und individuellen Altersvorsorge ist daher auch gesamtwirtschaftlich besorgniserregend.

Es gibt keinen überzeugenden Beweis dafür, dass eine steuerliche Förderung die Kapitalbildung als Ganzes signifikant beeinflusst. Sie liefert lediglich klare empirische Belege dafür, dass steuerliche Anreize und Regulierungen die Wahl des spezifischen Sparinstruments stark beeinflussen. Steuerliche Anreize verschieben die Wahl zwischen verschiedenen Formen der Vermögensbildung, nicht aber zwischen Vermögungsbildung und Konsum. Der wesentliche Anreiz für private und betriebliche Altersvorsorge scheint eher von der Kenntnis auszugehen, um wie viel die staatliche Altersvorsorge in Zukunft zurückgefahren wird und wie vielen Restriktionen die Verwendung selbst angesparter Vermögen unterliegt. Um die Verbreitung der privaten und betrieblichen Altersvorsorge zu erhöhen, sollte also statt einer höheren steuerlichen Förderung eher die derzeitige Regulierung von Verwendung und Vertrieb der privaten und betrieblichen Altersvorsorge überprüft und eine klarere Renteninformation der gesetzlichen Rentenversicherung eingeführt werden.

(58) Besorgniserregend ist ebenfalls, dass der Aufbau demographischer Rücklagen in der gesetzlichen Kranken- und Pflegeversicherung in der derzeitigen Diskussion um die Gesundheits- und Pflegeversicherung eine völlig untergeordnete Rolle spielt. Wie bereits in Tz. 37 betont, müssen in der Debatte um eine Strukturreform dieser beiden Sozialversicherungszweige die derzeit diskutierten grundlegenden Vorschläge insbesondere daraufhin überprüft werden, ob sie einer teilkapitalgedeckten Finanzierung förderlich sind.

6. Internationale Diversifizierung des demographischen Risikos

(59) Der Kapitalmarkt ermöglicht nicht nur die zeitliche, sondern auch eine internationale Verteilung von Lasten. Die gesamtwirtschaftliche Bedeutung der kapitalgedeckten Eigenvorsorge liegt daher auch darin, dass sie als internationales Diversifizierungsinstrument des demographischen Risikos dienen kann. In dem Maße, in dem die Eigenvorsorge in ausländischen Titeln angelegt wird, bestimmt auch die ausländische Demographie die Rendite des angelegten Kapitals. Internationale Diversifizierungsmöglichkeiten spielen vor allem deswegen eine wichtige Rolle, weil die Bevölkerungsalterung nicht einheitlich verläuft, noch nicht einmal in den Industrieländern. Japan altert z. B. derzeit sehr schnell, wird aber ge-

messen am Anteil der über 60jährigen von Deutschland und Italien etwa im Jahr 2025 überholt. In Frankreich und den USA verläuft der Alterungsprozess qualitativ ähnlich demjenigen Deutschlands, aber auf einem viel weniger einschneidenden Niveau.

(60) Die in Teil II dargestellten demographiebedingten Ersparnis- und Renditeeffekte treffen also unterschiedlich auf verschiedene Länder zu. Bei freiem Kapitalverkehr wird es daher zu Kapitalströmen von den alternden und eher renditeschwachen zu den jungen und eher renditestarken Ländern kommen, die einen Renditeausgleich bewirken, von dem Deutschland als besonders rasch alterndes Land stark profitieren kann. Die Gegenbewegung zu diesen Kapitalströmen findet auf dem Gütermarkt statt. Das relativ konsumentenreiche, aber arbeitskräftearme Deutschland wird zunehmend Güter und Dienstleistungen aus den Produktionsstätten importieren, die von den Kapitalströmen finanziert wurden. Ausgehend davon, dass Arbeit immobiler ist als Kapital, werden statt der in Deutschland knappen Arbeitskräfte die Erwerbstätigen im Ausland die Konsumgüter produzieren, die in Deutschland nachgefragt werden. Dieser Austausch ist keine Einbahnstraße. Er eröffnet Verbesserungsmöglichkeiten sowohl für das alternde und unter Arbeitskräftemangel leidende Deutschland als auch für die bevölkerungsmäßig jüngeren und kapitalschwächeren Volkswirtschaften im Ausland. Die Vorteile für Deutschland liegen in der Wiederherstellung der Balance zwischen Beschäftigung und Güternachfrage und einer höheren als der einheimischen Kapitalrendite. Das Ausland erhält sowohl Kapital als auch Absatzmärkte. Die jüngeren Länder können wegen des vermehrt zur Verfügung stehenden Kapitals schneller wachsen als ohne Direktinvestitionen aus den schneller alternden Ländern. Da Deutschland als eines der Länder mit der stärksten Bevölkerungsalterung auf der Welt eine Extremposition einnimmt, sind die Tauschgewinne besonders hoch.

(61) Diese Tauschgewinne kommen nicht automatisch zustande. Informationsdefizite und möglicherweise Vorurteile tragen zum so genannten „Home Bias“ bei, d. h. Einheimische investieren mehr in einheimische und weniger in ausländische Anlagen, als es bei den bestehenden risikobereinigten Kapitalrenditen vorteilhaft wäre. Verstärkt wird der „Home Bias“ durch Kapitalmarktregulierungen, die auch innerhalb der Europäischen Union diskriminierend wirken. Es ist z. B. nicht ohne weiteres möglich, einen die EU-Mitgliedstaaten übergreifenden Pensionsfonds oder eine solche Versicherungsgesellschaft zu gründen, da in diesen Staaten nach wie vor unterschiedliche Finanzproduktregulierungen gelten. Teil eines „Aktionsplans demographischer Wandel“ sollte es daher sein, den Tauschgewinnen, die durch ausländische Direktinvestitionen und ge-

genläufigen Handel von Gütern und Dienstleistungen entstehen, keine Hindernisse in den Weg zu stellen und vorhandene Hindernisse abzubauen.

7. *Rahmenbedingungen für den Strukturwandel*

(62) Maßnahmen, die den unvermeidbaren Strukturwandel erleichtern, sind in Deutschland ohnehin wichtig. Sie gewinnen noch an Bedeutung durch die zusätzliche sektorale Nachfrageverschiebung, die durch den demographischen Wandel bewirkt wird. Tendenziell bedeutet Strukturwandel ein langsameres Wachstum von Unternehmen mit etablierten Produkten und ein schnelleres Wachstum von Unternehmen mit neuen Produkten. Eine höhere Flexibilität bei der Gestaltung von Arbeitsverträgen hilft daher tendenziell Wachstumsindustrien, die während des Strukturwandels neu entstandene Märkte bedienen.

8. *Wohnungsbau und Infrastruktur der Kommunen*

(63) Die Kommunen sind vom demographischen Wandel insbesondere in den Bereichen Wohnungsbau und Infrastruktur betroffen. In beiden Bereichen werden Entscheidungen mit sehr langfristigen Wirkungen getroffen, die größtenteils irreversibel sind. Bei Entscheidungen über Infrastrukturmaßnahmen müssen schon jetzt die langfristigen Nutzungsmöglichkeiten beachtet werden. Beispiele sind eine flexible Nutzung bei Neubauten im Gesundheitswesen (Krankenhaus-Pflegeheim) und von Schulen (Nutzung als Weiterbildungsanstalten). Der demographische Wandel betrifft die Kommunen jedoch sehr unterschiedlich. Z. B. sind die Ballungszentren im süddeutschen Raum weniger betroffen als die meisten Kommunen in den neuen Bundesländern.

(64) Die Nachfrage nach Wohnimmobilien wird etwa nach dem Jahr 2020 tendenziell zurückgehen. Dieser Trend wird sich nach 2035 verstärken, wenn die zahlenmäßig starke Babyboom-Generation allmählich versterben wird. Zudem verschiebt sich die Struktur der Wohnungsnachfrage: Relativ große Einfamilienhäuser „auf der grünen Wiese“ werden von einer älteren Bevölkerung weniger nachgefragt als kleinere Wohneinheiten, die einen leichten Zugang zu Einkaufsmöglichkeiten haben. Diese Nachfrageveränderungen müssen bei der Baulandausweisung der Kommunen schon jetzt berücksichtigt werden. Eine explizite oder implizite Subvention der Erschließung von Neubaugebieten auf der grünen Wiese ist in Zeiten des demographischen Wandels in den meisten Lagen unsinnig. Auf der Bundesebene sollte die Diskussion über die Abschaf-

fung der Eigenheimzulage auch unter dem Gesichtspunkt des demographischen Wandels geführt werden.

IV Langfristige Beeinflussung der demographischen Entwicklung: Familienpolitik

(65) Die in Teil II beschriebene Entwicklung hin zu einer veränderten Altersstruktur aufgrund höherer Lebenserwartung und verringerter Geburtenrate lässt sich von der Tendenz her in allen industrialisierten Ländern beobachten. Dennoch gibt es bedeutende Unterschiede im Ausmaß dieser Entwicklung. Insbesondere in der Geburtenentwicklung lassen sich erhebliche länderspezifische Unterschiede erkennen. Diese Unterschiede sind Anlass, darüber nachzudenken, welche Rahmenbedingungen für die unterschiedliche Geburtenentwicklung in den einzelnen Ländern ursächlich sind und ob es möglich ist, durch geeignete politische Maßnahmen in der langen Frist ein weiteres Absinken der Geburtenrate zu verhindern oder den gegenwärtigen Trend sogar umzukehren.

Dabei kann es nicht darum gehen, eine „optimale" Bevölkerungsentwicklung zu postulieren. Die Entscheidungen für oder gegen Kinder sind in einer freiheitlichen Gesellschaft immer die Entscheidungen der einzelnen Paare auf Grund ihrer eigenen Präferenzen, die von anderen respektiert werden müssen. Wohl aber ist zu untersuchen, ob die Entscheidungen durch staatlich gesetzte Rahmenbedingungen verzerrt sind. Insoweit das der Fall ist, sollten diese Rahmenbedingungen korrigiert werden. Andernfalls darf, ja, muss man der Beeinträchtigung der Anreize, Kinder aufzuziehen, an anderer Stelle entgegenwirken

(66) Aber damit nicht genug. Es gibt auch ganz unabhängig von der Problematik, die durch Fehlanreize geschaffen wird, Gründe, warum die Gesamtheit der Bürger nicht in jedem Falle mit der Bevölkerungsentwicklung zufrieden sein kann, die sich in der Summe aus den unbeeinflussten Entscheidungen der Einzelnen ergibt, Kinder aufzuziehen oder nicht. Der wichtigste dieser Gründe ist die hohe Staatsverschuldung. Die Schulden des Staates haben ihn abhängig davon gemacht, dass seine Bevölkerung ausreichend groß ist, die Staatsschuld zu bedienen. Die explizite und implizite Staatsverschuldung (letztere zum Beispiel in Form von Renten- und Pensionsansprüchen, die vom Staat einzulösen sind) ist so hoch, dass sie auch durch politisch realisierbare Reformen im Rentensystem nicht ausreichend gesenkt werden kann. Eine größere Bevölkerungszahl bedeutet dann aber, dass die auf den einzelnen Bürger entfallende Last der Begleichung dieser Staatsschuld verringert wird. Von diesem Vorteil hat ein Paar, das sich heute entscheidet, ein Kind zu haben, kaum

etwas. Es ist vor allem dieser Umstand, der eine ökonomische Begründung dafür liefert, dass über eine Verbesserung der Anreize, Kinder aufzuziehen, nachgedacht werden muss.

Für die Gesamtheit der Bürger lohnt es sich, zusätzliche Anreize zu setzen, wenn man erwarten kann, dass dies weniger kostet, als die durch mehr Geburten bewirkte Verbreiterung der künftigen Basis für das Bedienen der Staatsschuld einbringt. Ist ein solcher Überschuss nicht zu erwarten, wäre es ratsamer, alles, was man erübrigen kann und will, an die Minderung der Staatsschuld zu wenden. Der Gesetzgeber hat auch zu bedenken, dass mit anderen Formen einer merklichen Vergrößerung der Bevölkerung und damit der Zahl an Erwerbspersonen, namentlich durch Zuwanderung, erhebliche Nachteile verbunden sind; siehe hierzu Tz. 50.

(67) Im Folgenden werden die wichtigsten Facetten der Geburtenentwicklung (Abschnitt 1) und der entsprechenden Rahmenbedingungen (Abschnitt 2) im internationalen Vergleich skizziert. Dieser internationale Vergleich legt nahe, dass zwei Arten von ökonomischen Rahmenbedingungen besonders wichtig für die Entscheidung über die Zahl der Kinder sind: zum einen die Vereinbarkeit von Familie und Beruf (Abschnitt 3), zum anderen direkte pekuniäre familienpolitische Anreize (Abschnitt 4). Darüber hinaus spielen aber auch der Arbeitsmarkt und die gesamtwirtschaftliche Lage eine wichtige Rolle (Abschnitt 5).

1. *Entwicklung der Geburtenrate im internationalen Vergleich*

(68) Der Trend zu einer kleineren Geburtenrate ist nicht neu. Seit Ende des 18., Anfang des 19. Jahrhunderts lässt sich in den westlichen Staaten ein solcher Rückgang der Geburtenraten beobachten. Grund war zunächst die geringere Säuglings- und Kindersterblichkeit und die dadurch verringerte Notwendigkeit hoher Geburtenzahlen, um eine ausreichende Zahl von überlebenden Kindern zu sichern. Auch verloren mit dem Übergang von der Agrar- zur Industriegesellschaft Kinder ihre Bedeutung als Arbeitskraft für die Unterstützung der Familienwirtschaft. Mit der Entwicklung der Kapitalmärkte und der Einführung der Rentenversicherung schließlich reduzierte sich auch die Notwendigkeit eigener Kinder zur Sicherung des Lebensstandards im Alter.

Trotz dieses Trends konnte nach dem Zweiten Weltkrieg in vielen OECD Ländern vorübergehend ein starker Anstieg der Geburtenrate beobachtet werden. Dies ist vor allem durch den Nachholbedarf der Kriegs- und Kriegsfolgejahre zu erklären. Seit den 1960er Jahren setzte sich der Trend zu einer rückläufigen Geburtenrate weiter fort, begünstigt durch die neuen Methoden der Geburtenkontrolle.

(69) Die Geburtenrate[99] ist in den OECD Staaten von durchschnittlich 2,4 Kindern pro Frau im Jahre 1970 auf 1,6 Kinder im Jahre 2000 gefallen. Keines der europäischen Länder hat eine Geburtenrate, die ausreichen würde, um die Bevölkerung konstant zu halten. Dazu wäre ein Wert von mindestens 2,1 erforderlich. Allerdings gibt es deutliche Unterschiede zwischen den Ländern. In den südeuropäischen Staaten setzte der Rückgang etwas später ein, war dann aber umso ausgeprägter. Die Entwicklung im Vereinigten Königreich und Frankreich verlief weitgehend parallel, wobei Frankreich heute mit 1,9 eine höhere Geburtenrate aufweist als das Vereinigte Königreich (1,6). In Deutschland, Österreich und der Schweiz liegt die Geburtenrate seit einigen Jahren mit geringen Schwankungen zwischen 1,3 und 1,5. Besonders stark fiel der Rückgang in den ehemaligen Planwirtschaften wie Slowenien, Kroatien, Slowakische Republik, Tschechische Republik, Polen aus, im Durchschnitt auf Geburtenraten von 1,3. Hingegen konnten einige Länder wie Dänemark, Finnland, Frankreich, die Niederlande und die Vereinigten Staaten den negativen Trend seit Mitte der 1990er Jahre umkehren.

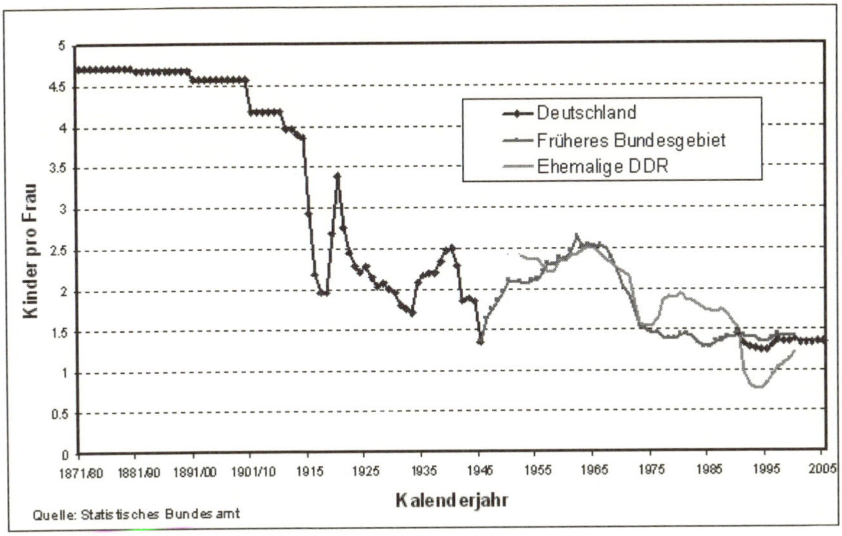

99 Hier gemessen als „Total Fertility Rate" (TFR). Der „Total Fertility Rate" liegt ein ähnliches Konzept wie der Lebenserwartung zugrunde, die aus den derzeitigen alterspezifischen Sterberaten berechnet wird. Die „Total Fertility Rate" wird als diejenige Kinderzahl berechnet, die ein Geburtsjahrgang von Frauen gebären würde, wenn diese Frauen in allen ihren Lebensjahren genau die heute beobachteten durchschnittlichen altersspezifischen Geburtenraten hätten.

Geburtenraten in OECD-Staaten

	1970	1980	1990	1995	2000
Australien	2,89	1,91	1,84	1,85	1,75
Belgien	2,25	1,68	1,62	1,55	1,66
Dänemark	1,95	1,55	1,67	1,80	1,77
Deutschland	2,03	1,56	1,45	1,25	1,36
Finnland	1,83	1,63	1,78	1,81	1,73
Frankreich	2,47	1,95	1,78	1,71	1,89
Griechenland	2,40	2,22	1,39	1,32	1,29
Großbritannien	2,43	1,89	1,83	1,71	1,65
Irland	3,87	3,24	2,11	1,84	1,89
Island	2,83	2,48	2,30	2,08	2,08
Italien	2,43	1,64	1,33	1,20	1,23
Japan	2,13	1,75	1,54	1,42	1,36
Kanada	2,33	1,68	1,71	1,62	1,54[a)]
Luxemburg	1,97	1,49	1,60	1,69	1,79
Niederlande	2,57	1,60	1,62	1,53	1,72
Norwegen	2,50	1,72	1,93	1,87	1,85
Österreich	2,29	1,65	1,45	1,40	1,34
Polen	2,26	2,26	2,05	1,62	1,34
Portugal	3,01	2,25	1,57	1,40	1,52
Schweden	1,92	1,68	2,13	1,73	1,54
Schweiz	2,10	1,55	1,58	1,48	1,50
Slovakien	2,41	2,31	2,09	1,52	1,29
Spanien	2,88	2,20	1,36	1,18	1,24
Tschechien	1,90	2,10	1,90	1,28	1,14
Türkei	5,68	4,36	2,96	2,75	2,52
Ungarn	1,98	1,91	1,87	1,57	1,32
USA	2,48	1,84	2,08	2,02	2,13

Quelle: OECD (2002): Society at a Glance. Social Indicators: Total fertility rates.
Bemerkung: (a) Kanada 1998.

(70) Zur Erklärung dieser Trends wird eine Vielzahl von Faktoren angeführt. Die ökonomischen Rahmenbedingungen für Familien haben sich deutlich geändert – nicht zuletzt durch die Einführung der Sozialversicherungen – und ihrerseits das Verhalten der Menschen einschneidend beeinflusst. In den meisten kontinentaleuropäischen Staaten stieg die Erwerbsbeteiligung von Frauen von knapp unter 50 Prozent Mitte der 1970er auf 60 Prozent Mitte der 1990er Jahre an. Dabei ist die Frauenerwerbsquote in den einzelnen Ländern sehr unterschiedlich. In Süd-

europa liegt sie durchschnittlich um 10 Prozentpunkte niedriger, in den skandinavischen Ländern um 15 bis 20 Prozentpunkte höher als im europäischen Durchschnitt. Auch die Partnerschaftsbeziehungen haben sich stark verändert. Wie soziologische Studien zeigen, hat sich zwar die Einstellung von Paaren gegenüber Kindern über die Jahre wenig verändert, aber die Anzahl und Stabilität von solchen Partnerschaften hat deutlich abgenommen. Inwieweit diese Faktoren kausal sind, ist umstritten. Eine monokausale Erklärung des Geburtenrückgangs ist der Vielzahl der Wirkungszusammenhänge schon gar nicht angemessen.

(71) Für ein besseres Verständnis der rückgängigen Geburtenraten und für die Ableitung geeigneter politischer Handlungsempfehlungen ist es hilfreich, die Geburtenentwicklung detaillierter zu betrachten. Das Gebäralter hat sich stark erhöht. Zwischen 1980 und 2000 stieg das Durchschnittsalter von verheirateten Frauen bei der Geburt eines Kindes in Deutschland um volle 5 Jahre von 25,2 auf 30,4 Jahre. In Westdeutschland ist der Anteil der Frauen mit zwei Kindern über mehr als zwei Jahrzehnte relativ konstant geblieben (ca. 39 Prozent). Auffällig sind hingegen der starke Anstieg des Frauenanteils ohne Kinder (von 10,1 Prozent in der Alterskohorte der 1940 Geborenen auf 23,3 Prozent für die 1960 Geborenen) und der ebenfalls starke Rückgang des Anteils an Frauen mit drei und mehr Kindern (von 27,0 auf 17,8 Prozent für die gleichen Alterskohorten). Es wird geschätzt, dass von den 1965 geborenen Frauen in Westdeutschland sogar 31,2 Prozent kinderlos bleiben werden. In Ostdeutschland ergibt der Vergleich der Alterskohorten der 1940 und 1960 Geborenen keine so starken Änderungen, weil in der DDR das Heiratsalter und das Alter bei Geburt des ersten Kindes viel niedriger lagen und daher die meisten Frauen des Jahrgangs 1960 im Jahr der deutschen Vereinigung bereits Kinder hatten. Man erwartet jedoch einen mit den alten Bundesländern vergleichbaren Anstieg des Anteils kinderloser Frauen beim Vergleich der Alterskohorten der 1940 und 1965 Geborenen von 8,9 auf 26,4 Prozent. In Frankreich sind im Vergleich dazu weniger als 15 Prozent der 1960 Geborenen kinderlos, während mehr als 30 Prozent drei Kinder und mehr haben.

(72) Auffällig ist ferner, dass in Westdeutschland hochqualifizierte Frauen weit überdurchschnittlich kinderlos bleiben (40,9 Prozent der 35–39-jährigen Frauen mit Fachhochschulabschluss und 44,4 Prozent der 35–39-jährigen Frauen mit Universitätsabschluss). Auch Frauen ohne Schulabschluss sind überdurchschnittlich häufig ohne Kinder (30,6 Prozent). Der in Westdeutschland beobachtete negative Zusammenhang zwischen Bildungsstand und der Zahl der Kinder einer Frau ist jedoch nicht universell gültig. Er gilt nicht für die skandinavischen Länder, und

auch in Ostdeutschland ist die Zahl der kinderlosen Frauen mit Fachhochschul- oder Universitätsabschluss deutlich niedriger (17,4 bzw. 16,2 Prozent) als in Westdeutschland. Zu beachten ist hierbei allerdings wiederum, dass wegen des bislang deutlich niedrigeren Durchschnittsalters ostdeutscher Frauen bei der Geburt ihres ersten Kindes die Entscheidung für ein Kind überwiegend in die Zeit vor der Wende fiel.

2. *Rahmenbedingungen im internationalen Vergleich*

(73) Die großen Unterschiede in Niveau und Entwicklung der Geburtenrate im internationalen Vergleich werfen die Frage auf, welche Rahmenbedingungen in den verschiedenen Staaten herrschen und wie diese sich auf die Geburtenentscheidung auswirken.

Die Familienpolitik in *Skandinavien* zielt auf individuelle Unabhängigkeit und soziale Gleichheit zwischen den Individuen ab. Im Mittelpunkt steht die Erleichterung der Erwerbstätigkeit von Müttern, insbesondere durch Hilfe bei der Kinderbetreuung und durch Maßnahmen, die auf eine Veränderung der traditionellen Aufgabenaufteilung zwischen Mann und Frau zielen. Staatliche Serviceleistungen haben Vorrang vor monetären Transferzahlungen.

Frankreich und *Belgien* unterstützen die Erwerbstätigkeit von Müttern insbesondere durch gut entwickelte, teils private, teils staatliche Kinderbetreuung zu günstigen Bedingungen.

Das *Vereinigte Königreich* und die *Niederlande* betonen ebenfalls die Vereinbarkeit von Beruf und Familie, setzen aber noch stärker auf marktbasierte Betreuungsmöglichkeiten.

Die *südeuropäischen Staaten,* von der Wertschätzung des Lebens in der Familie her eher konservativ, bieten wenig Unterstützung bei der Betreuung von Kindern. Auch sonst gibt es nur wenige familienbezogene staatliche Leistungen. Schlechte Arbeitsmarktbedingungen für junge Männer und Frauen setzen junge Familien einem hohen Arbeitsmarktrisiko aus.

In *Deutschland* und *Österreich* werden vergleichsweise hohe Transferzahlungen geleistet. Damit soll unter anderem ein Ausstieg der Mütter aus dem Berufsleben finanzierbar werden. Staatlich organisierte Kinderbetreuung beschränkt sich demgegenüber auf eine vergleichsweise eng begrenzte Altersgruppe.

(74) Hält man sich vor Augen, dass inzwischen die nordischen Länder sowie Belgien, Frankreich und die Niederlande die Länder mit den höchsten Geburtenraten in Europa sind, während die deutschsprachigen

Länder und Südeuropa die niedrigsten Geburtenraten aufweisen, so legt dieser Ländervergleich nahe, dass die unterschiedlichen institutionellen Rahmenbedingungen, die durch den Arbeitsmarkt und die Familienpolitik bestimmt werden, eine der Ursachen für die unterschiedliche Geburtenentwicklung in den einzelnen Ländern sind.

(75) Eine robuste ökonometrisch fundierte Evaluation familien- und arbeitsmarktpolitischer Maßnahmen durch multivariate Analysen steht bislang noch aus. Das liegt nicht zuletzt an den damit verbundenen hohen methodischen Anforderungen. Es liegt jedoch eine Vielzahl einzelner empirischer Studien vor, die insgesamt ein Mosaik von Erkenntnissen liefern. Nicht streitig ist, dass die ökonomischen Rahmenbedingungen eine wichtige Rolle spielen. Auf sie hat der Staat einen großen Einfluss.

1. Kinder verursachen hohe Opportunitätskosten in Form niedrigerer Einkünfte und geringerer Karrierechancen von Paaren mit Kindern. Dies wird am Beispiel der hochqualifizierten Frauen (Tz. 72) besonders augenscheinlich, gilt aber auch für niedrigere Qualifikationen, da hier die Gefahr besonders groß ist, nach einer Babypause keine Anstellung mehr zu finden. Um die Opportunitätskosten von Kindern zu senken, muss die Vereinbarkeit von Familie und Beruf verbessert werden. Dies ist um so dringlicher, als eine erhöhte Erwerbsbeteiligung von Frauen notwendig ist, um den durch die Bevölkerungsentwicklung verursachten künftigen Mangel an qualifizierten Arbeitskräften aufzufangen (Abschnitt 3: Vereinbarkeit von Familie und Beruf).

2. Zum Rückgang der Geburtenrate trägt auch bei, dass immer weniger Frauen mehr als zwei Kinder haben. Die Opportunitätskosten sind besonders hoch, wenn ein Paar viele Kinder hat, da in diesen Fällen die Unterbrechung einer Karriere tendenziell besonders lange währt (Abschnitt 4: Direkte finanzielle Zuwendungen).

3. Wie die Beispiele verschiedener Länder zeigen, fällt die Entscheidung für oder gegen ein erstes oder ein weiteres Kind auch dann eher negativ aus, wenn die Chancen auf dem Arbeitsmarkt und die wirtschaftlichen Bedingungen insgesamt schlecht sind. Das ist ein Grund dafür, warum gering qualifizierte Frauen überdurchschnittlich häufig kinderlos bleiben. Aber auch der dramatische Einbruch der Geburtenzahlen in Ostdeutschland und in anderen osteuropäischen Transformationsländern nach der Wende belegt dies in eindrücklicher Weise (Abschnitt 5: Arbeitsmarkt und gesamtwirtschaftliche Rahmenbedingungen).

3. *Vereinbarkeit von Familie und Beruf*

(76) Wie oben bereits angedeutet, ging der Trend zu einer verringerten Geburtenrate mit einer Zunahme der Frauenerwerbsquote einher. Aus theoretischer Sicht könnte ein negativer Zusammenhang zwischen Frauenerwerbsquote und Geburtenrate dadurch erklärt werden, dass Kinderbetreuung einen weitgehenden Verzicht auf eine berufliche Tätigkeit der Frauen bedingt. Ein Ländervergleich zwischen den europäischen Staaten zeigt, dass in den 1960er und 1970er Jahren die Geburtenrate und die Frauenerwerbsquote tatsächlich negativ korreliert waren. Seit Mitte der 1980er Jahre sind die beiden Kenngrößen jedoch deutlich positiv korreliert. Inzwischen geht diese positive Korrelation wieder zurück.

(77) Schaut man sich die Entwicklung von Geburtenrate und Frauenerwerbsquote länderspezifisch und im Zeitablauf an, so findet man für fast alle OECD-Staaten einen negativen Zusammenhang: Während die Geburtenrate sank, nahm in fast allen Ländern die Erwerbsquote der Frauen zwischen 30 und 39 Jahren zu. Diese Entwicklung ist in den südeuropäischen Staaten und Irland besonders ausgeprägt. Schweden und Finnland weisen eine relativ stabile Entwicklung auf, ein leichter Rückgang der Geburtenrate verbunden mit einem leichten Rückgang der Frauenerwerbsquote. Die Vereinigten Staaten und Luxemburg sind die einzigen Staaten, in denen die jüngeren Jahrgänge sowohl eine höhere Geburtenrate als auch eine höhere Frauenerwerbsquote aufweisen.

(78) Während die länderspezifischen Trends über die Zeit den theoretisch zu erwartenden negativen Zusammenhang zwischen Geburtenrate und Frauenerwerbsquote bestätigen, zeigt der Vergleich zwischen den Ländern, dass durchaus unterschiedliche Geburtenraten und Frauenerwerbsquoten miteinander vereinbar sind. Offensichtlich gelingt es gerade in den Ländern mit einer hohen Frauenerwerbsquote, diese auch mit einer vergleichsweise höheren Geburtenrate zu vereinbaren. Daher lohnt es sich, die unterschiedlichen staatlichen Maßnahmen zur Erleichterung einer Vereinbarkeit von Familie und Beruf zu betrachten, die in den verschiedenen Staaten Westeuropas eingesetzt werden.

(79) Besonders aufschlussreich ist der Vergleich von staatlicher Unterstützung bei der Kinderbetreuung zwischen Deutschland und Frankreich. Beide Länder wenden etwa den gleichen Anteil am BIP (ca. 2,7 Prozent) an öffentlichen Ausgaben für Familien auf, unterscheiden sich aber in der Struktur der Ausgaben. Dabei ist das Übergewicht der Geldleistungen gegenüber den Dienstleistungen in Deutschland (1,9 Prozent versus 0,8 Prozent) ausgeprägter als in Frankreich (1,5 Prozent ver-

sus 1,2 Prozent). Noch klarer werden die Unterschiede jedoch bei einer Betrachtung der altersgruppenspezifischen Maßnahmen.

Ähnlich wie in Deutschland scheint auch in Frankreich nur eine geringe Neigung zu bestehen, Kinder in den ersten 3 Lebensjahren ganztägig in öffentlichen Einrichtungen betreuen zu lassen. Der Anteil dieser Kinder ist daher mit 29 Prozent wesentlich geringer als etwa in Schweden (48 Prozent) oder Dänemark (64 Prozent). Hingegen werden die Kosten einer Tagesmutter zu 40 Prozent vom Staat getragen. Bei dieser Art von Transfer handelt es sich um eine Variante zwischen Geld- und Dienstleistung, nämlich einen zweckgebundenen Transfer, der den Eltern einen weitgehenden Spielraum lässt zu entscheiden, bei welcher Person und zu welchen Zeiten sie eine Betreuung nachfragen, und damit individuelle Arrangements erlaubt, die die Berufstätigkeit von Eltern erleichtern. Demgegenüber wird das Erziehungsgeld in Deutschland unter der Bedingung gezahlt, dass Mutter oder Vater nicht mehr als 30 Stunden in der Woche arbeiten, und kommt deshalb denjenigen Elternpaaren nicht zugute,, die keine Option auf Teilzeitbeschäftigung haben.

Bei den 3–6jährigen Kindern besteht in Frankreich ein Rechtsanspruch auf einen Platz in der ganztägigen Vorschule (école maternelle). In Westdeutschland ist die Versorgung mit Kindergartenplätzen quantitativ ähnlich flächendeckend, qualitativ jedoch von Frankreich sehr verschieden, da es sich überwiegend um Halbtagesplätze handelt. Eine neuere empirische Analyse auf der Basis von Stadt- und Landkreisen zeigt, dass die Versorgung mit diesen Plätzen in den alten Bundesländern keinen signifikanten Einfluss darauf hat, ob eine Frau ihr erstes Kind bekommt, während dieser Einfluss in Ostdeutschland, wo es sich überwiegend um Ganztagesplätze handelt, signifikant positiv ist.[100]

(80) Man muss sich fragen, warum es unverändert an Ganztagesplätzen in Westdeutschland mangelt, obwohl dieser Umstand die Erwerbstätigkeit der Mütter erheblich behindert. Die Antwort dürfte in der Tatsache zu finden sein, dass der Staat seine durchaus beachtliche finanzielle Unterstützung für diese institutionelle Betreuung, die in der Regel ca. 80 Prozent der Kosten ausmacht, fast ausschließlich in der Form von Objektsubventionen an die Träger der Einrichtungen (Kommunen bzw. Kirchen) leistet und diese dann die Struktur des Angebots (Öffnungszeiten etc.) bestimmen. Würde er etwa den gleichen Gesamtbetrag in Form von Gutscheinen an die Eltern der Kinder in der betreffenden Altergruppe ausschütten, so dürfte man einen Wettbewerb der Träger um die

100 Vgl. K. Hank, M. Kreyenfeld und C. K. Spieß, Kinderbetreuung und Fertilität in Deutschland, Zeitschrift für Soziologie 33 (2004), 228–244.

Kunden erwarten, in dem die Träger die Öffnungszeiten so wählen würden, wie es die Eltern wünschen. Die wahrscheinliche Folge wäre eine erheblich größere Zahl von Ganztagesplätzen, die die Berufstätigkeit beider Elternteile begünstigen würde und auf lange Sicht auch zu mehr Geburten führen könnte. In den Bundesländern mit einem Versorgungsgrad von weniger als 100 Prozent würde zudem die Mittelverteilung zwischen den betroffenen Familien gleichmäßiger ausfallen, da es dann keine Familie gäbe, die mangels Plätzen ganz leer ausgeht.

Bei der Ausgestaltung eines Gutscheinsystems ist allerdings eine Reihe von Fragen zu klären. Zunächst muss der Kreis der in Frage kommenden Betreuungseinrichtungen eingegrenzt werden.

Nach dem derzeit geltenden Kinder- und Jugendhilfegesetz sind nur öffentlich-rechtliche Kindergärten und lizenzierte Tagesmütter förderungsfähig, nicht aber privat-gewerbliche Einrichtungen. Diese Ausgrenzung wird sich schon aus europarechtlichen Gründen nicht aufrechterhalten lassen. Auch zeigt das amerikanische Beispiel, dass sich bei Aufhebung der staatlich gesetzten Marktzutrittsbarrieren ein privatwirtschaftliches Angebot sehr wohl etablieren würde. Dort ist praktisch die gesamte Kinderbetreuung vor dem Eintritt in den "Kindergarden" (der mit unserer Vorschule, d. h. dem letzten Jahr vor der 1. Klasse vergleichbar ist) privatwirtschaftlich organisiert.

Außerdem muss ein Verfahren der Qualitätssicherung bestimmt werden, wie es schon heute für die Tagespflege existiert und mit dem sichergestellt wird, dass mit der Betreuung auch die angestrebten pädagogischen Ziele wie z. B. eine bessere Integration von Ausländerkindern erreicht werden. Damit wäre ein Einsatz der Gutscheine zur Finanzierung der Betreuung durch Familienangehörige oder Nachbarn – bei der die Gefahr der Zweckentfremdung bestünde – in aller Regel ausgeschlossen.

In einigen Bundesländern existieren bereits Gutscheinsysteme, z. B. in Hamburg. Aus den dort gesammelten Erfahrungen lässt sich allerdings kein abschließendes Urteil über ihre Eignung zur Problemlösung ableiten, da dort mit ihrer Einführung gleichzeitig eine Kürzung der Ausgaben für die Kinderbetreuung verbunden war.

(81) Kinder von 6 bis 18 Jahren gehen schließlich überall in Frankreich auf Ganztagsschulen. In Deutschland gibt es diesen Schultyp noch sehr selten. In den deutschen Grundschulen mit ihren vergleichsweise kurzen und unregelmäßigen Unterrichtszeiten tritt ein großes Betreuungsproblem für berufstätige Eltern auf. Ob die Halbtagsschule als Ausgleich für diese Nachteile pädagogische Vorteile hat, ist zweifelhaft, wie die Diskussionen um die PISA- und TIMMS-Studien zeigen.

(82) Trotz vergleichsweise hoher monetärer Transferzahlungen (siehe Abschnitt 4) gehört die Geburtenrate in Deutschland im europäischen Vergleich mit zu den niedrigsten. Das bisherige Angebot an Kinderbetreuung wird dem Bedarf, die Vereinbarkeit von Familie und Beruf zu gewährleisten, offensichtlich nicht gerecht. Als Handlungsempfehlungen für die Politik folgt daraus:

1. Bei der finanziellen Unterstützung der Kinderbetreuung sollte ein Wechsel von der Objekt – hin zur Subjektsubvention erfolgen. Anstelle von ineffizienter, am Bedarf vorbei angebotener staatlich bereit gestellter Kinderbetreuung würde eine zweckgebundene Geldleistung (Gutschein) die Eltern in die Lage versetzen, ihren Bedürfnissen entsprechend Kinderbetreuung nachzufragen.

2. Als Anbieter von Kinderbetreuung gefragt ist der Staat dementsprechend nur für die Altersgruppe der Schulkinder. Eine verbesserte Kinderbetreuung für die unter 6jährigen kann ihre volle positive Wirkung nur dann entfalten, wenn gleichzeitig durch Ganztagsschulen auch die Betreuung der Kinder im Schulalter gewährleistet ist. Die gleiche Wirkung hätte auch das Angebot einer Kinderbetreuung am Nachmittag, die nicht aus Unterricht besteht.

Abschließend ist zu erwähnen, dass nicht nur in der Politik, sondern auch in den Betrieben Handlungsbedarf besteht. Freiwillige betriebliche Maßnahmen zur Vereinbarkeit von Familie und Beruf (z. B. Betriebskindergärten, elektronischer Schreibtisch zu Hause, flexiblere Handhabung von Teilzeitarbeitsplätzen) können die ab 2010 erwartete Verknappung des Faktors Arbeit mildern, da durch sie das Arbeitskräftepotential junger Frauen besser ausgenutzt werden kann.

4. *Direkte finanzielle Zuwendungen*

(83) Neben der Erleichterung der Vereinbarkeit von Familie und Beruf durch verbesserte Kinderbetreuung stellt sich die Frage, in welcher Form Familien durch direkte finanzielle Zuwendungen unterstützt werden sollen. Dabei sind grundsätzlich zwei verschiedene Optionen wählbar, nämlich die Förderung innerhalb der Sozialversicherung, insbesondere der gesetzlichen Rentenversicherung, und die Förderung über den Familienlastenausgleich im allgemeinen Steuer-Transfer-System. Diese beiden Optionen werden im Folgenden gegenüber gestellt.

4.1 *Option I: Familienpolitische Maßnahmen im Rahmen des Rentensystems*

(84) Das Bundesverfassungsgericht hatte sich in seinem Mütterrentenurteil vom 7.7.1992 mit der Klage einer Mutter auseinander gesetzt, die es als ungerecht empfand, dass sie im Vergleich zu den ca. 3.250 DM an Beiträgen, die ihre 5 Kinder monatlich in die gesetzliche Rentenversicherung einzahlten, nur eine Monatsrente von rund 150 DM erhielt (BVerfGE 87, S. 15). Die Mutter machte geltend, dass sie wegen der Erziehung ihrer Kinder nicht in dem Umfang hatte erwerbstätig sein können wie kinderlose Frauen und nun bei der Rente nicht gegenüber diesen Frauen benachteiligt werden dürfe. Das Gericht gab der Klage der Mutter nicht statt, argumentierte jedoch, dass die Erziehungsleistung aus systematischen Gründen in der Rentenversicherung berücksichtigt werden müsse. Mit der Reform des Jahres 2000 wurden die Anrechnungszeiten verbessert, was zumindest einen Teil des Auftrags erfüllte.

(85) Für eine stärkere Berücksichtigung des Wunsches des Verfassungsgerichts sprechen ökonomische Gründe. Eine umlagefinanzierte Rentenversicherung, wie sie in Deutschland besteht, kann als eine Versicherung gegen Kinderlosigkeit interpretiert werden, da die Umlagerente es Kinderlosen ermöglicht, im Alter auf die Beiträge der Kinder anderer Leute zurückzugreifen. Sie erfüllt insofern eine wichtige Versicherungsfunktion. Indes verringert die Umlagerente zugleich die Anreize, selbst Kinder zur Welt zu bringen und aufzuziehen. Nach der Rechtskonstruktion unseres Rentensystems erwirbt man einen Rentenanspruch schon dann, wenn man auf dem Wege der Beitragszahlung die Generation seiner Eltern finanziert. Dass man selbst Kinder hat, ist nicht wichtig. Ohne Kinder kollabiert jedoch das Umlagesystem.

(86) Ein konkretes Reformvorhaben, das die Sicht des Verfassungsgerichts aufgreift und den im Rentensystem liegenden Fehlanreizen zur Verringerung der Kinderzahl entgegenwirkt, ohne dieses System abzuschaffen oder in die bereits erworbenen Rechte einzugreifen, könnte folgendermaßen gestaltet werden.

- Der Beitragssatz zur gesetzlichen Rentenversicherung wird auf seinem heutigen Niveau und der Bundeszuschuss in Relation zu den Beiträgen eingefroren. Mit den Beamtenpensionen wird wirkungsgleich verfahren. Die zu erwartende Verwerfung in der Altersstruktur der deutschen Bevölkerung wird sich dann in einer Verringerung des Rentenniveaus niederschlagen.
- Daher sind zwei ergänzende Rentensäulen erforderlich. Die erste dieser Säulen ist eine steuerfinanzierte Umlagerente, die allen Eltern zu-

gute kommt, die Kinder groß gezogen haben, und zwar unabhängig davon, über welche anderen Rentenansprüche sie bereits verfügen. Insbesondere steht sie auch Müttern zur Verfügung, die nie erwerbstätig waren. Diese „Elternrente" ist ein einheitlicher Betrag je Kind und so bemessen, dass sie bei Eltern, die drei Kinder großgezogen haben, die gesetzliche Altersrente des Eckrentners bis zum heutigen Niveau ergänzt.

- Die zweite Säule besteht aus einer kapitalgedeckten Rente, mit deren Finanzierung die Kinderlosen beim Beginn einer Erwerbstätigkeit beginnen müssen. Auch diese Rente ist so bemessen, dass sie die gesetzliche Rente auf das heutige Niveau auffüllt.

- Konkret kann man z. B. vorsehen, dass jeder Erwerbstätige verpflichtet wird, einen bestimmten Anteil seines Bruttoeinkommens zu sparen. Wenn das erste Kind geboren wird, wird ein Drittel der bis dahin akkumulierten Ersparnis frei. Beim zweiten Kind wird das zweite, und beim dritten Kind das dritte Drittel frei. Zugleich wird die Pflichtersparnis bei jedem Kind um ein Drittel reduziert. Beide Maßnahmen stellen sicher, dass die Liquidität genau dann vorhanden ist, wenn die jungen Familien sie brauchen. Zugleich ist der Anreiz gegeben, sich für Kinder zu entscheiden, weil man weiß, dass die Auflösung und Verringerung der Ersparnis im Alter nicht zu Rentenkürzungen führt.

(87) Die Einführung einer Elternrente wirft Übergangsprobleme auf. So muss geklärt werden, für welche Geburtsjahrgänge die Kombination aus Sparpflicht und Elternrente im vollen Umfang gelten soll und wann die Ansprüche bestehen. Eine mögliches Szenarium besteht darin, die Sparpflicht nach Maßgabe der Kinderzahl ab sofort für alle Erwerbstätigen einzuführen und ebenfalls alle Eltern, auch jene, die ihre Kinder schon groß gezogen haben, grundsätzlich zum Bezug der Elternrente zu berechtigen. Vorläufig bestünden bei einem solchen Szenarium freilich schon deshalb keine konkreten Ansprüche und keine Zahlungsverpflichtungen, weil die Elternrente die Eltern ja nur gegenüber einem Absinken des Renteniveaus unter den heute realisierten Wert absichern soll. Zu Zahlungen und Leistungen kommt es in dem Maße, wie die demographischen Verwerfungen ab Mitte des nächsten Jahrzehnts und verstärkt von den zwanziger Jahren an auf das Rentenniveau durchschlagen.

4.2 Option II: Familienlastenausgleich

(88) Traditionell ist es die Aufgabe des Familienlastenausgleichs, den Familien einen Teil der Lasten der Kindererziehung abzunehmen.

Zu den Maßnahmen gehören insbesondere:

- Kindergeld,
- Kinderfreibeträge bei der Einkommensteuer,
- Subventionierte Kinderbetreuung in Kindergärten,
- Kinderkomponente in der Eigenheimzulage,
- Kinderkomponente bei der staatlichen Förderung privater Altersvorsorge

(89) Dieses System des Familienlastenausgleichs ist in seiner heutigen Form zu wenig transparent und kann seine volle Wirkung nicht entfalten. Daher sollte es nach den folgenden Grundsätzen neu gestaltet werden:

– Es sollte berücksichtigt werden, dass ein erheblicher Teil der Kosten, die den Eltern eines Kindes entstehen, nicht aus direkten Kosten, sondern aus Opportunitätskosten besteht und dass dies vor allem für das erste Kind gilt. Daher ist eine gute Kinderbetreuung wichtig. Eine Umwidmung der die Kinderbetreuung betreffenden Objektsubventionen in Gutscheine würde diesem Gedanken jedoch schon Rechnung tragen, ohne zu einer Mehrbelastung der öffentlichen Haushalte insgesamt führen zu müssen.

– Das bisher praktizierte Nebeneinander von Kinderfreibeträgen und Kindergeld, für das es gute Gründe gibt und das auch vom Bundesverfassungsgericht bestätigt wurde, braucht nicht aufgegeben zu werden. Es sollte aber durch ein zusätzliches und für jedes Kind gleich hohes Kindergeld ergänzt werden, das sämtliche kinderbezogenen Transfers ersetzt, die gegenwärtig in den verschiedenen Zweigen des Steuer- und Sozialsystems verstreut sind.

4.3 Zur Bewertung der Optionen

(90) Generell gibt es weder unter dem Gesichtspunkt der Anreize, Kinder zu haben, noch unter dem Gesichtspunkt einer Gleichbehandlung im Hinblick auf die Lasten der Kindererziehung zwingende ökonomische Gründe, die dafür oder dagegen sprächen, kinderbezogene Transfers *innerhalb* der Sozialversicherung vorzunehmen. In einem Rentensystem, in dem die Rentenleistungen proportional zu den vorher gezahlten Beiträgen sind, sind unter idealen Kapitalmarktbedingungen Kindergeld und kinderbezogene Rentenansprüche wirkungsgleich bezüglich der Arbeitsangebots-, Konsum- und Sparentscheidungen der Arbeitnehmer. Die beiden Maßnahmen unterscheiden sich jedoch im Zeitpunkt der Auszahlung.

(91) Für die Berücksichtigung von Kindern *innerhalb des Rentensystems* spricht unter diesen Umständen der finanzwissenschaftliche Grundsatz, dass man doppelte Interventionen vermeiden sollte: Wenn man die Fehlanreize, die aus einer staatlichen Intervention resultieren, verringern möchte, so sollte man diese Intervention selbst verringern, anstatt den Versuch zu unternehmen, ihre Wirkungen durch andere, gegenläufige Interventionen zu neutralisieren. Stets ist nämlich zu befürchten, dass die anderen Interventionen neue Fehlanreize an anderer Stelle implizieren, die nicht intendiert sind.

Den Familienlastenausgleich kann man als Versuch interpretieren, die negativen Anreizwirkungen zu vermeiden, die dadurch entstehen, dass die ganze Gesellschaft und nicht nur die Eltern von der Produktivkraft der jungen Generation profitieren. Die negativen Anreizwirkungen sollen vermieden werden, indem durch den Familienlastenausgleich die Investitionskosten in die junge Generation mitfinanziert werden. Der Familienlastenausgleich ist die Sekundärintervention, welche die Primärintervention in Form des Umlagesystems kompensieren soll.

Nur in theoretischer Sicht kompensieren sich Primär- und Sekundärintervention. In der Praxis entstehen durch die Mitbeteiligung des Staates an den Kosten der Kindererziehung unbeabsichtigte Fehlanreize an anderer Stelle, die neue Probleme mit sich bringen. Zu solchen Fehlanreizen gehört der Anreiz von Eltern, die eigenen Erziehungsleistungen zu vernachlässigen, in den Sozialstaat einzuwandern oder einer regulären Arbeit fernzubleiben. Letzteres hatte der Beirat in seinem Gutachten zum Niedriglohnsektor vom 28./29. Juni 2002 kritisiert und zum Anlass genommen, ein neues System der Sozialhilfe zu fordern.

(92) Beiden Optionen ist gemeinsam, dass sie in der Phase der Kindererziehung Eltern finanziell besser stellen als Kinderlose, bei Option II durch direkte Transfers (z.B. in Form von Kindergeld), bei Option I durch den mit der Geburt von Kindern erlöschenden Sparzwang sowie die Auszahlung bereits angesparter Guthaben. Insofern für die Entscheidung für Kinder die relative Einkommenssituation mit und ohne Kinder eine Rolle spielt, entfalten beide Optionen die gleiche Anreizwirkung.

Die beiden Optionen unterscheiden sich allerdings in der absoluten Höhe des frei verfügbaren Einkommens während der Phase der Kindererziehung. In Option I haben aufgrund der allgemeinen Sparpflicht alle Bürger in der Phase der Erwerbstätigkeit weniger Einkommen zur freien Verfügung, erwerben dafür aber höhere Rentenansprüche. In Option II unterliegen die Bürger keiner solchen Sparpflicht und können deshalb über ihr Einkommen frei verfügen, sei es zum Erwerb äquivalenter Rentenansprüche in der Zukunft, oder aber für Konsum in der Gegenwart. Diese freie Verfügbarkeit des Einkommens in der Erwerbsphase ist bei Option I deshalb nicht im gleichen Umfang gewährleistet, weil sich bei unvollkommenen Kapitalmärkten zukünftige Rentenansprüche nicht beleihen lassen.

Die Meinungen im Beirat bezüglich der Vorteilhaftigkeit der höheren Flexibilität bei Option II sind geteilt. Einerseits ist Flexibilität ein Wert an sich, weil sie es den Betroffenen erleichtert, individuell richtige Sparentscheidungen zu treffen. Andererseits spricht einiges dafür, die Flexibilität durch eine Sparpflicht einzuschränken, um ein Trittbrettfahren beim Bezug von Sozialhilfe im Alter zu verhindern. Dies hatte der Beirat in seinem Rentengutachten von 1998 empfohlen. Zu bedenken ist in diesem Zusammenhang auch, dass die in Option I erworbenen Ansprüche auf die künftige Elternrente von den Empfängern als weniger wertvoll angesehen werden könnten als der entfallende Anspruch aus der kapitalgedeckten Rente, weil in Deutschland das Vertrauen in die Leistungsfähigkeit der umlagefinanzierten Rentenversicherung stark zurück gegangen ist. In diesem Fall wird der Wert eines weit in der Zukunft liegenden Anspruchs innerhalb dieser Rentenversicherung entsprechend geringer eingeschätzt.

(93) *Minderheitsvotum*: Mehrere Mitglieder des Beirats haben prinzipielle Bedenken gegen die Grundgedanken, auf denen Option I beruht. Während es eigentlich geboten ist, in der allgemeinen Altersvorsorge zu adäquateren Versicherungsbedingungen zu kommen, betritt man mit diesem Vorschlag einen Weg, auf dem die Betroffenen den Eindruck gewinnen könnten, es gehe um die sanktionsbewehrte Pflicht, Kinder aufzuziehen. Eine Regelung gemäß Option I lässt sich mit den Anliegen der Korrektur von Fehlanreizen normativ nicht rechtfertigen. Es geht nicht darum, eine externe Wirkung – hier das finanzielle Ungleichgewicht der aufs Umlageprinzip gegründeten Rentenversicherung als Folge eines massenhaften Verzichts auf Kinder – zu internalisieren. Denn den Grund hat der Staat zuvor erst selbst dadurch geschaffen, dass der größte Teil der Bevölkerung zwangsweise Mitglied der auf das Umlageprinzip gegründeten Rentenversicherung ist. Von einer externen Wirkung, die um eines gut funktionierenden Marktsystems willen nach Internalisierung verlangt, kann nicht die Rede sein. Die Parallele zur gesetzlichen Krankenversicherung zeigt zusätzlich, warum die Begründung nicht trägt. Denn in der gleichen Logik wären dann auch alle Interventionen in die persönliche Lebensführung begründet überall dort, wo diese im Verdacht steht, den Menschen krank zu machen oder jedenfalls weniger gesund. Die erste Intervention hätte dem Staat einen Freibrief zu jedweder weiteren Intervention verschafft.

Es fehlt zudem eine empirische Grundlage für die der Option I zugrunde liegende Annahme, es sei die umlagefinanzierte Rentenversicherung gewesen, welche den Anreiz, Kinder aufzuziehen, in entscheidender Weise geschwächt habe, indem sie die Altersversorgung der Menschen von den eigenen Kindern unabhängig machte. Der Beirat hat mit Bedacht auf Aussagen zu den Gründen für die geringen Geburtenzahlen verzichtet; die in der einschlägigen wissenschaftlichen Literatur genannten Wirkungszusammenhänge sind viel zu zahlreich.

Zu bedenken sind schließlich auch Folgeprobleme, die sich daraus ergeben, dass Option I in ein kompliziertes und hinsichtlich seiner Praktikabilität fragwürdiges Regelgeflecht eingebettet werden müsste. Man denke etwa nur an die Verfahrensregeln, die bei der Geburt nichtehelicher Kinder oder nach einer Ehescheidung gelten müssten. Nach der Logik des Vorschlags müsste maßgeblich sein, wer welchen Beitrag zur Erziehung leistet; das erscheint jedoch kaum praktikabel.

So weit die Meinung dieser Beiratsmitglieder.

5. *Arbeitsmarkt und gesamtwirtschaftliche Rahmenbedingungen*

(94) Es ist ein bekanntes Phänomen, dass in Umbruchzeiten die Geburtenzahlen zurückgehen. Dies erklärt den drastischen Einbruch der Geburtenzahlen in Ostdeutschland nach der Wende sowie in den anderen ehemaligen Planwirtschaften Osteuropas zu Beginn der 1990 Jahre. Aber auch in weniger dramatischen Zeiten wird die Geburtenentscheidung in beachtlichem Umfang von den gesamtwirtschaftlichen Bedingungen und insbesondere denen des Arbeitsmarktes beeinflusst. Wer um seinen Arbeitplatz fürchten muss, weil die gesamtwirtschaftliche Lage schlecht ist, wird sich weniger leicht auf die finanziellen Verpflichtungen, die sich durch ein Kind ergeben, einlassen. Aber auch die Chance auf einen Wiedereinstieg ins Erwerbsleben bestimmt in hohem Maße die Bereitschaft, vorübergehend aus dem Arbeitsmarkt auszuscheiden. Diese Chancen sind um so höher, je flexibler der Arbeitsmarkt ist, d. h. je mehr Mobilität es in und aus Beschäftigungsverhältnissen gibt.

(95) Ökonometrische Studien bestätigen, dass Arbeitslosigkeit einen signifikant negativen Einfluss auf die Entscheidung für Kinder ausübt. Hohe Arbeitslosigkeit bei jungen Frauen ist gerade in den südeuropäischen Ländern ein verbreitetes Phänomen und erklärt mit, warum dort die Geburtenraten gerade bei jüngeren Frauen weit unter denen anderer OECD-Staaten liegen. Im Jahr 1995 lagen nach der OECD- Definition die Arbeitslosenquoten junger Frauen in den Vereinigten Staaten bei

6 Prozent, in Europa insgesamt bei 11 Prozent und in Italien bei 20 Prozent. Ähnlich negativ wirken sich selbständige Tätigkeit und befristete Arbeitsverträge aus, ebenfalls ein Phänomen, das vor allem in den südeuropäischen Arbeitsmärkten zu finden ist.

Der öffentliche Sektor bietet typischerweise familienfreundlichere Arbeitsbedingungen und gewährt vor allem eine höhere Beschäftigungssicherheit als der private Sektor, was sich günstig auf dic Entscheidung junger Frauen für Kinder auswirkt. Auch die Länge des Mutterschaftsurlaubes hat einen positiven Effekt auf die Geburtenrate, vor allem für die 30- bis 34jährigen Frauen, ohne die Frauenerwerbsquote signifikant zu vermindern.[101]

(96) Es zeigt sich also, dass sich instabile Beschäftigungsverhältnisse und ein hohes Risiko der Arbeitslosigkeit für junge Frauen, wie sie vor allem in Südeuropa vorherrschen, sehr ungünstig auf die Geburtenentscheidungen dieser Gruppe auswirken. Eine hohe Arbeitsplatzsicherheit wirkt sich umgekehrt günstig auf die Entscheidung für Kinder aus. Diese Arbeitsplatzsicherheit kann entweder direkt, durch eine Beschäftigung im öffentlichen Sektor, gewährleistet werden, wie das skandinavische Modell zeigt, oder indirekt: Gerade ein flexibler Arbeitsmarkt wie der US-amerikanische verspricht eine hohe Chance auf Wiederbeschäftigung nach einer Kinderpause und erleichtert Eltern damit die Entscheidung, vorübergehend aus dem Arbeitsleben auszuscheiden.

V Fazit

(97) Die Wirtschaftspolitik kann die negativen Auswirkungen des demographischen Wandels auf die gesamtwirtschaftliche Entwicklung in vielfältiger Weise dämpfen. Da die möglichen Einzelmaßnahmen ineinander greifen und aufeinander aufbauen, sollten sie im Rahmen eines „Aktionsplans demographischer Wandel" koordiniert werden. Auch die Langfristigkeit, mit der viele Einzelmaßnahmen erst wirken können, macht eine weit vorausschauende Planung auf allen Ebenen der föderalen Struktur Deutschlands notwendig. Die höchste Priorität im „Aktionsplan demographischer Wandel" hat eine konsequente Weiterführung der derzeitigen Sozialreformen. Sie muss flankiert werden von Maßnahmen, die die Erwerbstätigkeit erhöhen, und von einer Familienpolitik, die Eltern stärker an den Vorteilen beteiligt, die eine größere Zahl von Kindern für die Gesamtgesellschaft hat.

101 Alícia Adserà, Changing fertility rates in developed countries. The impact of labor market institutions, Journal of Population Economics 17 (2004), 17–43.

(98) Eine bevölkerungsorientierte Familienpolitik kann kein Ersatz für weitere Reformen der Sozialversicherungen mit dem Ziel einer nachhaltigen Finanzierung sein. Dies liegt daran, dass wegen der zeitlichen Verzögerung von mehreren Jahrzehnten Maßnahmen, die die Bevölkerungsstruktur selbst beeinflussen, nicht ausreichen, um die negativen Auswirkungen des demographischen Wandels in den nächsten drei Jahrzehnten zu dämpfen. Der grundlegende Mechanismus zur Minderung demographiebedingter Probleme in dieser Frist ist eine vermehrte Eigenvorsorge, die der Babyboom-Generation höhere Lasten in Alterssicherung und Gesundheitsversorgung aufbürdet, aber alle nachfolgenden Generationen entlastet. In der Rentenversicherung ist dieser Weg bereits eingeschlagen worden. Er führt jedoch nicht weit genug, solange nicht auch das Renteneintrittsalter erhöht wird. In der Kranken- und Pflegeversicherung müssen tragfähige Modelle kapitalgedeckter Eigenvorsorge erst entwickelt werden. Angesichts der immer drängenderen Finanzierungsprobleme liegt hier die höchste Priorität.

(99) Die politische Akzeptanz erfordert es, die Alternativen klar vor Augen zu stellen. Die der Babyboom-Generation zugemutete Last darf nicht als einseitige Bürde verstanden werden. Sie ist notwendig, um das gesamte Renten-, Kranken- und Pflegeversicherungssystem überhaupt aufrecht zu erhalten. Würde die betroffene Generation als Interessengruppe versuchen, an den bestehenden Regeln festzuhalten, so würde sie die Beitrags- und Steuerbelastung der nachfolgenden Generation auf eine solche Höhe treiben, dass nicht nur mit Widerspruch, sondern auf breiter Basis mit Abwanderung sowohl ins Ausland als auch in die Schattenwirtschaft zu rechnen ist. Die dann fehlenden Beitragszahler würden die finanzielle Stabilität des Systems weiter gefährden. Ein finanzieller Kollaps des Sozialversicherungssystems wäre die unausweichliche Folge. Vor diesem Hintergrund sollte es für die Belasteten der Babyboom-Generation klar sein, dass es besser ist, etwas zurückzustecken, als alles aufgeben zu müssen.

(100) Die Reform der Sozialversicherungen muss flankiert werden von Maßnahmen, die Rahmenbedingungen für eine höhere gesamtwirtschaftliche Erwerbsquote schaffen, denn Arbeit ist die wichtigste Finanzierungsbasis für alle Transferleistungen. Einzelziele im Rahmen eines koordinierenden „Aktionsplan demographischer Wandel" sind ein früheres Berufseintrittsalter und ein späteres Berufsaustrittsalter, eine höhere Frauenerwerbsquote und ein besseres Ausnutzen der gering qualifizierten Arbeit. Auch eine erhöhte Zuwanderung kann helfen, die gesamtwirtschaftliche Erwerbsquote zu erhöhen. Realistisch gesehen sind die quantitativen Spielräume dafür jedoch gering, so dass eine erhöhte

Zuwanderung kein Ersatz dafür sein kann, die einheimische Erwerbsquote zu erhöhen. Ferner erfordert der demographische Wandel mehr Anstrengungen im Bereich der Aus- und Weiterbildung, da das Erwerbsleben länger und die Wahrscheinlichkeit eines Berufswechsels größer wird.

(101) Die Altersstruktur selbst kann erst mit einer zeitlichen Verzögerung von mehreren Jahrzehnten durch politische Maßnahmen beeinflusst werden. Dennoch müssen die Voraussetzungen dafür schon heute gelegt werden. Familienpolitische Maßnahmen sollten sich nach der Auffassung des Beirats an dem Ziel orientieren, die potentiellen Eltern stärker an den Vorteilen partizipieren zu lassen, die eine größere Zahl von Nachkommen auch für den Rest der Gesellschaft hat.

Dazu ist es jedoch weder erforderlich, die familienpolitischen Ausgaben des Staates insgesamt zu erhöhen, noch muss der Staat selbst zusätzliche Aufgaben, z. B. bei der Betreuung von Kleinkindern, an sich ziehen. Die beiden wichtigsten familienpolitische Schritte des „Aktionsplans demographischer Wandel“ sind die Bündelung der Geldtransfers an Familien in einem einzigen transparenten System, die die positiven Anreizwirkungen der Transfers erhöhen wird, und die Erweiterung der Entscheidungsfreiheit der Eltern über die Form der Kinderbetreuung durch den Einsatz von Gutscheinen, der den Aufbau von Ganztageskindergärten beschleunigen wird. Weitere Maßnahmen, die die Vereinbarkeit von Familie und Beruf verbessern, wie die Flexibilisierung des Arbeitsmarkts und die Reorganisation des Bildungswesens, müssen ebenfalls nicht mit einer Erhöhung der Staatsausgaben verbunden sein.

(102) Der demographische Wandel betrifft alle Bereiche unserer Gesellschaft. Maßnahmen, die seine negativen Auswirkungen dämpfen, betreffen daher fast alle Politikbereiche, vor allem die Sozialpolitik, die Arbeitsmarktpolitik, die Familienpolitik und die Bildungspolitik, aber auch die Regulierung der Finanz- und Kapitalmärkte. Einer übergreifenden Koordination im Rahmen eines „Aktionsplans demographischer Wandel“ kommt daher große praktische und prozesspolitische Bedeutung zu.

Baden-Baden, den 18. März 2005

Der Vorsitzende des Wissenschaftlichen Beirats
beim Bundesministerium für Wirtschaft und Arbeit

Prof. Axel Börsch-Supan, Ph.D

Das Gutachten wurde vorbereitet von folgenden Mitgliedern des Wissenschaftlichen Beirats beim Bundesministerium für Wirtschaft und Arbeit

Axel Börsch-Supan, Ph.D. (Vorsitzender) Federführung
Direktor des Mannheimer Forschungsinstituts
Ökonomie und Demographischer Wandel
Universität Mannheim
Professor für Makroökonomik und Wirtschaftspolitik
an der Universität Mannheim

Dr. Friedrich Breyer
Professor für Volkswirtschaftslehre,
an der Universität Konstanz

Dr. Monika Schnitzer
Professorin für Volkswirtschaftslehre
an der Ludwig-Maximilians-Universität München

Dr. Dr. h.c. Hans-Werner Sinn
Präsident des Ifo-Instituts München
Professor für Nationalökonomie und Finanzwissenschaft
Universität München

Gutachten vom 8. Juli 2005

Thema: Zur finanziellen Stabilität des Deutschen Föderalstaates

Der Wissenschaftliche Beirat beim Bundesministerium für Wirtschaft und Arbeit hat sich in mehreren Sitzungen, zuletzt am 8. Juli 2005, mit dem Thema:

Zur finanziellen Stabilität des Deutschen Föderalstaates

befasst und ist dabei zu der nachfolgenden Stellungnahme gelangt.

Anlass des Gutachtens

(1) Im Herbst des Jahres 2003 setzten Bundestag und Bundesrat die Bundesstaatskommission zur Modernisierung der bundesstaatlichen Ordnung ein.

> „Die Kommission [hatte] die Aufgabe, Vorschläge zur Modernisierung der bundesstaatlichen Ordnung mit dem Ziel zu erarbeiten, die Handlungs- und Entscheidungsfähigkeit von Bund und Ländern zu verbessern, die politischen Verantwortlichkeiten deutlicher zuzuordnen sowie die Zweckmäßigkeit und Effizienz der Aufgabenerfüllung zu steigern. Dabei soll[te] sie insbesondere die Verteilung der Gesetzgebungskompetenzen auf Bund und Länder, die Zuständigkeiten und Mitwirkungsrechte der Länder bei der Gesetzgebung des Bundes sowie die Finanzbeziehungen zwischen Bund und Ländern überprüfen. Auch die Weiterentwicklung der Europäischen Union und die Situation der Kommunen soll[te] dabei Berücksichtigung finden."[102]

In ihrer Arbeit konzentrierte sich die Kommission auf die Frage, wie die gegenseitige Blockade von Bundestag und Bundesrat bei der Gesetzgebung aufgelöst werden könne. Fragen der Finanzverfassung kamen nur zur Sprache, soweit sie die Ausgabenseite des Haushalts betrafen. Die Einnahmenseite blieb weitgehend ausgeklammert. Mitte Dezember des vergangenen Jahres sind die Verhandlungen der Kommission zu einem vorläufigen Stillstand gekommen.

(2) Unter dem gegenwärtigen System des Steuerverbundes zwischen Bund und Ländern sind die Gebietskörperschaften in ihren Steuereinnahmen und Ausgaben weitgehend auf den Rahmen festgelegt, der durch die gemeinsame Gesetzgebung von Bundestag und Bundesrat ge-

102 http://www.bundestag.de/parlament/kommissionen/modern/modern_auftrag.html.

setzt ist. Dagegen sind Bund und Länder bislang in ihrer Verschuldung im Grundsatz selbständig und voneinander unabhängig (Art. 109 Abs. 1 GG). Gleichzeitig hat die Rechtsprechung eine grundsätzliche bundesstaatliche Beistandspflicht für den Fall einer extremen Haushaltsnotlage einer Gebietskörperschaft festgestellt (BVerfGE 72, 330ff.; 86, 148ff.; 101, 158ff.).

(3) Hierdurch entsteht ein Anreiz für schwache Gebietskörperschaften, sich bei der Sanierung ihrer Haushalte auf die Beistandspflicht des Bundesstaates zu verlassen. Sie unterliegen nach einer Begriffsbildung des ungarischen Ökonomen Janos Kornai einer „weichen" Budgetbeschränkung und werden Sparmaßnahmen im Zweifelsfall hinausschieben oder unterlassen.

Dieser Fehlanreiz ist keine notwendige Folge des Föderalismus an sich, sondern folgt aus den besonderen Gestaltungsprinzipien des so genannten „kooperativen Föderalismus" in Deutschland, wie er sich historisch entwickelt hat und in seiner gegenwärtigen Form im wesentlichen auf die Große Finanzreform von 1969 zurückgeht. Näheres dazu wird in Kapitel II ausgeführt.

(4) Der Beirat möchte in diesem Gutachten zwei Wege aufzeigen, wie man den Fehlanreiz mindern oder gar beseitigen kann. Der erste Weg ist der traditionelle, bereits mehrfach vorgeschlagene einer formellen Schuldenbegrenzung in Bund und Ländern. Hierüber unterrichtet Kapitel III des Gutachtens. Der Beirat würde diesen Weg bevorzugen, sieht aber, dass er im Bundesstaat nicht einfach zu beschreiten ist. Deshalb weist der Beirat auf einen weiteren Weg hin. Er besteht in einer stärkeren Beschränkung der bundesstaatlichen Beistandsverpflichtung. Den verschiedenen Varianten einer solchen Beschränkung gilt Kapitel IV.

(5) Einen weiteren Weg hat der Wissenschaftliche Beirat beim Bundesfinanzministerium in seinem jüngsten Gutachten vorgeschlagen[103]. Danach soll ein indikatorengestütztes Frühwarnsystem für Haushaltskrisen mit nachfolgendem Feststellungs- und Sanierungsverfahren entwickelt und ein Stabilitätsrat geschaffen werden. Gegenüber diesem Vorschlag sind die nachfolgend vorgelegten Konzepte stärker ordnungspolitisch orientiert. Damit wird die Schaffung eines umfangreichen Kontrollapparats vermieden. Die weiterreichenden Vorschläge des Beirats beim Finanzministerium in Richtung etwa auf eine Erweiterung der Steuerhoheit der Länder sind mit den hier vorgelegten Vorschlägen vereinbar.

[103] Wissenschaftlicher Beirat beim Bundsministerium der Finanzen, Haushaltskrisen im Bundesstaat, BMF Schriftenreihe, Bd. 78, Bonn (Stollfuß-Verlag) 2005.

(6) Beide in diesem Gutachten aufgezeigten Wege erfordern ein Tätigwerden des Gesetzgebers. Manches mag man auch von einer Fortentwicklung der Rechtsprechung des Bundesverfassungsgerichts erwarten. Zusammenfassende Schlussfolgerungen für den Weg des deutschen Föderalismus enthält Kapitel V.

Ordnungsprinzipien regionaler Gliederung

1. *Zwei Idealtypen*

(7) Verfassungen regional gegliederter Staaten lassen sich in zwei Grundformen einteilen. Unter dem *Verwaltungsprinzip* wird zentral bestimmt, welche Ebene welche Aufgabe zu erfüllen hat. Nachgelagerte Gebietskörperschaften haben grundsätzlich keine Autonomie. Sie sind hierarchisch untergeordnet. Typischerweise werden Leistungen, die zunehmende Skalenerträge und Spillover-Effekte aufweisen wie Landesverteidigung, Rechtssicherheit usw., den oberen Gebietskörperschaften, die anderen Aufgaben wie Schulbildung, Straßenunterhalt usw. eher den untergeordneten Gebietskörperschaften zugeteilt. Ein eigenes Recht, sich zu verschulden, haben in einer nach dem Verwaltungsprinzip geordneten Hierarchie die Gebietskörperschaften grundsätzlich nicht. Denn für die Finanzierung ist die jeweils übergeordnete Ebene zuständig. Ausschließlich sie trägt die finanzielle Verantwortung.

(8) Unter dem *Autonomieprinzip* gibt es zwar auch eine anfängliche Aufgabenzuteilung in der Verfassung. Doch danach sind die Gebietskörperschaften selbständig. Sie entscheiden selbst über den Umfang der Leistungen und die hierfür erforderlichen Steuern. Gebietskörperschaften lassen sich als zumindest teilweise überlappende Kreise von Nutznießern, Entscheidungsträgern und Steuerzahlern charakterisieren. Wenn diese Kreise von Akteuren in einer Gebietskörperschaft exakt deckungsgleich sind, spricht man von *institutioneller Kongruenz*. Nutzen und Kosten aller Leistungen sind dann im Budget „internalisiert“: Es gibt keine budgetären externen Effekte zu Lasten anderer Gebietskörperschaften. Weder kann der Bundesgesetzgeber die Länder bzw. die Gemeinden dazu verpflichten, lokale Leistungen wie Kindergartenplätze bereitzustellen, ohne für die Finanzierung zu sorgen, noch kann ein Land Ausgaben z. B. für den Nahverkehr auf Kosten des Bundes tätigen.

(9) Unterschiedlich geregelt ist in beiden staatlichen Organisationsformen die Rolle der gegenseitigen Hilfeleistung. Sie drückt sich normalerweise im Finanzausgleich aus. Dieser soll helfen, wenn eine Gebietskörperschaft in finanzielle Schwierigkeiten gerät und ihre Bürgerinnen und Bürger die Folgelasten nicht mehr allein bewältigen können.

(10) Im *Verwaltungsprinzip* erfolgt der Finanzausgleich simultan mit der Mittelzuweisung. Er kann streng genommen von dieser nicht unterschieden werden. Der Zentralstaat als Träger der Steuerhoheit übernimmt die Funktion eines Risikopools. Im Idealfall gewährleistet er einen vollständigen interregionalen Risikoausgleich. Strenge Kontrollhierarchien stellen sicher, dass dies durch die untergeordneten Gebietskörperschaften nicht missbraucht wird. Der Preis ist eine oft unvollständige Rücksichtnahme auf örtliche Besonderheiten und ein den regionalen Wünschen nicht entsprechendes Ausmaß der Bereitstellung örtlicher Kollektivgüter.

(11) Unter dem *Autonomieprinzip* erfolgt die Versicherung der Gebietskörperschaften auf zwei Ebenen. Erstens versprechen die Gebietskörperschaften, einander zu helfen, indem sie sich gegenseitig die Märkte für den Waren- und Dienstleistungsverkehr sowie für Arbeit und Kapital öffnen und in Treu und Glauben dafür sorgen, dass dies nicht nur eine Formalität bleibt, sondern dass der Wettbewerb tatsächlich in Gang kommt und funktioniert. Durchläuft eine Gebietskörperschaft eine Strukturkrise, so hilft der gemeinsame Wirtschaftsraum, indem er den regionalen Verlierern des Wandels in anderen Regionen Marktchancen bietet und sie dabei gegenüber Nichtmitgliedern in vielfacher Hinsicht privilegiert. Die Bürger des einen Landes können ungehindert in das andere Land einreisen und auf dem dortigen Arbeitsmarkt unter gleichen Bedingungen wie die Ortsansässigen eine Stelle suchen. Niemand darf diskriminiert werden, auch wenn die regionalen Interessengruppen diese Konkurrenz unterbinden möchten.

(12) Zweitens kann die Versicherung unter dem Autonomieprinzip auch im Rahmen eines Finanzausgleichs stattfinden. Ein Finanzausgleich umfasst in der Regel sowohl Umverteilungs- als auch Versicherungselemente. Nur die letzteren sind für die folgenden Betrachtungen von Belang. Die Versicherungselemente des Finanzausgleichs umfassen gegebene, unbeeinflussbare Risiken, die diesen oder jenen Bundesgenossen treffen können. Im Bedarfsfall werden ihm Finanztransfers, Steuerkraftausgleich oder andere regionale Strukturhilfen gewährt. Vorstellbar ist auch, dass einseitig eingebrachte Risiken in die Versicherung eingeschlossen werden, weil sich die Kooperation unter den Bundesgenossen auch dann lohnen kann, wenn einzelne von ihnen absehen, dass sie mehr zum Finanzausgleich beitragen, als sie erhalten werden. Nur einseitig, nachträglich ins Spiel gebrachte Risiken werden als unbillig empfunden, weil sie moralisches Risiko begünstigen. Es steht aber jedem Bundesgenossen frei, solche Risiken auf eigene Verantwortung einzugehen. Für so entstandene Schulden müssen die übrigen Mitglieder des Bundesstaates nicht haften.

2. *Institutionelle Ausformungen*

(13) Den idealtypischen Formen von *Verwaltungs-* und *Autonomieprinzip* entsprechen realtypisch der *Einheitsstaat* auf der einen und der *Staatenbund* auf der anderen Seite. Dazwischen steht der *Bundesstaat.* Diese Realtypen lassen sich danach unterscheiden, wieweit zwischen den Regionen das Prinzip der Hilfeleistung in der Not verwirklicht ist. Wird das bündische Prinzip, das den Bundesstaat prägt, vernachlässigt und allein das Autonomieprinzip verwirklicht, so gerät der Bundesstaat in die Nähe des Staatenbunds. Ist dagegen das Autonomieprinzip verletzt und wird das Versicherungsprinzip überdehnt, so degeneriert der Bundesstaat zum Einheitsstaat. Eine Risikogemeinschaft, wie sie der Bundesstaat darstellt, darf also nicht blind sein gegenüber den Fehlanreizen, die eine zu weitgehende Risikoabdeckung mit sich bringt. Jede Versichertengemeinschaft muss mit diesem Problem des moralischen Risikos umgehen und praktische Lösungen zu dessen Begrenzung suchen. Im Bundesstaat ist das nicht anders. Selbstbehalt und Obliegenheiten des Versicherten und deren Kontrolle sind Wege, mit denen Versicherungen diesem moralischen Risiko begegnen. Die entscheidende Frage ist, ob und wie im Falle der staatlichen Organisation diese Instrumente eingesetzt werden können.

(14) Die Mitgliedstaaten der Europäischen Union sind im Grundsatz untereinander nach dem Autonomieprinzip organisiert. Die vier Grundfreiheiten stellen die tragenden Säulen der Gemeinschaft dar. Unter dem Dach der Union sind die Mitgliedstaaten finanziell nur über einstimmig vereinbarte Beitragszahlungen und qualifiziert-mehrheitlich beschlossene Ausgaben, die in die Mitgliedstaaten fließen, verflochten. Der in Art. 103 EGV niedergelegte gegenseitige Haftungsausschluss bestätigt den Grundsatz des Autonomieprinzips. Auch die Vereinigten Staaten von Amerika sind im Verhältnis Bund zu Einzelstaaten und Einzelstaaten zu Gemeinden im wesentlichen nach dem Autonomieprinzip organisiert. In der Schweiz hat sich in den letzten Jahren in mehreren signifikanten Fällen das Autonomieprinzip durchgesetzt. Das Autonomieprinzip war auch für das Verhältnis zwischen Ländern und der Zentralgewalt im deutschen Kaiserreich von 1871 bestimmend. Hier lag die Steuerhoheit weitgehend bei den Ländern; miteinander verbunden waren sie über das System der „Matrikularbeiträge“, indem sie nach einem Pro-Kopf-Schlüssel Zuschüsse zu den Reichsausgaben untereinander aufteilten. Anders aber als in der heutigen Europäischen Union oder den Vereinigten Staaten von Amerika wurde der föderative Aufbau durch einen einzelnen Großstaat, das Königreich Preußen, dominiert, das zwei Drittel von Staatsfläche und Bevölkerung umfasste. Frankreich ist demgegen-

über weitgehend nach dem Verwaltungsprinzip organisiert. Der französische „Maire“ wird zwar von den Bürgern gewählt, ist aber weitgehend an die Weisungen des Präfekten seines Département gebunden, der wiederum Anweisungen aus Paris erhält. Daran hat auch die Einführung der neuen Regionalebene wenig geändert. Die nachgeordneten Gebietskörperschaften dürfen für die vorbestimmten Projekte die Mittel ausgeben, die ihnen von oben zugeteilt werden. Verschuldung ist ihnen nur soweit erlaubt, als sie die Mittel im Folgejahr wieder einsparen.

(15) Steuersystematisch verlangt das Autonomieprinzip nach einem steuerlichen *Trennsystem*, in dem nebeneinander mehrere Steuerhoheiten bestehen, jede mit ihrer eigenen Gesetzgebungs-, Ertrags- und Verwaltungskompetenz. Typisch für das Verwaltungsprinzip ist demgegenüber das zentrale, für alle Gebietskörperschaften einheitlich geltende Steuersystem. Entsprechendes gilt für die Ausgaben. Diese werden von der Staatsspitze grundsätzlich so geplant, dass gerade Kostendeckung erreicht wird. Defizite und Überschüsse entstehen im Haushalt des Zentralstaats; eine von diesem unabhängige Haushaltsführung der nachgelagerten Gebietskörperschaften besteht nicht.

3. *Kooperativer Föderalismus*

(16) Sowohl Verwaltungs- wie Autonomieprinzip sind in sich folgerichtig aufgebaut. Wenn auch die angeführten Beispiele kleinere Abweichungen in die eine oder andere Richtung aufweisen, so unterscheiden sie sich doch markant vom heutigen deutschen System des so genannten „kooperativen Föderalismus“, das – wie wir zeigen werden – eine in sich widersprüchliche Hybridform zwischen beiden Prinzipien darstellt. Auf der Einnahmenseite ist ein Großteil der Steuereinnahmen einem einheitlichen Steuerverbund von Bund und Ländern unterworfen. Auf der Ausgabenseite korrespondiert hiermit das System der so genannten Mischfinanzierung mit Gemeinschaftsaufgaben von Bund und Ländern. Föderalistisch ist dieses Verbundsystem nicht, denn es erlaubt wegen der Dominanz der Bundesgesetzgebung fast nur bundeseinheitliche Lösungen. Beispielsweise stammen beim Bund 55 Prozent, bei den Ländern 90 Prozent und bei den Gemeinden 34 Prozent der Steuereinnahmen aus dem Verbund (2003).

(17) Dieser Steuer- und Ausgabenverbund ist allerdings unvollständig, denn er umfasst nicht die Vermögenswirtschaft und insbesondere nicht die Verschuldung. Während also die Steuern und Ausgaben der Länder und des Bundes weitgehend durch das Verbundsystem festgelegt sind, bleiben Bund und Länder in ihrer Verschuldung weitgehend autonom. Ihnen obliegt es, den Haushalt rechnerisch zum Ausgleich zu bringen.

Wie viel Neuverschuldung hierfür minimal erforderlich und maximal tolerierbar ist, liegt in ihrer Autonomie. Moralisches Risiko ist nicht ausgeschlossen, weil im Hintergrund das „bündische Prinzip" steht, durch das der Bundesstaat, faktisch der Bund, zum subsidiären Lückenbüßer der Länderschulden werden kann.

(18) Dieses Ergebnis lässt sich nur durch einen Blick auf die Entstehungsgeschichte des Grundgesetzes verstehen. Dieser zeigt, wie ursprünglich wenig beachtete Regelungen Fehlanreize geschaffen haben, die sich erst mit der Zeit entfaltet und langfristig bedenkliche Konsequenzen ausgelöst haben.

4. *Die Entstehung der deutschen Finanzverfassung*

(19) Die gegenwärtige Finanzverfassung besteht im wesentlichen seit der Großen Finanzreform von 1969, geht aber in ihren Ursprüngen auf unterschiedliche Auffassungen zwischen den Gouverneuren der Westalliierten und den Abgeordneten des Parlamentarischen Rates über die Finanzverfassung im Bonner Grundgesetz von 1949 zurück. Die Westalliierten wollten der Kumulation von Macht im neuen Staat entgegenwirken und daher dessen Finanzen von unten nach oben aufbauen. Die Steuern sollten soweit wie möglich durch Landesgesetze festgesetzt und durch Landesverwaltungen nach dem Prinzip des örtlichen Aufkommens eingezogen werden.

(20) Der Parlamentarische Rat war in dieser Frage gespalten. Die süddeutschen Bundesländer, insbesondere Bayern, plädierten für eine dezentrale Finanzverfassung. Die Mehrheit war demgegenüber stärker der zentralistischen Finanzverfassung der Weimarer Republik verhaftet und neigte deshalb dem Verwaltungsprinzip zu. Einflussreich sowohl im Parlamentarischen Rat als auch in der Herausbildung der späteren Staatspraxis war der Wortführer der unitarischen Richtung, der frühere preußische Finanzminister und spätere Präsident des Bundesverfassungsgerichts, Hermann Höpker-Aschoff. Seiner Meinung nach sollten alle wesentlichen Steuern durch Bundesgesetze beschlossen, vom Bund vereinnahmt und dann auf die Länder verteilt werden. Doch damit drang der Rat bei den westalliierten Gouverneuren nicht durch.

(21) Das schließlich vereinbarte Grundgesetz stellte einen für beide Seiten wenig befriedigenden Kompromiss dar. Einerseits sollten nach dem Subsidiaritätsprinzip von Art. 30 GG alle staatlichen Befugnisse und Aufgaben grundsätzlich von den Ländern wahrgenommen werden, soweit nicht ausdrücklich etwas anderes im Grundgesetz bestimmt war.

Auch auf der Einnahmenseite sollten die Länder eine wichtige Rolle spielen. Sie sollten die Einkommen- und Körperschaftsteuer im wesentlichen einziehen und in den Genuss ihrer Erträge gelangen (Art. 106 und 108 GG a.F.). Hier musste die unitarische Richtung im Parlamentarischen Rat, die den Großteil des Steueraufkommens nach dem Muster der Reichsüberweisungssteuern aus der Weimarer Republik bei der Zentralgewalt zusammenfassen und von dort auf die Länder übertragen wollte, nachgeben. Wenn es bei unterschiedlichem örtlichen Aufkommen in den Ländern zu Ungleichgewichten zwischen Finanzausstattung und Finanzbedarf kommen sollte, so sollte ein vertikaler Finanzausgleich (Art. 106 Abs. 3 GG a.F.) oder ein horizontaler Finanzausgleich unter den Ländern (Art. 106 Abs. 4 GG a.F.) eingreifen. Dadurch erhielt der Bund indirekt doch den Zugriff auf die Steuererträge der Länder.

(22) Auch die Gesetzgebungskompetenzen auf dem Gebiet der Steuern sind das Ergebnis eines Kompromisses. Die Einkommen- und Körperschaftsteuer (wie auch die Verbrauch- und Verkehrsteuern) wurden der konkurrierenden Bundesgesetzgebung unterstellt (Art. 105 Abs. 2 GG a.F.). Aus Art. 125 der Übergangsbestimmungen des Grundgesetzes geht allerdings hervor, dass im Besatzungsregime geltende Gesetze der konkurrierenden Gesetzgebung im neuen Staat zu Bundesgesetzen wurden. Somit traten trotz der Beteiligung der Bundesländer an der Steuergesetzgebung nach Art 105 GG zunächst einmal mit Hilfe von Art. 125 GG die alten Reichsgesetze als Bundesgesetze wieder in Kraft, namentlich das Einkommensteuergesetz von 1934 und das Körperschaftsteuergesetz aus demselben Jahr, wenn auch mit angepassten Sätzen.

(23) Daraus lässt sich erkennen, dass sich nur äußerlich ein Kompromiss, faktisch aber weitgehend die zentralistische Auffassung der Mehrheit des Parlamentarischen Rates durchgesetzt hatte. Der Bund erhielt die Gesetzgebungshoheit über die wichtigsten Steuern, und er konnte sich durch ein einfaches Bundesgesetz auch die Steuererträge der Einkommen- und Körperschaftsteuer anteilig sichern. Auf der Ausgabenseite erlaubte ihm der umfassende Katalog konkurrierender Gesetzgebungszuständigkeiten nach Art. 74 GG a.F., die maßgebenden Entscheidungen zu treffen und die Politik zu dominieren.

(24) Gleichzeitig bestimmt aber Artikel 109 GG a.F.: „Bund und Länder sind in ihrer Haushaltswirtschaft selbständig und voneinander unabhängig.“[104]. Schon aus der Perspektive von 1949 lässt sich fragen, inwiefern

104 Ursprünglich hatte Art 109 GG nur einen einzigen, den zitierten Absatz. Durch das 15. Gesetz zur Änderung des Grundgesetzes vom 8. Juni 1967 wurde diese Vorschrift um drei weitere Absätze ergänzt, die Ansätze einer begrenzenden und harmonisieren-

denn die Haushaltswirtschaft der Länder selbständig und voneinander unabhängig sein kann, wenn doch die Zuständigkeitsordnung so eingerichtet ist, dass Einnahmen und Ausgaben durch Bundesgesetze dominiert werden. Die gedachte Autonomie beschränkt sich dann auf den dritten Teil der Haushaltswirtschaft, den Budgetausgleich, im Endeffekt die Verschuldung. Sie stellt – wie noch zu zeigen ist – die Achillesferse der deutschen Finanzverfassung dar.

(25) Tatsächlich hat sich der Kompromiss zwischen Verwaltungs- und Autonomieprinzip der ursprünglichen Finanzverfassung des deutschen Grundgesetzes nicht als stabil erwiesen. Schon in den fünfziger Jahren drang der Bund mit Förder- und Finanzprogrammen in Politikbereiche ein, die nach der Verfassung den Ländern vorbehalten waren. Ausgerüstet mit der umfassenden konkurrierenden Gesetzgebungskompetenz dehnte der Bund in den folgenden Jahren die Bundesgesetzgebung stark aus. Den Ländern wurde die Zustimmung im Bundesrat jeweils in Gesetzgebungspaketen abgerungen, die so geschnürt waren, dass diese sich mehrheitlich besser stellten. Hinzu kamen auflagengebundene Zuweisungen sowie Förder- und Finanzprogramme, die die Länder mit dem „goldenen Zügel" dazu anhalten sollten, die vom Bund angestrebte Politik zu erfüllen.

(26) Das Bundesverfassungsgericht monierte diese Praxis in der ersten Rundfunkentscheidung (Deutschland-Fernsehen) von 1961.[105] Der Bund dürfe sich nicht mit finanziellen Anreizen in die Länderkompetenzen einkaufen. Aber es sollte noch weitere acht Jahre dauern, bis die Verfassungsmäßigkeit wieder hergestellt war. Zu diesem Zweck wurden jedoch nicht etwa die auflagengebundenen Zuweisungen sowie die Förder- und Finanzprogramme abgebaut, sondern es wurde die Verfassung an die bestehende Praxis angepasst. Gelegenheit bot die große Koalition des Jahres 1969. Es entstanden die neuen Grundgesetzartikel 91a, 91b und 104a zu den Gemeinschaftsaufgaben, zu Finanzhilfen und zu Geldleistungsgesetzen. Sie legitimierten den Weg zum kooperativen Föderalismus. In den wenigsten Fällen ging es darum, Spillover-Effekte zu beseitigen. Der Großteil der Maßnahmen hatte den Zweck, Strukturhilfen zu gewähren. Im Ergebnis nahm die institutionelle Inkongruenz zu, nicht ab. Die Einwirkungsmöglichkeiten des Bundes auf die Länder wurden

den Ordnung formulieren sollten (zu kodifizierendes Haushaltsrecht, konjunkturgerechte Haushaltsführung und mehrjährige Finanzplanung). Auch sie müssen als unzulänglich betrachtet werden, weil sie das in Absatz 1 enthaltene Verschuldungsproblem nicht ansprechen.

105 BVerfGE 12, 205.

zwar formell begrenzt, faktisch aber zum großen Teil beibehalten, was in der Literatur weithin als verfassungsrechtlich bedenklich angesehen wird.[106] Als Kompensation gestand man den Ländern eine weitgehende Mitsprache über den Bundesrat zu. Aus der Finanzreform von 1969 rührt die Zustimmungspflichtigkeit eines Großteils der Steuer- und Ausgabengesetze des Bundes, damit aber auch die heutige gegenseitige Blockade von Bundestag und Bundesrat auf diesem Feld.

5. *Bundesvorschriften und Länder-Haushaltsdefizite*

(27) Die Einflussnahme des Bundes auf die Länderhaushalte lässt sich an der nachfolgenden Tabelle 1 verdeutlichen. Sowohl die Ausgaben – wie die Einnahmenseite sind durch zahlreiche Grundgesetzartikel reguliert und durch Bundesgesetze in ihrer Höhe bestimmt. Genannt seien für die Ausgabenseite

- der umfassende Katalog der konkurrierenden Gesetzgebung nach Art. 74 und Art. 74a GG,
- die Rahmengesetzgebungskompetenz nach Art. 75 GG,
- die allgemeinen Regeln der Implementation nach Art. 83–85, 89, 90, 108 GG
- sowie der Kostentragung nach Art. 104a Abs. 1 und 2 GG,
- die Mitfinanzierung von Gemeinschaftsaufgaben nach Art. 91a und 91 b GG sowie die Implementation von Geldleistungen und Investitionsprogrammen nach Art. 104a Abs. 3 und 4 GG,

für die Einnahmenseite

- Steuern und Steueranteile nach Art. 105, 106, 107 Abs. 1,108 GG,
- Leistungen aus dem Finanzausgleich nach Art. 107 Abs. 2 GG,
- Finanzhilfen zur Finanzierung von Geldleistungen und Investitionsprogrammen nach Art. 104a Abs. 3 und 4 GG.

Letztlich müssen die Länder mit den hier dargestellten Einnahmen und Ausgaben wirtschaften. Stellt sich ein Defizit ein, das mit den zukünftigen Einnahmen nicht verträglich ist, müssen zwei Fälle unterschieden werden:

[106] Maunz, Dürig, Herzog, Grundgesetz. Kommentar zu Art. 109 Rz. 14 (Theodor Maunz).

Tabelle 1: Bundesgesetzliche und autonome Landesausgaben und Landeseinnahmen[a]

Landesausgaben	Landeseinnahmen
1. Ausgaben durch landeseigene Verwaltung von Bundesgesetzen Art. 104a Abs. 1 GG	*8. Bundesgesetzlich geregelte Steuern und Steueranteile Art. 105–108 GG*
2. Ausgaben durch Auftragsverwaltung (anteilig von Land und Bund) Art. 104a Abs. 2 GG	*9. Bundesanteile der Auftragsverwaltung Art. 104a Abs. 2 GG*
3. Ausgaben durch Geldleistungsgesetze (anteilig von Land und Bund) Art. 104a Abs. 3 GG	*10. Bundesanteile der Geldleistungsgesetze Art. 104a Abs. 3 GG*
4. Ausgaben durch Finanzhilfen (anteilig von Land und Bund) Art. 104a Abs. 4 GG	*11. Bundesanteile der Finanzhilfen Art. 104a Abs. 4 GG*
5. Ausgaben durch Gemeinschaftsaufgaben (anteilig von Land und Bund) Art. 91a und 91b GG	*12. Bundesanteile der Gemeinschaftsaufgaben Art. 91a und 91b GG*
6. Finanzausgleichslasten Art. 107 Abs. 2 GG	*13. Finanzausgleichsleistungen Art. 107 Abs. 2 GG*
7. Autonome Landesausgaben.	14. Autonome Landeseinnahmen (Gebühren etc., Gewinne, Privatisierungserlöse)
	15. Kreditaufnahme

[a] inklusive Gemeinden
Legende: *kursiv* = bundesgesetzlich, senkrecht = landesgesetzlich

Fall a: Das Defizit ist nicht selbst verschuldet, weil der Bund das Land mit Steuern und Staatsausgaben so stark reguliert, dass es gar nicht in der Lage ist, einen (beinahe) ausgeglichenen Haushalt vorzulegen. Es bleibt ihm nichts anderes übrig als sich nach Art. 109 Abs. 1 GG zu verschulden. Daher müssen Bund und Länder dem defizitären Land helfen, wenn es in Not gerät.

Fall b: Das Defizit ist selbst verschuldet, weil auch in den bundesrechtlich vorgeschriebenen Ausgaben und Einnahmen so viel Gestaltungsspielraum liegt, dass das Land mit seiner gegebenen Finanzausstattung aus Steuern, Steueranteilen und Finanzausgleich durchaus hätte zurecht kommen können.

Ob Bund und Länder dann auch helfen müssen, wenn ein Land selbstverschuldet in finanzielle Not gerät, erfordert zunächst einmal eine nähere Interpretation der maßgebenden Urteile des Bundesverfassungsgerichts.

6. *Haushaltsnotlage und Pflicht zur Hilfeleistung durch den Bundesstaat*

(28) Die Frage einer Pflicht zur Hilfeleistung ist Gegenstand dreier Entscheidungen des Bundesverfassungsgerichtes aus den Jahren 1986, 1992 und 1999 (BVerfGE 72, 330 ff.; 86,148 ff.; 101, 158 ff.). Danach ergibt sich aus dem bundesstaatlichen oder bündischen Prinzip, einem Strukturmerkmal des Grundgesetzes, unmittelbar eine Pflicht zu bundesstaatlicher Hilfeleistung. Dies gilt im Verhältnis Bund-Länder wie umgekehrt im Verhältnis der Länder zum Bund, ebenso im Verhältnis der Länder untereinander. Dem Bund wächst aufgrund seiner nach dem Grundgesetz eröffneten Handlungsmöglichkeiten dabei eine faktische Führungsrolle zu. Vorausgesetzt ist dabei eine „extreme Haushaltsnotlage" einer betroffenen Gebietskörperschaft. Damit werden freilich keine Regelungs- und Eingriffsbefugnisse neben den im Grundgesetz vorgegebenen begründet. „Ein solcher unmittelbarer Schluss von der Aufgabe auf die Befugnisse ist der rechtsstaatlichen Verfassung fremd. Sie vermag aber – und darin liegt ihre normative Wirkung – die Wahrnehmung bestehender Befugnisse nach Grund und Umfang zu dirigieren, bestehende Verpflichtungen zu intensivieren und als Interpretationsgesichtspunkt für die Auslegung von Art und Umfang bestehender Handlungsmöglichkeiten zu wirken" (BVerfGE 86, 148, 265). Das Gericht verweist hier auf einen Handlungskatalog, der von normativen Vorkehrungen etwa im Rahmen eines Haushaltsgrundsätzegesetzes über Instrumente der Gemeinschaftsaufgaben, der Investitionshilfen oder über einen umfangmäßig erweiterten Einsatz von Bundesergänzungszuweisungen bis hin zur Möglichkeit reicht, „das Bundesgebiet neu zu gliedern" (BVerfGE 86, 148, 270).

(29) Nur unvollständig ist dabei geklärt, welcher Stellenwert in diesem Zusammenhang der Frage zukommt, ob die extreme Haushaltsnotlage einer Gebietskörperschaft verschuldet ist oder nicht. Die ganz überwiegende Meinung betont den Grundsatz, einer Gebietskörperschaft solle es nicht ermöglicht werden, die Folgen einer verfehlten Finanzpolitik auf die bündische Solidargemeinschaft abzuschieben. Dem steht das Bundesverfassungsgericht insoweit nahe, als es mehrfach ausgesprochen hat, Eigenständigkeit und politische Autonomie brächten es mit sich, dass die Länder für die haushaltspolitischen Folgen ihrer Entscheidungen selbst einzustehen hätten (BVerfGE 72, 330, 405; 86, 148, 260; 101, 158, 225). In der Entscheidung von 1986 findet sich der Zusatz: „Ausnahmen mögen sich aus dem Bundesstaatsprinzip ergeben, wenn die Haushaltssituation eines Landes gerade eine Unterstützung im Wege der Ergänzungszuweisungen unabweislich fordert und Abhilfe auf andere Weise (Art. 104 a Abs. 4 GG) nicht zu verwirklichen ist" (BVerfGE 72, 330,

405). Damit wird die Frage indes offen gelassen. In der Entscheidung von 1992 formuliert das Gericht: Bundesergänzungszuweisungen seien „nicht dazu bestimmt, finanziellen Schwächen abzuhelfen, die eine unmittelbare und voraussehbare Folge eigener politischer Entscheidungen" bildeten, und fährt dann fort: „Ungeachtet dessen können aber bei einer Haushaltsnotsituation eines Landes, wenn eine Abhilfe auf andere Weise nicht möglich ist, auch Lasten, die durch diese Notsituation bedingt sind, als berücksichtigungsfähiger Sonderbedarf in Betracht kommen" (BVerfGE 86, 148, 260 f.). In der Entscheidung zum Finanzausgleich vom November 1999 wird die Grundaussage von der Nichtberücksichtigung finanzieller Schwächen, die eine unmittelbare und voraussehbare Folge von politischen Entscheidungen eines Landes bilden, nicht durch weitere Aussagen ergänzt oder eingeschränkt. Allerdings wird auf das Urteil aus dem Jahre 1992 verwiesen (BVerfGE 101, 158, 225). Der Bundesgesetzgeber jedenfalls hat in § 12 Abs. 1 Satz 3 Maßstäbegesetz Sonderbedarfs-Bundesergänzungszuweisungen nur im Falle einer unverschuldeten Notlage vorgesehen. Von Ausnahmen ist nicht die Rede.

(30) Das Verschulden einer Gebietskörperschaft für ihre extreme Haushaltsnotlage sollte bei der Ausgestaltung und Bemessung der bundesstaatlichen Hilfeleistung Berücksichtigung finden dürfen. Dies ergibt sich namentlich aus dem extrem weiten Ermessensspielraum, über welchen die Beteiligten hier verfügen (vgl. Tz. 28; die Optionen reichen bis zur Möglichkeit, das Bundesgebiet neu zu gliedern). Man kann in diesem Offenhalten eine Selbstbeschränkung des Verfassungsgerichts sehen. Es hat das Ergebnis begünstigt, dass einerseits die Kreditgeber ihre Ausleihungen an die Länder für hinreichend sicher halten, dass andererseits aber kein Gliedstaat sicher sein kann, er werde selbst bei leichtsinniger Finanzpolitik mit einem blauen Auge davonkommen. Eine solche Sicherheit gibt es auf dieser Basis nicht.

(31) Im September 2003 hat das Land Berlin einen Normenkontrollantrag beim Bundesverfassungsgericht gestellt, der letztlich auf die Zuweisung von Sonderbedarfs-Bundesergänzungszuweisungen zum Zwecke der Haushaltssanierung zielt. Man rechnet mit einer Entscheidung gegen Ende des Jahres 2005. Sie wird möglicherweise weiteren Aufschluss bezüglich des eingangs genannten Spannungsverhältnisses bringen.

Dass das Bundesverfassungsgericht den schwebenden Berliner Fall zum Anlass nehmen wird, eine voraussetzungslose Pflicht zur bündischen Hilfe festzuschreiben, ist kaum anzunehmen. Gleichwohl ist das Maß der Unsicherheit über die verfassungsrechtlichen Bedingungen und Grenzen eines Anspruchs erheblich. In künftigen Fällen wird man versuchen, aus der Begründung der nun anstehenden Entscheidung Indizien für einen zurückhaltenderen oder auch einen großzügigeren Inhalt der Verfassung zu entnehmen. Die folgenden Überlegungen sollen auch dazu dienen, auf die Folgen einer weiteren Öffnung für Hilfsansprüche aufmerksam zu machen.

Nicht ausgeschlossen ist freilich, dass das Gericht bei seiner bisherigen Zurückhaltung bleibt. So muss beispielsweise nicht zwingend geklärt werden, was im Falle der faktischen Insolvenz eines Gliedstaates geboten sein mag. Die rechtliche Unschärfe, die im hier behandelten Zusammenhang besteht, erlaubt es den Finanzmärkten, bei deutschen Staatsschuldtiteln einerseits hinreichende Sicherheit anzunehmen, während zugleich andererseits offen bleibt, ob eine unbedingte rechtliche Auslöseverpflichtung besteht.

7. *Die Sicht der Gläubiger und der Gebietskörperschaften*

(32) Dass die Gläubiger die Auslösepflicht des Bundes nicht in Frage stellen, zeigt ein Blick auf die Ratings der Bundesländer in Tabelle 2. Von der Ratingagentur Fitch wird jedes einzelne Bundesland mit AAA eingestuft. Die Bewertung durch Standard & Poor's ist etwas differenzierter, unterschreitet aber nicht AA^-. Die Ratingagentur Moody's hat ein etwas anderes System, bewertet aber von den sechs untersuchten Ländern ebenfalls keines unter A^-.

(33) Die trotz sehr unterschiedlicher Finanzsituationen der Bundesländer einheitlich hohen Ratings lassen in der Tat darauf schließen, dass die Gläubiger an die Auslösung der Länder durch den Bundesstaat glauben. Dies ist nicht selbstverständlich. Zögen die Gläubiger auch nur ein geringes Risiko für den Ausfall der Kredite in Betracht, so müsste dies sich schon jetzt in deutlichen Abschlägen auf die Bonität potenziell gefährdeter Länder niederschlagen. Diese Reaktionsweise von Märkten ist als das Peso-Problem bekannt: Wird mit kleiner Wahrscheinlichkeit eine große Bewertungskorrektur nötig, so schlägt sich dies bereits in der Gegenwart in deutlichen Kursabschlägen nieder. Das ist bei den deutschen Länderschulden offenkundig nicht der Fall. Die Gläubiger vertrauen auf einen Bestandsschutz und stellen die Auslösepflicht nicht in Frage.

(34) Die gegenwärtige Finanzverfassung macht es für die finanzschwachen Länder weniger drängend, ihre Haushalte zu konsolidieren, und verführerisch, das Schlupfloch der Verschuldung auszunutzen und darauf zu spekulieren, der Bund werde notfalls schon einspringen. Die Hoffnung auf Zahlungen des Bundes lässt vorteilhaft erscheinen, was sonst als zu riskant eingestuft würde. Hierzu gibt es zwar keine Statistik, aber

Tabelle 2: Ratings der Bundesländer 2005

Land	Standard & Poor's	Moody's	Fitch
Baden-Württemberg	AA+	Aaa	AAA
Bayern	AAA	Aaa	AAA
Berlin	–	AAA	
Brandenburg	AA–	Aa2	AAA
Bremen	–	–	AAA
Hamburg	AA–	–	AAA
Hessen	AA+	–	AAA
Mecklenburg-Vorpommern	–	–	AAA
Niedersachsen	–	–	AAA
Nordrhein-Westfalen	AA–	Aa2	AAA
Rheinland-Pfalz	–	–	AAA
Saarland	–	–	AAA
Sachsen	–	–	AAA
Sachsen-Anhalt	AA–	Aa3	AAA
Schleswig-Holstein	–	A–	AAA
Thüringen	–	–	AAA

Quelle: Westdeutsche Landesbank

eine Vielzahl von Einzelfällen, die sich in Ansätzen zu einem Mosaik zusammenfügen lassen. Die Szenarien sind oft ähnlich: Ein der Form nach privates Investitionsprojekt soll die Entwicklung eines Bundeslandes voranbringen. Doch es ist riskant. Auf sich allein gestellt würde es ein damit befasstes Privatunternehmen es nicht wagen, das Projekt durchzuführen. Erst wenn das Land sich beteiligt, kann für das Unternehmen die Risikohürde gesenkt und das Projekt verwirklicht werden. Da das Land jedoch erwartet, einen Teil des Risikos wiederum an den Bund weitergeben zu können, wird es sich an riskanteren Projekten beteiligen, als es sie eigenverantwortlich übernehmen würde. Tendenziell geht das Land daher höhere Risiken ein und vermeidet eher schmerzhafte Anpassungen, wenn der Bundesstaat mit hoher Wahrscheinlichkeit für eine Überschuldung des Landes einsteht.

(35) Beispiele sind riskante industriepolitische Projekte wie in Bremen die Errichtung eines Space Centers, in dessen Infrastruktur die Stadt Bremen 150 Millionen Euro investierte, das sich aber seit der Eröffnung als defizitär erweist; in Berlin das Tempodrom, das im Frühjahr 2004 mit einem Verlust von 23 Millionen Euro endete; in Brandenburg der Cargo-Lifter, der das Land 42 Millionen Euro kostete; und ebendort die

Chipfabrik, bei der das Land 100 Millionen Euro einsetzte. Für den Eurospeedway bei Klettwitz, den so genannten Lausitzring, investierte die Landesregierung 122 Millionen Euro. Im Jahr 2002 meldete die Betreibergesellschaft Insolvenz an. Der weitere Betrieb soll durch eine Pachtgesellschaft mit Landeszuschüssen von 5,8 Millionen Euro vorläufig bis 2008 weitergeführt werden. Die im Immobilienbereich tätige Landesentwicklungsgesellschaft Brandenburg i.L. kostete das Land bislang 200 Millionen Euro. Nicht selten sind es gerade finanzschwache Länder, die sich – wohl auch im Vertrauen auf die Bundeshaftung – in solche Risiken hinein begeben und danach langfristige Zinslasten zu tragen haben.

(36) Erwähnt seien schließlich die öffentlichen Banken und Sparkassen der Länder und Gemeinden, die bislang dank Gewährträgerhaftung und Anstaltslast die gleichen Zinsvorteile genossen wie ihre Träger, die wiederum auf die von ihnen erwarteten bundesstaatlichen Hilfen bauten. Somit konnten sich diese Banken zu den Konditionen des Bundes refinanzieren. Daraus folgte nicht nur ein Wettbewerbsvorteil gegenüber den Privatbanken. Vielmehr wurden einige dieser Staatsbanken aufgrund der Gewährleistungen ihrer Träger auch dazu verleitet, fragwürdige Risiken einzugehen. Dennoch reihte die Ratingagentur Standard & Poor's diese Banken bisher alle im oberen A-Bereich ein. Für die Zeit nach der Aufhebung der Gewährträgerhaftung und der Anstaltslast im Juli 2005 geben Standard & Poor's ein deutlich niedrigeres „Schattenrating" an (Juli 2004). Allerdings schneiden jene Banken, an denen das Sitzland Anteile hält, etwas besser ab, weil damit gerechnet wird, dass das Land seinen Banken im Notfall auch ohne Garantieverpflichtung beistehen wird. So will sich beispielsweise das Land Sachsen mit 300 Millionen Euro an der Sächsischen Landesbank beteiligen, um deren Rating in den AAA-Bereich zu bringen. Dies bedeutet aber umgekehrt, dass bei diesen Banken weder die Wettbewerbsverzerrung noch der Anreiz, waghalsige Engagements einzugehen, verringert sind. Eine Fortsetzung der alten Politik wird ferner dadurch gewährleistet, dass sich nach dem mit der EU-Kommission vereinbarten Arrangement jedes Land weiterhin eine „Förderbank" als gesicherte Anstalt alten Stils für besondere Zwecke leisten darf.

(37) Ein besonders markantes Beispiel ist schließlich die Bankgesellschaft Berlin. Sie ist 1994 aus einem Zusammenschluss der LandesBank (LBB) mit der Sparkasse, der Berliner Bank (BB) und der Berliner Hypotheken- und Pfandbriefbank (BerlinHyp) entstanden. Die Fusion erklärt sich aus dem industriepolitischen Ziel der Berliner Landesregierung, die Stadt zu einer Finanzmetropole zu machen. Dies sollte vor allem mit dem Immobiliengeschäft erreicht werden. Geblieben ist indessen eine zugesagte

Tabelle 3: Ratings und Schattenratings von Landesbanken 2004/2005

Geschätzte Bonität	mit	ohne
	Staatsgarantie	
Landesbankk Baden-Württemberg (LBBW)	AAA	A+
Landesbank Hessen-Thüringen (Helaba)	AA+	A
HSH Nordbank	AA -	A
Bayerische Landesbank	AAA	A-
Landesbank Rheinland-Pfalz (LRP)	AA	A-
Landesbank Sachsen	AA	BBB+
WestLB	AA	BBB+
Deka-Bank	AA	A

Quelle: Standard & Pooris, 2004 erstellt für 2005

Verlustübernahme durch das Land Berlin in Höhe von voraussichtlich 20 bis 30 Milliarden Euro.

(38) Die Hypothese, dass sich Länder in zusätzliche Risiken begeben, wenn sie auf eine Rettung des Bundes vertrauen können, wird am Beispiel der den neuen Bundesländern gewährten *Sonderbedarfs-Bundesergänzungszuweisungen* deutlich. Diese Mittel sollen den neuen Bundesländern zur Aufstockung ihrer Infrastrukturinvestitionen und zum Ausgleich der unterproportionalen kommunalen Finanzkraft dienen. Nicht selten werden sie stattdessen zur Deckung laufender Ausgaben verwendet. Die Investitionen in den neuen Ländern sind oft nicht viel größer als die Haushaltsdefizite (die nach der jeweiligen Landesverfassung allein durch Investitionen gerechtfertigt sind). Setzt man die Beträge, um die sie größer sind, ins Verhältnis zu den Sonderbedarfs-Bundesergänzungszuweisungen, so wird dies sichtbar. Der so errechnete Prozentsatz lag im Jahr 2003 in Sachsen-Anhalt bei 14 Prozent, in Brandenburg bei 25 Prozent, in Mecklenburg-Vorpommern bei 9 Prozent, in Thüringen bei 48 Prozent. Nur Sachsen erreicht 84 Prozent. Werden im Durchschnitt der Länder weiter etwa 20 Prozent der Zuweisungen zum Ausgleich der unterproportionalen kommunalen Finanzkraft hinzugerechnet, so überschreitet nur Sachsen die Grenze von 100 Prozent, verwendet also seine Sonderbedarfs-Bundesergänzungszuweisungen vollumfänglich nach dem designierten Zweck.[107] Alle anderen Länder bleiben beträchtlich darun-

[107] Ragnitz, J. (2004) „Muss der Solidarpakt II angepasst werden?“ IWH Halle, www.iwh-halle.de/d/start/ News/workshop251104/mat/Ragnitz.ppt.

ter. Sie finanzieren aus diesen Zuweisungen im wesentlichen Personalausgaben, Subventionen, Sachausgaben und Zinsausgaben statt Infrastruktur und Kommunalhilfe. Sanktionsmöglichkeiten bei zweckwidriger Verwendung gibt es nicht. Weil die Sonderbedarfs-Bundesergänzungszuweisungen ab dem Jahr 2009 sukzessive abgebaut werden, sind bei gleichbleibender Mittelverwendung Finanzierungsengpässe vorauszusehen. Anders gesagt: Die neuen Bundesländer betreiben mit der Ausnahme von Sachsen eine höchst riskante Finanzpolitik.

(39) Insofern wird letztlich auch der Bund durch die Schulden der Länder gefährdet. Die Länderrisiken stellen für den Bund eine Last dar, die zu seinen schon beträchtlichen eigenen finanziellen Risiken (insbesondere durch die Sozialversicherungen) hinzutritt. Aus diesem Grund muss auch der Bund in die folgenden Betrachtung einbezogen werden.

Eine erste Reformoption:
Verschuldungs- und Schuldenstandsbegrenzungen

(40) Ein erster Ansatz, der tendenziell übermäßigen Verschuldung der Bundesländer und im weiteren Sinne auch des Bundes Einhalt zu gebieten, könnte in der Einführung von Obergrenzen der Neuverschuldung oder des Schuldenstandes für die einzelnen Gebietskörperschaften liegen. Das Instrument der Schuldenbegrenzung hat eine lange Tradition. Es wurde in Preußen zwischen 1820 und 1848 durchaus wirkungsvoll angewandt, war zwischen 1949 und 1969 in der Bundesrepublik wirksam und wird seit 1992 im Rahmen des Maastricht-Vertrags mit wechselndem Erfolg praktiziert. Für Deutschland besteht ein gesondertes Problem darin, die Maastrichter Schuldengrenzen auf Bund und Länder aufzuteilen. Der Finanzplanungsrat hat im Jahr 2002 beschlossen, die Maastricht-Grenzen im Verhältnis 45:55 zwischen Bund und Ländern aufzuteilen und diese Aufteilung ab 2004 einzuhalten. Dieser Beschluss ist für die Gebietskörperschaften jedoch nicht verbindlich.

(41) Eine Schuldenplafondierung würde auf einfache Weise das oben beschriebene Anreizproblem weicher Budgetrestriktionen lösen, wenn sie mit einem Sanktionsautomatismus versehen ist. Zugleich würde sie einen starken politischen Anreiz schaffen, auch die Entflechtung der Entscheidungskompetenzen im Bundesstaat voranzutreiben. Allerdings verkennt der Beirat nicht, dass sich der Verwirklichung einer Schuldenplafondierung mit Sanktionsautomatismus bislang unüberwindliche Hindernisse in den Weg gestellt haben. So wurde zwar im Jahr 2001 durch Einfügung in das Haushaltsgrundsätzegesetz des folgenden § 51a

(1) Bund und Länder kommen ihrer Verantwortung zur Einhaltung der Bestimmungen in Artikel 104 des Vertrages zur Gründung der Europäischen Gemeinschaft und des europäischen Stabilitäts- und Wachstumspaktes nach und streben eine Rückführung der Nettoneuverschuldung mit dem Ziel ausgeglichener Haushalte an.

(2) Der Finanzplanungsrat gibt unter Berücksichtigung der volks- und finanzwirtschaftlichen Faktoren Empfehlungen zur Haushaltsdisziplin, insbesondere zu einer gemeinsamen Ausgabenlinie im Sinne des § 4 Abs. 3 des Maßstäbegesetzes. Der Finanzplanungsrat erörtert auf dieser Grundlage die Vereinbarkeit der Haushaltsentwicklung, insbesondere der Ausgaben und der Finanzierungssalden von Bund und Ländern einschließlich ihrer Gemeinden und Gemeindeverbände, mit den Bestimmungen in Artikel 104 des Vertrages zur Gründung der Europäischen Gemeinschaft und des europäischen Stabilitäts- und Wachstumspaktes.

(3) Entspricht die Haushaltsdisziplin der Gebietskörperschaften nicht hinreichend den Vorgaben nach den Absätzen 1 und 2, erörtert der Finanzplanungsrat die Gründe und gibt Empfehlungen zur Wiederherstellung der Haushaltsdisziplin.

ein erster Ansatz zu einem „nationalen Stabilitätspakt" geschaffen. Aber es wurde darauf verzichtet, automatisch einsetzende Sanktionen vorzusehen. Der Finanzplanungsrat kann zudem nur unverbindliche Empfehlungen zur Wiederherstellung von Haushaltsdisziplin geben.

(42) Auf der europäischen Ebene wird insbesondere die Starrheit der Maastricht-Kriterien kritisiert. Die Kriterien nähmen auf Krisenfälle und Notlagen nur geringe Rücksicht. Bei einer Aufteilung innerhalb Deutschlands der Plafonds für Schuldenstand und Neuverschuldung würden die beanstandeten Rigiditäten auf Bund und Länder übertragen. Im Bundesstaat wird jede starre Aufteilung von Verschuldens- und Schuldenstandsquoten auf hartnäckigen Widerstand stoßen, wenn sie bei einer Reihe hochverschuldeter Gebietskörperschaften unmittelbar zur Verengung des haushaltspolitischen Handlungsspielraums führt. Nun wird mit den jüngsten Beschlüssen des Europäischen Rates zu einer stärkeren Berücksichtigung unvorhersehbarer Eventualitäten bei der Kriterienanwendung versucht, die beklagte Starrheit aufzuweichen. Andererseits beeinträchtigen aber diese Flexibilisierungen zugleich die Glaubwürdigkeit des Maastricht-Paktes in seiner Gesamtheit. Der Beirat sieht mit großer Sorge die Möglichkeit, dass hierdurch der Stabilitätspakt bereits aufgeweicht worden sein könnte, so dass ein wirklicher Anreiz zu verstärkter Budgetdisziplin nicht mehr gegeben wäre, gleich ob im Bund oder bei den Ländern.

1. *Aufteilung der Maastricht-Kriterien auf Bund und Länder*

(43) Die Aufteilung der Maastricht-Kriterien auf Bund und Länder lässt sich auf die Statistiken des Schuldenstandes und des laufenden Defizits von Bund und Ländern anwenden.

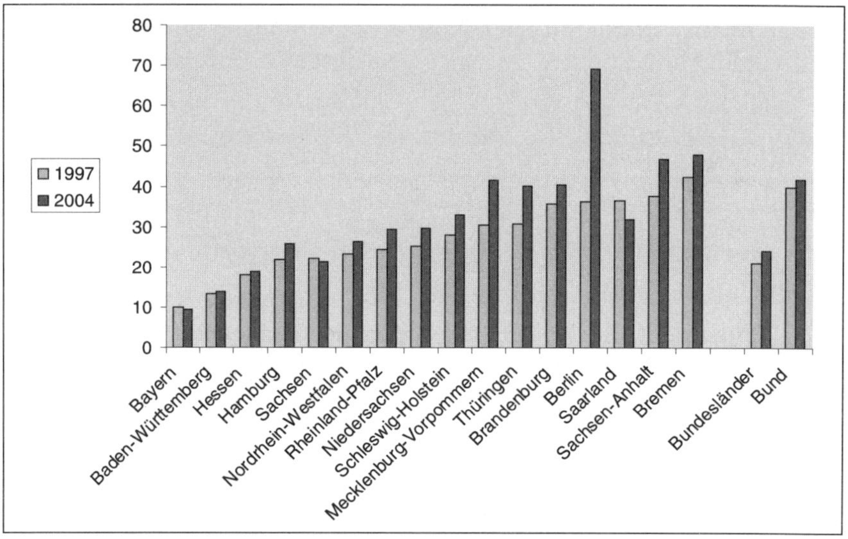

Abbildung 1: Schuldenstände 1997 und 2004 (in v.H. des jeweiligen Bruttoinlandsprodukts)

Quelle für Ausgangsdaten: Destatis.

Abbildung 1 stellt den *Schuldenstand* des Bundes und der Länder, ausgedrückt in Prozent des jeweiligen Bruttoinlandsprodukts, für die Jahre 1997 und 2004 dar. Es handelt sich um Angaben der Finanzstatistik, weil es für die Bundesländer bisher keine offizielle Berechnung der Schuldenstände in der Maastricht-Abgrenzung gibt.[108] Wie die Abbildung zeigt, lag der Schuldenstand des Bundes zu Ende des Jahres 2004 bei fast 42 Prozent, der zusammengefasste Schuldenstand der Länder bei 24 Prozent. Unter den Ländern gibt es sehr große Unterschiede. Besonders dramatisch ist die Situation in Berlin. Hier hat sich der Schuldenstand, ge-

[108] Unterschiede in den Abgrenzungen der Verschuldung nach Finanzstatistik und nach der im Sinne des Maastricht-Kriterien relevanten Volkswirtschaftlichen Gesamtrechnung betreffen im wesentlichen die Behandlung von Beteiligungserwerb und -verkauf, von Münzemission und Bewertungsveränderungen der Goldbestände der Bundesbank sowie der Berücksichtigung der Sozialversicherung.

messen am Bruttoinlandsprodukt, mit inzwischen 69 Prozent gegenüber 1997 fast verdoppelt. Schwierig ist die Finanzlage aber auch in anderen Ländern, wie etwa Mecklenburg-Vorpommern und Sachsen-Anhalt. Bremen, das sich seit 1992 in einer anerkannten extremen Haushaltsnotlage befindet und bereits Bundeshilfen erhält, konnte in der Beobachtungsperiode keine Besserung seiner Verschuldungslage verzeichnen. In Thüringen und in Brandenburg liegt der Schuldenstand nicht nur hoch; er hat in den vergangenen Jahren auch beträchtlich zugenommen. Einen Sonderfall stellt das Saarland dar, das sich wie Bremen in den neunziger Jahren in einer extremen Haushaltsnotlage befand. Es konnte seinen Schuldenstand zwischen 1997 und 2004 per saldo etwas senken. Trotz einer im ganzen von Sparsamkeit geprägten Haushaltsführung und beträchtlicher Teilentschuldungshilfen von Seiten des Bundes in Form von Sonderbedarfs-Bundesergänzungszuweisungen war diese Senkung aber nur bescheiden. Aufgrund der neuerlichen Steuerausfälle seit 2001 steigt der Schuldenstand des Saarlands inzwischen sogar wieder an. Daher schließt das Land eine erneute Klage beim Bundesverfassungsgericht auf Anerkennung einer extremen Haushaltsnotlage nicht aus.

(44) Schließlich lässt sich die Frage prüfen, ob der Bund und die Länder im Hinblick auf ihre Verschuldung eine nachhaltige Finanzpolitik betrieben haben. Das ist auf mittlere Frist dann der Fall, wenn die Neuverschuldung das Maastricht-Kriterium eines Schuldenstands von höchstens 60 Prozent des Bruttoinlandsprodukts nicht gefährdet. Tabelle 4 zeigt, ob zwischen 1997 und 2004 die Neuverschuldung nicht mehr als 60 Prozent der Zunahme des Bruttoinlandsprodukts im gleichen Zeitraum betragen hat.

(45) Die Ergebnisse von Tabelle 4 sind wenig ermutigend. Zwischen 1997 und 2004 ist die Summe aller öffentlichen Schulden in Deutschland um 295 Milliarden Euro gestiegen. Im selben Zeitraum nahm das Sozialprodukt um 305 Milliarden Euro zu. Gemessen am Zuwachs des Bruttoinlandsprodukts, betrug damit der Schuldenanstieg in Deutschland rund 97 Prozent. Bleibt es bei diesem Verschuldungstempo wird auch der Schuldenstand im Verhältnis zum Bruttoinlandsprodukt langfristig diesem Prozentsatz zustreben. Die Schuldenlastquote läge dann mit fast 100 Prozent des Bruttoinlandsprodukts weit oberhalb der im Maastricht-Vertrag bestimmten Grenze von 60 Prozent und fast so hoch wie etwa in Italien.

(46) Wieder lässt sich der Anstieg auf Bund und Länder verteilen. Teilt man die Schuldenzunahme nach dem Beschluss des Finanzplanungsrats im Verhältnis von 45:55 auf, hätte die Neuverschuldung im Verhältnis zum Anstieg des Bruttoinlandsprodukts beim Bund nicht mehr als

Tabelle 4: Zur Nachhaltigkeit der Finanzpolitik von Bund und Ländern

	1997–2004			
	Zunahme Schuldenstand	Zunahme Bruttoinlandsprodukt	Verhältnis der Zunahme des Schuldenstands zur Zunahme des Bruttoinlandsprodukts	
			Soll (Höchstwert gemäß Aufteilung Finanzplanungsrat)	Ist
	(1) Mio EUR	(2) Mio EUR	(3) Prozent	(4)
Deutschland	295200	305390	60	**96,7**
davon:				
Bund	163695	305390	27	**53,6**
Bundesländer zusammen	131505	305390	33	**43,1**
Bayern	4765	72825	33	6,5
Baden-Württemberg	8920	53676	33	16,6
Hessen	6403	27344	33	23,4
Hamburg	5730	12055	33	**47,5**
Sachsen	1496	9771	33	15,3
Nordrhein-Westfalen	28740	60637	33	**47,4**
Rheinland-Pfalz	7456	11897	33	**62,7**
Niedersachsen	13476	22132	33	**60,9**
Schleswig-Holstein	5257	6870	33	**76,5**
Mecklenburg-Vorpommern	3903	2152	33	**181,4**
Thüringen	5606	5455	33	**102,8**
Brandenburg	4080	5537	33	**73,7**
Berlin	26756	2794	33	**967,6**
Saarland	–32	3306	33	–1,0
Sachsen-Anhalt	6345	5764	33	**110,1**
Bremen	2604	3176	33	**82,0**

Quelle für Ausgangsdaten: Destatis.

27 Prozent, bei den Ländern nicht mehr als 33 Prozent betragen dürfen. Daran gemessen haben sowohl der Bund als auch die Länder seit 1997 per saldo keine langfristig tragfähige Schuldenpolitik betrieben. Nach dem Vorschlag des Finanzplanungsrates gerechnet besteht ein massiver Konsolidierungsbedarf beim Bund, weil bei ihm das Verhältnis von Schuldenzunahme zu Sozialproduktszunahme mit 54 Prozent das Doppelte des Zulässigen beträgt. Aber auch bei den Bundesländern ist der

Konsoldierungsbedarf erheblich. Der entsprechende Quotient liegt mit 43 Prozent um 10 Prozentpunkte höher als nach dem genannten Schlüssel zulässig wäre. Allerdings unterscheiden sich die Länder deutlich. In der Tabelle 4 sind alle jene Länder fettgedruckt hervorgehoben, die ihren so berechneten zulässigen Anteil an der Maastricht-Quote übertroffen haben. Einige Bundesländer, so Bayern, Baden-Württemberg, Hessen und Sachsen, haben eine nachhaltige Finanzpolitik betrieben. Zwölf Bundesländer und der Bund haben sich dagegen zu stark verschuldet. Das gilt auch für das Saarland, rechnet man die erwähnten Teilentschuldungsraten heraus.

(47) Jeder konkrete Schuldenplafond ist eine hochpolitische Zahl. Andere Aufteilungsschlüssel als der des Finanzplanungsrats sind denkbar. Beispielsweise hat der Sachverständigenrat zur Begutachtung der gesamtwirtschaftlichen Entwicklung anstelle der Aufteilung von 45:55 eine Gleichverteilung von 50:50 vorgeschlagen. Angewendet auf die in Tabelle 4 dargestellten Ergebnisse würde das bedeuten, dass die Schuldenzunahme in den Ländern nicht mehr als 30 Prozent der gleichzeitigen Sozialproduktszunahme betragen dürfte. Diese für die Länder anspruchsvollere Norm haben sie sogar um 13 Prozentpunkte übertroffen. Was die Länder bei der Veränderung eines Aufteilungsschlüssels verlieren, gewinnt der Bund, und umgekehrt. Ein zwischen Bund und Ländern dauerhaft abgestimmter Schuldenplafond wird daher nicht leicht zu erreichen sein. Am Ende dieses Kapitels werden mögliche Umsetzungsstrategien untersucht und gegeneinander abgewogen.

2. *Erfahrungen mit Verschuldungs- und Schuldenstandsbegrenzungen im Ausland*

(48) Praktische Erfahrungen mit Schuldengrenzen liegen insbesondere aus dem Ausland vor. Verbreitet sind in den Bundesstaaten der USA sowohl Schuldenstands- als auch Verschuldungsbegrenzungen. Hierzu existiert eine Fülle statistischen Materials und ökonometrischer Untersuchungen.

(49) Zum einen geht es um die Wirkungen von Regeln, die ein *ausgeglichenes Budget verlangen* (balanced budget rules). Da fast alle Bundesstaaten solche Regeln angenommen haben, gibt es zahlreiche Vergleichsmöglichkeiten. Als erstes gilt es, die Art der Regeln zu betrachten. In 13 Staaten gelten „weiche" Budgetausgleichsregeln, die es erlauben, die im Laufe eines Jahres auftretenden Haushaltsdefizite auf das folgende Jahr zu übertragen. In 24 weiteren Staaten muss dem Parlament ein strikt ausgeglichenes Budget vorgelegt werden. Wenn sich im Laufe des

Jahres ein Defizit aufbaut, muss dieses über Ausgabenkürzungen oder höhere Steuern ausgeglichen werden. In fast allen Staaten gelten Budgetausgleichsgebote nur für den Haushalt der ordentlichen Einnahmen und Ausgaben (operating budget) und nur für die „garantierte Schuld", nicht aber für Ausgaben, die aus zweckgebundenen Abgaben finanziert werden, und auch nicht für die außerordentlichen Einnahmen und Ausgaben, die im Vermögenshaushalt stehen. Die Ergebnisse ökonometrischer Studien lassen sich wie folgt zusammenfassen[109]:

- Strikte Budgetregeln dämpfen signifikant die Tendenz zu einem Haushaltsdefizit.
- Bei strikten Budgetregeln haben die Politiker jedoch einen Anreiz, auf Nebenhaushalte auszuweichen, die den Beschränkungen nicht unterliegen.
- Beschränkungen von Verfassungs wegen, die nur über eine Zwei-Drittel-Mehrheit des Parlaments umgangen werden können, wirken stärker eindämmend als Beschränkungen durch einfaches Gesetz.
- Höchstrichterliche Kontrolle mit direkt gewählten Richtern wirkt sich stärker auf die Einhaltung der Defizitregeln aus als eine Kontrolle durch Richter, die von der Exekutive ernannt oder durch das Parlament gewählt worden sind.

(50) Zum anderen geht es um die Wirkung von Regeln, die den zulässigen *Schuldenstand begrenzen*[110]. Sie beziehen sich meistens auf die absolute Höhe und die Zusammensetzung der Staatsschuld. Es zeigt sich, dass die Pro-Kopf-Verschuldung in Staaten mit einer Schuldenstandsbegrenzung niedriger liegt als in solchen ohne Beschränkungen. Von Staat zu Staat unterscheiden sich auch die Regelungen über Sondervermögen, Schattenhaushalte, private Vorfinanzierungen usw., mit denen Kredite am offiziellen Budget vorbei aufgenommen werden können. Wo solche Schattenhaushalte auch nachrichtlich nicht aufgeführt werden, verschleiern sie die tatsächliche Höhe der Kreditaufnahme und tragen zur Umgehung der Begrenzung bei[111]. Als strikt erweisen sich Begrenzungen des

[109] Bohn, H., und Inman, R. (1996) „Balanced Budget Rules and Public Deficits: Evidence from the U.S. States." NBER Working Paper No. 5533. Cambridge, Mass., von Hagen, J. (1991) „A Note on the Empirical Effectiveness of the Formal Fiscal Restraint." *Journal of Public Economics* 44 (2): 199–210, Poterba, J. (1994) „State Responses to Fiscal Crises: The Effects of Budgetary Institutions and Politics." *Journal of Political Economy* 102 (4): 799–821.

[110] von Hagen, J. (1991) „A Note on the Empirical Effectiveness of the Formal Fiscal Restraint." *Journal of Public Economics* 44 (2): 199–210.

[111] Auch aus der deutschen Finanzgeschichte sind solche Schattenhaushalte bekannt; den

Schuldenstands jedoch dann, wenn sie umfassende Pflichten zur Offenlegung solcher versteckten Verpflichtungen begründen.

(51) Eine Besonderheit der Verschuldung in den amerikanischen Bundesstaaten ist das Fehlen einer allgemeinen bundesstaatlichen Beistandspflicht. Die Gliedstaaten haben auch in dem Ausnahmefall der unverschuldeten extremen Hauhaltsnotlage keinen Anspruch auf Bundeshilfe, von dem gelegentlich gewährten Federal Desaster Relief abgesehen.[112] Damit ist es dem Kapitalmarkt überlassen, in jedem Einzelfall die Bonität des Staatshaushaltes zu bestimmen und Risikoprämien zu ermitteln. Bei steigender Verschuldung müssen die Bundesstaaten mit höheren Zinsen rechnen. Daher – das wird für die nachfolgende Argumentation von Bedeutung sein – haben die Staaten ein *Eigeninteresse*, Schuldenstandsbegrenzungen einzuführen und zu einer nachhaltigen Haushaltswirtschaft zu kommen. Dass ein solcher Anreiz besteht, legen auch ökonometrische Studien nahe. Je strikter die Schuldenstandsbegrenzungen sind, desto niedriger sind für diesen Staat die zu erwartenden Zinskosten. Anders gesagt: die Finanzmärkte schätzen das Risiko von Krediten weniger hoch ein, wenn ein Gliedstaat eine Schuldenstandsbegrenzung hat, als wenn dies nicht der Fall ist[113]. Daher lohnt es sich für die amerikanischen Bundesstaaten, Regeln zur Begrenzung der Verschuldung und des Schuldenstandes einzuführen und durch die Praxis glaubwürdig zu machen.

Dieser Mechanismus ist in Deutschland außer Kraft gesetzt, weil die Märkte bislang damit rechnen, dass der Bund den Ländern in einer Notlage als letzter, hinreichend zahlungskräftiger Bürge zur Verfügung steht.

extremsten Fall bildete die geheime Rüstungsfinanzierung des Dritten Reichs mit dem System der Mefo-Wechsel. Auch die Arbeitsbeschaffung des Dritten Reiches wurde großenteils außerhalb des Haushalts finanziert, allerdings mit Hilfe von Deckungspapieren nachrichtlich im Reichsschuldenausweis erfasst.

112 Die Glaubwürdigkeit von Garantieverweigerungen durch den Bund liegt in den Vereinigten Staaten sicherlich höher als derzeit in Deutschland. Der Bund kann stets auf die staateneigene Einkommensteuer und die Sales Tax verweisen, wenn sich ein Land in Zahlungsschwierigkeiten befindet. Die gelegentlich gewährte Federal Disaster Relief hat für den Staat einmaligen Charakter. Die Savings-and-Loan-Krise ging auf eine unbedachte Deregulierungspolitik der Bundesregierung zurück, daher musste sie auch dafür gerade stehen. Überdies sind die Savings-and-Loan-Banken mit deutschen Landesbanken nicht zu vergleichen.

113 Goldstein, M., und Woglom, G. (1992) „Market-based Fiscal Discipline in Monetary Unions: Evidence from the U.S. Municipal Bond Market." In M. Canzoneri, V. Grilli, and P. Masson (Hrsg.) *Establishing a Central Bank: Issues in Europe and Lessons From the U.S.* New York: Cambridge University Press. Zur Interpretation des o. a. Zusammenhangs vgl. auch Krol, R. (1997) „A Survey of the Impact of Budget Rules on State Taxation, Spending, and Debt." Cato Journal, Vol. 16 (3).

Die Zinskosten bleiben daher für deutsche Bundesländer auch bei steigendem Verschuldungsgrad (wie oben in Abschnitt II. dargelegt) etwa auf dem gleichen Niveau.

(52) Als wirksames Instrument zur Kontrolle der öffentlichen Verschuldung erweisen sich die Elemente der direkten Demokratie, die in einigen Bundesstaaten der USA und in der Schweiz auf der Ebene der Kantone verbreitet sind. Hier können größere Ausgabenbeschlüsse des Parlaments durch Volksentscheide abgeändert werden. Diese direkte Kontrolle erschwert es den politischen Parteien, Ausgaben für ihre Klientel über Stimmentausch durchzusetzen. In rein repräsentativen Demokratien ist mit mehr Stimmentausch und höheren Staatsausgaben, weniger Haushaltsdisziplin und höheren Schulden zu rechnen. Untersuchungen für die Schweiz kommen zum Ergebnis, dass der Schuldenstand pro Kopf der Bevölkerung in direkt-demokratisch organisierten Städten deutlich niedriger liegt als in rein repräsentativ-demokratisch organisierten Städten. In den USA lag der Pro-Kopf-Schuldenstand in den Bundesstaaten mit direkter Demokratie um ein Drittel unter dem Durchschnitt aller Bundesstaaten[114].

(53) Ein Beispiel eines effektiven Schuldenverbots stellt die Finanzverfassung der Europäischen Union dar. Die Einnahmenseite des EU-Haushalts ist strikt begrenzt durch den „Eigenmittelbeschluss“, der vom Rat einstimmig zu fassen und durch die nationalen Parlamente zu ratifizieren ist (Art. 269 EG-Vertrag). Im derzeit gültigen Eigenmittelbeschluss wird eine Eigenmittelobergrenze von 1,24 Prozent des Bruttonationaleinkommens (BNE) der EU festgelegt.[115] Weil der Vertrag verlangt, dass der Haushalt vollständig aus Eigenmitteln finanziert wird und daher keine Schulden aufgenommen werden dürfen, bedarf es einer Sicherheitsmarge, um die der Haushalt die Eigenmittelobergrenze unterschreiten muss. Sie wird je nach Wirtschaftslage in der „Finanziellen Vorausschau“ bzw. dem „mehrjährigen Finanzrahmen“ festgehalten und vom Rat einstimmig beschlossen (Art. 270 EGV). Für die Jahre 2005 und 2006 liegt der mehrjährige Finanzrahmen bei 1,13 Prozent des Bruttonationaleinkommens der Europäischen Union. [116]

114 Feld, L. P. (1997) „Ordnungsethische Erkenntnisse und Politikverhalten”, in: D. Aufderheide und M. Dobrowski (Hrsg.) Wirtschaftsethik und Moralökonomik, Berlin: Duncker und Humblot: 299–310.

115 Schlussfolgerungen des Vorsitzes, Europäischer Rat Berlin, 24. und 25.März 1999 SN100/99.

116 Zweckgebundene Kredite durch die Europäische Investitionsbank sind davon ausgenommen. Diese müssen von den kreditaufnehmenden Mitgliedstaaten und nicht von der EU zurückbezahlt werden.

3. *Lehren für Deutschland*

(54) Die Erfahrungen aus den USA und anderen Ländern legen nahe, dass die wirksamsten Verfahren zur Eindämmung einer unkontrolliert wachsenden Staatsverschuldung in Reformen der Art der politischen Entscheidungsfindung liegen. Eine Ergänzung der repräsentativen Demokratie nach deutschem Muster durch Verfahren der direkten Demokratie hätte allerdings weitreichende verfassungspolitische Implikationen, auf die hier nicht eingegangen werden kann. Schuldengrenzen, wie sie etwa durch den Maastrichtvertrag vorgegeben werden, scheinen derzeit näher beim politisch Möglichen zu liegen.

(55) Aus den Beobachtungen in den Vereinigten Staaten lässt sich erkennen:

1. Wirksame Verschuldungs- und Schuldenstandsbegrenzungen auf der Ebene eines einzelnen Bundesstaats dürften in den USA deutlich glaubwürdiger sein als in Deutschland, weil es in den USA keine allgemeine bundesstaatliche Beistandspflicht gibt und auf die Hoffnung, dass notfalls doch Federal Desaster Relief gewährt wird, kein Verlass ist.

2. Verschuldungs- und Schuldenstandsbegrenzungen werden in den Vereinigten Staaten *einzelstaatlich* beschlossen, was in Deutschland offenbar nicht gelingt.

(56) Für Deutschland lässt sich daraus schließen:

1. Anders als in den Vereinigten Staaten gilt in Deutschland bislang das Prinzip der bundesstaatlichen Beistandspflicht, wenn auch die Faktoren die sie auslösen, nicht genau bestimmt sind. Die Neigung von Bundesländern, auf Landesebene Verschuldungs- und Schuldenstandsbegrenzungen zu beschließen, wird daher im Durchschnitt gering sein.

2. Eine Beistandspflicht bedeutet aber nicht, dass Schulden für die Länder belanglos wären. Hohe Schulden erfordern hohe Zinszahlungen und verengen den Budgetspielraum der Landesregierungen. Auch ist nicht sicher, wie zögerlich und insbesondere wann im konkreten Fall der Beistand des Bundesstaates geleistet wird. Diese unsicheren Faktoren können eigene budgetpolitische Begrenzungen der Länder begünstigen. Finanzstarke Länder werden versuchen, durch selbst gesetzte Grenzen ihren langfristigen budgetären Handlungsspielraum zu bewahren. Ebenso werden sie die Verschuldung über Nebenhaushalte nach Möglichkeit vermeiden. Finanzschwache Länder haben dagegen im Falle einer Zahlungsunfähigkeit wenig zu verlieren. Für

sie kann sich eine riskante Ausgabenpolitik vorteilhafter darstellen, weil sie erwarten, sich im Falle bundesstaatlicher Hilfsmaßnahmen besser zu stellen. Ein solches Verhalten vergrößert tendenziell die Schere zwischen finanzstarken und finanzschwachen Ländern.

3. Im ganzen werden landesindividuellen Maßnahmen zur Schuldenbegrenzung jedoch in Deutschland jedoch ungenügend sein. Die von den Märkten angenommene bundesstaatliche Beistandspflicht, faktisch die von ihnen erwartete Auslösegarantie durch den Bund, macht verantwortungsvolle Verschuldungspolitik für jedes Bundesland zu einem Gut, von dem es auch dann profitiert, wenn es nicht dazu beiträgt. Um Trittbrettfahrerverhalten zu vermeiden und zu Schuldenstandsbegrenzungen zu kommen, ist unter den deutschen Rahmenbedingungen – anders als in den Vereinigten Staaten – ein gemeinsamer Beschluss des Bundes und aller Länder erforderlich.

(57) Ein gemeinsamer Beschluss zur Begrenzung der Verschuldung dürfte indessen schwierig zu erreichen sein. Alle Länder und der Bund müssten zustimmen, ihre Verschuldung einzudämmen. Doch jede Konzession, die einer der Akteure gewährt, vermindert in gleicher Höhe die erforderliche globale Einsparsumme für die anderen[117]. So sind denn auch die bisherigen Versuche zur Aufteilung des Verschuldungsspielraums nach dem Maastricht-Kriterium im Sinne von Obergrenzen für den Schuldenstand und für die Neuverschuldung des Bundes und jedes einzelnen Bundeslandes wenig ermutigend:

Anlässlich der Ratifizierung des Maastrichter Vertrags beriefen sich die Vertreter der Länder auf Art. 109 Abs. 1 GG und betonten, dass die in Maastricht eingegangenen Verpflichtungen keine weitergehenden Eingriffe in die Haushaltswirtschaft der Länder zuließen.

Der Wissenschaftliche Beirat beim Bundesministerium der Finanzen wies im Jahr 1994 auf den bestehenden Handlungsbedarf hin und schlug verschiedene, auch prozedurale Verfahren vor, um zu einer Allokation der Gesamtverschuldungsplafonds auf Bund und Länder zu gelangen.[118] Diesen Vorschlägen ist bislang nicht gefolgt worden.

117 Bei der Verabschiedung der Maastrichtkriterien war dies anders. Denn die Annahme dieser Kriterien war eine notwendige Bedingung für die Einführung des Euro, von der zahlreiche Mitgliedstaaten sich bedeutende politische und wirtschaftliche Vorteile versprachen.

118 Wissenschaftlicher Beirat beim Bundesministerium der Finanzen, Zur Bedeutung der Maastricht-Kriterien für die Verschuldungsgrenzen von Bund und Ländern, BMF Schriftenreihe, H. 54, Bonn (StollfußVerlag) 1994.

Im Jahr 1999 versuchte das Bundesverfassungsgericht, die Autonomie der Länder einzuschränken, indem es zwischen Haushalts- und Finanzwirtschaft unterschied. Nur die erstere sei in Art. 109 Abs. 1 GG enthalten. Für den Finanzausgleich sei aber nur die letztere relevant.[119] Die Länder argumentierten umgehend, dass ihre Verschuldungsautonomie dadurch unberührt bleibe.

Im Rahmen der Verabschiedung des Maßstäbegesetzes wurde versucht, den Finanzplanungsrat zu stärken und über ihn eine Selbstbindung von Bund und Ländern mit dem Ziel eines Budgetausgleichs zu erreichen. Die Länder lehnten dies ab.

Im Jahr 2002 sollten die Beratungen um den nationalen Stabilitätspakt eine Lösung bringen. Vorgesehen war – wiederum auf Initiative des Wissenschaftlichen Beirats beim BMF[120] – eine Selbstbindung von Bund und Ländern und eine Stabilitätsberichterstattung an den Finanzplanungsrat, der Empfehlungen an Bund und Länder aussprechen konnte. Die Vorschläge scheiterten weitgehend im Bundesrat. Erreicht wurde lediglich, dass der Finanzplanungsrat Empfehlungen aussprechen kann, wenn ein Haushalt von der von ihm vorgegebenen Ausgabenrichtlinie abweicht.[121]

(58) Im Ergebnis hält der Beirat fest, dass eine Umsetzung der Maastricht-Kriterien als verbindliche Verschuldungs- und Schuldenstandsobergrenzen im deutschen Bundesstaat weiterhin dringend wünschenswert wäre. Sie würde die Eigenverantwortlichkeit der Gebietskörperschaften stärken und Anreize setzen, auch die Entflechtung der Entscheidungskompetenzen weiter voranzutreiben, die in der bisherigen Diskussion um die Reform der föderativen Ordnung in Deutschland im Vordergrund gestanden hat. Allerdings sind auf dem Weg zu einer Umsetzung der Maastricht-Kriterien im Bundesstaat bislang keine nennenswerten Fortschritte erzielt worden. Innerhalb des bestehenden Systems bundesstaatlicher Beistandsverpflichtungen sind anscheinend die positiven ausländischen Erfahrungen mit Schuldenbegrenzungen im Bundesstaat nicht ohne weiteres auf Deutschland zu übertragen. Diese Beobachtung gibt dem Beirat Anlass zur Darlegung einer zweiten Reformoption, einer Reform, die auch dann griffe, wenn weiterhin keine Einigung über eine innerstaatliche Verteilung des Verschuldungspielraums nach den Maastricht-Regeln gefunden werden kann.

119 BVerfGE 101, 158 (220).

120 Wissenschaftlicher Beirat beim Bundesministerium der Finanzen, Verbesserungsvorschläge für die Umsetzung des Stabilitätspaktes, BMF Schriftenreihe, H. 75, Berlin (StollfußVerlag) 2003.

121 § 51 a Haushaltsgrundsätzegesetz (vgl. oben Tz. 41).

Eine zweite Reformoption: Haftungsbegrenzung des Bundesstaates

1. *Ein Konzept für Nachhaltigkeit: Föderalismus mit beschränkter Haftung*

(59) Der Beirat sieht eine mögliche pragmatische Lösung der Entscheidungsunfähigkeit über ein Herunterbrechen der Maastricht-Kriterien darin, die gegenseitige Haftung der Gebietskörperschaften nach dem bündischen Prinzip zu beschränken und mit Auflagen zu versehen. Innerhalb der dadurch gesetzten Grenzen gilt weiterhin die Solidarität des Bundesstaates. Sie gilt ferner auch für offensichtlich unvorhergesehene Notlagen wie Naturkatastrophen oder schwere regionale Kriseneinbrüche. Die Haftungsbeschränkung kennt also eine Eventualklausel, sie ist ein *contingent commitment.* Das bündische Prinzip gilt also weiterhin, die Solidarität zwischen den Ländern bleibt gewahrt. Eine Vollversicherung soll es nicht geben.

Eine solche Haftungsregel kann unterschiedlich ausgestaltet werden. Am einfachsten zu implementieren sind Globalsummen oder -quoten. So grob sie sein mögen, erfüllen sie doch ihren Zweck. Eine säuberliche Bestimmung von Haftungsgrenzen könnte in der Verbindung mit der Ermittlung der Kosten der Durchführung von Bundesgesetzen durch die Länder bestehen. Hierbei wäre haushaltsmäßig zu trennen zwischen Aufgaben des eigenen und des übertragenen Wirkungskreises der Länder einerseits und ihren freien Aktivitäten anderseits. Während erstere in einem ordentlichen Haushalt zu verbuchen sind, wären die letzteren in einem „freien Budget" separat zu finanzieren und dürften nicht mit den anderen Haushaltsmitteln vermischt werden.

Projekte des freien Haushalts wären ausschließlich über Verschuldung ohne Bundesgarantie frei zu finanzieren. Sie kämen nicht in den Genuss der niedrigeren insolvenzgeschützten Zinssätze des ordentlichen Haushalts. Auch wäre es dem Land verboten, Rettungsaktionen aus Mitteln des ordentlichen Haushalts zu unternehmen. Auf diese Weise könnte der Kreditmarkt zumindest im freien Teilbereich seine Rationierungsfunktion ausüben.

(60) Die Minimallösung einer getrennten Haushaltsführung bei den Ländern trifft das Problem der Verflechtung zwischen Bund und Ländern, wie sie in Tabelle 1 zum Ausdruck kommt, nur an einem kleinen, aber wichtigen Punkt. Sie stellt einen ersten Schritt in Richtung einer generellen Haftungsbeschränkung des Bundes für die Politik der Länder dar. Weitere Schritte in Richtung einer Pauschalierung der Haftung des Bundes für die Politik der Länder könnten folgen. An einem fernen Ende könnte man sich vorstellen, dass der Bund für die Politik der Länder nur

noch mit einer je Land vereinbarten festen Summe haftet. Der Weg dorthin ist lang. Aber je besser diese finanzielle Entflechtung gelingt, umso eher wird es möglich sein, auch eine Entscheidungsentflechtung zu erreichen, d.h. das Problem zu lösen, das zum Scheitern der Föderalismuskommission in ihrem ersten Anlauf geführt hat.

(61) Gelegentlich wird kritisiert, eine teilweise Herauslösung der Länder aus dem Haftungsverbund des Bundes führe dazu, dass alle Länder und womöglich auch der Bund höhere Zinsen für ihre Schuldverschreibungen bezahlen müssten. Diese Ansicht ist jedoch nicht begründet. Derzeit tragen Bund und Länder den Zins, der dem Durchschnittsrisiko deutscher Gebietskörperschaften entspricht. Nach der Auflösung des bundesweiten Haftungspools ist zu erwarten, dass überschuldete Länder höhere und gut fundierte Länder niedrigere Zinsen annehmen. Genau das ist aber gewollt. Der Kreditmarkt soll selektionieren und damit verhindern, dass sich Länder ohne finanziellen Rückhalt unbedacht verschulden. Da sich die Länder entsprechend anpassen und eine sorgfältige Schuldenpolitik betreiben, ist es durchaus denkbar, dass sich langfristig ein für alle Beteiligten im Durchschnitt niedrigerer Zins einstellt. Verwiesen sei auf das Beispiel der Schweiz, wo – wie in Abschnitt II ausgeführt – die Kantone traditionell einem Nichtauslösungsregime unterliegen. Dennoch genießen sie unter den Gebietskörperschaften die niedrigsten Zinssätze in Europa. Ähnliche Mechanismen gelten – wie in Kapitel III dargestellt – für die Bundesstaaten der USA.

Minderheitsvotum

(62) Eine Minderheit des Beirats hält es nicht für geboten, unter den gegebenen Umständen sogar für schädlich, ja für gefährlich, gegen die fortdauernd übermäßige Neuverschuldung der meisten Gliedstaaten des deutschen Bundesstaates einen möglichen Widerstand der Finanzmärkte – in Gestalt höherer Zinsen, am Ende gar der Kreditverweigerung – zu mobilisieren, indem man die wechselseitige Solidarhaftung zwischen den Gliedstaaten nach und nach einschränkt und die Möglichkeit eines Insolvenzverfahrens für einen zahlungsunfähig gewordenen Gliedstaat schafft.

(63) Bund und Länder haben ein großes gemeinsames Interesse und die uneingeschränkte Verpflichtung, je für sich sowie im gemeinschaftlichen Zusammenwirken mit allen Kräften dafür zu sorgen, dass an den Finanzmärkten die Solidität der Staatsfinanzen in Deutschland nicht in Frage steht und der Zins für den Kredit an deutsche öffentliche Stellen deshalb für alle so niedrig wie möglich bleibt. Dass der einzelne Gliedstaat im allgemeinen – nicht notwendigerweise in jedem einzelnen Fall – seine Pflicht

ernst nimmt, ist vorausgesetzt bei der Versicherung auf Gegenseitigkeit gegen den Fall der „extremen Haushaltsnotlage“, die als Element der Solidargemeinschaft von Bund und Ländern, zusammengehalten durch das bündische Prinzip, anzusehen ist. Solange die Überzeugung vorherrscht, dass das Gemeinwesen im ganzen zahlungsfähig bleibt, vollbringen die Beteiligten ein bedeutendes Werk an Risikoabbau. Im Konzept der Mehrheit des Beirats wird dieses Werk an Risikoabbau zu gering eingeschätzt. Die Mehrheit bewertet den enormen doppelten Vorteil der Versicherung – Hilfe im Notfall sowie ständig niedrigstmögliche Zinsen – offensichtlich niedriger als die Gefahr, dass einzelne Versicherte ihre Obliegenheiten verletzen, weil sie die schlimmen Folgen einer solchen Verletzung nur teilweise zu tragen haben. Das überzeugt nicht. Man schafft eine für alle äußerst große Vorteile verheißende Versicherung nicht ab, weil es schwer fällt, die Verletzung der Obliegenheiten eines Versicherten zu sanktionieren. Denn unmöglich ist die Sanktionierung nicht, zumal wenn der auf seine Souveränität pochende Versicherte seine wichtigste Pflicht, eine auf Solidität bedachte Finanzpolitik – nach den in Gesetz und Verfassung festgelegten Regeln – zu betreiben, nicht erfüllt.

(64) In einem Bundesstaat mit überwiegend gesunden Staatsfinanzen mag offen sein, ob sich die Gliedstaaten in ihrem Finanzgebaren lieber von Seiten der Finanzmärkte – durch die drohende Verweigerung oder Verteuerung von Kredit – disziplinieren lassen wollen oder ob sie es statt dessen vorziehen, Abstriche bei ihrer Autonomie hinzunehmen, indem sie Regeln zur wechselseitigen Kontrolle ihrer Finanzpolitik akzeptieren, deren Effektivität nicht in Frage steht. Ist hingegen – wie in Deutschland – die schon aufgelaufene öffentliche Verschuldung, die verborgene Verschuldung mitgerechnet, sehr hoch, so ist diese Frage nicht mehr offen. Die gemeinsame Aufgabe, das noch vorhandene Vertrauen an den Finanzmärkten zu bewahren, steht an aller erster Stelle; denn jeder deutliche Risikozuschlag beim Zins für den Staatskredit würde eine Sanierung außerordentlich erschweren. Gegenüber den Finanzmärkten kommt alles auf den Abbau von Risiken an, nicht auf den Abbau eines bisher wirksamen Risikoabbau-Mechanismus. Will man nicht das Risiko eingehen, dass alsbald alles zu rutschen beginnt, ist deshalb gegenwärtig nicht daran zu denken, bestehende Solidarpflichten auch nur auf längere Sicht in Frage zu stellen und einen klaren Vorrang für den Grundsatz des Jeder-für-sich, hier Selbstverantwortung genannt, zu verkünden und die Finanzmärkte einzuladen, künftig jeden einzelnen Gliedstaat für

sich und nicht mehr nur das Gemeinwesen im ganzen auf seine finanzwirtschaftliche Solidität zu prüfen.

(65) Um bundesstaatliche Gewährleistungspflichten für Schuldverschreibungen der Gliedstaaten beschränken zu können, nimmt die Mehrheit in Kauf, solche Pflichten zunächst einmal schaffen zu müssen. Denn gegenwärtig gibt es sie als solche gar nicht. Was es gibt, ist eine allgemein gehaltene, selbst als solche *nicht unbedingte* bundesstaatliche Pflicht zur Hilfe in Fällen der extremen Haushaltsnotlage eines Gliedstaates, einer Hilfe, die in vielfältiger Form konkret werden kann und nicht notwendigerweise eine bestimmte Form annehmen muss (vergleiche Abschnitt II.6.). Mehr braucht man auch nicht. Namentlich dem Bund ist strikt davon abzuraten, sich auf etwas anderes einzulassen; es könnte ihn sehr, sehr viel Geld kosten; denn nicht Einschränkung sondern Ausdehnung des Volumens an konkreter bundesstaatlicher Haftung wäre ja zunächst einmal die Folge, wenn der Bund formell Bürge eines bestimmten Volumens an umlaufenden Staatschuldtiteln der Länder würde. – Die Frage der möglichen Insolvenz eines deutschen Gliedstaates, und was dann zu tun sei, stellt sich nicht, und das Bundesverfassungsgericht tut gut daran, bei seiner klugen Zurückhaltung zu bleiben und solche nicht gestellte Fragen nicht zu beantworten.
So weit die Meinung dieser Minderheit.

2. *Autonomie bedingt Selbstverantwortung*

(66) Ob die im vorangegangenen Abschnitt beschriebene Haftungsbeschränkung von selbst zustande kommt oder ob sich Bund und Länder auf eine Aufteilung der Maastrichtquoten auf Bund und Länder einigen, kann hier nicht Gegenstand der Erörterung sein. Bedingungen, unter denen ein solcher Schritt für die beteiligten Bundesländer anreizverträglich ist, werden weiter unten in Abschnitt IV 5 skizziert. Wenn das Bundesverfassungsgericht in der Sache des Normenkontrollantrags auf Sanierungshilfen des Landes Berlin vom 4. September 2003 den ersten Schritt tut und ein klares Urteil in Richtung einer Haftungsbeschränkung spricht, dann haben die Beteiligten jedoch einen Anreiz, ihre Lage zu klären und die Haftungssphären gegenseitig abzugrenzen, um im Konfliktfall vor Überraschungen gesichert zu sein.

(67) Wenn das einmal erreicht ist, wird sich auch der umstrittene Art. 109 Abs. 1 GG revidieren lassen. Wie erinnerlich lautet er derzeit: „Bund und Länder sind in ihrer Haushaltwirtschaft selbständig und voneinander un-

abhängig." Manche Kritiker dieses Artikels meinen, es müsse die Selbständigkeit der Länder in ihrer Haushaltswirtschaft eingeschränkt werden. Doch das ist nicht der entscheidende Punkt. Eine Aufhebung der Selbständigkeit würde zur Dominanz des Bundeshaushalts über die Länderhaushalte, und von dort zum Verwaltungsprinzip des Einheitsstaates führen. Das aber wäre mit dem Bundesstaatsprinzip des Grundgesetzes schwerlich vereinbar. Vielmehr kommt es darauf an zu erkennen, dass Selbständigkeit und Unabhängigkeit ohne Selbstverantwortung nicht möglich sind. Daher gilt es, auf die Selbstverantwortung Bezug zu nehmen und den Art. 109 Abs. 1 neu zu fassen: „Bund und Länder sind in ihrer Haushaltwirtschaft selbständig, *selbstverantwortlich* und voneinander unabhängig."

3. *Perspektiven der Nachhaltigkeit: Folgerungen für eine weitergehende Föderalismusreform*

(68) Die Anreizeffekte einer Haftungsbegrenzung, wie sie oben beschrieben worden sind, reichen weit über die Folgen des Haftungsausschlusses auf die Bonität und das Verschuldungsgebahren der einzelnen Gebietskörperschaften hinaus. Auf sich gestellt werden die jeweiligen Länder ein hohes Interesse daran entwickeln, die eigene Steuerhoheit auszuweiten und den Anteil des Steuerverbunds an den Einnahmen zurückzuführen. Gleich welchen Kriterien eine Haftungsbegrenzung im einzelnen folgt, ist das Land dann oberhalb der Garantiesumme der alleinige *residual claimant*, der Risikoträger der eigenen Haushaltswirtschaft im Guten wie im Schlechten. Das schafft einen Anreiz, an den Ausgaben zu sparen und die Steuerquellen zu pflegen.

3.1. Von der Finanzentflechtung zur Entscheidungsentflechtung

(69) Ist die Haftungsbeschränkung einmal in Kraft, wird von selbst eine Bewegung in Gang kommen, die Entflechtung der Kompetenzen zwischen Bund und Ländern weiter voranzutreiben. Was jetzt als unentwirrbarer gordischer Knoten erscheint, in dem ein Junktim zwischen allem und jedem besteht und Spezialfragen wie Hochschulentwicklung oder die Finanzierung von Kindertagesstätten zum Stolperstein eines ganzen Reformwerks werden, wird nun umgekehrt zum Gegenstand eines gleichlaufenden Interesses: Die Haftungsbeschränkung setzt eine Dynamik in Gang, in der alle Beteiligten ein Eigeninteresse an der Wiederherstellung institutioneller Kongruenz haben. Die Haftungsbeschränkung wirkt gleichsam als Anstoß, dem weitere Reformen des Föderalismus wie bei einem Dominoeffekt nachfolgen werden.

(70) Der Grund hierfür liegt darin, dass die Aufhebung des Haftungsverbunds den fundamentalen Fehlanreiz beseitigt, der ein Auseinanderdividieren der Kompetenzen gegenwärtig verhindert. Auf der Ausgabenseite wird dies tendenziell zu einer Rückführung der von bundesgesetzlich bestimmten Landesaufgaben führen, jedenfalls aber zu ihrer Neugestaltung auf dem Wege des kündbaren Staatsvertrages – nicht weil damit der Anteil der zustimmungspflichtigen Bundesgesetze verringert wird, sondern weil bei erhöhter finanzieller Eigenverantwortung jedes Land ein Eigeninteresse daran hat, keine Kontrollmöglichkeiten aus der Hand zu geben.

(71) Die Finanzierungsentflechtung stellt so gesehen eine Voraussetzung der Entscheidungsentflechtung dar. Je mehr der Bund seine Haftung gegenüber den Ländern auf feste Summen limitiert, desto mehr werden die Länder darauf dringen, nur noch solche Aufgaben anzunehmen, die sie aufgrund ihrer eigenen Finanzkraft, des Finanzausgleichs und der festen Haftungssumme auch selbst verantworten können. Es würde eine Reform des Föderalismus von unten nach oben in Gang gesetzt, die zu einer Entflechtung der Ausgaben- wie der Einnahmenseite führt. Das in Art. 30 des Grundgesetzes verankerte Subsidiaritätsprinzip würde wieder mit Leben gefüllt.

3.2. *Wege zur Steuerentflechtung*

(72) Auf der Einnahmenseite wird sich der Wunsch nach einer Ausweitung der steuertariflichen Gestaltungsmöglichkeiten der Länder – alternativ einer Verbreiterung ihrer eigenen Steuerbasis – Gehör verschaffen. Zu denken wäre beispielsweise an ein Zu- und Abschlagsrecht der Länder und der Gemeinden bei der Einkommensteuer oder an eine Steuerautonomie nach schweizerischem Muster. Dann stünde es der einzelnen Gebietskörperschaft frei, in eigener Steuerhoheit einen Hebesatz auf den bundesgesetzlichen Steuertarif festzulegen, der beispielsweise zwischen 90 und 110 Prozent variieren könnte. In gleicher Weise ließen sich bundeseinheitlich erhobene Landessteuern in die Landesgesetzgebung überführen, z. B. die Kraftfahrzeug-, Erbschaft- und Schenkungsteuer. So könnte etwa auch den Gemeinden ein beschränktes Hebesatzrecht auf die Einkommensteuer zugestanden werden, und zwar sinnvollerweise sowohl der Gemeinde des Arbeitsorts als auch derjenigen des Wohnorts. Auf diese Weise ließe sich zuletzt auch die Gewerbesteuer aus der Welt schaffen. [122]

122 Ein derartiger Vorschlag wurde vom Bundesverband der Deutschen Industrie und dem Verband der Chemischen Industrie vorgelegt in: Verfassungskonforme Reform der Gewerbesteuer? Köln (Deutscher Institutsverlag) 2001.

(73) An einer erweiterten Steuerhoheit wären die Länder auch deshalb interessiert, weil sie nur so die Sicherheiten bieten können, die ihnen den Zugang zum Kreditmarkt eröffnen. Umgekehrt wird der Kreditmarkt dann wieder in die Lage versetzt, seine Allokationsfunktion auszuüben. Er gibt den Ländern die Signale, welche Projekte sich lohnen und welche nicht. Diese Funktion des Kreditmarktes ist unter dem gegenwärtigen System der Bundeshaftung für die Länderschulden, wie erwähnt, außer Kraft gesetzt; alle Projekte werden nach der Bonität des Bundes beurteilt. Gilt jedoch die Regel einer beschränkten Bundeshaftung, dann wissen die Gläubiger, dass sie im Falle einer Zahlungsunfähigkeit eines Landes nur wenig zu erwarten haben. Ein rationaler Anleger wird deshalb darauf achten, seine Ausleihungen an ein Bundesland an dessen Schulden und Ausgabenverpflichtungen im Verhältnis zu seiner langfristigen Steuerkraft auszurichten, denn daran bestimmt sich zuletzt der Wert seiner Anleihe. Um so willkommener wird es sein, wenn die Länder im Rahmen einer neu gestalteten Steuerverfassung ein Hebesatzrecht auf die Einkommen- und Körperschaftsteuer haben.

(74) Im übrigen kann nach dem jüngsten Vorschlag des Beirats beim Bundesfinanzministerium[123] an ein geordnetes, vergleichsähnliches Insolvenzverfahren im Falle eines Schuldenüberhangs gedacht werden[124].

Alle diese weiterführenden Perspektiven eröffnen sich gleichsam von selbst, sobald die Vollversicherung der Länder im Haftungsverbund aufgehoben wird. Die Haftungsbegrenzung geschieht also nicht um ihrer selbst willen, sondern ist ein Mittel, um die viel weitergehende Frage einer grundlegenden Föderalismusreform am richtigen Ansatzpunkt anzugehen und den politischen Prozess radikal zu vereinfachen. In der Einfachheit und der hochgradigen Wirksamkeit dieses Mittels liegt der ordnungspolitische Gewinn dieses Vorschlags.

4. *Zum Verhältnis von Schulden- und Haftungsbegrenzung*

(75) Zunächst kann es den Anschein haben, als seien Schuldenbegrenzung und Haftungsbeschränkung zwei ganz verschiedene Mittel, um die finanzielle Eigenverantwortung der Gebietskörperschaften zu stärken. Tatsächlich aber bestehen innere Verbindungen zwischen beiden Instru-

123 Wissenschaftlicher Beirat beim Bundsministerium der Finanzen, Haushaltskrisen im Bundesstaat, BMF Schriftenreihe, H. XX, Bonn (Stollfuß-Verlag) 2005.

124 Konzepte dazu gibt es in der Fachdiskussion, vgl. Ch. B. Blankart / A. Klaiber: „Wer soll für die Schulden von Gebietskörperschaften haften? in: Chr. A. Schaltegger und St. C. Schaltegger, Perspektiven der Wirtschaftspolitik, Festschrift für René L. Frey, Zürich (vdf Hochschulverlag AG an der ETH), 2004, S. 137–150.

menten. Wie bereits gezeigt, wird eine Schuldenbegrenzung von einem einzelnen Land nur dann angenommen, wenn hinter ihr ein glaubwürdiger Haftungsausschluss des Bundes steht. In diesem Fall wirkt eine Schuldengrenze als Mittel der Selbstbindung an eine nachhaltige Fiskalpolitik, die am Kreditmarkt mit geringeren Finanzierungskosten honoriert wird. Ohne eine Haftungsbeschränkung entfiele die Prämierung durch den Kreditmarkt und dem Zeitinkonsistenzproblem der jeweiligen Landesregierung stünde keine glaubhafte Bindungswirkung entgegen. Ganz genauso steht es aber auch mit einer von Bund und Ländern kollektiv angenommenen Schuldenbegrenzung, etwa einem Herunterbrechen des Maastricht-Kriteriums auf die Länder in einem Nationalen Stabilitätspakt.

(76) Wieder ergibt sich die Bindungswirkung für ein einzelnes Land im wesentlichen durch den Kapitalmarkt, und zwar durch den Haftungsausschluss für jede Schuld, die in Übertretung der Vorschriften über die dem Land zugeteilte Obergrenze der Verschuldung hinaus aufgenommen wird. Gäbe es diesen Haftungsausschluss nicht, d. h. würde der Bund weiter auch für Schulden jenseits der Schuldengrenze haften, so bestände für das Land ein Anreiz, sich durch Umgehungsmaßnahmen in den Besitz zusätzlicher Kreditmarktmittel zu bringen, da der Bund haftet. Weil dies so ist, wäre der Kapitalmarkt zur Vergabe von Krediten ohne Risikoprämie bereit, was zu allen nur erdenklichen Modellen der privaten Vorfinanzierung öffentlicher Leistungen vom Leasing bis zu scheinprivaten Trägergesellschaften führen würde, ohne dass die hiermit entstehenden Vorbelastungen künftiger Haushalte im Schuldenausweis erscheinen.[125] Natürlich werden rechtliche Bindungen ihre Wirkung entfalten in dem Bemühen, diese Ausweichmöglichkeiten zu verstellen. Allerdings ist auch mit der Entdeckung ständig neuer Ausweichmöglichkeiten zu rechnen.

(77) Jede kollektiv angenommene Schuldenbegrenzung wirkt also ökonomisch nur in dem Maße, in dem sie eine Beschränkung der Haftung für die Länderschulden vorsieht. Typischerweise wird die Haftungsgrenze dann gerade mit der vereinbarten Schuldengrenze zusammenfal-

[125] Zur Illustration sei an diesem Punkt das Cross Border Leasing der Gemeinden erwähnt. Der Gemeindekredit unterliegt wie oben erwähnt der Bewilligung durch die Landratsämter oder Bezirke. Die Situation ist der einer kollektiven Verschuldungsbegrenzung der Länder nicht unähnlich, und Cross Border Leasing von kommunaler Infrastruktur versteht sich als typische Ersatzmaßnahme vor dem limitierten Gemeindekredit. Dass die Gemeinden hierbei sehr langfristige und äußerst riskante Risiken eingehen, zeigt, dass oktroyierte Verschuldungsbegrenzungen die mit einer Überschuldung verbundenen Gefahren noch verschlimmern können, vgl. Ch. B. Blankart / A. Klaiber a.a.O.

len. Ein glaubwürdiger Schuldendeckel ist also nichts anderes als eine besondere Variante der Haftungsbeschränkung, nämlich die Bindung der Haftung an den Schuldenstand. Insofern besteht zwischen beiden hier dargelegten Reformoptionen eine enge Beziehung: die erste Option ist, wenn sie mit dem Anspruch auf Glaubwürdigkeit und echte Wirkungskraft implementiert wird, ein Spezialfall der zweiten. Die zweite Reformoption ist also allgemeiner als die erste und damit in ihrer Ausgestaltung auch flexibler.

5. *Umsetzung des Föderalismus mit beschränkter Haftung*

Im Prinzip ist an vier Wege zu einer nachhaltigen Finanzverfassung und Aufgabenverteilung im Bundesstaat zu denken.

5.1. *Änderung des Haftungsregimes per Richterrecht*

(78) In einem ersten Fall wird die Härtung des Haftungsregimes per Richterrecht implementiert. Diese Eventualität ist im vorangegangenen Abschnitt IV.2 schon angesprochen worden. Zu denken wäre etwa an ein Urteil des Bundesverfassungsgerichts zur Klage Berlins gegen den Bund auf Feststellung einer extremen Haushaltsnotlage. Falls ein solches Urteil eine unbeschränkte bundesstaatliche Haftung substanziell verneinte, dann träte der Dominoeffekt ein, der weiter oben ausgeführt ist: Die Haftungsbeschränkung schafft Anreize für den politischen Prozess, im Föderalismus ein Trennsystem auf der Einnahmenseite sowie eine klare Aufgabentrennung zu implementieren. Dieser Weg wäre einfach und sein Beschreiten vermutlich segensreich für eine Föderalismusreform.

(79) Ein Ausbau der höchstrichterlichen Rechtsprechung in die genannte Richtung macht die Gläubiger wie erwähnt zu aktiven Risikoträgern. Anders als bisher gehen sie das Risiko ein, ihre Einlage möglicherweise zu verlieren. Weil aber die bisherigen Gläubiger von der Annahme des vorrangigen Gläubigerschutzes ausgingen, bedarf die Neuordnung flankierend eines Vertrauensschutzes durch eine Altschuldenregelung. Das Gericht wird möglicherweise einen Stichtag angeben, ab dem dieser Gläubigerschutz nicht mehr gilt. In welchen Risikopaketen die zukünftigen Schuldverschreibungen auf den Markt gebracht werden – in großen oder kleinen Losen, kurz- oder langfristig und in einheitlichen oder differenzierten Gewährleistungsstufen – ist dann Sache der Gebietskörperschaft und der neuen Gläubiger.

(80) Angenommen, das Gericht kommt zu einer glaubhaften Lockerung der bundesstaatlichen Beistandspflichten, wie ist dann im Falle einer Finanzkrise vorzugehen? Im 1992er Urteil des Bundesverfassungsgerichts zum Saarland und zu Bremen finden sich Hinweise auf Instrumente des Stabilitäts- und Wachstumsgesetz und zur mittelfristigen Finanzplanung im Bundesstaat. Solche Instrumente hätten den Charakter zwingender Maßnahmen, die insoweit die Budgetautonomie der betreffenden Gebietskörperschaft einschränken. Vor zu großem Optimismus bezüglich der Wirksamkeit solcher Planungsinstrumente sei allerdings gewarnt. Die bisherigen Erfahrungen mit der mittelfristigen Finanzplanung des Bundes und der Länder sind enttäuschend; nicht zuletzt liegt dies an der prinzipiellen Schwierigkeit, Schwankungen in den öffentlichen Einnahmen und Ausgaben über einen längeren Zeitraum hinreichend zu prognostizieren. Ein Mechanismus, der auf die Instrumente des Stabilitäts- und Wachstumsgesetzes abzielt, ist also nur scheinbar attraktiv. Wahrscheinlich ist, dass sein Einsatz an unüberwindbaren Informationsproblemen scheitert.

(81) Solche staatlichen Planungsinstrumente sind aber auch nicht erforderlich. Ist eine klare Verschuldungsbegrenzung erst einmal ausgesprochen, werden die Finanzierungskosten jenseits dieser Grenze rasch prohibitiv steigen und den Weg in die Verschuldungsspirale wirksam blockieren. Ist dann eine Gebietskörperschaft nicht mehr in der Lage, ihre nach einer Haftungssperre neu aufgenommenen Schulden zu bedienen, so fällt das Risiko auf die Gläubiger, die sich im Wissen um die Haftungsregel auf Treu und Glauben nicht mehr berufen können.

5.2. *Umsetzung über die Maastrichtkriterien*

(82) Ein zweiter Weg zur Umsetzung der Reform könnte sich ergeben, wenn sich das Maastricht-Kriterium auf Dauer doch als „hart" und nicht verhandelbar erweist. Bund und Länder werden dann aufgrund von Druck aus Brüssel nicht umhin können, die Quoten der Maastrichtkriterien auf den Bund und die einzelnen Bundesländer aufzuteilen und ein entsprechendes Sanktionssystem einzurichten. Die erfolgreiche Einführung einer solchen gemeinsamen Schuldenbegrenzung durch Bund und Länder hätte ganz analoge Wirkungen zum ersten Fall: Die Haftungsbeschränkung durch einen Schuldendeckel schafft Anreize zur Neugestaltung der bundesstaatlichen Aufgabenteilung im Sinne einer klareren Abgrenzung und Zuteilung von Verantwortlichkeiten.

(83) Durch die jüngsten, auf deutsches Betreiben zustande gekommenen Beschlüsse der Europäischen Union zu einer Aufweichung der Prüfkriterien für Schuldenstand und Nettoneuverschuldung ist die Durchsetzung

eines Schuldendeckels vorerst weniger wahrscheinlich geworden. Der Beirat sieht diese Entwicklung als kontraproduktiv an und fordert die zuständigen politischen Instanzen, insbesondere die Gesetzgeber in Bund und Ländern nachdrücklich auf, zu einer Position unbedingter Unterstützung des Maastricht-Abkommens zurückzukehren.

5.3. Verhandlungslösung mit Schuldenarrangement

(84) Ein dritter Weg besteht in Verhandlungen über die Beschränkung der Haftung im Föderalismus, etwa im Sinne eines Maßstäbegesetzes. Man könnte einwenden, in die Verhandlungen über eine solche Haftungsklausel würde sofort wieder das Gesamtpaket aller erdenklichen Reformoptionen eingebracht. Diese Sorge ist jedoch unberechtigt. Denn das stärkste Interesse an einer strukturellen Reform des Föderalismus im Sinne einer Erhöhung der eigenen Gestaltungsspielräume wird bei den finanzstarken Ländern bestehen. Gerade diese Länder haben aber aufgrund ihrer vergleichsweise günstigen Finanzlage ein Eigeninteresse an einer Beschränkung ihrer Haftung für den Pool als ganzes. Auf kurze Frist mögen diese Anreize noch durch den Finanzausgleich unter den Ländern verzerrt sein. Mit dessen angestrebtem Auslaufen ändert sich dies jedoch, und die Interessengegensätze zwischen den wohlhabenden und ärmeren Bundesländern werden deutlich hervortreten.

(85) So ging auch die Initiative zur jüngsten Reform des Finanzausgleichs von den finanzstarken Ländern aus. Umgekehrt aber werden die finanzschwachen Länder ein vergleichsweise geringeres Interesse an einer Neuverteilung der Entscheidungskompetenzen haben. Der Grund hierfür liegt in der Beschränkung ihrer Handlungsspielräume durch ihre prekäre Finanzlage. Die Ablehnung oder Zustimmung der finanzschwachen Länder hängt also hauptsächlich davon ab, ob sie im Rahmen einer Neuregelung der Haftungsbeschränkung von ihren Altlasten befreit werden. Durch Seitenzahlungen an die finanzschwachen Länder, im besonderen durch eine unter Umständen recht weitgehende Bereinigung der Altverschuldung, kann dieses Verhandlungsproblem also erheblich vereinfacht werden. Hinweise aus der jüngeren Vergangenheit auf einen möglichen Erfolg dieser Strategie liefert das gelegentliche „Herauskaufen" einzelner Länder aus Ablehnungsfronten im Bundesrat durch finanzielle Anreize des Bundes.

5.4. *Einfach nichts tun*

(86) Ein letzter Weg zu einer dauerhaften Regelung eröffnet sich durch eine überraschende Strategie, nämlich das Nichtstun. Geschieht nichts, wird sich die Schere zwischen finanzstarken und finanzschwachen Ländern weiter öffnen. Letztere haben einen zunehmenden Anreiz, sich unter den Schirm der Bundesgarantie zu flüchten; von ihnen sind Anstrengungen zu einer nachhaltigen Finanzpolitik nur insoweit zu erwarten, als ihnen die Erfüllung der Bundesgarantie noch unsicherer ist. Die finanzstarken Länder dagegen haben die Option, durch Schuldenbegrenzung die Nachhaltigkeit ihrer eigenen Haushalte zu sichern und damit die eigene Handlungsfähigkeit zu erhalten. Dann ist die implizite Versicherung der bislang bestehenden Beistandsverpflichtung nicht stabil; von den starken Ländern geht Druck in Richtung auf eine Beschränkung des Haftungspools aus.

(87) Einen Hinweis auf die Relevanz dieses Falls gibt die oben dargelegte restriktive Schuldenpolitik Bayerns, Baden-Württembergs, Hessens und Sachsens. Einen Hinweis hierauf gibt ebenfalls die vor einiger Zeit beschlossene Befristung des jetzigen Länderfinanzausgleichs. Auch die Beibehaltung des status quo wird also eine Lösung nicht verhindern, denn jedes Jahr des Nichtstuns erhöht den Reformdruck.

5.5. *Zum Verhältnis von EU-Stabilitätspakt und Nichtauslösegarantie*

(88) Im Zentrum dieses Gutachtens standen zwei Regelungen, die die Bundesländer – im weiteren Sinne aber auch den Bund – daran hindern sollen, sich übermäßig zu verschulden: die Schuldenbegrenzung durch einen Plafond und die Nichtauslöseverpflichtung. Interessanterweise finden sich beide Regelungen auch im EG-Vertrag. Die Mitgliedstaaten wollten mit enger werdender Zusammenarbeit, insbesondere seit dem Vertrag von Maastricht zwei Sicherheiten für eine verantwortungsvolle Haushaltspolitik der Mitgliedstaaten in den Vertrag aufnehmen: zum einen den Stabilitäts- und Wachstumspakt nach Art. 104 EGV und zum anderen die gegenseitige Nichtauslöseverpflichtung (genauer: das Nichtauslöserecht jedes Mitgliedstaates) im Falle von Haushaltsnotständen nach Art. 103 EGV. Schon von Anfang an wurden Zweifel an der Funktionsfähigkeit der zweiten Regelung, der Nichtauslöseverpflichtung, geäußert. Schwerlich könne ein Mitgliedstaat es sich leisten, untätig abseits zu stehen, wenn ein anderer Mitgliedstaat zahlungsunfähig werde. Zu groß seien die Ansteckungseffekte aus dem Zusammenbruch eines Staates auf die anderen Staaten. Es brauche einen vorgeschalteten Stabilitäts- und Wachstumspakt. Durch ihn sollten die Mitgliedstaaten vor-

weg zu einer seriösen Haushaltsführung angehalten werden, damit nicht getestet werden müsse, ob die gegenseitige Nichtauslösungsverpflichtung tatsächlich funktioniert.

(89) Nunmehr hat der Stabilitäts- und Wachstumspakt früher als erwartet Schwächen manifestiert. Er ist vom Europäischen Rat im März 2005 verwässert worden. Aus der obigen Diskussion der Hindernisse, die einem nationalen Stabilitätspakt in Deutschland im Wege stehen, lässt sich auch das Verhalten auf europäischer Ebene erklären. Budgetstabilität in Europa ist ein Gut, an dem alle Mitgliedstaaten teilhaben möchten, für das aber niemand freiwillig den Preis zu bezahlen bereit ist. Deswegen bedarf es besonderer Anreize, einen solchen Pakt zu schließen, bzw. ihm beizutreten. Zum Beginn der Währungsunion war das gegeben. Heute, wo der Beitritt bei vielen vollzogen ist, schwindet das Interesse an dieser Disziplin.

Schlussfolgerungen

(90) Dieses Gutachten gilt der finanziellen Stabilität des deutschen Föderalstaates. Es will in der gegenwärtigen Phase der Föderalismusdiskussion die Aufmerksamkeit auf die Einnahmeverflechtungen im deutschen Bundesstaat lenken. Von dieser Verflechtung, insbesondere der bislang ungeregelten gegenseitigen Beistandsverpflichtung, gehen schwerwiegende Fehlanreize aus, die ein wesentliches Reformhindernis darstellen. Diese Fehlanreize gefährden auch die Nachhaltigkeit der sich abzeichnenden Reformen in den Beziehungen von Bund und Ländern.

(91) Der Beirat schlägt zwei Wege vor, mit denen eine Stärkung der Eigenverantwortlichkeit bei den Gebietskörperschaften erreicht werden kann. Der erste Weg besteht in der Annahme einer gemeinsamen Schuldenbegrenzung von Bund und Ländern, im besonderen durch ein Herunterbrechen der Maastricht-Kriterien als verbindliche Höchstgrenzen des Schuldenstandes. Diese Maßnahme ist aus allgemeinen finanz- und geldpolitischen Erwägungen heraus von allen namhaften Beratungsinstitutionen in Deutschland wieder und wieder empfohlen worden. Der Beirat schließt sich diesen Empfehlungen mit Nachdruck an. Er warnt vor dem Glauben, mit den jüngsten Beschlüssen zur flexibleren Anwendung des Maastricht-Vertrages seien dessen Kriterien vom Tisch. Die Anpassung der öffentlichen Haushalte im Bundesstaat an den Maastricht-Vertrag bleibt eine drängende Aufgabe, aus der Deutschland nicht entlassen ist. Ein verbindlicher Schuldendeckel würde die bislang „weiche“ Budgetrestriktion der Gebietskörperschaften härten. Das Mehr an Eigenverantwortlichkeit würde sich rasch umsetzen in das Bestreben, zu einer klaren Aufgabentrennung im Bundesstaat zu kommen.

(92) Der Beirat verkennt nicht, dass die Umsetzung des Maastricht-Vertrages im deutschen Bundesstaat bislang auf erhebliche Durchsetzungsschwierigkeiten stößt. Diese Beobachtung gibt ihm Anlass zu einem zweiten, stärker ordnungspolitisch orientierten Vorschlag. Hiernach ist die bundesstaatliche Beistandsgarantie zu begrenzen, sei es durch einen fest umrissenen Kriterienkatalog oder die Beschränkung auf eine Haftungssumme. In einem solchen „Föderalismus mit beschränkter Haftung“ gilt weiterhin das bündische Solidaritätsprinzip, es bleibt aber auf klar definierte, nicht selbst verschuldete Notlagen begrenzt. Nach diesem Modell der beschränkten Haftung im Bundesstaat kommt das Prinzip gestärkter Eigenverantwortung von Bund und Ländern zum Tragen. Die Beschränkung der bundesstaatlichen Haftung wäre daher zu ergänzen durch mehr Rechte bei der Einnahmepolitik, zum Beispiel Zuschlagsrechte der Länder sowie der Arbeitsort- und Wohngemeinden auf ihre Anteile an der Einkommen- und Körperschaftsteuer im Bereich von 90 bis 110 Prozent des bundesgesetzlichen Tarifs. Losgelöst vom bedingungslosen bundesstaatlichen Beistand und gestärkt durch eine Erhöhung der eigenen Steuerhoheit würden die Gebietskörperschaften rasch auf eine klare Trennung von Ausgabenkompetenzen und die Zurechnung der entstehenden Kosten dringen.

(93) Ein Föderalismus, der nach dem Prinzip der institutionellen Kongruenz organisiert ist, ermöglicht es, dass die Leistungs-Steuerpakete in Land und Gemeinde an den Präferenzen der Wahlbürger ausgerichtet werden. Föderalismus trägt auch dazu bei, Steuern und Staatsausgaben niedrig zu halten, ohne dass deswegen die Qualität öffentlicher Dienstleistungen leiden muss. Voraussetzung für einen lebensfähigen Föderalismus ist indessen die grundsätzliche Selbstverantwortung jeder Gebietskörperschaft für ihre Entscheidungen. Sie beinhaltet bei gegebener Unsicherheit über die Zukunft eine Last für alle Beteiligten. Doch sie wird durch das bündische Prinzip des gegenseitigen Einstehens der Bundesgenossen erleichtert. Diese Versicherung stellt ein gewichtiges Aktivum eines Föderalstaates dar. Sie darf daher nicht leichtfertig preisgegeben werden. Allerdings gilt wie bei jedem Prinzip: Es ist nur solange nützlich, als es nicht überdehnt wird. Es darf nicht zur prämienlosen Vollkaskoversicherung degenerieren. Tendenzen in eine solche Richtung sind im gegenwärtigen System deutlich erkennbar.

(94) Der Beirat möchte dazu ermutigen, den deutschen Föderalismus mit Blick auf die finanzielle Eigenverantwortlichkeit der Gebietskörperschaften zu stärken. Dem Vernehmen nach soll die Föderalismuskommission wieder einberufen werden. Das eigentliche Ziel der Föderalismuskommission lässt sich eher erreichen, wenn erst einmal geklärt ist, wer über

welche Mittel verfügt, wofür bezahlt werden muss und wer die Verantwortung trägt. Es kommt darauf an, die institutionellen Rahmenbedingungen und die Entscheidungsstrukturen zu erkennen, die für Bund und Länder die Voraussetzungen für eine solide Finanzpolitik schaffen.

München, den 08. Juli 2005

Der Vorsitzende des Wissenschaftlichen Beirats
beim Bundesministerium für Wirtschaft und Arbeit

Prof. Axel Börsch-Supan, Ph.D.

Das Gutachten wurde vorbereitet von folgenden Mitgliedern des Wissenschaftlichen Beirats beim Bundesministerium für Wirtschaft und Arbeit

Dr. Charles B. Blankart (Federführung)
Professor für Wirtschaftswissenschaften an der
Humboldt-Universität zu Berlin

Dr. Albrecht Ritschl (stv. Federführung)
Professor für Wirtschaftsgeschichte an der
Humboldt-Universität zu Berlin

Dr. Christoph Engel (Stellvertretender Vorsitzender)
Direktor am Max-Planck-Institut zur Erforschung von
Gemeinschaftsgütern und Professor für Rechtswissenschaften
an der Universität Osnabrück

Dr. Peter Bernholz
Em. Professor für Nationalökonomie,
insbesondere Geld- und Außenwirtschaft,
an der Universität Basel

Gutachten vom 21. Januar 2006

Thema: Der deutsche Arbeitsmarkt in Zeiten globalisierter Märkte

Der Wissenschaftliche Beirat beim Bundesministerium für Wirtschaft und Technologie hat sich in mehreren Sitzungen, zuletzt am 21. Januar 2006, mit dem Thema

„Der deutsche Arbeitsmarkt in Zeiten globalisierter Märkte“

befasst und ist dabei zu der nachfolgenden Stellungnahme gelangt.

I. Anlass des Gutachtens

(1) Die wirtschaftliche Lage Deutschlands in den letzten 15 Jahren wird von zwei Entwicklungen geprägt. Zu beobachten ist eine steigende Arbeitslosigkeit, verbunden mit geringen realen Wachstumsraten einerseits und eine zunehmende Globalisierung, d.h. eine Zunahme der weltwirtschaftlichen Verflechtung der deutschen Volkswirtschaft, andererseits. Die Gleichzeitigkeit dieser beiden Entwicklungen hat in der Öffentlichkeit zu dem weit verbreiteten Urteil geführt, dass Deutschland von der Globalisierung nicht profitiere. Forderungen nach einem stärkeren Schutz der deutschen Wirtschaft gegenüber weltwirtschaftlichen Einflüssen werden laut.

(2) Ziel dieses Gutachtens ist es, Missverständnisse in der öffentlichen Wahrnehmung auszuräumen und aufzuzeigen, wo die Herausforderungen, aber auch die Chancen liegen, die sich für die deutsche Wirtschaft durch die zunehmende Integration internationaler Märkte ergeben. Im Zentrum des Gutachtens stehen die Anpassungsprozesse, die auf dem Arbeitsmarkt durch die Globalisierung ausgelöst und erforderlich gemacht werden. Globalisierung bedeutet dabei die Internationalisierung der Produktion sowie der Märkte für Waren, Dienstleistungen, Kapital und Arbeit. Wir wollen eine Antwort auf die Frage geben, welche Rahmenbedingungen und wirtschaftspolitischen Maßnahmen es Deutschland ermöglichen könnten, sich im internationalen Wettbewerb zu behaupten und die Chancen der internationalen Integration für Unternehmen und Beschäftigte nutzbar zu machen.

(3) Globalisierung manifestiert sich in einer Reihe von Entwicklungen. Neue Technologien, vor allem im Kommunikationsbereich, ermöglichen neue Formen des Warenverkehrs und damit einhergehend neue Organisationsformen der internationalen Produktion.[126] In Mittel- und Ost-

[126] Die Preise der Telekommunikation sind beispielsweise in den vergangenen 10 Jahren um mehr als sechzig Prozent gefallen.

europa und im asiatischen Raum finden deutsche Unternehmen neue Handelspartner, neue Absatzmärkte und neue Produktionsmöglichkeiten. Allein in den vergangenen zehn Jahren haben sich der deutsche Außenhandel in realen Größen gemessen fast verdoppelt, die internationalen Kapitalströme Deutschlands verdreifacht und die Direktinvestitionen deutscher Unternehmen im Ausland sogar mehr als vervierfacht.[127] Gerade die wachsende Bedeutung multinationaler Unternehmensaktivitäten stellt damit eine neue Dimension der außenwirtschaftlichen Verflechtungen dar.

(4) In der öffentlichen Diskussion macht sich allerdings zunehmend Skepsis breit, ob diese Entwicklungen positiv für Deutschland sind. Ähnlich wie andere Industrie- und viele Entwicklungsländer hat Deutschland in der Vergangenheit von den Vorteilen der internationalen Arbeitsteilung unzweifelhaft insgesamt in hohem Maße profitiert. Für die Konsumenten kommen diese Vorteile beispielsweise in einer größeren Produktvielfalt und geringeren Preisen für international handelbare Güter zum Ausdruck. Internationale Studien belegen, dass Deutschland zusammen mit den Vereinigten Staaten und Japan bisher die größten Vorteile aus dem internationalen Handel gezogen hat.[128] Bezweifelt wird jedoch von vielen, dass dies auch in Zukunft so sein wird. Eine verstärkte internationale Arbeitsteilung käme hiernach in erster Linie den ehemals abgeschotteten Ländern Mittel- und Osteuropas oder Asiens zu Gute, während Deutschland insgesamt zu den Verlierern der Globalisierung gehören würde. Wer dieser Sichtweise zustimmt, könnte versucht sein, protektionistischen Maßnahmen das Wort zu reden.

(5) Dieser Pessimismus hat eine Reihe von Ursachen. So sind z. B. die Risiken, die aus der Globalisierung erwachsen, vielfach augenscheinlicher als die Chancen. Verluste an Arbeitsplätzen entstehen oft relativ konzentriert. Die Gewinne hingegen fallen zumeist dezentral an: Konsumenten profitieren durch sinkende Preise und steigende Produktvielfalt, Arbeitgeber und Arbeitnehmer durch verbesserte Absatzchancen, erhöhte Produktivität und effizientere Nutzung von Ressourcen. Die Verlierer haben zudem einen Namen, die potentiellen Gewinner hingegen noch nicht. Entlässt beispielsweise ein großes Unternehmen einen Teil seiner Arbeitskräfte, so wird dies stärker wahrgenommen als der Aufbau von Arbeits-

[127] Die Zahlen für den Außenhandel (Exporte plus Importe) beziehen sich auf den Zeitraum 1994–2004 (Quelle: Statistisches Bundesamt). Für die Direktinvestitionen wurde ein Zeitraum von 1990 bis 2003 zu Grunde gelegt. Quelle: Deutsche Bundesbank, Kapitalverflechtungen mit dem Ausland. Die Kapitalströme sind die Summe aus – und Abflüssen an Kapital laut International Financial Statistics (IMF).

[128] Eaton und Kortum (2002).

plätzen in vielen kleinen und mittelständischen Unternehmen, die von der Globalisierung profitieren.

(6) Es ist aber auch eine Fehleinschätzung der Motive der wirtschaftlich Handelnden, die zu der negativen öffentlichen Meinung führen. Beispielsweise dominiert in der Wahrnehmung der Bevölkerung die Kostensenkung als Motiv für Auslandsinvestitionen. Tatsächlich investieren die meisten deutschen Unternehmen nach eigenen Aussagen vorwiegend aus Gründen der Markterschließung oder der Sicherung von Vertrieb und Absatz der in Deutschland gefertigten Produkte im Ausland.[129]

(7) Schließlich sind es auch die Größenordnungen der Veränderungen, die den Betroffenen Angst machen. Durch die politischen Umwälzungen in den ehemaligen Planwirtschaften Osteuropas und in China sind in relativ kurzer Zeit neue Handelspartner entstanden, die sich in Faktorausstattung und technologischer Entwicklung deutlich von den westlichen Industrienationen unterscheiden. Betrachtet man insbesondere die Bevölkerungszahlen und den Ausbildungsstand dieser Menschen, so wird deutlich, dass sich das für den Weltmarkt verfügbare Arbeitskräftepotenzial, nicht nur das der gering Qualifizierten, stark erhöht hat.

(8) Die neuen Akteure auf dem Weltmarkt, insbesondere die Länder Mittel- und Osteuropas sowie China und Indien, stellen die deutsche Wirtschaft in der Tat vor große Herausforderungen. Neue Anbieter machen deutschen Unternehmen international Konkurrenz und schränken ihre Preissetzungsspielräume ein. Gleichzeitig stehen deutsche Arbeitnehmer jetzt verstärkt im Wettbewerb um Beschäftigung mit Arbeitnehmern aus diesen neu am Welthandel teilnehmenden Staaten.

(9) Mehr internationaler Wettbewerb führt dabei nicht automatisch zu einem Sinken der Unternehmensgewinne und des allgemeinen Lohnniveaus. Ganz im Gegenteil war der internationale Wettbewerbsdruck seit den Gründerjahren der Bundesrepublik ein Motor für Innovationen und erhöhte Produktivität, die wiederum die Unternehmensgewinne und das allgemeine Lohnniveau erhöht und den jetzigen Wohlstand begründet

[129] Vergleiche Abschnitt IV. Diese Angaben beruhen auf Befragungen des IfD Allensbach (vgl. „Abwanderung von Unternehmen – Wahrnehmung und Problembewusstsein in der Öffentlichkeit“, Pressekonferenz 21.10.2004) und des DIHK (vgl. „Going International – Erfolgsfaktoren im Auslandsgeschäft“, Pressekonferenz 31.8.2005). Anderen Befragungen des DIHK zufolge dient rund ein Drittel deutscher Investitionen im Ausland dem Ziel der Kostensenkung, die übrigen Investitionen dienen dem Aufbau von Vertrieb und Kundennetz – und damit der Sicherung bestehender Märkte – sowie der Erschließung neuer Märkte (vgl. „Investitionen im Ausland – Ergebnisse einer DIHK-Umfrage vom Frühjahr 2005“).

haben. Es ist der Normalfall der wirtschaftlichen Entwicklung, dass neue Produkte und neue Fertigungsmethoden, die oft in Folge von Wettbewerbsdruck entwickelt werden, höheren Wohlstand schaffen. Diese Erfahrung ist in der derzeitigen Globalisierungsdiskussion in Vergessenheit geraten.

(10) Der jetzige Wohlstand breiter Bevölkerungskreise kann jedoch nur dann dauerhaft erhalten oder gar vermehrt werden, wenn deutsche Unternehmen ihren technologischen Vorsprung verteidigen, der in der Vergangenheit die Grundlage für hohe Löhne gewesen ist. Deshalb ist es von größter Wichtigkeit, mit Produkt- und Prozessinnovationen im internationalen Wettbewerb bisherige Marktpositionen zu erhalten und neue zu erobern.

(11) Dies setzt voraus, dass die Wirtschaft den dafür erforderlichen strukturellen Wandel erfolgreich meistert. Die Produktionsfaktoren müssen in diejenigen Sektoren und Produktionen wandern, in denen Deutschland komparative Vorteile hat bzw. in der Zukunft erwerben kann. Dieser Prozess sollte nicht so vonstatten gehen, dass dabei dauerhafte Arbeitslosigkeit entsteht. Die von den schrumpfenden Branchen frei gegebenen Produktionsfaktoren können in den expandierenden Sektoren nur dann wieder vollständig aufgeso gen werden, wenn die Lohnstrukturen hinreichend anpassungsfähig sind. Welche Sektoren in Zukunft wettbewerbsfähig sind, entscheidet der Markt. Mobilität ist dabei innerhalb einer Branche, wie auch über Branchengrenzen hinweg erforderlich. Dabei entsteht, wie in den nächsten Abschnitten deutlich wird, eine Tendenz hin zu einer Verschiebung der Lohnstruktur zu Ungunsten der gering Qualifizierten.

(12) Wie gut dieser strukturelle Wandel gelingt, wird entscheidend dadurch bestimmt, wie wir mit neuen Produkten und Fertigungsprozessen Arbeitsplätze für diejenigen schaffen, die von ihren alten Arbeitsplätzen verdrängt werden. Dies hängt von der Innovationskraft Deutschlands und von den wirtschaftspolitischen Rahmenbedingungen, insbesondere auf dem Arbeitsmarkt, ab. Deshalb stehen die Anpassungsprozesse auf dem Arbeitsmarkt im Zentrum des vorliegenden Gutachtens.

(13) Zur Zeit ist Deutschland relativ schlecht gerüstet, um den geforderten Strukturwandel erfolgreich zu meistern. Zunächst ist es charakteristisch für den aktuellen Strukturwandel, dass gering qualifizierte Arbeitnehmer relativ hoch dotierte Arbeitsplätze in der Industrie verlieren, während Arbeitsplätze, die im Dienstleistungsbereich neu entstehen können, oft weniger gut bezahlt werden. Dies fördert den Widerstand gegen den Strukturwandel. Der Grund ist jedoch hausgemacht: Die Unter-

schiede in den Lohnniveaus haben nicht zuletzt damit zu tun, dass die Gewerkschaften im industriellen Sektor in den letzten Jahrzehnten stark auf die Anhebung des Lohnniveaus in den unteren Lohngruppen gesetzt haben. Diese Politik der Gewerkschaften wurde durch eine Fülle sozialstaatlicher Regelungen gestützt. Im Gegensatz zu früheren Phasen des sektoralen Wandels sind zudem die Wachstumsraten in Deutschland derzeit gering und der Aufbau neuer Arbeitsplätze dementsprechend langsam.

(14) Das Risiko, den alten Arbeitsplatz zu verlieren, trifft nicht alle Arbeitnehmer in gleicher Weise. Auch sind die Kosten der Anpassungen an die veränderte Umwelt unterschiedlich hoch. Das Sicherheitsbedürfnis unterscheidet sich, aber auch die Fähigkeit, die eigenen Lebensverhältnisse zu ändern, wenn sich eine Gefährdung des Arbeitsplatzes abzeichnet. Mobilität zwischen Orten und Berufen fällt manchen Arbeitnehmern schwerer als anderen. Wer sein Humankapital nicht (mehr) anpassen kann, muss mit einem geringeren Einkommen rechnen.

(15) Ohne Zweifel stellt die Globalisierung Deutschland vor große Herausforderungen, die massive Reaktionen verlangen. Doch die vielfach geforderte Abschottung der Märkte durch den Aufbau von Handelshemmnissen wäre nicht die richtige Antwort. Gleichwohl verstärkt sich der Ruf nach protektionistischen Maßnahmen sowohl auf europäischer als auch auf nationaler Ebene. Die temporäre Wiederverhängung von Quoten auf Importe von Textilien aus China, die Diskussion um die Dienstleistungsrichtlinie oder auch nationale Forderungen nach Mindestlöhnen sind Beispiele für protektionistische Tendenzen. Durch solche Maßnahmen können die anstehenden Anpassungsprozesse allenfalls verzögert werden. Gleichzeitig würde die Verzögerung von Produkt- und Prozessinnovationen jedoch das Wirtschaftswachstum dämpfen. Eine Abschottung würde zudem die in der Vergangenheit erworbenen und noch bestehenden Positionen Deutschlands auf den Weltmärkten gefährden. Gewinne aus der internationalen Arbeitsteilung würden verloren gehen. Stattdessen gilt es, Innovationskräfte zu stärken und die Flexibilität der Arbeitsmärkte zu erhöhen, damit Arbeitnehmer aus den schrumpfenden Sektoren leichter in die innovativen Sektoren integriert werden können.

(16) Das Gutachten zeigt auch, dass die gegenwärtige Situation Deutschlands keineswegs eine unabänderliche Konsequenz der Globalisierung ist. Dies lehren die Erfahrungen anderer europäischer Länder, in denen die Chancen der Globalisierung erfolgreicher genutzt werden konnten. Länder wie Dänemark, Großbritannien, Irland, die Niederlande oder Österreich beispielsweise, die genau so wie Deutschland im internationa-

len Wettbewerb stehen, haben deutlich niedrigere Arbeitslosenquoten als Deutschland.

(17) Dieses Gutachten gliedert sich in folgende Abschnitte. In den Abschnitten II bis IV werden die erforderlichen Anpassungen, die sich aus der Migration, dem Außenhandel und der zunehmenden Tätigkeit deutscher Unternehmen im Ausland ergeben, im Einzelnen erörtert. In Abschnitt V wird gezeigt, inwiefern die Probleme auf dem Arbeitsmarkt auf eine unzureichende Nutzung der Chancen der Globalisierung zurückzuführen sind, und inwiefern Handlungsbedarf besteht, eine ausreichende Flexibilität der Arbeitsmärkte zu sichern und gleichzeitig die sozialen und wirtschaftlichen Kosten der Anpassung zu reduzieren. Abschnitt VI zieht ein Fazit und fasst die wirtschaftspolitischen Handlungsoptionen zusammen.

II. Internationale Mobilität von Arbeitskräften

(18) Durch die Osterweiterung hat die Europäische Union neue Mitgliedstaaten gewonnen, deren Lohnniveaus deutlich unter dem deutschen Lohnniveau liegen. Während die durchschnittlichen Arbeitskosten im Verarbeitenden Gewerbe in den alten Bundesländern knapp 28 Euro pro Stunde betrugen, lagen sie in den neuen EU Mitgliedsländern deutlich darunter, in Polen bei etwas über 3 Euro, in Tschechien und Ungarn bei etwa 4,50 Euro.[130] Die niedrigeren Löhne in den neuen EU Mitgliedsländern reflektieren zum Teil die kapitalbedingt niedrigere Produktivität der dortigen Arbeitnehmer. Solche Lohnunterschiede sind ein großer Anreiz für dortige Arbeitnehmer, nach Deutschland zu wandern.

(19) Dies wirft die Frage auf, welche Probleme – aber auch Chancen – durch Zuwanderung von Arbeitskräften für den deutschen Standort erwachsen. Arbeitskräfte aus diesen Regionen drängen in der Regel in Stellen mit eher geringen Anforderungen an die Qualifikation. Deshalb entsteht für den einheimischen Arbeitsmarkt ein Druck hin zu mehr Lohnspreizung zwischen höher und geringer Qualifizierten.

(20) Kommt es zu einer Lohnanpassung im Bereich gering qualifizierter Arbeit, dann profitieren die Unternehmen von günstigeren Kostenstrukturen. Der Druck, teure Arbeit durch Mehreinsatz von Kapital zu substituieren, verringert sich, und die Beschäftigung in diesen Bereichen nimmt zu. Werden diese Arbeitskräfte in Exportbranchen eingesetzt, steigt auch

[130] Die Angaben beziehen sich auf Arbeitskosten je Stunde in Euro für das Jahr 2004 (Institut der deutschen Wirtschaft, Köln).

die internationale Wettbewerbsfähigkeit der Unternehmen. Gewinner der Zuwanderung sind dann auch die inländischen Konsumenten, die von günstigeren Preisen für Waren und Dienstleistungen profitieren. Verlierer, zumindest kurzfristig, sind die gering qualifizierten Einheimischen, die Lohneinbußen hinnehmen müssen. Mittelfristig werden aber auch sie aufgrund der gestiegenen Wettbewerbsfähigkeit eine bessere Chance haben, auf niedrigerer Lohnbasis ihre Beschäftigung zu sichern.

(21) Bleibt die erforderliche Lohnanpassung nach unten aus, wirkt der Anreiz zur Zuwanderung oder zum Pendeln uneingeschränkt weiter. Allerdings nimmt die Beschäftigung von gering qualifizierten Arbeitskräften nicht zu. Es kommt zu einem Überangebot und damit zwangsläufig zur Arbeitslosigkeit. In diesem Fall ist durchaus mit einer Verdrängung einheimischer Beschäftigter zu rechnen. Die Löhne, zu denen einheimische Arbeitskräfte bereit sind zu arbeiten, sind wegen der zur Verfügung stehenden Lohnersatzleistungen höher zu veranschlagen. Die Folge ist also Arbeitslosigkeit unter heimischen Arbeitnehmern – solange keine sinkenden Löhne in Kauf genommen werden.

(22) Das Ausmaß dieser Effekte hängt stark vom Umfang der tatsächlichen Wanderungsströme ab. Bislang ist die Wanderung von Arbeitnehmern aus Osteuropa deutlich geringer, als es die öffentliche Debatte vermuten lässt. Dies ist nicht zuletzt auf die noch bestehenden Zuzugsbeschränkungen zurückzuführen. Tatsächlich kann die direkte Zuwanderung in den deutschen Arbeitsmarkt, bis zu einem gewissen Grad zumindest, derzeit noch politisch kontrolliert werden. Im Vergleich zur Liberalisierung des Außenhandels oder des Kapitalverkehrs ist die Liberalisierung der grenzüberschreitenden Wanderung am wenigsten weit vorangeschritten. Ende 2004 lebten neben knapp 7 Millionen sonstigen Ausländern gut 1,8 Millionen Personen aus den europäischen Transformationsstaaten in Deutschland (Statistisches Bundesamt). Zieht man Ausländer aus dem ehemaligen Jugoslawien ab, die bereits früher als Gastarbeiter oder als Bürgerkriegsflüchtlinge nach Deutschland gekommen sind, reduziert sich die Zahl der in Deutschland lebenden Ausländer aus den Transformationsstaaten auf 1,2 Millionen bzw. 1,5 Prozent der deutschen Bevölkerung. Diese Zahlen rechtfertigen es nicht, die Zuwanderung als einen wesentlichen Grund für die Probleme auf dem deutschen Arbeitsmarkt zu nennen.

(23) Allerdings ist die Zuwanderung derzeit beschränkt, auch für die neuen EU-Mitgliedsländer. Nach deren Beitritt sind Übergangsfristen hinsichtlich des Zuzugs der Arbeitnehmer vereinbart worden (vgl. auch Brücker 2005). Dabei blieb es den alten EU-9 Mitgliedsländern freigestellt, ob Übergangsregelungen auf nationaler Ebene vereinbart wurden. Während nur Schweden Arbeitnehmern aus den neuen EU-Mitglieds-

ländern gleiche Rechte bei der Wanderung einräumt wie den alten EU-Mitgliedern, haben Deutschland und einige andere Länder die Wanderung für zunächst zwei Jahre beschränkt. Diese Beschränkung kann bis 2011 verlängert werden. Ausnahmen bestehen insbesondere für Saisonarbeiter. Für Selbständige gibt es – anders als bei der Freizügigkeit von Arbeitnehmern – keine Übergangsregeln. Allerdings muss, wer von seiner Niederlassungsfreiheit Gebrauch macht, die berufs- und gewerberechtlichen Regulierungen beachten, wie sie auch für Inländer gelten. Insbesondere dürfen keine billigeren ausländischen Arbeitskräfte beschäftigt werden – dies gilt zumindest bis zum Jahre 2011 –, da dies die Freizügigkeit der Arbeitskräfte voraussetzen würde. Für die Dienstleistungsfreiheit gelten bis dahin Übergangsregelungen, darunter namentlich das Abkommen zur Entsendung von Werkvertragsarbeitnehmern mit verschiedenen Kontingentierungen. Hinzu treten Regelungen von Dauer wie die Entsenderichtlinie der EU und das deutsche Arbeitnehmer-Entsendegesetz. Diese ermöglichen vor allem für die Baubranche Mindestlöhne.

(24) Verlässliche quantitative Aussagen über die Effekte der Zuwanderung und die Wirksamkeit dieser Zuzugsregeln lassen sich naturgemäß noch nicht treffen. Eine wichtige Einsicht ist es jedoch, dass die bestehenden Regelungen Migrationsmuster beeinflussen. Insbesondere kommen relativ viele gering qualifizierte Arbeitskräfte nach Deutschland. Dieses spezifische Migrationsmuster mit überwiegend kurzfristig in Deutschland Beschäftigten in überwiegend gering qualifizierten Tätigkeiten verstärkt den Druck zu einer größeren Lohnspreizung zwischen niedrig und hoch qualifizierten Beschäftigten. Die Beispiele anderer Länder wie Großbritannien und Irland zeigen, dass diese Entwicklung nicht unabwendbar ist, sondern die Zuwanderung höher Qualifizierter durch eine gezielte Migrationspolitik gefördert werden kann.

(25) In welchem Umfang es nach Ablauf der Übergangsfristen zu einer verstärkten Zuwanderung kommen würde, ist umstritten. Unklar sind auch die Effekte der bisherigen Zuwanderung. Die Datenlage in Bezug auf die sektoralen Beschäftigungseffekte und das zukünftige Migrationspotenzial birgt eine erhebliche Unsicherheit. Einige empirische Untersuchungen für Deutschland legen ein Migrationspotenzial von 2 bis 3 Prozent (Brücker 2001) bzw. von rund 3 bis 4 Prozent der Bevölkerung der Herkunftsländer nahe (Sinn und Werding 2001). Entsprechend unsicher sind damit auch Prognosen hinsichtlich der Auswirkungen dieser Wanderung auf den Arbeitsmarkt. Einer Zunahme der Arbeitslosigkeit wirken zudem dynamische Anpassungsprozesse der Integration entgegen, die zu mehr Investitionen und verbesserten Angebotsbedingungen führen

können (Heijdra et al. 2002). Positive Arbeitsmarkteffekte der Immigration werden grundsätzlich auch durch empirische Untersuchungen für Deutschland gestützt, in denen die Auswirkungen der Migration bis zu Beginn der 90er Jahre untersucht wurden (Haisken-DeNew und Zimmermann 1999).

(26) Insgesamt werden die Gefahren, die von der Migration ausgehen, in der öffentlichen Diskussion überschätzt. Unterschätzt werden hingegen die Gefahren, die von einer zu geringen Zuwanderung höher Qualifizierter ausgehen. Während zu den Hochzeiten des New Economy Booms der Mangel an hoch qualifizierten Kräften in der Green Card-Diskussion seinen Ausdruck fand, ist mit dem Abebben dieses Booms auch die Diskussion um den Fachkräftemangel in den Hintergrund getreten. Übersehen wird dabei, dass sich deutsche Unternehmen hoch qualifizierte Kräfte auch im Ausland suchen und diese dann in ihren ausländischen Produktionsstätten beschäftigen (vgl. DIHK 2005). Statt polnischen oder bulgarischen Informatikern, die an deutschen Hochschulen ausgebildet wurden, eine Arbeitserlaubnis in Deutschland zu geben, werden sie oftmals zurückgeschickt in ihr Heimatland, wo sie dann von deutschen Unternehmen vor Ort beschäftigt werden.

(27) Wirtschaftspolitisch folgt daraus, die Fehlanreize der derzeitigen Zugangsregeln zu beseitigen und durch eine gezielte Zuwanderungspolitik für höher Qualifizierte zu ersetzen. Nur so sind mittelfristig die Kräfte vorhanden, die das Innovationspotential deutscher Unternehmen und die damit verbundenen positiven Effekte auf Wachstum und Beschäftigung in Deutschland sichern. Aber auch im Bereich der geringer Qualifizierten kann die deutsche Gesellschaft von Zuwanderung profitieren, beispielsweise wenn im Bereich der privaten Pflege Tätigkeiten von Einwanderern durchgeführt werden, für die sich unter sonst gleichen Bedingungen kaum einheimische Arbeitskräfte finden lassen.

III. Außenhandel

(28) Die Zuwanderung ist nur eine Möglichkeit, wie internationale Lohnunterschiede auf den deutschen Arbeitsmarkt wirken können. In weitaus stärkerem Maße führt der Güterhandel der Tendenz nach zu einer Angleichung der Faktorpreise. Die traditionelle neoklassische Außenhandelstheorie zeigt, dass ein Land durch Handel mit einem anderen erhebliche Wohlfahrtsgewinne realisieren kann, und zwar um so stärker, je unterschiedlicher das Land ist, mit dem es Handel treibt. Wenn sich jedes Land auf die Produktion derjenigen Güter spezialisiert, für deren Fertigung es einen komparativen Vorteil hat, gewinnen beide

Länder. Je unterschiedlicher zwei Länder sind, desto größer sind auch die Gewinne aus dem Handel. Unterschiede in den Faktorausstattungen zwischen Deutschland und Osteuropa oder zwischen Deutschland und China sind somit zunächst einmal keine Gefahr, sondern bieten die Chance, Vorteile der Arbeitsteilung zu nutzen.

(29) Worin der komparative Vorteil eines Landes besteht, wird wesentlich durch die Faktorausstattung eines Landes und die verwendete Technologie bestimmt. Im konkreten Fall bedeutet das, dass etwa Deutschland gegenüber den osteuropäischen Ländern und China einen komparativen Vorteil in der Produktion von Gütern hat, deren Produktion relativ viel qualifizierte Arbeit und Kapital erfordert. Osteuropa und China hingegen haben einen komparativen Vorteil bei der Produktion von Gütern, die weniger kapitalintensiv und mit weniger qualifizierter Arbeit zu produzieren sind.

(30) Derzeit wickelt Deutschland jedoch einen Großteil seiner außenwirtschaftlichen Aktivitäten mit anderen Industrienationen, Ländern mit ähnlichen Faktorausstattungen also, ab. In der Rangliste der wichtigsten Außenhandelspartner stehen entwickelte Volkswirtschaften an der Spitze. Ende 2004 lag der Anteil der Industrieländer an den Importen bei 82 Prozent, der Anteil an den Exporten lag bei 79 Prozent. Rund zwei Drittel des gesamten deutschen Außenhandels werden mit Ländern der EU abgewickelt. Da diese Länder in ihrer Struktur Deutschland sehr ähnlich sind, sind daraus vor allem weitere Wohlfahrtsgewinne, insbesondere durch höhere Produktvielfalt, zu erwarten. Besondere Risiken zeichnen sich nicht ab.

(31) Doch auch die neuen Akteure auf den Weltmärkten haben die Dynamik der außenwirtschaftlichen Beziehungen Deutschlands in den vergangenen Jahren stark beeinflusst. China, Polen, Tschechien und Russland als wichtigste Transformationsstaaten nahmen zwar 2004 jeweils weniger als 3 Prozent der deutschen Exporte auf; bei den Einfuhren erreichte lediglich China mit 5,6 Prozent der Gesamtimporte eine ähnliche Bedeutung wie Belgien oder das Vereinigte Königreich (Statistisches Bundesamt 2005). Die außenwirtschaftlichen Beziehungen zu diesen Ländern werden aber durch den oben beschriebenen technologischen Wandel eine weitere Intensivierung erfahren. China ist bereits jetzt als Absatzmarkt für deutsche Unternehmen wichtiger als Japan (Deutsche Bundesbank 2005b). Viele deutsche Unternehmen haben zudem die Öffnung Osteuropas genutzt, um in diesen Ländern Produktionsstätten und Absatzkanäle aufzubauen. Und so ist auch in Zukunft mit einer zunehmenden Bedeutung der Transformationsländer Mittel- und Osteuropas und Asiens zu rechnen.

(32) Die Öffnung dieser Länder für den Welthandel bedeutet ein gewaltiges Potential möglicher Wohlfahrtsgewinne für alle beteiligten Länder. Dabei sind diese Wohlfahrtsgewinne umso höher, je verschiedenartiger die Exportstrukturen zwischen Deutschland und den neuen Marktteilnehmern sind. Wiederum kann China als Beispiel dienen. Deutsche Unternehmen stellen eine Reihe von Produkten her, die große Absatzchancen in China haben, die aber gleichzeitig nur in relativ geringem Maße mit chinesischen Exporten konkurrieren. Umgekehrt konkurrieren Importprodukte aus China weniger mit einheimischen Produkten, sondern vielmehr mit Importprodukten aus anderen Schwellenländern. Dies fördert die Gewinne aus einem zunehmenden Handel mit China.

(33) Insgesamt können alle Länder von der verstärkten Integration profitieren. Gleichzeitig kommt es jedoch zu Umverteilungswirkungen innerhalb von Ländern. Die gering Qualifizierten in Deutschland sehen sich größerer Konkurrenz und damit einem höheren Druck auf ihre Löhne ausgesetzt. Wenn Arbeitskräfte nicht ohne weiteres zwischen den einzelnen Sektoren wechseln können, dann profitieren zudem die Beschäftigten und Unternehmen in den Exportbranchen, während die Beschäftigten und Unternehmen in den Branchen verlieren, in denen es verstärkt zu Importkonkurrenz kommt. Und selbst innerhalb der Exportbranchen kann es Gewinner und Verlierer geben. Empirische Untersuchungen für die USA zeigen sogar, dass die durch verstärkte außenwirtschaftliche Verflechtungen ausgelösten Verschiebungen der Beschäftigung innerhalb einzelner Branchen größer ausgefallen sind als die Verschiebungen zwischen Branchen (Klein et al. 2003).

(34) Ein Verlust an Arbeitsplätzen in einer Branche ist nur zu vermeiden, wenn dem Lohndruck in dieser Branche nach unten relativ zum Trend nachgegeben wird. Diese Lohnsenkungen (bzw. relativ geringere Lohnsteigerungen) müssen als Signal dienen, dass eine Beschäftigungsaufnahme in diesen Branchen weniger attraktiv ist als in anderen. Ohne diese Lenkungswirkung der Löhne ist nicht nur kurzfristig, sondern auch mittel- und langfristig mit branchenspezifischer Arbeitslosigkeit zu rechnen.

(35) Wie gut diese Anpassungsprozesse gelingen, hängt von zweierlei Faktoren ab. Zum einen darf die Lenkungswirkung der Löhne nicht durch die sozialpolitischen Rahmenbedingungen beeinträchtigt werden. Denn es sind nicht nur, wie oben geschildert, die Faktorausstattungen und Technologien der beteiligten Länder, durch die relative Faktorpreise und Handelsströme beeinflusst werden. Vielmehr sind es auch Regelungen des Sozial- und Arbeitsrechts, die durch die Festlegung von Lohnersatzleistungen den Anpassungsspielraum der relativen Faktorpreise be-

einflussen. In Abschnitt V werden wir auf diesen Aspekt eingehen. Zum anderen wird der Lohndruck nach unten um so geringer sein, je besser es gelingt, durch Innovationen, technischen Fortschritt und Investitionen in Humankapital die Arbeitsproduktivität zu steigern.

(36) Wie stark der aus dem Außenhandel entstehende Anpassungsdruck auf den Arbeitsmarkt ist, kann nur auf Grundlage empirischer Untersuchungen beantwortet werden. Anpassungsdruck und möglicherweise negative Verteilungseffekte entstehen insbesondere durch intersektoralen Handel, der durch unterschiedliche Faktorausstattung motiviert ist. Wäre dies die dominante Form des deutschen Außenhandels, dann müssten sich Import- und Exportstrukturen stark unterscheiden. Im Fall Deutschlands besteht jedoch eine hohe Korrelation zwischen der sektoralen Struktur der Warenexporte und der -importe. Dies deutet auf eine Dominanz des intrasektoralen Handels hin, der vorwiegend mit entwickelten Volkswirtschaften mit ähnlicher Faktorausstattung abgewickelt wird. Dies galt zumindest, als der Handel überwiegend zwischen den westlichen Ländern stattfand.

(37) Die Verhältnisse könnten sich aber in Zukunft ändern, weil sich seit dem Fall des Eisernen Vorhangs neue Handelsmöglichkeiten mit Osteuropa ergeben haben. Empirische Untersuchungen zeigen, dass ein Großteil der Anpassung sowohl hinsichtlich des Niveaus als auch der Struktur des Außenhandels bereits stattgefunden hat (Fidrmuc 2001). Auch mit Osteuropa ist der Anteil des intrasektoralen Handels in den vergangenen zehn Jahren stark angestiegen und liegt in Tschechien, Slowenien und Ungarn bereits jetzt auf etwa gleichem Niveau wie der EU-Durchschnitt. Allerdings ist ein Großteil dieses intrasektoralen Handels mit Osteuropa vertikaler Natur, d. h. es werden Vorprodukte geliefert, die dann in Deutschland weiterverarbeitet werden. Im Unterschied zum horizontalen intrasektoralen Handel mit anderen westlichen Industrienationen wird dieser Handel wie auch der klassische intersektorale Handel durch Unterschiede in den Faktorausstattungen und Faktorpreisen getrieben.

(38) Weitaus größerer Anpassungsbedarf dürfte noch beim Außenhandel mit weiter östlich gelegenen Handelspartnern bestehen. Bislang nehmen Länder wie Rumänien, die Ukraine, oder Bulgarien nur die Plätze 30, 50 und 51 in der Liste der Ursprungsländer für Importe Deutschlands ein (Statistisches Bundesamt 2004a). Russland liegt auf Platz 13, was jedoch in erster Linie auf die Einfuhr an Energierohstoffen zurückzuführen ist. China hatte jedoch bereits Ende 2004 den 6. Rang unter den Herkunftsländern deutscher Importe inne. Ein Blick auf die Warenstruktur der Im-

porte aus China zeigt, dass Produkte der Informations- und Kommunikationstechnologie mit 42 Prozent dominieren, gefolgt von Textilien (15 Prozent) und Spielwaren (8 Prozent) (Deutsche Bundesbank 2005b).[131] Gleichzeitig profitiert die Beschäftigung in Deutschland von einem zunehmenden Handel mit China, denn bei den deutschen Exporten nach China dominieren Maschinen (36 Prozent) und Fahrzeuge (18 Prozent).

(39) Neben dem traditionellen Handel mit Endprodukten wird die Außenhandelsstatistik in den letzten Jahren verstärkt durch den Handel mit Zwischenprodukten bestimmt. Häufig ist der vertikale intrasektorale Handel eng verbunden mit der Verlagerung einzelner Produktionsstufen in ausländische Tochterunternehmen (Offshoring), die im folgenden Abschnitt behandelt wird. In der Handelsstatistik tauchen sowohl die Lieferungen der inländischen Unternehmung an ihre ausländische Tochter als auch deren Lieferungen an die Mutter als Handel mit Zwischenprodukten auf (Outsourcing). Das Interessante an diesem zunehmend bedeutenden Handelsphänomen ist, dass es einerseits entscheidend durch Faktorpreisunterschiede motiviert wird, andererseits aber nicht zu Handelsströmen zwischen unterschiedlichen Branchen führt, sondern stattdessen zu Handelsströmen innerhalb einer Branche.

(40) Auch durch das internationale Outsourcing arbeitsintensiver Produktionsstufen kann sich ein Lohndruck im Bereich gering qualifizierter Beschäftigter ergeben. Allerdings gibt es keine Statistiken, aus denen sich der Umfang des Outsourcing in das Ausland direkt ablesen ließe. Einen gewissen Aufschluss geben Zahlen über den Anteil importierter Vorleistungen. Diese zeigen, dass der Anteil der ausländischen Wertschöpfung an den deutschen Exporten zwischen 1991 und 2000 von 26,7 auf 38,8 Prozent zugenommen hat (Sachverständigenrat 2004). Gleichzeitig ist der Wertschöpfungsanteil des Exportsektors und damit die Beschäftigung in diesen Unternehmen angestiegen. Mehr importierte Vorleistungen sind daher auch Ausdruck einer verstärkten internationalen Arbeitsteilung und erhöhen die Wettbewerbsfähigkeit inländischer Produzenten auf den Exportmärkten.

(41) In der öffentlichen Diskussion spielt das internationale Outsourcing auch deswegen eine Rolle, weil Arbeitsplätze höher Qualifizierter im

[131] Die genannten Zahlen gelten für das Jahr 2004, also für die Zeit vor dem Wegfall der Quoten im Textilbereich. Hier profitiert Deutschland in erster Linie von gesunkenen Preisen, denn schon seit Jahren werden Textilien vorwiegend importiert und nicht im Inland produziert. Aktuelle Zahlen zu der regionalen Struktur deutscher Importe von Textilien zeigen, dass zunehmende Importe aus China begleitet waren von einem Rückgang der Textilimporte aus Italien.

Dienstleistungssektor in Gefahr geraten könnten. Untersuchungen auf der Basis internationaler Daten zeigen jedoch, dass die Gefahren des Outsourcing im Bereich der Dienstleistungen überschätzt werden (Amiti und Wei 2005). Denn entwickelte Volkswirtschaften wie Deutschland sind gleichzeitig Importeure und Exporteure von internationalen Dienstleistungen. Damit werden zwar einerseits durch den Dienstleistungshandel Arbeitsplätze in das Ausland verlagert, andererseits entstehen aber auch neue Arbeitsplätze in Deutschland. Insgesamt scheint das Outsourcing von unternehmensnahen Dienstleistungen nicht hauptverantwortlich für die Lage auf dem deutschen Arbeitsmarkt zu sein. Aber auch in diesem Bereich gilt, dass sich durch die Öffnung der Märkte und verbesserte Technologien strukturelle Verschiebungen der Nachfrage nach Arbeit ergeben, denen die Märkte hinreichend flexibel begegnen müssen.

(42) Die bisher beschriebenen Außenhandelseffekte zeigen, dass zunehmender Außenhandel für Deutschland insgesamt Gewinne ermöglicht, dass zur Realisation der Möglichkeit aber Lohnflexibilität unerlässlich ist. Gleichzeitig entstehen auch negative Verteilungseffekte, da gering qualifizierte Arbeit tendenziell geringer entlohnt werden müsste. Auf Märkten mit beschränktem Wettbewerb kann es auch noch aus anderen Gründen für Deutschland insgesamt ungünstige Entwicklungen geben. Dies ist zum Beispiel dann der Fall, wenn deutsche Unternehmen auf dem Weltmarkt eine starke Marktposition und damit hohe Preissetzungsspielräume haben. Treten in einem solchen Fall neue Wettbewerber aus Drittländern auf, weil diese technologische Fortschritte machen und mit innovativen Produkten in Konkurrenz zu den Industriestaaten treten, dann kann dies den Preissetzungsspielraum deutscher Unternehmen auf dem Weltmarkt einschränken. Die dadurch ausgelöste Verschlechterung der Terms of Trade (des Verhältnisses zwischen Export- und Importpreisen) kann negative Auswirkungen auf den Wohlstand Deutschlands insgesamt haben.

(43) Bislang gibt es allerdings keine Hinweise darauf, dass sich die Terms of Trade stark zu Ungunsten Deutschlands verschoben haben. Seit Anfang der 90er Jahre haben sich vielmehr die Terms of Trade Deutschlands insgesamt und auch im Vergleich zu anderen OECD Ländern nicht wesentlich verändert.[132] Mittelfristig ist die geschilderte Gefahr dennoch nicht von der Hand zu weisen. Doch wäre eine Abschottungsstrategie die schlechteste aller möglichen Reaktionen, denn sie würde die Nutzung der jetzt noch bestehenden Marktvorteile massiv gefährden. Vielmehr können die negativen Auswirkungen neuer Konkurrenz abgewendet

132 Diese Angaben beruhen auf Zahlen des OECD Economic Outlook 77 (April 2005).

werden, wenn deutsche Unternehmen ihre Marktposition durch innovative Produkte und verbesserte Produktionsmöglichkeiten ausbauen. Hier sind nicht nur die Unternehmer gefordert, auch die wirtschafts-, insbesondere forschungs- und bildungspolitischen Rahmenbedingungen müssen stimmen.

(44) In der Öffentlichkeit wird verschiedentlich behauptet, die Zunahme der Exporte oder der Wertschöpfung im Exportsektor zeige, dass Deutschland von der internationalen Arbeitsteilung profitiert und insofern keine Lohnprobleme haben könne. Solange der Export floriert, könnten die Löhne nicht zu hoch sein. Ein solcher Schluss könnte voreilig sein, denn hohe und starre Löhne, die auf die internationale Niedriglohnkonkurrenz nicht reagieren, lassen die arbeitsintensiven Sektoren im Übermaß schrumpfen und treiben mehr Kapital und Arbeit in die kapitalintensiven Exportsektoren, als unter dem Gesichtspunkt einer optimalen internationalen Arbeitsteilung effizient ist.

(45) Ob eine solche Interpretation zutreffend ist, kann hier nicht entschieden werden. Die Überlegungen zeigen nur, dass die landläufige Interpretation der deutschen Exportstärke als Kennzeichen deutscher Handelsgewinne aus der Globalisierung aus ökonomischer Sicht auf schwachen Füßen steht. Den entscheidenden Test für die Frage der Verbesserung der internationalen Arbeitsteilung liefert der Arbeitsmarkt und nicht die Exportstatistik.

(46) Der Arbeitsmarkt hat sich jedoch in letzter Zeit nicht so entwickelt, wie es bei einer Verbesserung der internationalen Arbeitsteilung zu erwarten gewesen wäre. So sind von 1995 bis 2005 im verarbeitenden Gewerbe insgesamt 1,2 Millionen Arbeitsplätze in Vollzeitäquivalenten verloren gegangen, während im ganzen Rest der Wirtschaft per saldo überhaupt keine neuen Stellen entstanden. Im Gegenteil, auch dort gingen in dem genannten Zeitraum netto 170.000 vollzeitäquivalente Stellen verloren.[133]

(47) Eine ähnliche Warnung ist gegenüber jenen angebracht, die die hohen deutschen Überschüsse im Außenhandel als Beleg für Deutschlands Wettbewerbsstärke sehen und sie zur Stützung der These anführen, dass Deutschland kein Lohn- und Arbeitskostenproblem habe. Sie übersehen nämlich, dass der Leistungsbilanzüberschuss definitorisch ein Kapitalexport ist. Ein Land kann den Überschuss seiner Exporte über seine Im-

133 Arbeitsvolumen Gesamtwirtschaft: Statistisches Bundesamt (2006), Fachserie 18, Reihe 1.1, Erste Jahresergebnisse 2005, vom ifo Institut um Arbeitstageeffekte bereinigt; Arbeitszeit vollzeitbeschäftigter Arbeitnehmer: Institut für Arbeitsmarkt- und Berufsforschung (2005), IAB-Kurzbericht Nr. 10/2005.

porte dem Ausland im Prinzip nur schenken, leihen oder im Austausch für einen Vermögenserwerb übertragen. Der Überschuss der Exporte über die Importe abzüglich der Transfers, der Leistungsbilanzüberschuss genannt wird, ist deshalb identisch mit dem Kapitalexport.

(48) Der Kapitalexport kann viele Ursachen haben. Er kann sich als Residuum zwischen den konjunkturellen Einflüssen auf die Exporte und Importe bilden, oder er kann das Ergebnis einer volkswirtschaftlich effizienten Anlagestrategie von Inländern im Ausland sein. Zudem können sich in ihm auch Ausweichreaktionen zeigen, mit denen die Investoren hohen und nicht mehr markträumenden Arbeitskosten im Inland entgehen wollen. In diesem Zusammenhang ist alarmierend, dass die inländischen Investitionen trotz der hohen Ersparnisse stark gefallen sind. So hatte Deutschland in den Jahren 2003 und 2004 die niedrigste Nettoinvestitionsquote unter allen OECD-Ländern. Und im Jahr 2005 lagen die inländischen Nettoinvestitionen mit einem Wert von nur 57 Mrd. Euro gerade einmal bei zwei Dritteln der Nettokapitalexporte, die 85 Mrd. Euro betrugen.[134] Wie auch immer man den Kapitalexport deutet: Diese Überlegungen zeigen, dass es falsch wäre, den Überschuss im Außenhandel per se als ein Zeichen für die Wettbewerbstärke eines Landes zu interpretieren.

IV. Direktinvestitionen

(49) Während Zuwanderung und Handel seit langem bekannte Phänomene sind, haben Direktinvestitionen deutscher Unternehmen im Ausland in den vergangenen Jahren eine besondere Dynamik entwickelt. Dies hat die Befürchtung genährt, hier finde eine Verlagerung von Arbeitsplätzen ins Ausland statt.

(50) Um die Beschäftigungseffekte von Direktinvestitionen beurteilen zu können, ist daher eine genaue Analyse ihrer Ursachen nötig. Hier sind zwei Motive zu unterscheiden. Einerseits verlagern Unternehmen Teile ihrer Produktion ins Ausland, um Märkte zu erschließen. Dies führt zu *horizontalen* Direktinvestitionen. Andererseits verlagern Unternehmen aber auch Teile ihrer Produktion in andere Länder, um von den dort herrschenden kostengünstigeren Produktionsbedingungen zu profitieren. Diese *vertikalen* Direktinvestitionen im Ausland finden vorwiegend in eine Richtung zwischen entwickelten und weniger entwickelten Volks-

[134] Nettoinvestitionen: Statistisches Bundesamt (2006), Fachserie 18, Reihe 1.1, Erste Jahresergebnisse 2005; Nettokapitalexporte: Schätzungen des ifo Instituts basierend auf: Deutsche Bundesbank (2005), Zahlungsbilanzstatistik, Dezember 2005.

wirtschaften, also Ländern mit unterschiedlichen Lohnniveaus, statt. In der Realität spielen natürlich immer beide Motive eine Rolle, jedoch dürfte je nach Investitionsobjekt und Zielland das Markterschließungs- oder das Kostensenkungsmotiv dominieren.

a) Nach Zielländern

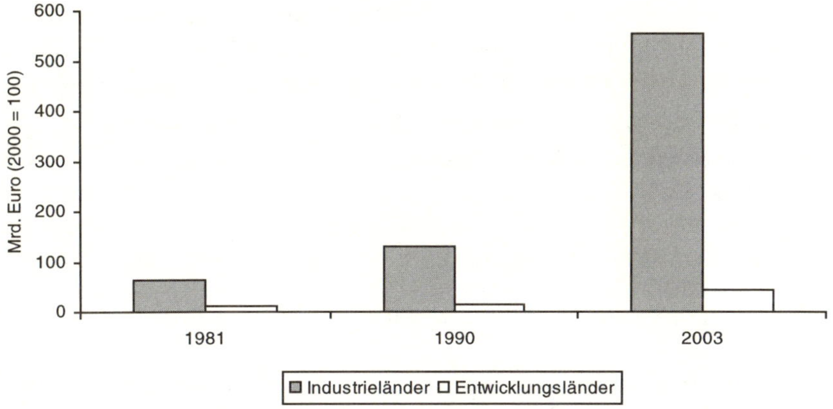

b) Nach Sektoren

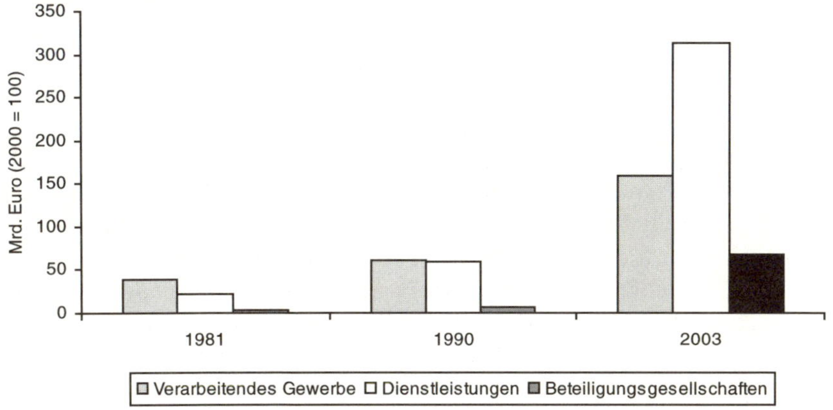

Graphik 2: Struktur deutscher Direktinvestitionen im Ausland
Nominale Größen deflationiert mit dem BIP Deflator (2000 = 100).

Quellen: International Monetary Fund (International Financial Statistics), Deutsche Bundesbank (Kapitalverflechtungen mit dem Ausland)

(51) Auslandsmärkte können von deutschen Unternehmen grundsätzlich entweder durch Exporte oder durch Produktion vor Ort bedient werden. Ausschlaggebend für die Entscheidung ist in erster Linie die relative Höhe der variablen Transaktionskosten einerseits und der fixen Investitionskosten andererseits. Entscheidet sich ein Unternehmen für die Produktion vor Ort, da die Transportkosten relativ hoch und die Markteintrittskosten relativ gering sind, kommt es zu einer horizontalen Direktinvestition. Horizontale Direktinvestitionen finden in der Regel in beiden Richtungen zwischen entwickelten Volkswirtschaften statt, weil in diesem Fall Lohnkostenunterschiede für die Wahl des Produktionsstandortes nicht das entscheidende Motiv sind. Da sowohl Investitionen des Inlands im Ausland als auch Investitionen des Auslands im Inland stattfinden, sind negative Beschäftigungseffekte horizontaler Direktinvestitionen nicht zu erwarten.

(52) Bei vertikalen Direktinvestitionen ist mit einem stärkeren Druck auf die unteren Lohngruppen zu rechnen, da diese Form der Direktinvestitionen vorwiegend von Unterschieden in den Lohnkosten getrieben wird. Eine Produktionsverlagerung findet statt, wenn einzelne Produktionsstufen im Ausland günstiger durchgeführt werden können als im Inland. Bei unzureichender Lohnflexibilität im Inland ist dann mit Arbeitsplatzverlusten zu rechnen. Gleichzeitig ist jedoch zu bedenken, dass die Teilverlagerung der Produktion dazu beiträgt, die Wettbewerbsposition der inländischen Produzenten auf den Endproduktmärkten zu erhalten. Auf diese Weise trägt die Teilverlagerung der Produktion auch zur Erhaltung von Arbeitsplätzen im Inland bei oder vermindert deren Verlust.

(53) Hinsichtlich der Struktur deutscher Direktinvestitionen im Ausland gibt es eine Reihe von Belegen, die bislang auf eine Dominanz horizontaler, absatzorientierter Direktinvestitionen hindeuten. Deutsche Unternehmen investieren vorwiegend in entwickelten Volkswirtschaften mit ähnlichen Faktorausstattungen, und die weitaus meisten ihrer ausländischen Töchter sind in derselben Branche wie die Mutterunternehmen tätig (Buch et al. 2005). Ende 2003 betrug der Anteil der deutschen Auslandstöchter in Industrieländern 73 Prozent. Ihr Anteil an den Umsätzen alle ausländischen Tochterunternehmen war noch größer, nämlich 81 Prozent (Deutsche Bundesbank 2005a). Rund 45 Prozent machten jeweils die EU-Länder aus. Zudem dominieren deutsche Tochtergesellschaften im Ausland im Bereich des Groß- und Einzelhandels sowie im Bereich der Finanzdienstleistungen. Vertikale und damit produktionskostengetriebene Direktinvestitionen sind insbesondere in einzelnen Branchen des Verarbeitenden Gewerbes von Bedeutung. Die Auslandsinvestitionen vieler Finanzdienstleister stehen in komplementärer Beziehung zur Investi-

tion von Unternehmen im Verarbeitenden Gewerbe. Unternehmen des Fahrzeugbaus beispielsweise investieren oftmals direkt in ausländische Tochterunternehmen im Finanzsektor. Derartige Investitionen sind absatzorientiert. Eine Analyse der Beschäftigungseffekte muss deshalb auch diese übersektoralen Rückkopplungseffekte mit berücksichtigen.

(54) Verlässliche Informationen über die Größenordnung der Arbeitsmarkteffekte von Direktinvestitionen auf Grundlage deutscher Daten sind bislang nicht verfügbar. Viele der vorliegenden Studien beziehen sich auf Länder mit vergleichsweise flexiblen Arbeitsmärkten. Sie zeigen das positive Potential von Direktinvestitionen, sind aber kein Beleg dafür, dass auch Deutschland von diesen Möglichkeiten profitiert. Im Einzelnen legen empirische Studien nahe, dass die Arbeitsmarkteffekte von Direktinvestitionen aus einer Reihe von Gründen positiv zu beurteilen sind (Barba Navaretti and Venables 2004, Kapitel 9):

- Erstens erhöhen Unternehmen, die mehr im Ausland produzieren, oftmals auch ihre Produktion im Inland.
- Zweitens zeigen empirische Untersuchungen für die USA, dass es keinen eindeutigen Zusammenhang gibt zwischen der Tätigkeit von Unternehmen im Ausland und einem Rückgang der relativen Löhne für ungelernte Arbeit (Slaughter 2000). Entsprechende Untersuchungen für Deutschland stehen noch aus.
- Drittens gibt es Belege dafür, dass Unternehmen mit einer hohen internationalen Präsenz produktiver sind als rein inländische Unternehmen. Letztlich dürften sich diese Produktivitätsunterschiede auch positiv auf die Beschäftigung im Inland auswirken. Direkte Evidenz für diesen Zusammenhang gibt es zwar wenig, es lassen sich jedoch aus einigen Untersuchungen indirekte Rückschlüsse ziehen. Studien für Deutschland zeigen beispielsweise, dass in erster Linie die produktiven Unternehmen im Ausland tätig sind (Arnold und Hussinger 2004, Wagner 2005). Darüber hinaus sind Unternehmen mit Auslandsgeschäft innovativer als rein inländisch orientierte Unternehmen (Criscuolo et al. 2005).
- Viertens wird die Befürchtung, dass ausländische Unternehmen weniger Interesse als inländische Unternehmen an dem Bestand der Beschäftigung haben, nicht durch empirische Untersuchungen gestärkt. Zwar neigen ausländische Unternehmen in Zeiten wirtschaftlicher Krisen schneller dazu, Beschäftigte zu entlassen, insgesamt bauen sie die Beschäftigung jedoch weniger stark ab als inländische Unternehmen (Checchi, Barba Navaretti, und Turrini 2003). Interessant ist diese Untersuchung vor allem deswegen, da sie auch deut-

sche Unternehmen erfasst und sich kein deutlicher Unterschied in den Anpassungsmustern im Vergleich zu anderen europäischen Ländern zeigt.

(55) Insgesamt ergibt sich damit ein differenziertes Bild der Auswirkungen ausländischer Direktinvestitionen auf den Arbeitmarkt, das wie folgt skizziert werden kann:

- Direktinvestitionen sind nur ein Kanal, über den Kapital in das Ausland abfließen kann. In Deutschland ist über die letzten Jahre hinweg ein genereller Trend hin zu sinkenden Investitionen im Inland und zunehmenden Investitionen im Ausland zu beobachten. In diesen Entwicklungen spiegeln sich strukturelle Probleme der deutschen Volkswirtschaft wider.
- Hinsichtlich struktureller Arbeitsmarkteffekte und möglicher negativer Konsequenzen für gering qualifizierte Beschäftigte ist in erster Linie die Bilanz der Direktinvestitionen entscheidend.
- Insgesamt und insbesondere für Investitionen des Dienstleistungssektors dominieren für Deutschland die horizontalen, absatzorientierten Direktinvestitionen. Von ihnen geht kein besonderer Anpassungsdruck im Bereich der gering qualifizierten Beschäftigten aus. Dies gilt insbesondere unter Berücksichtigung der Tatsache, dass auch ausländische Unternehmen im Inland investieren und Beschäftigungsmöglichkeiten aufbauen.
- Vertikale Direktinvestitionen mit ihren möglichen negativen Auswirkungen auf die gering Qualifizierten sind insbesondere im Bereich des verarbeitenden Gewerbes bedeutend.

V. Herausforderungen und Handlungsbedarf für den Arbeitmarkt

(56) Die weltweite Öffnung der Güter- und Faktormärkte hat einerseits das Potenzial für eine weitere Steigerung des materiellen Wohlstands erhöht, andererseits aber auch die Lage auf den Arbeitsmärkten gewandelt. Zum einen hat sich die Struktur der Arbeitsnachfrage dahingehend verändert, dass gering qualifizierte Arbeit in Deutschland tendenziell weniger, hoch qualifizierte Arbeit hingegen verstärkt nachgefragt wird. Zum anderen sind Beschäftigung und Löhne aufgrund der weltwirtschaftlichen Entwicklungen, wie unten ausgeführt werden wird, potenziell stärkeren Schwankungen unterworfen. Verschiebungen in der Struktur der Arbeitsnachfrage und eine erhöhte Instabilität erfordern eine größere Flexibilität der Märkte. Die Märkte müssen daher den sektora-

len Wandel und den Wechsel von Beschäftigten zwischen Unternehmen innerhalb einzelner Sektoren ermöglichen.

(57) Die anhaltende hohe Arbeitslosigkeit in Deutschland, insbesondere im Bereich der gering Qualifizierten, relativ zu anderen Ländern, die genauso im internationalen Wettbewerb stehen, deutet darauf hin, dass Deutschland die Chancen der Globalisierung bisher nur unzureichend nutzt. Die Arbeitslosenquote bei den gering Qualifizierten liegt nicht nur mit 15,3 Prozent oberhalb derer für alle Qualifikationsgruppen; in einigen Branchen erreicht sie sogar Werte von knapp 40 Prozent. Im folgenden Abschnitt werden die Herausforderungen, die sich für den Arbeitsmarkt ergeben, erläutert und der wirtschaftspolitische Handlungsbedarf diskutiert.

Veränderte Struktur der Arbeitsnachfrage

(58) In den vergangenen Jahren hat Deutschland seinen Handel mit Ländern in Osteuropa und mit China ausgebaut. Zwar liegt der Anteil des intersektoralen Handels mit diesen Ländern noch auf relativ geringem Niveau. Tendenziell wird aber bei zunehmendem intersektoralen Handel einfache Arbeit in Industrieländern wie in Deutschland weniger, qualifizierte Arbeit hingegen verstärkt nachgefragt. Dies führt bei unflexiblen Arbeitsmärkten zu Arbeitslosigkeit bei gering qualifizierten Arbeitnehmern, bei flexiblen Arbeitsmärkten hingegen zu geringeren realen Arbeitseinkommen dieser Beschäftigtengruppe. Empirische Untersuchungen zeigen, dass die deutsche Lohnstruktur trotz Verschiebungen der relativen Nachfrage nach gelernter und ungelernter Arbeit lange Zeit vergleichsweise stabil geblieben ist (Prasad 2004). Dies deutet auf eine zu geringe Anpassungsfähigkeit der Märkte hin. Über lange Zeit ist in Deutschland insbesondere die Lohn- und Gehaltsstruktur im Öffentlichen Dienst unverändert geblieben. Wie viele andere Bereiche des öffentlichen Dienstrechts hat dies auch Auswirkungen auf die Lohnpolitik in der privaten Wirtschaft gehabt.

(59) Arbeitsparender technischer Fortschritt ist ein weiterer Grund für eine verringerte Nachfrage nach einfacher Arbeit. Neue Maschinen und stärker computergesteuerte Produktionsmethoden machen gering qualifizierte Arbeitnehmer in der Produktion zunehmend überflüssig. Der Bedarf an gut und sehr gut qualifizierten Arbeitnehmern steigt dagegen an. Neue, dezentralere Formen der Organisation der Unternehmungen verstärken diese Entwicklung noch. Begünstigt wird dies durch die verstärkte Nachfrage nach differenzierten und qualitativ hochwertigen Produkten. Die Unternehmungen reagieren darauf mit flexibler Spezia-

lisierung und einer ausgeprägten Kundenorientierung. Umfassende Fähigkeiten der Arbeitnehmer in der Produktion, der Verwaltung, bei der Ausbildung, in der Kundenbetreuung und der Produktentwicklung werden deshalb immer wichtiger.

(60) Empirische Untersuchungen weisen tendenziell dem technischen Fortschritt eine größere Rolle bei dem Rückgang der Nachfrage nach gering qualifizierter Arbeit zu (Greenaway und Nelson 2000). Empirisch ist es jedoch schwer, zwischen dem Einfluss der Globalisierung und dem des technischen Fortschritts auf den Arbeitsmarkt zu trennen. Es ist denkbar, dass weltweit offenere Güter- und Faktormärkte den arbeitssparenden technischen Fortschritt noch beschleunigen.

(61) Zudem wird die Struktur der Arbeitsnachfrage auch durch sektorale Umwälzungen weg vom sekundären hin zum tertiären Sektor verändert. Dieser Wandel von der industriellen Produktion hin zu den Dienstleistungen findet dabei nicht nur zwischen, sondern auch innerhalb von Sektoren statt. Es werden in allen Sektoren vermehrt intelligente Vorleistungen und informationsintensive Technologien eingesetzt. Damit geht der intersektorale Strukturwandel tendenziell zu Lasten einfacher Arbeit, hoch qualifizierte Arbeit zählt demgegenüber zu den Gewinnern. Dies gilt auch im Dienstleistungssektor. Besonders betroffen sind hier die wenig produktiven Arbeitsplätze für gebundene Dienstleistungen (Handel, Banken, Versicherungen, öffentliche Verwaltung, Transport etc.) (vgl. etwa Klodt et al. 1996). Demgegenüber werden im Bereich konsumbezogener, produktionsnaher und sozialer Dienstleistungen ebenso neue Arbeitsplätze geschaffen wie im Bereich der Kommunikation und Information. Im europäischen Ausland sind diese Bereiche in einigen Ländern besser entwickelt, was auf unterschiedliche Regulierungen zurückgeführt werden kann (vgl. McKinsey 2002).

Veränderte Volatilität der Nachfrage nach einfacher Arbeit

(62) Der internationale Handel hat aber nicht nur einen direkten, sondern auch einen indirekten Einfluss auf die Nachfrage nach einfacher Arbeit. Denn zum einen erhöhen weltweit offenere Güter- und Faktormärkte und der dadurch intensivere Wettbewerb die Elastizität der Nachfrage nach Arbeit. Zum anderen führt eine größere Offenheit dazu, dass die Wirtschaft häufiger als zuvor exogenen Schocks ausgesetzt ist, dass diese ihren Charakter ändern und die Wirtschaft auch stärker auf die Schocks reagiert (vgl. Rodrik 1997 oder Bertola und Ichino 1995).

(63) Empirische Studien zeigen, dass eine verstärkte Integration in die internationalen Märkte die Elastizität der Arbeitsnachfrage tendenziell erhöht.[135] Eine Änderung der Rahmenbedingungen, etwa bei der Produktivität, wirkt sich stärker auf die nachgefragten Arbeitsstunden oder die Arbeitseinkommen aus. Dieser Effekt dürfte im Bereich der gering qualifizierten Beschäftigten besonders stark zum Tragen kommen. Eine elastischere Arbeitsnachfrage kann somit den starken Anstieg der Arbeitslosigkeit unter gering qualifizierten Arbeitnehmern in Ländern mit inflexiblen Arbeitsmärkten wie Deutschland mit erklären. In den angelsächsischen Ländern mit relativ flexiblen Arbeitsmärkten scheint sich die höhere Elastizität hingegen in einer seit den späten 70er Jahren zu beobachtenden steigenden Ungleichheit der Arbeitseinkommen niedergeschlagen zu haben.

(64) Inwiefern sich nicht nur die Reaktion auf gesamtwirtschaftliche Schocks geändert hat, sondern auch die Schocks selbst stärker ausgeprägt sind, ist in der empirischen Forschung bislang noch nicht abschließend geklärt. Empirische Untersuchungen zeigen, dass die Schwankung des Outputs in den Industrieländern in den vergangenen Jahrzehnten tendenziell abgenommen hat. Für die USA gibt es Hinweise darauf, dass auch die Volatilität der Beschäftigung insgesamt gefallen ist. Dabei hat sich eine größere Offenheit im Bereich des Außenhandels in mehr Volatilität bei der Beschäftigung niedergeschlagen, dies ist jedoch durch andere stabilisierende Faktoren, wie z. B. die Geldpolitik, überkompensiert worden (Carlino, DeFina, Sill 2003). Entsprechende empirische Untersuchungen für Deutschland stehen noch aus. Allerdings zeigt ein einfacher Vergleich wichtiger Arbeitsmarktindikatoren über die Zeit, dass auch in Deutschland die Volatilität der Beschäftigung im Vergleich zu den 50er, 60er und 70er Jahren deutlich abgenommen, im Vergleich zu den 80er Jahren jedoch wieder leicht zugenommen hat.

Implikationen für den Arbeitsmarkt

(65) Insgesamt ist festzuhalten, dass sich die wirtschaftlichen Gegebenheiten seit Mitte der 70er Jahre verändert haben. Die Struktur der Arbeitsnachfrage hat sich verändert; Sektoren, Regionen, Unternehmungen und Arbeitnehmer werden ganz unterschiedlich mit exogenen Schocks konfrontiert. Dieser Heterogenität müssen die Tarifparteien und die

[135] Vgl. Checchi, D., G. Barba Navaretti, und A. Turrini (2002) oder Fabbri, Slaughter, Haskel (2003).

Wirtschaftspolitik Rechnung tragen. Konkret bedeutet dies, dass die sektoralen, regionalen und qualifikatorischen Lohnstrukturen flexibler, die Arbeitskräfte räumlich und beruflich mobiler werden müssen.

(66) Um auf die Herausforderungen verstärkter internationaler Arbeitsteilung und Konkurrenz reagieren zu können, bedarf es also eines funktionsfähigen flexiblen Arbeitsmarktes. Bringt der Arbeitsmarkt diese Flexibilität nicht auf, erhöht sich das Risiko der Arbeitslosigkeit. Diese Entwicklung ist allerdings nicht unausweichlich, wie die Erfahrungen angelsächsischer und kleinerer europäischer Länder zeigen (Nickell 2003). Diese begegnen exogenen Schocks mit flexibleren Reallöhnen, beweglicheren sektoralen, regionalen und qualifikatorischen Lohnstrukturen und einer nicht nur räumlich, sondern auch beruflich höheren Mobilität des Produktionsfaktors Arbeit. Der Preis, den diese Länder für eine geringere Arbeitslosigkeit bezahlen müssen, ist eine ungleichere Einkommensverteilung. Zumindest in der kurzen Frist gewinnt das Problem der Armut in der spezifischen Ausprägung der „working poor“ an Gewicht.

(67) Demgegenüber ist die regionale und sektorale Mobilität in Deutschland relativ schwach ausgeprägt. Das gilt für Beschäftigte aller Qualifikationsstufen, besonders aber für gering qualifizierte Beschäftigte. Die Gründe für die geringe regionale und sektorale Mobilität von Arbeitskräften in Deutschland sind vor allem in den relativ rigiden Regelungen des Kündigungsschutzes, einer Lohnstruktur, die regional und sektoral nicht ausreichend stark aufgefächert ist, und in den Leistungen des Sozialstaates zu suchen, die in vielfältiger Form das Verhalten auf dem Arbeitsmarkt beeinflussen. Es ist empirisch gut belegt, dass ein hoher Zentralisierungsgrad der Tarifverhandlungen und eine regional und sektoral wenig ausdifferenzierte Lohnstruktur Hand in Hand gehen. Würde dem Markt eine stärkere Rolle eingeräumt, dann könnten die wirtschaftlich unterschiedlichen Entwicklungen in Sektoren und von Unternehmen in einzelnen Branchen zu unterschiedlich hohen Lohn- und Tarifabschlüssen führen. Der Anreiz zur räumlichen und sektoralen Wanderung der Arbeitnehmer würde zunehmen. Der Beirat hat dazu einen Vorschlag gemacht (Gutachten: Tarifautonomie auf dem Prüfstand). Zwar gibt es inzwischen Tendenzen auf Seiten der Unternehmen und Gewerkschaften, tarifliche Öffnungsklauseln verstärkt zu nutzen. Allerdings dürften diese bislang den erforderlichen Flexibilisierungsbedarf kaum decken.

(68) Mangelnde Flexibilität führt nicht nur zu offener Arbeitslosigkeit, sie kann auch dazu führen, dass Unternehmen zu langsam auf neue Entwicklungen reagieren, wenig risikofreudig sind und sich der strukturelle Wandel insgesamt verzögert. Auch in Branchen, die eigentlich Gewinner

der Globalisierung sind, gibt es Unternehmen, die auf Grund zu geringer Produktivität aus dem Markt ausscheiden. Aufgabe eines effizienten Arbeitsmarktes ist es, die notwendigen Anpassungen in der Beschäftigung zu unterstützen.

(69) Erforderlich wäre es, Arbeitnehmern sowohl einen Wechsel zwischen den Sektoren als auch innerhalb von Sektoren zu erleichtern. Ein Wechsel des Arbeitsplatzes verursacht jedoch Kosten auf Seiten der Arbeitnehmer und Arbeitgeber. Auf Seiten der Arbeitnehmer entstehen direkt Kosten des Umzugs und indirekte Kosten beim Verlust des bisherigen sozialen und privaten Umfelds. Auf Seiten der Arbeitgeber entstehen Kosten der Einarbeitung und der Umstrukturierung bisheriger Arbeitsabläufe.

Sozialpolitische Implikationen

(70) Wer von den Arbeitnehmern höhere Flexibilität und Mobilität verlangt – räumlich, sektoral, zeitlich und auch in Bezug auf das Einkommen bis hin zu Lohnsenkungen –, darf die damit verbundenen Kosten für die Betroffenen nicht übersehen. Insbesondere das erhöhte Einkommensrisiko widerspricht offensichtlich dem inzwischen allgemein empfundenen Sicherheitsbedürfnis.

(71) Um so mehr kommt darauf an, letztlich unvermeidliche Risiken möglichst fair zu verteilen. Hier kann noch viel geschehen. Zum Beispiel weisen die derzeitigen Rahmenbedingungen Risiken vor allem denen zu, die keine Beschäftigung bekommen können. Zudem wäre darüber nachzudenken, ob Einkommensrisiken nicht auch durch andere Mechanismen als durch das Arbeits- und Sozialrecht gemildert werden könnten. So hat der Beirat in einem früheren Gutachten (Rentengutachten) ausgeführt, dass die Kapitaldeckung bei der Altervorsorge die Betroffenen an Kapitalerträgen teilhaben lässt. Dadurch wird das Risiko abgeschwächt, dass sich die Lohnsätze im Verhältnis zum Kapitalertrag ungünstig entwickeln.

(72) Handlungsbedarf ergibt sich auch bei der Unterstützung der gering Qualifizierten. Wie nötig dies ist, machen die oben genannten Zahlen deutlich, die eine überdurchschnittlich hohe Arbeitslosenquote bei den gering Qualifizierten aufzeigen. Gerade in diesem Bereich ist es daher wichtig, die Beschäftigungsmöglichkeiten dauerhaft zu verbessern. Eine Voraussetzung dafür ist, die Qualifikation dieser Beschäftigtengruppe zu verbessern.

(73) Die aktuellen institutionellen Regelungen des deutschen Arbeitsmarktes verringern aber gerade bei gering Qualifizierten die Anreize zur

Weiterbildung und Verbesserung der Produktivität. Ein wesentlicher Grund hierfür ist die Lohnstruktur, die unterschiedlichen Qualifikationen in einem zu geringen Maße Rechnung trägt. Gerade im Bereich der gering Qualifizierten sind die Löhne unzureichend weit aufgefächert. Während in anderen Ländern oft ein gesetzlicher Mindestlohn die Lohnstruktur staucht, ist es in Deutschland ein faktischer Mindestlohn, der durch die Leistungen der sozialen Grundsicherung festgelegt wird. Das relativ hohe Niveau des Arbeitslosengeldes II (früher: Sozialhilfe) und die rigiden Hinzuverdienstregelungen drücken die Lohnstruktur am unteren Ende zusammen und bieten gering qualifizierten Arbeitnehmern wenig Anreize, sich weiterzubilden. Der Beirat hat schon vor einiger Zeit einen Vorschlag unterbreitet, wie dieses Arbeitslosengeld II in eine aktivierende soziale Grundsicherung umzuwandeln ist (Gutachten: Reform des Sozialstaates für mehr Beschäftigung im Bereich gering qualifizierter Arbeit). Das Programm „Hartz IV" hat zwar richtigerweise Arbeitslosen- und Sozialhilfe zusammengelegt, es hat allerdings versäumt, den aufgezeigten Weg der Aktivierung der Arbeitsfähigen zu gehen.

Protektionistische Lohnpolitik als Irrweg

(74) Angesichts der anhaltend hohen Arbeitslosigkeit und der langsamen Wirkung arbeitsmarktpolitischer Maßnahmen entstehen auch zunehmend Forderungen, die deutsche Wirtschaft stärker vor außenwirtschaftlichen Einflüssen zu schützen. Die Reaktionen auf den rasanten Strukturwandel im Baugewerbe haben schon Mitte der 90er Jahre die latente Neigung zum Protektionismus offenbart. Mit dem Arbeitnehmer-Entsendegesetz von 1996 sollte der Verdrängung deutscher durch ausländische Bauarbeiter durch verbindliche Mindestlöhne entgegengewirkt werden. Die schärfere Niedriglohnkonkurrenz seit der EU-Osterweiterung hat die Forderung jüngst wieder laut werden lassen, das Entsendegesetz auf sämtliche Wirtschaftssektoren auszudehnen. Damit soll der Lohnkonkurrenz vor allem durch osteuropäische (polnische) Arbeitnehmer begegnet, „Lohndumping" verhindert und inländische Arbeitnehmer vor dem Verlust ihrer Arbeitsplätze geschützt werden.

(75) Ein Mindestlohn, der oberhalb des markträumenden Lohnsatzes angesetzt wird, wirkt sich jedoch im Allgemeinen negativ auf die Beschäftigung aus. Die Nachfrage nach Arbeitskräften geht zurück, die Arbeitslosigkeit steigt an.[136] Dabei sind die eigentlichen Verlierer die am

[136] Nur in wenigen, eher theoretischen Ausnahmefällen von Nachfragemacht der Unternehmen auf regionalen Arbeitsmärkten oder völlig immobilen Arbeitnehmern muss

wenigsten produktiven Arbeitnehmer, eine der Problemgruppen auf den Arbeitsmärkten.

(76) Eine Mindestlohnpolitik wird dazu führen, dass die Produktion in ausländische Regionen mit niedrigeren Löhnen abwandert. Die polnischen Schlachter würden zwar nicht mehr in Deutschland schlachten, die Verarbeitung des Fleisches würde aber verstärkt in Polen stattfinden und die verarbeitete Ware wieder nach Deutschland importiert. Das gilt auch für Dienstleistungen. So lassen beispielsweise zahlreiche Hotels in Berlin die täglich anfallende Wäsche im nahen Polen reinigen. Aber auch bei ortsgebundenen Dienstleistungen, wie etwa in der Gebäudereinigung, der Landwirtschaft oder der Gastronomie, bietet ein umfassendes Entsendegesetz keinen wirklichen Schutz.

(77) Mindestlöhne sind nicht nur wirtschaftlich unwirksam, sie sind auch angesichts der gegenwärtigen rechtlichen Lage fehl am Platz. Zwar gilt mit der EU-Osterweiterung auch für Arbeitnehmer aus diesen Ländern grundsätzlich die Freizügigkeit. Allerdings ist sie, von einigen kleinen Ausnahmen abgesehen, für eine Übergangszeit bis zum Jahre 2011 noch außer Kraft gesetzt. Da eine Beschäftigung von Arbeitnehmern aus den EU-Beitrittsländern hierzulande also weiter illegal ist, sind osteuropäische Arbeitnehmer vorwiegend auf dem Schwarzmarkt tätig. Anders sieht es bei Selbständigen aus. Sie genießen auch heute schon die volle Niederlassungsfreiheit in der EU. Ein verbindlicher Mindestlohn für alle Wirtschaftszweige kann aber inländische Selbständige kaum vor Konkurrenz aus Osteuropa schützen. Inländische Arbeitnehmer würden vielmehr durch ausländische Selbständige ersetzt, denen die EU-Grundsätze Niederlassungsfreiheit garantieren. Gilt die Niederlassungsfreiheit und die Freiheit der unternehmerischen Preissetzung auf Güter- und Dienstleistungsmärkten weiter, ist eine Ausdehnung des Arbeitnehmer-Entsendegesetz auf alle Branchen unwirksam.

(78) Eine Ausweitung des Entsendegesetzes hätte zudem negative Rückwirkungen auf nicht-tarifgebundene inländische Unternehmen und tarifgebundene Unternehmen mit tariflichen Öffnungsklauseln und die dort beschäftigten Arbeitnehmer. Diese Unternehmen haben bislang Löhne unter den Tariflöhnen gezahlt, was nach der Umsetzung des Entsendegesetzes nicht mehr möglich wäre. Vor allem einfache Arbeit würde teurer, sie würde entweder verstärkt durch Kapital ersetzt oder in das kostengünstigere Ausland verlagert. Das gilt nicht nur für die Produktion von Gütern, es trifft auch für Dienstleistungen zu. Ortsungebundene Dienst-

ein Mindestlohn nicht beschäftigungsschädlich sein. Den markträumenden Lohnsatz darf er allerdings auch in diesen Ausnahmefällen nicht übersteigen.

leistungen werden in das Ausland verlagert, ortsgebundene Dienstleistungen werden entweder teurer oder die Zahl der Arbeitsplätze in diesem Bereich sinkt, weil die Erträge der Unternehmen zurückgehen. Das ist gerade bei einfachen Dienstleistungen problematisch, weil Deutschland seit langem unter einem Mangel an Arbeitsplätzen in diesem Bereich leidet.

(79) Die protektionistische Antwort eines Arbeitnehmer-Entsendegesetzes, das weite Bereiche der Wirtschaft umfasst, hat noch eine andere negative Wirkung. Die Anreize der Tarifvertragsparteien, darauf zu achten, welche Wirkungen ihre Tarifabschlüsse auf die Beschäftigung haben, werden weiter geschwächt. Vor allem wenig qualifizierte Arbeitnehmer hätten noch geringere Chancen, eine neue unter Tarif bezahlte Stelle zu bekommen.

VI. Fazit

(80) Ziel dieses Gutachtens ist es, die Debatte über die Auswirkungen der Globalisierung zu versachlichen und die Chancen, die die Globalisierung bietet, stärker in das Blickfeld der Öffentlichkeit zu rücken. Das Gutachten soll vor allem wieder den Normalfall der wirtschaftlichen Entwicklung ins Gedächtnis zurückrufen. Höherer Wohlstand wird nämlich durch neue Produkte und neue Fertigungsmethoden, die wegen des nationalen und internationalen Wettbewerbsdrucks entwickelt werden, geschaffen. Die negativen Entwicklungen auf dem deutschen Arbeitsmarkt, die auch im Zusammenhang mit der Globalisierung stehen, dürfen dabei nicht übersehen werden. Die öffentliche Debatte scheint sie jedoch im Vergleich zu den Chancen zu sehr zu betonen. Das Fazit lässt sich in acht Punkten zusammenfassen:

1. *Überschätzung der Risiken*

In der öffentlichen Debatte dominiert oftmals eine verzerrte Wahrnehmung der Ursachen und Wirkungen der Globalisierung. Es sind nicht, wie vielfach vermutet, vorwiegend die Investitionen deutscher Unternehmen im Ausland, durch die Probleme auf den Arbeitsmärkten entstehen. Auch die Gefahren, die von der Migration ausgehen, werden in der öffentlichen Debatte überschätzt; eine größere Zuwanderung qualifizierter Arbeitskräfte wäre sogar wünschenswert. Es ist der traditionelle Kanal der Integration in die internationalen Märkte – der Außenhandel –, der für Deutschland nicht nur Wachstumsbeiträge liefert, sondern durch den auch Wettbewerbsdruck entsteht. Gefahren gehen von diesem Wettbewerbsdruck nur dann aus, wenn man ihm Schranken bei der Lohnbildung und beim Außenhandel entgegensetzt. Insgesamt werden die Gefahren, die von der Öffnung bevölkerungsreicher Länder ausgehen, deutlich überschätzt. Ein durchaus realistisches Szenario ist, dass Deutschland als kapitalreiches Land von einem zunehmenden Arbeitsangebot auf den Weltmärkten profitiert.

2. *Unterschätzung der Chancen*

Das Ausmaß der Gewinne der Globalisierung wird unterschätzt. In der Tat zeigt sich bei genauerer Betrachtung, dass Deutschland in vielfältiger Weise von der Globalisierung profitiert. Gerade die höher Qualifizierten profitieren von besseren Beschäftigungsmöglichkeiten, die Unternehmen von verbesserten Absatzmöglichkeiten. Die Konsumenten gewinnen durch niedrigere Güterpreise und eine größere Produktvielfalt.

3. *Von der Lohnersatzpolitik zur aktivierenden Sozialpolitik*

Gleichzeitig gibt es Gruppen der Bevölkerung, die durch die Globalisierung verlieren. Unübersehbar ist vor allem, dass es Anpassungsdruck auf dem Arbeitmarkt gibt. Ohne flankierende Maßnahmen müssen insbesondere gering Qualifizierte relativ sinkende Löhne in Kauf nehmen, wenn sie ihre Arbeitsplätze nicht verlieren wollen. Eine flankierende Maßnahme, die das Problem an der Wurzel packt, ist eine bessere Ausbildung bislang gering Qualifizierter. Dort, wo dies nicht möglich ist, kann der Konflikt zwischen niedriger Produktivität und hohem Lohnanspruchsniveau über eine aktivierende Sozialpolitik (vgl. das Beiratsgutachten „Reform des Sozialstaates für mehr Beschäftigung im Bereich gering qualifizierter Arbeit“) gelöst werden. Zur Flexibilisierung des Arbeitsmarktes gehört daher auch eine Abkehr von der Lohnersatzpolitik des Sozialstaates zugunsten einer aktivierenden Sozialpolitik, um auf diese Weise die Lohnuntergrenze im Tarifsystem, die durch das Sozialsystem gebildet wird, aufzuheben.

4. *Anpassung der sozialen Sicherungssysteme*

Die Gewinner könnten die Verlierer der Globalisierung grundsätzlich kompensieren. Käme es zu einer solchen Umverteilung, dann würden alle profitieren. Die Systeme der sozialen Sicherung sind aber derzeit nicht so flexibel und an die neuen Gegebenheiten angepasst, um den Erfordernissen gerecht zu werden. Ziel muss es sein, die entstehenden Arbeitsplatz- und Einkommensrisiken zwar nicht ganz zu beseitigen, aber doch so abzumindern, dass sie für den Einzelnen tragbar werden.

5. *Abschottungspolitik ist keine Lösung*

Eine Abschottung der deutschen Wirtschaft stellt keine Lösung dar. Eine erste Abschottungsstrategie wäre es, den Arbeitsmarkt durch gesetzlich vorgeschriebene Mindestlöhne vom internationalen Lohndruck bei gering qualifizierter Arbeit abzukoppeln. Eine zweite Strategie schottet die internationale Konkurrenz auf dem Arbeitsmarkt durch eine Beschränkung der Niederlassungsfreiheit ab. Schließlich könnte man gar an eine Beschränkung des Außenhandels denken. Durch solche Abschottungsstrategien würden die Gewinne der Globalisierung jedoch insgesamt kleiner. Zudem würden sie die Arbeitslosigkeit und das Preisniveau erhöhen. Der Wohlstand und die Umverteilungsspielräume würden sinken. Hinzu kommt, dass viele der protektionistischen Maßnahmen, die in der öffentlichen Diskussion stehen, in einer zunehmend integrierten Welt ohnehin unwirksam wären.

6. *Selektive Zuwanderung*

Die derzeitige Zuwanderungspolitik enthält Fehlanreize, die den Anteil gering qualifizierter Zuwanderer erhöht und das Potential an hoch qualifizierten Zuwanderern nicht ausschöpfen. Eine gezielte Zuwanderungspolitik muss nach Qualifikationen differenzieren.

7. *Flexibilisierung des Arbeitsmarktes*

Zentral für eine Verbesserung der Lage auf dem Arbeitsmarkt sind Reformen auf dem Arbeitsmarkt selbst. Denn die Globalisierung hat die Probleme auf dem Arbeitsmarkt lediglich verstärkt; die Ursache der Probleme ist in einer zu geringen Flexibilität der Märkte selbst zu suchen. Im Gegensatz zu anderen Ländern schaffen wir es in Deutschland nicht in ausreichendem Maße, die Arbeitnehmer aus den schrumpfenden Sektoren in die Bereiche zu integrieren, die Arbeitskräfte benötigen. Ohne eine weitere Flexibilisierung der Arbeitsmärkte kann daher eine Anpassung an die geänderten Rahmenbedingungen nicht gelingen. Vielen scheint es paradox, dass mehr Flexibilisierung zu geringeren Arbeitsmarktrisiken führen kann. Mehr Flexibilisierung kann zwar ein erhöhtes Risiko bedeuten, den bestehenden Arbeitplatz zu verlieren. Gleichzeitig steigen aber auch die Chancen, eine neue Beschäftigung zu finden. Das in der jetzigen Situation hohe Risiko, beim Verlust des Arbeitsplatzes in eine dauerhafte Arbeitslosigkeit abzurutschen, würde erheblich sinken. Dies gilt umso mehr in einer wachsenden Wirtschaft.

8. *Aus- und Weiterbildung.*

Die beste Gewähr für hohe Beschäftigungschancen bietet eine gute Ausbildung. Eine stärkere Rolle der Märkte muss daher auch Anreize zur Weiterbildung beinhalten und Fehlanreize gegen Weiterbildung abbauen. Großzügige Regelungen der Frühverrentung verringern beispielsweise auch die Anreize zur Weiterbildung. Dazu müssen das Ausbildungsangebot, aber auch die Anreize, dieses Angebot wahrzunehmen, stimmen. Je besser qualifiziert die Arbeitskräfte insgesamt sind, desto mehr von ihnen werden zu den Gewinnern der Globalisierung gehören.

(81) Eine Bündelung der hier genannten Maßnahmen eröffnet die Möglichkeit, dass langfristig weite Bevölkerungsgruppen in Deutschland von den Chancen der Globalisierung profitieren. Ohne ein ausreichendes Wirtschaftswachstum werden diese Maßnahmen allerdings nicht greifen können. Entscheidend ist daher, dass Unternehmen in Deutschland die Möglichkeit haben und diese auch nutzen, innovative Produkte zu entwickeln und flexibel auf geänderte Rahmenbedingungen zu reagieren. Dies war und ist der Motor des Wirtschaftswachstums und damit auch der Schaffung neuer Arbeitsplätze, welche die durch den internationalen Wettbewerb verdrängten Arbeitsplätze wieder ersetzen.

Berlin, den 21. Januar 2006

Der Vorsitzende des Wissenschaftlichen Beirats
beim Bundesministerium für Wirtschaft und Technologie
Prof. Axel Börsch-Supan, Ph.D.

Quellen

Amiti, M., und S.-J. Wei (2005). Fear of service outsourcing. *Economic Policy*: 308–347.

Arnold, Jens Matthias, und Katrin Hussinger (2004). Export Behavior and Firm Productivity in German Manufacturing: A Firm-Level Analysis. Zentrum für Europäische Wirtschaftsforschung (ZEW). Discussion Paper 04–12. Mannheim.

Barba-Navaretti, G. B., and A. J. Venables (2004). *Multinational Firms in the World Economy*, Princeton: Princeton University Press.

Becker, S. O., K. Ekholm, R. Jäckle, and M.-A. Mündler (2005). Location Choice and Employment Decisions: A Comparison of German and Swedish Multinationals. Deutsche Bundesbank. Deutsche Bundesbank. Discussion Paper. 8/2005. Frankfurt a.M.

Bertola, G. und A. Ichino (1995). Wage Inequality and Unemployment, in: *NBER Macroeconomic Annual*: 13–54
Bertola, G. und R. Rogerson (1997). Institutions and Labour Reallocation, in: *European Economic Review*, 41: 1147–1172
Brücker, H. (2001). Die Folgen der Freizügigkeit für die Ost-West-Migration: Schlussfolgerungen aus einer Zeitreihenanalyse der Migration nach Deutschland, 1967 bis 1998. Arbeitsgemeinschaft Deutscher Wirtschaftswissenschaftlicher Forschungsinstitute (Hrsg.), Migration in Europa. *Beihefte der Konjunkturpolitik*, 52. Berlin.
Brücker, Herbert (2005). EU-Osterweiterung: Übergangsfristen führen zu Umlenkung der Migration nach Großbritannien und Irland. *DIW Wochenbericht* 72(22): 353–359.
Buch, C. M., J. Kleinert, A. Lipponer, and F. Toubal (2005). Determinants and Effects of Foreign Direct Investment: Evidence from German Firm-Level Data. *Economic Policy* 41: 52–110.
Carlino, G., R. DeFina, und K. Sill (2003). Postwar Period Changes in Employment Volatility: New Evidence from State/Industry Panel Data. Federal Reserve Bank of Philadelphia. Working Paper 03–18. Philadelphia.
Checchi, D., G. Barba Navaretti, und A. Turrini (2002). Adjusting Labour Demand: Multinational versus National Firms – A Cross-European Analysis. CEPR Discussion Paper 3751. London.
Criscuolo, C., J.E. Haskel, und M.J. Slaughter (2005). Global Engagement and the Innovation Activities of Firms. National Bureau of Economic Research. Working Paper 11479. Cambridge MA.
Deutsche Bundesbank (2005a). *Monatsbericht Mai 2005: Außenwirtschaft*. Frankfurt a.M.
Deutsche Bundesbank (2005b). *Monatsbericht Juni 2005: Die außenwirtschaftlichen Beziehungen Deutschlands zur Volksrepublik China*. Frankfurt a.M.
Deutsche Bundesbank (2005c). *Monatsbericht Dezember 2005:* Frankfurt a.M.
Deutscher Industrie- und Handelskammertag (DIHK) (2005). *Going International – Erfolgsfaktoren im Auslandsgeschäft*. Berlin.
Eaton, J., S. Kortum (2992). Technology, Geography and Trade. *Econometrica* 70: 1741–1779.
Fabbri, F., J. E. Haskel, und M. J. Slaughter (2003). Does Nationality of Ownership Matter for Labor Demands? *Journal of the European Economic Association* 1(2–3): 698–707.
Fidrmuc, J. (2001). Intraindustry Trade Between the EU and the CEECs: The Evidence of the First Decade of Transition. *Focus on Transition* 1: 65–78.
Greenaway, D., und D. Nelson (2000). The Assessment: Globalization and Labour-Market Adjustment. *Oxford Review of Economic Policy* 16(3): 1–11.
Haisken-DeNew, J. P., und K. F. Zimmermann (1999). Wage and Mobility Effects of Trade and Migration. In M.F. Dewatripont, A. Sapir und K. Sekkat (Hrsg.), *Trade and Jobs in Europe: Much Ado about Nothing?* Oxford.
Heijdra, B. J., C. Keuschnigg und W. Kohler (2002). Eastern Enlargement of the EU: Jobs, Investment and Welfare in Present Member Countries. CESifo Working Paper Series, 718(7). Center for Economic Studies & Ifo Institute for Economic Research, München.
Institut für Arbeitsmarkt- und Berufsforschung (2005): IAB-Kurzbericht Nr. 10/2005.
Klein, M. W., S. Schuh, und R. K. Triest (2003). *Job Creation, Job Destruction, and International Competition*. W.E. Upjohn Institute for Employment Research. Kalamazoo.
Klodt, H., R. Maurer und A. Schimmelpfennig (1996). *Tertiarisierung der deutschen Wirtschaft*. Tübingen.

Layard, R., St. Nickell und R. Jackman (2005). *Unemployment: Macroeconomic Performance and the Labour Market*. Oxford u. a. (2. Auflage)

Marin, D. (2004). 'A Nation of Poets and Thinkers' – Less so with Eastern Enlargement? Austria and Germany. Ludwig-Maximilians-Universität München. Department of Economics. Discussion paper 2004–06. Munich.

McKinsey Global Institute (2002) *Reaching Higher Productivity and Growth in France and Germany*, McKinsey & Co., Frankfurt, Washington, D.C.

Navaretti, G. B., and A. J. Venables (2004). *Multinational Firms in the World Economy*, Princeton: Princeton University Press.

Nickel, S. (2003). A Picture of European Unemployment: Success and Failure. Centre for Economic Performance, LSE in its series CEP Discussion Papers 0577. London.

Prasad, E. S. (2004). The Unbearable Stability of the German Wage Structure: Evidence and Interpretation. *IMF Staff Papers*. 51(2): 354–385.

Rodrik, D. (1997). *Has Globalization Gone Too Far?* Institute for International Economics. Washington DC.

Sachverständigenrat (2004). *Jahresgutachten – Deutschland im internationalen Wettbewerb*. Wiesbaden.

Sinn, H.-W., und M. Werding (2001). Immigration Following EU Eastern Enlargement. *CESifo Forum* 2: 40–52.

Slaugther, M. J. (2000). Production transfer within multinational enterprises and American wages. *Journal of International Economics* 50: 449–472.

Statistisches Bundesamt (2004a). *Rangfolge der Handelspartner im Außenhandel mit der Bundesrepublik Deutschland*. Wiesbaden.

Statistisches Bundesamt (2004b). *Verdienste, Arbeitskosten und Arbeitszeiten im Ausland* Wiesbaden.

Statistisches Bundesamt (2005). Bildung schützt vor Erwerbslosigkeit. Pressemitteilung vom 25.1.2005. Wiesbaden.

Statistisches Bundesamt (2006). Fachserie 18, Reihe 1.1, Wiesbaden.

Wagner, Joachim (2005). Exports and Productivity: A survey of the evidence from firm level data. HWWA Discussion Paper 319. Hamburg.

Gutachten vom 21. Januar 2006

Das Gutachten wurde vorbereitet von folgenden Mitgliedern des Wissenschaftlichen Beirats beim Bundesministerium für Wirtschaft und Technologie

Dr. Monika Schnitzer *Federführung*
Professorin für Volkswirtschaftslehre
an der Ludwig-Maximilians-Universität München

Dr. Norbert Berthold
Professor für Volkswirtschaftslehre an der
Bayerischen Julius-Maximilians-Universität in Würzburg

Dr. Claudia M. Buch
Professorin für Wirtschaftstheorie,
insbesondere Geld und Währung
an der Universität Tübingen

Brief an den Bundesminister für Wirtschaft und Technologie Michael Glos vom 18. März 2006

Thema: Mindest- und Kombilöhne

Sehr geehrter Herr Bundesminister,

derzeit wird die Einführung eines Mindestlohnes, auch in Verbindung mit Kombilöhnen, diskutiert. Der Beirat möchte ausdrücklich vor den Folgen für die Arbeitsmärkte und für die Wettbewerbsfähigkeit der deutschen Wirtschaft warnen.

Deutschland hat bereits de facto einen Mindestlohn in Form der Sozialhilfe („Grundsicherung für Arbeitssuchende"). Er ergibt sich implizit aus der Höhe der Sozialhilfe und den Anrechnungs- und Hinzuverdienstregeln. Ein expliziter Mindestlohn unter dieser Grenze wäre bestenfalls wirkungslos, während ein darüber liegender Mindestlohn diejenigen aus dem Arbeitsmarkt verdrängen würde, deren Produktivität unter dem Mindestlohn liegt. Das würde insbesondere eine beachtliche Zahl von Arbeitnehmern betreffen, die bei Unternehmen beschäftigt sind, die nicht Mitglieder im Arbeitgeberverband sind (vor allem in den neuen Bundesländern). Die Arbeitgeber würden noch zurückhaltender bei der Einstellung neuer Arbeitnehmer und die Verlagerung von Arbeitsplätzen ins Ausland würde noch attraktiver. Dies träfe insbesondere junge und wenig qualifizierte Arbeitnehmer. Eine höhere Arbeitslosigkeit unter diesen wäre die Folge. Die fatalen Auswirkungen von Mindestlöhnen und anderen Schutzregelungen zeigen sich in Frankreich, wo die Jugendarbeitslosigkeit zwischen 1995 und 2001 von über 27 Prozent auf 19 Prozent fiel, nachdem die Arbeitgeber auf Mindestlöhne keine Sozialabgaben mehr abführen mussten. Nach der Anhebung des Mindestlohnes im Jahre 2002 stieg die Jugendarbeitslosigkeit wieder auf derzeit über 23 Prozent. Die französische Entwicklung ist ein Warnsignal auch für Deutschland.

Ist ein Mindestlohn erst einmal eingeführt, wird es politisch sehr schwer sein, ihn wieder abzuschaffen. Gewarnt sei daher ausdrücklich vor der Einführung selbst eines sehr niedrigen Mindestlohns. Das mag kurzfristig als Weg erscheinen, die widerstreitenden Forderungen von Gewerkschaften und Arbeitgebern zugleich zu befriedigen. Wenn der Mindestlohn als Instrument jedoch Gesetz geworden ist, wird er auf Dauer nicht bloß einen symbolischen Satz behalten, da er ein Objekt der Konkurrenz der politischen Parteien wird.

Diskutiert wird die Einführung eines Mindestlohnes auch im Zusammenhang mit Lohnsubventionen an Unternehmen („Kombilohn"). Diese

Subventionen sollen den Zusammenhang zwischen niedriger Produktivität und niedrigem Lohn entkoppeln. Damit scheint der Widerspruch zwischen dem Ziel, Beschäftigung zu schaffen und gleichzeitig menschenwürdige Löhne zu sichern, lösbar zu werden. Dies ist jedoch ein Trugschluss. Die großen Mitnahmeeffekte einer solchen „Objektförderung“ sind bekannt: Zu befürchten ist, dass man durch Umwandlung nicht subventionierter Niedriglohn-Arbeitplätze – davon gibt es in Deutschland immer noch mehrere Millionen – in subventionierte Niedriglohn-Arbeitsplätze fiskalisch viel mehr verliert, als man gleichzeitig durch die Mobilisierung neuer Arbeitsplätze fiskalisch gewinnt. Gegen diese fiskalischen Konsequenzen hilft zwar die Einführung eines Mindestlohnes. In dem Maße, in dem die Mitnahmeeffekte verhindert werden, fallen jedoch auch die positiven Beschäftigungseffekte weg, die der ursprüngliche Zweck der Maßnahme waren. Ein fiskalisch höchst risikobehaftetes Instrument (Kombilöhne) mit einem ökonomisch schädlichen Instrument (Mindestlöhne) kompensieren zu wollen, wäre demnach doppelt falsch.

Wegen der für die Objektförderung typischen großen Mitnahmeeffekte ist man in anderen Bereichen der Wirtschaftspolitik von der Objekt- zur Subjektförderung übergegangen, so z. B. auf dem in vieler Hinsicht dem Arbeitsmarkt ähnlichen Wohnungsmarkt. Im diesem Sinne hat der Beirat ein Modell der aktivierenden Sozialhilfe vorgeschlagen, das über eine Absenkung der unteren Tariflöhne zu mehr Beschäftigung im Niedriglohnbereich führen würde (Gutachten zur „Reform des Sozialstaates für mehr Beschäftigung im Bereich gering qualifizierter Arbeit“). Der Beirat betont, dass unabhängig vom Sozialhilfeniveau wegen der genannten Gründe eine Stärkung der Subjektförderung (insbesondere die Einführung attraktiverer Hinzuverdienstregelungen) einer Einführung von Kombilöhnen, und schon gar einer Kombination von Kombilöhnen und Mindestlöhnen, vorzuziehen ist.

Mit freundlichen Grüßen

gez.

Prof. Axel Börsch-Supan, Ph.D.
Vorsitzender des Beirats

Gutachten vom 12./13. Mai 2006

Thema: Mehr Wettbewerb im System der Gesetzlichen Krankenversicherungen

Der Wissenschaftliche Beirat beim Bundesministerium für Wirtschaft und Technologie hat sich in mehreren Sitzungen, zuletzt am 13. Mai 2006, mit dem Thema

„Mehr Wettbewerb im System der Gesetzlichen Krankenversicherung"

befasst und ist dabei zu der nachfolgenden Stellungnahme gelangt.

1. *Anlass*

(1) Zum wiederholten Male seit den 90er Jahren steht Deutschland vor einer „großen Gesundheitsreform". Kaum drei Jahre nach dem seinerzeit als großer Durchbruch gefeierten GKV-Modernisierungs-Gesetz (GMG) von 2003 gilt das deutsche Gesundheitssystem als dringend korrekturbedürftig, denn wie alle seine Vorgänger hat auch dieses Gesetz den Trend steigender Beitragssätze in der Gesetzlichen Krankenversicherung (GKV) nicht brechen können. In der aktuellen Diskussion steht vor allem eine Neuordnung der Finanzierung im Vordergrund.

(2) Der Beirat befürchtet, dass die derzeitige Reformdiskussion ein Kernproblem der Gesetzlichen Krankenversicherung nicht wirklich angeht. Es besteht in der wachsenden Kluft zwischen den medizinischen Möglichkeiten und dem, was in einem System der Zwangsabgaben nachhaltig finanzierbar ist. Bislang wurde versucht, diese Kluft durch feste Budgets für Leistungserbringer notdürftig zu überbrücken, mit der Folge einer immer schärferen verdeckten Rationierung medizinischer Leistungen. Eine solche Rationierung ist schädlich, denn medizinische Leistungen werden von der Bevölkerung gewünscht, und sie bilden einen Wachstumsmarkt mit erheblicher Bedeutung für die Beschäftigung. Der Beirat sieht in einer Stärkung des nachfrageseitigen Wettbewerbs, also des Wettbewerbs zwischen den Krankenversicherungen als Sachwalter der Versicherten auf dem Markt für medizinische Leistungen gegenüber den Leistungserbringern (Ärzte und Krankenhäuser), ein wesentliches, in der derzeitigen Diskussion aber sträflich vernachlässigtes Reformelement, das dieses Kernproblem zu lösen hilft.

(3) Es besteht Einigkeit darüber, dass die Effizienzreserven innerhalb des deutschen Gesundheitssystems erheblich sind. So deckte der Sachverständigenrat zur Begutachtung der Entwicklung im Gesundheitswesen in

seinem Gutachten von 2001/02 eine vierbändige Liste von Tatbeständen der „Über-, Unter- und Fehlversorgung" auf. Mehr Effizienz – im Sinne einer möglichst kostengünstigen Bereitstellung einer gegebenen Gesundheitsdienstleistung[137]– wird aber weder von selbst kommen noch kann sie vom Staat verordnet werden. Vielmehr liegt der Schlüssel für mehr Effizienz in der Schaffung wettbewerblicher Strukturen, die den Akteuren im Gesundheitswesen mehr Anreize zur Wirtschaftlichkeit setzen. In diesem Gutachten werden daher Wege aufgezeigt, wie mehr nachfrageseitiger Wettbewerb in dem Teil des deutschen Gesundheitswesens geschaffen werden kann, der durch die Gesetzliche Krankenversicherung finanziert wird. Der Beirat hat bereits in seinem Gutachten „Aktuelle Formen des Korporatismus" vom 27. Mai 2000 auf die strukturellen Probleme in der Gesundheitsversorgung hingewiesen. Er ist überzeugt, dass eine Reform des Finanzierungssystems der Gesetzlichen Krankenversicherung weitgehend wirkungslos bleibt, wenn nicht gleichzeitig mehr Wettbewerb zwischen den Krankenkassen stattfindet.

(4) Mehr Effizienz ist jedoch nicht nur im Sinne einer wirkungsvollen und bezahlbaren gesundheitlichen Versorgung zu fordern. Mehr Effizienz ist auch hinsichtlich der politischen Befriedungsleistung des Systems geboten. Das Entscheidungsgefüge, in dem derzeit über Art und Maß der Leistungen, den Kreis der Leistungserbringer, Entgelte, Beiträge und sonstige Finanzierungsquellen entschieden wird, ist ein Dickicht aus parlamentarischen, ministerialen und administrativen, demokratischen und gruppengetragenen partikularen Einheiten und Instanzen, dessen Wirkungsweisen nur schwer durchschaut und zugerechnet werden können. Ziel einer Reform sollte es daher auch sein, ein System zu schaffen, in dem der Zusammenhang zwischen den Beiträgen, der Art und dem Maß der Leistungen sowie den Entgelten der Leistungserbringer sichtbar und in freier Entscheidung gerechtfertigt wird. Der Vorschlag des Beirats versucht, diesem Ziel näher zu kommen. Der Beirat ist sich im Klaren darüber, dass auch weiterhin politische Entscheidungen notwendig sein werden. Wesentlich aber ist, dass die Beteiligten besser als vorher wissen,

[137] Als ein grobes Indiz für die relative Effizienz eines Gesundheitswesens kann der internationale Vergleich zwischen Ausgaben (z. B. Gesundheitsausgaben pro Kopf) und Leistung (z. B. gesunde Lebenserwartung im Alter von 60 Jahren) dienen; vgl. Tabelle 1 am Ende des Gutachtens. So liegen z. B. die Gesundheitsausgaben pro Kopf in Österreich bei nur 75 Prozent der deutschen Ausgaben, die gesunde Lebenserwartung 60jähriger Österreicher ist jedoch fast um ein Jahr höher als die 60jähriger Deutscher. Feinere Effizienzmaße und kausale Beziehungen können jedoch erst aus dem Vergleich morbiditätstypischer Behandlungserfolge und -kosten gewonnen werden, in denen z. B. Überlebenswahrscheinlichkeiten nach einer Krebsoperation zu den Kosten dieser Operation in Beziehung gesetzt werden (vgl. u. a. die am Ende des Gutachtens zitierten Studien).

wie sie durch ihr Verhalten an der Entwicklung der Leistungen und der Lasten teilnehmen können.

(5) Dieses Gutachten ist kein Gesamtgutachten über das deutsche Gesundheitssystem, sondern konzentriert sich bewusst auf die Stärkung des nachfrageseitigen Wettbewerbs, da der Beirat dies für eine wesentliche Maßnahme hält, das öffentlich finanzierte Gesundheitswesen effizienter zu machen. Im Interesse einer stringenten Argumentation bleiben in diesem Gutachten daher zahlreiche Aspekte der Gesetzlichen Krankenversicherung ausgeklammert, die man ebenfalls einer kritischen Prüfung unterziehen könnte und sollte. Dazu gehören Fragen wie beispielsweise wer in einer gesetzlichen Krankenversicherung der Versicherungspflicht unterliegen und wie der Leistungskatalog einer solchen Zwangsversicherung bestimmt werden sollte, ebenso wie die drängende Frage, auf welche Weise mehr Nachhaltigkeit durch Kapitaldeckung erreicht werden kann. Das Gutachten verzichtet auch darauf, die vielfältigen Wettbewerbsprobleme zu diskutieren, die sich bei der derzeitigen Neuorganisation des Krankenhaussektors stellen.

(6) Der Beirat betont, dass auch gänzlich andere Gestaltungsformen des Gesundheitssystems diskussionswürdig sind, etwa ein weniger regulierter Markt privater Versicherungen, bei denen sich die Bürger freiwillig versichern könnten und der Krankenkassenwechsel ohne Nachteile ermöglicht würde, verbunden mit einem steuerfinanzierten „sozialen Ausgleich“ zu Gunsten der von der Natur Benachteiligten. Die vom Beirat angestrebte Stärkung des nachfrageseitigen Wettbewerbs lässt die Tür zu einer solchen grundlegenden Reform des deutschen Gesundheitssystems offen, würde sie sogar erleichtern.

(7) Abschnitt 2 beschäftigt sich mit der Marktstruktur im Gesundheitswesen. Die wesentliche Einsicht ist, dass die Versicherungen nicht nur dafür gebraucht werden, Versicherungsdienstleistungen bereitzustellen, sondern auch als Vertreter der Patienten in den Verhandlungen mit den Erbringern von Gesundheitsdienstleistungen dienen sollten. Dazu muss sowohl auf der Verkäufer – als auch auf der Käuferseite Wettbewerb herrschen. Dieser doppelseitige Wettbewerb soll es ermöglichen, dass die Versicherungen ihre Verhandlungsmacht im Interesse der Patienten ausspielen können und dass gleichzeitig die Versicherungsdienstleistungen effizient erbracht werden. Abschnitt 3 ist dem Wettbewerb auf dem Versicherungsmarkt gewidmet. Er spricht den Einfluss des Finanzierungsmodus auf die Funktionsfähigkeit des nachfrageseitigen Wettbewerbs und das Problem der Risikoselektion an. Abschnitt 4 geht auf die Verhandlungsmechanismen zwischen Versicherungen und den Erbringern medizinischer Leistungen ein. Abschnitt 5 zieht unser Fazit.

2. *Leistungsstruktur im Gesundheitswesen*

(8) Auf dem Markt für medizinische Leistungen werden Ärzte und Krankenhäuser oft als *die* Angebotsseite, Konsumenten (Patienten) als *die* Nachfrageseite, und die Versicherungen als (passive) Intermediäre bezeichnet. Genauer betrachtet handelt es sich um ein

System von Leistungsbeziehungen zwischen vier Parteien, die vier Arten von Transaktionen durchführen. Sie werden in der folgenden Abbildung dargestellt:

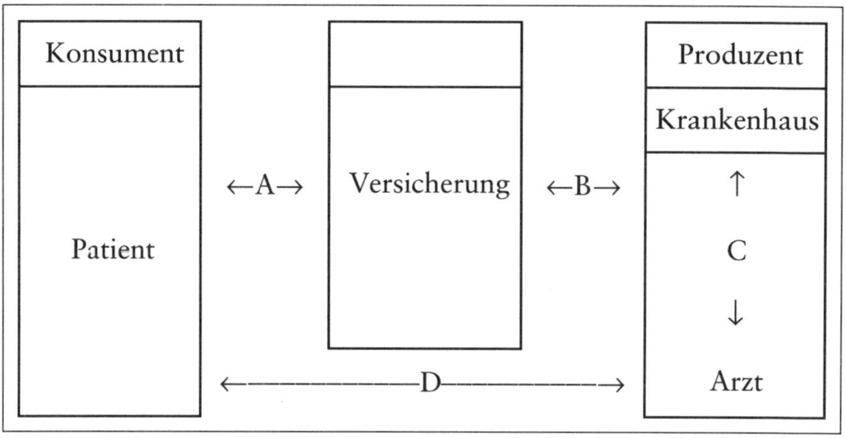

Abbildung 1: Leistungsstruktur im Gesundheitswesen

Konsumenten kaufen Versicherungsleistungen von den privaten oder staatlichen Versicherungen (Transaktion A). Die Versicherungen handeln (evtl. über einen Intermediär) Verträge mit Krankenhäusern und niedergelassenen Ärzten aus, die in gewissem Umfang eine Qualitäts- und Leistungskontrolle beinhalten (Transaktion B). Zwischen Krankenhäusern, im Krankenhaus angestellten Ärzten und niedergelassenen Ärzten gibt es eine z. T. vertraglich festgelegte Arbeitsteilung (Transaktion C). Schließlich liefern Krankenhäuser und Ärzte ihre Gesundheitsleistungen an die Konsumenten (Transaktion D).

(9) Die institutionellen Zusammenhänge dieser Transaktionen und Akteure unterscheiden sich stark von Land zu Land. Einige Länder, so auch Deutschland, haben zudem mehrere parallele Strukturen (Gesetzliche und private Krankenversicherung). Die institutionellen Zusammenhänge sind zentral für die ökonomische Analyse der Anreizeffekte in diesem komplexen Marktsystem.

Im klassischen System der Einzelleistungsvergütung spielen sich die vier Transaktionen getrennt voneinander ab. Der Konsument bezahlt ein Entgelt für die Gesundheitsdienstleistung und die Versicherung erstattet dem Konsumenten dieses Entgelt. Versicherung und Arzt bzw. Krankenhaus sind voneinander unabhängig. Im Gegensatz dazu gehören in staatlichen Gesundheitswesen (z. B. dem National Health Service in Großbritannien) oder in einer „Health Maintenance Organization" amerikanischen Vorbilds Ärzte, Krankenhäuser und Versicherung einer gemeinsamen Organisation an, die die Transaktionen B und C internalisiert.

Für Deutschland typisch ist das Vertragsmonopol der kassenärztlichen Vereinigungen, die bis auf wenige Ausnahmen auf der Seite der Ärzteschaft die Verträge mit den Verbänden der Gesetzlichen Krankenkassen über die **vertragsärztliche Versorgung** bzw. die Höhe der Gesamtvergütung schließen und die von den Krankenkassen bezahlte **Gesamtvergütung** an die Vertragsärzte auszahlen.

In Deutschland sind niedergelassene Ärzte und Krankenhäuser größtenteils getrennt, wobei Krankenhausärzte zumeist Angestellte des Krankenhauses sind, während niedergelassene Fachärzte als Selbständige agieren. In vielen anderen Ländern dagegen praktizieren niedergelassene Ärzte zumeist auch in Krankenhäusern, wobei sie ebenso wie Krankenhausärzte nur Dienstleistungsverträge mit dem Krankenhaus abschließen.

(10) Angebot und Nachfrage nach Gesundheitsdienstleistungen weisen Besonderheiten auf: Ein zentrales Merkmal der Transaktionen im Gesundheitswesen und damit des Marktes für medizinische Leistungen ist die asymmetrische Verteilung von Informationen. Die asymmetrische Information ist einerseits das Ergebnis einer sinnvollen Arbeitsteilung und liegt andererseits daran, dass Gesundheitsrisiken und die Qualität von medizinischen Leistungen nur eingeschränkt beobachtet werden können. Dies gilt sowohl für die Erbringung als auch für die Finanzierung medizinischer Leistungen. Wissensvorsprünge einer Partei gegenüber dem Marktpartner sind zahlreich. So ist z. B. die Fähigkeit der Patienten beschränkt, die Leistungen zu bestimmen, die für die Erhaltung oder Wiederherstellung ihrer Gesundheit am besten geeignet sind. Meist fehlt ihnen schon die Fähigkeit zur Diagnose. Erst recht fehlt ihnen der vergleichende Überblick über Behandlungsmöglichkeiten, Heilungschancen, Nebenwirkungen und Kosten. Gegenwärtig erhalten sie diese Informationen auch nicht von neutralen Intermediären, sondern gerade von denjenigen, die mit dem Absatz dieser Leistungen Geld verdienen. Verschärft wird dies dadurch, dass es sich bei medizinischen Dienstleistungen häu-

fig um Erfahrungsgüter, oft sogar um Vertrauensgüter handelt, deren Qualität vom Patienten erst nach geraumer Zeit oder nie festgestellt werden kann. Umgekehrt mag es Patienten gelingen, gesundheitsschädliche Aktivitäten, bestehende Krankheiten oder Gesundheitsrisiken vor Versicherungen zu verbergen.

(11) Asymmetrische Informationen führen zu Marktverzerrungen, weil uninformierte Marktteilnehmer (der „Prinzipal") vom Wissen der informierten Transaktionspartner (des „Agenten") profitieren möchten, aber der Agent seinen Wissensvorsprung gegenüber dem Prinzipal ausnutzen kann. Wenn vor Abschluss eines Versicherungsvertrags nicht alle vertragsrelevanten Informationen beiden Parteien in gleichem Umfang vorliegen, kann es zur adverser Selektion kommen, bei der gesunde Patienten (die so genannten guten Risiken) weniger Versicherungsleistungen kaufen wollen als z. B. chronisch kranke Patienten (die so genannten schlechten Risiken), so dass der für eine Versicherung zentrale Ausgleich zwischen Gesunden und Kranken beeinträchtigt wird. Nach Vertragsabschluss kann die Vertragserfüllung einer Partei meist nur unvollständig beobachtet werden. Dann tritt das Problem des moralischen Risikos auf: Die Interessen der besser informierten Partei verändern sich mit Vertragsabschluss und sind nicht deckungsgleich mit denjenigen der uninformierten Marktteilnehmer. Wenn Patienten für Gesundheitsdienstleistungen versichert sind, schlägt sich das Ausmaß der Nachfrage nicht unmittelbar in höheren Kosten für sie nieder. Diese Kosten sind vielmehr durch den Beitrag oder die Prämie bereits abgedeckt.

(12) Beispiele für Marktverzerrungen sind vielfältig: Patienten haben einen zu geringen Anreiz, Anstrengungen für die eigene Gesundheit zu unternehmen, wenn dies für die Prämie keine Wirkung hat. Zugleich haben sie keinen Anreiz, Versicherungen von überhöhten oder zweifelhaften Abrechnungen der Gesundheitsdienstleister in Kenntnis zu setzen. Eben weil sie mit wenig Widerstand der Patienten zu rechnen haben, sind die Gesundheitsdienstleister versucht, überhöhte Abrechnungen auszustellen. Je stärker die einzelnen Leistungen andererseits kontrolliert oder kontingentiert sind, umso stärker wird der Anreiz, gar nicht benötigte oder sogar schädliche Leistungen zu erbringen. Dies ist auch deshalb attraktiv, weil die Patienten das schlechter beurteilen können als offenen Abrechnungsbetrug; Versicherungen kennen das Risiko ihrer Versicherten besser als die staatlichen Regulierungsbehörden.

(13) Eine Reform des Gesundheitssystems, die Effizienzreserven mobilisieren will, muss an den geschilderten Marktverzerrungen und ihren Gründen, insbesondere der asymmetrischen Information ansetzen. Die Verzerrungen lassen sich verringern, indem die Rolle der Versicherungen

gestärkt wird. Welche Behandlung im konkreten Fall angezeigt ist, können allerdings auch sie normalerweise nicht beurteilen. Den Versicherungen stehen jedoch große Datenmengen zur Verfügung, die dazu genutzt werden können, das Gesamtverhalten einzelner Leistungserbringer zu vergleichen. Dieses statistische Verfahren würde wenigstens eine Annäherung an die relevanten Informationen erlauben. Überdies könnten die Versicherungen leichter als der einzelne Patient oder eine Regulierungsbehörde in Erfahrung bringen, welche Form des Vertrages und der Vergütung die Leistungserbringer am ehesten dazu veranlasst, ihre eigenen Interessen, die der Patienten und die der Versicherungen miteinander in Einklang zu bringen. Dieses Wissen ist weder bei Politikern noch bei Aufsichtsbehörden vorhanden, so dass der Versuch, „effiziente" Vergütungsformen gesetzlich zu regeln, zum Scheitern verurteilt ist.

(14) Krankenversicherungen haben daher nicht nur die Aufgabe, Gesundheitsrisiken abzudecken, sondern auch im Interesse der Versicherten auf dem Markt für medizinische Leistungen gegenüber den Leistungserbringern (Ärzte und Krankenhäuser) aufzutreten. Diese Funktion wird im deutschen Gesundheitssystem derzeit nur unzureichend ausgefüllt.

(15) Besteht zwischen Versicherungen Wettbewerb um Kunden, dann haben sie Anreize, sich sowohl die nötigen Informationen zu beschaffen, als auch die Gesundheitsdienstleistungen, die sie den Versicherten erstatten, möglichst effizient erbringen zu lassen. Denn sie können Kostenersparnisse bei der Produktion eines gegebenen Leistungsniveaus (zumindest teilweise) an die Versicherten weitergeben und haben damit einen Wettbewerbsvorteil gegenüber Konkurrenzunternehmen.

(16) Der Beirat sieht den Kern einer die Effizienz steigernden Reform der Gesetzlichen Krankenversicherung genau an dieser Stelle. Zum einen muss der Wettbewerb zwischen Versicherungen um Kunden so funktionieren, dass die Konsumenten im gesunden Zustand und ohne den Zeitdruck einer unmittelbar bevorstehenden Behandlung die günstigsten Preis-Leistungspakete im Lichte der Konkurrenzangebote und ihrer eigenen Zahlungsbereitschaft wählen und gegebenenfalls wechseln können. Zum anderen müssen Versicherungen effiziente Leistungserbringer mit einer Stärkung der Nachfrage nach ihren Leistungen belohnen und ineffiziente durch Auftragsentzug bestrafen können. Der folgende Abschnitt geht auf den ersten Aspekt ein, Abschnitt 4 auf den zweiten.

3. *Wettbewerb auf den Versicherungsmärkten*

(17) Mit dem Argument, Arbeiter und Angestellte rechtlich gleich zu behandeln, wurde mit dem Gesundheits-Strukturgesetz von 1993 zugelas-

sen, dass alle Versicherten zwischen den derzeit ca. 250 gesetzlichen Krankenkassen frei wählen können. Damit entstand erstmals ein begrenzter Wettbewerb zwischen den Krankenkassen der Gesetzlichen Krankenversicherung. Die Kassen können mit ihren Beitragssätzen um die Versicherten konkurrieren, nicht dagegen mit unterschiedlichen Leistungsangeboten, denn der Leistungskatalog der Gesetzlichen Krankenversicherung blieb zu ca. 95 Prozent gesetzlich vorgeschrieben.

(18) Wettbewerb erfordert – neben einer ausreichenden Anzahl von Anbietern und ausreichenden Informationen – ein funktionierendes Preissystem, das die Zahlungsbereitschaft mit den Grenzkosten der Erstellung des gewünschten Gutes in Einklang bringen kann. Gegenwärtig ist dies nicht der Fall (a). Zudem muss es in einem Wettbewerbssystem möglich sein, den Anbieter leicht zu wechseln. Dies ist gegenwärtig weder im System der Gesetzlichen noch der privaten Krankenversicherungen einfach (b). Schließlich verlangt ein funktionierender Wettbewerb, dass sich Marktparteien zusammenschließen oder wieder trennen können, solange dadurch keine marktbeherrschenden Stellungen entstehen. Solche Änderungen der Marktstruktur sorgen dafür, dass effiziente Unternehmensgrößen entstehen und dass ineffiziente Marktparteien den Markt verlassen müssen (c).

a. Preiswettbewerb

(19) Ein an das Einkommen des Versicherungsnehmers gekoppelter Beitragssatz gibt kein korrektes Preissignal für eine Versicherungspolice, weil damit der Preis der Police von der Höhe des Einkommens bestimmt wird anstatt von dem Wert des Leistungsversprechens. Steigt etwa das Arbeitseinkommen des Versicherten auf das Doppelte, so verdoppelt sich auch der Preis dieser Versicherungspolice, obwohl sie weiterhin die gleiche Menge an Gesundheitsdienstleistungen abdeckt. Das gegenwärtige Preissystem der Gesetzlichen Krankenversicherung ist verzerrend, weil es im Unterschied zu allen anderen Gütern den Preis der Gesundheitsdienstleistungen mit den Einkommenserhöhungen steigen lässt.

Eine Folge ist, dass in der Frage der Ausdehnung oder Einschränkung des Leistungskatalogs durch den Gesetzgeber besser Verdienende, die einen überproportionalen Anteil der Kosten tragen, eher an einer Einschränkung (z. B. durch höhere Selbstbehalte) interessiert sind, während die Interessenlage von Geringverdienern die umgekehrte ist.[138]

Eine zweite Folge ist, dass besser Verdienende eher geneigt sind, bei Kostenunterschieden die Versicherung zu wechseln, während sich dies für

[138] Vgl. Breyer und Haufler (2000

viele Geringverdiener nicht lohnt, da die Transaktionskosten eines Versicherungswechsels den Unterschied in den Beitragszahlungen nicht aufwiegen. Ineffiziente Versicherungen können daher mit einer Kundschaft aus eher gering Verdienenden länger überleben als es im normalen Preiswettbewerb möglich wäre. Hinzu kommt, dass bei unselbständig Beschäftigten der Beitrag zur Hälfte vom Arbeitgeber übernommen wird, so dass der Versicherte die Hälfte einer etwaigen Beitragsersparnis bei einem Kassenwechsel gar nicht selbst erhält.

Die Finanzierungsform der Gesetzlichen Krankenversicherung hat daher Rückwirkungen auf die Qualität des Wettbewerbs im Gesundheitssystem. Der Wettbewerb funktioniert am besten, wenn die Prämien für Versicherungspolicen unabhängig vom Einkommen sind und in voller Höhe vom Versicherten getragen werden.

(20) Das derzeitige Preissystem wird zumeist damit begründet, dass die Gesetzliche Krankenversicherung auch die Aufgabe habe, zwischen Arm und Reich umzuverteilen. Von den Vätern und Müttern der Gesetzlichen Krankenversicherung war diese Art der Umverteilung[139] jedoch gar nicht gewollt, denn der Einkommensbezug der Beiträge war damals Ausdruck des Äquivalenzprinzips, und zwar insofern als die damals wichtigste Leistung, das Krankengeld, mit dem Arbeitseinkommen zunahm. Dieses Krankengeld wird mittlerweile jedoch überwiegend nicht mehr von der Gesetzlichen Krankenversicherung finanziert, so dass deren einkommensabhängige Finanzierung nun ihren ursprünglichen Sinn verfehlt.

(21) Die Umverteilung von oben nach unten in der Gesetzlichen Krankenversicherung ist aufgrund ihrer eher zufälligen Entstehung zurzeit sehr unsystematisch. Die Einkommensbezieher jenseits der Versicherungspflichtgrenze werden nicht mit einbezogen. Sie versichern sich privat. Gleiches gilt für die Beamten und einen großen Teil der Selbständigen, unabhängig von der Höhe ihres Einkommens. Die derzeitige Umverteilung widerspricht daher vielen Grundsätzen der Verteilungspolitik. Zum einen ist aus der Umverteilung eine oberste Gruppe von Einkommen insoweit ausgeschlossen, als Vermögenseinkommen nicht zählen und Versicherte mit Arbeitseinkommen über der Versicherungspflichtgrenze derzeit größtenteils nicht im System der Gesetzlichen Krankenversicherungen beteiligt sind. Zum zweiten wird in der Ge-

139 Die Gesetzliche Krankenversicherung beinhaltet auch andere Dimensionen der Umverteilung. Besonders ins Gewicht fallen die Umverteilung zwischen Einzelversicherten und Ehepaaren mit einer beitragsfrei versicherten Person sowie die Umverteilung zwischen Kinderlosen und Familien mit Kindern.

setzlichen Krankenversicherungen nicht nur von den reichsten Haushalten des Systems zu den ärmsten umverteilt, sondern es wird linear umverteilt zwischen Besser- und Geringverdienern, ohne dass es auf die absolute Einkommenshöhe ankommt. Jeder Haushalt, der unter dem Durchschnittseinkommen liegt, empfängt Transfers von den Haushalten, die mehr als das Durchschnittseinkommen verdienen.

(22) Diese Umverteilung wird mit einem großen Effizienzopfer erkauft, weil die einkommensabhängigen Beiträge keine Preise nach dem Äquivalenzprinzip sind. Wie in dem Abschnitt zuvor schon dargestellt, führt dies dazu, dass der Wettbewerb nicht richtig funktionieren kann. Das hat Effizienzverluste zur Folge. Deshalb spricht vieles dafür, die Umverteilung aus der Finanzierung des Krankenversicherungssystems heraus zu nehmen und sie im weiteren System der Steuern und der steuerfinanzierten Transferleistungen anzusiedeln. Für die Ausgestaltung eines solchen Systems bestehen sehr unterschiedliche Möglichkeiten. Sie sind nicht Gegenstand dieses Gutachtens. Eine effizienzsteigernde Reform des Gesundheitswesens muss jedenfalls nicht an Umverteilungsgesichtspunkten scheitern.

b. Anbieterwechsel

(23) Wettbewerb auf den Versicherungsmärkten erfordert neben einem korrekten Preissignal die Möglichkeit der Versicherungskunden, zu einer günstigeren Versicherung zu wechseln. Versicherungsgesellschaften haben jedoch einen Anreiz, schlechte Risiken, so z. B. ältere Personen oder Personen mit erkannten hohen Krankheitsrisiken, als Versicherungskunden nicht aufzunehmen oder gar aus bestehenden Verträgen auszubooten, wenn sie für die mit dem Zugang eines schlechten Risikos zu erwartenden höheren Kosten nicht kompensiert werden. Diese Kompensation bereitet in der Praxis jedoch Probleme, weil höhere Kosten, die durch eine ungünstige Risikostruktur der Versicherten entstehen, oft nur schwer von jenen Kosten unterschieden werden können, die durch eine ineffiziente Bereitstellung der Gesundheitsdienstleistung entstehen.

(24) Unabdingbar für einen funktionsfähigen Wettbewerb auf dem Versicherungsmarkt ist ein Kontrahierungszwang verbunden mit einem Diskriminierungsverbot bei der Ausgestaltung der Versicherungsverträge, zumindest für eine gesetzlich definierte Grundversorgung. Denn ließe man zu, dass Versicherungen um gute Risiken konkurrieren, schlechte Risiken dagegen abwehren dürfen, so würden Kassen mit einer ungünstigen Risikostruktur aus dem Markt ausscheiden, da ihre Kunden einen Anreiz haben, zu Versicherungen zu wechseln, die bislang gute Risiken selektiert haben und daher günstigere Preise anbieten können.

Sondervotum: Zwei Beiratsmitglieder halten es für möglich, auf ein Diskriminierungsverbot und einen Kontrahierungszwang zu verzichten. Sie ziehen eine Lösung in Anlehnung an den Universaldienstgedanken in Betracht, wie er z. B. in Netzwerkindustrien verwirklicht ist.

(25) Ein Kontrahierungszwang mit Diskriminierungsverbot führt dazu, dass Kunden zu Versicherungen wechseln, die auf Grund von Effizienzvorteilen günstigere Preise oder eine bessere Versorgung anbieten können. Unter den verbleibenden Kassen wird die Risikoverteilung gleichmäßiger sein. Ein Gleichgewicht wird sich jedoch – falls überhaupt – erst nach einiger Zeit einstellen und würde bei den historisch gewachsenen Unterschieden in der Risikoverteilung der deutschen Krankenkassen zu einer vollkommen veränderten Anbieterstruktur führen. Zudem lassen sich Selektionsanstrengungen der Krankenkassen nie ganz unterbinden. Dies zeigen die vielfältigen Beispiele von Kundenselektion durch US-amerikanische Krankenkassen.

(26) Ein Kontrahierungszwang mit Diskriminierungsverbot kann daher allein keine hinreichende Bedingung für einen funktionsfähigen Wettbewerb sein. Weitere Maßnahmen sind nötig, um den Fehlanreiz der Versicherungen, sich einseitig auf die Anwerbung guter Risiken zu konzentrieren, wenn nicht zu beseitigen, so doch wesentlich zu verringern und damit die positiven Effizienz- und Anreizeffekte des Wettbewerbs zu erhalten. Ein erster Weg besteht darin, die finanziellen Belastungen aufgrund wesentlicher zwischen den Versicherungen ungleich verteilter Risiken in einem Risikostrukturausgleich auszugleichen, sie also aus dem Wettbewerb herauszunehmen. Der Wettbewerb konzentriert sich daher auf die übrig gebliebenen Risikokomponenten. Ein zweiter Weg besteht darin, den für die Funktionsfähigkeit von Wettbewerb unabdingbaren Versicherungswechsel durch die Mitgabe risikoäquivalenter Rückstellungen zu ermöglichen. Beide Wege können im Folgenden nur kurz skizziert werden, da die versicherungstechnischen Details kompliziert sind.

Erster Weg: Risikostrukturausgleich

(27) Im heutigen System wird auf der Grundlage des Gesundheitsstrukturgesetzes von 1993 ein Risikostrukturausgleich durchgeführt. Dieser Risikostrukturausgleich ist darauf gerichtet, Unterschiede zwischen den Kassen in den beitragspflichtigen Einkommen der Versicherten, der Belastung durch unentgeltlich mitversicherte Familienmitglieder und anderen Faktoren der Ausgabenstruktur auszugleichen. Der Ausgleich erfolgt in standardisierter Form, wobei morbiditätsbedingte Risikounterschiede

innerhalb der Risikoklassen nicht ausgeglichen werden. Es wird derzeit jedoch erwogen, in der Zukunft auch morbiditätsbedingte Risikounterschiede in den Ausgleich einzubeziehen.

Zweiter Weg: Übertragbare, risikoäquivalente Rückstellungen

(28) Alternativ könnte das Selektionsproblem durch frei übertragbare risikoäquivalente Rückstellungen gelöst werden. Solche für jeden Versicherten in Abhängigkeit von seinem erwarteten Krankheitsrisiko zu bildende Rückstellungen würden bei einem Wechsel von einer Versicherung zu einer anderen transferiert werden, um so die finanziellen Konsequenzen morbiditätsbedingter Risikounterschiede auszugleichen. Schlechte Risiken würden bei einem Wechsel der Versicherung hohe Rückstellungen, gute Risiken niedrige Rückstellungen zur neuen Versicherung mitnehmen. Die aufnehmenden Versicherungen würden damit für die Risikoübernahme kompensiert und hätten daher keinen Anreiz zu selektieren.

(29) Diese Lösung hätte gegenüber dem derzeitigen Risikostrukturausgleich den Vorteil einer höheren Transparenz, die den Wettbewerb stimulieren dürfte. Ein Problem dieser Lösung ist die möglichst objektive Festlegung der risikoäquivalenten Rückstellungen, weil Kassen, welche einen Kunden verlieren, an geringen Rückstellungen und die Empfängerkassen an möglichst hohen Rückstellungen interessiert sind. Um die unterschiedlichen Anreize auszugleichen, müssen daher Standards für die jährliche Berechnung und Ausweisung der Risikorückstellungen festgelegt werden.

(30) In kapitalgedeckten Krankenversicherungen (z. B. privaten Krankenversicherungen) erfordert die Einführung risikoäquivalenter Rückstellungen lediglich eine Individualisierung der bereits vorhandenen Rückstellungen. Allerdings leidet der Wettbewerb zwischen den privaten Krankenversicherungen bisher daran, dass sie nicht gezwungen sind, individuelle Rückstellungen auszuweisen und bei Versicherungswechsel mitzugeben. Das sollte geändert werden.

(31) Im Umlageverfahren der Gesetzlichen Krankenversicherung sind bisher keine nennenswerten Rückstellungen gebildet worden. Daher empfiehlt es sich, mit dem Aufbau risikoäquivalenter Rückstellungen in zunächst bescheidenem Umfang zu beginnen. Werden die Kassen der Gesetzlichen Krankenversicherung verpflichtet, vermittels einer Vorsorgekomponente im Versicherungsentgelt einen Kapitalstock aufzubauen, der zunächst auf die Abdeckung der zu erwartenden Kosten ausgewählter Morbiditätsrisiken beschränkt ist, dann könnten die Kassen individu-

alisierte Rückstellungen ausweisen und diese bei Versicherungswechsel mitgeben. Mit einem solchen eingeschränkten Ansatz zu risikoäquivalenter Kapitaldeckung würde zwar der Fehlanreiz der Risikoselektion nicht aufgehoben, weil diese Rückstellungen nur einen Bruchteil der Risiken kompensieren, aber der Fehlanreiz würde verringert. In späteren Reformschritten könnte dann der Risikoausgleich verringert und die Vorsorgekomponente allmählich angehoben werden.

c. *Marktstruktur*

(32) Wettbewerb auf dem Versicherungsmarkt soll Druck auf die Versicherungen ausüben, ihrerseits durch Druck auf die Leistungserbringer eine effiziente Bereitstellung medizinischer Dienstleistungen zu sichern. Versicherungen, die dies nicht schaffen, werden höhere Prämien als ihre Konkurrenzunternehmen fordern. Dies kann und soll zu einer Abwanderung von Versicherungsnehmern führen, die in letzter Konsequenz auch die Insolvenz des Versicherungsunternehmens bewirken kann. Versicherungsnehmer sollten daher durch einen Sicherungsfonds gegen einen temporären Ausfall der Versicherungsleistung geschützt werden. Der ohnehin erforderliche Kontrahierungszwang sichert zudem die rasche Aufnahme in eine andere Versicherungsgesellschaft. Marktbeherrschende Stellungen von Versicherungsgesellschaften müssen durch das allgemeine Wettbewerbsrecht verhindert werden.

4. *Verhandlungsmechanismen zwischen Versicherungen und Leistungserbringern*

(33) Der 1993 begonnene Versuch, über den Wettbewerb im Versicherungsmarkt das Gesundheitswesen selbst effizienter zu machen, wird nur dann gelingen, wenn die Versicherungsunternehmen effiziente Leistungserbringer belohnen und ineffiziente bestrafen können. Derzeit dürfen wegen der korporatistischen Koordination des deutschen Gesundheitswesens einzelne Krankenkassen und einzelne Leistungserbringer nur ganz eingeschränkt Verträge schließen. Eine einzelne Kasse darf im Allgemeinen mit einem einzelnen Krankenhaus keinen Sondervertrag schließen, und schon gar nicht mit einzelnen Ärzten. Die wichtigsten Parameter für die im Wettbewerb stehenden Krankenkassen stehen diesen also gar nicht zur Verfügung, nämlich der Preis und die Vergütungsform für ein von der Kasse nachgefragtes Leistungsbündel.

(34) Dementsprechend sollte auch in der ambulanten ärztlichen Versorgung das Vertragsmonopol der Kassenärztlichen Vereinigungen abge-

schafft werden. Wenn nicht mehr alle Ärzte automatisch der Kassenärztlichen Vereinigung angehören, muss der Sicherstellungsauftrag für die ambulante Versorgung auf die jeweilige Kasse übergehen, die dann verpflichtet ist, durch Versorgungsverträge für ein angemessenes Angebot an Leistungen für ihre Versicherten zu sorgen.

(35) Einzeln ausgehandelte Sonderverträge mit einzelnen niedergelassenen Ärzten bringen hohe Verwaltungskosten mit sich, wie das amerikanische Beispiel zeigt. Ärzte und Krankenhäuser sollten daher auch in Zukunft Vereinigungen oder ähnliche Kooperationsformen bilden können, die gemeinsame Verträge aushandeln können. Daraus entsteht allerdings ein wettbewerbspolitisches Problem. Das allgemeine Kartellrecht dürfte nicht ausreichen, um dafür angemessene Lösungen zu finden. Dann müsste vermittels eigenständiger gesundheitsrechtlicher Regeln bestimmt werden, welche Arten von Abreden toleriert werden, welche durch ausdrückliche Entscheidung zugelassen werden können und welche von vornherein ausgeschlossen sind..

(36) Die Versicherungen können durch die Kombination von Patienten- und Behandlungsdaten die Behandlungsverfahren bei vergleichbaren Patientenkollektiven auf ihr Kosten-Erfolgsverhältnis überprüfen. Versicherungen sollten daher das Recht haben, ineffiziente Praxen und Krankenhäuser auszuschließen bzw. Versicherungsverträge auszuhandeln, in denen die freie Arztauswahl auf die effizienten Praxen beschränkt wird und für deren Inanspruchnahme daher günstigere Prämien angeboten werden können.

(37) Vorstellbar sind auch Einzelverträge der Krankenversicherungen mit Organisationen, die sowohl Krankenhäuser als auch niedergelassene Ärzte umfassen. Solche „Preferred Provider Organizations" sollten verschiedene geographische und inhaltliche Abgrenzungen haben, sich überlappen können und als konkurrierende Versorgungspakete den Versicherten angeboten werden können. Die internationale Erfahrung zeigt eine große Bandbreite solcher Organisationsformen. Mehr Freiheit in der Art der Verträge zwischen Krankenversicherungen und Leistungserbringern macht es möglich, sich den Markt als Entdeckungsform effizienter Organisationsformen zunutze zu machen. Wiederum bedürfen die wettbewerbspolitischen Probleme allerdings einer Lösung.

(38) Insbesondere müsste im Rahmen eines solchen durch Vertragsfreiheit für Kassen und Leistungsanbieter gekennzeichneten Gesundheitssystems der Gesetzgeber nicht mehr, wie es heute noch der Fall ist, regeln, mit welcher Vergütungsform (z. B. Einzelleistungsvergütung oder pauschale Honorarformen) die Leistungen honoriert werden, denn dies

könnte den Vertragspartnern überlassen werden. Das Wissen, welche Vergütungsform jeweils die Effizienz am ehesten fördert, ist weder bei Politikern noch bei Aufsichtsbehörden vorhanden, so dass der Versuch, „effiziente" Vergütungsformen gesetzlich zu regeln, zum Scheitern verurteilt ist. Auch auf diese Weise würde die Rolle des Wettbewerbs als Entdeckungsverfahren für innovative und effiziente Lösungen zur Geltung gebracht werden.

(39) Das gleiche gilt für das seit langer Zeit erklärte politische Ziel, die Integration der Versorgungsbereiche (ambulant/stationär) zu fördern. Dieses Ziel würde in dem Maße, wie es tatsächlich der Qualität und Effizienz der Leistungserbringung dient, durch Herstellung einer weiter als bisher in diesem Bereich gehenden Vertragsfreiheit von selbst und ohne politischen Druck erreicht. Denn die Kassen sollten mit Leistungsanbietern der Primärversorgung (vor allem Allgemeinärzten) Versorgungsverträge schließen können, die diese zu Managern der fachärztlichen und stationären Versorgung einer bestimmten Gruppe von Versicherten macht und dabei Voraussetzungen und Vergütungsfragen selbst regeln können. Vermutlich würden sich in einem System der Vertragsfreiheit auch von selbst Gesundheitszentren bilden, die den Kassen die Gesamtversorgung ihrer Versicherten anbieten. Je umfassender das Angebot wird, desto eher entsteht allerdings die kartellrechtliche Frage nach einem Anspruch außenstehender Gesundheitsdienstleister auf Aufnahme.

(40) Zusätzlich zu den in Abbildung 1 aufgeführten Marktteilnehmern spielen die Unternehmen der Pharmaindustrie eine wichtige Rolle in der derzeitigen Preisdynamik.[140] Im Prinzip erlaubt der Markt für pharmazeutische Produkte eine freie Preisgestaltung. Für einen direkten Eingriff in diese Preisgestaltung sieht der Beirat keine ökonomische Rechtfertigung. Temporäre Preisspielräume auf dem Markt für pharmazeutische Produkte haben ihre Berechtigung, solange der im Interesse von Forschung und Entwicklung gewährte Patentschutz andauert.

(41) Auch bei einer freien Preisgestaltung auf der Angebotsseite des Pharmamarktes kann man durch eine Stärkung der Nachfragemacht die Preisdynamik dämpfen. Versuche mit einer Arzneimittelbudgetierung haben hier wenig Erfolg gezeigt. Zum Beispiel könnten Einzelverträge zwischen den Krankenversicherungen und den Anbietern pharmazeutischer Produkte nach dem gleichen Prinzip möglich sein wie zwischen Krankenversicherungen und den Leistungserbringern medizinischer Dienstleistungen.

140 Vgl. Das Gutachten 2005 des Sachverständigenrats zur Begutachtung der Entwicklung im Gesundheitswesen, Kapitel 7.

5. *Fazit und Ausblick*

(42) Im Mittelpunkt dieses Gutachtens stand die Überlegung, dass die Erschließung der so genannten „Effizienzreserven" des deutschen Gesundheitswesens angesichts der asymmetrischen Informationslage einerseits eine Stärkung der Rolle der Krankenversicherungen bedarf, damit diese als Vertreter der Konsumenten die Erbringer von Gesundheitsdienstleistungen, also die Ärzte und Krankenhäuser, nach Effizienzgesichtspunkten auswählen können. Andererseits muss die so gestärkte Verhandlungsmacht der Krankenversicherungen durch einen unverzerrten Wettbewerb auf den Versicherungsmärkten durch die Konsumenten ausbalanciert werden, damit diese sich ihrerseits zwischen den Versicherungen aufgrund deren Prämien entscheiden können.

(43) Eine grundlegende Gesundheitsreform erfordert also einen zweiseitigen Wettbewerb: Auf dem Leistungsmarkt (der Käuferseite der Versicherungen) dezentrale Verhandlungsmöglichkeiten zwischen Versicherungen und Leistungserbringern, sowie auf dem Versicherungsmarkt (der Verkäuferseite aus Sicht der Versicherungen) ein unverzerrtes Preissystem, die Möglichkeit, durch Fusionen und Aufspaltungen die optimale Betriebsgröße zu erreichen, und als ultima ratio des Marktes auch die Insolvenz.

Für einen funktionierenden Wettbewerb sind in den Augen des Beirats daher fünf Leitlinien zentral:

- Vertragsfreiheit zwischen Krankenversicherungen und Leistungserbringern mit der Möglichkeit, ineffiziente Leistungserbringer auszuschließen
- Abschaffung des Zwangsvertragsmonopols der Kassenärztlichen Vereinigungen
- Kontrahierungszwang und Preisdiskriminierungsverbot seitens der Krankenversicherungen
- Preiswettbewerb zwischen Krankenversicherungen über einkommensunabhängige Versicherungsprämien, einschließlich der Übertragung risikoäquivalenter Rückstellungen bei einem Versicherungswechsel
- Verlagerung der Umverteilung von Reich nach Arm in das Steuer- und Transfersystem.

(44) Dieses Gutachten konzentriert sich auf die Fortentwicklung der Gesetzlichen Krankenversicherung. Es muss jedoch auf die Notwendigkeit hingewiesen werden, die hier entworfenen Grundsätze auf geeignete Weise auch in der privaten Krankenversicherung zu verwirklichen. Eine

Stärkung des Wettbewerbs zwischen den privaten Krankenversicherungen käme im Übrigen auch der Gesetzlichen Krankenversicherung zugute.

(45) Eine Stärkung des Wettbewerbs im Gesundheitswesen ist vor allem im Hinblick auf den schnellen medizinischen Fortschritt notwendig. Der medizinische Fortschritt ermöglicht auf vielfältige Weise, Krankheit zu vermeiden oder zu lindern, und die Menschen sind bereit, dafür auch mehr zu bezahlen, wenn ihnen das zugute kommt. Der medizinische Fortschritt verbessert die Lebensqualität. Die Tendenz, bei Einkommenssteigerungen mehr in Gesundheit zu investieren, wird durch den demographischen Wandel noch verstärkt. Dies alles ist im Prinzip wünschenswert und trägt dazu bei, dass das Gesundheitswesen zu einem der wenigen großen Wachstumsmärkte in Deutschland geworden ist. Die Auswahl neuer medizinischer Technologien geschieht jedoch de facto durch Rationierung, nicht aber durch Wettbewerb, in welchem verschiedene Technologien zu unterschiedlichen Preisen angeboten werden. Daher gibt es derzeit einen Konflikt zwischen dem Ziel, lohnabhängige Sozialbeiträge zu senken, und dem Wunsch, das Gesundheitswesen auf einem modernen Stand zu halten. Die genannten Leitlinien befreien den Wachstumsmarkt der Gesundheitsdienstleistungen von diesen Rationierungszwängen.

Berlin, den 13. Mai 2006

Der Vorsitzende des Wissenschaftlichen Beirats
beim Bundesministerium für Wirtschaft und Technologie

Prof. Axel Börsch-Supan, Ph.D.

Tabelle 1

	Gesunde Lebens-erwartung bei Alter 60 (WHO)	Lebens-erwartung bei Geburt (OECD)	Gesundheits-ausgaben pro Kopf (EuroPPP) (OECD)	Gesundheits-ausgaben pro Kopf (D=100)	Gesundheits-ausgaben in %BIP (OECD)
Japan	18.90	81.8	2701.42	73.91	7.9
Schweiz	18.16	80.4	4872.06	133.30	11.5
Frankreich	17.57	79.4	3445.92	94.28	10.1
Schweden	17.49	80.2	3269.21	89.44	9.4
Island	17.16	80.7	3698.29	101.18	10.5
Österreich	17.12	78.6	2740.21	74.97	7.5
Italien	16.85	79.9	2668.28	73.00	8.4
Norwegen	16.76	79.5	4614.15	126.24	10.3
Spanien	16.73	80.5	2278.03	62.32	7.7
Luxemburg	16.70	78.2	3959.20	108.32	6.9
Finnland	16.63	78.5	2511.20	68.70	7.4
Kanada	16.63	79.7	3527.36	96.51	9.9
Griechenland	16.40	78.1	2431.04	66.51	9.9
Deutschland	**16.35**	**78.4**	**3655.09**	**100.00**	**11.1**
Belgien	16.33	78.1	3477.76	95.15	9.6
Niederlande	16.18	78.6	3526.48	96.48	9.8
Dänemark	16.10	77.2	3322.97	90.91	9.0
Grossbritannien	15.91	78.5	2833.79	77.53	7.7
USA	15.73	77.2	6764.73	185.08	15.0
Irland	15.02	77.8	2479.45	67.84	7.4
Portugal	14.78	77.3	2135.81	58.43	9.6
Tschechien	14.37	75.3	1489.74	40.76	7.5
Polen	13.27	74.7	886.72	24.26	6.5
Ungarn	12.41	72.4	1444.41	39.52	8.4

Quelle: OECD Health Data: 2003, WHO Burden of Disease: 2002

Literaturquellen:

Breyer, F. und A. Haufler (2000): Health Care Reform: Separating Insurance from Income Redistribution, *International Tax and Public Finance* 7, 445–461.

Börsch-Supan, A. (1997): Die niedrige Produktivität des deutschen Gesundheitssystems und seine Gründe. *Gesundheitsökonomie und Qualitätsmanagement* 2(5), 133–139.

Sachverständigenrat zur Begutachtung der Entwicklung im Gesundheitswesen (2005): *Gutachten 2005: Koordination und Qualität im Gesundheitswesen*, Bundestagsdrucksache 15/5670.

Sachverständigenrat zur Begutachtung der Entwicklung im Gesundheitswesen (2002): *Gutachten 2001/02: Bedarfsgerechtigkeit und Wirtschaftlichkeit. Bd. III: Über-, Unter- und Fehlversorgung*, Baden-Baden.

Wolf, M. (2002): *Zur Effizienz des deutschen Gesundheitssystems: Eine Übersicht neuester international vergleichender Studien*, Mannheimer Forschungsinstitut für Ökonomie und demographischen Wandel, Mannheim.

Das Gutachten wurde vorbereitet von folgenden Mitgliedern des Wissenschaftlichen Beirats beim Bundesministerium für Wirtschaft und Technologie

Prof. Axel Börsch-Supan, Ph.D.(Vorsitzender) *(Federführung)*
Direktor des Mannheimer Forschungsinstituts
Ökonomie und Demographischer Wandel
Universität Mannheim
Professor für Makroökonomik und Wirtschaftspolitik
an der Universität Mannheim

Prof. Dr. Friedrich Breyer
Professor für Volkswirtschaftslehre,
an der Universität Konstanz

Prof. Dr. Hans Gersbach
Professor für Wirtschaftspolitik
Alfred-Weber-Institut für Wirtschaftswissenschaften
Ruprecht-Karls-Universität Heidelberg

Prof. Dr. Manfred J.M. Neumann
Professor für Wirtschaftliche Staatswissenschaften,
insbesondere Wirtschaftspolitik,
an der Universität Bonn

Gutachten vom 16. September 2006

Thema: Mehr Vertragsfreiheit, geringere Regulierungsdichte, weniger Bürokratie

Der Wissenschaftliche Beirat beim Bundesministerium für Wirtschaft und Technologie hat sich am 16. September 2006 mit dem Thema

Mehr Vertragsfreiheit, geringere Regulierungsdichte, weniger Bürokratie

befasst und ist dabei zu der nachfolgenden Stellungnahme gelangt:

I. Allgemeine Überlegungen

Mit Besorgnis beobachtet der Beirat eine Tendenz in der deutschen Gesetzgebung, die auf eine immer weitergehende Aushöhlung des Prinzips der privatautonomen Gestaltung von Verträgen hinausläuft. Sie ist damit zugleich eine Tendenz, die wesentliche Elemente der persönlichen Freiheit und der wettbewerblichen Marktwirtschaft einschränkt. Zugleich ist sie eine wichtige Ursache der zunehmenden Bürokratielast, die wir als Bürger heute zu tragen haben.

Der Ruf nach Bürokratieabbau ist uralt. Immer wieder hat es Kommissionen und andere Gremien gegeben, deren Aufgabe es war, Vorschläge zum Bürokratieabbau zu erarbeiten. Diese Vorschläge sind vielfach auch umgesetzt worden. Dennoch ist die Bürokratielast der Bürger und Unternehmen ständig gestiegen. Dabei geht es nicht primär um die steigende Anzahl von „Bürokraten“, die aus Steuermitteln finanziert werden müssen. Es geht vor allem um den steigenden Anteil von Bürokratie-Zeitaufwand an der Lebenszeit der Bürger und um den steigenden Anteil von „Bürokratie-Experten“ an der volkswirtschaftlichen Gesamtbeschäftigung. Zu denken ist hier an Rechtsanwälte, Steuerberater und zahlreiche andere Beratungsberufe, die den Menschen einen Teil ihrer Bürokratielast abnehmen, aber dafür bezahlt werden müssen. Es ist die Auffassung des Beirats, dass diese schleichende Bürokratisierung unseres Lebens nicht zuletzt Folge der einleitend genannten Tendenz zur immer weitergehenden Einschränkung der Vertragsfreiheit ist.

Die Kernthese dieses Gutachtens ist, dass das mangelnde Vertrauen in die Vertragsfreiheit der Bürger ursächlich für die hohe Regulierungsdichte und die hohe Bürokratielast ist. Bürokratieabbau muss daher primär an der Vertragsfreiheit der Bürger ansetzen.

Man hat bei den Eingriffen in die Vertragsfreiheit durch Gesetz vielfach den Eindruck, dass der Gesetzgeber die Wirkungen eines Gesetzes mit dessen Zielen gleichsetzt. Regelmäßig aber ergeben sich Wirkungen, die nicht intendiert waren. Der Staat überschätzt seine Steuerungskraft mithilfe der Gesetzgebung. Die nicht intendierten Wirkungen führen dann zu weiteren Gesetzgebungsmaßnahmen, die ihrerseits in aller Regel zusätzlichen Bürokratieaufwand nach sich ziehen.

Vielfach wird der Eingriff in die Vertragsfreiheit mit dem „Schutz des Schwächeren" begründet. Dabei wird aber verkannt, dass der Wettbewerb unter den „Stärkeren" der beste und in der Regel auch ein ausreichender Schutz der „Schwächeren" ist. Wird nun über den Wettbewerb hinaus der „Schwächere" durch Spezialgesetze geschützt, welche die Kosten der „stärkeren" Marktseite nach oben treiben, dann werden diese Mehrkosten unter Wettbewerbsbedingungen regelmäßig auf die andere, also die „schwächere" Marktseite überwälzt. Die zum Schutz der „Schwächeren" intendierten Spezialgesetze wirken sich damit zum Nachteil gerade dieser „Schwächeren" aus (Abschnitt II).

Ein wichtiger Teil der Kosten solcher Einschränkungen der Vertragsfreiheit besteht in der größeren Anfälligkeit dieser Gesetze für Gerichtsprozesse. Die Vertragsfreiheit wird von Vertragspartnern auch dazu genutzt, Verträge so zu formulieren, dass keine große Gefahr eines gerichtlichen Streits über deren Auslegung besteht. Das ist bei dem zwingenden Recht der Spezialgesetze nicht möglich, zumal diese regelmäßig mit unbestimmten Rechtsbegriffen arbeiten und so für längere Zeit Rechtsunsicherheit erzeugen. Spezialgesetze als Einschränkungen der Vertragsfreiheit sind fast durchweg „Beschäftigungsprogramme für Rechtsanwälte". Besonders eindrückliche Beispiele solcher Spezialgesetze finden sich im Verbraucherschutz (Abschnitt III).

Die mit Rechtsansprüchen ihrer Mandanten aus zwingendem Recht in Brot und Arbeit gebrachten Rechtsanwälte sind aber nur die Spitze des Eisbergs der Kosten einer Gesellschaft, deren Interessenkonflikte aufgrund der Gesetzgebung vermehrt im Gerichtssaal enden. Die zeitlichen und psychischen Kosten der Prozessbetroffenen, gleichgültig, ob Kläger oder Beklagte, sind weitaus höher als die von ihnen zu zahlenden Rechtsanwaltshonorare und Gerichtsgebühren. Der Bürger, der solche Kosten scheut, wird in seiner Verhandlungsposition gegenüber dem aggressiv auftretenden, streitsüchtigen oder kaltschnäuzigen Mitbürger umso mehr benachteiligt, je mehr Rechtsansprüche aus zwingendem Recht abgeleitet werden können, das bei der Regulierung von Interessenkonflikten der verschiedensten Art zunehmend die freie vertragliche Gestaltung ablöst. Das friedliche, möglichst konfliktfreie Zusammenleben in der Zivilgesellschaft wird dadurch zunehmend erschwert.

Eine der wichtigsten Funktionen der Vertragsfreiheit ist die Möglichkeit, die geeigneten vertraglichen Formen der Kooperation von Menschen zu entdecken. Hayek spricht vom „Wettbewerb als Entdeckungsverfahren“[141]. Der Wettbewerb der Kooperationsformen hat, wie die Wirtschaftsgeschichte lehrt, eine hohe gesamtwirtschaftliche Bedeutung. Je stärker die Vertragsfreiheit eingeschränkt wird, desto schlechter kann der Wettbewerb der Kooperationsformen funktionieren. Die zahlreichen genossenschaftlichen Ansätze, die gerade die deutsche Wirtschaftsgeschichte geprägt haben, sind ein Beispiel für fruchtbare Innovationen von Kooperationsformen.

Je mehr die Gefahr besteht, dass eine Aktivität, zumal eine volkswirtschaftlich nützliche Aktivität, den Tätigen in Rechtsstreite verwickelt, die mit psychischen, zeitlichen und monetären Kosten einhergehen, desto dominanter wird die Bereitschaft, sich solchen Gefahren durch Passivität zu entziehen. Wer nichts tut, wer, wo er kann, Risiken vermeidet, der braucht die durch die Gesetze induzierte Prozessierfreude der Mitbürger nicht zu fürchten. Allerdings trägt er dann auch wenig zum gesellschaftlichen Fortschritt und zum Sozialprodukt bei. Der Beirat sieht die Gefahr einer zunehmenden Passivität der Bürger aufgrund der Tendenz zur staatlichen Bevormundung jener, die aktiv sind und das Land wirtschaftlich voranbringen (Abschnitt IV).

Damit aber gefährdet die Bürokratielast in diesem weiteren Sinne in ganz erheblichem Maße ein anderes Ziel der Wirtschaftspolitik: das Ziel eines hohen Beschäftigungsstandes. Die bürokratie-induzierte Verknappung an initiativefreudigen Arbeitgebern ist als Ursache der heutigen hohen Arbeitslosigkeit quantitativ wohl nicht weniger bedeutsam als die im internationalen Vergleich hohen Unternehmenssteuern.

Es geht um ein grundsätzliches Verständnis dessen, was der Wettbewerb leistet. Heute ist Wettbewerbspolitik ein zwar wichtiges Spezialthema der Wirtschaftspolitik. Aber in der öffentlichen Diskussion werden mit „Wettbewerb“ eben auch nur Begriffe wie „Kartellverbot“, „Fusionskontrolle“ oder „Strommarkt“ assoziiert. Der Öffentlichkeit ist es nicht geläufig, dass der Wettbewerb bei Vertragsfreiheit in aller Regel die beste Form von Verbraucherschutz oder Schutz des „Schwächeren“ ist, und dass deshalb die universelle Tendenz zum Wegregulieren der Vertragsfreiheit auch und gerade für die zu schützenden Interessen kontraproduktiv ist. Es wird nicht verstanden, dass Bürokratie im heutigen Ausmaß kein notwendiges Übel einer umfassenden „Daseinsvorsorge“,

141 F. A. von Hayek, Der Wettbewerb als Entdeckungsverfahren, Tübingen 1967

sondern die Folge eines unzureichenden Vertrauens in die Leistungsfähigkeit von offenen und wettbewerblichen Märkten ist.

Der Beirat verkennt nicht die Schwierigkeit, dass ein Staatseingriff als Alternative zu einer wettbewerblichen Lösung häufig schneller wirkt als diese. So entsteht in einer Demokratie der Druck auf die Politik, ein aufgetretenes Problem durch rasches politisches Handeln selbst dann regulierend zu beseitigen, wenn an sich die wettbewerbliche Antwort auf das Problem die zwar langsamer wirkende, aber langfristig bessere Lösung darstellt. Aber der Beirat sieht es gerade als eine der vornehmsten Aufgaben einer als freiheitliche Wirtschaftspolitik verstandenen Ordnungspolitik an, Widerstand gegen die populistische Versuchung „energischer" staatlicher Sofortlösungen zu leisten.

Im Folgenden vertieft das Gutachten zunächst die vorangegangenen Überlegungen zum Schutz des Schwächeren und wendet diese u. a. auf das Allgemeine Gleichstellungsgesetz (Abschnitt II) und den Verbraucherschutz an (Abschnitt III). Es beschreibt dann die typischen Ausweichreaktionen einer überhöhten Regulierungsdichte, die dem Wachstum und der Beschäftigung schaden (Abschnitt IV). Auf die europäische Dimension wird in Abschnitt V verwiesen. Das Fazit des Gutachtens (Abschnitt VI) führt einige konkrete Vorschläge an, die mittelfristig das Bewusstsein dafür schaffen sollen, dass ein Mehr an Vertragsfreiheit nicht nur weniger Bürokratie, sondern auch mehr Wachstum und Beschäftigung bedeutet.

II. Schutz des Schwächeren

Das vor kurzem in Kraft getretene Allgemeine Gleichbehandlungsgesetz (AGG) ist ein Beispiel für einen weiteren Eingriff in die Vertragsfreiheit und für zunehmende Bürokratielast. Im Vergleich zum ursprünglichen Entwurf aus dem Bundesjustizministerium ist es zwar an manchen Stellen zurückgeschnitten und entschärft worden. Insbesondere dieser ursprüngliche Entwurf belegte ein mangelndes Verständnis davon, wie Märkte funktionieren und wie der Wettbewerb die Koordination des Verhaltens der Bürger steuert. Aber auch das nunmehr gültige Gesetz führt zu weiterer Bürokratielast. Der Arbeitgeber muss seine Prozeduren bei der Einstellung von Arbeitnehmern gerichtsfest machen, indem er einen erheblichen zusätzlichen Aufwand an Dokumentation betreibt. Die Möglichkeiten des Arbeitgebers, sich gegen Haftungsrisiken aus dem AGG versichern zu können, sind noch unklar. Aber selbst wenn sie entstehen sollten, bedeuten die zu zahlende Versicherungsprämie und der Nachweis sorgfältigen Handelns gegenüber dem Versicherer zusätzliche

Bürokratiekosten beim Versicherten wie beim Versicherer und damit für die Volkswirtschaft insgesamt.

Es sollte dem Gesetzgeber bewusst sein, dass die so entstehenden zusätzlichen Kosten bei Arbeitgebern und Vermietern unter Wettbewerbsbedingungen weitgehend auf die schwächere Marktgegenseite überwälzt werden. Das aber bedeutet, dass diejenigen, die letztlich die Kosten tragen, nicht die Arbeitgeber, sondern die Verbraucher, damit wieder die Arbeitnehmer, vor allem die schlechter qualifizierten, und ebenso nicht die Vermieter, sondern die Mieter sind. Von einer kleinen Minderheit abgesehen, haben aber weder Arbeitnehmer noch Mieter irgendeinen Vorteil aus dem AGG. Dieses wirkt daher für die große Mehrheit der Arbeitnehmer und der Mieter wie eine Steuer auf Arbeitsplätze und Mietwohnungen.

Dass das AGG sich bei der Vermietung nur auf Vermieter mit mehr als 50 Mieteinheiten auswirkt, vermindert zwar die Bürokratiewirkung des Gesetzes, wirkt sich aber dennoch gerade für die einkommensschwächeren Mieter negativ aus, die typischerweise die Mieter von solchen Vermietern sind. Wenn aufgrund des AGG langfristig das Angebot an Mietwohnungen durch Wohnungsbaugesellschaften sinkt, dann wird dies gerade dort bei einkommensschwachen Mietern zu höheren Mieten führen.

Dabei ist das Problem einer Diskriminierung von Bevölkerungsgruppen eines, das in einer offenen Gesellschaft gerade durch wettbewerbliche Märkte entschärft werden kann. Der Arbeitgeber, der bei der Einstellung von Arbeitnehmern diskriminiert, zieht einen weniger geeigneten Bewerber um einen Arbeitsplatz einem geeigneteren vor. Das geht offenkundig zu Lasten seines Gewinns und seiner Wettbewerbsfähigkeit im Markt. Es ist sein eigenes Gewinnstreben, das ihn in der Regel von Akten der Diskriminierung abhält.

Die Erfahrung des klassischen Einwanderungslandes USA bestätigt die Hypothese, dass offene Märkte die beste Institution zur Integration von Minderheiten sind. Der „Schmelztiegel“ USA funktionierte in erster Linie über die Leistungsbereitschaft der Einwanderer, die sich auf offenen Arbeits- und Gütermärkten in Konkurrenz zu den eingesessenen Anbietern Anerkennung ihrer Leistungen verschaffen konnten. Wenn heute Amerikaner irischer, italienischer, jüdischer, ostasiatischer, indischer oder lateinamerikanischer Abstammung schon in der zweiten Generation keine statistisch nachweisbaren ökonomischen Nachteile mehr erleiden, dann liegt das nicht am Fehlen einer Neigung zur Diskriminierung in der Bevölkerung oder an dem amerikanischen Antidiskriminierungsgesetz, sondern an der weitgehenden Durchsetzung des Leistungsprinzips in einer wettbewerblichen Marktwirtschaft.

Natürlich gibt es benachteiligte Gruppen auch in den USA, wie zum Beispiel die Afro-Amerikaner. Gegen sie hat es in den Südstaaten lange Zeit gesetzliche **Gebote** zur Diskriminierung gegeben. Das amerikanische Antidiskriminierungsrecht entstand als Reaktion auf diese diskriminierenden Gesetze, ohne auf diesen Ursprung begrenzt zu sein. Auch sind die Arbeitsmärkte der USA für Immigranten schwerer zugänglich geworden als sie es einmal waren. Aber man sollte angesichts dessen die erstaunliche ethnische Integrationsleistung gerade des amerikanischen Wirtschaftssystems nicht vergessen.

Während das AGG ein ganz neues Gesetz ist, das im Geiste des Schutzes des Schwächeren erlassen wurde, hat der Mieterschutz im Mietrecht für Wohnungen eine sehr lange Tradition. Der Beirat hat sich schon vor längerer Zeit dafür eingesetzt, auch beim Mietrecht mehr Vertragsfreiheit walten zu lassen[142]. Er hat damals gezeigt, dass auch den Interessen der Mieter mit einem Mehr an Vertragsfreiheit besser gedient ist als mit einem Mieterschutz, der zugleich ein Beitrag zur Bürokratisierung unserer Welt ist. Auch auf dem Miet-Wohnungsmarkt gilt, dass der Wettbewerb der Anbieter der beste Schutz der Marktgegenseite vor Ausbeutung ist. Und auch auf dem Miet-Wohnungsmarkt würde ein Regime der Vertragsfreiheit – nach einer anfänglichen Lernphase der Bevölkerung – die Anzahl der Rechtsstreitigkeiten und die Komplexität der Rechtsmaterie vermindern.

III. Verbraucherschutz

In Vorbereitung befindet sich eine Gesetzesnovelle zum Versicherungsvertragsgesetz. Die Versicherungswirtschaft ist schon heute ein hochregulierter Bereich. Die Novelle führt zu einer weiteren Bürokratisierung in der Versicherungswirtschaft. Es mag gerechtfertigt sein, den Versicherten bei der Lebensversicherung davor zu schützen, bei vorzeitiger Kündigung des Vertrags unter Umständen sehr geringe Rückzahlungen von eingezahlten Prämien zu erhalten. Aber eine solche Veränderung des Versicherungsvertragsgesetzes könnte ohne großen zusätzlichen Bürokratieaufwand erfolgen. Problematisch ist der Plan, die Informationspflichten des Versicherers gegenüber dem potentiellen Versicherer in einer solchen Weise zu verschärfen, dass daraus für beide Seiten, Versicherer und Versicherten, ein großer Zuwachs an „Papierkrieg" entsteht. Es geht zum Beispiel darum, dass bisher der Gesetzgeber das so

142 „Probleme der Wohnungswirtschaft" Gutachten vom 23. Januar 1982

genannte Policenmodell bei der Information des künftigen Kunden ermöglicht hat. Nach den Intentionen der Novelle soll es durch das „Antragsmodell" ersetzt werden. Dies bedeutet, dass der Kunde noch vor Antragstellung nachweislich über alle rechtlich relevanten Details informiert werden muss, während es bisher ausreichte, das umfangreiche Informationspaket nur demjenigen potentiellen Kunden zusammen mit der Police zuzustellen, der einen Versicherungsantrag bereits gestellt hat. Der Aufwand für die Versicherer erhöht sich dadurch erheblich, obwohl auch heute schon der Kunde vor seiner verbindlichen Vertragsunterschrift alle relevanten Informationen erhält.

Der durch diese Bürokratisierung bewirkte Gewinn an Informiertheit des Versicherungskunden ist gering und in fast allen Verträgen völlig unnötig. Da diese zusätzliche Bürokratie aber für alle Versicherer erhebliche Kosten verursacht, werden diese unter Wettbewerbsbedingungen auf die Versicherten in der Form höherer Prämienzahlungen überwälzt. So ist dieser Teil der Novelle des Versicherungsvertragsgesetzes unter dem Titel „Verbraucherschutz" ein weiterer Beitrag zur Bürokratisierung unseres Lebens, der fast allen Versicherten einen Schutz beschert, den sie nicht nötig haben, für den sie aber bezahlen müssen.

Dieses Beispiel kann dazu dienen, eine allgemeine Bemerkung zum Thema Verbraucherschutz und Bürokratie einzuleiten. Der Beirat wendet sich nicht grundsätzlich gegen staatlichen Verbraucherschutz. Die öffentliche Hand erfüllt mit Sicherheit eine wichtige regulierende Funktion bei dem Schutz der Verbraucher vor Angeboten, die bei besserem Informationsstand der Käufer gar nicht auf dem Markt wären. Indessen gilt auch hier das, was oben schon zum Thema Diskriminierung geschrieben wurde: Funktionierender Wettbewerb auf Märkten ist der beste Verbraucherschutz.

Der Verbraucher muss notwendigerweise immer unter Bedingungen unvollständiger Information entscheiden. Je reicher die Volkswirtschaft ist, je bunter das Angebot an Waren und Dienstleistungen als Ausdruck des Wohlstands gestaltet wird, desto weniger kann sich der Verbraucher auf seinen eigenen Kenntnisstand über die Qualität der Ware oder Dienstleistung verlassen. Es wäre allerdings vorschnell, hier von Marktversagen zu sprechen. Denn im Markt selbst entwickeln sich Lösungen für das Problem unvollkommener Information des Verbrauchers. Die wichtigste Problemlösung ist der Anreizmechanismus der Schaffung und der Aufrechterhaltung einer Reputation des Anbieters für zufriedenstellende Qualität. Es bedarf hier allenfalls des Flankenschutzes durch den Staat, indem er ein funktionsfähiges Immaterialgüterrecht, insbesondere einen funktionsfähigen Markenschutz, zur Verfügung stellt.

Zum Funktionieren dieses Reputationsmechanismus kann der Staat auch auf andere Weise beitragen. Staatlich geförderte Qualitätstests wie zum Beispiel die der Stiftung Warentest können dem Verbraucher gute Entscheidungen erleichtern, ohne in die Gestaltungsfreiheit der Anbieter oder die Entscheidungsfreiheit der Verbraucher einzugreifen.

Der Staat sollte im Interesse einer Entbürokratisierung des Wirtschaftslebens auch tolerieren, dass Verbraucher gelegentlich bei ihren Käufen hereinfallen. Das alte Rechtsprinzip „caveat emptor" hat seinen guten ökonomischen Sinn. Wer es ernst meint mit dem Programm Bürokratie-Abbau, muss dem Bürger Eigenverantwortung zumuten. Es ist verfehlt, wenn der Staat versucht, den Verbraucher durch einen perfektionierten Verbraucherschutz vor allen Käuferrisiken zu bewahren. Denn das geht nur durch ein solches Maß an Gängelung sowohl der anbietenden Unternehmen als auch der Verbraucher selbst, wie es mit einer freien und effizienten Marktwirtschaft nicht verträglich ist. Der Lebensstandard der Menschen und die Vielfalt der Produkte, die sie kaufen könnten, wären in einer solchen Welt wesentlich geringer als in einem marktwirtschaftlichen System, das dem Bürger einen großen Teil des Käuferrisikos belässt.

Aus Fehlern lernt man. In einer dynamischen Wirtschaft wird es häufiger zu Fehlentscheidungen kommen. Sie helfen einem, das eigene Verhalten zu überprüfen und zu korrigieren.

Als zum Beispiel vor einiger Zeit einige Urlauber wegen der Insolvenz ihres Reiseveranstalters von ihrem Urlaubsort nicht planmäßig nach Hause gebracht wurden, verfügte der Staat sehr schnell eine weitere Bürokratisierungsmaßnahme, indem er den Reiseveranstaltern zur Auflage machte, ihre Kunden gegen solche Insolvenzschäden zu versichern. Das war populär, obwohl diese zusätzlichen Kosten der Reiseveranstalter im Wettbewerb auf die zu schützenden Kunden abgewälzt werden. Richtigerweise hätte man auf einen solchen Eingriff in die Vertragsfreiheit verzichten sollen. Einige Kunden haben einen Schaden erlitten. Die große Mehrheit der Kunden hätte aus dem Schaden gelernt. Die Anbieter hätten sich auf Kunden einstellen müssen, die nunmehr das Insolvenzrisiko des Anbieters einkalkulieren und sich aus eigenem Antrieb dagegen versichern, wenn sie es lohnend finden. Der Markt hätte ohne Staatseingriff eine effizientere als die heutige Antwort auf das Problem gefunden.

Der staatliche Verbraucherschutz sollte daher auf solche Maßnahmen beschränkt werden, in denen eine spontane Marktlösung der Probleme *nachweislich* einer staatlichen Maßnahme unterlegen ist. Dieser Nachweis sollte unabhängig durchgeführt werden (vgl. Abschnitt VI).

IV. Flucht aus überregulierten Bereichen

In diesem Abschnitt macht der Beirat auf eine weitere Anpassungsreaktion aufmerksam, die ein Anzeichen für übermäßige Regulierung ist. Es geht um die „Flucht“ aus bestimmten Rechtsmaterien, in denen die Vertragsfreiheit durch zwingendes Recht zurückgedrängt wird.

Der Arbeitsmarkt ist ein durch das Arbeitsrecht hochregulierter Markt. Man kann heute verschiedene Formen der „Flucht aus dem Arbeitsrecht“ feststellen. Eine illegale Form dieser Flucht ist die Schwarzarbeit. Sie ist sicherlich ganz wesentlich durch die hohe Abgabenbelastung verursacht. Daneben spielt aber auch eine Rolle, dass die Einstellung und Entlassung von Arbeitskräften im offiziellen Markt durch das geltende Arbeitsrecht kostspielig und mühsam ist. Generell gelingt die Flucht aus überregulierten Bereichen in erster Linie denjenigen Produktionsfaktoren, die international mobil sind, also vorwiegend dem Kapital und höher qualifizierten Arbeitskräften. Besonders negativ betroffen sind diejenigen Faktoren und Sektoren, die nicht ausweichen können. Dies sind insbesondere kleinere Unternehmen und Anbieter lokaler Dienstleistungen.

Analoges gilt für das Mietrecht. Staaten, in denen der Mieterschutz noch weiter getrieben worden ist als in Deutschland, haben zusehen müssen, wie das privatwirtschaftliche Angebot von Mietwohnungen weitgehend verschwunden ist, so dass sich die Bevölkerung in staatlichen oder kommunalen Mietwohnungen oder in Eigentumswohnungen wiederfindet. Märkte, die eine wohlstandsmehrende Funktion erfüllen würden, können durch ein Übermaß an zwingendem Recht praktisch wegreguliert werden.

V. Subsidiarität und das Problem der europäischen Richtlinien

Zahlreiche Bürokratisierungsschritte durch Einführung zwingenden Rechts begründen sich als Umsetzung von Richtlinien des Ministerrats der Europäischen Gemeinschaft. Ohne Zweifel besteht für Deutschland die Verpflichtung zur Umsetzung solcher Richtlinien. Indessen entbindet das den deutschen Gesetzgeber und die Bundesregierung nicht von der politischen Pflicht, die Sinnhaftigkeit solcher Gesetze zu überprüfen. Denn es liegt ja an Deutschland selbst, ob solche bürokratisierenden Richtlinien verabschiedet werden oder nicht. Natürlich geht es bei europäischen Richtlinien immer auch um politische Kompromisse. Aber es sollte doch auch um den Sinn einer solchen Gesetzgebung gehen. Für Deutschland sollte es selbstverständlich sein, mit Sachargumenten dafür zu werben, dass nicht zuviel Bürokratielast aus Brüssel auf den deutschen

Bürger zukommt. Das muss natürlich in jedem Einzelfall geschehen. Dennoch kann auf die folgenden allgemeinen Gedanken verwiesen werden.

Zentral ist die umfassendere Anwendung des im Vertrag verankerten Subsidiaritätsprinzips. Deutschland sollte darauf dringen, dass keine Richtlinie beschlossen wird, bevor nicht eine ernsthafte Prüfung ergeben hat, dass nichts in dieser Richtlinie auch genau so gut und dann eben unterschiedlich in den einzelnen Mitgliedsstaaten geregelt werden kann. Es ist zum Beispiel nicht einzusehen, dass die Bürokratisierung des Ablaufes beim Abschluss von Versicherungsverträgen in Europa einheitlich verlaufen muss. Selbst wenn Mitgliedsstaat A der Meinung ist, man benötige diese Form des Verbraucherschutzes, ist nicht zu verstehen, was diesen Staat daran hindert, diesen Verbraucherschutz für sich einzuführen, auch wenn nicht alle anderen Mitgliedsstaaten dasselbe tun. Dann aber widerspricht eine Richtlinie des Inhalts, dass dieser „Verbraucherschutz" überall eingeführt werden muss, offensichtlich dem Subsidiaritätsprinzip.

Gleiches gilt für die Versicherungspflicht von Reiseveranstaltern gegen ihre eigene Insolvenz. Auch die Materie, die im AGG geregelt ist, kann ohne Probleme von Land zu Land unterschiedlich geregelt sein, sodass es gemäß Subsidiaritätsprinzip eine solche Richtlinie eigentlich gar nicht geben sollte.

Die heute praktizierte De-facto-Umgehung des Subsidiaritätsprinzips weitet die Handlungsmöglichkeiten der Institutionen der Europäischen Gemeinschaft wesentlich aus und verschafft ihnen damit Kompetenzen und Beschäftigungsmöglichkeiten. Das festigt die Umgehung des Subsidiaritätsprinzips. Aber es sollte dem Publikum klar werden, dass die Missachtung des Subsidiaritätsprinzips einen wesentlichen Beitrag zur Überbürokratisierung des Lebens in Europa leistet.

VI. Fazit

Das Prinzip der privatautonomen Gestaltung von Verträgen ist ein wesentliches Element der wettbewerblichen Marktwirtschaft. Die zunehmende Einschränkung der Vertragsfreiheit mindert die Leistungsfähigkeit der Gesellschaft. Sie blockiert nicht nur den Entdeckungscharakter des Marktes und gängelt die Marktteilnehmer, sondern ist auch eine wichtige Ursache für die zunehmende Bürokratielast, die die Bürger zu tragen haben. Im Ergebnis mindert die zunehmende Einschränkung der Vertragsfreiheit Wachstum und Beschäftigung.

Das Thema Bürokratie sollte daher nicht allein, wie bisher geschehen, in Bürokratieabbau-Kommissionen (wie z. B. dem projektierten Normenkontrollrat) aufgegriffen, sondern unter fundamentalen ordnungspolitischen Gesichtspunkten verstanden werden. Diese liegen in der Zuständigkeit des Bundeswirtschaftsministers. Wenn man, wie in diesem Gutachten dargelegt, den tieferen Grund der Überbürokratisierung in einer zu umfassend regulierenden Staatstätigkeit und einer Einschränkung der Vertragsfreiheit sieht, ist daher der Bundeswirtschaftsminister aufgerufen, sich dieser Problematik als einem zentralen Anliegen anzunehmen.

Daher schlägt der Beirat vor, die Praxis der Gesetzesfolgenabschätzung wie folgt grundlegend zu verbessern:

- Der Bundeswirtschaftsminister sollte sich zur ständigen Aufgabe machen, die hohe Bedeutung der Vertragsfreiheit bewusst zu halten. Er sollte dem Gesetzgeber Vorschläge unterbreiten, wie vorhandene Einschränkungen der Vertragsfreiheit reduziert werden können.
- Als Querschnittsaufgabe des Bundeswirtschaftsministeriums ist jede neue Staatsintervention *ex ante* auf ihre Folgen für die Vertragsfreiheit sowie auf die Bürokratielasten für die Bürger zu untersuchen. Solche Analysen sollten auch die langfristigen Wirkungen erfassen.
- *Ex post* sind alle die Vertragsfreiheit einschränkenden Staatsinterventionen auf ihre Effektivität zu untersuchen, indem nach ausreichender Zeit, z.B. zwei Jahre nach Inkrafttreten, vor allem die Kosten der direkten und indirekten Bürokratielasten quantitativ erfasst und mit dem Nutzen der Staatsinterventionen verglichen werden. Diese Analysen sind zu publizieren. Sofern möglich, sollte die Evaluierbarkeit von außen durch eine Veröffentlichung von Informationen und Daten gestärkt werden.

Der Beirat verkennt nicht die Schwierigkeiten, Kosten und Nutzen quantitativ abzuschätzen und ursächlich zuzuordnen. Jedoch zeigt die Erfahrung, dass derartige Evaluationsstudien, wie sie etwa vom US-amerikanischen Office of Management and Budget (OMB) und vom Congressional Budget Office (CBO) durchgeführt werden und nun auch in Deutschland die Wirkung der Hartz-Gesetze untersuchen sollen, allmählich ein Bewusstsein dafür schaffen, dass die Folgekosten der die Vertragsfreiheit einschränkenden Staatsinterventionen erheblich sein können – zunächst als Bürokratielast, letztlich aber als ein Schaden für Wachstum und Beschäftigung.

Berlin, den 16. September 2006

Der Vorsitzende des wissenschaftlichen Beirats
beim Bundesministerium für Wirtschaft und Technologie
Prof. Axel Börsch-Supan, Ph.D.

Gutachten vom 16. September 2006

Das Gutachten wurde vorbereitet von folgendem Mitglied des Wissenschaftlichen Beirats beim Bundesministerium für Wirtschaft und Technologie

Prof. Dr. Carl Christian von Weizsäcker (Federführung)
Em. Professor für Volkswirtschaftslehre
an der Universität zu Köln

Brief an den Bundesminister für Wirtschaft und Technologie Michael Glos vom 20. November 2006

Wettbewerbsverhältnisse und Preise der deutschen Energiewirtschaft

Sehr geehrter Herr Minister Glos,

der wissenschaftliche Beirat teilt Ihre Auffassung, dass die Entwicklung der Wettbewerbsverhältnisse und Preise der deutschen Energiewirtschaft Anlass zur Sorge geben. Gleichwohl hat er Bedenken gegen die dazu von Ihrem Haus vorgelegten Vorstellungen zu einer Novellierung des Gesetzes gegen Wettbewerbsbeschränkungen. Das für marktbeherrschende Unternehmen der Energiewirtschaft vorgesehene Verbot der Forderung von Entgelten, die die Kosten „in unangemessener Weise" überschreiten, ist ordnungspolitisch problematisch, schafft Rechtsunsicherheit, kann fatale Präzedenzwirkungen haben und wird das Ausgangsproblem der hohen Preise für Strom und Gas nicht beheben.

Die als Begründung der Gesetzesnovelle getroffene Aussage, das gegenwärtige Niveau der Energiepreise sei durch die Entwicklung der Primärenergiekosten nicht hinreichend begründbar, ist keine ausreichende Begründung für die neue Vorschrift. Die eigentlichen wettbewerbspolitischen Probleme der Energiewirtschaft liegen auf anderer Ebene, z. B. bei der sehr hohen horizontalen und vertikalen Integration, beim Zusammenspiel von Netznutzungsentgelten und Durchleitungswettbewerb und nicht zuletzt beim Zusammenspiel der Strom- und Gasmärkte mit den Märkten für CO_2-Emissionszertifikate, worauf der Beirat bereits früher hingewiesen hat.

Der vorgesehene Text schafft *Rechtsunsicherheit*, weil er nicht deutlich macht, was genau unter „Kosten" zu verstehen ist. Es ist unklar, ob es sich um die Grenzkosten handelt, d. h. die Kosten der letzten verkauften Einheit, oder um die Stückkosten, d. h. die als Verhältnis von Gesamtkosten und Menge zu berechnenden durchschnittlichen Kosten je Einheit. Weiter ist unklar, ob man auf die kurzfristigen Kosten abstellt oder auf die langfristigen, unter Einbezug aller den Einzelleistungen zurechenbaren Investitionen, ferner auch, in welcher Form die den Einzelleistungen nicht zurechenbaren Gemeinkosten zu berücksichtigen sind. Bei diesen Fragen geht es nicht um Quisquilien, sondern um die Kernpunkte der politischen Auseinandersetzung über die Entwicklung der Strompreise in den letzten zwei Jahren. Ob man die Strompreise der Jahre 2005 und 2006 im Verhältnis zu „den Kosten" als überhöht betrachtet, hängt wesentlich davon ab, ob man auf die kurzfristigen oder auf die langfristigen inkrementellen Kosten der Stromerzeugung abstellt, d.h. ob man die Kosten des Kraftwerksbaus mit berücksichtigt oder nicht. Lässt man derartige Fragen offen, so verschiebt man die Auseinandersetzung auf die Gerichte. Die Sachfrage, welche Rolle die verschiedenen Kategorien von Kosten für die Preisbildung haben oder haben sollten, droht dabei unter die Räder zu kommen.

Ordnungspolitisch geboten ist ein Abstellen auf die Preise, die sich bei wirksamem Wettbewerb im Markt ergeben würden. Dazu bedarf es allerdings keiner neuen Gesetzesnorm. Schon nach dem derzeit geltenden Recht (§ 19 Abs. 4 Nr. 2 GWB) liegt ein Missbrauch einer marktbeherrschenden Stellung vor, wenn die geforderten Entgelte von den Entgelten abweichen, die sich bei wirksamem Wettbewerb mit hoher Wahrscheinlichkeit ergeben würden.

Gewiss bereitet das Urteil, welche Marktergebnisse sich bei wirksamem Wettbewerb einstellen würden, erhebliche Schwierigkeiten, wenn man nicht auf Vergleichsmärkte rekurrieren kann. In der Energiewirtschaft sind Märkte, die wirksamen Wettbewerb aufweisen und die auch wirklich mit den zur Diskussion stehenden Märkten vergleichbar sind, kaum vorzufinden. Weltweit gibt es überhaupt nur wenige Energiemärkte mit wirksamem Wettbewerb. Die Gegebenheiten in diesen Märkten sind zumeist so verschieden von den Gegebenheiten in Deutschland, dass ein Vergleich kaum handfeste Maßstäbe ergibt.

Aus diesem Grund mag es sinnvoll sein, bei der Beurteilung der Entgelte marktbeherrschender Unternehmen auch auf Kostengrößen abzustellen. *Vor einer gesetzlichen Normierung eines Preis-Kosten-Vergleichs als Grundlage der Missbrauchsaufsicht ist allerdings zu warnen.* Dass der Gesetzgeber bisher davon abgesehen hat, einen Kostenstandard der Beurteilung von Preisen in das GWB aufzunehmen, hat gute Gründe. Die gesetzliche Fixierung eines solchen Standards setzt Fehlanreize und wird letztlich nicht praktikabel sein. Aus der Erfahrung mit kostenorientierter Preisregulierung wissen wir, dass Kostenmaßstäbe der Beurteilung von Entgelten die Unternehmen zum Kostenmachen veranlassen. So könnten die Stromerzeuger wieder – wie früher unter der Preisaufsicht nach dem Maßstab der Kosten energiewirtschaftlich rationeller Betriebsführung – überschüssige Kapazitäten aufbauen, so dass bei gegebener Marge der Erlöse über die Kosten die Gewinne höher sind als bei effizienter Investitionsplanung.[143] Denkbar wäre auch, dass Einiges als Kosten ausgewiesen wird, was eigentlich als verkappte Gewinnverwendung anzusehen ist.

143 Dieser in der Literatur zur sektorspezifischen Preisregulierung als Averch-Johnson-Effekt bekannte Zusammenhang war in den siebziger Jahren in den USA ein maßgeblicher Grund für die Einschätzung, dass das tradierte System der Regulierung der Preise natürlicher Monopole aufgrund eines Kostenstandards überholt werden sollte.

Die ergänzende Vorschrift des Gesetzesvorhabens, dass nur solche Kosten zu berücksichtigen sind, die auch bei wirksamem Wettbewerb anfallen würden, wird diese Entwicklung nicht verhindern können. Versuche zur Kontrolle oder wenigstens Beschränkung des Kostenmachens sind in der Vergangenheit regelmäßig gescheitert. Wie soll eine Behörde denn ermitteln, ob bestimmte Kosten auch in einem Wettbewerbsmarkt anfallen würden? Wie soll sie etwa feststellen, ob ein Vorhalten von Kapazitätsreserven als wettbewerbskonform anzusehen ist oder nicht? Dies wohlgemerkt in einem Markt, in dem das Fehlen eines angemessenen Vergleichsmarktes der Grund dafür ist, dass der Maßstab des § 19 Abs. 4 Nr. 2 GWB nicht greift!

Auf den ersten Blick mag die vorgeschlagene neue Gesetzesnorm nur die Anwendungspraxis zu § 19 Abs. 4 Nr. 2 GWB widerspiegeln. Bei näherer Betrachtung jedoch ist zu erwarten, dass sie in der Anwendung durch das Bundeskartellamt und die Gerichte ein dogmatisches Eigengewicht bekommt. Dabei besteht das Risiko, dass der Standard der Beurteilung von Preisen sich materiell ändert. Das wäre problematisch.

Die Frage, welche Preise sich bei wirksamem Wettbewerb im Markt ergeben würden, zielt implizit auf die Grenzkosten, d. h. die Kosten der letzten erstellten Einheit. *Diese sind zu unterscheiden von den durchschnittlichen Kosten, d.h. dem Verhältnis von Gesamtkosten zur produzierten Menge. Die Grenzkosten fallen zumeist nicht mit den Durchschnittskosten zusammen.* Dies gilt bei kurzfristiger wie bei langfristiger Betrachtungsweise, d.h. unabhängig davon, ob man bestimmte Kapitalinvestititionen als fix betrachtet oder ob man auch sie bei den zuzurechnenden Kosten berücksichtigt. Ein Beispiel bieten die kurzfristigen Kosten der Stromerzeugung. Hier gibt es erhebliche Unterschiede zwischen den Kosten der Erzeugung von Strom aus Wasserkraft, Atomenergie, Kohle, Gas und Windkraft. Nach der so genannten „Merit Order“ des Einsatzes von Kraftwerken in der Rangfolge der Kosten der Stromerzeugung, beginnend mit den billigsten, wird bei gegebenem Kraftwerksbestand zunächst Wasserkraft eingesetzt, dann Atomenergie, dann Kohle und Gas.[144] Gaskraftwerke mit ihren hohen kurzfristigen Kosten kommen vor allem in Spitzenlastzeiten, bei sehr hoher Nachfrage, zum Einsatz, Wasserkraftwerke mit ihren niedrigen kurzfristigen Kosten dagegen werden auch für die Grundlast eingesetzt. In Spitzenlastzeiten entsprechen die kurzfristigen Grenzkosten daher den Kosten der Stromerzeugung

144 Windkraft hat aufgrund des Erneuerbare-Energien-Gesetzes Vorrang bei der Einspeisung in die Netze und wird zu diesem Zweck durch eine Belastung der übrigen Energieträger subventioniert.

mit einem Gaskraftwerk, die kurzfristigen Durchschnittskosten dagegen dem Durchschnitt der Kosten aus allen eingesetzten Kraftwerken.[145]

Ein Abstellen auf Durchschnittskosten wäre ordnungspolitisch problematisch. Ein Gebot der Preisbildung entsprechend den Durchschnittskosten kann als Versuch verstanden werden, die Unternehmensgewinne zu beschränken. Jedoch ist es nicht automatisch als Wettbewerbsversagen zu werten, wenn Unternehmen Gewinne machen, selbst wenn diese sehr hoch sind. Auch bei vollkommenem Wettbewerb kann es kurzfristig zu hohen Gewinnen kommen. Diese haben eine wichtige Lenkungsfunktion in der Marktwirtschaft. Ein unreflektiertes Anprangern von hohen Gewinnen als wettbewerbspolitischem Missbrauch kann diese Lenkungsfunktion nachhaltig beschädigen.

Dafür, dass ein Preis deutlich über den Durchschnittskosten liegt und die Unternehmen hohe Gewinne machen, kann es zwei Gründe geben: Zum einen kann der Preis selbst deutlich über den Grenzkosten liegen. Zum anderen können aufgrund der Produktionszusammenhänge die Grenzkosten deutlich über den Durchschnittskosten liegen.[146] Ersteres kann einen Missbrauch einer marktbeherrschenden Stellung bedeuten, letzteres dagegen nicht.

Bei vollkommenem Wettbewerb wählen gewinnmaximierende Unternehmen ihre Angebote so, dass die Kosten der letzten produzierten Einheit gerade gleich dem Preis sind. Der Preis wiederum pendelt sich so ein, dass die Angebote aller Unternehmen zusammen die Nachfrage decken. Dieser Mechanismus sorgt für eine effiziente Koordination von Konsum-, Produktions- und Investitionsentscheidungen. Liegen bei der von der Marktgegenseite nachgefragten Menge die Grenzkosten deutlich über den Durchschnittskosten, so machen die Unternehmen auch bei vollkommenem Wettbewerb hohe Gewinne. Da der Preis bei Wettbewerb den Kosten der letzten erstellten Einheit entspricht, die übrigen, die so genannten „inframarginalen" Einheiten aber zu niedrigeren Kosten erstellt werden, erzielen die Unternehmen auf die inframarginalen Einheiten Gewinne.

145 Bei langfristiger Betrachtungsweise, unter Einbezug der Entscheidungen über den Bau neuer Kraftwerke und der dabei anfallenden Kapitalkosten, kann die Reihung der Kraftwerkstypen nach Kosten der Stromerzeugung sich verändern; die Logik der unternehmerischen Entscheidungskalküle und des Zusammenspiels von Unternehmen und Märkten ist jedoch ähnlich.

146 Auf die Möglichkeit, dass aufgrund von Skaleneffekten die Grenzkosten unter den Durchschnittskosten liegen, geht der Beirat hier nicht ein. Die Ausführungen zur „Merit Order" des Kraftwerkseinsatzes zeigen, dass bei der Stromerzeugung diese Konstellation zumindest bei kurzfristiger Betrachtungsweise nicht vorliegt.

Bei vollkommenem Wettbewerb würden sich die Strompreise zumindest in Spitzenlastzeiten an den Kosten der Stromerzeugung aus Gas orientieren. Läge er niedriger, so würde das Gaskraftwerk nicht eingesetzt, und die Stromerzeugung würde zumeist nicht ausreichen, um die Nachfrage zu bedienen. Orientiert der Strompreis sich an den Kosten der Stromerzeugung aus Gas, so erzielen die Stromerzeuger auf die „inframarginalen Einheiten“, d.h. die Stromerzeugung aus Wasserkraft, Atomenergie und Kohle, erhebliche Überschüsse, auch ohne dass dazu Marktmacht vorliegen muss. Solche Überschüsse werden benötigt, um Fixkosten und Gemeinkosten der Unternehmen zu decken, d.h. konkret, um die Kraftwerke zu finanzieren. Die Aussicht, darüber hinaus sogar einen Gewinn zu erzielen, hat eine wichtige Lenkungsfunktion. Ist eine Produktionstechnik billiger und werden mit ihr Gewinne erzielt, so dienen diese als Signal dafür, dass es profitabel ist, in diese Produktionstechnik zu investieren. Durch die Investition wird der Ressourcenaufwand reduziert, den die Gesellschaft insgesamt leisten muss, um Strom zu erhalten. *Der Anreiz, Gewinne zu erzielen, ist daher maßgeblich mitverantwortlich für die Leistungsfähigkeit der Marktwirtschaft. Es wäre ordnungspolitisch äußerst problematisch, wenn solche Gewinne bzw. die ihnen zugrunde liegende Differenz zwischen Preis und Durchschnittskosten ohne weiteres als missbräuchlich angesehen würden.*

Der Beirat verkennt nicht, dass Marktmacht in der Energiewirtschaft ein wirtschaftspolitisches Problem ersten Ranges darstellt. Die deutsche Energiewirtschaft weist eine im Vergleich zu anderen Sektoren sehr hohe horizontale und vertikale Konzentration auf. Die Gewinne, die die Unternehmen der Energiewirtschaft erzielen, beruhen gewiss nicht durchweg auf Erfolgen im Leistungswettbewerb. Sie beruhen auch auf den hohen Netznutzungsentgelten, die diese Unternehmen aufgrund von natürlichen Monopolstellungen erhalten. Auch das Zusammenspiel von Strom-, Gas- und Zertifikatsmärkten ist als problematisch anzusehen. Dieser Befund ist aber kein Grund, für diesen Sektor eigene Grundsätze der Verhaltenskontrolle zu schaffen. Noch viel weniger sollte er ein Grund sein, den Unterschied zu verwischen zwischen Gewinnen, die auf Marktmacht beruhen, und Gewinnen, die aufgrund von Differentialrenten entstehen, d.h. aufgrund der Differenz zwischen Grenzkosten und Durchschnittskosten.

Die erheblichen Gewinne, die die Stromerzeuger seit einiger Zeit erzielen, beruhen wenigstens zum Teil auf Differentialrenten der Stromerzeugung aus Wasserkraft und Atomenergie, *zum Teil auch auf der kostenlosen Zuteilung der CO_2-Emissionszertifikate*. Auch letzteres ist nicht als Missbrauch anzusehen. Wenn man den Unternehmen die CO_2-Emissionszertifikate kostenlos zuteilt und gleichzeitig durch Regulierung dafür sorgt, dass diese Zertifikate einen positiven Marktwert haben, so darf man sich nicht wundern, dass die Unternehmen entsprechende Gewinne ausweisen. Dass das Zertifikatsregime für eine Erhöhung der Strompreise sorgt, entspricht im übrigen der Vorstellung, die bei der Einführung dieses Regimes Pate stand, dass nämlich aus umweltpolitischen Gründen ein sparsamerer Umgang mit Energie aus fossilen Trägern geboten sei und die Verteuerung dieser Energie dazu beitragen würde. Beschwerden darüber, dass die Marktpreise der Zertifikate in die Strompreise eingehen, stehen im Widerspruch zu den mit der Einführung des Zertifikatsregimes verfolgten Zielen. Der Glaube, man könne die gewünschten Anreizeffekte erzielen, ohne dass die Marktpreise der Zertifikate in die Strompreise eingehen, entspricht der Vorstellung, man könne sich den Pelz waschen lassen, ohne dabei nass zu werden.

Die Einführung des Zertifikatsregimes hat Einfluss auf die „Merit Order" der Stromerzeugung. Bei der Verwendung von fossilen Brennstoffen sind die Kosten der erforderlichen Zertifikate als Teil der Grenzkosten der Stromerzeugung zu berücksichtigen. Da die Stromerzeugung aus Kohle deutlich CO_2-intensiver ist als die Stromerzeugung aus Gas, kann dies dazu führen, dass je nach Höhe des Zertifikatspreises die Grenzkosten der Stromerzeugung bei Kohle höher oder niedriger liegen als bei Gas. Im Gleichgewicht allerdings pendelt sich der Zertifikatspreis selbst so ein, dass es für die Unternehmen keine Rolle spielt, ob sie die letzte Einheit mit Kohle oder mit Gas erzeugen, da beide dieselben Kosten haben. In diesem Fall geht die ohne staatliche Regulierung bestehende Differentialrente der Stromerzeugung aus Kohle anstelle von Gas weitgehend in den Wert der Zertifikate ein.

Dieser Zusammenhang gilt auch bei vollkommenem Wettbewerb und zwar unabhängig davon, ob die Zertifikate den Unternehmen kostenlos überlassen wurden oder nicht. Die Menge der zur Verfügung stehenden Zertifikate ist so begrenzt, dass eine spürbare Knappheit an Zertifikate besteht und der Marktpreis der Zertifikate positiv ist. Der Marktwert, d.h. die Opportunitätskosten der für die Erstellung letzten Einheit Strom – aus Kohle oder aus Gas – erforderlichen Zertifikate ist ein Element der Grenzkosten der Stromerzeugung und würde daher auch bei vollkommenem Wettbewerb in den Strompreis eingehen.

Von interessierter Seite wird gelegentlich die Behauptung in die Diskussion geworfen, die Stromwirtschaft könne die Kosten der CO_2-Emissionszertifikate nur deshalb überwälzen, weil es in der Stromwirtschaft keinen Wettbewerb gebe. Diese Behauptung ist falsch. Ein alle Unternehmen eines Sektors betreffender Kostenfaktor wird bei intensivem Wettbewerb ebenso überwälzt wie bei Vorhandensein von Marktmacht. Der Überwälzungsgrad ist bei Wettbewerb sogar höher, denn bei Wettbewerb werden Kostenerwägungen nicht durch Marktmachteffekte verwässert; so wird beispielsweise bei konstanten Grenzkosten und linearer Nachfrage eine Kostensenkung im Wettbewerb zu 100 Prozent weitergegeben, im Monopol dagegen nur zu 50 Prozent. Unternehmen der Exportwirtschaft sehen die Zusammenhänge anders; bei ihnen ist allerdings zu berücksichtigen, dass ihre Wettbewerber vielfach in Ländern sitzen, in denen es keine dem CO_2-Zertifikatsregime vergleichbaren Regelungen gibt. Im Wettbewerb mit diesen dürfte es in der Tat schwer fallen, die Kosten der CO_2-Emissionszertifikate auf die Abnehmer zu überwälzen; dies jedoch ist ein ganz anderes Thema als die Überwälzbarkeit von Kosten, die *alle* Anbieter im Markt gleichermaßen betreffen.

In diesem Zusammenhang stimmt der Vorschlag bedenklich, dass Kosten- und Kostenbestandteile, die sich ihrem Umfang nach im Wettbewerb nicht einstellen würden, beim Vergleich von Entgelten und Kosten nicht berücksichtigt werden dürfen. Die Nachhaltigkeit, mit der in der öffentlichen Diskussion zur Frage der Überwälzbarkeit der Zertifikatskosten ökonomisch falsche Aussagen verbreitet werden, gibt zu der Befürchtung Anlass, dass diese Regelung die Grundlage für mancherlei Missbrauch der Missbrauchsaufsicht liefern wird – mit allen Unwägbarkeiten der dann erforderlichen Gerichtsverfahren.

Ob die Strompreisentwicklung der letzten zwei Jahre tatsächlich als Missbrauch marktbeherrschender Stellungen anzusehen ist, und insbesondere, ob die Strompreise deutlich über den Grenzkosten der Stromerzeugung liegen, lässt sich von Seiten des Beirats nicht beurteilen. Dazu ist auf die seit einiger Zeit laufenden Untersuchungen des Bundeskartellamts zu verweisen. Führen diese Untersuchungen zu dem Ergebnis, dass ein Missbrauch vorliegt, und wird dieser Befund auch gerichtlich bestätigt, so erübrigt sich eine Gesetzesänderung.

Sollte ein Missbrauch jedoch nicht nachzuweisen sein, so wäre zu prüfen, ob dies nicht auch daran liegen könnte, dass gar kein Missbrauch vorliegt. So schmerzhaft hohe Preise für die Abnehmer auch sein mögen und so sehr man die Gewinne der Stromerzeuger für anstößig halten mag, hohe Preise und hohe Gewinne für sich genommen sind noch kein Grund, von Staats wegen einzugreifen. In diesem Zusammenhang ist darauf zu verweisen, dass die Entwicklung der Strompreise, die seit einiger Zeit die Öffentlichkeit erregt, nicht nur Deutschland betrifft. Ähnliche Preisentwicklungen sind in allen Mitgliedstaaten der Europäischen Union zu beobachten. Die Großhandelspreise für Strom sind im Querschnitt der verschiedenen Mitgliedstaaten der Europäischen Union so hoch miteinander korreliert, dass auch hier ein gesamteuropäischer Marktzusammenhang nicht ohne weiteres ausgeschlossen werden kann. Der Markt für CO_2-Emissionszertifikate ist selbst ein europaweiter Markt, der kaum durch ein deutsches Unternehmen manipuliert werden kann. Die Parallelität der Strompreisentwicklungen in verschiedenen Ländern lässt zumindest Raum für die Vermutung, dass die von den deutschen Verbundunternehmen durchgesetzten Strompreiserhöhungen nicht einfach die Marktmacht dieser Unternehmen reflektieren, sondern wie die Strompreiserhöhungen in anderen Ländern auch als natürliche Reaktionen der Stromwirtschaft auf die Erhöhungen der Primärenergiepreise anzusehen sind.

Sehr geehrter Herr Minister Glos, der Beirat verkennt nicht, dass die hohen Kosten der Energieversorgung die Abnehmer, Unternehmen wie Verbraucher, vor ernsthafte Probleme stellen. Diese Probleme sind aber nicht zu lösen, indem man die betreffenden Preise mit einem Kostenstandard zu kontrollieren versucht. Größere Wirkungen sind von strukturellen Maßnahmen zu erwarten, die von der Frage ausgehen, welche Fehlentwicklungen zu der heutigen, als misslich empfundenen Situation geführt haben. Zu denken wäre an den wettbewerbsrechtlichen Umgang mit den bestehenden horizontalen und vertikalen Marktstrukturen, den Modus der Regulierung des Netzzugangs und die Ausgestaltung des CO_2-Zertifikatsregimes. Diese Themen sprengen den Rahmen dieses Briefes. Der Beirat hielte es aber für besser, dass man auch diese Themen in die Diskussion über die Wettbewerbsprobleme der Energiewirtschaft einbezieht und eine Gesamtbetrachtung der zugrunde liegenden Strukturen und ihrer Bedeutung für das Zusammenspiel von Märkten und Preisen vornimmt.

Mit stets freundlichen Grüßen

verbleibe ich Ihr

Prof. Axel Börsch-Supan, Ph.D.

Vorsitzender des Beirats